KB215174

저자는 축귀(逐鬼) 연구 전문가다. '축귀자 예수'에 관해 박사학위 논문을 썼을 뿐만 아니라, 후에는 '기적 행사자 예수'라는 전문 연구서를 냈다. 그 동안의 축귀 연구를 집대성하여 신약성서 각 책에 나타난 축귀 신학과, 그것이 2세기 기독교 저자들에게 어떻게 이해되었는지를 다룬 책이 본서다. 본서는 신약성서와 이어진 초기 교회 역사에서 축귀가 어떻게 이해되었는지 일목요연하게 보여준다. 독자는 각 항목별로 잘 정리되어 있는 본서를 사전으로 사용하여 연구의 출발점으로 삼을 수 있다. 저자는 본 연구 결과를 통해 현대 교회에서 축귀를 부정하는 것에 반대하며, 동시에 목회 사역에 있어 축귀에만 몰두하는 것도 경계한다. 본서는 축귀에 대한 성서 연구 분야의 사전이요, 핸드북이다.

김동수 평택대학교 신학과 교수, 한국신약학회 직전 회장

축귀가 예수의 지상 사역에서 차지하는 중요성은 어느 정도일까? 복음서에는 축귀 기사가 많은데 왜 서신서들에는 직접적 언급이 희귀할까? 축귀에 대한 상충하는 자료들에 관한 역사적 연구를 위해 저자가 취한 방식은 텍스트의 문화적 환경이라는 관점이다. 이를 위해 저자는 복음서, 바울 서신, 공동 서신, 요한 문헌, 2세기의 사도 교부 및 변증가들의 문헌까지 꼼꼼하게 살핀다. 위의 연구결과에 따라 저자는 축귀가 시대별로 다양하게—긍정적으로, 부정적으로, 또는 무관심하게—받아들여져왔음을 발견하고 우리 시대를 위해 조심스럽게 신학적·목회적 제안을 한다. 귀신론에 대한 과도한 집중을 경계하고 귀신을 물리친 예수께 주의를 집중하라는 저자의 권고를 귀담아들어야 하리라. 꼼꼼한 독서를 요구하는 학문적 연구서일 뿐 아니라 이른바 영적 문제에 편향된 시각을 지닌 일부 한국교회의 목회자들과 신학생들에게 일침을 가하는 매우 시의적절한 도전이다.

류호준 백석대학교 신학대학원 은퇴 교수

본서의 가치는 기독교의 형성에 기여했지만 종종 무시되는 축귀 문제를 역사적이고 주석학적으로 관찰한 데서 찾을 수 있다. 본서는 신약성서가 축귀와 귀신의 세력을 제어하기 위한 해법들을 포함하지만 일치된 입장을 제시하지는 않는다고 강조하며, 탄탄한 논리 전개와 치밀한 분석에 근거하여 축귀에 관한 뒤엉킨 실타래를 풀어주는 데 크게 기여한다. 공관복음서와 바울 서신을 포함한 관련 텍스트와 함께 교부들과 이교의 저술가들까지 면밀하게 조명하는 본서는 축귀 연구의 나침반이자 최고의 교본으로 적격이다. '예수 이름으로' 귀신과 맞선 초기 그리스도인들의 실천처럼 '예수께 집중하라'는 저자의 논평을 독자들은 가볍게 봐선 안 될 것이다. 본서는 영적 전쟁과 귀신 축출에 관심을 가진 독자들에게 유용하며, 특히 설교자들과 신학대학원생의 필독서로 적합하다.

윤철원 서울신학대학교 신학대학원 신약학 교수

트웰프트리 박사는 신학적인 측면에서 신약의 축귀 사역에 관한 한 자타가 공인하는 최고의 학자다. 예수님을 따라한 초기 교회는 과연 어떤 방식으로 축귀사역을 했을까? 마가는 축귀를 왜 사역의 최고봉으로 삼았으며, 마태는 왜 이와 달리 축귀 사역을 주변적인 사건으로 바꾸었으며, 누가-행전과 바울은 왜 축귀를 복음 사역에 포함하는 중도적 입장으로 설명할까? 요한복음은 왜 축귀사역에 전혀 관심을 보이지 않을까? 본서는 이러한 질문에 대한 토론으로 독자를 초대한다.

이민규 한국성서대학교 신학대학원 신약학 교수

1978년 모턴 스미스의 『마법사 예수』(*Jesus the Magician*)가 예수의 축귀 이야기를 종교사 비평의 관점에서 외재적인 접근으로 조망했다면 40여 년이 지난 현 시점에서 트웰프트리의 본서는 신약성서 시대의 내재적인 관점에서 축귀 이야기와 그 모티프를 발전론적 틀 속에 분석하면서 훨씬 더 풍성한 함의를 전해준다. 예수의 축귀에서 시작하여 Q 자료, 바울, 마가복음, 누가복음-사도행전, 마태복음, 그 밖에 일반 서신과 요한계시록 등의 해당 자료를 포함할 뿐 아니라, 2세기 교부 시대 자료까지 섭렵하면서 본서는 그 연대기적 궤적 가운데 축귀 활동이 수행되거나 신학화되어간 전승사를 광범위하게 추적하고 밀도있게 분석한다. 본서의 최대 장점과 최고 미덕은 그 일련의 전개 과정에서 축귀에 대한 관심 정도와 이해 방식이 단일하기보다 다양하며 역동적이었다는 점을 밝혀낸 것이고, 이로써 신약성서 및 관련 문헌의 낱개 텍스트에 드러난 축귀 인식의 개별적 고유성을 포착해낸 점이다. 1세기에 예수와 그 제자들은 말씀의 권능과 영력으로, 또한 '예수 이름으로' 망가진 생명을 향해 축귀를 수행하여 회복의 역사를 이루어나갔다. 그렇다면 21세기 현재, 더욱 심하게 망가진 생명들이 이 세상에 즐비한데 예수의 후예를 자처하는 추종자들은 무엇을 일삼으며 신앙생활을 하고 있는가?

차정식 한일장신대학교 신약학 교수, 한국신약학회 회장

본서는 예수의 축귀와 초대 그리스도인들의 축귀, 이 두 가지 주제를 각각 그리고 상호관계성 속에서 파헤친 전문 학술서이다. 연구를 위한 역사적 자료는 1세기 신약성서 문헌부터 2세기 그리스 교부 문헌에 이르기까지 두루 미친다. 박사학위 과정 때부터 20년 넘게 줄곧 이 주제 연구에 천착해 온 트웰프트리는 단연 '축귀 연구 분야의 챔피언'이다. 신약성서적 토대 위에서 역사상황적 문맥을 섬세하게 헤아린 저자의 읽기는 분석적 논증이 어떠해야 하는가를 여실히 보여준다. 정직한 해석에 따른 이해와 적용은 악한 영(들)에 대한 양 극단의 현대 그리스도인들에게 겸손의 허리띠를 한 번 더 동이도록 요청한다. 축귀라는 렌즈를 통해 역사적 예수 또는 기독론 이해로까지 신학적 지평이 넓혀질 수 있음은 이 책에 감춰진 또 하나의 보화와도 같다. 시간을 들여 일독하기를 권하지 않을 수 없는 이유이다.

허주 아세아연합신학대학교 신약학 교수

지난 20년 동안 그레이엄 트웰프트리는 축귀라는 문제를 면밀히 연구해왔다. 영감을 자극하고 은혜로운 도전을 주는 본서는 이 분야를 연구하는 사람이면 누구에게나 필독서다.

리키 와츠 리젠트 칼리지

그레이엄 트웰프트리는 축귀자이자 기적을 일으키는 자로서의 예수에 대한 그의 신중하고 까다로울 만큼 상세한 연구로 당대 최고 수준의 몇 편의 논문을 통해 자신의 존재를 입증했다. 그는 이제 축귀에 관한 초기 교회의 관점과 실행에 대한 연구를 바울부터 그리스 사도 교부들에 이르기까지 신중하게 확대한다. 이보다 나은 연구는 없으며 심지어 이와 필적할 만한 연구도 없다. 이 연구는 앞으로 한 세대 동안 이와 관련된 연구를 지배할 것이다.

막스 터너 런던 신학교

축귀에 대한 오늘날의 설명은 넘쳐나지만 지금까지 엄밀한 성경적·역사적 관점에서 이 관행에 대해 쓴 글은 별로 없었다. 본서는 이 간극을 메워주며 독자에게 성경 구절과 2세기의 교회 관행에 대한 여러 유익한 통찰을 제공해준다. 이례적일 만큼 충분한 연구를 바탕으로 쓰인 본서는 영적 전쟁이라는 주제에 관심이 있는 이들뿐만 아니라 성서학자들에게도 필수불가결한 자료가 될 것이다. 나는 트웰프트리 박사보다 이 문헌을 쓰기에 더 적합한 사람은 생각해낼 수 없다.

클린턴 E. 아놀드 탤보트 신학교

이 탁월한 문헌에서 그레이엄 트웰프트리는 초기 그리스도인들 가운데서 축귀의 위상과 실제를 묘사한다. 그는 축귀자로서의 예수, 축귀가 신약의 다양한 갈래 속에서 등장하거나 등장하지 않는 방식 그리고 2세기의 기독교 문헌과 기독교 비판자들의 문헌에 나타난 축귀에 대해 논의한다. 그의 균형 있고 통찰력 있는 연구는 학자들과 학생들에게 엄청난 가치가 있을 것이다. 본서는 중요하지만 비교적 홀대 받아온 이 연구 분야에 크게 기여할 것이다.

폴 트레빌코 오타고 대학교

In the NAME of JESUS

Exorcism among Early Christians

Graham H. Twelftree

교회는 귀신의 세력을 어떻게 다루어야 하는가?

초기 기독교와

그레이엄 H. 트웰프트리 지음 | 이용중 옮김

축귀 사역

새물결플러스

본서를
내 자녀인 캐서린과 폴,
그리고 그들의 배우자들과
자녀들에게 헌정한다.

목차

서문

초기 그리스도인들 가운데서의 축귀에 대한 나의 관심은 내가 노팅엄에서 제임스 D. G. 던의 지도하에 박사 과정 연구를 하면서 시작되었다. 이 책은 그 연구에 기원을 둔 세 번째 책이다. 첫 번째 책『귀신 축출자 예수』(*Jesus the Exorcist: A Contribution to the Study of the Historical Jesus*, Tübingen: Mohr Siebeck; Peabody, MA: Hendrickson, 1993, 대장간 역간)는 축귀자로서의 예수―그의 방법, 자기 이해, 그의 청중들이 그가 하고 있던 일을 어떻게 인식했는가―에 초점을 맞추고 그 박사 논문을 전면적으로 개정한 것이었다. 두 번째 책『승리하는 그리스도: 당시와 현재의 축귀』(*Christ Triumphant: Exorcism Then and Now*, London: Hodder & Stoughton, 1985)는 맨 먼저 출판되었지만, 출판계의 신비 덕분에 논의를 한 단계 더 진전시켜 신약의 저자들이 축귀자로서의 예수에 대해 무엇을 이해하고 있었고 축귀가 그들의 교회에서 어떤 위상을 차지했는지를 다시 알아내기 위해 노력했다. 그 책의 상당 부분은 그 연구로부터 오늘날에 대해 시사하는 바를 끌어내기 위해서도 노력했다.

이 책에서 나는『승리하는 그리스도』의 제4장("초기 교회")에서 다소 부적절하고 너무 짧게 요약한 내용을 더 자세히 살펴보고자 한다. 이렇게 함으로써 나는 Q와 공관복음서들이 거기에 표현된 초기 그리스도인들 가운데서의 축귀에 대해 우리에게 말해주는 내용도 탐구할 것이다. 더 나아가 나는 축귀와 관련된 질문들을 염두에 두고 요한복음과 바울 서신을 읽음으로써 제기된 문제들에 더 주의깊게 초점을 맞추고자 한다. 뒤에서 설명하는 바와 같이 이 작업에 도움을 주기 위해서 나는 2세기의 기독교 비판자들의 글뿐만 아니라 정경 이외의 문헌도 살펴보았다.

최초기의 교회 문헌들을 조사하고서도 거기서 발견되고 논의되는 내용이 우리 시대에 끼치는 영향을 고려할 의무를 느끼지 못하는 신약 연구자는 별로 없다. 그리고 특히 우리 시대 교회에서의 축귀에 대한 나의 견해가 크게 변했기 때문에 이 책은 우리의 연구가 우리 시대에 제시하는 간략한 추론으로 끝맺는다.

이 연구가 마무리됨에 따라 나는 다른 사람들에게서 받은 도움에 감사드린다. 그중 몇 명만 열거하자면 데일 앨리슨, (컴퓨터로 불가사의한 일을 할 수 있는) 헤셀 바체, 에드윈 브로드헤드, 피터 데이비즈, 클레이튼 제퍼드, 존 클로펜보그, 로이 코탄스키, 랜들 패널, 토드 페너, 마크 로버츠, 오스카 스카손, 존 크리스토퍼 토머스, 브랜든 워커, 데이비드 웬함, 아치 라이트, 그리고 특히 클린턴 아놀드와 폴 트레빌코에게 감사드린다. 그들이 오류, 맹점, 균형감 결여를 밝혀내기 위해 시간과 에너지를 투자하고 자신의 것도 아닌 연구를 위해 제언해준 내용은 내게 귀한 선물이 되었다. 특히 때로는 내가 그들의 조언을 무시하는 만용을 부렸기 때문에 이 친절한 사람들 중 누구도 이 책의 내용에 대해 책임을 질 수 없다. 이 책을 만드는 동안 매우 인내심이 많은, 베이커 아카데믹 출판사의 편집 담당 이사인 짐 키니가 다른 유익한 조언을 해 주었고 브라이언 볼거와 그의 팀의 편집 작업을 통해 최종 결과물이 현저하게 개선되었다. 이들에게 감사한다.

나는 운 좋게도 리젠트 대학교 신학대학원의 일원이 되었는데, 거기서 상당히 많은 시간을 연구에 할애할 수 있었던 것에 감사드린다. 내 동료들과 학장, 특히 신학대학원 도서관 사서 밥 시비니와 도서관 간 상호 대출 팀이 내 연구를 지원해준 데 대해 감사드린다. 그리고 이 연구를 위해 리젠트 대학교 교수 연구비에서 받은 지원에 감사한다. 나타샤 주롤리오바(연구 조교), 크리스토퍼 에메릭(강의 조교), 렐리아 프라이, 이언 해크먼, 앨리샤 피케트, 제레미 스미스, 앤드류 휘태커(대학원생 조교들), 줄리아 제네트, 메간 리, 케이시 슐츠(비서) 등은 모두 내게 큰 도움을 주었다. 이들에게 진실로 감사한다. 내 아내에게 나의 가장 큰 감사와 가장 큰 칭찬을 돌리고 싶다. 그는 엄청난 실제적인 지원과 도움을 주며(그는 그것을 도움받는 삶이라고 부른다) 연구를 수행할 시간과 분위기를 마련해주는 평온하고 정돈된 가정을 만든다. 고마워요, 바바라. 사실 우리 부부의 자녀들(캐서린과 폴)과 그들의 배우자들(브렌튼과 재클린), 그리고 그들의 자녀들(루이스와 조나)은 전 세계에 흩어져 있지만 내게 재미있고 격려가 되는 가정환경을 만들어 주는 데 기여한다.

내게는 호주 남부의 아델레이드 산지에서 과수원을 경영하는 특별한 친구가 있다. 완만하게 경사진 산지 곳곳에 퍼져 있는 2만 그루가 넘는 배나무들 주변과 그 사이를 따라 난 길들을 따라 차를 몰고 가다 보면 나무가 심긴 방식에는 조리도 없고 질서도 없어 보인다. 그런데 겉으로는 무질서해 보이는 나무들을 바라보며 길을 가다 보면 곳곳의 특정한 장소에서 거의 사방을 다 볼 수 있는 순간이 있는데, 그곳에서 보면 일정한 간격을 두고 심은 나무들이 완벽하게 일렬로 서 있는 모습이 보인다. 결국 조리도 있고 질서도 있다. 올바른 곳에 서 있기만 하면 그것을 볼 수 있다. 초기 그리스도인들 가운데서의 축귀를 살펴보면서 나는 종종 마치 무질서한 자료 덩어리를 쳐다보고 있는 것 같은 기분을 느꼈다. 그러나 때때로 그것들을 펼쳐놓은 사람들의 관점에서 그 주제를 바라보고 있다고 생각하니ㅡ나는 그러기를 바란다ㅡ마침내 질서가 분명하게 보였다. 이 책은 외관상의 무질서를 뚫고 나아간 나의 여정을 기록할 뿐만 아니라 독자들에게 나와 함께 질서가 명백하고 조리가 분명히 보이는 다양한 지점에 서서 조망할 기회를 제공하려는 시도다.

그레이엄 H. 트웰프트리

리젠트 대학교 연구실에서

2006년 8월

약어표

AB	Anchor Bible
ABD	*Anchor Bible Dictionary*. Edited by D. N. Freedman. 6 vols. New York: Doubleday, 1922
ABR	*Australian Biblical Review*
ABRL	Anchor Bible Reference Library
ACW	Ancient Christian Writers. 1946–
Ad Demetr.	*Ad Demetrianus* = *To Demetrian*, by Cyprian
AGJU	Arbeiten zur Geschichte des antiken Judentums und des Urchristentums
AGSU	Arbeiten zur Geschichte des Spätjudentums und Urchristentums
Alex.	*Alexander* (*Pseudomantis*) = *Alexander the False Prophet*, by Lucian of Samosata
Alleg. Interp.	*Legum allegoriae* =*Allegorical Interpretation*, by Philo
AMB	Joseph Naveh and Shaul Shaked. *Amulets and Magic Bowls: Aramaic Incantations of Late Antiquity*. 3rd ed. Jerusalem: Magnes, 1998. Followed by page, bowl, or amulet number.
AMIB	J. B. Segal and Erica C. D. Hunter. *Catalogue of the Aramaic and Mandaic Incantation Bowls in the British Museum*. London: British Museum, 2000. Followed by page or bowl number.
An.	*De anima* = *The Soul*, by Tertullian
AnBib	Analecta biblica
ANCL	*Ante-Nicene Christian Library*. 24 vols. Edinburgh: T&T Clark, 1867–1872
Ann.	*Annales* =*Annals*, by Tacitus

ANRW II	*Aufstieg und Niedergang der römischen Welt: Geschichte und Kultur Roms im Spiegel der neueren Forschung.* Part 2, *Principat.* Edited by H. Temporini and W. Haase. Berlin and New York: de Gruyter,1972-
Ant.	*Antiquitates judaicae = Jewish Antiquities,* by Josephus
ANTC	Abingdon New Testament Commentaries
Antr. nymph.	*De antro nympharum = On the Cave of the Nymphs,* by Porphyry
1 Apol.	*Apologia i =First Apology,* by Justin (Martyr)
2 Apol.	*Apologia ii =Second Apology,* by Justin (Martyr)
Apol.	*Apologia =Apology,* by Aristides
AR	*Archiv für Religionswissenschaft*
AUSS	*Andrews University Seminary Studies*
Autol.	*Ad Autolycum =To Autolycus,* by Theophilus of Antioch
b. B. Bat.	*Baba Batra =Bava Batra,* in the Babylonian Talmud
b. Ber.	*Berakot =Berakhot,* in the Babylonian Talmud
b. Meîl.	*Meîlah,* in the Babylonian Talmud
b. Šabb.	*Šabbat =Shabbat,* in the Babylonian Talmud
b. Sanh.	*Sanhedrin,* in the Babylonian Talmud
b. Šebu.	*Šebuot =Shevuot,* in the Babylonian Talmud
b. Sukkah	*Sukkah,* in the Babylonian Talmud
b.	Babylonian Talmud
2 Bar.	*2 Baruch (Syriac Apocalypse)*
Barn.	*Barnabas*
BBR	*Bulletin for Biblical Research*
BDAG	Bauer, W., F. W. Danker, W. F. Arndt, and F. W. Gingrich. *Greek-English Lexicon of the New Testament and Other Early Christian Literature.* 3rd ed. Chicago: University of Chicago Press, 2000
BDF	Blass, F., A. Debrunner, and R. W. Funk. *A Greek Grammar of the New Testament and Other Early Christian Literature.* Chicago: University of Chicago Press, 1961
BETL	Bibliotheca ephemeridum theologicarum lovaniensium

BHT	Beiträge zur historischen Theologie
Bib	*Biblica*
BiBh	*Bible Bhashyam* (Kerala, India)
bis	two times (twice)
BJRL	*Bulletin of the John Rylands University Library of Manchester*
BJS	Brown Judaic Studies
BK	*Bibel und Kirche*
BNTC	Black's New Testament Commentaries
BR	*Biblical Research*
BSac	*Bibliotheca sacra*
BSNTS	*Bulletin of the Studiorum Novi Testamenti Societas*
BTB	*Biblical Theology Bulletin*
BWANT	Beiträge zur Wissenschaft vom Alten und Neuen Testament
Byz	The majority of Byzantine witnesses to the New Testament Greek text
BZ	*Biblische Zeitschrift*
BZNW	Beihefte zur Zeitschrift für die neutestamentliche Wissenschaft
C. Ap.	*Contra Apionem = Against Apion*, by Josephus
CahRB	Cahiers de la Revue biblique
Cas.	*Casina*[여주인공의 이름을 따 작명된 코미디], by Plautus
Cat.	*Catecheses = Catechetical Lectures*, by Cyril of Jerusalem
CBQ	*Catholic Biblical Quarterly*
Cels.	*Contra Celsum = Against Celsus*, by Origen
CH	*Church History*
Chm	*Churchman*
Chron.	*Chronicon = Chronicle*, by Eusebius
Civ.	*De civitate Dei = The City of God*, by Augustine
Claud.	*Divus Claudius = Divine Claudius*, by Suetonius
1 Clem.	*1 Clement*
CMB	Dan Levene. *A Corpus of Magic Bowls: Incantation Texts in Jewish Aramaic from Late Antiquity*. London, New York, and Bahrain: Kegan Paul, 2003.

	Followed by page or M number for bowl.
CNT	Commentaire du Nouveau Testament
Colloq	*Colloquium*
Comm. Dan.	*Commentarium in Danielem* = *Commentary on Daniel*, by Hippolytus
Comm. Jo.	*Commentarii in evangelium Joannis* = *Expositions of the Gospel of John*, by Origen
Conc	*Concilium: International Journal for Theology* (네덜란드어, 프랑스어, 독일어, 이탈리아어, 포르투갈어, 스페인어로도 발행되었음)
CQ	*Classical Quarterly*
CQR	*Church Quarterly Review*
CTM	*Concordia Theological Monthly*
CTR	*Criswell Theological Review*
CurBS	*Currents in Research: Biblical Studies*
CurTM	*Currents in Theology and Mission*
CV	*Communio viatorum*
DDD	*Dictionary of Deities and Demons in the Bible*. Edited by K. van der Toorn, B. Becking, and P. W. van der Horst. Leiden: Brill, 1995
De Philosophia	*De Philosophia* = *Philosophy* (*Oratio* 70), by Dio Chrysostom
Decal.	*De decalogo* = *On the Decalogue*, by Philo
Def. orac.	*De defectu oraculorum* = *On the Obsolescence of Oracles*, by Plutarch
Demetr.	*Demetrius* = *Life of Demetrius*, by Plutarch
Dial.	*Dialogus cum Tryphone* = *Dialogue with Trypho*, by Justin
Diat.	*Diatessaron* = [*One*] *through Four* = *Gospel Harmony*, by Tatian
Diatr.	*Diatribae* (*Dissertationes*) = *Discourses/Lectures*, by Epictetus
Did.	*Didache*
Diogn.	*Ad Diognetum* = *Epistle to Diognetus*
Div Thom	*Divus Thomas* [a journal]
DJD	Discoveries in the Judaean Desert
DJG	*Dictionary of Jesus and the Gospels*. Edited by J. B. Green and S. McKnight. Downers Grove, IL: InterVarsity, 1992

DPL	*Dictionary of Paul and His Letters.* Edited by G. F. Hawthorne and R. P. Martin. Downers Grove, IL: InterVarsity, 1993
DSS	Dead Sea Scrolls (from Qumran caves)
ÉBib	Études bibliques
Eccl. Rab.	*Ecclesiastes Rabbah* (a midrash)
Ecl.	*Eclogae/Bucolika = Eclogues/Bucolics*, by Virgil
ÉgT	*Église et théologie*
EKK	Evangelisch-katholischer Kommentar zum Neuen Testament
1 En.	*1 Enoch*
Enn.	*Enneades = Enneads = The Nines* [6 books, 9 chapters each], by Plotinus
Ep.	*Epistulae morales = Moral Epistles*, by Seneca
Eph.	*To the Ephesians*, by Ignatius
Epid.	*Epidemiae* (Ἐπιδημίαι) *= Epidemics*, by Hippocrates
Epist. 121	*Epistula 121 = Ad Algasiam = Epistle to Algasia*, by Jerome
Epitaph.	*Epitaphius (Oratio 60) = Funeral Oration*, by Demosthenes
EPTABul	*European Pentecostal Theological Association Bulletin*
2 Esd.	2 Esdras *= 4 Ezra*
EstBíb	*Estudios bíblicos*
ET	English translation
ETL	*Ephemerides theologicae lovanienses*
ÉtudFranc	*Études franciscaines*
EvQ	*Evangelical Quarterly*
EvT	*Evangelische Theologie*
ExAud	*Ex auditu*
Exc.	*Excerpta ex Theodoto = Excerpts from Theodotus* [of Alexandria], via Clement of Alexandria
ExpTim	*Expository Times*
fasc.	Fascicle
FB	Forschung zur Bibel
Flacc.	*In Flaccum = Against Flaccus*, by Philo

frg.	*fragment*
FRLANT	Forschungen zur Religion und Literatur des Alten und Neuen Testaments
FTS	Frankfurter Theologische Studien
GBSup	Grazer Beiträge Supplement
GCS	Die griechische christliche Schriftsteller der ersten [drei] Jahrhunderte
Gen. Rab.	*Genesis Rabbah* (a midrash)
2 Glor.	*De Gloria ii* (*Oratio 67*) =*Popular Opinion*, by Dio Chrysostom
GMA	Roy Kotansky. *Greek Magical Amulets: The Inscribed Gold, Silver, Copper, and Bronze "Lamellae": Text and Commentary*. Part 1, *Published Texts of Known Provenance*. Abhandlungen der Nordrhein-Westfälischen Akademie der Wissenschaften. Sonderreihe Papyrologica Coloniensia 22.1. Opladen: Westdeutscher, 1994. Followed by part and text numbers.
GNS	Good News Studies
Gorg.	*Gorgias*, by Plato
GR	*Greece and Rome*
Hadr.	*Vita Hadriani* =*Life of Hadrian*, in *Scriptores historiae Augustae*
Haer.	*Adversus haereses* =*Against Heresies*, by Irenaeus
HALOT	Koehler, L., W. Baumgartner, and J. J. Stamm. *The Hebrew and Aramaic Lexicon of the Old Testament*. Translated and edited under the supervision of M. E. J. Richardson. 5 vols. Leiden and New York: Brill, 1994–2000
HAT	Handbuch zum Alten Testament
HBS	Herders biblische Studien
HDR	Harvard Dissertations in Religion
Her.	*Heroicus*, attributed to Philostratus (the Elder) of Lemnos
Herm.	*Shepherd of Hermas*
HHM	Harvard Historical Monographs
Hist. eccl.	*Historia ecclesiastica* =*Ecclesiastical History*, by Eusebius
Hist. Franc.	*Historia Francorum* =*History of the Franks*, by Gregory of Tours
Hist.	*Historiae* =*Histories*, by Tacitus

HNT	Handbuch zum Neuen Testament
Hom. 1 Cor.	*Homiliae in epistulam I ad Corinthios* = *Homilies on the First Epistle to the Corinthians*, by John Chrysostom
Hom.	*Homiliae* = *Homilies*, by Pseudo-Clement
HTKNT	Herders theologischer Kommentar zum Neuen Testament
HTR	*Harvard Theological Review*
HTS	Harvard Theological Studies
HUT	Hermeneutische Untersuchungen zur Theologie
HvTSt	*Hervormde teologiese studies*
IBC	Interpretation: A Bible Commentary for Teaching and Preaching
ICC	International Critical Commentary
Il.	*Ilias* = *Iliad*, by Homer
Int	*Interpretation*
ITQ	*Irish Theological Quarterly*
JAAR	*Journal of the American Academy of Religion*
JAC	*Jahrbuch fur Antike und Christentum*
JBL	*Journal of Biblical Literature*
JEA	*Journal of Egyptian Archaeology*
JECS	*Journal of Early Christian Studies*
JEH	*Journal of Ecclesiastical History*
JHS	*Journal of Hellenic Studies*
JJS	*Journal of Jewish Studies*
JLS	Alcuin/GROW Joint Liturgical Studies
JPT	*Journal of Pentecostal Theology*
JPTSup	Journal of Pentecostal Theology: Supplement Series
JR	*Journal of Religion*
JRitSt	*Journal of Ritual Studies*
JRS	*Journal of Roman Studies*
JSHJ	*Journal for the Study of the Historical Jesus*
JSJ	*Journal for the Study of Judaism in the Persian, Hellenistic, and Roman Periods*

JSJSup	Supplements to the Journal for the Study of Judaism
JSNT	Journal for the Study of the New Testament
JSNTSup	Journal for the Study of the New Testament: Supplement Series
JSOTSup	Journal for the Study of the Old Testament: Supplement Series
JSPSup	Journal for the Study of the Pseudepigrapha: Supplement Series
JTS	Journal of Theological Studies
Jub.	Jubilees
J.W.	Bellum judaicum = Jewish War, by Josephus
KBANT	Kommentare und Beiträge zum Alten und Neuen Testament
KBW	Katholisches Bibelwerk Verlag
KEK	Kritisch-exegetischer Kommentar über das Neue Testament (Meyer-Kommentar)
L	누가복음에만 나타난 자료/원천
L.A.B.	Liber antiquitatum biblicarum, by Pseudo-Philo
Lampe	G. W. H. Lampe. A Patristic Greek Lexicon. Oxford: Clarendon, 1961
Lange	Lange, Armin, Hermann Lichtenberger, and K. F. Diethard Römheld eds. Die Dämonen: Die Dämonologie der israelitisch-jüdischen und frühchristlichen Literatur im Kontext ihrer Umwelt / Demons = The Demonology of Israelite-Jewish and Early Christian Literature in the Context of Their Environment. Tübingen: Mohr Siebeck, 2003
LCC	Library of Christian Classics. Philadelphia: Westminster, 1953–
LCL	Loeb Classical Library
Leg.	Legatio pro Christianis = Embassy/Supplication for the Christians, by Athenagoras
Legat.	Legatio ad Gaium = On the Embassy to Gaius, by Philo
Lev.Rab.	Leviticus Rabbah (a midrash)
Life	Vita = The Life [autobiography], by Josephus
LNTS	Library of New Testament Studies
LSJ	Liddell, H. G., R. Scott, H. S. Jones. A Greek-English Lexicon. 9th ed. with revised supplements. Oxford: Clarendon Press, 1996

LXX	Septuagint (the Greek Old Testament)
M	마태복음에만 나타난 자료/원천
Magn.	*To the Magnesians*, by Ignatius
Mart. Isa.	*Martyrdom and Ascension of Isaiah* 1-5
MdB	Le Monde de la Bible
Med.	*Meditationes =Meditations*, by Marcus Aurelius
Mem.	*Memorabilia*, by Xenophon
Menex.	*Menexenus*, by Plato
Midr. Tanḥ.	*Midrash Tanḥuma*
Mir. ausc.	*De mirabilibus auscultationibus* = *On Marvelous Things Heard*, by Pseudo-Aristotle
MM	Moulton, J. H., and G. Milligan. *The Vocabulary of the Greek Testament*. London, 1930. Pepr., Peabody, MA: Hendrickson, 1997
Mos.	*De vita Mosis =On the Life of Moses*, by Philo
MSF	Joseph Naveh and Shaul Shaked. *Magic Spells and Formulae: Aramaic Incantations of Late Antiquity*. Jerusalem: Magnes, 1993. Followed by page or bowl (B) number.
MT	Masoretic Text (of the Old Testament)
NA27	Eberhard Nestle and Barbara and Kurt Aland eds. Novum Testamentum Graece. 27th ed. Stuttgart: Deutsche Bibelgesellschaft, 1993
NAPSPMS	North American Patristic Society Patristic Monograph Series
Nat.	*Naturalis historia =Natural History*, by Pliny the Elder
Nat. an.	*De natura animalium =Nature of Animals*, by Aelian
Nat. d.	*De natura deorum =Summary of Traditions of Greek Mythology*, by Cornutus
NCB	New Century Bible
Neot	*Neotestamentica*
NHC	Nag Hammadi Codices
NHL	*Nag Hammadi Library in English*. J. M. Robinson. 4th rev. ed. Leiden: Brill, 1996
NIB	*New Interpreter's Bible*. 13 vols. Nashville: Abingdon, 1994-2004

NICNT	New International Commentary on the New Testament
NIDB	*New Interpreter's Dictionary of the Bible.* Edited by Katharine D. Sakenfeld et al. 6 vols. Nashville: Abingdon, forthcoming
NIGTC	New International Greek Testament Commentary
Noct. att.	*Noctes atticae =Attic Nights,* by Aulus Gellius
NovT	*Novum Testamentum*
NovTSup	Novum Testamentum Supplements
NRSV	New Revised Standard Version
NRTh	*La nouvelle revue théologique*
NT	New Testament
NTAbh	Neutestamentliche Abhundlungen
NTApoc2	Wilhelm Schneemelcher, ed. New Testament Apocrypha. Rev. ed. 2 vols. Cambridge, UK: J. Clarke; Louisville: Westminster John Knox, 1991–1992
NTD	Das New Testament Deutsch
NTS	*New Testament Studies*
Numen	*Numen: International Review for the History of Religions*
ÖBS	Österreichische biblische Studien
OCD	*Oxford Classical Dictionary.* S. Hornblower and A. Spawforth 3rd ed. Oxford: Oxford University Press, 1996
OCP	*Orientalia christiana periodica*
Oct.	*Octavius,* by Minucius Felix
Od.	*Odyssea = Odyssey,* by Homer
ODCC3	*The Oxford Dictionary of the Christian Church.* Edited by F. L. Cross and E. A. Livingstone. 3rd ed. Oxford: Oxford University Press, 1997
Odes Sol.	*Odes of Solomon*
olim	formerly
Orat.	*Oratio =Address to the Greeks,* by Tatian
OT	Old Testament
P.Köln	*Kölner Papyri.* Edited by Bärbel Kramer, Michael Gronewald, et al. 10

vols. Abhandlungen der Nordrhein-Westfälischen Akademie der Wissenschaften: Sonderreihe, Papyrologica Coloniensia 7. Opladen: Westdeutscher Verlag, 1976-

P.Lond.   Greek Papyri in the British Museum. London.

P.Oslo   *Papyri Osloenses*. Edited by Samson Eitrem and Leiv Amundsen. 3 vols. Oslo: Norske Videnskaps-Akademi i Oslo, 1925-1936

P.Oxy.   *The Oxyrhynchus Papyri*. 69 vols. London: Egypt Exploration Society in Graeco-Roman Memoirs, 1898-

P.Petr.   *The Flinders Petrie Papyri*. Dublin. Royal Irish Academy, Cunningham Memoirs. Edited by J. P. Mahaffy and J. G. Smyly. 3 vols. 1891-1905

P.Stras.   *Griechische Papyrus der Kaiserlichen Universitäts- und Landesbibliothek zu Strassburg*. Edited by F. Preisigke. 9 vols. Leipzig, 1912-1989. No. 73은 제1권에 수록되어 있음.

Pan.   *Panarion (Adversus haereses) = Refutation of All Heresies*, by Epiphanius

Pecc.merit.   *De peccatorum meritis et remissione = Guilt and Remission of Sins*, by Augustine

Peregr.   *De morte Peregrini = The Passing of Peregrinus*, by Lucian of Samosata

Pesiq.Rab Kah. Pesiqta de Rab Kahana = Pesiqta of Rab Kahana

PG   Patrologia graeca [= Patrologiae cursus completus: Series graeca]. Edited by J.-P. Migne. 162 vols. Paris, 1857-1886

PGM   *Papyri graecae magicae: Die griechischen Zauberpapyri*. Edited by K. Preisendanz. 3 vols. Leipzig and Berlin: Teubner, 1928-1941

Phil.   *To the Philippians*, by Polycarp

Philops.   *Philopseudes = The Lover of Lies*, by Lucian of Samosata

Phld.   *To the Philadelphians*, by Ignatius

PL   Patrologia Latina [= Patrologiae cursus completus: Series latina]. Edited by J.-P. Migne. 217 vols. Paris, 1844-1864

Plut.   *Plutus = The Rich Man*, by Aristophanes

PNTC   Pelican New Testament Commentaries

Pol.   *To Polycarp*, by Ignatius

Procat.	*Procatechesis =Introductory Catechetical Lecture*, by Cyril of Jerusalem
Prot.	*Protrepticus =Exhortation to the Greeks*, by Clement of Alexandria
PSB	*Princeton Seminary Bulletin*
Ps.-Phoc.	Pseudo-Phocylides
Pss.Sol.	*Psalms of Solomon*
PTS	Patristische Texte und Studien
PTSDSSP	*The Dead Sea Scrolls: Hebrew, Aramaic, and Greek Texts with the English Translations*. Edited by James H. Charlesworth. Princeton Theological Seminary Dead Sea Scrolls Project. 10 vols. (4A + 4B = one) plus two concordances are projected. Tübingen: Mohr Siebeck; Louisville: Westminster John Knox, 1991, 1994-
Puls.	*De pulsuum differentiis =On Differences of Pulses/Influences*, by Galen
Q	*Quelle*/자료. 마태복음과 누가복음에 나타나지만, 마가복음에는 나타나지 않는 자료
QD	Questiones disputatae
R.	Rabbi
Rab.	*Midrash Rabbah*(히브리 성경의 다양한 책들에 관한)
RAr	*Revue archéologique*
RB	*Revue biblique*
3 Regn.	*De regno iii (Oratio 3) =Kingship 3*, by Dio Chrysostom
RelS	*Religious Studies*
RelSBul	*Religious Studies Bulletin*
Res.	*De resurrectione =On the Resurrection*, by Methodius of Olympus
ResQ	*Restoration Quarterly*
RevExp	*Review and Expositor*
RevQ	*Revue de Qumran*
RevScRel	*Revue des sciences religieuses*
RGRW	Religions in the Graeco-Roman World
RHR	*Revue de l'histoire des religions*
Rom.	*To the Romans*, by Ignatius

RSV	Revised Standard Version
RTAM	*Recerches de théologie ancienne et médiévale*
RTL	*Revue théologique de Louvain*
Sacr.	*De sacramentis = The Sacraments*, by Ambrose
SANT	Studien zum Alten und Neuen Testaments
SBB	Stuttgarter biblische Beiträge
SBEC	Studies in the Bible and Early Christianity
SBFLA	*Studii biblici Franciscani liber annus*
SBLDS	Society of Biblical Literature Dissertation Series
SBLMS	Society of Biblical Literature Monograph Series
SBLSP	Society of Biblical Literature Seminar Papers
SBM	Stuttgarter biblische Monographien
SBS	Stuttgarter Bibelstudien
SBT	Studies in Biblical Theology
SC	Sources chrétiennes. Paris: Cerf, 1943.
ScEs	*Science et esprit*
SCM	Student Christian Movement Press
SE	*Studia evangelica I, II, II* (= TU 73 [1959], etc.)
SecCen	*Second Century*
SISTSym	Spiritan International School of Theology Symposium Series
SJT	*Scottish Journal of Theology*
Smyrn.	*To the Smyrnaeans*, by Ignatius
SNTSMS	Society for New Testament Studies Monograph Series
SNTSU	Studien zum Neuen Testament und seiner Umwelt (series)
SNTW	Studies of the New Testament and Its World
SO	Symbolae osloenses
Soph.	*Sophista = Sophist*, by Plato
SP	Sacra pagina
Spec.	*De specialibus legibus = On the Special Laws*, by Philo
SR	Studies in Religion

ST	*Studia theologica*
STDJ	Studies on the Texts of the Desert of Judah
StLit	*Studia liturgica*
StMiss	*Studia missionalia*
StPatr	*Studia patristica.* Edited by Elizabeth A. Livingstone. Papers From the Conferences on Patristic Studies at Oxford. Vols. 13 and 16, part 2, Berlin: Akademie-Verlag, 1975 and 1985. Vols. 21 and 26, Louvain: Peeters, 1989 and 1993
StPB	Studia post-biblica
Strom.	*Stromata =Miscellanies*, by Clement of Alexandria
StudOr	Studia orientalia
SUNT	Studien zur Umwelt des Neuen Testaments
SVTP	Studia in Veteris Testamenti pseudepigraphica
T.Sol.	*Testament of Solomon*
TAPA	*Transactions of the American Philological Association*
TBT	*The Bible Today*
TD	ἀληθὴς λόγος = *True Doctrine*, by Celsus
TDNT	*Theological Dictionary of the New Testament.* Edited by G. Kittel and G. Friedrich. Translated by G. W. Bromiley. 10 vols. Grand Rapids: Eerdmans, 1964–1976
Them	*Themelios*
THKNT	Theologischer Handkommentar zum Neuen Testament
Tim.	*Timaeus*, by Plato
TJ	*Trinity Journal*
TLG	*Thesaurus linguae graecae: Canon of Greek Authors and Works.* Edited by L. Berkowitz and K. A. Squitier. 3rd ed. Oxford: Oxford University Press, 1990
TPI	Trinity Press International
TQ	*Theologische Quartalschrift*
Trad.ap.	*Apostolic Tradition*, attributed to Hippolytus

Trall.	*To the Trallians*, by Ignatius
Trim. Prot.	*Trimorphic Protennoia* = *The Three-Formed [Divine] First Thought*, NHC XIII, *1*
tris	three times (thrice)
TS	*Theological Studies*
TThSt	Trierer theologische Studien
TTZ	*Trierer theologische Zeitschrift*
TU	Texte und Untersuchungen
Tusc.	*Tusculanae disputations* = *Disputations at Tusculum*, by Cicero
TynBul	*Tyndale Bulletin*
TZ	*Theologische Zeitschrift*
UNT	Untersuchungen zum Neuen Testament
USQR	*Union Seminary Quarterly Review*
VC	*Vigiliae christianae*
VCSup	Supplements to Vigiliae christianae
VD	*Verbum domini*
Vesp.	*Vespae* = *Wasps*, by Aristophanes
Vir. ill.	*De viris illustribus* = *On Illustrious Men*, by Jerome
Vit. Apoll.	*Vita Apollonii* = *Life of Apollonius of Tyana*, by Flavius Philostratus
VTSup	Vetus Testamentum Supplements
WBC	Word Biblical Commentary
WC	Westminster Commentaries
WTJ	*Westminster Theological Journal*
WUNT	Wissenschaftliche Untersuchungen zum Neuen Testament
WW	*Word and World*
y. 'Erub.	*'Erubin*, in the Jerusalem Talmud
y. Šabb.	*Šabbat* = *Shabbat*, in the Jerusalem Talmud
y.	Jerusalem Talmud
YClS	*Yale Classical Studies*
ZAC	*Zeitschrift für Antikes Christentum / Journal of Ancient Christianity*

ZAW	Zeitschrift für die alttestamentliche Wissenschaft
ZKG	Zeitschrift für Kirchengeschichte
ZNT	Zeitschrift für Neues Testament
ZNW	Zeitschrift für die neutestamentliche Wissenschaft und die Kunde der älteren Kirche
ZRGG	Zeitschrift für Religions-und Geistesgeschichte
ZTK	Zeitschrift für Theologie und Kirche
ZWT	Zeitschrift für wissenschaftliche Theologie

1부

—

예수와 축귀 문제

In the NAME of
JESUS

1

축귀 문제

최근 여러 해 동안 신약의 축귀에 대한 관심이 점점 증가해왔다.[1] 그러나 대부분의 신약 연구자들에게는 축귀와 관련해서 최소한 두 가지 중요한 문제가 있다. 근본적인 문제는 축귀가 근거를 두고 있는 전제—악의적인 영적 존재들이 실재하며 그들이 어떤 사람 안에 침입하여 그를 지배하고 그의 건강을 눈에 띄게 망가뜨릴 수 있으며, 그 사람은 영적 존재들을 떠나게 하는 것으로 알려진 누군가를 통해 고침을 받을 수 있다는 전제—다.[2] 절대다수

---

[1] 가장 최근의 연구로는 다음 문헌들을 보라. Eric Eve, *The Jewish Context of Jesus' Miracles* (JSNTSup 231; London and New York: Sheffield Academic, 2002); Todd E. Klutz, *The Exorcism Stories in Luke-Acts: A Sociostylistic Reading* (SNTSMS 129; Cambridge: Cambridge University Press, 2004); Eric Sorensen, *Possession and Exorcism in the New Testament and Early Christianity* [WUNT 2.157; Tübingen: Mohr Siebeck; 2002); Peter G. Bolt, *Jesus' Defeat of Death: Persuading Mark's Early Readers* (SNTSMS 125; Cambridge and New York: Cambridge University Press, 2003); Clinton Wahlen, *Jesus and the Impurity of Spirits in the Synoptic Gospels* (WUNT 2.185; Tübingen: Mohr Siebeck, 2004); Ronald A, Piper, "Jesus and the Conflict of Powers in Q: Two Q Miracle Stories," *The Sayings Source Q and the Historical Jesus* (ed. A. Lindemann; BETL 158; Louvain: Leuven University Press, 2001), 317-49에 수록된 글; 그리고 위의 연구들의 참고 문헌.

[2] ἐξορκιστής(신약성경에서는 마 26:63에만 나오는 동사 ἐξορκίζω["명령하다", "강요하다", "명하다" 또는 "맹세하다"]에서 나온 "축귀자")라는 용어는 신약성경에 한 번 나오고(행 19:13) 그것이 이 단어에 대해 알려진 최초의 출처(참조. LSJ 598; DBAG 351)이지만, 아마도 이 용어는 상당히 잘 알려져 있었을 것이고(Josephus, *Ant.* 8.45를 보라) 신약성경의 저자들이 예수와 그 제자들이 귀신들과 더럽거나 악한 영들을 쫓아낼 때 하고 있었다고 생각한 일에 대

의 성경학자들과 신학자들에게 이는 요정이나 용 같은 실체나 지구가 평평하다는 생각에 대한 믿음이나 다름없다.[3] 그럼에도 역사가가 고대 세계에서의 귀신 들림과 축귀를 예컨대 "군중 심리"의 문제로 여겨서 이 문제를 "논의 금지 대상"[4]에 두면, 그 역사가는 초기 그리스도인들을 포함한 사람들 대다수[5]에게 그들의 세계관(Weltanschauung)[6]의 중요한 측면의 하나였던 것을 놓치게 된다. 그러므로 우리가 축귀에 대해 곤란하게 생각하기는 하지만, 역사적 탐구를 위해서는 귀신의 실체에 관한 판단을 유보하고[7] 텍스트의 문화적 환경이라는 관점에서 이 주제에 접근하는 것이 중요하다.[8]

한 적절한 묘사로 간주할 수 있다. 축귀의 정의에 대한 추가적인 논의는 Graham H. Twelftree, *Jesus the Exorcist: A Contribution to the Study of the Historical Jesus* [WUNT 2.54; Tübingen: Mohr Siebeck; Peabody, MA: Hendrickson, 1993), 13 및 그곳에 인용된 자료들을 보라. 좀 더 최근의 자료는 Sorensen, *Possession*, 1-2를 보라.

3 예컨대, Walter Wink, *Naming the Powers: The Language of Power in the New Testament* (Philadelphia: Fortress, 1984), 4. 참조. Hans Hübner, *An Philemon, an die Kolosser, an die Epheser* (HNT 12; Tübingen: Mohr Siebeck, 1997), 267-68. Graham H. Twelftree, *Christ Triumphant: Exorcism Then and Now* (London: Hodder & Stoughton, 1985), 12-14에 수록된 논의를 보라.

4 Peter Brown, *The Cult of the Saints: Its Rise and Function in Latin Christianity* (Chicago: Phoenix / University of Chicago Press; London: SCM; 1982), 107-8의 논의를 보라.

5 예외는 예컨대 다음 문헌들의 회의주의에서 발견할 수 있다. Lucian, *Philops.* 29-40; Marcus Aurelius, *Med.,* preface 6; Plotinus, *Enn.* 2.9.14. Craig S. Keener, *The Gospel of John: A Commentary* (2 vols.; Peabody; MA: Hendrickson, 2003), 1:261-63의 논의를 보라.

6 1세기의 회의주의와 경신(credulity)에 관해서는 다음을 보라. F. Gerald Downing, "Access to Other Cultures, Past and Present (on the Myth of the Cultural Gap)," *Modern Churchman* 21 (1977-78): 28-42; John Barton, "Reflections on Cultural Relativism," *Theology* 82 (1979): 103-9, 191-99; R. Gerald Downing, "Magic and Scepticism in and around the First Christian Century," *Magic in the Biblical World: From the Rod of Aaron to the Ring of Solomon* (ed. Todd E. Klutz; London and New York: T&T Clark, 2003), 86-99에 수록된 글.

7 우리의 연구가 골동품 수집가의 호기심 이상의 가치가 있으며, 귀신 들림과 축귀에 대한 우리 시대의 논쟁과 관련한 함의가 있다는 점에 대해서는 Twelftree, *Christ Triumphant*, 5-6장을 보라.

8 참조. Ralph Brucker, "Die Wunder der Apostel," *ZNT* 4 (2001): 32-45, 특히 32.

1.1 상황 설정

그럼에도 불구하고 이 연구를 초래한 주제―축귀에 관한 두 번째 중요한 문제―는 초기 그리스도인들 가운데서의 축귀의 위치와 관행이다. 축귀가 초기 기독교의 성공에 있어 중요한 역할을 했다는 것이 현대의 초기 기독교 연구에서 지배적인 견해였다. 예를 들어 여러 해 전에 아돌프 폰 하르나크는 이렇게 말했다. "그리스도인들은 축귀자로서 거대한 세상으로 나아갔고 **축귀는 그들의 전도와 포교의 매우 강력한 하나의 방법이었다.**"[9] 좀 더 최근에는 램지 맥뮬렌이 초기 기독교의 이례적이고 비할 데 없는 성공을 설명하면서 기적은 고대 세계에서 개종을 만들어내는 주된 동인이었을 뿐만 아니라 축귀는 "아마도 초기 기독교 교회에서 가장 높이 평가받은 활동이었을 것"[10]이라고 주장했다. 그는 유스티누스, 테르툴리아누스, 키프리아누스, 에우세비오스의 말을 인용하면서 축귀의 관습은 유대교에 원뿌리를 두고 있었고 다른 곳에서는 별로 중요하지 않았지만 "기독교에서 이례적인 꽃을 피웠고" 기독교의 성장에 있어 필수적이었다고 결론지었다.[11] 이와 비슷하게 치유 기적, 특히 축귀가 초기 그리스도인들이 많은 사람을 성공적으로

---

9   Adolf von Harnack, *The Expansion of Christianity in the First Three Centuries* (2 vols.; 1904-5; repr., New York: Arno, 1972), 1:160, 강조는 원저자의 것임.

10 Ramsay MacMullen, *Christianizing the Roman Empire (A.D. 100-400)* (New Haven and London: Yale University Press, 1984); 27(참조. 108)은 Brown, *Cult of the Saints*, 108에 의존한다. MacMullen, *Christianizing* 및 그와 비슷한 견해를 가진 S. Vernon McCasland, *By the Finger of God: Demon Possession and Exorcism in Early Christianity in the Light of Modern Views of Mental Illness* (New York: Macmillan, 1951), 104를 Amanda Porterfield, *Healing in the History of Christianity* (Oxford: Oxford University Press 2005), 63이 뒤따른다. 예컨대 다음 글도 보라. Albrecht Oepke, "ἰάομαι...," *TDNT* 3:214: "처음 몇 세기 동안 기독교의 비길 데 없는 전도의 활력은 무엇보다 특히 인상적인 경험들을 통해 계속 확증된 대담한 권세에서 비롯되었는데, 이를 통해 새로운 종교는 귀신과 운명(Εἱμαρμένη)의 노예가 된 이들에게 자유를 가져다주었다."

11 MacMullen, *Christianizing*, 27-28.

믿음으로 인도하는 데 결정적이었다는 점을 입증하는 것이 베른트 콜만의
주된 목표였다.[12]

---

12 Bernd Kollmann, *Jesus und die Christen als Wundertäter: Studien zu Magie, Medizin und
Schamanismus in Antike und Christentum* (FRLANT 170; Göttingen: Vandenhoeck & Ruprecht,
1996), 예컨대 375-80. 다음 책도 마찬가지다. Christine Trevett, *Montanism: Gender, Authority
and the New Prophecy* (Cambridge: Cambridge University Press; 1996), 157: "축귀는 기독교에
서 확실히 자리를 잡았고 널리 이용되었다"(그는 다음 문헌들을 인용한다. Justin, *Dial.* 55;
2 *Apol.* 6; Origen, Cels. 1.6, 25, 46; 3.24). Leslie W. Barnard, *The First and Second Apologies:
St. Justin Martyr* (ACW 56; New York and Mahwah, NJ: Paulist Press, 1997), 191 각주 34도
보라. 그는 다음 문헌들을 인용한다. Justin, *Dial.* 30; 49; 76; 85; Irenaeus, *Haer.* 2.32, 4 이
하; Tertullian, *Apologeticus* 23; 27; 32; 37; Cyprian, *Ad Demetr.* 15; Origen, Cels. 1; 46; 67;
Augustine, *Civ.* 22.8. Reidar Hvalvik, "In Word and Deed: The Expansion of the Church in the
Pre-Constantinian Era," in *The Mission of the Early Church to Jews and Gentiles* (ed. Jostein Ådna
and Hans Kvalbein; WUNT 1.127; Tübingen: Mohr Siebeck, 2000) 283-84에서 같은 주장을
하면서 다음을 추가한다. Theophilus, *Autol.* 2.8; Eusebius, *Hist. eccl.* 3.37.3; 5.3.14; *Acts of John*
38-42. Sorensen, *Possession*도 축귀가 초기 그리스도인들에게 어디서나 중요했다고 생각한
다. 좀 더 일반적으로, 그리고 좀 더 대중적인 차원에서는―Raphael Frost, *Christian Heeding: A
Consideration of the Place of Spiritual Healing in the Church of Today in the Light of the Doctrine and
Practice of the Ante-Nicene Church* (London: Mowbray, 1954)에 의존하여―Morton T. Kelsey,
Healing and Christianity in Ancient Thought and Modern Times (New York: Harper & Row, 1973),
128이 신약성경에 묘사된 치유 관행이 다음 두 세기 동안 중단 없이 계속되었다고 생각한다.
　　우리에게 특히 눈에 띄는 것은 Geoffrey Lampe(1912-1980)가 "Miracles and Early Christian
Apologetic"이라는 논문에서 믿음을 변호하고 불신자들에게 믿으라고 권유한 초기 기독교 저
술들에서는 축귀가 지배적인 기적이었을 뿐만 아니라 기적도 두 가지 방식으로 사용되었다―
「요한행전」에서의 요한의 경우와 같이 기적을 행함으로써 어떤 주장을 가장 직접적인 방식
으로 소개하기 위해서, 그리고 (예컨대 「바울행전」과 같이)설교자들이 다른 사람이 행한 기
적에 호소하여 그 사람의 권위, 성품, 교리를 뒷받침하기 위해 사용되었다―고 주장했다는 점
이다. Lampe는 또한 때때로 반대에 직면했을 때 기적에 대한 호소는 「베드로행전」에 나오는
베드로와 마술사 시몬의 경우처럼 모세와 이집트의 마술사들 간의 경쟁과 같은 선상의 경쟁
이라는 형태를 띠었다고 주장했다. Lampe는 "이 모든 것은 본질적으로 인기 있는 허구의 영
역에 속한다"라고 말한다. 그러나 그는 위대한 그리스도인 저술가들의 진실성을 보존하기 위
해 이렇게 덧붙인다. "진지한 저자들은 이 모든 것에 거의 주의를 기울이지 않는다." G. W.
H. Lampe, "Miracles and Early Christian Apologetic," in *Miracles: Cambridge Studies in Their
Philosophy and History* (ed. C. E D, Moule; London: Mowbray, 1965), 205-18에서 206쪽을 인
용함. 그러나 Lampe는 에우세비오스가 치유에 있어서 예수에 상응하는 에데사의 왕 아브가르
의 전설을 복제한다고 언급한다(*Hist, eccl.* 1.13). 오리게네스는 예수의 사도들에 대해 이렇게
말한다. "기적과 이적(wonder)이 없었더라면 그들은 새로운 교리와 새로운 가르침을 들은 사
람들로 하여금 그들의 전통적인 종교를 떠나 생명의 위험을 무릅쓰고 사도들의 가르침을 받

그럼에도 불구하고 케네스 그레이스턴이나 어니스트 베스트와 같은 몇몇 사람들은 초기 그리스도인들 가운데 축귀에 대한 관심이 별로 없었다고 제언했다.[13] 또한 F. 제럴드 다우닝은 이렇게 주장했다. "기적 이야기는 복음 전도자들이 독실한 사람들 가운데서 반복할 가치가 있었던 것으로 보인다. 기적 이야기는 외부에는 별 영향을 끼치지 않았다."[14] 더 나아가 프레데릭 E. 브렝크는 요한복음을 고찰하면서 그런 생각을 다음과 같이 노골적으로 표현했다. "이후의 교회 역사는 사람들 안에 들어가 있는 귀신을 보거나 축귀를 행하기를 매우 꺼렸음을 보여준다."[15] 따라서 이러한 견해들에 비추어보면 비교적 등한시된 연구 분야인, 초기 교회에서 축귀가 수행한 역할에 더 많은 빛을 비춰야 한다는 H. K. 닐센의 요청에 우리가 유의하는 것이 합당하다.[16]

초기 교회에서 축귀가 수행한 역할에 대해 이러한 의견 차이가 발생하는 이유 중 일부는 신약성경의 정경 자체에 내재해 있을 수도 있다. 우리가 초기 그리스도인들 사이에서의 축귀의 위치와 관행에 더 많은 빛을 비추기 위해서는 초기 교회의 문헌 유산에 수록된, 상당히 많은 변칙현상(anomaly)을 살펴봐야 한다. 우선 예수의 축귀가 묘사되는 다양한 방식 간에 괴리가 존재한다. 한편으로 공관복음서들은 예수의 사역에서 축귀의 정확한 위치

아들이도록 설득하지 못했을 것이다"(*Cels.* 1.46). 그리고 오리게네스는 자신의 시대에 대해 예수의 이름이 "사람들의 영혼과 몸에서 셀 수 없이 많은 귀신을 쫓아냈고 [또한 그 이름은] 귀신들이 쫓겨나간 사람들에게 큰 영향을 끼친 것으로 보였다"라고 말한다(1.25; 참조. 3.24). 이 연구에서 우리는 Lampe의 결론을 검증할 뿐만 아니라 문학을 넘어 역사성 수준까지 다루고자 할 것이다.

13 Ernest Best, "Exorcism in the New Testament and Today," *Biblical Theology* [Belfast] 27 (1977): 1–9; Kenneth Grayston, "Exorcism in the New Testament, *Epworth Review* 2 (1975): 94.

14 Downing, "Magic and Scepticism," 98.

15 Frederick E. Brenk, "The Exorcism at Philippoi in Acts 16.11–40: Divine Possession or Diabolical Inspiration," *Filología Neotestamentaria* 13 (2000): 21.

16 H. K. Nielsen, review of Kollmann, *Jesus und die Christen,* in *JTS* 48 (1997) 595.

에 관해서 일치하지는 않지만 그 복음서들은 예수를 축귀—및 다른 치유들—를 행하는 데 상당히 많은 시간을 보내는 존재로 묘사할 뿐만 아니라, 더 나아가 마태복음과 누가복음은 예수가 축귀를 자신의 사명을 가장 잘 요약하는 사역으로 보았다고 전한다.[17]

　다른 한편으로 우리가 예수 및 예수의 최초 제자들과 시간상 가장 가까운 기독교 문헌인 바울의 서신들을 살펴보면, 이 편지들은 축귀자로서의 예수에 대해서는 아무 말도 하지 않는 것처럼 보인다. 그렇다면 우리는 바울의 명백한 침묵이 단지 바울과 공관복음서 저자들이 저술한 두 종류의 문헌의 차이와만 관련이 있는지 아니면 다른 어떤 더 근본적인 사정이 있는지에 관해서만이 아니라, 공관복음서가 예수를 정확하게 묘사하는지에 관해서도 질문하지 않을 수 없다. 더 곤혹스럽고 이 축귀 문제가 가장 첨예해지는 지점은 '왜 정경의 요한 문헌에서 축귀나 축귀자로서의 예수에 대해 어떤 이야기도 나오지 않는가?'라는 질문이다.

　예수의 사역에 관한—모순까지는 아니더라도—이러한 관점의 차이라는 수수께끼는 예수가 자신의 제자들에게 요구한 것으로 전해진 내용에 대한 서로 다른 묘사에서 계속해서 나타난다. 공관복음서 저자들은 예수가 제자들에게 축귀자가 되라고 위임하는 것으로 묘사하는 반면 요한 전승은 이 문제에 대해 전혀 언급하지 않는다. 바울도 마찬가지로 최소한 언뜻 읽기에는 그 자신의 사역에서나 그의 독자들의 사역 가운데서 축귀에 대해 아무 말도 하지 않는 것처럼 보인다. 공관복음서 저자들, 특히 마가가 예수의 최초의 제자들의 이야기를 전할 때 그들을 독자들이 따라야 할 모범적인 축귀자로 묘사하려 했다는 점을 우리가 고려하면, 이러한 다양성 문제가 더 악

17　예컨대 특히 마 12:28; 눅 11:20을 보라. Twelftree, *Exorcist*, §29를 참조하라.

화된다.[18] 요컨대 신약성경의 저자 중 축귀가 기독교 사역의 일부가 되어야 한다고 제언하는 사람이 있는 반면 그렇게 말하지 않는 저자도 있다. 따라서 나는 이 연구에서 두 가지 주된 목표를 갖고 있다. 나의 주된 목표는 신약성경 문헌에 반영된 초기 그리스도인 중에서의 축귀 관행을 묘사할 뿐만 아니라 그것이 차지한 위치를 결정하는 것이다. 나는 이차적으로 신약 정경에 나타난 축귀에 대한 다양한 접근법에 관해 설명할 것이다. 그리고 나서 나는 이 연구의 토대가 협소함을 인정하면서, 초기 기독교의 신학과 관행을 형성하는 데 있어 예수에 관한 전승의 역할에 대해 간략하게 언급할 수 있기를 기대한다.

1. 2 이 연구

초기 그리스도인들 사이에서 축귀가 차지하는 위치 문제를 해결하는 것은 다음 몇 가지 핵심적인 이유로 중요할 수 있다. (1) 초기 그리스도인들 사이에서의 축귀의 위치를 묘사할 수 있으면, 초기 기독교가 자신의 사명을 얼마나 다양하게 이해했는지를 포함해서 초기 기독교의 성격에 대한 우리의 이해에 도움이 된다. 이어서 (2) 초기 그리스도인들 사이에서의 축귀와 관련된 사상과 관행에 대한 세심한 연구는 중요한 초기의 신학적 다양성이 지닌 여러 측면에 주의를 환기한다. 더 나아가 (3) 예수의 사역에서 축귀의 위치가 논란의 대상이 되고 있는 점에 비추어볼 때,[19] 우리의 연구는 초기 그리스도인들이 처음에 예수를 중심으로 발전한 전승들을 인식하고 다룬 다양

---

18 아래의 5.1 단락을 보라. (나는 복음서의 청중들은 아마도 처음에는 청자였을 것이라는 점을 인정하지만, 또한 그들은 아마도 거의 즉시 독자가 되었거나 독자를 포함했을 것이라고 인식하기 때문에 그들을 "독자"라고 지칭하는 관례를 유지한다.)

19 Twelftree, *Exorcist*를 보라.

한 방식들과, 이 전승들이 초기의 신학과 관행 형성에서 어떤 역할을 했는지를 이해하기 위한 사례 연구를 제공할 수 있다. 그러면 우리는 (4) 특히 축귀 수행과 관련해서 예수가 어떤 방식으로 초기 기독교 사역의 모델로 기능했는지—또는 기능하도록 의도되었는지—를 질문하게 된다. 이 질문에 대답하려면 축귀에 관심이 있었던 초기 그리스도인들에게 어떤 모델이나 대안이 가능했는지를 제시해야 할 것이다.

선행 연구의 성과로부터 우리는 이미 초기 그리스도인들 간의 축귀에 대한 관심과 축귀의 역할을 설명해줄 수 있는 몇 가지 가설을 얻었다. 다음과 같은 가설이 있을 수 있다. (1) 기적 일반 및 축귀에 대한 관심은 시간이 흐르면서 줄어들었다. 모리스 와일즈는 1965년 논문에서 신약성경의 기록이 끝난 지 얼마 안 되어 변증을 목적으로 한 외적인 기적에 대한 호소가 감소했다고 주장했다. 그는 이것이 초기의 기적들은 위대한 영적 운동이 시작할 때 적절한 것으로서 오직 믿음을 낳는 데만 필요했고 그 이후로는 추가적인 기적이 불필요해졌기 때문이라고 주장했다.[20] 좀 더 최근에는 존 도미니크 크로산이 이렇게 말했다. "기적들은 매우 이른 단계에서 전승에서 지워졌고, 유지되었을 때는 매우 조심스럽게 해석되었다."[21] 다른 가설을 보자면 (2) 신약성경에서 축귀에 대한 관심의 차이는 시간과 장소에 따른 문화적 차이라는 관점에서 설명될 수 있다. 예를 들어 에릭 소렌슨의 저술에 따르면 그리스-로마 문화의 문화적 감수성에 적응하려는 초기 그리스도인들의 시도 중 일부—거기서는 축귀가 인정된 관습이 아니라 "문화적 주류와 다른 흐름 속에서만" 존재했던 주변적인 주술 행위였다[22]—가 축귀에 대한

20   Maurice F. Wiles, "Miracles in the Early Church," in Moule, *Miracles*, 221-34, 특히 221-25.
21   John Dominic Crossan, *The Historical Jesus: The Life of a Mediterranean Jewish Peasant* (North Blackburn, Victoria: Collins Dove / HarperCollins, 1993), 310.
22   Sorensen, *Possession*, 9.

관심의 차이를 설명한다는 것을 입증할 수도 있다. 소렌슨은 초기 기독교가 서쪽으로 확장할 때 축귀가 계속된 데서 이 점이 특히 주목할 만하다고 주장한다. 또는 (3) 축귀에 대한 다양한 태도는 우리가 신약성경 문헌에 대한 면밀한 검토를 통해 발견하고 묘사할 수 있는 신학적인 뿌리를 갖고 있었을지도 모른다.

학자들이 제안한 축귀의 또 다른 역할로 (4) 엘리자베스 앤 리퍼는 축귀와 세례의 관련은 제도로서의 교회의 발전에서 근본적인 요인 중 하나였다고 주장했다.[23] 그의 1991년 듀크 대학교 박사 학위 논문에서 비롯된 두 건의 연구에서 리퍼는 초기 기독교에서 축귀가 수행한 역할을 검토했다.[24] 리퍼는 현대 역사가들이 보기에 초기 그리스도인들 사이에서의 축귀는 보통 "축귀가 초심자와 세례 준비의 필수적인 부분을 형성했던 세례의 맥락 속에" 관련된 것으로 여겨진다고 말한다.[25] 이러한 연결 관계가 나중에 명백해질 수도 있지만 우리는 기독교의 처음 두 세기에 이러한 관계가 얼마나 깊이 그리고 어떤 식으로 확립되었는지를 주목할 필요가 있다.

---

23   Elizabeth A. Leeper, "From Alexandria to Rome: The Valentinian Connection to the Incorporation of Exorcism as a Prebaptismal Rite," *VC* 44 (1990): 6-24; Elizabeth A. Leeper, "Exorcism in Early Christianity" (Duke University 박사 학위 논문, 1991). Leeper는 몹수에스티아의 테오도로스(350-428년경)를 주로 다루는 John Bowman, "Exorcism and Baptism," in *A Tribute to Arthur Vööbus: Studies in Early Christian Literature and Its Environment, Primarily in the Syrian East* (ed. Robert H. Fischer; Chicago: Lutheran School of Theology at Chicago, 1977), 249-63은 인용하지 않았다.

24   Leeper, "Exorcism"; 다음 문헌들도 보라. Leeper, "Alexandria," 6-24; Elizabeth Ann Leeper, "The Role of Exorcism in Early Christianity, *StPatr* 26 (1993): 59-62.

25   Leeper, "Role," 59는 Thomas M. Finn, "Ritual Process and the Survival of Early Christianity," *JRitSt* 3 (1989): 69-89를 인용한다; 특히 74-76을 보라.

1.3 연구의 범위와 위험

이 책은 명백히 신약성경 텍스트가 최소한 초기 그리스도인들 사이에서의 축귀를 둘러싼 수수께끼를 푸는 데 도움이 될 몇몇 증거를 낳기를 기대하는, 신약성경 텍스트에 대한 연구다. 그러나 텍스트를 고문해서 텍스트가 저자들이 의도한 것보다 더 많은 내용을 말하게끔 하지 않기 위해[26] 우리는 정경의 지평을 뛰어넘어 도움을 구할 것이다.

정경에 들어 있는 자료와 어느 정도 시간적 거리를 두고 기록된 문헌을 고려하는 데서 얻는 이점의 필요성과 신약 전승의 기원과 시간적으로나 문화적으로 최대한 가까운 거리를 유지하면서도 논의할 자료의 양을 다룰 수 있을 범위 내로 유지할 필요성 사이에 균형을 맞추기 위해 고려해야 할 자료에 대해 두 가지 제한을 두었다. 첫째, 이 연구의 시간적 종점을 기원후 200년으로 정했다. 이렇게 하면 테르툴리아누스를 고려 대상에서 제외하게 된다. 그는 이 연구의 대상 기간 안에(아마도 기원후 170년경) 태어났지만 2세기 말에 이르러서야 개종했고(아마도 기원후 195년 또는 196년경) 그때부터 3세기가 시작할 때까지 집필을 시작하지 않았다.[27] 이것은 유감스러운 일이지만 편리하게도 우리의 연구를 초기 그리스도인들이 주로 그리스적인 환경에 머물러 있었던 기간으로 한정해준다. 테르툴리아누스는 라틴어로 저술한 최초의 신학자, 우리에게 방대한 신학을 남긴 최초의 서방 그리스도인, 기독교의 사상을 그것의 그리스적 기원에서 "해방시킨" 저술가였기 때문이다.[28] 그렇지만 테르툴리아누스는 우리가 2세기 말 몬타누스주의자들의 축

---

26 이 생기있고 적절한 이미지는 Anthony N. S, Lane, "Did the Apostolic Church Baptise Babies? A Seismological Approach," *TynBul* 55 (2004): 109에서 나왔다.

27 Timothy D. Barnes, *Tertullian: A Historical and Literary Study* (Oxford: Clarendon, 1985), 5장, "Chronology"를 보라.

28 참조. Eric R Osborn, *Tertullian, First Theologian of the West* (Cambridge: Cambridge University

귀를 이해하는 데 도움을 준다는 점에서 여전히 상당한 흥미를 자아낼 것이다(아래의 11.8 단락을 보라).

둘째, 논의되는 자료의 양을 합리적인 수준으로 제한하기 위해서뿐만 아니라 무엇이 정통 기독교가 되었는지에 대한 우리의 관심 때문에도 나는 일반적으로 정통적이라고 간주되는 자료나 주류 초기 기독교에서 나온 자료만을 고려 대상으로 삼았다. 결과는 거의 바뀌지 않겠지만 2세기의 영지주의 문헌에 대한 논의는 추후의 연구를 기약해야 할 것이다.

이미 갈라지고 있는 해석 경로에 따른 렌즈를 통해 뒤돌아보면 우리는 신약성경 텍스트에서 미묘한 내용들을 발견할 뿐만 아니라, 이러한 도움이 없이 신약성경의 문헌들을 볼 때는 인식할 수 없거나 우리에게 하찮게 보였을 이 문헌들의 의미를 식별할 수 있을 것으로 기대된다. 또는 다른 비유를 사용하자면, 우리가 시간이 지남에 따라 점점 많아진 자료를 살펴보면 우리는 마치 확성기를 통해 듣는 것처럼, 신약성경에서 들려오는 신호만을 들을 때는 너무 약해서 지각하지 못했을 신호를 들을 수 있게 될 수도 있을 것이다.[29]

신약성경 문헌의 해석에 도움이 될 후대의 자료들을 검토할 때 우리는 확실히 우리에게 역사적 사후 통찰력(hindsight)이라는 부당한 이점을 가져다줄, 늘어난 시간상의 거리를 이용할 잠재적 위험에 노출된다.[30] 즉 주의 깊

Press, 1997), xiii.

29 참조. Graham N. Stanton, "Other Early Christian Writings: 'Didache,' Ignatius, 'Barnabas,' Justin Martyr," *Early Christian Thought in Its Jewish Context* (ed. John Barclay and John Sweet; Cambridge: Cambridge University Press, 1996), 174에 수록된 글. 그는 2세기의 기독교 문헌들은 "종종 신약성경 문헌에서 단지 암시만 되어 있는 것을 명시적으로 설명하고 있는데 그것들을 주의 깊게 연구해보면 종종 좀 더 친숙한 신약성경 문헌들에 대한 신선한 통찰을 얻게 된다"고 말한다.

30 John Cannon, "The Historian at Work," in *The Historian at Work* (ed. John Cannon; London: George Allen & Unwin, 1980), 9-11의 논의를 보라.

고 설득력 있는 논거가 없으면 우리는 나중에야 알려진 정보를 사용해서 우리의 지식에 드러난 공백을 메우려는 유혹을 받을지도 모른다. 달리 말하자면 우리는 축귀와 관련된 관행과 신학에 관해 후대의 자료에서 도출된 결론을 신약성경에 투영해서 그것을 읽을 수도 있다. 그와 달리 이런 유혹들을 견뎌내면 우리는 후대의 증거들뿐만 아니라 보고된 전개 과정이나 결과들을 합리적으로 사용하여 새로운 감수성을 가지고 뒤돌아봐서, 그것이 없었다면 우리가 미처 주목하지 못했을지도 모르는, 과거의 기록들이 지닌 여러 측면이나 세부 내용이나 함의를 발견하도록 도움을 받을 수 있다.[31]

1.4 연구 계획

나의 계획은 우선 예수 시대를 포함하는 특정시기의 축귀와 축귀자 일반에 대해 간략하게 묘사하는 것이다. 우리는 이를 통해 예수의 제자들과 초기 그리스도인들이 예수를 축귀자로서 어떻게 인식했을지 더 분명하게 알 수 있을 뿐만 아니라, 축귀를 수행하려 했던 그리스도인들에게 가능했던 대안들도 알 수 있게 될 것이다(2장). 이는 우리에게 비교할 요점들 및 이해의 맥락을 제공해서 우리로 하여금 초기 그리스도인 중에서의 축귀 관행의 독특한 특징을 명확히 알 수 있게 해줄 뿐만 아니라 다른 축귀들과의 공통점도 알 수 있도록 도움을 줄 것이다. 그리고 나서 나는 바울 서신부터 시작하는 2부에서 초기 그리스도인 중에서의 축귀의 위치와 관행에 대한 각 저자의 관점을 분명히 알 수 있도록 신약성경 문헌을 연대순으로 면밀하게 검토

---

31   Graham N, Stanton, "Jesus of Nazareth: A False Prophet Who Deceived God's People?" in *Jesus of Nazareth: Lord and Christ; Essays on the Historical Jesus and New Testament Christology* (ed. Joel B. Green and Max Turner; Grand Rapids: Eerdmans; Carlisle, UK: Paternoster, 1994), 164–80; 특히 165–66은 이 위험을 인식하고 예수가 마술사라는 비난을 받았는지 그러지 않았는지를 평가하는 데 있어서 비슷한 방법을 사용한다.

할 것이다(3-9장). 이 장들에 대한 결론은 우리의 조사 결과, 즉 이 연구를 견인하는 주요 질문들에 대답하는 데 공헌할 결과를 담기 때문에 특히 중요하다.[32]

3부에서 나는 2세기로 시선을 돌린다. 처음 두 장(10-11장)에서 나는 사도 교부(사도 시대 직후에 활동했던 교부—편집자주), 변증가들 및 마가복음의 더 긴 결말을 조사할 것이다. 여기서도 나는 우리의 부정확한 지식을 고려하여 가능하면 연대순에 가깝게 고찰하도록 노력할 것이다. 이를 통해 우리는 예수와 관련된 전승을 좀 더 직접적으로 물려받은 이들이 축귀에 대해 어떻게 생각했는지에 관한 통찰을 얻을 수 있을 것이다. 여전히 2세기의 문헌을 다루는 12장은 기독교에 대한 가장 중요한 비판자들인 켈수스, 사모사타의 루키아노스, 갈레노스를 포함한 기독교 비판자들의 안경을 통해 들여다본다. 나는 이러한 일련의 역사적인 렌즈들(사도 교부와 그 밖의 초기 기독교 저술가들, 그리고 다소 덜 조명된 기독교 비판자들)을 통해 우리가 신약성경 텍스트에서 발견한 내용을 더 뚜렷해지게 할 수 있을 것으로 기대한다. 그럼 먼저 처음 두 세기의 그리스도인들이 알았을 축귀와 축귀자들에 대한 서술을 시작해 보자.

---

32 아래의 3.6; 4.11; 5.10; 6.4; 7.8; 8.4; 9.11 단락을 보라.

2

예수와 그 외의 축귀자들

공관복음서들은 제자들이 순종적으로 예수를 모방하여 축귀를 시행하는 것으로 묘사한다.[1] 그러나 제자들의 방법과 초기 그리스도인들의 방법이 명확히 드러나는 곳에서 그들은 예수의 방법을 본뜬 것으로 보이지 않는다.[2] 예수는 초기 제자들이 살던 시대에 활동하거나 알려진 유일한 축귀자가 아니었다는 점을 염두에 두면, 그들의 방법이 예수의 방법을 모방한 것 같지 않다는 점에 비추어볼 때 그들의 방법의 기원과 초기 기독교의 축귀 방법을 확립하는 데 있어서 예수가 얼마나 중요했는지에 관한 의문을 제기한다. 따라서 이 장의 목표는 예수의 초기 제자들이—부활절 전후에—축귀를 수행하기 위해 이용할 수 있었던 방법이나 모델을 제시하는 것이다. 이 내용은 우리가 나중에 예수가 하나의 모델로서 얼마나 중요했는지, 제자들이 귀신을 쫓을 때 어느 정도까지 그리고 어떤 식으로 예수를 모방했는지 확실히 알 수 있게 해줄 것이다(아래의 13.4 단락을 보라). 이 장 끝부분에서 우리는 예수가 축귀와 관련해서 제자들에게 무엇을 의도했는지에 대해 논의할 것이다.

---

1   참조. 마 10:1; 막 3:15; 6:7, 13; 9:18, 28-29; 눅 9:1.
2   막 9:29; 눅 10:17; 행 16:18; 19:12을 보라.

이 시기에 저술된 현존 문헌들을 살펴보면 아마도 초기 그리스도인들에게 일련의 축귀와 축귀자들의 범위가 알려졌을 것이라는 점을 알 수 있다. 그 범위가 넓다는 것은 축귀자, 능력-권위, 그리고 괴롭히는 영적 실체를 쫓아낼 수 있는 충분한 영적인 힘을 가하거나 발휘하는 데 사용된 (말을 포함한) 의식의 상대적 중요성에 대한 이해가 다양했음을 나타낸다.[3]

2.1 마술적인 축귀

우선 내가 "마술"과 "마술사"라는 단어 및 그와 관련된 표현들을 사용하는 것은 경멸적인 의미가 아니라는 점을 분명하고 단정적으로 말해둘 필요가 있다. 이 단어들은 고대 세계에서 알려진—축귀자들과 축귀 방법을 포함한—특정한 종류의 개념, 자료, 사람들, 활동을 묘사하기 위한 편의상의 용어로, 가치 중립적으로 사용된다.[4]

즉 각종 축귀와 축귀자들의 한쪽 극단에는 축귀를 행한 사람이 누구인

---

3   이하의 내용은 Graham H. Twelftree, *Jesus the Exorcist: A Contribution to the Study of the Historical Jesus* (WUNT 2.54; Tübingen: Mohr Siebeck; Peabody, MA: Hendrickson, 1993), 3장에 기초하여 이를 발전시킨 것이다.

4   축귀에 한정된 것은 아니지만 이런 현상은 마술 파피루스에 잘 나타나 있다. 예컨대 Hans Dieter Betz, *The Greek Magical Papyri in Translation Including the Demotic Spells*, vol. 1, *Texts* (2nd ed.; Chicago and London: University of Chicago Press, 1992)에 수록된 모음을 보라. 마술을 정의하는 문제에 대해서는 예컨대 다음 글들을 보라. A. E. Segal, "Hellenistic Magic: Some Questions of Definition," in *Studies in Gnosticism and Hellenistic Religions: Presented to Gilles Quispel on the Occasion of His 65th Birthday* (ed. R. van den Broek and M, J. Vermaseren; Études préliminaires aux religions orientales dans l'Empire romain 91; Leiden: Brill, 1981), 349-75; John G. Gager, in "A New Translation of Ancient Greek and Demotic Papyri, Sometimes Called Magical," *JR* 67 (1987): 80; John G. Gager, "Introduction," in *Curse Tablets and Binding Spells from the Ancient World* (ed. John G. Gager; New York and Oxford: Oxford University Press, 1992), 3-41, 특히 24-25; C A. Hoffman, "Fiat Magia," *Magic and Ritual in the Ancient World* (ed. Paul Mirecki and Marvin W. Meyer; Religions in the Graeco-Roman World 141; Leiden: Brill, 1995), 179-94.

가보다 그 사람이 한 말과 행동 때문에 성공을 거둔 것으로 여겨지는 사람들이 있다. 이 자료는 연대기적, 지리적 범위뿐만 아니라 방대한 분량을 통해[5] 아마도 1세기 팔레스타인을 포함한 고대 말의 세계 곳곳에서 가장 흔히 알려진 형태의 축귀를 반영한 자료일 것이다.[6]

따라서 우리는 초기 그리스도인들이 축귀에 대해 알고 있었을 내용을 이해하려 할 때 마술적인 축귀에 우선순위를 부여해야 한다. 이 작업에서 쿰란 텍스트, 토비트서와 요세푸스의 책에 나오는 이야기들, 미지의 축귀자와 스게와의 아들들에 대한 신약성경의 이야기들, 마술 파피루스, 순교자 유스티누스의 언급들, 그리고 아마도 마술용 그릇에 나타난 '게트'(get) 개념[7]과 같은 많은 자료들이 우리에게 도움이 된다.

a. 쿰란 시편 11Q5(11QPsᵃ) 27.9-10은 다윗이 "시달리는 이들"이나 "귀신 들린 이들"을 고치기 위한 음악으로 노래 네 편을 지었다고 진술한다.[8] 이 노래들의 사본은 남아 있지 않지만, 그것들이 쿰란의 액막이 시편들

---

5   예컨대 다음 책들에 수집된 자료를 보라. Robert W. Daniel and Franco Maltomini, *Supplementum Magicum* (2 vols.; Abhandlungen der Rheinisch-Westfälischen Akademie der Wissenschaften; Sonderreihe, Papyrologica Coloniensia 16.1/2; Opladen: Westdeutscher; 1990-1992); Betz, *Greek Magical Papyri*; Joseph Naveh and Shaul Shaked, *Magic Spells and Formulae: Aramaic Incantations of Late Antiquity* (Jerusalem: Magnes, 1993); *GMA*.

6   예수와 그의 초기 제자들 시대의 팔레스타인에 그와 같은 자료가 있었다는 확고한 증거에 대해서는 Esther Eshel, "Genres of Magical Texts in the Dead Sea Scrolls," in Lange, 395-415의 논의를 보라.

7   이 단락의 뒤에 나오는 내용에 대한 추가적인 사항과 좀 더 자세한 사항에 대해서는 Graham H. Twelftree, "Jesus the Exorcist and Ancient Magic," in *A Kind of Magic: Understanding Magic in the New Testament and Its Religious Environment* (ed. Michael Labahn and Bert Jan Lietaert Peerbolte; European Studies on Christian Origins; LNTS 306; London and New York: T&T Clark, 2007), 57-86을 보라.

8   הפגועים이라는 용어는 쿰란 문서나 이후의 문서에서 악령에 들리거나 악령에게 괴롭힘을 당하는 사람들에 대해 사용되었다. James A. Sanders, *The Psalms Scroll of Qumran Cave 11 (11QPsa)* (DJD 4; Oxford: Clarendon, 1965), 93을 보라. 그는 여기서 다음 문헌들을 인용한다. *y. Šabb.* 6.8b; *y. 'Erub.* 10.26c; *b. Šebu.* 15b. 다음 자료들도 보라. 11Q11 4.2; Marcus Jastrow, *A Dictionary of the Targumim: The Talmud Babli and Yerusalemi, and the Midrashic Literature* (New

과 관점 면에서 일관성이 있었다고 가정하면[9] 이러한 축귀는 마스킬(*maśkil*) 또는 서기관에 의해 수행되었을 것이라고 예상해도 무방하다. 그는 아마도 공적인 예배 상황에서[10] 영들을 놀라게 하고 제압할 뿐만 아니라 관련된 사람들을 안심시키기 위해 탄원의 일부로서 하나님과 천사들의 영광과 보호를 (찬송가처럼) 선포했을 것이다. 이러한 축귀에는 또한 귀신에게 욕설을 퍼붓고 아마도 하나님의 이름으로 귀신에게 명령하는 일이 포함되었을 것으로 예상할 수 있다.[11] 그렇지 않으면 축귀자는 하나님께 강력한 천사를 보내서(참조. 11Q11 4.5) 그 영이 거대한 심연으로 보내지게 해달라고 요청할 수도 있었다(11Q11 4.7-9). 목격자들은 "아멘, 아멘"이라는 말로 화답했을 수도 있다(참조. 4Q511 4; 11Q11 5.14). 어쨌든 중요한 것은 축귀자의 신원이 아니라 그가 하는 말인데, 그 말은 귀신을 겁주어 쫓아내거나 어떤 영적인 힘을 끌어들여 귀신을 내쫓는 일과 관련이 있었다.

b. 토비트서[12]는 아스모데우스라는 귀신에 들린 사라라는 사람의 이야기를 들려준다. 그 텍스트는 이 귀신이 질투심이 발작하여 그 여자의 일곱

York: Pardes, 1950), 1135.

9   11Q11; 4Q510; 4Q511; 6Q18을 보라. 이 문헌들에 대한 철저한 논의는 Bilha Nitzan, "Hymns from Qumran—4Q510-4Q511," in *The Dead Sea Scrolls: Forty Years of Research*(Devorah Dimant and Uriel Rappaport 편; STDJ 10; Leiden: Brill, 1992), 53-63을 보라. Eshel, "Genres," 395-415는 11Q11을 액막이 시편이라기보다는 축귀 시편으로 간주한다.

10   4Q511 frg. 63 4.1-3을 보라. 이에 대해서는 Philip S. Alexander, "'Wrestling against Wickedness in High Places': Magic in the World View of the Qumran Community," in *The Scrolls and the Scriptures: Qumran Fifty Years After*(ed. Stanley E. Porter and Craig A. Evans; JSPSup 26; Sheffield: Sheffield Academic, 1997), 321을 보라.

11   야웨의 신성 4문자가 사용되었을 것 같지는 않다. 예컨대 다음 문헌들을 참조하라. 4Q511 frg. 35; 8Q5 1; 11Q11 3.1-12. 이에 대해서는 다음 글들을 보라. Joseph M. Baumgarten, "On the Nature of the Seductress, in 4Q184," *RevQ* 15 (1991): 136; Eshel, "Genres," 401-2, 404.

12   토비트서는 아마도 팔레스타인에서 기원했을 것이고 기원전 3세기나 더 그럴듯하게는 2세기에 나온 문헌일 것이다. 다음 문헌들을 보라. Merten Rabenau, *Studien zum Buch Tobit* [Berlin: de Gruyter, 1994), 175-90; Joseph A. Fitzmyer, *Tobit* (Commentaries on Early Jewish Literature; Berlin and New York: de Gruyter, 2003), 50-54.

남편을 차례로 죽였다고 말한다(토비트 3:8; 6:13). 새로운 남편인 토비아스는 신부의 방에 들어가자마자 "물고기의 간과 심장을 조금 가져와서 그것을 타다 남은 향불 위에 놓으라"는 지시를 받는다. "그러면 냄새가 날 것이고 귀신은 그 냄새를 맡고 달아나서 더 이상 그 여자 근처에 얼씬거리지 않을 것이다"(6:17-18). 이 지시를 실행하자 "그 귀신이 그 냄새를 맡고 이집트 북부로 달아났고, 천사가 그 귀신을 결박했다"(8:3, 저자의 번역). 토비트서 저자는 이것을 축귀—어떤 사람 안에서 어떤 영적인 존재를 제거하는 것—로 간주한 것이 아니라 단지 어떤 골치 아픈 영을 물리치고 쫓아낸 일로 간주했을 수도 있다. 그럼에도 불구하고 이와 똑같은 분향 기법이 훗날 축귀 방법으로 사용되었기 때문에(아래의 f 단락을 보라) 토비트서는 초기 그리스도인들이 친숙했을 법한 축귀 방법을 반영하고 있을 가능성이 있다.

토비트가 받은 지시에 다음과 같은 지침도 포함되어 있었다는 점은 주목할 만하다. "네가 그 여자와 잠자리에 들려고 할 때 우선 너희 둘이 모두 일어나 하늘에 계신 주님께 기도하고 자비와 안전이 너희에게 주어지기를 간청하여라"(토비트 6:18). 이것은 원치 않는 영을 굴복시키는 방법 자체의 일부가 아닌 것으로 보인다. 그들은 "기도하고 그들이 안전하게 지켜지기를 간청"하라는 지시를 받고 있으므로(8:5) 그것은 이후 귀신의 공격으로부터의 보호 수단이었을 가능성이 더 크다.[13]

c. 요세푸스(기원후 37년경-100년경)의 글에는 잘 알려진 유대인 엘르아살 이야기가 나온다. 축귀에 관해 초기 그리스도인들이 알고 있었을 내용을 반영했을 것으로 예상할 수 있는 이 이야기는 엘르아살이 축귀를 행한 것을 요세푸스가 본 하나의 예로 진술되는데, 이 축귀는 전통적인 "시적인 노래

---

13   참조. 눅 11:24-26; Josephus, *Ant.* 8.46-49; *PGM* IV. 1227-1264(이에 대해서는 아래의 설명을 보라).

들"(τὰς ἐπῳδάς)과 "방법들"(τρόποι)에 의존했다(*Ant.* 8.45-49; 참조. *J. W.* 7.180-185). 이 이야기 자체뿐만 아니라 이러한 어휘에서도 그런 치유자들이 인공물과 그 인공물의 사용법에 대한 지시 및 이에 수반되는 활동에 대한 지시가 담긴 텍스트를 간수하는 것은 관례적이었음을 추론할 수 있다. 엘르아살은 축귀자나 심지어 치유자라고도 불리지 않으므로 그런 활동은 아마도 그의 전문적인 활동의 일부일 뿐이었을 것이다. 요세푸스는 엘르아살이 말을 하지 않고 고통당하는 사람의 코에 반지를 대서 귀신을 쫓는다고 말한다. 그 사람이 반지 안에 들어 있는 뿌리의 냄새를 맡고 있을 때 엘르아살은 그 귀신을 쫓아냈다.[14] 귀신이 떠난 뒤 그 사람이 쓰러졌을 때 비로소 엘르아살은 시나 노래를 사용해 "솔로몬의 이름과 그가 지은 시(또는 노래, τὰς ἐπῳδάς)를 말하면서 그 귀신에게 다시는 그 사람 안으로 돌아오지 말라고 명했다(ὅρκου, *Ant.* 8.47). 여기서 아마도 전문적으로 축귀를 행하는 사람의 신원은 중요하지 않다. 중요한 것은 엘르아살이 맹세나 명령으로 귀신을 쫓아내기 위해 사용한 말과 방법이다.

d. 신약성경에는 요한이 예수께 보고하는 어느 미지의 축귀자 이야기가 등장한다. "선생님, 우리를 따르지 않는 어떤 자가 주의 이름으로 귀신을 내쫓는 것을 우리가 보고 우리를 따르지 아니하므로 금하였나이다"(막 9:38 ∥ 눅 9:49). 이와 비슷하게 누가는 스게와의 일곱 아들에 대해 말한다(행 19:13-19). 집마다 돌아다니는 이 축귀자들은 그들의 주문에 다음과 같이 예수의 이름을 사용하는 것으로 전해진다. "내가 바울이 전파하는 예수를 의

---

14 H. St. J. Thackeray and Ralph Marcus, *Josephus* (9 vols.; LCL; Cambridge, MA: Harvard University Press; London: Heinemann; 1926-1965); 5:597은 T. Reinach가 반지 인장 아래 들어 있는 뿌리는 Josephus, *J. W.* 7.180-185에 묘사된 바아라스(*baaras*)라는 식물이었을 것이라고 그럴듯하게 추측했다고 언급한다. 만일 이 식물이 독성이 있고 냄새가 강한 맨드레이크(*Mandragora officinarum*, 합환채)라면 귀신은 아마도 그 냄새로 인해 쫓겨난 것으로 여겨졌을 것이다. 참조. 아 7:13.

지하여 너희에게 명하노라"(19:13). 우리의 목적상 주목할 점은, 최소한 이 이야기에 나오는 스게와의 아들들의 관점에서 보면 축귀의 성공은 그들의 신원에 의존하는 것이 아니라 특정한 능력-권위의 원천을 관여시키기 위해 말해지는 내용에 의존하는 것으로 생각되었다는 점이다.[15]

　　e. 우리는 이미 마술적인 축귀를 행하는 것이 **마술 파피루스**에 반영된 마술사들에게 국한되지 않았다는 점을 언급했지만, 이 풍부한 자료에서 우리는 초기 그리스도인들이 익히 알고 있었을 축귀와 축귀자들에 대한 정보의 대부분을 얻는다. 따라서 이 자료는 특별히 주의를 기울일 가치가 있다.[16] 이러한 마술적인 축귀의 몇몇 분명한 예들은 그리스 마술 파피루스(*PGM*) IV와 V에서 발견된다. 앞의 텍스트 *PGM* IV는 초자연적 치료사들을 위한 3,274행의 편람(handbook)인데, 여기에는 축귀에 할애된 고도로 복합적인 두 단락이 포함되어 있다(IV. 1227-1264, 3007-3086). *PGM* V는 또 다른 복합적인 축귀 텍스트(V. 96-172)를 포함하고 있는, 좀 더 짧은 설명서다. 이런 종류의 자료는 전문 마술사들에게 실행해야 할 의식에 대한 지침뿐만 아니라 암송해야 할 텍스트도 제공해주었다. 이러한 텍스트 중 하나인 *PGM* IV. 1227-1264에 대해 논의하면 축귀에 사용된 접근법을 충분히 이해할 수 있을 것이다.

　　PGM IV.1227-1264에서 축귀는 축귀자가 축귀 의식을 거행하는 동안 올리브나무 가지 채찍을 사용할 뿐만 아니라(IV. 1248-1252), 고통당하는 사람의 뒤에 서서(IV. 1228-1230) 그 사람의 머리에 "대고"(ἐπί) 말하면서 우월성을 과시한다는 점에서 능력 대결로 이해된다.[17] 축귀를 위한 준비를 지시

15　"너희는 누구냐?"라는 그 영/사람의 부정적인 반응과 그에 수반된 폭력은 축귀자의 신원에 의존하는, 앞의 관점과 상충되고 좀 더 은사주의적인 관점을 보여준다.

16　여기서 나는 Twelftree, "Ancient Magic"에 수록된 좀 더 상세한 논의 중 일부를 요약한다.

17　참조. J. D. M. Derrett, "Getting on Top of a Demon (Luke 4:39)," *EvQ* 65 (1993): 99-109.

한 뒤에 이 텍스트는 (콥트어로) 축귀자에게 이렇게 말하라고 지시한다. "만세, 아브라함의 하나님. 만세, 이삭의 하나님. 만세, 야곱의 하나님. 예수 그리스도(Jesus Chrestos),[18] 성령님, 일곱 현인보다 높으시며 일곱 현인 안에 드시는 아버지의 아들이시여. '만군의 주'를 모셔오소서. 주께서 그 사람 안에 있는 이 더러운 귀신 사탄[19]을 몰아내실 때까지 주의 권능이 아무개에게서 나오기를 기원하나이다"(IV. 1231-1239). 유대교, 기독교, 이교의 개념들이 융합된 이 주문 배후의 근거는 신의 능력이 와서 귀신을 몰아내기 때문에 귀신이 사람에게서 나갈 것으로 기대된다는 것이다(IV. 1239; 1V. 3025도 보라). 이는 축귀자가 자신의 능력이나 그 신에게서 받아들였을지도 모르는 어떤 능력으로 활동한다고 가정하지 않는다는 것을 나타낸다. 능력-권위 자체가 호출되고 축귀를 행해달라고 요청된다.

그러나 이 콥트어 삽입구(*PGM* IV. 1231-1239) 전에 작성된 이 텍스트의 더 오래된 판본은 축귀에 대해 그것과 다르고 좀 더 은사주의적인 관점을 구현했다. 축귀자는 다음과 같이 1인칭으로 의식을 시작했다. "귀신아, 네가 누구든 나는 이 신의 이름으로…[마술 공식] 나와서…멀리 떨어져 있으라고 너에게 간청한다[또는 '맹세한다'](ἐξορκίζω σε)"(IV. 1239-1241). 여기서 거명된 신들의 힘이나 권위가 사용되고 있지만, 축귀를 행함에 있어 축귀자 자신도 중요하다. 따라서 그 텍스트는 다음과 같이 이어진다. "귀신아, 내가

---

18 Bentley Layton, *The Gnostic Treatise on Resurrection from Nag Hammadi* (HDR 12; Missoula, MT: Scholars Press, 1979), 44-45는 "Christos"(그리스도)와 "Chrēstos"(탁월한)는 발음이 같았지만, 이 두 단어는 비록 이교도들 가운데서는 그렇지 않았지만 고전 시대의 콥트어 사본에서는 일반적으로 혼동되지 않았다고 말한다. 이 특정한 경우에 우리는 문맥으로부터 "예수 그리스도"라는 이름이 의도된 것이 분명하지만, 이 혼동은 이 단어를 받아들인 이교도인 콥트 사람들로부터 발생한 것이 분명하다고 가정할 수밖에 없다.

19 기독교에서의 귀신의 우두머리라기보다는 개별적인 귀신이나 귀신의 무리로서의 "사탄"을 가리키는 이와 비슷한 용법은 4Q213a 1.17과 11Q5 19.15-16에서 발견된다. Michael E. Stone and Jonas C. Greenfield, "The Prayer of Levi, *JBL* 112 (1993): 262-65를 보라.

너를 결박하니(δεσμεύω) 나오라"(IV. 1245-1246). 달리 말하자면 축귀자가 신을 축귀의 수단으로 사용하기 때문에 그 사람에게서 귀신을 강제로 쫓아내는 일이 성공할 것으로 기대된다. *PGM* IV. 1227-1264는 귀신을 쫓아낸 뒤 축귀자에게 "아무개를 보호하라"로 끝나는 일곱 줄의 마술의 말(IV. 1252-1262)이 적혀 있는 부적을 귀신 들렸던 사람 주변에 매달라고 지시하면서 끝난다. 따라서 부적은 귀신들을 몰아낼 뿐만 아니라(참조. XXXVI 275-283), 이 경우에는 아마도 귀신이 돌아올 우려로부터도 계속 보호해줄 것으로 기대되었다(참조. IV. 1244; Josephus, *Ant.* 8.47).

f. 초기 그리스도인들이 축귀에 대해 알았을 수도 있는 내용에 관한 단서는 순교자 유스티누스(100년경-165년경)의 두 언급에도 등장한다. 그중 하나에서 그는 유대인과 이방인 모두 "그들이 귀신을 쫓을 때 기술(τῇ τέχνῃ)을 이용하고…분향과 주문을 사용한다"고 말한다.[20] 그는 우리에게 이것이 어떻게 효과를 발휘하는지 말해주지 않지만—요하난 벤 자카이와 관련된—이후의 한 이야기는 이렇게 말한다. "사람들이 뿌리를 가져와 그 사람 아래서 연기를 피우고 그 영에게 물을 뿌리면 그것이 달아난다"(*Pesiq. Rab Kah.* 4.5).[21] 이 이야기는 허구일 가능성이 높지만[22] 축귀 방법은 실제 관행을 반영할 수도 있다. 우리는 최소한 요세푸스의 글을 통해 냄새가 귀신 제거 능력이 있다고 생각되었음을 알고 있기 때문이다(*Ant.* 8.47; 참조. 위의 각주 14). 또 다른 언급에서 유스티누스는 유대인들이 "아브라함의 하나님, 이삭의 하나님, 그리고 야곱의 하나님[의 이름]으로" 귀신을 쫓을 때 어느 정도 성공을 거두

---

20 Justin, *Dial.* 85.3; 참조. Tob. 6:7-8; 8:2-3; 4Q196 frg. 11 1.8-9; 4Q197 frg. 3 1.13-14.

21 이 이야기의 현존하는 가장 이른 판본은 기원후 6세기 또는 7세기에 나온 것이다. Jacob Neusner, *Pesiqta de Rab Kahana: An Analytical Translation* (2 vols.; BJS 122-23; Atlanta: Scholars Press, 1987), 1:65를 보라.

22 Jacob Neusner, *Development of a Legend: Studies on the Traditions concerning Yohanan ben Zakkai* (StPB 16; Leiden: Brill, 1970), 167, 182를 보라.

었다는 점도 인정한다(*Dial.* 85.3). 이 간단한 방법은 여러 곳에서 그 존재가 입증되고 있는데, 이로 미루어볼 때 그것은 아마도 매우 널리 알려졌을 것이다.[23] 여기서도 치유를 행하는 사람이 아니라 말하고 행동한 내용이 축귀에서 중요하다고 인식된 요인이다.

g. 마술용 그릇에서 나온 '게트'(*get*)라는 개념은 초기 그리스도인들이 알았던 것과 그들이 축귀를 행하는 데 사용할 수 있었던 대안들을 제시하는 데 있어서의 가치가 덜 확실하다.[24] 우리가 관심을 두고 있는 기간 중에는 마술 그릇들이 일시적으로 사용되지 않은 것으로 보이기 때문이다.[25] 그러나—원치 않는 귀신들을 없애거나 멀리하기 위해 그 귀신들에게 발해지는 것으로 이해되는—그릇[26]에 기록된 다양한 종류의 해임장이나 이혼 증서와 관련되 사고들(마술의 '게트'[27])이 1세기에 팔레스타인에서 알려졌을 수도 있

---

23 *PGM* IV를 보라; 참조. Origen, *Cels.* 1.24-25; 4.33-34.

24 Jacob Neusner, *A History of the Jews in Babylonia* (vol. 5; StPB 15; Leiden: Brill, 1970), 221은 자신은 "이 마술의 게트가 마술 그릇 밖에서 일어난 사례를 알지 못한다"고 말한다. 이어지는 내용에 관한 세부사항은 Twelftree, "Ancient Magic"을 보라.

25 William Stewart McCullough, *Jewish and Mandaean Incantation Bowls in the Royal Ontario Museum* (Near and Middle East Series 5; Toronto: University of Toronto Press, 1967), xiv-xv.

26 예컨대 *AMB* B5; *AMIB* 013A; *CMB* M50/M59; M103/M119.

27 그릇에 등장하는 다양한 유형의 이혼과 방식들에 대해서는 Rebecca Lasses, "Exe(o)rcising Power: Women as Sorceresses, Exorcists, and Demonesses in Babylonian Jewish Society in Late Antiquity," *JAAR* 69 (2001): 343-75를 보라. Shaul Shaked, "The Poetics of Spells, Language, and Structure in Aramaic Incantations of Late Antiquity," in *Mesopotamian Magic: Textual Historical, and Interpretative Perspectives* (ed. Tzvi Abusch and Karel van der Toom; Ancient Magic and Divination 1; Groningen: Styx, 1999), 173-96, 특히 176은 '게트'를 일종의 비유로 여기기 때문에 그것을 동정적인 마술 행위로 본다. Levene, *CMB*, 18-21, 58-62에 수록된 논의를 보라. 다음 글들도 보라. Baruch A. Levine, "The Language of the Magical Bowls," in Jacob Neusner, *Jews in Babybnia*, 5:349-50에 수록된 부록; Cyrus H. Gordon, "The Aramaic Incantation Bowls in Historic Perspective," in *Minha le-Nahum: Biblical and Other Studies Presented to Nahum M. Sama in Honour of His 70th Birthday* (ed. Marc Bretder and Michael Fishbane; JSOTSup 154; Sheffield: JSOT Press, 1993), 142-46, 특히 143.

다. 즉 토비트 3:17에 '게트' 개념이 나타나 있을지도 모른다.[28] 기원후 4세기의 시내산 사본에 나오는 그 구절에서 곧 결혼할 사라는 "사악한 귀신 아스모데우스에게서 해방(λῦσαι)"되어야 하는데 여기서 'λῦσαι'는 때때로 이혼과 관련해서 사용되는 단어다.[29] "귀신이 사라와 '사랑'하고 있었다"고 말하는 헤롯 시대의 한 쿰란 문헌(4Q197 frg. 4 2.9)[30]은 마술의 '게트' 개념이 관련되어 있고 따라서 그것이 신약성경 시대에 알려져 있었다는 생각을 강화한다. 그 개념이 암시하는 것처럼 '게트'는 원치 않는 영적 존재가 어떤 사람을 괴롭히지 못하도록 내쫓거나 금하는 데 사용되었던 것으로 보인다. 그리고 악령의 제거를 다룰 때[31] 사람이 괴로움을 당하는 것은 그 사람이 악령에 사로잡혔기 때문만이 아니라, 그 사람이 사는 곳에 귀신이 살 수 있기 때문이기도 한 것으로 가정된다. 따라서 악령을 제거하거나 악령으로부터 보호받을 때 집이나 특정한 방에 주의가 집중될 수도 있었다.[32] 그릇들 대다수

---

28 토비트서의 저작 연대에 대해서는 앞의 각주 12를 보라.

29 Paul E. Dion, "Raphaël l'exorciste," *Bib* 57 (1976): 399-413, 특히 407-8에서 토비트 3:17은 그릇에서 발견된 마술적인 '게트'에 해당되는 것을 묘사한다고 주장한다. Dan Levene, "'Happy Thought of the Magicians,' The Magical *Get*," in *Shlomo: Studies in Epigraphy, Iconography, History, and Archaeology in Honor of Shlomo Moussaieff* (ed. Robert Deutsch; Tel Aviv: Archaeological Center Publication, 2003), 183-84도 보라.

30 다음 문헌들을 보라. Fitzmyer, *Tobit*, 215; Carey A. Moore, *Tobit* (AB 40A; New York: Doubleday, 1996), 158. 4Q197의 연대에 대해서는 DJD XIV p. 41을 보라.

31 *CMB* 2: Levene이 베끼고 논의하는 20개의 유대 아람어로 된 그릇 중 2개는 전반적인 저주와 맹세에 대한 보호를 제공했고, 2개는 이름이 언급된 원수들의 악의적인 마술로부터 보호하기 위한 것이었고, 다른 2개는 태어나지 않았거나 어린 아기를 보호하기 위해 할애되었으며, 다른 3개는 특정한 질병의 치유와 관련이 있었고, 7개는 귀신들과 그 밖의 행위자들로부터의 일반적인 보호를 위한 것이었고, 또 다른 4개만이 전반적인 보호를 위한 것으로 악령들에 맞선 '게트'의 개념을 포함했다(*CMB* M50; M59; M103; M119).

32 예컨대 *AMB* B1; B8; *AMIB* 015A; 016A; 020A; 023A; 027A; 048A. VI; 068A; *CMB* M50; M131; M142; *MSF* B14; B15. *CMB* M155에서는 아마도 그리스도의 이름으로(*CMB*, 112, 115를 보라) 릴리트의 딸이 "…의 배에서 악한 영을 데려가라"는 명령을 받으며 *AMIB* 029A와 013A에서는 악령들이 귀신 들린 자들에게서뿐만 아니라 그 집에서도 떠나라는 지시를 받는다. 참조. *AMB* B5; B10; *MSF* B15; B16.

가—아마도 "귀신 잡는 덫"[33]으로서—집의 바닥 아래 거꾸로 묻혀 있는 채로 발견된 이유는 아마도 그 때문일 것이다.[34]

그릇들에 대한 이 논의가 보여준 바와 같이 악한 영적 실체가 한 사람 안에 침입하여 그 안에 거처를 잡기보다는 그 사람의 바깥에서 괴롭힐 수도 있다고 가정하는 마술에 관한 문헌이 존재한다. 따라서 귀신은 그 사람 안에서 쫓겨나는 것이 아니라 그 사람으로부터 달아나게 된다(예컨대 토비트 6:1-8:3; *L.A.B.* 60). 어떤 텍스트들은 귀신을 제어하는 일(예컨대 *PGM* I. 96-132; III. 1-164)을 다루거나, 혹은 사람들을 마술적인 힘뿐만 아니라 귀신들에게서 보호하는 일을 다룬다.[35] 귀신이 아니라 열병이나 기타 질병들을 몰아내는 일을 다루는 텍스트들도 있다(예컨대 *GMA* I.56). 원치 않는 영적 존재들을 통제하기 위한 이처럼 다양한 방법들—이런 방법들은 모두, 중요한 것은 "축귀자"가 아니라 축귀 의식에서 하는 말과 행동의 내용이라는 개념을 공유한다—은 우리가 예수와 초기 그리스도인들이 귀신의 영향을 어떻게 다루었는지에 대한 통찰력을 얻는 데 도움이 될 것이다.

2.2 고대 마술의 축귀자들

우리가 살펴본 널리 알려진 마술 기법들은 분명 누구에게나 사용될 수 있었다는 것은 명백하지만(참조. 토비트 6:7-9; 8:1-3; Justin, *Dial.* 85.2-3), 예수와 초

---

33 참조. E. A. Wallis Budge, "Babylonian Terra-Cotta Devil-Traps," in E. A. Wallis Budge, *Amulets and Talismans* (New Hyde Park, NY: University Books, 1961), 283-90.

34 그릇들과 관련된 관례에 대해서는 의견일치를 보이지 않는다. 다음 문헌들을 보라. Gordon, "Bowls," 142-46, 특히 142-43; Hannu Juusola, *Linguistic Peculiarities in the Aramaic Magic Bowl Texts* (StudOr 86; Helsinki: Finnish Oriental Society, 1999), 4-9.

35 다음 문헌들을 보라. 4Q510; 4Q511. 다음 문헌들도 참조하라. 11Q11; *PGM* I.195-222; IV. 86-87; IV. 2145-2240; VII. 579-590; CXIV. 1-14; *GMA*, part 1; §§38, 52, 67.

기 그리스도인들의 시대에는 전문적인 마술사들이나(참조. *Ant.* 8.45-49)[36] 쿰란 공동체 사람들의 경우에서 보듯이 지정된 마술사들도 있었다. 더 나아가 자료가 입증하듯이 그들은 축귀자 이상의 존재였다.[37] *PGM* IV에 수집된 자료는 이들이 귀신을 제거할 뿐만 아니라, 예를 들어 애인을 찾고, 분노를 억제하고, 친구를 제거하고, 최면을 걸고, 어떤 신을 통제하고, 사업과 고객을 얻는 등의 일을 도와달라는 요청을 받았다는 사실을 보여준다. 종종 떠돌아다녔던[38] 이 전문가들은 매우 큰 존경을 받아서 최고위층이 그들의 서비스를 받고자 했다(참조. Josephus, *Ant.* 8.46).

그 텍스트들은 축귀자들이 텍스트 자료를 수집하고 융합하며 보존한 증거를 제공한다. 그들은 또한 환자나 동료를 위해(참조. *PGM* IV. 2006-2014) 그 텍스트들을 전부 또는 부분적으로 필사하는 데 필요한 용구를 마음대로 사용할 수 있었다(예컨대 *PGM* IV. 1252-1261). 축귀자들 중 몇몇은 최소한 가끔씩 주문 텍스트만 사용하기도 했다. 그러나 그들 대다수는 반지, 식물, 분향 재료, 줄 및 파피루스와 금속의 판을 포함한 광범위한 재료들을 갖고 있었다. 우리는 또한 그들이 처방전을 준비하는 데 도움이 되는 그릇과 도구들을 갖고 있었다고 가정할 수 있다.

비록 재료를 수집, 준비하고 부적을 붙이거나 반지를 끼는 일과 같은

36　개별적인 아마추어가 아닌 전문가들이 많은 마술 파피루스를 만들어냈다는 점에 대해서는 Twelftree, "Ancient Magic"을 보라.

37　"축귀자"라는 용어가 행 19:13에서 스게와의 일곱 아들에 대해 사용되기는 했지만, 이 용어는 심지어 엘르아살과 관련해서도 나타나지 않는다(Josephus, *Ant.* 8.46). 이 용어의 가장 이른 용례에 대해서는 Roy Kotansky, "Greek Exorcistic Amulets," in *Ancient Magic and Ritual Power* (Marvin W. Meyer and Paul Mirecki eds.; RGRW 129; New York and Leiden: Brill, 1995), 249 각주 14를 보라.

38　Walter Burkert, *The Orientalizing Revolution: Near Eastern Influence on Greek Culture in the Early Archaic Age* (Revealing Antiquity 5; Cambridge, MA, and London: Harvard University Press, 1992), 41-46을 보라.

상당한 준비를 해야 했겠지만[39] 기본적으로—초기 그리스도인들이 알고 있었던 것을 반영했을지도 모른다고 생각할 수 있는—좀 더 이른 시기의 파피루스 전승에 반영된 축귀 관행은 개념상으로나 실제적으로나 비교적 단순했다. 앞에서 살펴본 것처럼 축귀자는 (때때로 "조력자"[40]라고 불리는) 어떤 신이나 능력-권위를 관여시키거나 스스로 그 영적 존재를 힘의 원천으로 사용하여 귀신을 그 사는 곳에서 쫓아낼 수 있었다(예. *PGM* IV. 1240, 3019). 아니면 이 능력의 원천이 (반지나 부적 같은) 어떤 물체로 옮겨가거나 그 물체와 연계되어서 귀신을 쫓아낼 수도 있었다(예컨대 *PGM* XII. 266, 281-282; 참조. XXXVI. 275-83). 또는 그 물체를 환자에게 주어서 그 환자를 지속적으로 보호하도록 하기도 했다(예컨대 *PGM* IV. 1252-1261).[41] 그렇게 하는 근거는 단순히 초자연적인 능력의 존재만으로도 귀신을 떠나게 하거나 떨어져 있도록 하는 데 충분하다는 것이었다. 때때로 말을 동반하지 않고 어떤 활동을 수행함으로써 축귀가 이뤄지기도 했는데, 이는 말뿐만 아니라 행동도 영적인 힘을 담고 있고 이 힘을 전달할 수 있는 것으로 여겨졌기 때문이다(예컨대 Josephus, *Ant.* 8.46-47).

초기 그리스도인 중에서의 축귀를 고찰할 때 특히 흥미로운 점은 고대 마술의 일부 축귀자는 혼자서 일한 것이 아니라 아마도 그들의 가족 중에서 견습생을 두었을 가능성이다.[42] 그리고 최소한 몇몇 경우에는 이 축귀자들이 두 개의 언어를 사용했을 수도 있다. 즉 그들의 새로운 주문 수집은 종교

---

39 참조. *PGM* IV. 2145-2240; XII. 270-350; XXXVI. 275 – 283.

40 "조력자"는 πάρεδρος(참조. LSJ, "πάρεδρ－")의 일반적인 번역어로서 부적절하다는 점에 대해서는 Twelftree, "Ancient Magic"을 보라.

41 참조. Douglas L Penney and Michael O. Wise, "By the Power of Beelzebub: An Aramaic Incantation Formula from Qumran (4Q560)," *JBL* 113 (1994): 630, 630 각주 l2.

42 Burkert, *Orientalizing Revolution*, 44-46을 보라. 참조. 마 12:27 ‖ 눅 11:19; 행 19:13-14. John P. Meier, *A Marginal Jew* (3 vols.; New York: Doubleday; 1991-2001), 2:549를 비교하라: "마술사는 보통 제자들이나 신봉자들의 꽤 안정된 집단 안에서 활동하지 않았다."

적 경계뿐만 아니라 언어도 넘나들었다(예컨대 *PGM* IV. 1227-1264, 3020). 하지만 놀랍게도 고대 마술의 남아 있는 문헌들은 대부분 "유대적"이거나, 마술 파피루스의 경우 유대인의 영향을 많이 받았기 때문에 유대인에게서 기원했다고 추정하는 것이 합리적이다.[43] 따라서 초기 그리스도인들이 축귀와 축귀자들에 대해 알고 있었던 것을 고려함에 있어 이러한 고대의 마술 기록들은 매우 중요하다.

2.3 카리스마적인 마술사들

우리가 논의해온 마술적인 축귀가 축귀 시에 한 말과 행동 때문에 효과적인 것으로 여겨진 반면, 이 시기의 축귀의 스펙트럼에서 약간만 더 나아가면 우리가 카리스마적인 마술사라고 부를 수 있는 이들을 통해서 행해진 축귀가 있었다. 즉 이 마술적-카리스마적인 축귀는 마술사의 지식과 기술을 축귀자 또는 치료자의 개인적인 힘과 결합시켰기 때문에 성공적인 것으로 여겨졌다. 예를 들어 쿰란에서 발견된 「창세기 외경」에 나오는 아브라함 이야기에서는 아브라함을 미화하는 것이 이 이야기의 핵심이기 때문에 축귀자의 신원이 중요하다. 그러나 이 경우에 아브라함은 아마도 지극히 높으신 하나님의 도움을 관여시키기 위해 기도를 사용하며, 하나님이 어떤 영을 보내 바로와 그의 집안을 징벌했다고 한다. 아브라함은 그 악령이 떠나도록 바로와 그의 집안을 위해 기도해달라는 요청을 받는다. "나는 [그가] 치유될 수 있도록 기도했고 그의 [머리]에 안수했다. 역병은 그에게서 떠나갔다. 악한 [영]은 [그에게서] 쫓겨났고, 그는 회복되었다"(1QapGen 20.28-29). 여

---

43 마술 파피루스에서 유대의 특징적인 요소들을 구별하는 일의 어려움에 대해서는 Morton Smith, "The Jewish Elements in the Magical Papyri," SBLSP 25 (1986): 456을 보라.

기서는 소집된 외부의 도움뿐만 아니라 축귀를 시행한 사람도 중요하다.

또한 요세푸스는 다윗을 카리스마적인 마술가로 묘사하는 방식으로 다윗의 이야기를 진술한다(삼상 16장; *Ant.* 6.166-169). 요세푸스는 사울이 "그를 질식시키는 이상한 질환과 악령에 사로잡혔는데, 의사들이 다른 치료 방법을 찾아내지 못하자 그들은 주술로 악령들을 쫓아내고 수금을 연주할 능력이 있는 사람을 찾아오도록 명령하여 악령이 사울을 공격하고 괴롭힐 때마다 그 사람으로 하여금 왕 옆에 서서 지켜보며 수금을 연주하고 노래를 부르도록 했다"고 말한다. 다윗은 그런 사람으로 발탁되어서 사울의 "병을 주술로 쫓아냈고", "이 소년의 모습과 그의 존재는 그[사울]에게 기쁨을 주었다"(6.168-169). 여기서 사울에게서 악령을 쫓아내고 그의 건강을 회복시키는 데 있어 다윗의 존재뿐만 아니라 그의 수금 연주도 중요하다고 여겨진 요소였다.

2.4 카리스마적인 축귀자들

우리가 카리스마적인 축귀자라고 부를 수 있는 사람들은 예를 들어 마술 파피루스에 나타나는 사람들과 반대편 극단에 서 있다. 이른바 마술적인 축귀자들과는 대조적으로 카리스마적인 축귀자에게 있어 축귀의 성공은 축귀 의식에서 한 말이나 행동 또는 외부의 능력-권위의 원천에 의존하는 것이 아니라, 전적으로 축귀자의 개인적인 힘이나 카리스마적인 힘에 의존했다. 이런 식으로 귀신을 통제하거나 쫓아내는 데 성공한 것으로 여겨진 역사적 인물 중 한 사례가 랍비 문헌에 등장한다. 4세대 탄나임 랍비인 시므온 벤 요세에 관한 어느 이야기에서 벤 테말리온이라는 한 귀신이 황제의 딸 속에 들어간다. 랍비 시므온은 치료하기 위해 그 단지 귀신에게 "벤 테말리온아, 나가라! 벤 테말리온아, 나가라!"고 말했다고 한다(*b.Meïl.* 17b).[44] 그 결과로 초래된 성공적인 축귀는 전적으로 축귀자의 카리스마적인 힘에 의존하는 것으로 묘사된다.

이와 유사하게 3세기 초 저술 활동을 한 플라비우스 필로스트라투스(기원후 170년경-245년경)는 티아나의 아폴로니오스가 아테네에 있는 왕의 주랑 현관에서 이야기하고 있을 때 끼어든 어느 젊은이에 대해 말한다.[45] 이 젊은이는 아폴로니오스가 귀신을 꾸짖고 그 귀신에게 젊은이에게서 떠나라고 명령하자 귀신 들림에서 나왔다고 한다(Philostratus, *Vit.Apoll.* 4.20).[46] 여기서 사모사타의 루키아노스(기원후 120년경 출생)가 그의 글에서 묘사한 팔레스타인 출신의 수리아 사람도 고려해야 한다. 이 수리아 사람은 큰돈을 받고 귀신 들린 사람들의 건강을 회복시켜주곤 했다. 그는 귀신 들린 사람 옆에 서서 그 영한테 어떻게 그 사람 안에 들어갔는지 물어보곤 했다. 귀신은—때때로 외국어로—대답하곤 했다. 그는 그 영을 쫓아내기 위해 그것에게 명령하고 필요하다면 위협하기도 했다(*Philops.* 16).

언뜻 보기에 이런 이야기들은 어느 정도 예수의 이야기를 상기시키는 것으로 여겨질 수도 있지만, 이 이야기들은 모두 예수의 첫 제자들과 초기 그리스도인들의 시대보다 상당히 후대의 이야기라는 점이 주목할 만하다. 따라서 피터 브라운의 표현대로 "과거에는 대체로 사회 전반에 의해 보존

---

44 Markham J. Geller, "Jesus' Theurgic Powers: Parallels in the Talmud and Incantation Bowls," *JJS* 28 (1977): 141-42의 논의를 보라.

45 아폴로니오스는 플라비우스 필로스트라투스가 주장하는 것처럼 기원전 4년 또는 3년부터 기원후 97년까지 산 것이 아니라, 아마도 기원후 40년부터 대략 기원후 120년까지 살았을 것이다. Maria Dzielska, *Apollonius of Tyana in Legend and History* (Problemi e ricerche di storia antica 10; Rome: "L'erma" di Bretschneider, 1986), 32-38, 186을 보라.

46 이 이야기의 역사적 가치에 대한 논의는 Twelftree, *Exorcist*, 23-27을 보라. 추가로 다음 자료들을 보라. E. L. Bowie, "Apollonius of Tyana: Tradition and Reality," *ANRW* II. 16.2 (1978): 1652-99; 그리고 Dzielska, *Apollonius*.

되어온 기술을 거룩한 사람이 내면화한 것으로 간주되는" 이러한 축귀 방법은 아마도 예수의 최초기 제자들의 시대보다 후대에 발전되고 꽃을 피웠을 것이다.[47] 우리가 초기 그리스도인들이 축귀에 대해 알고 있었을 내용을 이해하고자 할 때 이 점의 중요성을 과소평가하지 않아야 한다. 이 점에 유념하면서 우리는 이제 예수의 최초 제자들이 축귀자로서의 예수에 대해 무엇을 알고 있었을지를 설명할 것이다.

2.5 축귀자로서의 예수

이전에 나는 다른 곳에서 내가 축귀자로서의 역사적 예수에 대한 합리적인 개요라고 여기는 내용을 제시했으므로 여기서는 대략적인 윤곽만 제공할 것이다.[48] 그 요약 중 다음과 같은 점들이 예수의 제자들이 축귀자로서의 예수에 대해 알았을 법한 내용과 관련이 있다.

　　a. 기적을 행하는 일이 역사적 예수의 활동을 지배하는 것처럼 보일 뿐만 아니라,[49] 특히 축귀가 그의 사역의 가장 분명하고 중요한 측면 중 하나로 부각된다(참조. 예컨대 마 12:28 ∥ 눅 11:20).[50] 우리가 아는 고대의 치료자 중 이런 사람은 없었다.

　　b. 예수가 행한 축귀는 능력 대결이라고 부를 수 있는 모습으로 묘사된다. 예를 들어 가버나움 회당에서 귀신 들린 사람이 치료된 이야기에서 그

47　Peter Brown, "The Rise and Function of the Holy Man in Late Antiquity," *JRS* 61 (1971): 100.

48　다음 문헌들을 보라. Graham H. Twelftree, *Christ Triumphant: Exorcism Then and Now* (London: Hodder & Stoughton, 1985), 57-71; Graham H. Twelftree, "EI ΔE...EΓΩ...EKBAΛΛΩ TA ΔAIMONIA! (Luke 11:19)," *The Miracles of Jesus* (ed. David Wenham and Craig Blomberg ; Gospel Perspectives 6; Sheffield: JSOT Press, 1986), 368-92; Twelftree, *Exorcist*.

49　Meier, *Marginal Jew*, vol. 2; 3부, 특히 970.

50　Graham H. Twelftree, "The Miracles of Jesus: Marginal or Mainstream?" *JSHJ* 1 (2003): 104-24 를 보라.

사람은 예수를 대면하자 소리를 지른다(막 1:24). 귀신 들린 거라사 사람은 예수를 보자마자 달려와 그 앞에 무릎을 꿇고 큰소리로 외친다(막 5:6-7). 마가복음 9:20에서 귀신은 예수를 보자 그 아이로 하여금 경련을 일으키게 한다.[51]

　　c. 예수는 귀신을 쫓을 때 고대 마술의 축귀자들이 사용한 표준적인 방식이나 주문을 활용한 것으로 묘사된다. 마가복음 1:25에서 예수는 귀신에게 "조용히 해라"(Φιμώθητι), 또는 더 정확하게는 "묶여 있으라"[52]고 말한다. 마가복음 1:25, 5:8, 9:25에서 예수는 귀신에게 "나오라"(ἔξελθε)고 말한 것으로 전해진다.[53] 더 나아가 마가복음 5:9에서 초자연적 전투의 일부로서 예수는 귀신의 이름을 묻는 관습을 따른다.[54] 그리고 이른바 간질병에 걸린 아이의 이야기에서 예수는 귀신에게 병자에게로 돌아가는 것을 금지하는 관습을 채택한다(막 9:25).[55]

　　d. 복음서의 한 기사에서 예수는 귀신들을 귀신 들린 사람에게서 어떤 대상으로 옮기는 관습을 취했는데, 이 경우에는 그 대상이 돼지 떼였다(막 5:12-14). 고대에는 그렇게 귀신이 들린 물체—귀신이 들어 있는 것으로 여겨진 조약돌이나 나무토막이나 단지나 물—를 버리거나 부숴서 귀신이 그

51　막 7:24-30에 기록된 수로보니게 여인의 딸에 관한 이야기에서 예수는 고통당하는 사람을 만나지 않는다.

52　참조. P. Lond. 121.396, 967; *PGM* IX. 9; XXXVI. 164. 이에 대해서는 Samson Eitrem, *Some Notes on Demonology in the New Testament* (2nd ed. ; SO, fasc. suppl. 20; Oslo: Universitetsforlagetf 1966), 38을 보라; 그리고 חסם, חסם에 대해서는 다음 자료들을 보라. *HALOT* 1:338; Jastrow, *Dictionary*, 488.

53　다음 자료들을 보라. *PGM* IV. 1239-1241, 1242-1249; Lucian, *Philops*. 11; 16; Philostratus; *Vit. Apoll*. 4.20.

54　다음 자료들을 보라. *T. Sol*. 2:1; 3:6; 4:3-4; 5:1; *PGM* IV. 1017-1019, 3037-3079; V 247-303. 참조. Philostratus, *Vit. Apoll*. 4.20.

55　참조. Josephus, *Ant*. 8.46-49; Philostratus, *Vit. Apoll*. 4.20; *PGM* IV. 1254, 3024-3025.

상황에서 떠나가게 하거나 떠나간 것을 표시할 수 있었다.[56]

e. 요세푸스(*Ant.* 8.49) 및 필로스트라투스(*Vit. Apoll.* 4.20)에 나오는 축귀 이야기에서 발견되고 마술 파피루스(IV. 1248-1252)에서 암시된 폭력은 예수와 관련된 이야기에서도 나타난다(막 1:26; 9:26).

f. 예수의 축귀 방법은 마술 전승에서의 축귀자보다 아폴로니오스의 방법((Philostratus, *Vit. Apoll.* 4.20)이나 1세기 유대의 카리스마적인 축귀자의 방법에 더 가깝다는 주장이 제기된다.[57] 즉 예수는 도움을 받지 않고 원치 않는 영적 존재들에게 사람 밖으로 나가도록 명령할 수 있었다. 그러나 우리는 방금 전에 예수가 한번은 귀신들을 어떤 사람에게서 물속으로 옮길 때 돼지 떼를 사용한 것처럼 표준적인 마술 방식도 사용했다는 사실을 살펴보았다. 그리고 예수는 귀신을 쫓는 중에 자신의 능력-권위를 전혀 언급하지 않지만[58] 그를 단지 카리스마적인 인물로만 보는 것은 그가 자신은 "하나님의 성령[또는 손가락]을 힘입어"(마 12:28 ‖ 눅 11:20) 귀신을 쫓아낸다고 한 말의 중요성을 무시하는 것이다.[59] 이 말은 예수가 자신은 아무 도움도 받지 않고—자신의 개인적인 능력이나 존재만을 의지하며—활동하는 것이 아니고 어떤 능력-권위, 즉 하나님의 성령 또는 손가락을 사용하고 있는 것으로 이해했다는 증거다. 또 앞 구절("내가 바알세불을 힘입어 귀신을 쫓아내면 너희의 아들들은 누구를 힘입어 쫓아내느냐?", 마 12:27 ‖ 눅 11:19)에서 예수는 자신을

---

56 P. Oslo 1:256-65을 보라; 추가로 다음 문헌들도 참조하라. Count Goblet d'Alviella, *Lectures on the Origin and Growth of the Conception of God* (The Hibbert Lectures, 1891; London and Edinburgh: Williams & Norgate, 1892), 88-89; Martin R Nilsson, *A History of Greek Religion* (2nd ed.; Oxford: Clarendon, 1949), 85-86.

57 참조. 예컨대, Geza Vermes, *Jesus the Jew* (London: SCM, 2001), 50, 60; 참조. 195.

58 최소한 마가의 관점에서는, 귀신들이 예수의 능력-권위의 근원을 알고 있다고 가정된다. 참조. 막 1:24.

59 막 3:28-30도 보라. 참조. *AMB* 57 (amulet 4.31-32): "그의 오른손과 그의 거룩함의 능력으로 내가 네게 명한다"; 이는 기원후 5세기 또는 아마도 4세기에 [수리아의 도시인] 알레포에서 나온 문헌이다.

다른 치료자들과 같은 차원에 두고[60] 자신이 귀신을 쫓기 위해 능력-권위를 사용하고 있다는 가정을 비판 없이 받아들인다. 이런 말들—예수의 축귀 방법과 관련해서 가장 명시적인 말들—에서 예수는 축귀에 대해 고대 마술에 관여한 몇몇 사람들과 같은 견해, 즉 능력-권위를 사용해서 귀신을 쫓는다는 견해를 공유하고 있는 것이 분명하다. 이는 예수나 당시의 다른 사람들이 그들의 영적 후원자들을 강요한 것이 아니라, 마술 파피루스에 반영된 것처럼 그들은 자신이 선택한 능력-권위를 마음껏 사용할 수 있는 권리를 취한 것이다. 이 점에 대해 부연하자면, 고대 마술에서의 축귀 명령이나 방법은 일반적으로 예수의 명령이나 방법처럼 짧지 않았을 수도 있지만,[61] 예수가 축귀에 대한 몇몇 고대 마술 전통의 단순한 이해 전통[62]—(명령이 능력-권위로 뒷받침되었다는 점을 전제로) 명령 한마디로 한 사람에게서 원치 않는 영적 존재를 쫓아낼 수 있다는 이해—을 공유했다는 점을 주목해야 한다.[63]

그러나 고대 마술 문헌 속에 보존된 전승들과 비교할 때 축귀자로서의 예수에게는 몇 가지 독특한 특징이 있다.[64]

a. 예수가 인공물 혹은 주문 모음집을 수집하거나 보존하거나 (돼지 떼 사건 외에) 사용한 증거는 없다.

---

60 마 12:27 ‖ 눅 11:19. 다음 문헌들에서 다루는 논의를 보라. Graham H. Twelftree, *Jesus the Miracle Worker: A Historical and Theological Study* (Downers Grove, IL: InterVarsity, 1999), 266-68; Twelftree, *Exorcist*, 106-10.

61 David E. Aune, "Magic in Early Christianity," *ANRW* II.23.2 (1980): 1532는 이 점을 충분히 인식하지 못했다.

62 이는 예컨대 다음과 반대되는 견해다. Vincent Taylor, *The Gospel according to St. Mark* (London: Macmillan, 1952), 171; Meier, *Marginal Jew*, 2:548. Meier는 또한 예수의 축귀와 마술 파피루스에 나타난 축귀의 차이점을 지나치게 과장한다(2:550, 571 각주 65).

63 막 9:25은 Justin, *Dial.* 85.3이 전하는 바와 같은, 유대인들이 사용한 주문과 대략 같은 길이이거나 그보다 약간 더 길다. 참조. 예컨대, *PGM* IV, 1227-1264. 쿰란 문헌에서 나온 주문들에 대한 Eshel, "Genres," 405의 논평들도 보라.

64 이 단락에 대한 더 자세한 내용은 Twelftree, "Ancient Magic"을 보라.

b. 그리고 축귀 외에 예수는 고대 마술에서 자주 발견되는 것과 같은 원치 않는 귀신들에 대한 통제나 귀신들로부터의 보호에 대해 아무 관심도 표현하지 않았다.[65]

c. 더 나아가 예수가 폭풍을 마귀적인 것처럼 다루었을 수도 있지만(막 4:39),[66] 그는 질병을 꾸짖지는 않은 것으로 보이며 귀신을 쫓는 데에만 축귀의 언어와 기법을 사용했다.

d. 예수는 건물이나 장소의 귀신을 쫓는 일에도 아무 관심을 보이지 않았다.

e. 초기 교회는, 특히 누가복음에 반영된 내용에 의하면 예수의 기도 생활을 열심히 강조했지만,[67] 그 전승의 어느 곳에서도 예수의 귀신 쫓는 기법에 기도의 실천을 결부시키려 하지 않았다.

f. 기록에 따르면 예수는 어떤 특정한 능력-권위를 인정했지만, 귀신을 쫓아내는 동안 자신의 능력-권위의 원천을 언급하지는 않았다는 점을 우리는 이미 언급했다. 그리고 예수가 "내가 너를 결박한다"라는 공식을 사용한 것 같지는 않다. 즉 예수는 자신의 기법의 일환으로서 또 다른 능력-권위에 의해 귀신들을 "책망"하거나 "명령"하거나 "결박"하지 않았다. 최소한 이 점에서 예수는 아폴로니오스나 몇몇 랍비들과 마찬가지로 자신의 능력의 원천을 공개적으로 인정하지 않았고 그에 수반되는 "내가 너를 결박한다"라는 공식을 사용하지도 않았던 것으로 보였을 것이다. 대신 예수는 강조적인 "내가"라는 단어를 사용했는데, 나는 고대 세계의 다른 어떤 주문이나 축귀 이야기에서도 이와 유사한 사례를 발견할 수 없었다. 따라서 자신은 하

65　[쫓겨났던 사람에게] 돌아가는 영에 관한 이야기에 대해서는 아래의 4.10과 7.6 단락을 보라.

66　Paul J. Achtemeier, "Person and Deed: Jesus and the Storm-Tossed Sea," *Int* 16 (1962): 175-76 을 보라.

67　Peter T. O'Brien, "Prayer in Luke-Acts," *TynBul* 24 (1973): 111-27을 보라.

나님의 성령 또는 손가락의 능력-권위에 힘입어 일한다는 예수의 진술에 비추어볼 때 그는 그 능력의 원천을 사용하거나 심지어 그 원천과 동일시될 수 있는 자신의 능력을 특별히 확신했다고 결론짓는 것은 합리적으로 보인다. 따라서 예수는 자신의 능력-권위의 원천을 밝히지 않는 것과 더불어 의도적으로 자신 및 축귀 능력에 있어 자신의 자원에 주의를 이끈다. 따라서 축귀에 대한 접근법 측면에서는 예수를 카리스마적인 마술사라는 용어로 묘사하는 것이 가장 좋다.

g. 유대인들은 습관적으로 기적을 종말론적인 징표로 여기지 않는다는 점뿐만 아니라 예수의 축귀와 같은 축귀가 흔하게 발생한다는 점에 비춰볼 때, 예수가 자신의 특별한 축귀는 사탄과의 싸움의 선봉일 뿐만 아니라 또한 하나님 나라 자체의 도래 또는 작동이라는 독특한 주장을 하는 것은 매우 놀라운 일이다.[68] 또 비판적으로 검토하면 고대 마술의 축귀자들과 축귀자로서의 예수 사이의 차이가 좁혀진다는 점에 비춰보면, 자신의 활동에 대한 예수의 이 주장의 대담성이 훨씬 더 뚜렷이 부각된다.[69] 축귀자로서의 예수는 카리스마적인 마술사였던 것으로 보인다는 점을 포함한 이러한 결론들이 우리가 축귀와 관련해서 제자들에 대한 예수의 의도를 살펴볼 때 중요한 사항이다.

2.6 축귀자로서의 예수와 그의 제자들

예수가 부활하기 전에 자기 제자들을 전도하러 보냈는지 그러지 않았는지 여부가 역사적 예수 연구에서 계속되고 있는 논쟁거리 중 하나다. 우리의

---

68   마 12:28 ‖ 눅 11:20; 참조. 눅 9:1-2 ‖ 마 10:6-8; 막 3:21-30. Twelftree, "Marginal or Mainstream?" 120을 보라.

69   Twelftree, "Ancient Magic"도 같은 취지로, 더 자세히 말한다.

연구와 관련해서 특별히 흥미로운 질문은 예수가 제자들에게 축귀를 수행하도록 지시했거나 의도했는지 여부다.[70] 예를 들어 조지 케어드는 부활의 날 이전 상황에 대해 "전도 명령은 복음서 기록의 다른 어떤 부분보다도 잘 입증된다"라고 말했다.[71] 반면 프란시스 W. 비어는 전도 명령에 대한 연구를 다음과 같은 말로 결론지었다. "실제로 그와 같은 명령이 있었다 하더라도, 그에 대한 정보가 너무 적어서 우리가 그것의 역사성에 대해 옹호하거나 반박할 가치가 없다."[72]

제자들의 전도 파송에 관해 우리가 갖고 있는 네 개의 기록은 아마도 마가복음 6:7-13(그 뒤를 이은 눅 9:1-6이 이 보고를 뒤따른다)과 Q(눅 10:1-12)에서 비롯되었고, 마태복음 10:1-15이 이 둘을 융합시켰을 것이라고 결론짓는 것이 합리적이다.[73] 이 자료는 초기 교회에 기원을 둔 것이 아니라 예수의 사역 기간에 기원을 두고 있을 수도 있다고 주장하는 것도 합리적이다. 첫째, 누가복음 10:4의 완전히 부정적인 성격("전대나 배낭이나 신발을 가지지 말며"), 길에서 아무에게도 문안하지 않는 것(10:4), 평화의 의인화(10:6), 발에서 먼지를 떨어버리는 행위(10:11) 등 자료의 여러 요소가 팔레스타인의 환경과 잘 어울린다.

둘째, 제자들은 예수가 아니라 하나님 나라를 선포할 임무를 부여받는데, 우리는 이 임무가 예수가 부활한 뒤 교회에서 유래되었더라면 예수를 전하라는 임무가 부여되었으리라고 예상할 수 있을 것이다. 좀 더 폭넓게는

---

70 이 주제에 대한 이전의 논의에 대해서는 Twelftree, *Exorcist*, 122-27을 보라.

71 George B. Caird, "Uncomfortable Words II: Shake off the Dust from Your Feet (Mk 611)," *Exp Tim* 81 (1969-70): 41.

72 Francis W. Beare, "The Mission of the Disciples and the Mission Charge: Matthew 10 and Parallels," *JBL* 89 (1970): 13.

73 참조. R. C. Hahn, *Mission in the New Testament* (London: SCM, 1965), 41-46; Joachim Jeremias, *New Testament Theology* (London: SCM; 1971), 231.

다른 두 요인이 우리가 예수의 제자들이 예수의 생애 동안에도 전도에 참여했다고 결론짓는 쪽으로 기울게 한다. 즉 만일 예수가 열두 제자를 세웠다면(그럴 개연성이 매우 높다)—이는 하나님 백성의 열두 지파를 종말론적으로 다시 모으기를 시작하는 상징적 행동이다—열두 제자를 세운 일에 전도 개념 자체가 내재해 있다.[74] 또 예수가 (이스라엘을 얻을 종말론적인 예언자처럼) 자신을 하나님이 파송한 순회 전도자로 이해하고 그렇게 묘사했다면(그럴 개연성이 매우 높다), 그의 제자들도 그런 선교 개념을 물려받았을 것으로 예상할 수 있을 것이다. 또는 마이어처럼 이를 달리 표현하자면, "열두 제자의 존재 자체가 이스라엘을 종말론적으로 다시 모으는 것의 시작을 상징하기 위한 것이었다면, 다른 어느 누가 아무리 상징적으로라도 그와 같이 다시 모으는 것을 시작할 이스라엘에 대한 선교에 더 적합하겠는가?"[75] 여기에 예수가 시몬—열두 제자의 리더—과 안드레에게 한 흥미롭고 아마도 역사적으로 신뢰할 만한 약속("내가 너희로 사람을 낚는 어부가 되게 하리라"(막 1:17)이 덧붙여질 수 있다. 우리가 가지고 있는 증거로 볼 때 이 약속은 그런 전도 안에서만 성취될 수 있었다.[76] 그러나 예수의 사역 기간에 제자들이 행한 전도 사역의 역사성에 대한 추가적인 지지는 그와 같은 개념이 예수가 부활한 뒤에 복음서로 넘어왔을 가능성이 매우 희박하다는 점이다. 신약성경에는 예수가 부활한 뒤에 열두 제자가 하나의 집단으로서 갈릴리나 이스라엘의 더 먼 곳에서 어떤 조직화된 전도에 관여했다는 증거가 전혀 없기 때문이다.

---

74 Meier, *Marginal Jew*, 3:148-54의 논의를 보라. 참조. Scot McKnight, "Jesus and the Twelve," *BBR* 11 (2001): 203-31; John P. Meier, "Jesus, the Twelve, and the Restoration of Israel," in *Restoration: Old Testament, Jewish, and Christian Perspectives* (ed. James M. Scott; JSJSup 72; Leiden: Brill, 2001), 365-404.

75 Meier, *Marginal Jew*, 3:158.

76 Meier, *Marginal Jew*, 3:159-62의 논의를 보라.

그 대신 열두 제자는 예루살렘에 머물러 있었던 것으로 보인다.[77]

예수가 제자들을 전도하라고 파송했을 개연성이 상당히 높다고 하더라도, 전도 임무의 구체적인 내용을 복구하는 것은 전혀 별개의 문제다. 특히 제자들은 귀신을 쫓아낼 임무를 부여받았는가? 오직 하나의 자료만이 예수가 "그들에게 더러운 귀신을 제어하는 권능을" 주었다고 말하기 때문에(막 6:7; 마 10:8과 눅 9:1도 마가복음의 기록을 따른다) 이 질문에 긍정적으로 답변하기가 어려워진다. 우리는 아마도 축귀에 대한 이 언급이 마가에 기인한다고 결론을 내릴 수 있을 것이다. 마가는 축귀에 큰 관심을 보인다(뒤의 5장을 보라). 마가는 아마도 예수가 열두 제자를 뽑은 목적에 축귀 개념을 덧붙였을 것이고(막 3:15[78]), 마가복음 6:7의 어휘와 문체는 마가가 그 구절을 만들어냈음을 암시한다.[79] 전도 임무에 대한 정보일 수 있는 다른 출처에서는 병자의 치유만을 언급한다(Q, 눅 10:9). 그러나 칠십(칠십 이) 인이 [전도 임무를 마치고] 돌아온 이야기에서 누가가 계속해서 축귀가 그들의 전도 보고의 일부였다고 가정한다는 점을 고려할 때(눅 10:17), 만일 축귀가 전도 임무에 대한 전승 속에 포함되어 있었다면 누가가 그에 대한 언급을 누락시켰을 가능성은 매우 희박하다. 따라서 우리는 예수가 제자들에게 축귀를 행하라는 임무를 부여했다는 어떤 직접적인 증거도 없다는 결론에 도달한다.

그러나 제자들은 아마도 그와 같은 직접적인 임무를 받지는 않았더라도, 다른 증거는 우리로 하여금 제자들이 예수가 부활하기 이전의 자기들의

---

77 다음과 같은 학자들도 같은 견해를 갖고 있다. C. Kingsley Barrett, *The Signs of an Apostle* (London: Epworth, 1970), 31-32; Robert H. Gundry, *Mark* (Grand Rapids: Eerdmans, 1993), 307; Meier, *Marginal Jew*, 3:158.

78 Robert A. Guelich, *Mark 1-8:26* (WBC 34A; Dallas: Word Books, 1989), 159-60 및 거기서 인용된 연구들을 보라.

79 다음 문헌들에 수록된 세부 논의를 보라. Taylor, *Mark*, 303; E. J. Pryke, *Redaction Style in the Marcan Gospel* (SNTSMS 33; Cambridge: Cambridge University Press, 1978), 14에 열거된 문헌.

전도에 축귀를 포함시켰을 가능성이 충분히 높다는 결론에 도달하게 한다. 첫째, 예수가 제자들에게 하나님 나라가 왔음을 선언하라고 말했다고 추정할 만한 타당한 이유가 있는데(눅 10:9), 하나님 나라의 도래는 예수 자신의 설교 주제이면서도 예수 부활 이후의 공동체는 이것을 취하지 않았다. 또 예수에게 있어 하나님 나라와 축귀가 본질적으로 관련되어 있었다는 점을 고려하면, 우리는 예수의 제자들도 최소한 Q, 마태복음, 누가복음이 그랬던 것과 마찬가지로(마 12:28 ‖ 눅 11:20) 같은 관계를 가정했을 것으로 예상할 수 있다. 더 나아가 그 선교 임무와 독립적으로 제자들이 축귀에 관여했다는 증거가 있다. 즉 역사적 예수의 사역에 기원을 두고 있음이 거의 틀림없는[80] 미지의 축귀자 이야기(막 9:38-39 ‖ 눅 9:49-50)는 예수의 제자들도 축귀에 관여했음을 가정한다. "선생님, 우리를 따르지 않는 어떤 자가 주의 이름으로 귀신을 내쫓는 것을 우리가 보고 우리를 따르지 아니하므로 금하였나이다"(막 9:38). 이 이야기에서 이 사람과 예수의 제자들을 구별하는 요소는 귀신을 내쫓는 일이 아니라 그와 제자 집단 간의 관계다. 또한─이 역시 일반적으로 역사적으로 신뢰할 만한 기록일 가능성이 높은[81] ─칠십(칠십 이)인이 [전도 임무를 마치고] 돌아온 이야기도 예수의 제자들이 축귀에 관여했음을 가정한다("귀신들도 우리에게 항복하더이다"[눅 10:17]).

예수가 부활하기 이전에 자신의 제자들을 전도하라고 보냈는지에 대한 이러한 논의의 결과는, 예수가 제자들에 대해 축귀자라는 관점에서의 기대를 표명한 것으로 보이지 않는다는 것이다. 그럼에도 불구하고 예수가 제자들에게 (예수가 축귀에서 독특하게 표현된 것으로 본) 하나님 나라의 도래를 선포

---

80   Twelftree, *Exorcist*, 40-43을 보라.

81   Twelftree, *Exorcist*, 125-26을 보라. 이른바 간질병에 걸린 아이의 치유 이야기에 나타난 요소들은 역사적으로 이보다 덜 확실한데, 여기에는 제자들이 축귀를 시도했다는 개념이 포함되어 있다(막 9:14-29과 Twelftree, *Exorcism*, 93-97의 논의를 보라).

하라고 말했다는 점에서, 예수의 제자들은 그 임무가 축귀를 내포한 것으로 받아들였다고 추론하는 것은 합리적이다.

2.7 "~의 이름으로"

예수가 부활하기 전에 그의 제자들이 축귀를 행했을 뚜렷한 가능성에 비춰 볼 때, 우리는 이 논의를 최소한 한 단계 더 진척시켜 그들의 방법을 규명할 수 있다. 우리에게는 예수의 "이름으로" 귀신을 쫓아내는 그들의 방법에 대한 두 가지 독립적인 증거—제자들이 미지의 축귀자와 똑같은 방법을 사용했음을 가정하는 마가복음 9:38과, 마찬가지로 이 방법을 기록한 누가복음 10:17에 나오는 칠십(칠십 이) 인이 [전도를 마치고] 돌아온 이야기(6.2 단락을 보라)—가 있다. 우리는 이 두 보고의 신뢰성에 대한 타당한 근거가 있다는 점을 언급했지만 루돌프 불트만이 오래전에 표명한 다음과 같은 관점도 고려해야 한다. "축귀에 예수[의] ὄνομα(이름)가 사용된 것이 교회에서 그 이름이 사용된 것보다 시기상 앞섰을 리는 거의 없다."[82] 하지만 불트만의 주장에 반하여 서로 관련된 다음 두 가지가 예수가 부활하기 전에 그의 제자들이 이러한 축귀 방법을 사용했다는 기록의 역사성을 뒷받침하는 강력한 근거를 형성한다.[83]

첫째, 예수의 부활 이후 치유나 축귀에 ἐν ὀνόματι(~의 이름으로)라는 공식이 많이 사용된 것으로 전해지지만,[84] 이 어구는 특별히 기독교적인 것이

---

82 Rudolf Bultmann, *The History of the Synoptic Tradition* (Oxford: Blackwell, 1963), 25. 좀 더 최근의 연구로는 Eduard Schweizer, *Good News according to Mark* (London: SPCK, 1971), 194-95를 보라.

83 참조. C. E. B. Cranfield, *The Gospel according to Saint Mark* (Cambridge: Cambridge University Press, 1966), 310.

84 참조. 막 16:17; 다음 글에 나타난 누가의 표현. 행 3:6, 16; 4:7, 10, 30; 16:18; 19:13; 약 5:14.

아니다.[85] 따라서 이 어구가 예수의 부활 전 이야기에 등장하는 것이 후대의 기독교 관행을 과거로 투사한 것일 성싶지는 않다. 둘째, 그것이 특별히 기독교적인 방법은 아니었기 때문에 만일 예수의 최초 제자들이 또 다른 방법—가장 자연스러운 것은 예수의 마술적·카리스마적인 방법이었을 것이다—을 사용했다면, 예수의 그 이후의 제자들도 그런 방법을 열렬히 받아들였을 것이라고 가정하는 것이 합리적일 것이다. 그들은 예수의 방법을 모방하지 않았기 때문에—그리고 누가는 심지어 중요한 주인공 중 한 명인 바울도 이 방법을 사용하는 것으로 묘사하지 않는다(행 16:18;[86] 행 3:6을 참조하라)—우리는 초기 그리스도인들이 (예수의 이름에 의지함으로써) 자신을 예수가 그랬던 것보다 선언된 외부의 능력-권위에 훨씬 더 의존적인 존재로 보았다고 추정할 수 있다. 이후의 장들에서 우리는 초기 그리스도인들이 예수의 부활 이후에 채택한 방법들에 대해 논의할 것이다.

2.8 결론

이 장의 목적은 축귀를 행한 초기 그리스도인들이 사용할 수 있었을 법한 대안들을 제시하는 것이었다. 이를 통해 우리는 신약에서 우리가 보는 축귀에 관한 내용을 더 잘 이해하고, 예수가 최초의 제자들에게 모델로서 얼마나 중요했는지를 확인하며, 그들의 계승자들이 어느 정도로 그리고 어떤 식으로 예수를 본받았는지 판단할 수 있게 될 것이다(아래의 13장을 보라).

지금까지 우리가 살펴본 바와 같이 예수만 축귀를 시행했다고 결론을 내리기는 어려울 것이다. 그와 반대로 축귀는 특히 유대인들 사이에서는 매

---

85   다음 문헌들을 보라. G. Adolf Deissmann, *Bible Studies* (1901; repr, Peabody, MA: Hendrickson, 1988), 196-98; Twelftree, *Exorcist*, 41. 약 5:14에 관한 아래의 8.4 단락도 보라.
86   Twelftree, *Christ Triumphant*, 112-13을 보라.

우 흔한 치유 방법이었던 것으로 보이므로, 우리는 이미 "기독교에서 그것 (축귀)은 이례적으로 꽃을 피웠다"[87]는 맥뮬렌의 진술에 대해 의심을 품게 되었다. 우리는 고대에 (그들이 하는 말과 행동이 중요했던) 마술사들부터 (그들의 존재가 그들이 하는 말과 행동과 결합되어 효과를 발휘한다고 여겨졌던) 카리스마적인 마술사들, 성공을 자신의 개인적인 힘에 전적으로 의존한 카리스마적인 인물들까지 다양한 종류의 축귀자가 존재했다는 사실을 살펴보았다.

마술적인 축귀와 관련된 증거 중 대다수는 기원후 2세기와 그 이후의 여러 세기에 나타난 것들이지만, 우리는 축귀 방법은 아마도 예수와 그의 첫 제자들의 시대 이전에 널리 확립되었을 것이라는 점을 살펴보았다. 또한 「창세기 외경」과 요세푸스의 책에 나오는 다윗 이야기의 경우에서 얻은 증거도 최초의 그리스도인들이 축귀를 행하던 시기에 카리스마적인 마술사들이 택한 축귀 방법이 이미 개발되어 있었고 아마도 예수의 초기 제자들도 이것을 알고 있었을 것이라고 암시한다. 그러나 축귀가 이렇게 제안된 가능성의 스펙트럼을 따라 어수선하게 시행되었음을 감안하더라도 카리스마적인 유형은 아마도 초기 그리스도인들에게 하나의 본보기가 될 만큼 적시에 출현하지는 않았을 것이고, 아마도 예수 전승의 기원과 초기의 발전 시대보다 훨씬 뒤에 가서야 비로소 번성했을 것이다.

축귀자로서의 예수에 대한 우리의 묘사와 초기 그리스도인들이 알았던 종류의 축귀 및 축귀자들의 범위를 모두 고려하면 그들은 예수의 방법을 우리가 카리스마적인 마술사라고 부른 방법과 가장 가깝다고 간주했을 가능성이 매우 크다. 즉 예수의 방법은 개인적인 존재의 힘뿐만 아니라 고대 마술의 축귀자들과 공통된 근거[88](외부의 능력-권위에 대한 의존) 모두에 의

---

87 Ramsay MacMullen, *Christianizing the Roman Empire (A.D. 100-400)* (New Haven and London: Yale University Press, 1984), 28.

88 이는 다음 문헌들과 반대되는 관점이다. Howard Clark Kee, "Magic and Messiah," in *Religion,*

존했다.

예수의 첫 제자들은 예수가 부활하기 전에는 하나님 나라가 왔음을 선포하도록 임무를 부여받은 것 외에는 축귀에 관한 어떤 구체적인 지시도 받지 않은 것이 거의 확실하다. 그러나 예수가 축귀와 하나님 나라의 도래 사이에 확립한 연결 관계를 고려하면 예수가 부활 전에 제자들을 파송했던 선교에 축귀가 포함된 것은 놀랄 일이 아니다. 그러나 이 축귀자들이 의존한 방법은 그들이 예수를 통해 친숙해져 있었던 마술적·카리스마적인 관행이 아니었다. 그 대신 그들은 다소 더 마술적인 방법을 채택했는데, 이 방법은 그들의 개인적인 힘보다는 외부의 능력-권위를 결부시키는 데 더 의존했다. 그러나 예수의 첫 제자들의 방법과 그 당시에 알려진 마술적인 축귀의 가장 중요한 차이점은 예수의 제자들이 고도의 확신을 지니고 있었다고 보고된다는 점 및 그들의 방법이 매우 간결하다는 점인데, 이 두 가지 모두 마술 문헌에서는 일반적으로 발견되지 않는다.

이후 여러 세대의 초기 그리스도인들에게 있어 예수 전승으로부터 축귀에 관여할 직접적인 유인은 마가복음 6:7에 기록된 단 하나의 진술에서만 나올 수 있었는데, 이 진술은 예수가 부활하기 전의 상황과 연결되어 있었다. 그러나 이차적으로는 그들이 받은 전승에 반영된 것과 같이 그들은 자신의 활동을 위한 모델로 최초의 제자들뿐만 아니라 예수도 바라볼 수 있었다. 우리는 이것이 공관복음 저자들의 접근법이었다는 점을 살펴볼 것이다. 사실 예수가 부활한 뒤에 자기 제자들에게 축귀자가 되라고 요청했다거나 기대했다는 증거를 찾는 것은 헛된 일이다. 이는 놀라운 일이 될 수 없다. 만일 예수가 자신이 죽은 후 신원될 것을 예상했다면(그럴 가능성이 크

Science, and Magic: In Concert and in Conflict (ed. Jacob Neusner, Ernest S, Frerichs, and Paul Virgil McCracken Flesher; New York and Oxford: Oxford University Press, 1989), 121-41, 특히 139.

다),[89] 그리고 만일 그 기대가 개인적인 부활[90]에 대한 기대가 아니라 곧 뒤따를 보편적인 부활에 대한 기대였다면,[91] 그것은 제임스 던의 말을 따르자면 "예수가 자신의 선교의 정점이 하나님의 종말론적 목적의 정점…곧 하나님 나라가 임하는 것이라고 보았을 가능성이 상당히 높다"[92]는 것을 의미한다. 따라서 축귀를 장려할 필요도, 그렇게 할 의미도 없었을 것이다. 그러나 확실히 많은 초기 그리스도인 사이에서 축귀에 대한 관심이 계속되었다는 사실은 아마도 그들이 자신들이 여전히 예수의 상황과 비슷한 상황—하나님 나라 또는 강력한 임재가 예수가 사역하던 당시와 같이 계속해서 침입해 들어오는 상황—에 처해 있다고 생각했음을 의미하는 것으로 받아들일 수 있을 것이다.

---

89   그러한 기대는 아마도 사후의 관점에서 본 기대, 특히 경건한 유대인의 순교 이후에 대한 기대였을 것이다. 예컨대 다음을 보라. 사 26:19; 단 12:1-3; 에스드라 2서 7:26-44; 「에녹 1서」 22-27장; 92-105장; 「희년서」 23:11-31; 바룩 2서 21:23; 30:1-5; Josephus, *J. W.* 2.154, 165-166; *Ant.* 18:14, 16, 18; 이에 대해서는 C. F. Evans, *Resurrection and the New Testament* (SBT 2.12; London: SCM, 1970), 14-30을 보라.

90   N. T. Wright, *The Resurrection of the Son of God* (Minneapolis: Fortress, 2003), 205-6을 보라.

91   다음 구절들을 보라. 단 12:1-3; 사 26:19. 곧 뒤따를 부활에 대한 기대에 관해서는 Craig A. Evans, "Did Jesus Predict His Death and Resurrection?" in *Resurrection* (ed. Stanley E. Porter, Michael A. Hayes, and David Tombs; JSNTSup 186; Sheffield: Sheffield Academic, 1999), 96을 보라.

92   James D. G. Dunn, *Jesus Remembered* (Christianity in the Making 1; Grand Rapids: Eerdmans, 2003[『예수와 기독교의 기원』 상하, 새물결플러스 역간]), 824.

2부

———

1세기

3

바울 서신

최초의 기독교 문헌인 바울 서신을 살펴보면 초기 그리스도인들 사이에서 축귀를 둘러싸고 나타난 변칙적인 현상이 곧바로 명백해진다.[1] 우리는 방금 예수에게 축귀가 자기 제자들의 사역에 대한 이해뿐만 아니라 자신의 사역에 대한 이해에 있어 얼마나 근본적이고 중요한 것이었는지를 살펴보았다. 그런데 겨우 한 세대 뒤에 글을 쓴 바울은 예수가 축귀자였음을 명확하게 언급하지 않으며, 스스로 예수의 제자라고 공언하는 자신이 축귀를 행했다는 분명한 진술도 하지 않는다. 더구나 바울은 축귀를 자기 교회의 구성원들에게 기대하는 사항 중 일부로 언급하지도 않는 것처럼 보인다. 바울은 귀신이나 악령에 대해 최소한 공관복음서를 통해 우리에게 친숙한 방식으로 말하지도 않는다. 우리가 사도행전이 바울을 성공적인 축귀자로 묘사하는 것을 주목하면, 축귀에 관한 바울의 관점과 관행이라는 문제는 더욱 복잡해진다.

이 장에서 나는 바울과 예수 사이의 이러한 외견상의 충돌과 앞으로 살펴볼 것처럼 사도행전에서의 바울에 대한 묘사 및 공관복음서 사이의 충돌

---

1   이 장은 Graham H. Twelftree, *Christ Triumphant: Exorcism Then and Now* (London: Hodder & Stoughton, 1985), 90-94에 대한 중대한 수정으로 간주되어야 한다.

에 비추어 이러한 단절의 이유를 설명하고자 한다. 그것은 바울이 기적을 일으키는 자, 또는 축귀자로서의 예수에 대해 아무것도 몰랐기 때문인가? 아니면 아마도 바울은 예수의 사역에서 행해진 기적과 축귀에 대해 알고 있었지만, 우리가 제언해야 할 필요가 있는 몇 가지 이유에서 그것을 무시하거나 자신의 사역과 자신이 교회에서 기대한 것으로부터 그것을 제쳐 놓기로 했다는 점이 입증될 수 있는가? 그와 달리 내가 보여주고자 하는 대로 바울은 예수가 축귀자였음을 알고 있었고, 자신도 축귀자였으며, 자신이 세운 교회의 성도들이 그러한 치유를 행하기를 기대했을 수도 있다. 따라서 바울과 예수(및 복음서들과 사도행전) 사이의 단절은—바울에 대한 우리의 일견상의 오해와 더 관련이 있는—피상적인 것인가, 아니면 바울의 글의 주제와 그 글의 사도적 성격으로 인한 것인가?

우리가 바울 서신을 주의 깊게 읽음으로써 바울이 축귀자였음을 입증할 수 있다면, 우리는 축귀가 바울의 사역에서 어떤 역할을 담당했을지 보여줄 수 있기를 원할 것이다. 우리는 또한 바울이 축귀와 관련해서 자신의 교회들에 무엇을 기대했는지를 밝히고자 할 것이다. 따라서 우리는 축귀에 관한 바울과 복음서 저자들 간의 시각이 근본적으로 달라서 바울이 자신의 사역에서 축귀를 받아들였다고 기대할 수 없었는지 알아볼 목적으로 귀신에 관한 바울의 어휘와 개념에 대한 논의부터 시작할 것이다.

3.1 바울과 귀신

복음서들과 사도행전을 읽고서 우리가 갖게 되는 기대와는 달리 바울은 부정한 영이나 악령 또는 귀신에 대해 거의 아무 말도 하지 않았다. 저자 논쟁이 없는 바울의 서신들에서 귀신은 단 한 곳, 고린도전서 10:20에서만 언급된다. "무릇 이방인이 제사하는 것은 귀신에게 하는 것이요, 하나님께 제사하는 것이 아니니"(참조. 10:21; 딤전 4:1). 바울은—70인역 구약성경과 신약성경의 요한계시록 9:20에 반영된—이방인의 신들은 귀신들이며 비유대인의 제사는 귀신이 승인한 것이라는 믿음을 받아들이고 있다.[2] 그러나 당대의 그리스인들과 달리 바울은 고린도후서 11:24-27에서 열거한 자신의 고난 목록도 보이지 않는 세계의 사악한 존재들의 탓으로 돌리지 않았다. 바울은 고린도후서 12:7에서만 악, 즉 육체의 가시의 원인을 사탄의 사자(ἄγγελος)에게서 찾는다.

그러나 [바울 서신에 나타난] 사탄 및 귀신과 인간이 겪는 모종의 고통 간의 관련성이 이처럼 빈약함에도 불구하고 우리는 바울이 인간의 건강과 관련한 보이지 않는 세계의 부정적인 힘에 대한 관점에 있어서 공관복음의 전승과는 멀리 떨어져 있었다고 너무 성급하게 결론지어서는 안 된다. 우선 고린도전서 5:5, 7:5, 고린도후서 2:10-11, 11:14-15, 데살로니가전서 2:18(참조. 살후 2:9) 등 바울이 사탄의 보이지 않는 악한 능력이 얼마나 실제적이라고 믿고 있는지를 보여주는 여러 텍스트가 있다. 그러나 악한 영적 존재들에 관한 바울의 생각에 대해 우리가 알아낼 수 있는 내용 중 대부분은 그의 "정사와 권세"라는 개념에 포함되어 있다.[3]

바울의 "정사와 권세"라는 말의 가장 분명한 의미는, 그것이 이교도 세계 질서의 배후에는 초자연적인 원동력이 존재한다는 유대 사상과 일

---

2   신 32:17; 시 96:5(70인역 95:5); 106:37(70인역 105:37); 에녹1서 19:1; 희년서 1:11을 보라.
3   추가로 다음 문헌들을 보라. George R. Caird, *Principalities and Powers: A Study in Pauline Theology* (Oxford: Clarendon, 1956); Heinrich Schlier, *Principalities and Powers in the New Testament* (QD 3; Freiburg and New York: Herder; Edinburgh: Nelson, 1961); Hendrikus Berkhof, *Christ and the Powers* (Scottdale, PA: Herald, 1962); Wesley Cart, *Angels and Principalities: The Background, Meaning, and Development of the Pauline Phrase "hai archai kai hai exousiai"* (SNTSMS 42; Cambridge: Cambridge University Press, 1981); Walter Wink, *Naming the Powers* (Philadelphia: Fortress, 1984); Bayo Obijole, "St. Paul's Concept of Principalities and Powers," *BiBh* 15 (1989): 25-39; Clinton E. Arnold, *Powers of Darkness: Principalities and Powers in Paul's Letters* (Downers Grove, IL: InterVarsity, 1992).

맥상통한다는 것이다.[4] 그러나 이는 결코 바울이 사용한 "정사와 권세"라는 표현에 담긴 내용 중 전부가 아니며, 이와 관련하여 로마서 8:38-39이 특히 흥미롭다.[5] 하나님과 사람들 사이의 잠재적인 장애물을 열거하는 맥락에서 "천사들이나 권세자들이나"(οὔτε ἄγγελοι οὔτε ἀρχαί)라는 어구에서 "천사들"(ἄγγελοι)과 결합된 단어인 "권세자들"(ἀρχαί)은 아마도 위정자들이 아니라 적대적인 악한 영적 존재들을 지칭하려는 의도를 지니고 있고, "천사들"(ἄγγελοι)도 사탄과 결탁한 사악하고 반역적인 존재들임을 암시한다.[6] 우리가 방금 언급한 대로 고린도후서 12:7에서 바울은 사탄의 "사자"(ἄγγελος)가 자신의 몸에 해를 끼친 데 책임이 있다는 견해도 표명하고 있기 때문이다(참조. 골 2:18). 따라서 바울도 축귀와 관련된 공관복음 전승과 다르지 않게 악한 영적 존재들이 몸에 영향을 끼치고 잠재적인 영적 장애물이라는 개념을 갖고 있다.[7]

고린도전서 15:24-25에서 바울은 이렇게 말한다. "그 후에는 마지막이니 그[그리스도]가 모든 통치와 모든 권세와 능력을 멸하시고(πᾶσαν ἀρχὴν καὶ πᾶσαν ἐξουσίαν καὶ δύναμιν) 나라를 아버지 하나님께 바칠 때라." 이런 실체

---

4   신 32:8; 사 24:21-22; 단 10:13, 20; 고전 2:6-8.
5   참조. 고전 15:24-25. 갈 4:3, 9(τὰ στοιχεῖα τοῦ κόσμου)도 보라. 이에 대해서는 Clinton E. Arnold, "Returning to the Domain of the Powers: Stoicheia as Evil Spirits in Galatians 4:3, 9," *NovT* 38 (1996): 55-76을 보라. 우리는 바울의 저작권에 대해 논란이 있는 엡 3:10; 6:12; 골 2:8-15은 고려 대상에서 제외할 수 있다(아래의 각주 8을 보라). 엡 6:12에 대해서는 Clinton E. Arnold, "The 'Exorcism' of Ephesians 6.12 in Recent Research: A Critique of Wesley Carr's View of the Role of Evil Powers in First-Century AD Belief," *JSNT* 30 (1987): 71-87을 보라. Eduard Schweizer, "Die 'Elemente der Welt' Gal 4,3. 9; Kol 2,8. 20," in *Verborum Veritas: Festschrift für Gustav Stählin zum 70. Geburtstag*(ed. Otto Böcher and Klaus Haacker; Wuppertal: Brockhaus, 1970), 245-59도 보라.
6   다음 문헌들의 논의를 보라. James D. G. Dunn, *Romans 1-8* (2 vols.; WBC 38A; Dallas: Word Books, 1988), 1:506-7; Arnold, *Powers*, 119-20.
7   이 점은 특히 마가복음에 나오는 "부정한"(ἀκάθαρτος) 영들이라는 용어에 잘 표현되어 있다. 막 1:23, 26, 27; 3:11, 30; 5:2, 8, 12, 13; 6:7; 7:25; 9:25을 보라. 신약의 다른 곳에서는 마 10:1; 12:43; 눅 4:36; 6:18; 8:29; 9:42; 11:24; 행 5:16; 8:7; 계 16:13; 18:2을 보라.

들은 하나님 나라가 하나님께 바쳐지기 전에 물리쳐야 할 초자연적인 원수들이라는 점 외에 여기서 바울이 이런 실체들을 정확히 어떻게 상상하는지는 분명치 않다. 바울 이후 문헌인 골로새서 2:15에서 통치자들과 권세자들에 대한 승리는 제4복음서에서와 마찬가지로 십자가와 관련하여 이뤄진다.[8] 그것은 이곳 고린도전서 15:24-25에 나타난 바울의 관점이 아니다.[9] 대신에 바울은 예수와 공관복음서 저자들처럼 사탄의 사자들의 멸망을 하나님 나라의 도래와 연결했다(막 3:20-27 ‖ 마 12:22-30 ‖ 눅 11:14-23). 그러나 바울은 그 멸망이 마지막 때에 발생한다고 생각한다(참조. 고전 15:24). 따라서 당연하게도 우리가 논의해온 로마서 8:38-39에서 십자가 사건(과 그리스도 예수의 중보)이 악한 영적 존재들과 관련해서 무엇을 의미하든 바울은 이 존재들이 비록 하나님과 하나님의 백성 간의 최종적인 분리를 초래할 수는 없지만, 여전히 활동하고 있고 해를 끼칠 가능성이 있다고 가정한다는 점이 전제되어 있다.

바울과 귀신에 대해 우리가 간략히 논의한 결과, 바울의 논평이 간결하고 최소한 우리에게 있어서는 수수께끼 같은 성격이 있음에도 불구하고 우리는 바울이 축귀를 언급하지 않는 까닭은 바울의 세계관이 너무도 달랐기 때문이라고 결론을 내릴 수 있을 정도로 바울의 개념들과 공관복음서에서 발견되는 개념들이 달랐던 것은 아니라고 추정할 수 있다. 적극적으로 표현하자면 바울의 귀신론과 바울이 인식한 영적인 존재들에게서 비롯되는 지속적인 위협에 비추어볼 때 우리는 바울의 글에서 축귀에 대한 언급을 발견

---

8   요 12:31; 13:2; 14:30; 16:11을 보라. 골 2:8-15, 특히 14-15절에서 저자는 십자가 사건의 결과를 묘사한다. 보이지 않는 통치자들과 권세들은 십자가 사건이 없었더라면 사람들을 노예로 삼았겠지만, 그 사건으로 말미암아 그들은 승리한 황제가 개선 행진을 하며 전리품을 과시하듯이 무장 해제되고 공개적으로 구경거리가 될 것이다. Peter T. O'Brien, *Colossians, Philemon* (WBC 44; Waco: Word Books, 1982), 128-29.

9   Twelftree, *Christ Triumphant*, 91-92에서 그와 같이 잘못 생각했듯이 말이다.

하더라도 놀라지 않을―아마도 발견할 것으로 예상할―것이다.

3.2 바울과 예수의 기적

앞에서는 바울의 언어와 관심사가 그가 귀신 들림과 축귀에 대해 말하는 것
을 가로막지 않았음을 보여주었다면, 다음으로 우리는 바울이 예수와 예수
의 기적들, 특히 축귀에 대해 (알고 있는 게 있었다면) 무엇을 알고 있었는지를
질문할 필요가 있다. 바울이 자신을 예수의 종이자 예수의 사역을 반영하는
자로 묘사하기 때문에 이것은 중요한 질문이다. 그러므로 바울이 예수가 축
귀를 행했음을 알았다면, 우리가 바울이 예수가 축귀자였음을 알고 있었다
는 사실을 무시하고 싶었을 이유를 발견할 수 없는 한 바울이 그런 치유를
수행했을 가능성도 크다.

　　여기서 예수와 바울 사이의 관계나 바울이 예수에 대해서 알았던 것에
대해 충분하게 논의하기에는 적절치 않다.[10] 바울이 지상의 예수에 대해 우
리에게 말해주는 유일하게 분명한 사실들은 예수가 하나님에게서 파송받았
고(갈 4:4), 다윗의 가문에서 태어난 유대인이며(롬 1:3; 9:5), 야고보를 포함
한 형제들이 있었고(고전 9:5; 갈 1:19), 율법 아래 살았으며(갈 4:4), 배신을 당
하던 날 밤에 식사하면서 그 자리에 있었던 사람들에게 특별한 말을 했다는
것이다(고전 11:23-25). 또 고린도후서 8:9에서 바울은 예수가 부유했지만

10　다음 문헌들을 보라. S. G. Wilson, "From Jesus to Paul: The Contours and Consequences of a
　　Debate," in *From Jesus to Paul: Studies in Honour of Francis Wright Beare* (ed. Peter Richardson and
　　John C. Hurd; Waterloo, ON: Wilfrid Laurier University Press, 1984), 1-21; Alexander J. M.
　　Wedderburn ed., *Paul and Jesus: Collected Essays* (JSNTSup 37; Sheffield: JSOT Press; 1989);
　　David Wenham, *Paul: Follower of Jesus or Founder of Christianity?* (Grand Rapids and Cambridge;
　　UK: Eerdmans, 1995).

가난하게 되었다고 말한다(참조. 빌 2:6-8).[11] 바울은 예수의 십자가상의 죽음에 특히 관심이 많은데,[12] 그는 예수가 그 죽음을 자발적으로 맞이했으며(갈 2:20), 그 죽음은 예수의 겸손을 추론할 수 있는 근거라고 말한다(빌 2:7-8). 따라서 니콜라우스 월터가 "우리는 바울이 예수에 관한 내러티브 전승에 대해 알고 있었다는 어떤 암시도 찾아낼 수 없다"고 한 말은 엄밀하게 정확하지는 않을 수도 있지만, 그의 평가가 크게 틀리지는 않은 것으로 보인다.[13] 우리가 방금 언급한 빈약한 정보 외에 바울은 예수의 세례, 시험, 종교 지도자들과의 논쟁, 변용, 또는 성전에서 일어난 사건에 대해 아무 언급도 하지 않으며 구체적으로 예수의 축귀나 일반적으로 기적에 대해서도 언급하지 않기 때문이다.

　　그러나 바울이 예수에 대해 알고 있었던 사실과 관련해 바울 서신에서 자주 인용되는 두 가지 구절을 간략하게 검토해보면[14] 최소한 기적과 관련해서는 월터의 결론이 약간, 그러나 유의미하게 변경된다.

　　a. 우리에게 가장 중요한 구절인 로마서 15:18-19에서 바울은 자신의 사역을 "그리스도께서…나를 통하여 역사하신 것…말씀과 행위로 표적과 기사의 능력으로 성령의 능력으로" 이루어진 일이라고 요약한다. 여기서 바울은 자신을 예수 그리스도의 대리자이자 그분을 계시하는 자로 묘사한다. 이 장의 다음 단락(3.3a)의 좀 더 자세한 논의 중 일부를 미리 말하자면, 이는 바울의 사역이 기적을 포함했을 뿐만 아니라 예수의 사역을 반영한 것이었거나 그것을 모델로 삼은 것이라는 점을 전제로 한다고 말해도 틀린 말은

11　예수가 "부유" 했지만(πλούσιος) "가난" 해졌다(πτωχεύω)는 고후 8:9의 가능한 해석들에 관한 논의는 Margaret E. Thrall, *The Second Epistle to the Corinthians* (voL 2; ICC; Edinburgh:T&T Clark, 2000), 532-34를 보라.

12　예컨대 고전 1:23; 2:2, 갈 3:1, 13; 빌 2:8을 보라.

13　Nicholaus Walter, "Paul and the Early Christian Tradition," in Wedderburn, *Paul and Jesus*, 60.

14　특히 예컨대 Wenham, *Paul*, 3-8을 보라.

아님을 가정한다. 그러므로 이 구절을 근거로 바울은 최소한 예수가 기적을 행했다는 전승에 대해 알고 있다고 결론짓는 것은 매우 합리적이며, 우리는 바울이 자신이 예수를 모델 삼아 기적을 행한다고 생각했다고 추론할 수 있다.[15] 이 기적들에 축귀가 포함되었을 가능성이 크기는 하지만 우리는 바울이 축귀도 수행했는지 여부는 알 수 없다. 결국 우리가 바울과 축귀에 대해 어떤 결론을 내리든 그 결론은 이 토대 위에서 내려져야 한다.

b. 바울이 기적을 행하는 사람으로서의 예수에 대해 알고 있었고 따라서 예수가 바울의 사역에 모델이 되었다는 생각에 신빙성을 더해줄 수 있는 바울의 또 다른 진술은 고린도전서 4:20이다. 바울은 고린도전서의 첫 번째 중요한 부분을 이 절로 마무리하는데, 이 절에서 그는 자기의 대적들이 전하는 유창한 지혜의 복음을 십자가에 초점을 맞춘 하나님의 능력에 관한 자신의 복음과 대조한다(고전 1:10-4:21). 이 부분의 이 마지막 절에서 바울은 이렇게 말한다. "하나님의 나라는 말(λόγος)에 있지[또는 말로 구성되지][16] 아니하고 오직 능력(δύναμις)에 있음이라." 우리에게 이 구절의 여러 측면이 중요하다.

첫째, 크리소스토모스는 δύναμις를 기적적인 능력을 가리키는 것으로 해석했다(Hom. 1 Cor. 14. 2).[17] 그러나 볼프강 슈라게는 δύναμις가 λόγος와 대

---

15 이는 바울 서신에서 예수를 본받으려는 바울의 소망이라는 보다 넓은 주제와 전적으로 일치한다. 고전 4:16-17; 11:1을 보라. 참조. 살전 1:6; 2:14. 다음 글들의 논의를 보라. Willis Peter de Boer, *The Imitation of Paul: An Exegetical Study* (Kampen: J. H. Kok, 1962); 특히 5장; Robert G. Hamerton-Kelly, "A Girardian Interpretation of Paul: Rivalry; Mimesis and Victimage in the Corinthian Correspondence," *Semeia* 33 (1985): 65-81, 특히 69-73; Elizabeth Anne Castelli, *Imitating Paul: A Discourse of Power* (Louisville: Westminster John Knox, 1991), 4장.

16 그리스어 문장들은 흔히 동사가 "~이다, ~이 있다"(ἐστιν)라고 가정하지만, 이 문장에는 동사가 없다. Anthony C. Thiselton, *The First Epistle to the Corinthians* (NIGTC; Grand Rapids and Cambridge, UK: Eerdmans; Carlisle, UK: Paternoster, 2000), 377을 보라.

17 Thomas C. Edwards, *A Commentary on the First Epistle to the Corinthians* (2nd ed.; London: Hodder & Stoughton, 1885), 118도 δύναμιν을 "기적을 행하는 능력"으로 해석하는 글로

조되는 데서 그 의미가 도출되므로 이 능력은 어떤 행동을 끝까지 효과적으로 수행할 수 있는 능력을 가리킨다는 점을 근거로 그러한 해석을 일축한다.[18] 그러나 고린도전서 2:4에서 바울은 이미 자신의 메시지와 "성령의 나타나심과 능력"의 전도를 "설득력 있는 지혜의 말"과 대조했다. 이 요약적인 절에서 λόγος와 δύναμις가 함께 재등장하고 서로 대조되므로 우리는 바울이 δύναμις라는 말을 사용하면서 모종의 강력한 성령의 역사를 염두에 두었다고 확신할 수 있다. 바울과 그 밖의 사람들이 사용한 'δύναμις'의 용법에 대해 우리가 뒤에서 곧 보게 될 논의에 비추어볼 때, 바울은 자신의 사역의 중요한 한 측면으로서의 기적에 대해 말하고 있다고 가정하는 것이 합리적이다―그리고 여기서 그렇게 이해하는 것은 부적절하지 않다.

둘째, 하나님 나라에 대한 대조적인 묘사들(롬 14:17; 고전 4:20)[19]은 복음서에 그와 유사한 예가 없고 따라서 예수 전승에 기원을 두고 있다기보다 바울의 창작일 가능성이 더 크다.[20] 그러나 공관복음서에서도 발견되는, 고

Theophilus, *Autol.*(기원후 180년경)을 인용한다.

18   Wolfgang Schrage, *Der erste Brief an die Korinther* (vol 1; EKK 7.1; Neukirchen-Vluyn: Neukirchener Verlag; Zürich and Düsseldorf: Benzinger, 1991), 362-63; Thiselton, *First Corinthians*, 377도 같은 견해를 보이는데 그는 다음 문헌들을 인용한다. Edwards, *First Corinthians*, 118; Cyril H. Powell, *The Biblical Concept of Power* (London: Epworth, 1963), 117-29.

19   이 단어는 바울 서신에서 롬 14:17; 고전 4:20; 6:9, 10; 15:24, 50; 갈 5:21에서만 등장한다 (참조. 살전 2:12; 다음 절들도 보라. 엡 5:5; 골 1:13; 4:11; 살후 1:5; 참조. 딤후 4:1, 18). 그러나 이 절을 포함한 이 단어의 일상적인 사용은 이 단어가 바울의 사상의 일부였음을 암시한다. Gordon D. Fee, *The First Epistle to the Corinthians* (NICNT; Grand Rapids: Eerdmans, 1987), 192도 그렇게 생각한다; Thiselton, *First Corinthians*, 377도 Fee의 견해를 따른다.

20   참조. Günter Haufe, "Reich Gottes bei Paulus und in der Jesustradition," *NTS* 31 (1985): 467-72, 특히 469-70. Gary Steven Shogren, "Is the Kingdom of God about Eating and Drinking or Isn't It?' (Romans 14:17)," *NovT* 42 (2000): 238과 그가 각주 1에서 인용하는 자료들을 보라. 고전 6:9-10에 나오는 하나님 나라의 상속이라는 개념과 관련해서 바울은 출 19장과 신 1장에 의존하고 있을 수도 있다. Brian S. Rosner, "The Origin and Meaning of 1 Corinthians 6, 9-11 in Context," *BZ* 40 (1996): 251-52를 보라.

린도전서 4:20에서의 하나님 나라와 기적, 특히 축귀 사이의 긴밀한 관계에 비춰볼 때(마 12:28 ‖ 눅 11:20) 우리는 바울이 예수의 기적에 대한 지식을 반영하고 있을지도 모른다고 결론을 내릴 수 있을 것이다.[21]

셋째, "능력"(δύναμις)은 복음서들에서 기적[22]에 대해 사용되었으며 치유,[23] 특히 축귀[24]와 관련되었다. 넷째, 복수형인 "능력들"(δυνάμεις)도 복음서들에서 예수의 기적에 대해 사용되었고[25] 공관복음서들에서는 "능력들" 또는 기적"과 하나님 나라 사이에 긴밀한 관련이 있었고,[26] 특히 예수는 자신의 축귀와 하나님 나라를 독특하게 관련시켰다(2장 각주 68을 보라). 그러므로 고린도전서 4:20에서 바울이 축귀를 포함한 예수의 기적들에 대한 지식을 아마도 최초의 기독교에 내재된 방식으로 반영했을 가능성이 있다. 그러나 여기서 우리의 증거의 성격은 가능성 수준에 지나지 않는다.

기적을 일으키는 사람 예수에 관한 전승에 대한 바울의 지식을 평가할 때 고려될 수 있는 다른 구절들도 있다. 고린도전서 13:2에서 바울은 "산을 옮길 만한 믿음"을 언급한다. 언뜻 보면 이는 기적을 일으키는 믿음에 대한 예수의 말(막 11:23)[27]의 반향이라고 가정하는 것이 타당해 보이는데, 바울은 이 믿음을 독자들의 지식 기반의 일부로 가정하고 있다. 그러나 우리가 바울이 위대한 선생들은 산을 뽑거나 옮길 수 있다는 속담을 인용하고 있을지

---

21 참조. Wenham, *Paul*, 예컨대 73.

22 예수에 대해서는 막 6:5에서, 미지의 축귀자에 대해서는 9:39에서 사용되었다.

23 예수에 대해 막 5:30 ‖ 눅 8:46; 막 5:17; 6:19에 사용되었다.

24 예수에 대해 사용된 눅 4:36; 6:18-19; 열두 제자에 대해 사용된 9:1; 칠십(칠십 이)인과 관련해 사용된 10:19-20.

25 마 7:22(δυνάμεις는 아마도 귀신을 쫓아내는 것과는 다른 기적일 것이다); 11:20-21 ‖ 눅 10:13; 마 11:23; 막 6:2 ‖ 마 13:54; 마 13:58; 눅 19:37. 세례 요한의 기적에 대해서는 막 6:14 ‖ 마 14:2을 보라.

26 눅 9:2 ‖ 마 10:7-8을 보라. 행 8:12-13도 보라.

27 다음 문헌들을 참조하라. Fee, *First Corinthians*, 632 각주 32; Wenham, *Paul*, 81-83.

도 모른다는 점을 고려하면,[28] 예수에게 귀속된 말과 바울이 여기서 하는 말 사이의 연결은 예수의 기적에 대한 공유된 관점이라기보다는 일반적인 유대의 잠언 전통일 수도 있다. 마찬가지로 우리는 데살로니가후서 2:9-10의 다음과 같은 표현도 제쳐놓을 필요가 있을 것이다. "악한 자의 나타남은 사탄의 활동을 따라 모든 능력과 표적과 거짓 기적과 불의의 모든 속임으로 멸망하는 자들에게 있으리니." 악한 자가 기만적인 "강력한 표적과 기적"을 행한다는 요점은 저자와 독자가 사탄의 주적인 예수에게 초자연적인 능력이 있다고 가정할 경우 최고의 힘을 갖기 때문에 이 두 절은 잠재적으로 유용할 수 있다.[29] 그러나 바울이 이 편지의 실제 저자인지에 대해서는 상당한 의구심이 존재한다.[30]

바울이 예수의 기적을 알고 있었다는, 우리의 수중에 있는 아주 적은 증거를 검토한 것만으로도[31] 우리는 바울이 예수에 관한 내러티브 전승에 대해 알고 있었다는 아무런 징후가 없다는 니콜러스 월터의 판단을 비록 약

---

28   다음 문헌들을 보라. John Lightfoot, *A Commentary on the New Testament from the Talmud and Hebraica: Matthew—1 Corinthians* (vol. 2; 1859; repr., Grand Rapids: Baker, 1979), 282-83; Hans Conzelmann, *1 Corinthians* (Hermeneia; Philadelphia: Fortress, 1975), 222와 각주 38.

29   참조. Wenham, *Paul*, 351 각주 39.

30   Edgar M. Krentz, "2 Thessalonians," *ABD* 6:518-22의 요약 논의를 보라. 바울 저작설을 옹호하는 견해는 예컨대 Abraham J. Malherbe, *The Letters to the Thessalonians* (AB 32B; New York: Doubleday, 2000), 349-75를 보라. 바울 저작설에 반대하는 견해는 예컨대 Raymond F. Collins, *Letters That Paul Did Not Write: The Epistles to the Hebrews and the Pauline Pseudepigrapha* (GNS 28; Wilmington, DE: Glazier, 1988), 209-41을 보라.

31   Wenham은 *Paul*, 351-52는 빌 1:8("내가 예수 그리스도의 깊은 갈망(σπλάγχνοις)으로 너희 무리를 얼마나 사모하는지"[저자의 번역])은 "갈망" 또는 "동정"이라는 단어가 때때로 치유를 구하는 이들과 관련한 예수의 태도에 대해서도 사용되기 때문에 예수의 기적 전승을 바울이 알고 있다는 또 다른 암시일 수도 있다고 주장한다(참조. 마 9:36; 14:14 ∥ 막 6:34; 마 15:32 ∥ 막 8:2; 마 20:34). 그러나 이 단어에 대한 바울의 용법은 아주 독특하므로(바울은 명사 σπλάγχνον만을 사용하며 ─ 고후 6:12; 7:15; 빌 1:8; 2:1; 몬 7, 12, 20; 참조. 골 3:12 ─ 그런 용법 중 어느 것도 기적적인 것과는 명백한 관련성이 없다), 바울의 용법이 예수의 기적 이야기에 영향을 받았을 가능성은 매우 희박하다. σπλάγχνον에 대한 바울의 독특한 용법에 대해서는 Helmut Koester, "σπλάγχνον...," *TDNT* 7:555-56을 보라.

간이기는 하지만 유의미하게 수정할 수 있었다. 로마서 15:18-19을 근거로 판단할 때 바울이 구체적인 내용까지는 아니더라도 예수가 기적을 행했다는 전승에 대해 알고 있었고, 자기가 기적을 행하는 예수의 사역을 반영하고 있으며 그것을 본받고 있는 사람으로 간주했다고 결론지어도 무방하다. 바울이 축귀나 특정한 기적에 대해 언급하지는 않지만, 그는 그런 것들을 자신의 사역뿐만 아니라 예수의 사역에서 행해진 기적으로 이해했다고 가정해도 무방할 것이다. 고린도전서 4:20에 대한 논의는 바울이 자신의 사역의 중요한 일부인 기적에 대해 말하고 있었을 가능성을 열어놓았다. 더 나아가 이 구절의 구체적인 표현을 통해 바울은 예수의 축귀를 포함한 기적에 대한 지식을—아마도 기독교에서 확립된 방식으로—반영하고 있을지도 모른다. 비록 빈약하더라도 중요한 이 결론으로 인해 우리는 이 점을 더 깊이 살피지 않을 수 없다.

3.3 바울은 축귀자였는가?

누가가 사도행전에서 바울을 성공적인 축귀를 포함한 기적을 행하는, 능력 있는 사람으로 묘사하는 것에 비추어볼 때(참조. 아래 6.3의 c-d 단락) 우리는 바울 서신 전반에 걸쳐 바울이 기적, 특히 축귀를 행했다는 암시가 있는지 좀 더 폭넓게 살펴볼 필요가 있다. 이에 대한 증거를 제시하는 가장 확실한 방법은 바울이 사용하는—우리가 로마서 15:18-19[32]에서 이미 주목한—"표적과 기사"(σημείων [τε]καὶ τεράτων)라는 어구와 "능력"과 "능력들"(δύναμις 와δυνάμεις)이라는 단어의 용법을 고려하는 것이다.

---

[32] 고후 12:12도 보라. "표적과 기사"라는 어구는 살후 2:9에도 등장하는데 이에 대해서는 위의 내용을 보라.

폴리비오스의 글(*Historiae* 3.112.18)에서 최초로 우리에게 알려진 "표적과 기사"라는 용어는 로마인들의 미신적인 의식을 가리킨다(참조. Plutarch, *Alexander* 75.1).[33] 70인역에서 이 어구는 일반적으로 모세가 하나님의 백성을 인도하여 해방시킨 일과 관련된 이적들에 한정되며, 필론은 이 어구를 단지 이집트에서 일어난 기적에 대한 전통적인 묘사로만 사용한다(예컨대 *Spec.* 2.218).[34] 그러나 요세푸스는 출애굽 사건에 대해서는 이 표현을 거의 사용하지 않는데, 이는 아마도 그가 이 말이 이집트의 사기꾼들과 부정적으로 관련되는 것을 원치 않았기 때문일 것이다(참조. *Ant.* 2.284; 4.43).[35] 사실 신약성경에서 이 어구는 종종 부정적인 의미로 사용된다.[36] 하지만 "표적과 기사"라는 어구와 출애굽의 역사적 구원 사건 간의 관련성이 매우 강하기 때문에 바울은 이 어구를 사용하는 데 만족할 뿐만 아니라, 자신의 사역의 근본적인 측면을 묘사할 때도 이 어구를 사용한다. 또한 "표적과 기사"와 출애굽 전승의 기적 이야기 사이의 강한 관련성에 비추어보면 바울이 이 어구가 자신의 사역에서 일어난 기적을 가리키도록 의도했다는 결론을 피할 수 없다. 나아가 의미심장하게도 바울은 단순히 "능력들"(δυνάμεις) 대신 "표적과 기사"라는 어구를 사용하면서, 자신이 행하는 기적은 단순히 이적일 뿐만 아니라 이를 통해 하나님이 자기 백성에게 자유를 가져다주시는 구원 사건이라는 요점을 전달할 수 있다. 우리는 이미 바울이 축귀를 염두에 두었을 가

---

33   Molly Whittaker, "'Signs and Wonders': The Pagan Background," *SE* 5 (TU 103; Berlin: Akadamie-Verlag, 1968): 155-58. 추가로 Graham H. Twelftree, "Signs, Wonders, Miracles," *DPL* 875를 보라. 보다 일반적으로는 Twelftree, "Signs and Wonders," in *New Dictionary of Biblical Theology* (ed. T. D. Alexander and Brian S. Rosner; Leicester, UK, and Downers Grove, IL: InterVarsity, 2000), 775-81을 보라.

34   추가로 Karl H. Rengstorf, "σημεῖον...," *TDNT* 7:221을 보라.

35   Rengstorf, "σημεῖον...," *TDNT* 7:224를 보라.

36   막 13:22 ∥ 마 24:24; 살후 2:9을 보라. 참조. 계 13:13-14; 16:14; 19:20. Dunn, *Romans 1-8*, 2:863도 보라.

능성을 살펴보았다.

　a. 바울은 로마서 15:18-19에서 "표적과 기사"라는 용어를 사용하면서 이렇게 말한다. "그리스도께서 이방인들을 순종하게 하기 위하여 나를 통하여 역사하신 것 외에는 내가 감히 말하지 아니하노라. 그 일은 말씀과 행위로 표적과 기사의 능력으로 성령의 능력으로 이루어졌으며." "말씀과 행위"라는 어구와 이 인용구의 나머지 내용 간의 관계가 아주 분명하지는 않다. 크랜필드는 "말씀과 행위"가 이어지는 내용과 교차 대구법적으로 관련되어 있으므로 "말"은 "성령의 능력"으로 설명되고, "행위"는 "표적과 기사의 능력"으로 설명된다는 주장이 있었음을 지적한다.[37] 그러나 바울이 다른 곳에서 "행위"라는 말을 사용하여 기적적인 일을 지칭한 적은 한 번도 없다는 점에서 여기서 "행위"를 일반적으로 "행동"으로 이해하여 "말씀과 행위"를 바울의 사역 전반을 묘사하는 말로 이해하는 것이 더 낫다는 크랜필드의 주장은 아마도 옳을 것이다. 그렇지만 이어지는 두 어구에 비추어보면 "행위"는 최소한 기적적인 개념을 포함하는 말로 의도된 듯하다.

　"말씀과 행위"(λόγῳ καὶ ἔργῳ)에 이어지는 두 어구는 병렬적으로 구성되어 있다.

　　표적과 기사의 능력으로(ἐν δυνάμει σημείων καὶ τεράτων)
　　(하나님의) 성령의 능력으로(ἐν δυνάμει πνεύματος [θεοῦ]).[38]

이는 각각의 어구가 각기 다른 어구의 미묘한 의미를 살려주는 이사일의

37　C. E. B. Cranfield, *Epistle to the Romans* (2 vols.; ICC; Edinburgh: T&T Clark, 1975-1979), 2:758-59는 J. A. Bengel, R. Comely, O. Michel, F. J. Leenhardt, M. Black, and K. H. Rengstorf를 인용한다.

38　그 텍스트에서 θεοῦ의 불확실한 위상에 대해서는 Bruce M. Metzger, *A Textual Commentary on the Greek New Testament* (2nd ed.; New York: American Bible Society, 1994), 473을 보라.

(hendiadys)일 뿐만 아니라 둘이 합쳐 "말씀과 행위"의 의미를 알려주고 있음을 암시한다. 이런 식으로 바울의 사역은 어떤 면에서―"~의 능력으로"(ἐν δυνάμει)가 어떻게 이해되느냐에 따라―성령뿐만 아니라 기적도 관련된다는 특징이 있다. 바울은 아마도 ἐν δυνάμει가 기적(롬 15:19; 고전 2:5) 또는 부활(고전 15:43)과 관련해서, 또는 말과 대조적으로(고전 4:20) 사용되는 바울 서신에서의 더 폭넓은 용법뿐만 아니라[39] 여기서 사용되는 용법을 모두 염두에 두고서 자신의 사역이 표적과 기사를 통해 입증되었다고 말하지 않고[40] 자신의 사역이 기적(또는 성령)의 토대에서, 또는 그 능력으로 수행되었다고 말하고 있을 것이다. 달리 말하자면 기적이 바울의 말의 사역을 입증했다기보다는 바울의 사역이 기적적인 데서 나왔다는 것이다. 즉 이 점을 바울의 말을 따라 달리 표현하자면, 그의 사역은 성령의 능력에서 나왔다. 이 점의 중요성은 결코 간과될 수 없다. 예수의 사역이 거의 틀림없이 기적을 바탕으로 한 것처럼[41] 바울의 사역도 그러했다.

   b. "표적과 기사"라는 어구에 대한 바울의 다른 용법은 고린도후서 12:12에 나타난다. 바울은 이렇게 말한다. "사도의(τοῦ ἀποστόλου) 표(τὰ μὲν σημεῖα)가 된 것은 내가 너희 가운데서(ἐν) 모든 참음과 표적과 기사와 능력(σημείοις τε καὶ τέρασιν καὶ δυνάμεσιν)을(ἐν) 행한 것이라(κατειργάσθη)." 여기서 바울은 고린도 교인들 앞에서 자신의 사도직을 변호하고 있다. 바울의 반대자들이 바울이 기적을 행할 수 있다는 사실을 부정하고(참조. 고후 10:1, 10; 11:15) 그가 질병을 앓는다며(고후 12:7-10) 비난했던 것으로 보이기 때문이다.

---

39 ἐν δυνάμει라는 어구는 바울 서신에서 롬 1:4; 15:13, 19(2회); 고전 2:5; 4:20; 15:43; 고후 6:7; 살전 1:5에 나온다. 참조. 골 1:29; 살후 1:11.

40 Cranfield, *Romans*, 2:759.

41 Graham H. Twelftree, "The Miracles of Jesus: Marginal or Mainstream?" *JSHJ* 1 (2003): 104-24를 보라.

바울이 사용한 문법이 이 문장을 바울이 직전에 (고후 12:11에서) 자신이 "지극히 크다는 사도들"(ὑπερλίαν ἀποστόλων)보다 부족하지 않다고 한 말과 어떻게 연결해야 하는지 우리에게 말해주는 것은 아니지만, 그는 아마도 왜 자신이 그들보다 부족하지 않은지를 설명하고 있을 것이다. 바울은 먼저 "최소한"[42] 또는 "한편으로"(τὰ μέν) 그들 가운데서 표적들이 행해졌다고 말한다. 바울이 대조를 의도하고 있다면(이 점은 문맥에서 분명히 드러나지만) 그 대조는 완료되지 않았다. 고린도 교인들은 전혀 주의를 기울이지 않았다.[43] "그 사도"(τοῦ ἀποστόλου, 12:12)에서 관사를 사용한 것과 관련해서, 여기서 쟁점은 사도직의 일반적 개념이다.[44] 바울이 비판에 대해 응답하면서 사용한 "표적과 기사"라는 어구는 아마도 고린도 교인들에게서 직접 들었거나,[45] 그의 대적들이 한 말을 고린도 교인들을 통해 간접적으로 들은 말이었을 것이다.[46]

사도의 "표"(σημεῖα)라는 말을 통해 바울은 아마도 "표시" 또는 "증거"를 말하려 했을 것이고 자신이 계속해서 하려는 말을 아우르려 했을 것이다.[47] 수동태 동사인 "행해진" 또는 "이루어진"(κατειργάσθη)은 바울이 이 표

---

42   여기서는 μέν의 제한적 의미만 등장하는 것으로 해석한다. Archibald T Robertson, *A New Short Grammar of the Greek Testament* (1908; 10th ed., Grand Rapids: Baker, 1977), §472(d)를 보라.

43   다음 문헌들을 보라. BDAG, "μέν," §2.a; E. Bernard Allo, *Saint Paul: Seconde épître aux Corinthiens* (2nd ed.; ÉBib; Paris: J. Gabalda, 1956), 325; Thrall, *Second Corinthians*, 2:837 각주 507.

44   Thrall, *Second Corinthians*, 2:837. 이 책은 Heinrich A. W. Meyer, *Critical and Exegetical Handbook to the Epistles to the Corinthians* (ICC; Edinburgh: T&T Clark, 1879), 2:484를 인용한다.

45   C. Kingsley Barrett, *A Commentary on the Second Epistle to the Corinthians* (BNTC; London: Black, 1973), 320-21은 그렇게 생각한다.

46   Stefan Schreiber, *Paulus als Wundertäter: Redaktionsgeschichtliche Untersuchungen zur Apostelgeschichte und den authentischen Paulusbriefen* (BZNW 79; Berlin and New York: de Gruyter; 1996), 217-18; Thrall, *Second Corinthians*, 2:837-38.

47   σημεῖον의 다양한 의미에 대해서는 BDAG를 보라.

를 하나님의 사역으로 간주하고 있음을 암시하지만[48] 이 표가 정확히 무엇이었는지는 즉시 분명하게 드러나지 않는다. 우선 κατειργάσθη의 부정 과거 시제는 바울이 이 표적들이 특정한 시점에, 아마도 고린도 교회가 세워졌을 때인 그가 고린도에 처음 방문했을 때 행해졌다고 생각하고 있음을 암시한다.[49] 이러한 사도의 표적에는 바울의 "모든 참음"(ἐν πάσῃ ὑπομονῇ)도 포함될 수 있다.[50] 그러나 ὑπομονή("참음" 또는 "인내")는 바울이 기적을 행한 방식에 대한 묘사일 것 같지 않으며[51] (고후 6:4에서와 같이; 참조. 1:6) 바울의 사역 또는 그 사역의 일반적인 특성에 대한 묘사인 듯하다. 이는 자신의 사도직을 약함 가운데서의 강함으로 묘사하는 고린도후서의 문맥에서 특히 적절하다(12:5-10). 따라서 이곳의 문맥(12:5-10)상의 주제와 일치하게끔 바울은 자신이 곧 언급할 기적들이 승리주의적인 사역이 아니라 연약하고 인내심 있게 고난을 견디는 사역에서 나온 것이라는 생각을 표현하고 있다. 아무튼 "~안에서"라는 단어의 연속적인 사용(ἐν ὑμῖν ἐν πάσῃ ὑπομονῇ)은 인내라는 개념을 그에 선행하는 내용과 결합하며,[52] "모든"(πᾶς)의 수식을 받는 "인내"는 이후의 세 명사("표적", "기사", "능력") 중 어느 것도 수식을 받지 않는다는 점에서 이어지는 내용과 분리된다. 더 나아가 "표적"과 "기사"라는 단어는 신약성경에서 습관적으로 서로 결합하고 여기서는 바울 서신에서 흔한 연결어인 τε καί에 의해 서로 강하게 결합하는데,[53] 이는 12:12에서

---

48   참조. Alfred Plummer, *A Critical and Exegetical Commentary on the Second Epistle of St Paul to the Corinthians*(ICC; Edinburgh: T&T Clark, 1915), 358.

49   참조. Victor P. Furnish, *II Corinthians*(AB 32A; Garden City; NY: Doubleday, 1984), 553.

50   E. Käsemann, "Die Legitimität des Apostels: Eine Untersuchung zu II Korinther 10-13," *ZNW* 41 (1942): 33-71; 그리고 in Thrall, *Second Corinthians*, 2:838의 논의.

51   Thrall, *Second Corinthians*, 2:839도 같은 입장이다.

52   Thrall은 *Second Corinthians*, 2:838 각주 512는 고후 12:12에서 "ἐν σημείοις(ℵ² D² Ψ [2495] 𝔪 vgᶜ)라는 독법은 부차적인 것으로 보인다"고 말한다.

53   롬 1:12, 14(2회), 27; 3:9; 10:12; 고전 1:24, 30; 고후 12:12을 보라.

"표(적)"이라는 단어가 반복되는 이유를 설명해준다.

이 모든 것은 바울이 자신이 행한 사도의 표는 "표적과 기사와 능력"(σημείοις τε καὶ τέρασιν καὶ δυνάμεσιν)이었다고 말하고 있음을 뜻한다. 70인역에서 "표적과 기사"라는 용어의 용법(위의 내용을 보라)과 이 두 단어가 초기 기독교 문헌에서 자주 함께 발견된다는 점을 고려하면,[54] 각 단어에서 독특한 의미를 발견하려는 시도는 아마도 이 어구에 너무 많은 의미를 부여한 해석일 것이다.[55] 바울이 이 어구를 신약의 사도행전에만 나오는 "기사와 표적"이라는, 빈도수가 적은 말이 아니라 "표적과 기사"라는 전통적인 순서로 표현하기 때문에 더욱 그렇다.[56]

만일 우리가 지금까지 살펴본 내용이 "표적과 기사"가 바울이 기적에 대해 사용하는 어구임을 의미한다면 여기서 바울이 왜 다른 사람들에게뿐만 아니라 자신에게도 기적을 의미하는(참조. 고전 12:10, 28-29; 갈 3:5), "능력"의 복수형(καὶ δυνάμεσιν)을 덧붙였는지가 문제다.[57] 우리가 로마서 15:19에서 바울이 δύναμις를 사용한 것을 살펴본 바에 비추어보면, δυνάμεις는 바울이 기적을 신적 능력의 예시로 간주했음을 암시한다는 칼뱅의 제언[58]은 합리적이다. 더 나아가 신적인 기원의 의미를 지닌 "~과 능력"이라는 말이 덧붙여져서 "표적과 기사"라는 어구에서 전달될 수도 있는 부정적인 함의를 상쇄했을 것이다(앞의 내용을 보라).

다른 곳에서와 마찬가지로 이곳 고린도후서 12:12에서도 바울은 기적

---

54   Schreiber, *Paulus als Wundertäter*, 219.
55   Ralph P. Martin, *2 Corinthians* (WBC 40; Waco: Word Books, 1986), 437.
56   행 2:22, 43; 6:8; 7:36.
57   BDAG, "δύναμις," §3을 보라. 참조. §1b.
58   John Calvin, *The Second Epistle of Paul the Apostle to the Corinthians and the Epistles to Timothy, Titus and Philemon* (Grand Rapids: Eerdmans, 1964), 164.

의 성격을 명시하지 않지만,[59] 지금까지의 논의를 통해 볼 때 바울이 아마
도 축귀를 포함한 기적을 염두에 두었을 것이라고 가정하는 것은 충분히 타
당해 보인다.[60] 그러나 우리는 지금으로서는 확신할 수 없다(아래의 논의를 보
라). 우리가 어느 정도 확신 있게 결론을 내릴 수 있는 점은, (우리가 롬 15:18-
19에서 살펴본 사실을 고려하면) 이런 기적들이 바울의 사역의 토대였을 뿐만
아니라 그의 사도직을 증명하는 표시였다는 것이다.[61] 바울은 명백히 "타
당한 종교적 진리의 전파에는 특정한 신적인 능력의 표시가 뒤따를 것이라
는…고대의 편만한 믿음을 공유한다"[62]는 빅터 퍼니쉬의 말은 옳지만, 이는
바울의 사역과 관련해서 기적에 대해 바울이 이해하고 있는 것의 일부일 뿐
이며 그것도 아마도 아주 작은 일부임이 분명하다는 점을 명확히 할 필요가
있다. 우리가 로마서 15:18-19에서 살펴본 내용 및 데살로니가전서 1:5에
서 곧 살펴볼 내용으로 볼 때, 기적은 말씀 못지않게 중요한 사역의 근본적
인 측면이었다. 따라서 고린도전서 4:20에서 바울이 하나님 나라가 능력을
수반한다고 말하지 않고 그것이 말과 능력 둘 다에 있다고 말한다는 점은
주목할 만하다(앞의 내용을 보라).

"표적과 기사"가 나오는 이 두 구절을 검토해보면 바울은 에른스트 케
제만이 제언하듯이 자신의 고난을 염두에 둔 것이 아니라 기적을 염두에 두
었다고 주장하는 것이 합리적이다. 우리는 또한 바울이 기적을 행했다는 점
도 확고하게 입증했지만, 기적은 케제만이 주장하듯이 부차적인 중요성만
을 지닌 것이 아니었다.[63] 오히려 우리는 기적이 바울의 사역의 본질적인 부

---

59   Barrett, *Second Epistle to the Corinthians*, 321-22도 보라.

60   참조. Jean Héring, *The Second Epistle of Saint Paul to the Corinthians* (London: Epworth, 1976),
      95.

61   Thrall, *Second Corinthians*, 2:839도 같은 입장이다.

62   Furnish, *II Corinthians*, 555.

63   E. Käsemann, "Die Legitimität des Apostels," 33-71.

분이었다고 정리할 수 있었다. 우리는 이제 바울의 첫 편지부터 시작해서 기적적인 측면을 염두에 두었을 가능성이 가장 큰 다른 두 구절을 살펴볼 것이다.

c. 데살로니가전서 1:5에서 바울은 "우리 복음이 너희에게 말로만 이른 것이 아니라 또한 능력과 성령과 큰 확신으로(καὶ ἐν[64] πληροφορίᾳ[65] πολλῇ) 된 것임이라"고 말한다. 이 구절의 뒷부분의 세 요소(능력, 성령, 큰 확신) 사이의 깔끔한 병행 관계를 파괴하는 (바울은 ἐν을 포함시키지 않았다는) 가장 난해한 독법을 받아들이면, 마지막 절이 나머지 두 절과 분리되어서 "능력으로"와 "성령으로"가 서로 병행 관계를 유지하고 둘이 합쳐 복음이 온 것에 대한 묘사에서 "말"과 균형을 이룬다.

이처럼 데살로니가 교인들 가운데서 바울의 사역이 단순한 말 이상의 것을 포함한다는 이 묘사는 철학자들 사이에서 알려진 양상과도 유사한데, 그들도 철학자의 말과 행동이 서로 일치해야 할 필요에 관해 이야기한다.[66] 그러나 바울이 염두에 둔 양상은 그의 말과 그의 삶 또는 일반적인 행동 간의 균형이 아니다. 그 대신 바울은 자신이 복음을 어떻게 제시했는지를 상기하면서 고린도전서 2:4(아래의 논의를 보라)과 4:20(위의 논의를 보라)에서도 나타나는 방식으로 한편으로는 자신의 말(λόγος)과 다른 한편으로는 "능력"과 "성령"을 조화시킨다. D. E. H. 휘틀리는 바울의 말과 대비되는 이 "능력"은 기적을 일으키는 능력을 가리키는 것이 아니라 "이방인으로

---

64   그 텍스트에서 ἐν의 위상에 대해서는 NA[27] 531을 보라. 아래의 논의도 보라.
65   명사 πληροφορία에 대해서는 골 2:2; 히 6:11; 10:22을 보라; 그리고 그보다 후대의 *1 Clem.* 42.3도 보라. 동사 πληροφορέω에 대해서는 눅 1:1; 롬 4:21; 14:5; 골 4:12; 딤후 4:5, 17을 보라.
66   다음 문헌들을 보라. Seneca, *Ep.* 108.35-37; Dio Chrysostom, *De philosophia* (*Or.* 70) 6; Lucian, *Peregr.* 19; Abraham J. Malherbe, *Paul and the Thessalonians: The Philosophic Tradition of Pastoral Care* (Philadelphia: Fortress, 1987), 58에서 인용되었다.

하여금 믿게 하는 '기적'을 일으키는 능력"[67]을 가리킨다고 주장했다. 이러한 견해를 뒷받침할 근거는 바울이 자신의 메시지가 "큰 확신으로"(καὶ [ἐν][68] πληροφορίᾳ πολλῇ) 왔다고 말하는 데서 찾을 수 있을 것이다. 즉, 큰 확신은 바울의 말을 들은 사람들 안에서 생겨난 결과였다. 그러나 바울은 데살로니가전서 1:5절에서는 자신의 메시지가 데살로니가 교인들에게 끼친 영향보다는 복음이 온 것의 성격과 수단을 상기시키고 있다. 바울은 그다음 절까지는 데살로니가 교인들의 반응을 묘사하지 않으며, 6절에서야 비로소 그들이 자신을 "본받은 자"가 되고 "성령의 기쁨으로 말씀을" 받았다고 쓴다. 그러므로 바울이 복음이 온 것에 대해 말하고 있는 "큰 확신"은 F. F. 브루스가 결론지은 것처럼 듣는 이들의 마음속에 있는 "깊은 내적 설득"[69]이 아니라 1557년 제네바 신약성경의 번역처럼 "설득에 대한 많은 확신"[70] 또는 바울이 복음을 제시할 때 가졌던 확신이다.[71]

"또한 능력과"(καὶ ἐν δυνάμει)라는 어구는 효과적이지 않은 단순한 인간의 말과 하나님의 강력한 말씀의 도구가 되는, 성령이 불어넣은 말을 대조하는 것일 수도 있다.[72] 그러나 바울은 자신이 가지고 온 말을 묘사하는 것이 아니라 자신의 말(μόνον ἀλλὰ καί, "~뿐만 아니라 ~도")을 "능력" 및 "성령"과 대조하고 있다. 우리가 바울에 대해 논의하면서 지금까지 살펴본 내용으로 볼 때 바울은 여기서 기적을 묘사하고 있을 가능성이 매우 크다. καὶ

---

67 D. E. H. Whiteley, *Thessalonians* (Oxford: Oxford University Press, 1969), 36. William Neil, *The Epistle of Paul to the Thessalonians* (London: Hodder & Stoughton, 1950), 17도 그렇게 생각한다.

68 위의 각주 64를 보라.

69 F. F. Bruce, *1 & 2 Thessalonians* (Waco: Word Books, 1982), 14.

70 George Milligan, *St. Paul's Epistles to the Thessalonians* (London: Macmillan, 1908), 9에서 인용되었다.

71 I. Howard Marshall, *1 and 2 Thessalonians* (Grand Rapids: Eerdmans; London: Marshall, Morgan & Scott, 1983), 54도 참조하라.

72 Marshall, *1 and 2 Thessalonians*, 53에 언급되었다.

3장 바울 서신

103

ἐν δυνάμει("또한 능력 안에서")라는 어구는 그다음 어구인 καὶ ἐν πνεύματι ἁγίῳ("그리고 성령 안에서")와 더불어 이사일의(二詞一意)의 일부일 수도 있다. 곧 이 두 어구는 단일한 개념을 표현하므로 "능력"이 무엇을 의미하든 그것은 신적인 기원을 가진 것으로 이해되어야 한다. 즉 바울은 자기나 자기의 업적이 아니라 기적들에 나타난 하나님의 역사에 관심을 기울이고 있다.[73] 기적으로 이해된 능력은 이러한 해석에 잘 들어맞는다. 이 점에 대해서는 다른 텍스트들을 살펴본 뒤에 좀 더 언급할 것이다.

d. 고린도전서 2:4-5에서 바울은 이렇게 말한다. "내 말(ὁ λόγος μου)과 내 전도함(καὶ τὸ κήρυγμά μου)이 설득력 있는 지혜의 말로 하지 아니하고 다만 성령의 나타나심(ἀποδείξει)과 능력(δυνάμεως)으로 하여 너희 믿음이 사람의 지혜에 있지 아니하고 다만 하나님의 능력에 있게 하려 하였노라." 방금 데살로니가전서 1:5에서 살펴본 것처럼 여기서도 바울은 또다시 모종의 방식으로 자신의 말과 선포―이 또한 아마도 이사일의의 한 쌍일 것이다―를 성령 및 능력과 대조하고 있다. 문법적으로는 성령과 능력을 이사일의로 해석해야 함을 암시하는 것은 접속사 καί("~과") 외에 아무것도 없지만, 바울이 데살로니가전서 1:5에서 이 두 용어를 다루는 방식(앞의 내용을 보라)은 우리로 하여금 이 두 단어를 그와 같이 해석하도록 만든다.

바울은 "성령"과 "능력"이 자신의 메시지를 "나타나게"(ἀπόδειξις, 신약성경에서는 이곳에서만 나온다) 하는 역할을 한다고 말한다. 그리스어 수사법에서 ἀπόδειξις는 추론된 논거에서 도출되는 설득력 있는 결론을 가리키는 전문 용어였다(예컨대 Plato, *Tim.* 40E; 「마카베오 4서」 3:19). 여러 면에서 바울은 아마도 변화를 일으키는 하나님과의 만남을 자신의 메시지에 대한 "나타남"이라고 지칭할 뿐만 아니라 자신의 복음 제시에 수반된 기적을 자신이 전한

---

73 참조. Malherbe, *Paul and the Thessalonians*, 58.

복음의 진정성의 나타남 또는 증거라고 지칭하는 듯하다(참조. 고후 12:9-10; 살전 1:9). 첫째, 이곳 고린도전서 2장에서 바울은 자신의 약함, 두려움, 자신이 한 말을 복음의 나타남과 대조하고 있다. 둘째, 우리가 로마서 15:19에서 살펴본 것처럼 성령의 능력은 표적과 기사의 능력에 상응한다. 셋째, (우리가 뒤에서 살펴보겠지만) 갈라디아 교인들은 바울의 메시지를 받았을 때 "능력"(δυνάμεις, 갈 3:5)을 경험했다. 넷째, 데살로니가전서 1:5에서 바울은 아마도 그가 전하는 메시지의 효능을 입증하지 못한다는 비난에 맞서 자신을 변호하면서 자신의 메시지가 말로만이 아니라 능력과 성령과 큰 확신 또는 자신감으로도 이르렀다고 말한다(위의 내용을 보라).

이 네 구절(롬 15:18-19; 고후 12:12; 살전 1:5과 고전 2:4-5)에 대한 고찰은 우리가 앞에서 바울이 예수가 기적을 행했다는 사실을 알고 있고 예수를 본떠서(참조. 롬 15:18-19) 자신도 축귀를 포함한 기적을 행했다고 했던 결론이 옳았음을 입증해준다. 이 구절들은 또한 우리에게 바울이 자신이 행한 기적들을 자신의 사역이 진정한 것임을 입증한다기보다는—기적들이 확실히 그런 역할을 하기는 했지만—일차적으로 "말씀과 행위"의 사역으로 묘사할 수 있는 사역을 초래하는 구원의 사건으로 간주했음을 보여준다.

3.4 바울과 사도행전

사도행전을 사용해서 바울을 이해하기에는 확실히 어려움이 있다. 사도행전은 짧지 않은 기간 동안 바울과 동행하지 않은 사람이 쓴 2차 자료다. 사도행전에서의 바울에 대한 묘사와 바울 자신이 쓴 글에서 얻을 수 있는 묘사의 차이점들이 잘 알려져 있는데, 때로는 그 차이들이 과장되고[74] 때로는

---

74 예컨대 Philipp Vielhauer, "On the 'Paulinism' of Acts," in *Studies in Luke-Acts* (ed. L. E. Keck

무시된다.[75] 이러한 묘사의 차이 중 하나는 우리의 연구 주제와 관련이 있다. 사도행전에는 치유를 실행한 데 대한 일반적인 언급(행 14:3; 15:12; 28:9)뿐만 아니라 바울이 마술사 엘루마의 눈을 멀게 한 일(13:9-12), 루스드라에서 걷지 못하는 사람을 치유한 일(14:8-10), 그의 옷에서 치유의 능력이 나타난 일(19:11-12), 그가 귀신을 쫓아낸 일(16:16-18), 죽은 자를 살려낸 일(20:9-12), 보블리오 부친의 열병과 이질을 고친 일(28:7-9)에 관한 이야기들이 나온다. 우리가 앞에서 살펴본 것처럼 바울은 자신의 사역이 기적을 동반할 뿐만 아니라, 그것은 말씀과 행위의 사역이기도 하다고 증언했다. 하지만 우리는 확실히 바울의 글에서 누가가 묘사하는 것과 같은 빈도와 방식으로 기적을 행하는 사람의 모습을 떠올릴 수는 없다. 따라서 우리는 사도행전을 사용해 바울의 사역에서 축귀를 포함한 기적이 차지하는 위치를 이해하려 할 때 매우 조심할 필요가 있다.

사도행전에서 바울을 축귀자로 묘사하는(행 16:16-18) 한 이야기는 우리에게 특히 흥미롭다. 누가는 유럽에 복음이 도래한 이야기를 하면서 루디아의 회심(16:13-15), 어느 여종에게서 귀신을 쫓아낸 사건(16:16-18), 어느 간수의 회심(16:19-40) 등 마케도니아에서 복음의 능력이 나타난, 성격이 아주 다른 세 가지 이야기를 선별하여 들려준다. 두 번째 이야기에서는 점 치는 귀신(πνεῦμα πύθωνα, 16:16) 들린 어느 노예 소녀가 바울과 그의 일행을 따라다닌다. 이 소녀가 여러 날 동안 소리를 지르는 데 짜증이 난 바울은 그 귀신을 쫓아냈다(16:18).

에른스트 행헨은 이 이야기의 역사적 사실성에 대해 반론을 제기하는 몇 가지 요점을 열거한다.[76] 첫째, 이 이야기는 현재 우리가 알고 있는 사도

---

and J. L. Martyn; London: SPCK, 1968), 33-50.

75 예컨대 I. Howard Marshall, *The Acts of the Apostles* (Leicester, UK: Inter-Varsity, 1980), 42-44.

76 Ernst Haenchen, "The Book of Acts as Source Material for the History of Early Christianity," in

106   2부 1세기

행전의 문맥과 논리적으로 연결되지 않는다. 그러나 이것이 그 자체로 어떤 이야기의 역사성을 침해하지는 않는다. 둘째, 행헨은 아무도 악령을 쫓아냈다는 이유로 기소당할 수 없다고 말한다. 그러나 바울과 실라는 특별히 축귀 때문에 기소당한 것이 아니라 군중 소요를 일으키고 로마의 것이 아닌 풍속을 옹호했다는 이유로 기소당한다(행 16:20-21). 이러한 혐의들은 반유대 정서로 표현되었다(참조. 18:2, 12-17). 행헨은 또한 사람들이 해를 입을까 두려워 강력한 축귀자를 체포하지 않도록 조심했을 것이라고 말한다. 그러나 강력한 축귀자인 예수가 체포되고, 재판을 받고, 십자가에 처형된 고전적인 선례는 이러한 주장에 반한다.[77]

　이 이야기의 역사성을 부정하는 행헨의 주장은 면밀한 검토를 버텨내지 못할 뿐만 아니라 이 이야기의 기본적인 역사성을 뒷받침하는 여러 요인이 존재한다. 첫째, 이 보고는 "우리 구절"[78](사도행전에서 저자가 바울의 선교 여정에 동행한 것으로 묘사되는 부분―역자주) 중 일부다. "우리 구절"에 대한 논의는 다양한 이론을 낳았다. 이 구절들은 저자의 창작물일 수도 있고, 저자의 일기나 기록일 수도 있고, 저자가 다른 인물의 일기나 기록을 사용한 것일 수도 있다. 또는 콜린 헤머가 설득력 있게 보여준 것처럼 그 구절들은 저자가 이 특정한 이야기들의 목격자라는 사실을 반영하는 것일 수도 있다.[79] 만일 이 이론이 옳다면 이 이야기의 문체는 누가의 문체일 것이라고 예상할 수 있다. 둘째, 바울이 묘사되는 방식은 이 보고가 바울의 생애에서 일어난

Keck and Martyn, *Studies in Luke-Acts*, 273.

77　Twelftree, "Marginal or Mainstream?" 113-14.

78　행 16:10-17; 20:5-15; 21:1-18; 27:1-28:16. 행 11:28에 나오는 언급은 2차 자료이기 때문에 제외해야 한다. Metzger, *Commentary*, 344를 보라.

79　Colin J. Hemer, *The Book of Acts in the Setting of Hellenistic History* (WUNT 49; Tübingen: Mohr Siebeck, 1989), 213-34. 다음 문헌들도 보라. F. F. Bruce, *The Book of the Acts* (NICNT; Grand Rapids: Eerdmans, 1954), 328 및 각주 22; Martin Hengel, *Acts and the History of Earliest Christianity* (London: SCM; 1979), 66.

실제 사건을 반영했을 가능성을 높여준다. 즉 바울은 사도행전의 핵심 인물이자 주인공이므로 누가가 바울의 명성을 높이려고 노력하는 과정에서 바울의 치유 사역이 귀찮음(διαπονέομαι, 행 16:18)에서 비롯되었다는 이야기를 만들어냈을 것 같지는 않다.

그리고 이 이야기가 기록된 방식에는 누가가 이 이야기를 단순히 어떤 전승에서 그대로 옮겨왔다기보다는 자기 말로 진술하고 있음을 암시하는 증거가 많이 있음에도,[80] 누가는 지어낸 이야기라기보다는 실제로 발생한 내용이라고 이해하는 편이 더 나은 몇 가지 세부사항도 포함했다. 소녀는 소리를 지르면서 바울과 그 일행을 지극히 높은 하나님의 종이라고 부르는데, 이 호칭은 초기 교회가 많은 관심을 보인 호칭이 아니다.[81] 그들은 "구원의 [하나의] 길을 너희에게 전하는 자"라고 불린다. 누가는 오직 여기서만 "구원의 [하나의] 길"이라는 어구를 사용한다. 그리스도인의 삶을 "길"로 묘사하는 다른 모든 경우에 누가는 그것을 "주의 [그] 도"(행 18:25)나 "[하나님의] [그] 도"(18:26),[82] 또는 단순히 "[그] 도"[83]라고 부른다. 예외는 시편 16:11(70인역에서는 15:11)을 그대로 인용한 사도행전 2:28인데 이 절에는 복수형 "길들"에 관사가 없다. 달리 말하자면 이곳 사도행전 16:17에서 "구원" 앞에 관사가 없다는 것은 누가가 이 기사에 등장하는 소녀의 말을 자신의 신학적 관심사와 일치시키려 하고 있지 않음을 암시한다. 사도행전 16:16-18에 대한 이러한 논의를 바탕으로 우리는 이 보고의 배후에 바울이

---

80 Twelftree, *Christ Triumphant*, 93 각주 12.

81 Graham H. Twelftree, *Jesus the Exorcist: A Contribution to the Study of the Historical Jesus* (WUNT 2.54; Tübingen: Mohr Siebeck; Peabody, MA: Hendrickson, 1993), 82. 참조. Paul R. Trebilco, "Paul and Silas — 'Servants of the Most High God' (Acts 16.16-18)," *JSNT* 36 (1989): 51-73.

82 그 텍스트에서 τοῦ θεοῦ의 불확실한 위상에 대해서는 Bruce M. Metzger, *A Textual Commentary on the Greek New Testament* (2nd ed.; New York: American Bible Society, 1994), 414를 보라.

83 행 9:2; 19:9, 23; 22:4; 24:14, 22.

귀신을 내쫓은 사건이 존재할 가능성이 크며, 누가는 그 사건을 목격하고서 자신의 말로 보고했다고 결론을 내릴 수 있다.

사도행전에는 바울이 축귀자였을 수 있음을 암시할 수도 있는 구절이 하나 더 있다. 사도행전 19:13에서 어떤 유대인들은 "내가 바울이 전파하는 예수를 의지하여 너희에게 명하노라"라는 주문으로 축귀를 시도한다. 어떤 사람에게 축귀자로서의 명성이 있다는 증거가 있을 때 그 사람의 이름이 귀신을 쫓아내기 위한 능력-권위의 원천으로 사용된다는 사실이 잘 알려져 있다.[84] 여기서 그 능력-권위의 원천은 예수이지만, 이 절이 예수의 이름을 사용하는 축귀(행 16:18)로 유명한 한 인물을 증언하고 있을 가능성이 있다. 하지만 이 절 자체만으로는 바울이 축귀자였음을 입증하기에 충분치 않을 것이다. 기껏해야 그것은 여종이 치유된 이야기에서 우리가 발견한 사실에 대한 보강 증거일 뿐이다.

3.5 바울이 세운 교회들에서의 축귀

바울이 아마도 축귀를 행했을 것이라는 점을 확고히 했으니, 우리는 이어서 바울이 그의 독자들도 축귀를 행하기를 기대했는지 질문해봐야 한다. 바울 서신에는 독자가 바울의 관점을 발견했을 만한 곳 두 군데─갈라디아서 3:5 과, 덜 분명하기는 하지만 고린도전서 12장─가 있다.

갈라디아서 3:5에서 바울은 독자들에게 한 가지 질문을 되풀이함으로써 그들이 성령을 받은 토대에 관한 3:1-4의 논증을 요약한다(참조. 3:2). "너희에게 성령을 주시고(ὁ οὖν ἐπιχορηγῶν ὑμῖν) 너희 가운데서 능력을 행하시는(ἐνεργῶν δυνάμεις) 이의 일이 율법의 행위에서냐, 혹은 듣고 믿음

---

84   Twelftree, *Exorcist*, 139-40을 보라.

에서냐?" "능력을 행하시는"(ἐνεργῶν δυνάμεις)이라는 어구는 아마도 "능력"(δυνάμεις)과 동등한 표현일 것이다. 고린도전서 12:10에 등장하는 이와 비슷한 어구 "능력 행함"(ἐνεργήματα δυνάμεων)은 몇 절 뒤에 나오는 "능력"(δυνάμεις, 12:28-29)과 상응하기 때문이다. 바울이 다른 곳에서 사용한 δυνάμεις의 용법 및 이 단어가 일반적으로 기적을 가리키는 데 사용된다고 인정되는 점(앞의 논의를 보라)에 비추어볼 때 우리는 갈라디아서 3:5의 "능력"을 "기적"으로 번역하고 싶은 마음이 든다.[85] 그 텍스트에는 이러한 결론을 방해하는 내용이 전혀 없다. "너희에게 성령을 주시고(ὁ οὖν ἐπιχορηγῶν ὑμῖν) 너희 가운데서 능력을 행하시는(ἐνεργῶν δυνάμεις)"이라는 진술의 병행하지 않는 구문으로 판단할 때 우리는 성령을 주시는 것이 기적을 행하는 것에 상응한다는 결론을 도출할 수 없다. 오히려 이 진술은 기적을 행하는 것이 성령의 지속적인 공급에 대한 분명한 표현 또는 나타남이라고 해석하는 것이 가장 좋다.

바울이 이러한 기적들이 "너희 가운데서(ἐν)" 행해지고 있다고 한 말은 갈라디아인들 사이에서 기적이 일어나고 있거나 나타나고 있다는 뜻일 수도 있다.[86] 고린도전서 12:6(그리고 10절; 참조. 마 14:2)은 이러한 이해를 반영하는 것으로 보인다는 점에 비추어볼 때 바울이 여기서 기적을 행하는 능력을 언급하고 있을 가능성이 크다. "모든 것을 모든 사람 가운데서(ἐν) 이루시는 하나님"(고전 12:6)[87]이라는 바울의 표현은 은사에 관한 내용이다. 이에

---

85 예컨대 다음 문헌들도 같은 입장이다. J. R. Lightfoot, *Saint Paul's Epistle to the Galatians* (London: Macmillan, 1881), 136; Hans Dieter Betz, *Galatians* (Philadelphia: Fortress; 1979), 135 각주 78은 막 6:14과 마 14:2를 인용한다. 다음 구절들도 참조하라. 고전 12:10, 28-29; 고후 12:12; 살후 2:9; 행 2:22; Richard N. Longenecker, *Galatians* (WBC 41; Dallas: Word Books, 1990), 105; James D. G. Dunn, *The Epistle to the Galatians* (London: Black; Peabody, MA: Hendrickson, 1993), 158.

86 참조. Frank J. Matera, *Galatians* (Collegeville, MN: Glazier / Liturgical Press, 1992), 113.

87 참조. Lightfoot, *Galatians*, 136.

비추어볼 때 바울은 갈라디아서 3:5에서 갈라디아 사람들이 능력을 목격할 수 있다는 점에 주의를 환기하는 것이 아니라, 그들이 기적을 행할 수 있다는 점에 주의를 환기한다(참조. 고전 12:10). 현재 분사 "주시고"(ἐπιχορηγῶν)와 "행하시는"((ἐνεργῶν)은 바울이 이 기적들에 대한 체험이 그리스도인들 사이에서 현존하며, 또 그런 체험들이 계속되고 있다고 이해하고 있음을 보여준다. 그러나 바울은 그들의 기독교적 체험의 시작이 지닌 성격에 대한 논의를 요약하고 있다는 점에서 이 묘사는 복음이 갈라디아 사람들에게 임했을 때 그들이 겪은 최초의 체험에도 적용될 것이다(참조. 갈 3:2-3). 이를 통해서 우리는 바울이 그가 세운 교회의 교인들 사이에서 기적을 행하는 능력이 계속되리라고 기대한다는 것을 알 수 있다.

이 기적들이 무엇인지에 대해서는 합의가 이루어지지 않았다. 발터 슈미탈스는 바울이 성령이 만들어내는 황홀경을 언급한다고 생각하며,[88] 프란츠 무스너는 그것들이 카리스마적인 은사들이라고 생각한다.[89] 그러나 이러한 제언들은 옳을 것 같지 않다. 고린도전서에서 ἐνεργήματα δυνάμεων(능력 행함)은 여러 황홀경 체험이나 카리스마적 은사 중 하나만을 의미하는 것으로 보이기 때문이다(고전 12:8-10, 28-29). 더구나 고린도전서 12:9-10과 28에서 "병 고치는 은사"(χαρίσματα ἰαμάτων)는 "능력"(δυνάμεις, 12:28)뿐만 아니라 "능력 행함"(ἐνεργήματα δυνάμεων, 12:9-10)과도 구별된다. 그러나 그것들은 서로 나란히 열거되기 때문에 그것들이 비슷한 "은사"라고 가정해도 일리가 있을 것이다. 교부 저술가인 암브로시우스와 알렉산드리아의 키릴로스는 바울이 축귀를 염두에 두고 있다고 제언한다.[90] 좀 더 최근의 많은

---

88 Walter Schmithals, *Paul and the Gnostics* (Nashville and New York: Abingdon, 1972), 47.

89 Franz Mussner, *Der Galaterbrief* (3rd ed.; HTKNT 9; Freiburg: Herder, 1977), 208.

90 Thiselton, *First Corinthians*, 953을 보라. 그는 다음 문헌들을 인용한다. Ambrose, *Opera: In Ep. 1 ad Cor,* 151D (PL 17:211, 259); Cyril of Alexandria, *Fragmenta: In Ep. 1 ad Cor.,* in *Sancti patris nostri Cyrilli archiepiscopi Alexandrini* (ed. R E. Pusey; 7 vols.; Brussels: Culture et civilization,

저술가도 그와 같은 해석을 제시했다.[91] 그러나 은사를 "능력에 대한 권위"[92]로 여기는 헬무트 틸리케의 해석과 마찬가지로, 이러한 결론의 근거로 삼을 수 있는 증거는 없다. 합리적으로는 고든 피와 같이 은사는 "병자를 치유하는 것 외에도 다른 모든 종류의 초자연적인 활동을 포함할 가능성이 크다"[93]라고까지만 말할 수 있는데, 지금까지의 논의에 의존할 때 은사에 축귀가 포함되는 것으로 생각되었을 수도 있었을 것이다.

그러나 바울이 은사를 열거할 때 축귀를 염두에 두지 **않았다**고 생각할 만한 타당한 이유가 있다. 은사의 기능이 최소한 바울에게는 아마도 축귀를 제외했을 것이기 때문이다. 두 개의 주요 은사 목록에서 바울은 외부인들이 아닌 기독교 공동체(몸)를 염두에 두고 있다. 그중 한 목록에 대한 서두로 바울은 로마서 12:5에서 이렇게 말한다. "이와 같이 우리 많은 사람이 그리스도 안에서 한 몸이 되어 **서로** 지체가 되었느니라"(강조는 덧붙인 것임). 이와 비슷한 방식으로 바울은 고린도전서 12:7에서 은사에 대한 서론으로서 이렇게 말한다. "각 사람에게 성령을 나타내심은 **유익하게** 하려 하심이라"(강조는 덧붙인 것임). 이 절은 은사가 교회의 유익, 또는 더 적절하게는 교회의 교화나 발전을 위해 주어졌다(그리고 사용되어야 한다)는 점을 분명히 밝힌다.[94] 두 은사 목록 중 어느 곳에도 은사와 관련해서 교회의 외부인들에 대해서는 전혀 생각하지 않는다. 이러한 관점은 바울에게는 사람들이 그리스도 아니면 사탄, 성령 아니면 악령과 관련된 것으로 보인다는 점을 고려

---

91 예를 들어, Christian Wolff, *Der erste Brief des Paulus aw die Korinther* (Leipzig: Evangelische Verlagsanstalt, 1969), 291; James D. G. Dunn, *Jesus and the Spirit* (London: SCM; 1975), 210.

92 Helmut Thielicke, *The Evangelical Faith* (3 vols.; Grand Rapids: Eerdmans, 1974-1982), 3:79.

93 Fee, *First Corinthians*, 594 Walter Rebell, *Alles ist möglich dem, der glaubt: Glaubensvollmacht im frühen Christentum* (Munich: Kaiser, 1979), 115도 비슷한 견해를 갖고 있다. 그는 Dunn, *Jesus and the Spirit*, 210과 마찬가지로 증거 없이 자연 기적을 포함시킨다.

94 고전 12:7; 14:1-5, 12, 17, 26.

하면 명확해진다(고전 5:5; 고후 6:15; 갈 5:16-26). 나아가 바울이 보기에 그리스도인은 사탄에게서 그리스도께로, 어둠에서 빛으로 넘어왔다.[95] 이런 식으로 보면 바울이 자기가 세운 교회의 신자들에게 교회 공동체 안에서 축귀를 사용할 것을 요구한다고는 상상하지도 못할 것이다. "그리스도와 사탄이 어떻게 조화되겠습니까?"(고후 6:15. 저자의 번역) 바울의 관점에서 볼 때 축귀는 교회가 기독교 공동체 소속이 아니고 여전히 매우 가혹한 사탄의 수중에 있다고 이해되는 사람들을 대면할 때에만 필요할 것이다.[96] 이것이 은사에 대한 바울의 관점임을 뒷받침하는 증거는 그가 전도를 은사 목록에서 누락한 데서 나타난다. 축귀와 마찬가지로 전도는 그리스도의 몸 내부에서 필요로 하는 하나님의 은혜가 나타난 것이 아니다. 축귀는 외부 세상과 관련한 교회의 한 기능이며, 바울은 그러한 맥락에서 전도를 언급한다(예컨대 롬 10:15; 고후 8:18).[97]

바울이 자신이 세운 교회의 지체들에게 자신을 닮기를 기대했다면 우

---

95 고후 6:14-15를 보라. 참조. 롬 13:12; 고후 4:6. 골 1:13도 보라. 바울은 그리스도인의 지위와 안전함을 이처럼 분명한 것으로 간주하지만 이러한 확실성이 일상적인 경험 속에서 발현되는 일의 어려움을 인정한다. 롬 7:14-25을 주목하라. 이 구절에 대해서는 James D. G. Dunn, "Rom 7, 14-24 in the Theology of Paul," *TZ* 31 (1975): 257-73을 보라.

96 언뜻 읽으면 바울이 고후 7:1에서 말하는 내용은 축귀를 의미하는 것으로 생각될 수도 있다. "육과 영의 온갖 더러운 것에서 자신을 깨끗하게 하자." 이 절의 저자가 누구인지 및 이 절과 주변 자료 간의 관계라는 문제에 대한 논쟁 때문에 우리의 논의가 지체될 필요는 없다. 예컨대 다음 문헌들을 보라. Stephen J. Hultgren, "2 Cor 6.14-7.1 and Rev. 21.3-8: Evidence for the Ephesian Redaction of 2 Corinthians," *NTS* 49 (2003): 39-56, 특히 40-44; Furnish, *II Corinthians*, 378-83의 대략적인 논의. 이 절의 첫머리에 나오는 ταύτας("이" 약속들)의 강조된 위치는 더러운 것을 씻는 일이 인접 문맥(고후 6:14-7:1)과 관련이 있음을 보여준다. 저자의 관심사는 영적 존재의 침입에 기인하는 어떤 더러움이 아니라, 그리스도인들이 불신자들(ἄπιστοι, 6:14)과 교제하는 데서 발생하는 더러움이다. 바울이 저자라면 그는 아마도 우상에게 바쳐진 고기를 알면서 먹는 행위(10:27-28)와 세상 법정을 이용하는 일(6:1-8)뿐만 아니라 불신자와의 결혼(참조. 고전 7:12-15)을 포함한 다양한 범위의 교제를 염두에 두었을 것이다. Thrall, *Second Corinthians*, 2:473의 논평도 보라.

97 후기 바울 문헌은 다른 관점에서 복음 전하는 자들을 언급한다. 엡 4:11; 딤후 4:5을 보라. 행 21:8도 보라. 행 8:4-5, 12, 35, 40을 참조하라.

리는 바울이 그들에게 축귀를 행할 것을 기대했다고 생각할 수 있다. 그러나 몸의 지체들의 공동의 이익을 위한 것이라는 은사의 기능에 비춰볼 때, 우리는 바울이 은사 목록에서 축귀를 언급하지 않은 데 놀라지 않아야 한다. 이와 반대되는 어떤 증거도 없다면 우리는 바울이 생각하기에 축귀는 은사 중하나가 아니었다고 결론을 내려야 한다. 우리는 마태복음에서 이와 다른 관점이 존재할 수도 있다는 점을 알게 될 것이다(아래의 7.8 단락을 보라).

3.6 결론

이 장에서 우리는 공관복음서들은 우리에게 예수와 그의 첫 제자들은 성공적인 축귀자들이었다는 강력한 증거를 제공하는 반면 (예수가 부활한 때부터 20년이 약간 더 지난 뒤에 글을 쓴) 바울은 이 주제에 대해 아무 말도 하지 않는 것처럼 보인다는 난제를 풀기 시작했다. 바울의 세계관이 공관복음서 저자들의 세계관과 판이해서 그가 이 주제를 다루지 않는 것은 아니다. 바울이 말한 "정사와 권세"라는 표현은 비록 수수께끼 같기는 하지만 그가 귀신의 영역을 특정한 질병의 범위를 넘어 인간이 세운 제도의 악까지 포함하도록 확장했다는 점만을 보여주는 것이 아니다. 이 표현은 또한 바울이 우리가 그의 저술에서 축귀에 대한 언급을 발견할 것으로 예상할—아마도 발견하지 못한다면 놀랄—만큼 영적인 존재에서 비롯된 지속적인 위협이 존재한다고 생각한다는 점도 보여준다. 실제로 로마서 15:18-19에 대한 우리의 논의로 볼 때, 바울이 예수가 기적을 행한 것을 알았고, 그 사역을 본떴으며, 자신도 기적을 행하는 사역을 했다고 결론짓는 것은 충분히 일리가 있다. 그렇다면 고린도전서 4:20의 표현은 우리에게 바울이 기적을 자신의 사역의 중요한 일부로 간주했다는 결론의 가능성뿐만 아니라, 축귀는 아마도 바울의 사역을 포함해서 기독교의 확고한 관행의 일부였을 것이라는 결론의 가능성도 제공한다. 이 중요한 결론들의 근거는 빈약하지만, 그 결론들은 바울을 축귀자로 묘사하며 바울이 예수 그리스도의 이름을 능력-권위의 근거로 사용해서 귀신을 쫓아냈음을 보여주는 사도행전 16:16-18에 나오는 이야기를 통해 뒷받침될 수 있을 것이다.

우리가 아마도 축귀를 포함했을 것이라고 논증한 "표적과 기사"라는 표현을 사용한 데서 우리는 축귀의 기능에 대한 바울의 관점의 일면을 본다. 즉 축귀는 그것을 통해 하나님이 사람들에게 자유를 가져다주는 구원의 사건이다. 여기서 우리는 예수의 관점과 비슷한 관점을 발견한다. 사람들을 하나님에게서 떼어놓을 수 있는 잠재력을 가진 사악한 권세에 대한 바울의 논의에서 이 관점의 또 다른 면이 나타난다(롬 8:38-39). 갈라디아서 3:5을 통해 우리는 바울이 자신의 교회의 교인들이 계속해서 기적을 행할 것을 기대했음을 알 수 있었다. 바울의 사역의 성격을 고려하면—비록 그가 교회 안에서 사용될 은사에 대해 논의하는 곳에서는 축귀에 대한 언급이 없지만—이러한 기적에는 아마도 축귀가 포함되었을 것이다.

우리가 축귀를 포함해서 기적을 행하는 일을 바울의 사역에서 중요한 것으로 본다면, 바울 서신에서 이 주제에 대한 명백한 관심이 나타나지 않는 데 대한 설명은 아마도 특별한 필요에 따라 쓰인 편지라는 바울 문헌의 특성과 그의 논의의 목적상 그가 은사의 내적인 초점 또는 용도가 무엇이라고 보았는지에서 찾아야 할 것이다. 즉 (교회와 외부 세계의 관계에 대해서 자주 언급하지 않는) 바울 서신에서 교회 내부의 문제를 다룰 때 축귀에 대한 바울의 언급이, 바울의 사역을 경험하고 세상 안에서 말과 행동으로 하는 사역에 관여했던 이들에게는 아마도 분명하게 이해되었겠지만, 우리에게는 수수께끼 같이 느껴지는 것은 당연한 일이다.

4

Q

이 장에서 우리는 Q가 초기 그리스도인들 사이에서 행해진 축귀에 대해 우리에게 말해줄 수 있는 것을 알아볼 것이다. 공관복음 문제를 해결하기 위한 두 자료 이론에서 Q는 마가복음과 더불어 마태와 누가가 복음서를 집필하는 데 사용한 또 다른 주요 자료로 여겨진다.[1] 좀 더 구체적으로 말하자면 Q는 아마도 다른 자료도 포함했겠지만, 예를 들어 바알세불 논쟁[2]과 아마도 나중에 편집된 듯한 예수의 광야 시험 이야기[3] 등 마가복음에는 나오지

---

1   Q에 대한 방대한 문헌에 대한 입문을 위해서는 다음 문헌들을 보라. Frans Neirynck, "Recent Developments in the Study of Q," in *Logia: Les paroles de Jésus — The Sayings of Jesus* (ed. Joël Delobel; Louvain: Leuven University Press, 1982), 29-75; Ronald A. Piper ed., *The Gospel Behind the Gospels: Current Studies on Q* (Leiden: Brill, 1995); Christopher M. Tuckett, *Q and the History of Early Christianity: Studies on Q* (Edinburgh: T&T Clark, 1996); John S. Kloppenborg Verbin, *Excavating Q: The History and Setting of the Sayings Gospel* (Edinburgh: T&T Clark, 2000). Q 가설에 대한 최근의 비판과 문헌은 Mark Goodacre, *The Case Against Q* (Harrisburg, PA: TPI, 2002)를 보라.

2   Q에서 바알세불 논쟁의 다양한 구절들의 위상에 대해서는 John S. Kloppenborg, *Q Parallels: Synopsis, Critical Notes, and Concordance* (Sonoma, CA: Polebridge, 1988), 92의 논의를 보라.

3   예를 들어 시험 내러티브는 Q의 일부였다는 A. W. Argyle, "The Accounts of the Temptation of Jesus in Relation to the Q-Hypothesis," *ExpTim* 64 (1952-1953): 382; Dieter Lührmann, Die Redaktion der Logienquelle (Neukirchen-Vluyn: Neukirchener Verlag, 1969), 56 등의 견해와 반대되는 견해는 John S. Kloppenborg, *The Formation of Q: Trajectories in Ancient Wisdom Collections* (Philadelphia: Fortress, 1987), 322-24를 보라. 시험 이야기는 Q의 후대의 편집으로 간주되어야 한다는 주장에 대해서는 John S. Kloppenborg, "The Sayings Gospel Q: Literary

않지만, 마태복음과 누가복음에 공통으로 등장하는 자료라는 데 의견이 일치한다. 대다수학자들은 Q를 받아들이는 경향이 있지만, 예를 들어 이 문서 또는 구전 자료의 범위, 언어, 통일성 등에 대한 논쟁은 지금도 수그러들지 않고 있다.[4]

Q에 관한 논쟁들에 비추어보면 적절한 주의 없이 연구를 진행하는 데 대해서, 특히 범위가 알려지지 않은 어떤 문헌의 신학이 지닌 한 측면을 복원하려 할 때는 합리적인 의심을 해보는 것이 지혜로운 일일 수도 있다. 「엑스포지터리 타임즈」에 실린 활발한 지상 논쟁에서 시릴 로드는 "그와 같은 문헌을 복원할 가능성이 의문시되기" 때문에 "그 문헌의 신학이 체계적으로 표현될 수 있다"고 주장하는 것은 곧 "환상의 영역으로 들어가는 것"이라고 말했다.[5] 그러나 우리는 어떤 자료가 **존재하는지**에 관한 신학을 논의할 수 있다는 크리스토퍼 터킷의 응답은 옳았다. 어쨌든 그는 "이와 비슷한 확실한 '지식'의 결여는 거의 모든 역사 연구 및 텍스트 연구에 적용된다"[6]고 지적했다. 더구나 마태가 자신이 사용한 자료의 세부 내용을 열정적으로 받아들이면서 마가복음의 약 90%를 사용했다면 그가 Q에서도 그와 비슷한 양의 자료를 받아들였고 따라서 Q의 재구성은 그다지 방대하지 않

and Stratigraphic Problems," in *Symbols and Strata: Essays on the Sayings Gospel Q* (ed. Risto Uro; Helsinki: Finnish Exegetical Society; Göttingen: Vandenhoeck & Ruprecht, 1996), 10-11 을 보라. Christopher M. Tuckett, "The Temptation Narrative in Q," in *The Four Gospels, 1992: Festschrift Frans Neirytick* (ed. F. van Segbroeck et al; 3 vols.; Louvain: Leuven University Press, 1992), 1:479-83의 논의도 보라.

4 예컨대 다음 문헌들을 보라. John S. Kloppenborg, "The Sayings Gospel Q: Recent Opinion on the People behind the Document," *CurBS* 1 (1993): 9-34; Goodacre, *Case*; Peter M. Head and P. J. Williams, "Q Review," *TynBul* 54 (2003): 119-44; John S. Kloppenborg, "On Dispensing with Q? Goodacre on the Relation of Luke to Matthew," *NTS* 49 (2003): 210-36.

5 C.S. Rodd, "The End of the Theology of Q," *ExpTim* 113 (2001): 5.

6 Christopher M. Tuckett, "The Search for a Theology of Q: A Dead End?" *ExpTim* 113 (2002): 292.

다고 가정하는 것이 불합리하지 않다.[7] 따라서 나는 다수 의견을 존중하면서 이 장에서 초기 그리스도인들 사이에서의 축귀와 관련해서 최소한 잠정적인 Q 신학을 제시하는 것은 무모한 일이 아니라고 가정할 것이다. 그 과정에서 나는 또한 마태와 누가가 사용한 Q는 그리스어로 기록된 단일한 문헌이었고, 특히 문헌의 처음 부분에 약간의 내러티브 자료가 있는 일차적으로 어록 모음집이었으며, 「도마 복음」처럼 수난 내러티브 없이 끝났다고 가정할 것이다. 그러나 Q에는 복잡한 역사가 있었을 가능성도 충분히 있다. 예를 들어 몇몇은 Q가 두 단계로 형성되었다고 주장하고[8] 어떤 이들은 세 단계,[9] 어떤 이들은 네 단계로 형성되었다고 주장한다.[10] 그러나 억측을 최소화하기 위해 우리는 어쨌든 학자들이 마귀, 사탄, 바알세불, 악령, 축귀에 대한 언급이 거기서 왔다고 보는[11] 최종 편집 단계의 Q에 관심을 집중할 것이다.

---

7   참조. Tuckett, "Dead End?" 293.

8   예컨대 Siegfried Schulz, *Q: Die Spruchquelle der Evangelisten* (Zürich: Theologischer Verlag, 1972). I. Howard Marshall은 예컨대 *The Gospel of Luke*(Exeter, UK: Paternoster, 1978)에서 Q의 두 가지 교정본이 존재한다는 생각을 받아들인다.

9   예컨대, Kloppenborg, *Formation of Q*. Kloppenborg의 다양한 제안들에 대한 적극적인 수용 및 그에 대한 비판은 Dale C. Allison Jr. *The Jesus Tradition in Q* (Harrisburg, PA: TPI, 1997), 3, 특히 각주 16을 보라.

10   예컨대 Heinz Schürmann, Traditionsgechichtliche Untersuchungen zu den synoptischen Evangelien (Düsseldorf: Patmos, 1968). Wilhelm Bussmann이 처음 제안한 4단계설에 대해서는 John S. Kloppenborg, "Tradition and Redaction in the Synoptic Sayings Source," *CBQ* 46 (1984): 35-36을 보라.

11   참조. Ronald A. Piper, "Jesus and the Conflict of Powers in Q: Two Q Miracle Stories," in *The Sayings Source Q and the Historical Jesus* (ed. A, Lindemann; BETL 158; Louvain: Leuven University Press, 2001), 317-49, 특히 320-21 각주 14.

4.1 Q의 최초 독자들

비록 기원후 70년 이후[12] 내용이 추가되었을 가능성을 허용해야 하지만, Q
가 나온 시기는 아마도 기원후 66년에 [유대-로마] 전쟁이 시작되기 이전
일 것이다. Q가 일반적으로 장차 오실 이를 일반적으로 심판하러 오시는 분
으로 묘사하고 있는 것(예컨대 눅 17:22-37)과 대조적으로 누가복음 13:35b
에서는 장차 오실 이와 관련된 예루살렘의 미래는 희망적이고 기쁨이 가득
하며 앞으로 어떤 어려움이 닥칠 것이라는 암시가 전혀 없다.[13]

Q에 나오는 예루살렘 이외의 지명은 고라신, 벳새다, 가버나움뿐이며
이곳들은 그 부근에 있는 수리아 서부의 도시들인 두로, 시돈과 대조된다는
점(눅 7:1; 10:13-15)[14]을 고려하면 Q는 갈릴리 바다 북쪽 및 서쪽 지역에 친
숙한 사람들 사이에서 유래되었다는 일반적인 의견일치를 받아들이는 것
은 합리적이다.[15] 고라신, 벳새다, 가버나움이 거론되는 화를 선포하는 구절
(10:13-15)은―현재 전도 강화(참조. 10:12-13)의 문맥을 방해하고 있다는 점

---

12 나중에 추가된 부분은 아마도 시험 이야기(눅 4:1-13)와 두 개의 윤색(11:43c과 16:17)일 것
    이다. Kloppenborg, *Excavating Q*, 87을 보라.

13 Dale C. Allison Jr., "Matt. 23:39 = Luke 13:35b as a Conditional Prophecy," *JSNT* 18 (1983):
    75-76을 보라. Q의 연대를 40년대로 추정하려는 다음 책의 시도는 엄청난 비판을 받았
    다. Gerd Theissen, *The Gospels in Context: Social and Political History in the Synoptic Tradition*
    (Minneapolis: Fortress, 1991), 221-34. 다음 문헌들을 보라. Matti Myllykoski, "The Social
    History of Q and the Jewish War," in *Symbols and Strata: Essays on the Sayings Gospel Q* (ed. Risto
    Uro; Göttingen: Vandenhoeck & Ruprecht, 1996), 143-99; Kloppenborg, *Excavating Q*, 82-
    84.

14 눅 17:29에 나오는 소돔에 대한 언급은 역사적인 것으로 의도되며(참조. 창 18:16-19:28), 눅
    10:12에서의 언급은 종말론적이다.

15 다음 글들의 논의를 보라. Tuckett, *History*, 102-3; Jonathan L. Reed, "The Social Map of
    Q," in *Conflict and Invention: Literary, Rhetorical, and Social Studies on the Sayings Gospel Q* (ed.
    John S. Kloppenborg; Valley Forge, PA: TPI, 1996), 17-36; Milton C. Moreland, "Q and the
    Economics of Early Roman Galilee," in Lindemann, *The Sayings Source Q and the Historical Jesus*,
    561-75.

에서—아마도 이차적인 구절이겠지만 Q의 관심사와 잘 어울린다는 사실에 주목해 보면 이러한 견해의 강점은 명백하다. 즉 이 구절은 유대인들(고라신과 벳새다)의 믿음 부족을 부각하는 요소로서 외인들, 기적, 배척, 이방인들(두로와 시돈)의 긍정적 반응 등을 다룬다.[16]

편집자가 그의 문헌을 독자들에게 가치 있는 것으로 간주했기 때문에 만들어냈다고 가정하면 우리는 이 단락이 갈릴리 바다 북쪽과 서쪽 주변에 사는 독자들에게 적용될 것이기 때문에 편집자가 이 단락을 삽입했다고 추측할 수 있다.[17] Q에는 도회지 성향이 있다는 점을 고려하면 우리는 Q의 최초 독자들을 더 분명하게 인식할 수 있을 것이다.[18] 예를 들어 Q는 2인칭 호칭을 사용하는 경향이 있는 반면 비인칭 수동태("그들이")는 저자가 "**그들이 가시나무에서 무화과를…따지 못한다**"(저자의 번역; 참조. 눅 14:35)라고 말하는 6:44에서처럼 농업 활동에 대해서만 사용된다.[19]

Q에 수록된 자료가 특히 최초 독자들과의 관련성 때문에 수집되었다는 가정이 옳다면 그들이 처한 전반적인 상황은 쉽게 재구성된다.[20] 우리는 방금 그 독자들이 도시 거주자들이라고 가정할 증거가 있다는 점을 살펴보았다. 율법에 대한 보수적인 태도(예컨대 눅 16:18)와 율법을 지키지 않는

---

16 Allison, *Jesus Tradition*, 35를 보라.

17 참조. Reed, "Social Map of Q," 17-36. 그는 가버나움, 벳새다, 고라신, 나사렛이 Q의 세계에서 실제 고을들의 역할을 하며 예루살렘과 두로와 시돈은 Q의 세계에서 가까운 지평선상에 있다고 주장한다. 소돔과 니느웨는 Q의 지평선 바깥쪽 가장자리에 있고 둘 다 파괴되었다.

18 참조. Moreland, "Economics, 561-75, 특히 574.

19 Reed, "Social Map of Q," 25-28, 특히 26도 같은 견해를 갖고 있다.

20 여기서는 주의할 필요가 있다. Raymond E. Brown이 "Johannine Ecclesiology—the Community's Origins," *Int* 31 (1977): 380에서 말하는 것처럼 "복음서들은 **일차적으로** 우리에게 복음서 저자들이 1세기의 마지막 30여 년 동안 예수를 어떻게 생각했고 그리스도인 공동체에 그를 어떻게 설명했는지를 말해주며, 우리에게 간접적으로 복음서가 기록되었을 당시에 그 공동체의 생활에 대한 통찰을 주는 설명이다"(강조는 원저자의 것임).

다는 서기관들과 바리새인들에 대한 공격(11:37-52)에 비춰볼 때[21] Q는 다른 유대인들과 자주 갈등을 빚은 보수적인 유대 그리스도인들의 관점을 반영하는 것으로 보인다. 이러한 묘사에 세부 내용을 덧붙일 때 Q에 담긴 예수의 가르침은 예수가 제자들을 가난하고, 배고프고, 울고, 배제되고, 욕먹는 이들이라고 부르면서(6:17, 20-22) 시작된다는 점은 주목할 만하다. 이러한 호칭 중 몇몇은 나중에 확대된 구절에서 영적인 특성을 가리키는 것으로 이해될 수도 있지만, 이 구절들은 제자들에게 하나님의 돌보심에 비추어 염려하지 말 것을 촉구한다는 점에서 그들의 물질적 가난을 직접 다루고 있다(12:22-31; 참조. 33-34).[22] 바리새인들을 겨냥한 비판(11:39, 42-44)이 종교적 권위자들뿐만 아니라 (독자들이 자신은 그들과 대립하는 계층이라고 생각하는) 지배 엘리트도 겨냥했다[23]는 점과, Q는 그것이 이스라엘 역사에서 언급하는 모든 인물—솔로몬, 남방 여왕, 요나, 노아, 롯—이 지배 제도의 대표자들과 경쟁했다고 주장한다는 점을 고려할 때 Q가 사회·경제적 계층 구조상 비교적 비천한 사람들을 묘사한다는 점이 선명해진다.[24] 예를 들어 가르침의

---

21 참조. John S. Kloppenborg, "Nomos and Ethos in Q," in *Gospel Origins and Christian Beginnings: In Honor of James M. Robinson* (ed. James E. Goehring, Jack T Sanders, and Charles W Hedrick, in collaboration with Hans Dieter Betz; Sonoma, CA: Polebridge, 1990), 35-48.

22 Santiago Guijarro, "Domestic Space, Family Relationships and the Social Location of the Q People," *JSNT* 27 (2004): 72-74에는 이를 뒷받침하는 증거가 있다. 이 글은 Q에 등장하는 사람들은 뜰이나 단순한 집과 친밀하다는 표지를 보여주고(눅 6:47-49; 10:5-7; 11:33; 12:3; 15:8-9; 참조. 12:53; 14:26; 16:18; 17:27), 노숙은 예수의 제자들의 삶의 한 방식이며(9:57-60; 참조. 10:7; 12:3; 14:26), 또한 Q에 등장하는 사람들은 왕궁(7:1-10; 11:17)이나 큰 집들(7:1-10; 12:39, 42-46; 13:2; 14:16-23; 19:12-26)에서 사는 대가족과 관계가 멀다는 점을 언급한다.

23 다음 문헌들을 보라. Josephus, *J.W.* 1.111-114, 571; 2.411; Josephus, *Ant.* 13.408-410, 423; 특히 갈릴리에서 바리새인들의 영향력에 대해서는 다음 글들을 보라. Josephus, *Life*, 189-198; Anthony J. Saldarini, *Pharisees, Scribes and Sadducees in Palestinian Society* (Grand Rapids: Eerdmans, 1988), 291-97; Anthony J. Saldarini, "Political and Social Roles of the Pharisees and Scribes in Galilee," *SBLSP* 27 (1988): 200-209, 특히 204-6.

24 John S. Kloppenborg, "The Formation of Q Revisited: A Response to Richard Horsley," SBLSP

첫 부분에서 독자들은 원수를 사랑하고 자신을 박해하는 자들을 위해 기도하라고 요구되는 점에 비추어보면(6:27-28; 참조. 29-32), 그들도 상당한 고난과 박해에 직면한 것으로 보인다. 나중에 예수는 그들에게 몸을 죽일 수 있는 자들을 두려워하거나(12:4), 그들이 회당 앞에 끌려갈 때 무슨 말을 할지 염려하지 말라(12:11)고 말한다. 이러한 고난 중 일부는 가족 내의 분열과 관련이 있다고 생각할 수 있다(12:51-53; 14:26).

이러한 슬픈 상황에 독자들의—그들이 아마도 어쩔 수 없이 떠맡았을 (참조. 눅 10:2)—전도는 아마도 순회 전도자들 및 치료자들(10:9)[25]과 관련이 있었을 것이라는 점을 추가할 수 있다. 그런 사람들은 일반적으로 배척을 당하거나[26] 실제적인 해를 당했다(10:3). 이것이 유대인에게 집중된 전도인지, 이방인에게 집중된 전도인지에 관한 증거는 대부분 결정적이지 않다.[27] 그러나 6:33("너희가 만일 너희를 선대하는 자만을 선대하면 너희에게 무슨 공이 있느냐? 이방인들[28]도 이렇게 하느니라." 저자의 번역)과 12:30("이런 것들은…이방인들이 추구한다." 저자의 번역)에서의 이방인에 대한 부정적인 언급은 Q가 이방인 전도에 관한 관심을 반영할 가능성을 희박하게 만든다. 따라서 이 증거와 가장 잘 어울릴 만한 전도 이론은 Q가 협력에 의한 이방인 전도와 관련이 있

---

28 (1989): 211-12도 같은 견해를 갖고 있다.

25 Leif E. Vaage, *Galilean Upstarts: Jesus' First Followers according to Q* (Valley Forge, PA: TPI, 1994), 34-36의 고침을 받아야 할(θεραπεύετε) "약자들"(ἀσθενεῖς)은 도덕적으로 연약한 자들이었다는 제언은 아마도 거부해야 할 것이다. Q는 육체적 치유에 관심을 보이며(눅 7:1-10; 22; 10:13-15; 11:14; 아래의 4.2 단락을 참조하라) 신약 저자들은 ἀσθενής를 주로 육체의 질병에 대해 사용하기 때문이다. BDAG, "ἀσθενής," 142-43을 보라.

26 눅 9:57-60; 10:8-16; 11:16, 29-32을 보라.

27 Tuckett, *History*, 393-94에 수록된 논쟁들에 대한 요약을 보라.

28 거의 보편적으로 의견이 일치하는 바와 같이, οἱ ἁμαρτωλοί(눅 6:33)보다 οἱ ἐθνικοί(마 5:47)가 Q의 텍스트를 반영하는 것으로 간주해야 한다. 예컨대 다음 문헌들을 보라. W. D. Davies and Dale C, Allison Jr., *The Gospel according to Saint Matthew* (ICC; 3 vols.; Edinburgh: T&T Clark, 1988-1997), 1:559.

다고 가정하지 않는 것이다.[29] 오히려 독자들은 눅 7:1-10에 나오는 이야기를 읽고서 아마도 유대인 전도에 대한 격려를 받았을 것이다(참조. 10:12-15).[30]

4.2 Q와 기적적인 현상

우리는 Q가 초기 그리스도인들 사이에서의 축귀에 대해 우리에게 말해주는 것에 대해 기적과 기적적인 현상에 대한 Q의 상당한 관심을 배경 삼아, 그리고 이 문헌 자체의 성격에 비추어 살펴보아야 한다. 로널드 파이퍼는 Q에서 마술 전승의 중요성을 보여주었다.[31] 파이퍼는 둘 다 중요한 어록 자료 단락을 소개하는 데 사용되고 있는 두 기적 이야기─백부장의 종의 치유(눅 7:1-10)와 말하지 못하는 사람에게서의 축귀(11:14)─의 중요성에 주의를 환기했다. 백부장의 종 이야기 뒤에 나오는 자료는 맹인이 보며 못 걷는 사람이 걸으며 나병환자가 깨끗함을 받으며 귀먹은 사람이 들으며 죽은 자가 살아나며 가난한 자에게 복음이 전파된다는 진술(눅 7:22)을 포함한다. 짧은 축귀 이야기 뒤에 예수의 축귀의 의미뿐만 아니라 예수의 독특성과 권위에 관해 길게 논의하는 자료가 이어진다(11:15-26, 특히 20절). 치유에 관해 스쳐 지나가듯이 여러 번 언급하는 데서도 마술적 요소에 관한 Q의 상당한 관심이 분명히 드러난다(10:9, 13; 17:6).

　　Q를 어록 자료로 보는 인식이 압도적이었다. 그러나 Q의 장르를 "*logoi*

29　Paul D. Meyer, "The Gentile Mission in Q," *JBL* 89 (1970): 405-17도 같은 견해를 갖고 있다.

30　참조. Kloppenborg, "Formation of Q Revisited," 209-10. 눅 7:1-10에 대한 자세한 논의는 David Catchpole, *The Quest for Q* (Edinburgh: T&T Clark, 1993), 280-308을 보라.

31　Piper, "Jesus and the Conflict," 317-49.

sophōn" 즉 "현인들의 어록"[32]이나 "어록 복음서"[33]로 이해하는 것은 정확한 이해와는 거리가 멀다. Q는 주로 예수의 어록을 담고 있지만, 세례 요한에 관한 서두의 자료, 시험 이야기 포함, 기적 이야기의 존재, 마술적 요소에 관한 관심, 명백히 의도적인 자료 배열 등은 우리가 Q에 대한 그러한 호칭을 버리고 Q가 "복음서"는 아니지만[34] 단순한 어록 모음집에 불과한 것은 아니라는 점을 인정해야 함을 강하게 암시한다. 현재 상태로의 이 원시 복음서는 파악하기 어려운 그것의 메시지가[35] 어록만으로, 또는 심지어 예수의 행동에 대한 언급만으로는 전달될 수 없으며 그 내용이 의도적으로 구성되었다는 분명한 증거를 보여준다.[36]

4.3 스승 예수

우리는 이제 Q가 초기 그리스도인들 사이에서의 축귀에 대해 우리에게 말해줄 수 있는 내용 중 몇몇에 대한 설명을 시작할 수 있다. 우선 우리는 일반적으로 예수를 본받으라는 명령이 있을 뿐만 아니라(눅 14:27), 물질적 지원을 받지 말고 전도하러 나가라는 지시(10:2a-4) 직전에 독자들은 예수의

---

32 James M. Robinson, "*LOGOI SOPHON*: On the Gattung of Q," in *Trajectories through Early Christianity* (ed. James M. Robinson and Helmut Koester; Philadelphia: Fortress, 1971), 71-113, 특히 73-74를 보라.

33 예컨대 다음 문헌들을 참조하라. John S. Kloppenborg ed., *The Shape of Q: Signal Essays on the Sayings Gospel* (Minneapolis: Fortress, 1994); John S. Kloppenborg ed., *Conflict and Invention: Literary, Rhetorical, and Social Studies on the Sayings Gospel Q* (Valley Forge, PA: TPI, 1995).

34 참조. Kloppenborg, *Formation of Q*, 262.

35 Graham N. Stanton, "On the Christology of Q," in *Christ and Spirit in the New Testament: Studies in Honour of Charles Francis Digby Moule* (ed. Barnabas Lindars and Stephen S. Smalley; Cambridge: Cambridge University Press, 1973), 41-42의 논의를 보라.

36 James M. Robinson, "The Sayings Gospel Q," in van Segbroeck et al., *The Four Gospels*, 1:361-88 을 참조하라.

금욕적인 생활 방식(9:57-60)에 대해 듣는다는 점에 주목한다. 따라서 우리는 Q의 원저자들은 축귀에 대한 태도를 포함해서 초기 그리스도인들의 태도를 형성하는 데 있어 예수에 대한 자신들의 묘사가 중요하다는 점을 이해했다고 추정할 수 있다.

우리는 방금 축귀를 포함한 마술적인 주제들이 후에 이 견해를 받아들이게 될 마태와 마찬가지로 Q에 있어서도 중요하다는 사실을 살펴보았다(아래의 7.2 단락을 보라). 그럼에도 불구하고 많은 양의 어록 자료를 통해 예수는 무엇보다 기적을 행하는 자나 축귀자가 아닌 스승으로 묘사된다. 따라서 (시각 장애인을 치유하는 예수에 관한 언급을 포함하고 있는) 누가복음 4:16-18은 Q의 일부가 아니라고 가정하면,[37] 예수가 시험받은 뒤에 논의되거나 예수에게 귀속된 최초의 활동은 기적이나 기적들에 대한 언급이 아니라 제자들에 대한 그의 가르침이다(눅 6:12a, 17). 긴 가르침 단락(6:12-7:1)이 이어지고 나서야 비로소 기적 이야기, 곧 백부장의 종 치유 이야기가 나온다(7:2-10). 우리는 축귀가 Q에서 차지하는 중요성이 비교적 낮은 이유가 그것이 일차적으로 어록 모음집이기 때문일 가능성은 크지 않다는 것을 알 수 있다.

---

37 Christopher M. Tuckett은 자신이 쓴 "Luke 4, Isaiah and Q" Delobel, *Logia*, 343-5에 수록된 글 및 자신의 저서 *Q and the History of Early Christianity: Studies on Q* (Edinburgh: T&T Clark, 1996), 226-37에서 눅 4:16-18이 Q의 일부라고 주장했지만 다른 학자들의 지지를 얻지 못했다. 다음 문헌들을 보라. Shawn Carruth and James M. Robinson, *Q 4:1-13, 16: The Temptations of Jesus-Nazara* (Louvain: Peeters; 1996); James M. Robinson, Paul Hoffmann, and John S. Kloppenborg eds.; Milton C. Moreland, managing ed., *The Critical Edition of Q* (Hermeneia; Minneapolis: Fortress, 2000), 42.

4.4 축귀 이야기?(눅 7:1-10)

Q의 최초의 독자들은 대체로 가난하고 보수적인 유대 그리스도인들이었다는 점을 고려하면 예수께 도움을 구하는 이 백부장 이야기는 전형적인 전도 상황을 나타낼지도 모른다. Q의 최초의 기적 이야기가 축귀로 기록되고 있는 데서 축귀의 중요성은 이미 명백히 드러났을 수도 있다(눅 7:1-10). 지그프리트 슐츠는 이 이야기에서 예수가 귀신에게 말만 하면 귀신이 도망할 것임을 암시하는 (그가 하나님-예수-귀신으로 이어진다고 해석하는) 명령 계통과 관련된 인물로 묘사되고 있다고 진술했다.[38] 파이퍼는 병을 적대적인 이질적 요소의 침입으로 간주했던 지배적인 통속적 관점에 근거해서[39] 이 진술로부터 Q가 이 이야기를 명백하게는 아니더라도 축귀를 떠올리게 하는 용어로 표현하고 있다는 논증을 펼쳤다.[40] 초기 기독교에서 이 점을 보여주는 한 예로 파이퍼는 누가가 시몬의 장모가 병이 나은 이야기를 축귀 이야기가 되도록 각색했다고 바르게 지적한다(눅 4:38-39; 참조. 막 1:29-31).[41] 여기에 귀신에 들렸다기보다는(참조. 8:27, 36) "질병" 또는 허약함의 "영을 가진"(저자의 번역) 것으로 묘사되는 지체 장애 여인(γυνὴ πνεῦμα ἔξουσα ἀσθενείας, 눅 13:11)에 대한 누가의 이야기가 추가될 수 있을 것이다. 그리고 요약하자면 누가는 귀신들이 사람들에게서 나갔다고 묘사하지 않고(참조. 4:35과 8:33) 더러운 영들로 고통받던 사람들이 "고침"을 받은 것으로 묘사한다(ἐθεραπεύοντο, 6:18; 참조. 7:21).

그러나 누가복음에서 가장 분명히 나타나듯이 치유와 축귀 간의 경계

---

38 Schulz, Q, 243; 이에 관해서는 Catchpole, Quest, 300도 보라.

39 Piper, "Jesus and the Conflict," 특히 322. 그는 Dale B. Martin, The Corinthian Body (New Haven and London: Yale University Press, 1995), 140-62, 특히 143에 의존한다.

40 Piper, "Jesus and the Conflict," 특히 324.

41 Piper, "Jesus and the Conflict," 322.

가 모호할 수도 있지만[42] 백부장의 종이 나음을 받은 이야기에는 명령 계통이라는 개념 외에는 Q(또는 이 문제에 관해서는 누가)가 이 이야기를 진술하면서 축귀 이야기를 상기시킴을 암시하는 요소는 없다. 다른 한편 예수가 어떤 아픈 사람이나 신체 부위에 말함으로써 치유가 일어나게 하는 예들이 존재하므로 예수의 명령 계통이 귀신을 겨냥한 것으로 이해될 필요는 없다. 예를 들어 마태복음 9:29에서 예수는 시각 장애인들에게 "너희 믿음대로 되라"고 말한다(참조. 8:13; 15:28). 예수는 마가복음 1:41에서 나병 환자에게 "깨끗함을 받으라"고 말하며, 마가복음 7:34에서 한 청각 장애인의 귀에 대고 "열리라"고 말하고 있는 것으로 보인다. 달리 말하자면 Q에서 묘사된 예수의 명령 계통은 귀신을 겨냥한 것만큼이나 사람이나 질병 또는 신체 부위를 겨냥한 것일 수도 있다고 가정하는 것은 합리적이다.

더욱이 복음서 저자들이 아픈 것으로 생각된 사람들과 귀신 들린 사람들을 구별한다는 점은[43] 그들이 모든 질병의 원인을 귀신에게 돌려야 한다고 생각하지 않는다는 점을 보여준다.[44] Q의 원저자들도 그러한 구별을 할 수 있다고 생각했다는 증거가 있을 수 있다. 예수는 세례 요한의 질문에 대답하면서 귀신에 관해 언급하지 않은 채 요한에게 많은 질병이 고쳐지고 있다는 소식을 알려주라고 말하지만(눅 7:22), 누가복음 11:14에서는 귀신이 말하지 못하는 질병의 원인으로 언급된다. 요컨대 복음서 저자들은 (그리고 아마도 Q도) 귀신으로 인한 질병과 다른 유형의 질병을 구별할 수 있다고 가정한다. 그리고 우리가 논증한 명령 체계의 개념이 귀신뿐만 아니라 사람이나 신체 부위를 향할 수도 있다는 점만으로는 Q가 이 이야기를 명시적으로

---

42   Graham H. Twelftree, *Jesus the Miracle Worker: A Historical and Theological Study* (Downers Grove, IL: InterVarsity, 1999), 147-18, 176을 보라; 아래의 6.2 단락을 보라.

43   예컨대 막 1:32-34 ∥ 마 8:16 ∥ 눅 4:40-41; 막 3:10-11 ∥ 눅 6:18-19.

44   참조. John Christopher Thomas, *The Devil, Disease, and Deliverance: Origins of Illness in New Testament Thought* (JPTSup 13; Sheffield: Sheffield Academic, 1998), 특히 297-305.

는 아니더라도 축귀를 떠올리게 하는 용어로 표현했다고 확신 있게 결론을 내릴 수 있을 것 같지 않다.

백부장의 종의 치유 이야기에 대한 우리의 논의에 비추어볼 때, 우리는 그 이야기가 어떤 식으로든 귀신을 다루는 것으로 읽어서는 안 된다. 따라서 Q에서 예수가 축귀자라는 기록은 예수가 "말하지 못하게 하는 귀신을" 쫓아내는 누가복음 11:14에 이르러서야 등장한다.[45] 이는 예수를 스승으로 묘사하는 최초의 묘사가 확고해진 지 한참 뒤이며 이러한 묘사는 전도 명령의 배경을 형성한다(눅 10:1-12). 이 점에 비추어볼 때 Q의 예수(제자들은 그의 전도를 본떠야 한다)에게는 축귀의 우선순위가 비교적 낮다는 점이 명백하다.

4.5 축귀의 위치

Q에서 예수의 사역에서 축귀의 우선순위가 비교적 낮다는 점은 또 다른 초기 복음서인 마가복음에서 및 역사적 예수에 대해 확증할 수 있는 사실들에서 축귀가 비교적 높은 우선순위를 차지한다는 점에 비추어볼 때뿐만 아니라 기적 및 기적적인 현상에 대해 Q의 일반적인 관심에 비추어 볼 때도 설명될 필요가 있다. 축귀에 대해 비교적 적게 언급하는 점이 Q에 들어 있는 다른 자료와 상충한다는 점을 주목하면, 우리는 Q가 축귀에 대해 그다지 큰 관심을 보이지 않는 이유는 아마도 Q가 예수의 사역의 이 측면을 의도적으로 경시한 결과일 것이라는 점을 알 수 있다. 즉 Q에게는 하나님 나라라

---

45 말하지 못하는 사람이 말을 하는 것은 이례적인 일이므로 Q에게는 이 축귀가 치유와 비슷하다는 Piper의 주장은 최소한 다른 복음서 저자들에 따르면 귀신 들린 사람이 다른 질병의 증상을 나타낼 수도 있으므로 설득력이 떨어진다(마 9:32-33; 막 9:17). Piper, "Jesus and the Conflict," 321을 보라.

는 주제가—하나님 나라가 지금 성취되었다는 것을 포함해서(예컨대 눅 10:9; 11:20; 16:16)—매우 중요한데[46] 하나님 나라는 11:20에서는 축귀와 밀접하게 연결되어 있다("그러나 내가 만일 하나님의 손[또는 영]을 힘입어 귀신을 쫓아낸다면 하나님의 나라가 이미 너희에게 임하였느니라"). 축귀와 하나님 나라의 현재적 측면 간의 이 강하고 분명한 연결 관계로 미루어볼 때 우리는 축귀가 예수의 사역에서 가장 중요한 측면은 아닐지라도 하나의 중요한 측면으로 묘사될 것으로 예상할 수 있을 것이다. 그러나 축귀는 예수에 대한 묘사에서 비교적 나중에야 언급되며 그의 제자들의 사역에서는 암시되기만 할 뿐이다. 이 모든 점은 Q의 편집자가 하나님 나라라는 주제를 확대했다기보다는 축귀를 의도적으로 경시했음을 암시하는데, 하나님 나라라는 주제가 확대되었을 경우 그것이 축귀와 연결되지 않았을 것이다.

Q에는 기적과 기적적인 현상에 관한 관심과 더불어 신중한 논조도 나타난다는 점에 주목할 때 우리는 예수의 사역에 대한 묘사에서 이처럼 축귀의 중요성을 격하한 이유에 대한 부분적인 설명을 발견할 수 있을 것이다. 이 점은 아마도 Q의 앞부분에 나오는, 예수의 사역—그리고 함축적으로 그의 제자들의 사역—이 이원론적인 우주론의 틀 속에서 발생하는 사역임을 확고히 보여주는 시험에서 가장 분명하게 발견될 것이다.[47] 첫 번째 시험에서 마귀는 예수에게 "네가 만일 하나님의 아들이어든 이 돌들에게 명하여 떡이 되게 하라"고 말한다(눅 4:3).[48] 마귀가 예수에게 돌을 떡으로 변하게 하여 허기를 채울 것을 요구하는 장면에서(눅 4:2) 그는 하나님의 아들로서의 예수의 능력에 호소하는 것으로 묘사된다. 이것은 광야에서 만나가 공급

---

46 눅 6:20; 7:28; 9:2; 10:9; 11:2, 20; 12:31; 13:18, 20, 28, 29; 16:16을 보라.
47 Piper, "Jesus and the Conflict," 343도 같은 입장이다.
48 이 단락에 관해 Graham H. Twelftree, "Temptation of Jesus," *DJG* 823도 추가로 보라.

된 기적[49]을 되풀이하거나 사람들을 설득하기 위해 메시아 시대에 기대되는 표적(참조. 요 6:1-40)을 행하라는 시험으로 의도되었을 수도 있다. 또는 아마도 이 말의 "만일"이라는 조건에 대한 해석에 따라서는 마귀가 기적을 행할 예수의 능력에 대해, 그리고 그 결과 그가 하나님의 아들이라는 사실에 대해 의문을 제기하려 한 것으로 볼 수 있을 것이다.

그러나 "사람이 떡으로만 살 것이 아니라"(눅 4:4)는 예수의 대답은 이스라엘 백성이 광야에서 지내는 것을 아버지가 아들을 훈육하는 것으로 언급하는 신명기 8:3과 거의 똑같다. 이런 이유로 Q는 아마도 예수가 권위 아래 있으면서(참조. 눅 7:8) 아들로서 자신의 모든 필요에 대해 하나님을 신뢰하는 것이 아니라, 자신의 이익을 위해 기적을 행함으로써 하나님으로부터의 독립을 주장하라는 유혹을 받고 있다는 개념을 전달하고 있는 듯하다(참조. 신 28:1-14; 시 33:18-19; 34:10). 따라서 Q에서의 시험은 예수의 정통성만 입증하거나[50] 예수가 "악"과 관계를 맺고 있다는 혐의만 다루고 있는 것이 아니라,[51] 예수의 활동 방식의 한 가지 핵심적인 측면도 제시한다. 이는 Q에서 예수가 자신의 사역에서 초자연적인 능력에 대해 신중한 태도를 보인 것과 관련이 있고, 제자들이 예수를 본받아야 한다는 점에 관한 Q의 관심을 고려하면 아마도 독자들이 기적을 행하는 것과 관련해서 Q가 그들에게 그와 비슷한 적절한 경고의 메시지를 전달하려는 의도도 갖고 있었을 것이다. 또한 예수의 육체적 곤경—배고픔—이 우리가 Q의 독자들을 묘사한 것과 같은 방식으로 묘사되고 있다(앞의 4.1 단락을 보라). 그러한 조건에서 독자들은 예수의 본을 따르도록 격려받은 대로 하나님이 그들의 생계를 부양하는 데 의존하는 것이 아니라—기적적이거나 물질적인—부의 창고에 의존하려

---

49   출 16:13-21; 2 *Bar* 29:1-8; Josephus, *Ant.* 20.168-172를 보라.
50   참조. Kloppenborg, *Formation of Q*, 256-62.
51   참조. Piper, "Jesus and the Conflict," 341.

는 유혹을 받았을 것이다.

누가복음 11:19에 기록된 진술("내가 바알세불을 힘입어 귀신을 쫓아내면 너희 아들들은 누구를 힘입어 쫓아내느냐?")을 내가 주장한 바와 같이 Q에 나타난 예수의 제자들의 전도가 실패는 아니었을지라도 어려운 과업이었다는 배경에 비추어 읽으면, 우리는 Q의 예수의 사역 묘사에서 축귀가 의도적으로 격하된 데 대한 또 다른 통찰을 얻을 수 있을 것이다. 즉 예수처럼 사탄의 비호 아래 활동하고 있다는 비난(참조. 눅 11:15)을 받았을지도 모르고, 자기들도 역시 성공적으로 축귀를 행하고 있었던(11:19) 다른 유대인들의 배척에 직면했던(10:13-14) 그리스도인들이 축귀의 중요성을 경시하기란 쉬운 일이었을 것이다. 따라서 예수의 제자들에게 주어진 전도 위임에 가르침과 치유는 포함되지만 축귀에 대한 언급은 포함되지 않은 것(참조. 10:8-9)은 놀랄 일이 아니다.[52] 그럼에도 불구하고 Q의 최종 편집자들이 축귀를 완전히 제쳐두지는 않았다. 바알세불 논쟁(11:14-26)에서 축귀가 상당히 길게 다루어진 것은 설사 제한적이었을지라도 Q가 다루고 있는 그리스도인들 사이에서 축귀가 계속 사용되었다는 증거다.

4.6 전도 명령(눅 10:1-11)

예수의 제자들의 전도에 할애된 자료(눅 10:1-11)에서도 축귀에 대한 Q의 관심을 보여주는 어느 정도의 증거를 발견할 수 있을 것이다. 전도 임무는 추수할 것이 많다는 진술(10:2)로 시작한다. 추수로서의 전도라는 이미지는 70인역에서 하나님의 백성을 종말론적으로 모은다는 개념에 의존하고 있

---

52 John S. Kloppenborg가 개인적인 서신에서 내게 지적해준 대로, Q에서 지혜의 측면 중 축귀(참조. 「솔로몬의 유언」)를 포함해서 어떤 일을 할 수 있는 능력인 τέχνη를 포함하는 측면이 대체로 누락되어 있다는 점은 주목할 만하다.

다.[53] 뒤에서 Q의 바알세불 논쟁 자료를 논의할 때, 우리는 예수가 언급한 자신의 축귀와 종말 간의 관련성뿐만 아니라 축귀가 추수 때에서처럼 일종의 모으는 일로 묘사된다는 점도 살펴볼 것이다. 독자들이 축귀가 예수의 제자들의 전도의 일부로 이해되었다는 결론을 도출했을 것이라고 가정하는 것은 충분히 합리적이다.

이러한 가정은 우리가 전도 단락에 "하나님의 나라가…가까이 왔다"(눅 10:9)고 말하라는 명령이 포함되어 있다는 점에 주목할 때도 확인된다. Q에서 하나님 나라와 축귀 간의 밀접한 연결 관계는 축귀가 예수의 제자들의 임무의 일부로 암시되었을—그리고 최초의 독자들에게 그렇게 가정되었을—가능성을 더욱 높여준다. 여기서 우리는 축귀가 예수와 그의 제자들의 사역에서 경시되고 있기는 하지만 여전히 종말론적 추수의 수단 중 일부로 간주되었을 가능성이 큼을 알 수 있다.

4.7 누가복음 11:20

예수의 제자들이 예수의 사역을 본받을 것으로 기대된다는 점에서 우리는 Q가 기적과 축귀에 대한 예수의 전반적인 접근법에 대해서 말해주는 내용뿐만 아니라, 그것이 예수의 축귀 방법에 대해서 말해주는 내용도 예수의 제자들이 축귀를 행했을 수도 있는 방식에 대해 유용하다고 간주할 수 있다. 예수의 축귀 방법에 대한 Q의 이해는 바알세불 논쟁에서의 중요한 말에 요약되어 있다. "그러나 내가 만일 하나님의 손가락을 힘입어 귀신을 쫓아낸다면 하나님의 나라가 이미 너희에게 임하였느니라"(눅 11:20; 참조. 11:14).

---

53   참조. 사 27:12-13; 욜 3:13 (70인역 4:13). 다음 글들에 수록된 논의를 보라. Friedrich Hauck, "Θερισμός," *TDNT* 3:133; Marshall, *Luke*, 416; John Nolland, *Luke 9:21-18:34* (WBC 35B; Dallas: Word Books), 550-51.

Q의 편집자들이 이곳 누가복음 11:20에서 무엇을 염두에 두었을지 해독하려면 우리는 먼저 이 절의 용어 문제를 해결해야 한다. 우리의 해석의 많은 부분이 Q가 예수의 능력-권위의 원천을 밝히면서 "손가락"(눅 11:20)이라는 단어를 사용했는지 아니면 "성령"(마 12:28)이라는 단어를 사용했는지에 의존하고 있는데, 이 문제에 대해서는 객관적인 입장을 취하기 어렵다.[54] 언뜻 보기에는 누가의 성령에 대한 관심과 "손가락"에 대한 명백한 관심의 결여[55]에 비추어볼 때 누가가 "성령"을 "손가락"으로 바꾸었을 것으로 보이지는 않는다.[56] 그러나 텍스트를 더 자세히 관찰하면 그와 다른 결론에 도달하는 것으로 보인다.

먼저 마태복음을 살펴보면 마태가 여기서 우리가 예상할 법한 대로 "천국"이라는 어구가 아니라 "하나님 나라"라는 어구를 사용한다는 점은 주목할 만하다. 마태는 다른 곳에서는 오직 한 군데서만 "하나님 나라"를 "천국"으로 바꾸지 않았기 때문이다(마 19:24).[57] 마태의 이러한 습관에 비추어보면 이곳 12:28에 "하나님 나라"라는 어구가 나타난다면 마태는 그 텍스트의 나머지 부분도 바꾸지 않았을 것이라는 인상을 받게 된다. 마태가 "손가락"이라는 단어를 빼내고 "성령"이라는 단어를 집어넣었을 것 같지 않다는 점을 고려하면 이 인상이 더 확고해진다. 마태가 그런 식으로 표

---

54 이 점의 나머지 부분의 이전 판은 Graham H. Twelftree, *Jesus the Exorcist: A Contribution to the Study of the Historical Jesus* (WUNT 2.54; Tübingen: Mohr Siebeck, 1993), 108을 보라. Q의 용어를 둘러싼 논쟁에 대한 최근의 조사는 David T Williams, "Why the Finger?" *Exp Tim* 115 (2003): 45-49, 특히 45-46을 보라.

55 "손가락"의 다른 두 용례는 누가의 자료에서 나온다. 눅 11:46은 Q에서 나온 것이며(∥ 마 23:4; Moreland, *Critical Edition of Q*, 114-15를 보라) 눅 16:24은 아마도 L에서 받아들였을 것이다(Joachim Jeremias, *The Parables of Jesus* [London: SCM, 1972], 182-83을 보라).

56 참조. 예컨대 Luke Timothy Johnson, *The Gospel of Luke* (Collegeville, MN: Glazier, 1991), 181.

57 다음 구절들을 보라. 마 4:17 ∥ 막 1:14-15; 마 5:3 ∥ 눅 6:20; [마 8:11 ∥ 눅 13:28]; 마 10:7 ∥ 눅 9:2; 마 11:11-12 ∥ 눅 7:28; 마 13:11 ∥ 막 4:11; 마 13:31 ∥ 막 4:30; 마 13:33 ∥ 눅 13:20; 마 19:14 ∥ 막 10:14; 마 19:23 ∥ 막 10:23.

현을 바꾸었다면 그가 앞에서 적대적으로 묘사한 광신자들(7:22-23)과 예수 사이의 달갑지 않은 유사점이 커졌을 것이다.[58] 여기에 마태가 사용한 자료에 "손가락"이라는 단어가 들어 있었다면, 그 단어가 예수를 새로운 모세로 표현하는 자신의 묘사에 보탬이 된다는 점에서 마태는 그것의 존재를 높이 평가했을 가능성이 있다는 점도 추가될 수 있다(참조. 출 8:19).[59]

그러나 다른 한편으로 이 대목에서 우리는 누가도 모세에 대해서 및 특히 새로운 출애굽에 대해 관심이 있으므로[60]—아마도 마태보다 관심이 더 컸을 것이다—누가가 자신의 텍스트에 "손가락"이라는 단어를 집어넣기를 마태보다 더 원했을 것이라는 점을 언급할 수 있다. 사실 우리는 멀리까지 살펴보지 않아도 누가가 자신의 텍스트에서 "성령"보다 "손가락"을 선호했을 가능성이 크다는 것을 알 수 있다. 사실 누가는 "성령"을 "손가락"으로 바꿈으로써 그가 자신의 자료에서 "성령"이라는 단어를 사용했을 경우에 비해 잃은 것이 별로 없다. 누가는 그렇게 함으로써 출애굽의 기적들[61]과 예수의 기적들 사이의 유사점을 "성령"이라는 단어로는 불가능했을 방식으로 제시할 수 있었다. 누가가 "성령"이라는 주제를 선호함에도 불구하고 그 단

---

58 참조. James D. G. Dunn, *Jesus and the Spirit* (London: SCM, 1975), 373 각주 22. 그는 마 7:22 과 12:28의 유사점을 언급한다.

59 참조. Dale C. Allison Jr., *The New Moses: A Matthean Typology* (Edinburgh: T&T Clark, 1993). 그리고 D. Kingsbury, in *JBL* 115 (1996): 356-58의 비판적인 검토를 보라. Dale C. Allison Jr., *The Intertextual Jesus: Scripture in Q* (Harrisburg, PA: TPI; 2000), 53-57도 보라.

60 C. F. Evans, "The Central Section of St. Luke's Gospel," *Studies in the Gospels: Essays in Memory of R. H, Lightfoot* (ed. D. E. Nineham; Oxford: Blackwell, 1967), 37-53을 주목하라. 그는 누가가 "그것을 기독교의 신명기로 표현한다는 관점에서 [자신의 복음서의 핵심 부분에서] 자료를 선별하고 정리했다"(42)고 본다. David R Moessner, *Lord of the Banquet: The Literary and Theological Significance of the Lukan Travel Narrative* (Minneapolis: Fortress, 1989)는 거기서 더 나아가서 예수가 "모세와 같은 선지자"로 제시되고 있다고 주장한다(참조. 70). 이른바 "누가-행전 전체에 걸친 예수와 모세 사이의 주목할 만한 유사점들"(98)에 대해서는 Allison, *Moses*, 98-100도 보라.

61 참조. 출 7:4-5; 8:19; 9:3, 15.

어를 사용하지 않을 수도 있다는 점은 그가 20:42과 아마도 21:15에서 그렇게 했다는 사실에서도 분명히 드러난다.[62]

따라서 나는 반론들의 논거가 강력하다는 점은 인정하지만(그러나 그런 주장들에 설득되지는 않는다) 이 경우에서 마태복음의 "성령"은 Q의 표현을 보존한 것이라는 입장을 취한다. 그러나 "성령"과 "손가락"이라는 단어 모두 우리로 하여금 Q가 귀신을 쫓아낼 때 무슨 일이 일어나고 있다고 생각했는지를 이해하도록 도움을 주는 공통의 개념들을 가리킨다.[63] 한편으로 "하나님의 손가락"이라는 어구는 구약에서 하나님의 활동을 지칭하는 데 사용된다. 예를 들어 출애굽기 31:18은 하나님의 손가락이 돌판에 글을 썼다고 말한다(참조. 출 8:19; 신 9:10; 시 8:3). 이와 비슷하게 쿰란의 「전쟁 두루마리」(War Scrolls)에서도 하나님은 사탄을 대적하여 그의 **손**을 든다고 말한다(1QM 18.1-15).

다른 한편 구약에서 성령의 활동에 대한 언급도 하나님의 활동을 가리킨다. 에스겔 11:5에서 "여호와의 영"이 에스겔에게 임하여 야웨가 에스겔에게 말한다. 현재의 논의에서 흥미로운 사항은 에스겔 8:1에서 "여호와의 손"이 에스겔에게 임하여 환상을 보여준다는 표현이다. 따라서 에스겔서에는 "손"과 "영"이 동의어로 사용되는 사례가 나온다. 그래서 우리는 구약에서 "하나님의 손가락"은 아무런 의미 변경이 없는, "하나님의 손"의 변형이라는 점을 고려할 필요가 있다(참조. 대상 28:11-19).[64]

---

62 Dunn, *Jesus and the Spirit*, 46을 보라. 다음 문헌들도 보라. Marshall, *Luke*, 747; Joseph A. Fitzmyer, *The Gospel of Luke (X-XXIV)* (AB 28B; Garden City, NY: Doubleday, 1985), 1340.

63 만일 Q가 "손가락"이라는 단어를 사용했다면 우리는 예수의 능력-권위를 성령으로 명시하는 데 대한 관심이 초기 기독교에서는 아직 분명히 나타나지 않는다는 것을 알 수 있다.

64 다음 문헌들도 보라. Robert W. Wall, "'The Finger of God': Deuteronomy 9.10 and Luke 11.20," *NTS* 33 (1987): 144-50; J.-M. Van Cangh; "'Par l'esprit de Dieu—par le doigt de Dieu': Mt 12, 28 par. Lc 11, 20," in Delobel, *Logia*, 337-42; Chrys C. Caragounis, "Kingdom of God, Son of Man and Jesus' Self-Understanding," *TynBul* 40 (1989): 2-23, 223-38.

이 모든 점은 우리로 하여금 Q가 아마도 예수를 능력의 도구로서 하나님에 "의해" 또는 하나님 "안에서"(ἐν) 축귀를 행한 존재로 이해했을 것이라는 점을 인식하도록 도움을 준다. 그러나 우리가 방금 구약에서의 "성령"의 용법에 관해 고찰한 내용에 비추어볼 때 Q는 예수가 단지 하나님을 자신의 축귀 능력의 원천으로 이용하는 것이 아니라 예수 안에서 하나님 자신이 축귀를 행한다고 주장하고 있다고 제언함으로써 이 결론에 미묘한 어감을 더해줄 필요가 있다.

누가복음 11:20의 단어에 대해 자세히 설명하고 가장 중요한 함의에 주의를 환기했으니, 우리가 축귀에서 무슨 일이 일어나고 있는지에 관해 Q가 이해한 내용을 해명하는 데 있어 다음 단계는 Q가 축귀와 하나님 나라의 도래 사이의 관계에 대해 어떻게 이해했는가에 관해 질문하는 것이다. 구체적으로 말하자면 축귀와 관련해서 하나님 나라는 이미 현존하는가, 도래하고 있는가, 아니면 곧 도래할 것인가? 달리 표현하자면 축귀는 하나님 나라를 준비하는 것으로 여겨지는가, 그것의 도래를 예고한다고 여겨지는가, 아니면 그것의 일부라고 여겨지는가? 이러한 질문들에 대한 대답은 우리가 ἔφθασεν ἐφ᾽ ὑμᾶς("너희에게 임하였느니라")를 어떻게 이해하느냐에 달려 있다. Φθάνω는 특히 ἐπί(upon, ~위에)와 결합할 때는 "이루다"(롬 9:31; 빌 3:16)라는 의미가 있을 뿐만 아니라 "~먼저 오다", "앞서다"(살전 4:15), "방금 도착했다"(아 2:12), "이르렀다"(고후 10:14; 살전 2:16) 등을 포함한 다양한 의미를 지니고 있다. 이로 인해 φθάνω는 더 구체적으로 어떤 것, 이 경우에는 하나님 나라의 실제 성취 또는 현존[65]을 의미하게 된다.

---

65 예를 들어 삿 20:42(70인역)과 다음 문헌들의 논의를 보라. Robert F. Berkey, "ΕΓΓΙΖΕΙΝ, ΦΘΑΝΕΙΝ, and Realized Eschatology," *JBL* 82 (1963): 177-87; Gottfried Fitzer, "φθάνω, *TDNT* 9:90-92; George R. Beasley-Murray, *Jesus and the Kingdom of God* (Grand Rapids: Eerdmans; Exeter, UK: Paternoster, 1986), 77-78; Davies and Allison, *Matthew*, 2:340 각주 36; BDAG, "φθάνω," 1053.

이곳 Q에 나타난 바와 같이, 초기 그리스도인들이 예수가 이미 현존하는 하나님 나라에 대해 말했다는 개념을 가질 수 있었다는 점은 솔로몬이나 요나보다 더 큰 어떤 것이 현존한다는 말을 통해 뒷받침된다(눅 11:31-32).[66] 따라서 우리의 관심의 초점인 구절은 축귀에서 하나님 나라가 임했다는 개념을 전달하고 있다고 추정하는 것은 합리적이다. 이 추정이 옳다면 Q에게는 예수의 축귀가 하나님 나라를 **준비**하는 것이라는 견해[67]는 이 구절로 인해 뒷받침되지 않으며, 다른 증거가 없다면 폐기되어야 한다.

다음으로 우리는 예수의 축귀가 왜 하나님 나라의 도래와 관계가 있는지 및 그러한 관계의 성격에 관해 질문해야 한다. 유대인들과는 대조적으로 예수는 성공적인 축귀자였고 유대인들은 그렇지 않았거나 부분적으로만 성공적이었기 때문에 하나님 나라가 임한 것이었을 리는 없다.[68] 바로 앞 절("내가 바알세불을 힘입어 귀신을 쫓아내면 너희 아들들은 누구를 힘입어 쫓아내느냐?" 눅 11:19)은 예수의 축귀와 그의 동시대인들의 축귀가 모두 성공적인 것으로 간주될 경우에만 설득력이 있기 때문이다. 사실 이 절에서 Q는 예수의 축귀와 유대인들의 축귀가 서로 비교될 만큼 매우 비슷하다는 점을 인정한다.[69] 따라서 우리는 누가복음 11:20의 세 핵심 요소―예수, 성령, 하나님 나라―와 관련해서 하나님 나라가 임한 것은 예수가 축귀를 행하기 때문인가, 아

---

66 참조. Davies and Allison, *Matthew*, 1:389. 사탄이 이미 하늘에서 떨어졌다는 말(눅 10:18)은 일반적으로 나의 주장을 뒷받침하지만, 아마도 그 말은 Q에 수록되지 않았을 것이다. Kloppenborg, *Q Parallels*, 76-77의 논의를 보라.

67 참조. 예컨대 Richard H. Hiers, *Jesus and the Future: Unsolved Questions for Understanding and Faith* (Atlanta: John Knox, 1981), 62-71.

68 Anthony E. Harvey, *The Constraints of History* (London: Duckworth, 1982), 109는 이에 반대한다. 예수의 대적들은 성공적인 축귀자가 아니었다고 주장하는 다른 학자들에 대해서는 Allison, *Jesus Tradition*, 125-26을 보라.

69 Caragounis, "Kingdom of God," 230-31은 이에 반대한다. 그는 예수의 축귀에는 유대인과 헬레니즘 시대의 축귀의 모든 특징이 없으므로 그것은 다른 질서에 속했다고 주장한다. 더 자세한 내용은 Twelftree, *Exorcist*, 107을 보라.

니면 축귀가 성령에 의해 행해지기 때문인가를 묻지 않을 수 없다. 이 절에 영향을 미치는 요소는 하나님의 영(또는 손가락)이며,[70] 축귀가 하나님의 영의 능력으로 행해지고 있기 때문에 하나님 나라가 침투하고 있는 것으로 이해된다는 데 일반적으로 의견이 일치한다.

그러나 Q를 좀 더 주의 깊게 읽으면 이는 불충분한 대답임을 알 수 있다. 우리는 이 구절에서 ἐγώ("나")[71]가 사용되었다는 점을 고려할 필요가 있기 때문이다. Q는 예수의 축귀의 독특성을 축귀를 행한 이가 바로 예수였다는 점으로 간주했을 수도 있는가? 신약에서 ἐγώ가 사용된 곳이 모두 강조를 함축하는 것으로 여겨지지는 않는 것이 사실이다.[72] 그러나 공관복음서에서 예수가 강조 용법의 ἐγώ를 말하는 경우는 비교적 흔하지 않으며 이는 경고, 약속, 명령에서 예수의 신적인 능력과 권위를 드러내면서 발견된다.[73] 사실 Q가 ἐγώ를 사용하는 다른 유일한 경우는 가버나움에서 백부장이 자신의 개인적 권위와 암묵적으로 예수의 개인적 권위에 주의를 환기하면서 이 단어를 사용하는 때다(7:8).[74] 그러므로 이곳 11:19-20에서 ἐγώ가 사용된 것은 Q에서 예수라는 인물에 주의를 환기하는 중요한 표현으로 받아들여야 한다.[75]

결국 기독론적으로 부정확할 수도 있지만 Q는 예수의 축귀를 동시대

---

70   예컨대 Dunn, *Jesus and the Spirit*, 44-46.

71   눅 11:20에서 ἐγώ의 위치에 대해서는 NA²⁷ 196을 보라.

72   Nigel Turner, *A Grammar of New Testament Greek* (vol. 3; Edinburgh: T&T Clark, 1963), 37-38 을 보라.

73   Ethelbert Stauffer, "ἐγώ," *TDNT* 2:348도 같은 입장이다.

74   마 25:27(참조. 눅 19:23)에서 예수는 ἐγώ를 사용한다. 그러나 이 이야기의 출처는 불분명하다. Marshall, *Luke*, 702는 이 특정한 이야기가 아마도 Q의 두 가지 교정본이 존재한 증거일 것이라고 제언한다.

75   참조. Twelftree, *Exorcist*, 108-9; Davies and Allison, *Matthew*, 2:341. James D. G. Dunn, *Jesus Remembered* (Christianity in the Making 1; Grand Rapids: Eerdmans, 2003, 695는 이에 대해 납득하지 않는다.

인들의 축귀와 구별하는 요인이 최소한 부분적으로는 축귀자가 바로 예수라는 점이라는 인상을 주고 있다. 그러나 이 절에서 "성령"의 중요성에 대해 우리가 한 말을 고려하면, 우리는 Q가 '예수가 성령 안에서 귀신을 쫓아내기 때문에 하나님 나라의 침투가 예수의 축귀와 연결된다'고 여겼다는 결론을 내려야 한다.[76] 이 결론으로 우리는 역접 접속사 δέ("그러나")로 시작되는 문장(눅 11:20)을 설명할 수 있는데, 여기서 예수의 축귀가 유대인들의 축귀에 비해 돋보이는(참조. 11:19) 이유는 예수의 축귀가 성공적이었거나 더 성공적이었기 때문이 아니라 예수가 성령 안에서 축귀를 행했기 때문이다.

누가복음 11:20에서 ἐκβάλλω("쫓아내다")가 사용된 데서 Q가 이해하고 있는 축귀의 또 다른 측면을 알 수 있는데, 이는 축귀와 관련해서 내가 아는 이 단어의 최초의 용례다.[77] 그리스 문헌에서 ἐκβάλλω가 적이 쫓겨나는 것을 가리키는 몇 가지 사례가 있다.[78] 실제로 70인역에서 ἐκβάλλω는 대체로 하나님의 백성을 향한 하나님의 목적이 성취될 수 있도록, 그 목적이 성취되는 것을 좌절시키거나 방해하는 적이 쫓겨날 때 사용된다(참조. 출 23:30; 신 33:27-28).[79] 귀신들은 집안에 거처를 정하듯이 한 사람 안에 불법적으로 거처를 정하는 것으로 여겨지고(눅 11:24)[80] Q는 축귀를 하나님의 적인 귀신이나 사탄을 쫓아내는 것으로 보기 때문에(11:18) Q가 ἐκβάλλω를 사용해 축귀에서 일어나고 있는 일을 설명하는 것은 놀랄 일이 아니다. 따라서 Q는 축귀에서 예수가 하나님의 목적—하나님 나라의 도래—이 성취

---

76   Twelftree, *Exorcist*, 109.

77   Twelftree, *Exorcist*, 109를 보라. 이 단어의 그 이후의 용례에 대해서는 Friedrich Hauck, "Βάλλω…," *TDNT* 1:527을 보라.

78   참조. Aristophanes, *Plut*. 430; Plato, *Gorg*. 468d; Demosthenes, *Epitaph*. 8(= *Or*. 60.8). 79.

79   Graham H. Twelftree, *Christ Triumphant: Exorcism Then and Now* (London: Hodder & Stoughton, 1985), 104-5의 논의를 보라.

80   참조. Hauck, "Βάλλω…," *TDNT* 1:527. 아래의 5.4 단락도 보라.

되도록 하나님의 적을 쫓아내고 있는 것으로 이해했다고 가정하는 것은 합리적이다.[81] 예수가 초기 기독교 축귀의 모델로 여겨지는 한, 그리스도인들의 축귀에서 하나님의 목적 역시 성취되고 있다.

4.8 무장한 강한 자 비유(눅 11:21-22)

마태복음과 누가복음에서 바알세불 논쟁 자료가 동일한 순서로 제시됨에 따라 축귀에 대한 Q의 논의는 "성령/손가락"에 관한 말씀 뒤에 강한 자 비유로 이어진다.[82] 그러나 누가가 마가복음을 광범위하게 개작하기보다는 [83] —그것은 누가의 특징에 어울리지 않았을 것이다[84] —Q를 따르고 있다는데 일반적으로 의견이 일치하지만[85] 비유의 세부 내용이 아주 명백한 것은 아니다. 마태는 마가를 따랐기 때문에(막 3:27 ∥ 마 12:29) 우리가 Q의 판본

---

81 Twelftree, *Exorcist*, 110도 보라.

82 이 비유가 Q의 일부라는 주장에 대해서는 Kloppenborg, *Q Parallels*, 92도 보라.

83 다음 문헌들이 그런 입장을 취한다. Erich Klostermann, *Das Lukasevengelium* (2nd ed. ; HNT 5; Tübingen: Mohr Siebeck, 1929), 126-27; Simon Légasse, "L'homme fort de Luc 11:21-22," *NovT* 5 (1962): 5-9; Barnabas Lindars, *New Testament Apologetic* (London: SCM, 1961), 84-85; 다음 문헌들에 인용되었다. Marshall, *Luke*, 476; Athanasius Polag, *Fragmenta Q: Texteheft zur Logienquelle* (Neukirchen-Vluyn: Neukirchener Verlag, 1979), 52-53.
John Dominic Crossan, *In Fragments: The Aphorisms of Jesus* (San Francisco: Harper & Row, 1983), 189는 Q가 강한 자 비유를 포함한 것이 아니라—Arland Dean Jacobson, "Wisdom Christology in Q"(Claremont Graduate School 박사 학위 논문, 1978), 163을 인용한다—Paul Donald Meyer, "The Community of Q" (University of Iowa 박사 학위 논문, 1967), 71 각주 1을 따라 마가복음을 확대했다고 생각한다.

84 Marshall, *Luke*, 477. 누가가 사용한 자료 문제의 복잡성에 대해서는 F. G. Downing, "Towards the Rehabilitation of Q," *NTS* 11 (1964-65): 169-81의 논의를 보라.

85 예컨대 Eduard Schweizer, *The Good News according to Luke* (London: SPCK, 1984), 195; Fitzmyer, *Luke (X-XXIV)*, 918. Twelftree, *Exorcist*, 111도 보라. 누가가 마태와는 다른 Q의 판본을 따르고 있다는 견해에 대해서는 Heinz Schürmann, *Das Paschamahlbericht: Lk 22, (7-14.) 15-18*, part 1, *Eine Quellenkritische Untersuchung des Lukanischen Abendmahlsberichtes Lk 22, 7-38* (2nd ed.; NTAbh 19.5; Münster: Aschendorff, 1968), 2를 보라.

을 복원하는 데 사용할 수 있는 자료는 누가가 보존한 부분뿐이기 때문이다(눅 11:21-22). 그러나 이 비유에 대한 누가의 기여[86]는 아마도 크지 않을 것이다.[87] 따라서 우리는 아마도 Q에서 이 비유는 무장한 강한 자(ὁ ἰσχυρὸς καθωπλισμένος)가 그의 소유물과 더불어 자기의 성에 안전하게 있다가 더 강한 자(ἰσχυρότερος)에게 공격을 당해서 소유물을 빼앗기거나 강탈당했다는[88] 내용이라고 말할 수 있을 것이다. 문맥은 이 비유가 사탄에 관한 내용이고 어떤 면에서는 축귀에 관한 내용이며 특히 예수의 축귀에 관한 내용임을 밝혀준다. 사탄의 패배, 축귀와 이 비유 사이의 정확한 연결 관계를 설명할 필요가 있다.

공관복음서 저자들이 시험 이야기를 사탄 또는 마귀의 패배와 관련된 것으로 이해했다는 점은 널리 인정되고 있다.[89] 사실 부정과거 가정법 νικήσῃ("정복하다", 눅 11:22)는 그 이전의 한 특정한 행위—시험 이야기—를 가리키는 것으로 간주해야 할 수도 있다.[90] 그러나 마지막 절의 부정과거 가정법은 단일한 행동을 묘사할 뿐만 아니라 그 행동이 발생한 시점에 어

---

86 누가가 도입한 특징적인 어휘에는 아마도 φυλάσσειν("지키다", 마태복음에 1회, 마가복음에 1회, 누가복음에 6회, 요한복음에 3회, 사도행전에 8회 등장한다), εἰρήνη("평화", 마태복음 4회, 마가복음 1회, 누가복음 13회, 요한복음 6회, 사도행전 7회 등장), ὑπάρχειν("소유하다", 마태복음 3회, 마가복음 0회, 누가복음 15회, 요한복음 0회, 사도행전 25회 등장) 등이 포함될 것이다.

87 Joachim Jeremias, *Die Sprache des Lukasevangeliums: Redaktion und Tradition im Nicht-Markusstoff des dritten Evangeliums* (Göttingen: Vandenhoeck & Ruprecht, 1980), 201도 같은 입장이다.

88 우리는 아마도 Q에서는 "빼앗다" 또는 "강탈하다"(διαρπάζω; 마 12:29 || 막 3:27; 참조. 70인역: 신 28:29; 시 88:42[89:41 MT])라는 더 단순한 개념을 사용했을 것으로 해석해야 할 것이다. 누가는 아마도 눅 18:22에서(이 대목에서 막 10:21은 δίδωμι["주다"]를 사용했다) 그랬듯이 Q에 신학적으로 보다 함축적인 의미가 담긴 διαδίδωμι("나누다" 또는 "배분하다")라는 개념을 제공했을 것이기 때문이다.

89 이 단락에 대해서는 Twelftree, *Exorcist*, §11의 논의도 보라.

90 참조. Ernest Best, *The Temptation and the Passion: The Markan Soteriology* (SNTSMS 2; Cambridge: Cambridge University Press, 1965), 13은 막 3:27의 δήσῃ를 언급한다.

떤 특별한 강조점도 주어지지 않는 행동을 표현할 수도 있다(참조. 예컨대 요 17:1, 21). Q가 시험 이야기에 마귀의 패배가 관련되어 있다고 생각하지 않았다는 점은 마귀가 예수를 떠났다는 점만 단순히 언급하면서 끝나는(눅 4:13) 그 이야기 자체에서 명백히 알 수 있다. 이로 미뤄볼 때, 특히 시험 이야기에는 이곳 바알세불 논쟁에 패배에 관한 어휘가 존재하는 것처럼 패배에 관한 어휘가 존재하지 않는데, 우리가 그 이야기가 마귀의 패배와 같은 중요한 문제와 관련되어 있었다고 결론을 내리기는 어려울 것이다.[91] 그와 반대로 사탄은 매우 활동적인 것으로 전제된다(참조. 11:15, 19).[92] 이 점에 비추어볼 때 이 무장한 강한 자 비유에서 Q는 예수의 축귀에서(그리고 곧 보게 되듯이 예수의 제자들의 축귀에서) 사탄이 제압당하고 있고 그의 소유물―사람들―을 빼앗기거나 강탈당하고 있다는 개념을 전달하고 있을 개연성이 높다.

4.9 축귀의 전리품(눅 11:23)

Q에서 이어지는 말씀("나와 함께 하지 아니하는 자는 나를 반대하는 자요, 나와 함께 모으지 아니하는 자는 헤치는 자니라", 눅 11:23)도 그 앞의 강한 자에 관한 말씀과 그다음의 악령들이 들어오고 나감(11:24-26)에 관한 말씀 사이에 끼어 있으므로 축귀에 관한 말씀임이 분명하다. 이 절에서―예수에 대한 찬성과 반대라는―첫 번째 이미지는 독자들에게 전투에서 어느 한쪽 편을 들라고 요구한다.[93] 제자들이 예수를 본받을 것이라는 기대를 고려하면(위의 4.6 단락을 보라) 이는 아마도 예수와 같은 싸움에 참여하라는 요구로 읽힐 것이고, 이

---

91   Piper, "Jesus and the Conflict," 343도 보라.

92   참조. Joel Marcus, "The Beelzebul Controversy and the Eschatologies of Jesus," in *Authenticating the Activities of Jesus* (ed. Bruce Chilton and Craig A. Evans; Boston and Leiden: Brill, 1999): 259.

93   Nolland, *Luke 9:21-18:34*, 642; 그리고 Joel B. Green, *The Gospel of Luke* (Grand Rapids and Cambridge, UK: Eerdmans, 1997), 458. 둘 다 수 5:13을 인용한다.

요구는 문맥상 제자들에게 축귀에 동참하라는 요구다. 따라서 축귀가 사탄의 패배와도 관련된다는 점에서 우리는 하나님 나라와 제자들의 축귀 사이의 관계에 대해 Q가 제자들의 축귀를 예수의 축귀처럼 종말론적 전투의 일부로 이해하고 있다는 점을 알 수 있다.

누가복음 11:23에 나오는 모음과 흩뜨림이라는 두 번째 이미지도 말세에 하나님의 백성을 흩뜨리는 것과 모으는 것을 가리킬 것이다. "흩뜨리다"(σκορπίζω[94])라는 단어는 70인역에서 말세에 하나님의 백성을 흩뜨림[95] 및 모음[96]과 관련해서 사용되기 때문이다. 특히 C. F. 에반스는 이사야 40:10-11에 주의를 환기했는데 거기서는 전리품—구조된 포로들—을 가진 강한 자로서의 하나님에게서 이스라엘을 모으는 목자의 하나님으로 갑작스런 전환이 일어난다.[97] 이사야 40:10-11을 누가복음 11:23을 읽는 데 필요한 배경으로 간주해야 한다면, Q도 예수의 축귀와 예수의 제자들의 축귀 모두를 축귀(말세의 전투)에서 전리품(사람들)을 모으는 일과 관련된 것으로 이해하는 셈이다.

4.10 빈 집 "비유"(눅 11:24-26)

이 관점은 우리가 그 후에 이어지는 더러운 영들의 행동에 관한 자료(눅 11:24-26)를 이해하는 데 도움이 된다. 언뜻 보기에 떠돌아다니는 악령에 관

---

94   Σκορπίζω는 신약성경에서 오직 이 곳(마 12:30 ‖ 눅 11:23)과 요 10:12; 16:32; 고후 9:9에만 등장한다.

95   C. F. Evans, *Saint Luke* (London: SCM; Philadelphia: TPI, 1990), 493은 겔 5:12; 슥 11:16; 토비트 3:4을 인용하며, Green, *Luke*, 458은 이를 따른다.

96   Evans, *Luke*, 493. 그는 사 11:12; 40:11; 66:18; 겔 34:12-13을 인용한다.

97   Evans, *Luke*, 493.

한 자료는 C. F. 에반스의 표현대로 "귀신론 교과서에서 발췌한 텍스트"[98]인 것처럼 보인다. 그러나 이 말씀에서 "그 사람의 나중 형편이 전보다 더 심하게 되느니라"(11:26)는 예수의 결론을 고려하면 이것을 하나의 비유로 받아들여도 무방하다.[99] 실제로 마태는 그렇게 받아들이지만 이를 "이 악한 세대"(12:45)에 적용한다.[100] 그러나 Q에는 이 떠돌아다니는 악령의 활동이 다른 어떤 현상과 같거나 유사하도록 의도되었다는 암시가 없다.[101] 대신 그 영에 대한 묘사는 대니얼 J. 해링턴이 제언하듯이 "비유 비슷한" 것이 아니라 액면 그대로 해석되도록 의도되었다.[102] 우리가 마가복음 3:20-35을 논의할 때 언급하겠지만, 사람은 영적인 존재들의 현존 또는 부재라는 관점에서 하나의 집으로 묘사될 수 있기 때문이다(아래의 5.4 단락을 보라).[103]

그러나 더러운 영과 그 동료들의 활동에 대한 묘사를 축귀와 관련해서 정확히 어떻게 이해해야 하는지가 명확한 것은 아니다. 더러운 영은 숙주가 없어 쉬지 못하며 자기 "집"으로 돌아가려 애쓰는 모습으로 묘사되므로 독자들은 축귀 과정에 그 귀신에게 돌아오지 말 것을 명령하거나 요구하는 당시의 친숙한 과정이 포함될 필요가 있다고 결론지을 수도 있다.[104] 또

---

98 Evans, *Luke*, 494. 참조. Ulrich Luz, *Matthew 8-20* (Hermeneia; Minneapolis: Fortress, 2001), 221. 이 책에서 이 구절의 해석 역사도 보라.

99 최근에는 예컨대 Rudolf Schnackenburg, *The Gospel of Matthew* (Grand Rapids and Cambridge, UK: Eerdmans, 2002), 119도 같은 입장을 취한다. 예컨대 다음 책들도 보라. Adolf Jülicher, *Die Gleichnisreden Jesu* (2 vols.; Tübingen: Mohr Siebeck, 1910), 2:238; Jeremias, *Parables*, 197-98.

100 Luz, *Matthew 8-20*, 221도 같은 입장을 취한다.

101 참조. Luz, *Matthew 8-20*, 220.

102 Daniel J. Harrington, *The Gospel of Matthew* (Collegeville, MN: Glazier, 1991), 191.

103 Luz, *Matthew 8-20*, 220이 이 말씀에 대한 비유적 해석은 "그 텍스트에서 나온 것이 아니라 성경 텍스트를 윤리적으로 적용하려는 일반적인 인간의 필요와 예수를 역사적 축귀 관행에서 가능한 한 멀리 떨어뜨리려는 현대의 필요에서 나온 것"이라는 주장은 아마도 옳을 것이다.

104 더 자세한 내용은 Graham H. Twelftree, "ΕΙ ΔΕ…ΕΓΩ…ΕΚΒΑΛΛΩ ΤΑ ΔΑΙΜΟΝΙΑ!… [Luke 11:19]," in *The Miracles of Jesus* (ed. David Wenham and Craig Blomberg; Gospel Perspectives 6; Sheffield: JSOT Press, 1986), 380-81을 보라. 참조. Rudolf Bultmann, *The*

는 독자들은 귀신이 쫓겨난 상태로 있으려면 T. W. 맨슨의 표현대로 "하나님이 비어 있는 거처를 점유해야 한다"고 생각할 것이다.[105] 그러나 이 두 대안은 이 이야기가 Q에서 모음과 흩뜨림에 관한 말씀 바로 뒤에 나온다는 점을 고려하지 않고 있다. (또한 우리는 이 이야기를 그것과 축귀 간의 관계에서 떼어내 일반적인 방식으로 유대인들이나 바리새인들[106]의 악, 또는 그들이 축귀를 통해 입증된 예수의 메시지를 거부하는 것[107]과 관련시키는 해석[108]을 받아들일 필요도 없다.) 오히려 예수가 경쟁자들의 축귀에 관해 질문하는(눅 11:19) 바알세불 논쟁의 문맥과 또한 이 이야기가 예수와 함께 모으지 않는 자는 헤치는 자라는 말씀(11:23) 뒤에 이어진다는 점을 고려하면, 돌아오는 악령들에 대한 이 이야기에는 아마도 독자들에게 더러운 영들이 쫓겨나간 사람들을 확실하게 예수의 제자들로 끌어모으도록 촉구하려는 의도가 담겨 있었을 것이다. 즉 독자들은 예수가 행하고 있었던 일(11:23)인 모으는 일을 할 필요가 있다. 그렇게 하지 않으면 그들의 (기독교적이거나 비기독교적인) 축귀의 결과는 일시적일 수밖에 없고 사람들은 치유되기 전보다 더 악화될 것이다. Q에 대한 이 해석이 옳다면 이 이야기는 일차적으로 신앙 밖에 있는 축귀자에 대한 비판이 아니라[109]—그럴 수도 있지만—치유 받은 사람들을 예수의 제자로 모으

History of the Synoptic Tradition (Oxford: Blackwell, 1963), 164. 그는 이 말씀이 "축귀에 대한 비판 기능을 하도록 의도된 것이 아니라 치유 받은 사람에게 귀신의 영향을 경계시키려는 의도를 지니고 있었다"고 말하면서 예컨대 요 5:14과 「도마 행전」 46장을 인용한다.

105 T. W. Manson, *The Sayings of Jesus* (London: SCM: 1949), 88. 다음 책들도 보라. Marshall, *Luke*, 479; Allison, *Jesus Tradition*, 127. 이레나이우스는 이 이야기를 악령에서 구원받은 이들이 "하나님을 섬기지 않고 순전히 세속적인 문제들에 사로잡혀" 있었음을 의미하는 것으로 받아들였다(*Haer.* 1.16.3).

106 Davies and Allison, *Matthew*, 2:359에서 인용하고 논의하는 이들의 글을 보라.

107 Marshall, *Luke*, 479. 그는 다음 문헌들을 인용한다. Marie-Joseph Lagrange, *Évangile selon Saint Luc* (5th ed.; Paris: Lecoffre, 1941), 333-34; Schulz, *Q*, 479-80.

108 예컨대 Luz, *Matthew 8-20*, 220-21.

109 Allison, *Jesus Tradition*, 127.

지 않는 그리스도인 축귀자에 대한 비판이다.

4.11 결론

Q에 관해, 특히 그 범위에 대해 불확실한 점이 너무 많으므로 우리는 이 장의 서두에서 우리가 내릴 어떤 결론이라도 잠정적이라는 점을 인정했다. 그럼에도 우리의 논의에서 나온 결론이 중요한데, 이는 특히 Q가 우리에게 초기 그리스도인들 사이에서의 축귀에 대한 초기의 묘사를 제공해줄 수도 있기 때문이다. 그 텍스트를 해석해서 Q의 최초 독자들에 대한 단서를 찾아본 최종 결과는 그들이 아마도 가난하고 괴로운 입장에 몰려 있으며 보수적이고 갈릴리 북부와 서부에 거주하는, 예수 운동의 유대인 구성원들이었을 것이라는 점이다. 그들이 동료 유대인들에게 아마도 마지못해 수행했을 전도에서, 특히 축귀에서 거둔 성공은 고통스러웠고 제한적이었으며 거부당했다. 그것은 그들의 축귀가 곤혹스러울 정도로 단순했기 때문에 그들이 사탄으로부터 능력을 받은 것이라는 비판에 직면해야 했기 때문이다. 예수의 축귀와 그의 동시대인들—그리고 따라서 그의 제자들—의 축귀를 구별하려는 생각이 거의 없는 상황에서 Q를 편집한 이들이 축귀에 높은 가치를 두지 않은 것은 놀랄 일이 아니다.

결국 Q는 주로 예수를 하나의 모델로 제시하는 데 중점을 둔 전도에 대한 격려와 설명으로 읽어야 한다. 그러므로 우리는 Q가 예수의 사역에서 축귀를 비교적 적게 보여주고, 그것을 결코 예수의 제자들의 사역의 명시적인 부분으로 묘사하지 않음으로써 예수 운동에서 축귀가 지닌 가치가 낮았음을 반영하고 있다고 추측할 수 있다. 그럼에도 불구하고 Q는 그들이 축귀에 관해 지니고 있던 어려움을 극복하고서, 축귀와 관련해서 축귀의 실제를 보여주고 축귀의 사명을 묘사하는 종말론적 전투에서 축귀의 중요성과 의미를 단언하는 여러 요점을 전달한다.

Q의 독자들은 예수가 사탄에 의해서가 아니라 성령을 통해 능력을 부여받았으며, 그가 이 성령으로 다른 이들에게 세례를 베풀 것이고, 또한 예수와—암시 또는 연상에 의해—예수의 제자들은 기적적인 능력을 이기적인 목적을 위해 사용하지 않고 축귀를 포함한 기적을 행할 때 자기들이 하나님께 의존함을 인식해야 한다는 점을 배운다. Q는 축귀를 하나님 나라와 연결하고 하나님 나라를 예수의 제자들의 메시지로 삼을 뿐만 아니라, 추수 비유를 예수의 제자들의 전도와 특히 축귀 모두에 대해 사용함으로써, 축귀의 중요성과 예수의 제자들이 예수와 함께 종말론적 전투에 참여할 때 축귀도 그들의 사명의 일부가 되어야 한다는 점을 보여준다. 바알세불 논쟁에서 독자들은 예수의 축귀(그리고 우리는 예수의 제자들의 축귀도 마찬가지라고 생각할 수 있다)는 종말론적인 하나님의 영에 의해 능력을 부여받은 것만이 아니라는 얘기를 듣는다. 예수와 예수의 제자들의 축귀는 하나님 나라가 도래했음에 대한 가시적인 표현이기도 하다. 하나님 나라에서 사람들은 마치 적이 지키는 성에서 탈취한 전리품처럼 구원받아서, Q의 또 다른 비유를 사용하자면, 예수의 제자로 수확되거나 모아진다. 실제로 집 없는 귀신 이야기에서 독자들은 축귀가 종말론적인 치유 과정의 일부에 불과하다는 것을 알게 된다. 그 과정에는 "모으기"가 포함되어야 한다. 그렇지 않으면 그와 관련된 사람은 전보다 훨씬 더 나빠질 것이다. 축귀의 종말론적 의미는 추수와 모으기라는 전도 비유를 통해서만 전달되는 것이 아니다(아래의 6.2e 단락을 참조하라). 매우 짧은 한 이야기를 통해서 축귀는 하나님의 목적을 성취하기 위해 귀신을—마치 하나님의 적을 쫓아내듯이—"쫓아내는 것"으로도 묘사된다.

5

마가복음

마가는 축귀에 대해 많은 말을 한다.[1] 그러나 예수 부활 이후의 교회에서 이 주제에 대한 마가의 견해를 제시하기가 어려운데 그것은 언뜻 읽어보면 마가가 독자들에게 예수 부활 이후의 공동체에 관해 말해주는 것이 거의 없고[2] 특히 그 공동체에서의 축귀에 대해 아무 말도 하지 않기 때문이다.[3] 그럼에도 최소한 마가가 자신의 책의 내용을 "복음"으로 묘사함으로써(막 1:1) 그 책을 소개한다는 것은—그가 하나의 문학 장르를 언급하고 있든, 더 그럴듯하게는 그 책이 예수에 관해 담고 있는 좋은 소식을 언급하고 있든[4]—그가 "역사" 이상의 책을 쓰고 있다고 생각했음을 보여준다. 마가는 그 책이 자신의 독자들과 관련된 긍정적인 함의를 지니고 있다고 생각한다. 실제

---

1   축귀와 가장 직접적으로 관련이 있는 텍스트는 막 1:21-28, 32-34; 3:7-30; 5:1-20; 6:7-13; 7:24-30; 9:14-29, 38-39이다.
2   부활 이후의 마가의 관점은 막 13:9-13; 14:27-28; 16:7에서 가장 분명히 드러난다.
3   축귀를 언급하고 있는 마가복음의 더 긴 결말에 대해서는 아래의 11.1 단락을 보라.
4   τοῦ εὐαγγελίου Ἰησοῦ Χριστοῦ라는 어구(막 1:1)는 주격 소유격("예수 그리스도에 의한/의 좋은 소식")이라기보다는 목적격 소유격("예수 그리스도에 대한 좋은 소식")일 가능성이 더 크다. 이는 초기 교회가 그 단어를 사용한 방식뿐만 아니라(예컨대 행 15:7; 롬 1:16; 고전 4:15; 9:14; 갈 2:5, 14; 엡 3:6; 6:15, 19; 빌 1:7, 12, 16, 27; 4:15; 골 1:5, 23; 살후 2:14; 딤후 1:10; 몬 13을 보라) εὐαγγέλιον에 대한 마가의 편집적 용법(8:35; 10:29; 13:10; 14:9을 보라)과도 일치하기 때문이다. 참조. Robert A. Guelich, *Mark 1-8:26* (WBC 34A; Dallas: Word Books, 1989), 9.

로 마가복음 곳곳에는 마가가 아마도 기원후 70년경[5] 로마에서[6] 독자들을 상당히 직접적으로[7] 상대하고 있는 것처럼 보이는 대목들이 등장한다.

5.1 방법론

마가가 예수의 부활 이후의 공동체와 관련해서 축귀에 대해 말하려고 의도한 내용을 발견할 수 있는 신뢰할 만한 방법을 정하는 것이 중요한 방법론적 과제다.[8] (이 점에 있어 신약학계는 점점 양식비평의 제약에서 벗어나고 있고, 이제 더 이상 복음서가 어느 특정한 교회 또는 교회 집단을 위해서나 그 교회의 관점을 반영하기 위해 기록되었다고 가정할 필요도 없고 그것이 가능하지도 않다는 점을 염두에 두고서[9] 나는 마가가 다른 복음서 저자들과 마찬가지로 더 광범위한 교회를 위해 자기의 복음

---

5   Moma D. Hooker, *The Gospel according to St Mark* (BNTC; London: Black, 1991), 7-8의 간결하고 균형 잡힌 논의를 보라. 비록 오랫동안 좀 더 이른 저작 시기가 지지를 받아왔지만—John S. Kloppenborg, "*Evocatio Deorum* and the Date of Mark," *JBL* 124 (2005): 419-50, 특히 419 각주 1에서 인용된 문헌들을 보라—이 문제에 대한 새로운 접근은 James G. Crossley, *The Date of Mark's Gospel: Insight from the Law in Earliest Christianity* (JSNTSup 266; London: T&T Clark, 2004), 208을 보라. 그는 30년대 말에서 40년대 중반 사이의 저작 시기를 제언한다.

6   Martin Hengel, *Studies in Mark's Gospel* (London: SCM, 1985), 28-30의 논의를 보라. 참조. E. Earle Ellis, "The Date and Provenance of Mark's Gospel," in *The Four Gospels, 1992: Festschrift Frans Neirynck* (ed. F. van Segbroeck et al. eds.; 3 vols.; Louvain: Leuven University Press, 1992), 2:809-812는 마가와 베드로의 관계, 마가복음의 라틴어투, 이방인의 관점, 이방인의 관심사에 비추어 저작 장소가 카이사레아(가이사랴)라고 주장한다.

7   가장 분명한 예는 막 13:14의 "읽는 자는 깨달을진저"이다. 예수가 단수형으로 베드로에게 얘기한 뒤("네가…깨어 있을 수 없더냐? [οὐκ ἴσχυσας]") 복수형으로 "…깨어 있어 기도하라[γρηγορεῖτε καὶ προσεύχεσθε]"고 말하는 14:37-38도 보라. Ernest Best, *Disciples and Discipleship: Studies in the Gospel according to Mark* (Edinburgh: T&T Clark, 1986), 130을 보라. 13:37("내가 너희에게 하는 이 말은 모든 사람에게 하는 말이니라")에 대해서는 아래의 논의를 보라.

8   John R. Donahue, "The Quest for the Community of Mark's Gospel," in van Segbroeck et al., *Four Gospels*, 1992, 2:817-38의 논의를 보라.

9   Richard Bauckham, "For Whom Were Gospels Written?" in *The Gospel for All Christians: Rethinking the Gospel Audiences* (ed. Richard Bauckham; Grand Rapids and Cambridge, UK:

서를 쓰고 있으며 보다 제한된 배경—마가의 경우에는 아마도 로마—에서의 자신의 경험을 통해 알려진, 부활 후 공동체 안에서의 축귀에 대한 자신의 견해를 표현하고 있다는 점만을 가정할 것이다.)

마가가 부활 후 공동체에서의 축귀에 대한 자신의 관점을 전달하는 서술상의 특징은 거의 틀림없이 제자와 제자도라는 주제다. 그러나 마가의 제자들에 대한 묘사가 복잡해서 합리적으로 해석하기 어려운 경우가 많다.[10] 한편으로 급진적인 접근법을 대표하는 T. J. 위든은 마가가 "제자들에 대한 복수에 열심히 참여"했다고 결론지었다. 그에 따르면 "마가는 제자들의 평판을 완전히 땅에 떨어뜨리는 데 열중한다. 마가는 제자들을 처음에는 예수가 메시아임을 인식하지 못하고 그다음에는 예수의 메시아직의 스타일과 특징에 반대하며 마침내는 그것을 완전히 거부하는 우둔하고 완고하며 고집 센 사람들로 묘사한다. 최후의 일격으로서 마가는 제자들의 명예를 회복시키지 않은 채 복음서를 끝낸다."[11] 그러나 이 관점은 제자들에 대한 마가

Eerdmans, 1998), 9-48에 의해 점화된 복음서들의 청중에 대한 현재의 논쟁에 대해서는 예컨대 다음 문헌들을 보라. Philip F. Esler, "Community and Gospel in Early Christianity: A Response to Richard Bauckham's Gospels for All Christians," *SJT* 51 (1998): 235-48; Ernst van Eck, "A Sitz for the Gospel of Mark? A Critical Reaction to Bauckham's Theory on the Universality of the Gospels," *HvTSt* 56 (2000): 973-1008; David C. Sim, "The Gospels for all Christians? A Response to Richard Bauckham," *JSNT* 84 (2001): 3-27; Wendy E. Sproston North, "John for Readers of Mark? A Response to Richard Bauckliam's Proposal, *JSNT* 25 (2003): 449-68, 특히 449-50과 각주 3-4. 고대 세계에서의 문헌의 발행과 유통에 대해서는 Harry Y. Gamble, *Books and Readers in the Early Church: A History of Early Christian Texts* (New Haven and London: Yale University Press, 1994), 3장을 보라.

10 마가복음에서의 제자와 제자도라는 주제에 대한 접근법의 다양성에 대해서는 예컨대 다음 문헌들을 보라. Francis J. Maloney, "The Vocation of the Disciples in the Gospel of Mark," *Salesianum* 43 (1981): 487-516; John R. Donahue, "A Neglected Factor in the Theology of Mark," *JBL* 101 (1982): 563-95, 특히 582-87; 특히 C. Clifton Black, *The Disciples Mark: Markan Redaction in Current Debate* (JSNTSup 27; Sheffield: JSOT Press, 1989), 46-59.

11 T. J. Weeden, *Mark: Traditions in Conflict* (Philadelphia: Fortress; 1971), 50-51. 다음 글들의 Weeden에 대한 비평을 보라. C. J. A. Hickling, "A Problem of Method in Gospel Research," *RelS* 10 (1974): 339-46; Ralph P. Martin, *Mark: Evangelist and Theologian* (Exeter, UK: Paternoster,

의 묘사의 긍정적인 측면들―예수의 측근들,[12] 하나님 나라의 비밀을 맡은 자들(막 4:11), 특별한 가르침을 받을 수 있는 자들(4:34; 9:28-29), 예수의 사역에 동참하는 자들(6:7-13; 9:14-29)―을 고려하지 않는다.

다른 한편으로, 좀 더 전통적인 접근법들은 역사적 관점을 강조하면서 마가가 역사적 제자들이―신학적 연속성뿐만 아니라―교회의 전도를 통해 예수의 사역을 부활 너머로 확장하기 위한 수단을 제공한다고 주장한다.[13] 그러나 이 접근법은 예수와 그의 직후 제자들에 대한 접근을 봉쇄해서 심지어 마가의 최초 독자들조차도 그들에게 접근할 수 없는 영역에 놓이게 한다. 이 견해는 제자들에 대한 묘사의 부정적인 측면들도 고려하지 않는다.[14] 달리 말하자면 이 관점은 예수와 부활 이후 공동체를 연결하기만 한다. 이 관점은 마가의 메시지를 그의 독자들의 세계에 중간 입장만큼 효과적으로

1972); 150-53. T. J. Weeden, "The Heresy That Necessitated Mark's Gospel," *ZNW* 59 (1968): 145-68도 보라. 비슷한 관점들은 예컨대 다음 문헌들도 보라. Joseph B. Tyson, "The Blindness of the Disciples in Mark," *JBL* 80 (1961): 261-68; Werner H. Kelber, *The Kingdom in Mark: A New Place and a New Time* (Philadelphia: Fortress, 1974), 82-84; Werner H. Kelber, "The Hour of the Son of Man and the Temptation of the Disciples (Mark 14:32-42)," in *The Passion in Mark* (ed. Werner H. Kelber; Philadelphia: Fortress, 1976), 41-60; Kim E. Dewey, "Peter's Curse and Cursed Peter (Mark 14:53-54, 66-72)," Kelber, *Passion in Mark*, 96-114.

12   막 1:17, 21; 3:14, 31-35.

13   에컨대 Wim Burgers, "De Instelling van de Twaalf in het Evangelie van Marcus," *ETL* 36 (1960): 625-54; Robert P. Meye, "Messianic Secret and Messianic Didache in Mark's Gospel," in *Oikonomia: Heibgeschichte als Thema der Theologie* (ed. Felix Christ; Hamburg-Bergstedt: Herbert Reich, 1967), 57-68, 특히 60; Robert P. Meye, *Jesus and the Twelve: Discipleship and Revelation in Mark's Gospel* (Grand Rapids: Eerdmans, 1968), 특히 55-56, 71-73, 78, 105, 109, 115, 123-62, 179-81, 219-22; Karl Kertelge, "Die Funktion der 'Zwölf' im Markusevangelium: Eine redaktionsgeschichtliche Auslegung...," *TTZ* 78 (1969): 193-206; Günther Schmahl, "Die Berufung der Zwölf im Markusevangelium," *TTZ* 81 (1972): 203-13; Günther Schmahl, *Die Zwolf im Markusevangdium: Eine redaktionsgeschichtliche Untersuchung* (TThSt 30; Trier: Paulinus, 1974), 특히 143; Klemens Stock, *Boten aus dem Mit-Ihm-Sein: Das Verhaltnis zwischen Jesus und den Zwölf nach Markus* (AnBib 70; Rome: Pontifical Biblical Institute, 1975), 특히 191.

14   Black, *Disciples*, 46.

전달하지 못한다.

어니스트 베스트는 예수의 부활 이후 그리스도인들 사이의 축귀에 관한 내용을 포함해서 마가가 말하고 싶어 하는 것을 듣기 위해 이 내러티브를 여는 해석상의 열쇠를 얻기 위한 자세하고 한결같은 논증으로 중간 입장을 제시했다.[15] 베스트는 제2복음서에서 제자와 제자도라는 주제의 역할은 독자들에게 제자도에 대해 가르치는 것이었음을 보여주는, 마가의 편집에 담긴 두 가지 측면에 주의를 환기했다. 13:37의 강력한 어구는 고려해야 할 특징 중 하나다.[16] 이 절은 13장의 이른바 작은 묵시록에 나오는 예수의 마지막 말씀을 담고 있을 뿐만 아니라 문지기와 종의 비유(막 13:34)에 이어지며 그 비유의 일부이기도 하다. 이 비유는 수난 내러티브가 시작되기 전(14:1) 예수의 체계적인 가르침 전체를 끝맺으며 예수의 가르침을 마가의 독자들에게 적용하는 데 사용된다.[17] 여기서 예수의 마지막 말씀인 "내가"—마가의 독자들이 역사상의 제자들로 이해했을(13:3을 보라)—"너희에게 하는 이 말은" 마가복음의 독자들을 의미하는 "모든 사람에게 하는 말이니라"라는 진술을 포함하고 있다.[18] 달리 말하자면 제자들에 대한 모든 가르

---

15 예컨대 Ernest Best, "Discipleship in Mark: Mark 8.22-10.52," *SJT* 23 (1970): 323-93; Ernest Best, "The Role of the Disciples in Mark," *NTS* 23 (1976-77): 377-401; Ernest Best, "Mark's Use of the Twelve," *ZNW* 69(1978): 11-35; Ernest Best, *Following Jesus: Discipleship in the Gospel of Mark* (JSNTSup 4; Sheffield: JSOT Press, 1981); Ernest Best, *Disciples and Discipleship*. Black, *Disciples*, 2장의 논의를 보라.

16 막 13:37이 일반적으로 생각되듯이 편집에 의한 것이든 — 예컨대 Rudolf Pesch, *Naherwartungen: Tradition und Redaktion in Mark 13* (KBANT; Düsseldorf: Patmos, 1968), 202를 보라 — 또는 마가의 전승에서 나온 것이든 — 예컨대 David Wenham, *The Rediscovery of Jesus' Eschatological Discourse* (Sheffield: JSOT Press, 1984), 57을 보라 — 이 구절의 중요성은 크게 변하지 않는다.

17 다음 문헌들을 보라. C. H. Dodd, *The Parables of the Kingdom* (1935; repr., London and Glasgow: Collins / Fontana, 1961), 122; Charles B. Cousar, "Eschatology and Mark's Theologia Crucis: A Critical Analysis of Mark 13," *Int* 24 (1970): 322, 334.

18 Cousar, "Eschatology," 334를 보라. 13:34에서 δοῦλοι를 사용한 데서 마가는 이미 이 비유를 그의 독자들에게 적용하고 있는지도 모른다. Pesch, *Naherwartungen*, 198을 보라.

침과 제자도에 관한 모든 가르침은 이 복음서의 독자들을 위한 것으로 이해되도록 의도되었다.[19]

문지기와 종들의 비유 자체(막 13:34) 안에 열둘—제자들에 대해 마가가 선호한 용어[20]—에게 적용된 것이 독자들에게도 적용된다는 또 다른 확증이 있을지도 모른다. 이 비유는 독자들에게 직접적으로 적용될 뿐만 아니라(13:37) 초기 그리스도인들은 자신을 그리스도의 종으로 이해했으므로[21] 이미 종들이라는 등장인물을 통해 마가의 독자들도 이 이야기 속에 끌려 들어왔을 것이기 때문이다. 즉 이 비유를 통해 마가는 아마도 자기의 독자들에게 예수의 가르침이 그들에게 적용된다는 사실을 전달했을 것이다.[22]

마가복음 13:37과 그 문맥 외에, 몇몇 이야기들이 제자들에 대한 가르침으로 끝난다는 점은 마가가 제자도라는 주제를 사용하여 부활 이후의 기독교에 대한 자신의 관점을 전달하고 있음을 암시하는 그의 내러티브의 다른 특징이다. 가장 분명한 예—이 예에 대해서는 잠시 후에 더 자세히 다룰 것이다—는 간질 비슷한 증상이 있는 아이를 고치려는 제자들의 시도가 실패로 끝난 뒤 어떻게 귀신을 쫓아내는지에 대한 가르침이 나오는 대목이다(막 9:28-29).[23] 이 두 특징—13:37과 제자들에게 주는 가르침으로 끝나는 몇몇 이야기들—에 주목하면 마가가 자신의 내러티브에서 제자들을 그의 독

---

19 George R. Beasley-Murray, *Jesus and the Last Days: The Interpretation of the Olivet Discourse* (Peabody, MA: Hendrickson, 1993), 474는 "흥미로운 우연의 일치로 누가는 깨어 있는 종들의 비유와 도둑에 대한 비유 뒤에 '주께서 이 비유를 우리에게 하심이니이까, 모든 사람에게 하심이니이까?'(눅 12:41)라는 베드로의 질문을 덧붙인다"고 지적하면서 마가의 요점을 명확하게 설명했다.

20 Best, *Disciples and Discipleship*, 8장.

21 Karl H. Rengstorf, "δοῦλος...," *TDNT* 2:273-77을 보라.

22 참조. Ernst Lohmeyer, *Das Evangelium des Markus* (KEK 2; Göttingen: Vandenhoeck & Ruprecht, 1951), 285. 그도 복수형 δοῦλοι가 마가복음의 독자들을 염두에 둔 표현임을 암시한다고 본다.

23 예컨대 막 4:10-34; 7:17-23; 8:34-9:1도 보라.

자들을 위한 제자도의 전형으로 사용하고 있다고 주장하는 것이 타당해진다. 또는 데이비드 호킨스가 말하는 바와 같이 "그 제자들은 교회를 대표하는 인물들이 된다."[24] 이는 마가가 역사상의 제자들에 대한 묘사를 사용해서 독자들에게 동일한 제자도를 받아들이고 그것에 참여하도록 도전하고 있음을 의미한다.[25] 나아가 마가는 제자도라는 주제를 통해 초기 그리스도인들 사이의 축귀에 대해 가장 투명하게 말한다고 주장하는 것도 타당하다. 우리는 예수의 사역을 모방하려는 제자들의 시도에 대한 마가의 묘사를 따라가면서 이 점이 서술상으로 확인되는 것을 발견할 것이다(아래의 5.6 단락과 5.8 단락을 보라).

이 결론에 비추어볼 때, 우리는 일반적으로 마가의 제자도 교육의 핵심이라는 데 의견이 일치되고 있는[26] 8:22(또는 27)-10:52에 주의를 기울일 필요가 있을 것이다. 제자들이 축귀와 관련해서 등장하는 다른 단락들도 고려해야 할 것이다(막 3:13-15; 6:7-13; 5:1-20). 우리는 마가가 자신의 독자들에게 축귀의 모델로 제시하는 축귀자로서의 예수에게 어느 정도 관심을 기울일 것이다. 그러나 우리는 논의를 계속 진행하기 전에 마가가 자신의 축귀 모티프가 어떻게 이해되기를 바랐는지 밝힐 필요가 있다.

5.2 귀신 들림의 정치학

과학적 접근법이 질병과 치유에 대한 신약학자들의 이해를 지배함에 따라 귀신 들림은 일반적으로 모종의 정신적 상태나 간질과 같은 육체적인 병으

---

24 David J. Hawkins, "The Incomprehension of the Disciples in the Markan Redaction," *JBL* 91 (1972): 497.

25 참조. Best, *Following*, "Introduction," 246.

26 Best, "Discipleship in Mark," 323-37.

로 간주된다.[27] 그럴 수도 있지만 마가가 이 관점을 취했다는 증거는 없다. 그 대신 신약학계의 반복되는 주제에 따르면 귀신은 마가의 관점[28]에서만 아니라 역사적 차원[29]에서도 사회적·정치적으로 해석되어야 한다. 예를 들어 가버나움 회당에서 귀신을 쫓아낸 이야기에 나타난 마가의 관점에서 보면 귀신은 서기관으로 구성된 기득권층을 나타내는 것으로 여겨지기 때문에 축귀 자체가 간접적으로 서기관 계층을 몰아내는 것을 상징한다.[30] 역사적 차원에서—사회심리학적으로 이해되어야 할—정신 질환은 로마 식민주의의 사회적 긴장에 의해 초래되거나 최소한 악화되며, 정치적으로 덫에 빠져 대처할 수 없다고 느끼는 이들에게 궁지와 같은 역할을 하는 귀신 들림으로 귀결된다.[31]

능력 있는 예수의 행동이 팔레스타인의 사회 구조 자체에 도전했다고 주장하는 것은 다른 문제다.[32] 실제로 우리는 이것이 나병환자가 깨끗해진 이야기에서—여기서 예수는 치유된 사람에게 그의 몸을 종교 지도자들에게 보여주라고 말한다(막 1:44)—그리고 지붕을 통해 아래로 내려진 사람의 이야기(2:6-10)에서—예수는 여기서 서기관들과 논쟁을 벌인다—치유에 대한

27   예컨대 E. P. Sanders, *The Historical Figure of Jesus* (London: Penguin, 1993), 159; John Dominic Crossan, *Jesus: A Revolutionary Biography* (San Francisco: HarperSanFrancisco, 1994), 84-93. 위의 1.1 단락을 참조하라.

28   예컨대 Ched Myers, *Binding the Strong Man: A Political Reading of Mark's Story of Jesus* (Maryknoll, NY: Orbis, 1994), 31.

29   예컨대 Paul W. Hollenbach, "Jesus, Demoniacs and Public Authorities: A Socio-Historical Study, *JAAR* 49 (1981): 567-88; Santiago Guijarro, "The Politics of Exorcism," in *The Social Setting of Jesus and the Gospels* (ed. Wolfgang Stegemann, Bruce J. Malina, and Gerd Theissen; Minneapolis: Fortress, 2002), 165-67, 171-72.

30   Myers, *Binding*, 138, 143; 참조. 192-94, 288.

31   Hollenbach, "Demoniacs," 572-84는 특히 다음 문헌들에 의존하고 있다. Erika Bourguignon, *Possession* (San Francisco: Chandler & Sharp, 1976); Frantz Fanon, *The Wretched of the Earth* (New York: Ballantine, 1963). Myers, *Binding*, 31도 보라.

32   Myers, *Binding*, 147-48. 역사적 차원에서는 Guijarro; "Politics," 165-67, 171-72를 보라.

마가의 관점임을 알 수 있다. 더 나아가 마가는 예수를 폄하하는 자들을 가리켜 예수의 사역의 종교적이고 사회적·정치적인 함의를 재빨리 알아챈 자들로 묘사한다(예컨대 8:10-12; 10:2-12; 12:13-17). 그러나 "귀신의 상징적 의미는 억눌린 자들이 그들이 받은 수모를 표현하는 수단뿐만 아니라 초조한 지배 계층이 압제자들에 대해 저항하는 이들을 굴복시키는 수단 역할을 했다"[33]고 주장하는 것은 또 다른 문제다. 사실 이 주제에 대한 마가의 관심은 일차적으로 사회적·정치적인 것이 아니었음을 보여주는 것은 어렵지 않다. 두 구절은 이 점을 분명히 밝혀준다.

예수의 시험 내러티브(막 1:12-13)는 우리로 하여금 사탄이나 귀신에 대한 마가의 넓은 관점이 사회적·정치적인 것이 아니라는 점을 깨닫게 해주는 구절 중 하나다. 이 내러티브는 마가복음의 앞부분에 나오기 때문에 서술상으로 반영웅(anti-hero)을 소개하고 묘사하는 데 있어서만이 아니라 예수에 대한 청중의 견해를 형성하는 데도 중요하다.[34] 마가는 하늘에서 "너는 내 아들이라"(1:11)라고 선언하는 음성을 기록한 뒤 곧바로 시험 이야기가 이어지게 함으로써 청중의 생각을 이스라엘의 광야 시험으로 인도하는데, 그 시험에서는 이스라엘이 파라오의 이집트로부터 정치적으로 해방되는 것이 아니라[35] 이스라엘의 아들로서의 신실함이 시험을 받는다(신 8:2-10).[36] 역사적으로 하나님의 한(또는 그) 아들로 인식된 예수의 정체성에는 상당한

---

33   Hollenbach, "Demoniacs," 580. 그는 Thomas S. Szasz, *Ideology and Insanity: Essays on the Psychiatric De-Humanization of Man*(Garden City, NY: Doubleday; 1970)에 의존한다.

34   참조. Bas M. F. van Iersel, *Mark: A Reader-Response Commentary* (JSNTSup 164; Sheffield: Sheffield Academic; 1998), 102-3.

35   다음 문헌들도 같은 입장을 취한다. Myers, *Binding*, 130; Herman C. Waetjen, *A Reordering of Power: A Sociopolitical Reading of Mark's Gospel* (Minneapolis: Fortress, 1989), 75.

36   참조. 예컨대 Robert H. Gundry, *Mark* (Grand Rapids: Eerdmans, 1993), 59; Richard T. France, *The Gospel of Mark* (Grand Rapids and Cambridge, UK: Eerdmans; Carlisle, UK: Paternoster, 2002), 85.

정치적 영향이 있었지만, 마가의 마음 속에서는 예수가 하나님의 아들이라는 사실의 현세적 성격과 함의가 가장 중요한 요인이 아니다. 대신 그 사실에 대한 마가의 관심은 다른 세상의 차원에 집중된다.

예수의 정체성이 산헤드린 재판에서 대제사장에게 의문시되기는 하지만(막 14:61), 하나님의 아들로서의 예수의 정체성은 거의 전적으로 그의 이야기의 현세적 영역 밖에서 다루어지고 있다는 점에서 우리는 긍정적인 면에서는 다른 세상의 차원을 본다. 그가 하나님의 아들이라는 사실은 서술적으로 소개되고(1:1),[37] 하늘에서 들려오는 음성을 통해 확고해지고 확증되며(1:11; 9:7), 악령들에 의해 재확인되고(3:11; 5:7), 최종적으로 십자가 아래서 한 인물(로마 백부장)에 의해 인식된다(15:39). 부정적인 관점에서는 우리는—바리새인들의 종교적 오류를 추궁하는 바리새인들과의 논쟁(8:12; 10:2) 및 잘못된 메시아 신앙에 젖어 있는 제자들(8:33)을 통한 예수와 사탄의 잦은 충돌에 비추어볼 때—마가가 예수의 정체성이라는 주제를 정치 영역의 안으로 들여오는 것이 아니라 그 바깥으로 가져가는 것을 볼 수 있다.

우리에게 귀신 및 축귀와 관련된 마가의 정치적 관점에 대한 통찰력을 주는 다른 구절은 그의 강한 자 비유다(막 3:27). 축귀 이야기(3:22-26)의 맥락에 비춰보면 마가가 이 비유는 축귀에 관한 것이고 강한 자는 사탄을 상징하도록 의도했을 개연성이 높다. 이 비유는 이사야 49:24-25을 매우 분명하게 상기시키므로[38]—거기서 하나님은 의심하는 자들에게 "용사의 포로

---

37 막 1:1에서 "하나님의 아들"(υἱοῦ [τοῦ] θεοῦ)의 지위와 관련된 텍스트상의 어려움에 대해서는 다음 문헌들을 보라. Vincent Taylor, *The Gospel according to St. Mark* (London: Macmillan, 1952), 152; Bruce M. Metzger, *A Textual Commentary on the Greek New Testament* (2nd ed.; New York: American Bible Society, 1994), 62; Rudolf Pesch, *Das Markusevangelium* (HTKNT 2.1-2; Freiburg: Herder, 1980), 1.74 각주 (a).

38 참조. France, *Mark*, 173; Eric Sorensen, *Possession and Exorcism in the New Testament and Early Christianity* (WUNT 2.157; Tübingen: Mohr Siebeck, 2002), 140-41.

도 빼앗을 것이요 두려운 자의 빼앗은 것도 건져낼 것이다"(사 49:25)라고 말한다—우리는 구약성경의 이 구절이 마가복음의 독자들로 하여금 이 비유를 이해하도록 도움을 주었을 것이라고 예상할 수 있다. 하나님의 백성은 하나님께 소중하며 그의 동정의 대상이라는 것이 제2이사야서의 기본 내용이다.[39] 불신에 직면한 하나님은 자기 백성을 바벨론 포로 생활에서 구해 내겠다고 약속한다(49:24-25). 따라서 마가복음의 청자들은 아마도 축귀를 통해—예수의 축귀를 통해서뿐만 아니라 그들의 축귀를 통해서도—그들의 자비로운 하나님이 사람들을 강한 원수에게서 구해 내고 있다고 이해했을 것이다. 마가복음의 독자들은 또한 마가가 과거에는 정치적 속박과 구원의 약속이던 것이 축귀에서 인격적이고 개인적이며 내면화된 방식으로 실현된다고 말하고 있음을 알았을 것이다.[40] 달리 말하자면 축귀는 정치적 무대에서 절연되어 다른 방식으로 해석된다. 우리는 축귀가 이사야서와 연결된 점에 비추어 볼 때 그것이 정치화될 수 없다는 점에 주목할 필요가 있다. 축귀에 그렇게 주장할 수 있는 어떤 집단적 차원이나 외적 차원도 주어지지 않았기 때문이다.

예수가 끊임없이 사탄이나 사람들을 망가뜨리는 사탄의 지배력(참조. 막 3:27)[41]과—특히 축귀에서(3:22-27)—싸우는 것에 대한 마가의 폭넓은 이해에 대해 우리는 마가가 이 싸움이 사회적·정치적인 무대에서 벌어지는 것이 아니라 영적 또는 우주적인 무대에서 벌어지고 있는데, 이 싸움이 개인적인 영역에서 표현된다고 간주한다는 결론을 내리지 않을 수 없다. 우리는 귀신 들림과 축귀에 대한 사회적·정치적 설명을 지지하는 근거 구절로 자

39　Paul D. Hanson, *Isaiah 40-66* (Louisville: John Knox, 1995), 126.

40　참조. Sorensen, *Possession*, 140.

41　추가로 다음 문헌들을 보라. Graham H. Twelftree, "Temptation of Jesus," *DJG* 825-26; James M. Robinson, *The Problem of History in Mark* (SBT 21; London: SCM, 1957), 일례로 33.

주 인용되는 이 이야기가 축귀를 이렇게 정치적으로 해석하는 데 관심을 기울이지 않음을 알 수 있다.

거라사의 귀신 들린 사람 이야기(막 5:1-20)는 정치적·군사적 의미를 지닌 것으로 보이는데, 이 점은 귀신에 대해 "군대"(λεγιών, 5:9, 15)라는 이름이 사용된 데서 가장 분명하게 드러난다.[42] 예를 들어 체드 마이어스에 따르면 (legio에서 나온) 이 라틴어투는 "마가복음의 세계에서 로마 군대의 한 군단이라는 오직 하나의 의미만 지니고 있었다."[43] 따라서 이 단어가 사용되었을 때 그 단어에는 언제나 군사적 함의가 있었다는 주장이 제기된다. 실제로 클라우스 벵스트는 "'군대'라는 이름과 관련해서 로마 군대를 생각하지 **않을** 고대의 청중이나 독자를 상상"할 수 있겠느냐고 묻는다.[44] 그러나 마가가 자신의 복음서를 저술하던 즈음의 이 단어의 용법에 주목하면 이러한 관점을 상당히 수정하게 된다. 이 단어는 군대 용어에서 기원했을지 모르지만, 군대 용어와의 배타적 관련성을 상실하고 기원과 무관한 비유적 의미를 띠게 되었다. 이 사실은 다수의 범죄(legion of crimes)에 관한 글을 쓴 대플리니우스(기원후 23/24-79년)에게서 볼 수 있다(Nat. 33.26). 심지어 라틴어에서도 마가의 저술 훨씬 이전에 극작가 플라우투스(기원전 254-184년경)가 이 단어를 비유적으로 "다수의 지지자들"(legion of supporters)을 지칭하는 데 사용했

---

42 참조. 예컨대 Gerd Theissen, *Miracle Stories of the Early Christian Tradition* (Edinburgh: T&T Clark, 1983), 255-59; Walter Wink, *Unmasking the Powers: The Invisible Forces That Determine Human Existence* (The Powers 2; Philadelphia: Fortress, 1986), 43-47; Richard Dormandy, "The Expulsion of Legion: A Political Reading of Mark 5:1-20," *ExpTim* 111 (2000): 335-37.

43 Myers, *Binding*, 191; 참조. 141-43. 참조. J. Duncan M. Derrett, "Contributions to the Study of the Gerasene Demoniac," *JSNT* 3 (1979): 5: "'레기온'이라는 단어에는 군사적인 의미만 있다." Dean W. Chapman, *Orphan Gospel: Mark's Perspective on Jesus* (The Biblical Seminar 16; Sheffield: JSOT Press, 1993), 117-22, 특히 121도 보라.

44 Klaus Wengst, *Pax Romana and the Peace of Jesus Christ* (Philadelphia: Fortress, 1987), 66 (강조는 원저자의 것임). 그는 또한 *Gen. Rab.* 65.1에 실린 미드라시(기원후 5세기 또는 6세기)에서 로마를 돼지에 비유한다는 점을 언급한다.

다(*Cas.* 50).

마태가 사용한 "천사들의 군단"이라는 표현(마 26:53)도 유익하다. 마태는 당대의 다른 저술가들처럼 천사들에 대해 "군단"이라는 표현을 사용하여 많은 수를 지칭하면서[45] 자신이 "군단"이 어떤 군사적인 의미를 지니고 있다고 가정하지 않았음을 보여준다. 어쨌든 마가복음 5:13에서 익사한 돼지의 수는 2천 마리라고 하는데, 이는 마가가 군대의 한 군단을 떠올리려 했다면 사용했을 숫자가 아니다. 로마의 한 군단의 수는 4,200명부터 6,000명까지 다양했지만, 아우구스투스 황제 시대(기원전 27-기원후 14년)에 한 군단은 대략 보병 5,000명과 기병 120명으로 구성되었다.[46] 따라서 "군단"이라는 단어는 군사적 기원과 의미를 갖고 있었지만 축귀에 사회정치적 차원을 부여했을 만한 숫자를 의도적으로 회피한 것은 마가가 이러한 관점을 취하고 있지 않음을 암시한다.

그 이야기의 배경을 고려하면 이 이야기는 마이어스가 결론지은 대로 "팔레스타인에 대한 로마의 군사적 점령을 상기시키도록 의도되었다"[47]는 견해와 충돌하는 또 다른 의문이 제기된다. "거라사인의 지방"이라는 이 이야기의 배경(막 5:1)은 데가볼리 지방을 가리키는 마가의 일반적인 용어일 수도 있지만[48] 문제가 복잡하기로 악명이 높다.[49] 어쨌든 그 배경은 확실히

---

45   Hans Dieter Betz, "Legion," *DDD* 507을 보라. 그는 단 7:10; 히 12:22; 유 14; 계 5:11; 9:16; *PGM* I. 208-209; IV. 1203-1204; BDAG, "μυριάς," §2를 인용한다. 참조. 「솔로몬의 유언」 11.3.

46   다음 문헌들을 보라. J. Brian Campbell, "Legio,"in *Brill's New Pauly: Encyclopaedia of the Ancient World* (ed. Hubert Cancik and Helmuth Schneider; Leiden and Boston: Brill, 2002-), 7:356-58; BDAG, "λεγιών," 587-88; *OCD* 839.

47   Myers, *Binding*, 191.

48   France, *Mark*, 227의 논의를 보라. 마가(5:20; 7:31)는 이 단어의 최초의 용례를 제공하는데 이는 그것이 어떤 지역임을 의미한다(참조. Pliny the Elder, *Nat.* 5.16).

49   예컨대 다음 문헌들을 보라. Tjitze Baarda, "Gadarenes, Gerasenes, Gergesenes and the 'Diatessaron' Traditions," *Neotestamentica et Semitica: Studies in Honour of Matthew Black* (ed.

이방인의 땅이다.[50] 마가는 이 이야기의 배경을 바다 "건너편"(πέραν), 즉 동쪽(5:1)으로 설정하는데, 그 이야기의 끝에서는 배경이 분명히 데가볼리이고(5:20; 참조. 7:31) 이 또한 유대인의 땅이 아닌 이방인의 땅이다.[51] 그러한 배경에서 마가복음의 독자들이 유대가 로마의 점령에서 해방되는 이야기를 들었을 것 같지는 않다.

예수와 귀신의 싸움을 묘사할 때의 마가의 일반적인 관점뿐만 아니라 우리가 λεγιών의 용법에 대해 언급한 바에 비춰볼 때, 덜 중요한 다른 어휘가 이 귀신 들린 거라사 사람 이야기를 주로 군사적·정치적 관점에서 해석해야 한다는 이론의 무게를 감당할 수 있을 것 같지는 않다.[52] 그러므로 이 이야기에 마가복음의 독자들에게 그것이 팔레스타인을 로마인들에게서 해방할 예수의 사명에 대한 상징적 설명임을 암시할 만큼 많은 군사적 의미가 담겨 있다는 생각은 설득력이 없다.[53] 마가가 일반적으로 예수를 로마인

E. Earle Ellis and Max Wilcox; Edinburgh: T&T Clark, 1969), 181-97에 수록된 글; Metzger, *Commentary*, 72.

50 막 5:20; 7:31과 다음 문헌들의 논의를 보라. S. Thomas Parker, "The Decapolis Reviewed," *JBL* 94(1975): 437-41; France, *Mark*, 302와 각주 50.

51 예컨대 Josephus, *Life* 341-342, 410을 보라. 참조. France, *Mark*, 227, 229와 각주 12; Carl H. Kraeling ed., *Gerasa: City of the Decapolis* (New Haven: American Schools of Oriental Research, 1938), 33-45. Waetjen, *Reordering*, 116이 말하듯이 "파르티아의 위협을 고려할 때 로마군은 국경과 통상로를 동쪽과 남쪽으로부터 지키기 위해 거라사에 주둔해야 했을 것으로 보일 수도 있다." 실제로 그랬던 것으로 보인다. Kraeling(*Gerasa*, 40)이 그 도시에 주둔한 로마 수비대를 언급하기 때문이다. 아마도 로마인들이 폼페이우스 시대에 한때 코엘레수리아였던 지역의 "자유" 도시들에 둔 στρατηγός("최고 행정관")는 요세푸스가 *Ant.* 14.74에서 지적하듯이 거라사에 주재했을 수도 있다. 예루살렘 멸망 뒤인 마가복음 시대에는 확실히 그랬다. 베스파시아누스가 그곳에 수비대를 세웠기 때문이다.

52 ἀποστείλῃ("내보내다"?, 5:10), ἀγέλη("무리" 또는 "군대"?, 5:11), ἐπιτρέπειν("명령하다"? 5:13), ὥρμησεν(전쟁터로 "돌진했다"? 5:13) 등의 단어들을 군사적 의미 측면에서 논의한, 설득력이 떨어지는 글로는 Derrett, "Contributions," 5-6을 보라.

53 참조. France, *Mark*, 229: "그 이야기에 나오는 생생한 특정 단어들을 중심으로 창의적으로 구성된 이 이론은 확실히 지금까지 그 이야기를 읽는 거의 모든 독자가 마가가 강조하려 했다고 하는 요점을 분명히 파악하지 못하게 하는 결과를 가져온다."

들이 아닌 사탄과 싸우는 모습으로 묘사하는 데 관심이 있다는 점에 비춰볼 때, 리키 와츠와 마찬가지로 마가는 로마인들보다 귀신을 궁극적인 압제자로 이해했다고 추정하는 것이 더 합리적이다.[54]

마가복음의 다른 축귀 이야기들에서 정치적 관점이 쉽게 입증되지 않는다는 점도 이에 대한 또 다른 증거다. 예를 들어 허먼 웨엣젠은 가버나움 회당에서의 축귀 이야기(막 1:21-28)는 "한 동료 유대인을 회당의 압제와 강탈에서 해방하기 위해"[55] 회당을 배경으로 한다고 주장했다. 그는 두 단계로 이 결론에 도달한다. 첫째, 그는 아무 논증 없이 인간이 획득한 것들을 파괴하는 인간의 제도들은 「에녹 1서」에 의한 유대의 묵시록적인 창세기 6:1-4의 신화해석에서 악마로 묘사되었다고 주장한다.[56] 그러나 이는 「에녹 1서」 7장에 등장하는 거인들과 기타 인물들의 정체 파악하기라는 오랜 난제에 거의 주의를 기울이지 않는다.[57] 웨엣젠의 논증에서 두 번째 단계는, 귀신 들린 자와 만난 장소를 고려할 때 "사회적-종교적 제도로서의 회당이 그러한 거인 중 하나로 암시되고 있다는 결론을 피하기 어렵다"라고 말하는 것이다.[58] 이 진술에 대한 근거로 우리는 마가복음의 다른 곳에서 마가가 회당에 대해 비판적인 태도를 보인다는 증거를 찾고자 할 테지만, 그런 증거를 발견하지 못한다. 우리는 마가복음에서 예수의 사역 장소로서의 회당의 긍정적인 용례(1:39)와 회당 자체가 아닌 회당의 악용에 대한 비판(참조. 12:39)을

---

54 Rikki Watts, *Isaiah's New Exodus and Mark* (WUNT 2.88; Tübingen: Mohr Siebeck, 1997), 예컨대 163.

55 Waetjen, *Reordering*, 82.

56 Waetjen, *Reordering*, 82.

57 「에녹 1서」 7장에 등장하는 단어들의 의미 파악의 어려움에 대해서는 다음 문헌들을 보라. George W. E. Nickelsburg, *1 Enoch 1* (Minneapolis: Fortress, 2001), 182-87; Archie T. Wright, *The Origin of Evil Spirits: The Reception of Genesis 6.1-4 in Early Jewish Literature* (WUNT 2.198; Tübingen: Mohr Siebeck, 2005), 4장.

58 Waetjen, *Reordering*, 82.

발견할 뿐이다.[59] 웨엣젠의 주장은 확실히 성립하지 않는다.

　귀신 들림의 정치학에 대한 우리의 논의에 비춰볼 때 마가는 독자들로 하여금 귀신을 사회정치적인 지배로 해석하거나 축귀를 사회정치적 해방에 대한 상징으로 보도록 의도하지 않았다고 결론짓는 것이 합리적이다. 오히려 예수와 (암묵적으로) 이 복음서의 독자들은 로마인들이 아닌 사탄과 싸우고 있었고, 해방은 정치적 자유를 통해서가 아니라 축귀를 통해 개인적 차원에서 찾아왔다. 우리는 이제 마가가 초기 그리스도인들 사이의 축귀에 대해 뭐라고 말하는지를 좀 더 면밀하게 살펴볼 위치에 있다.

5.3 축귀자로서의 권위를 부여받은 제자들(막 3:13-15)

만일 우리가 주장한 대로 부활 후 공동체에서의 축귀에 대한 마가의 관점이 제자들과 관련한 축귀에 관해 그가 한 말에 대체로 명확하게 반영되었다면, 우리는 마가가 축귀와 제자들을 다루는 대목들에 세심한 주의를 기울일 필요가 있다.

　사명 선언(막 1:14-15) 직후에 마가는 예수가 자신을 "따를"(ἀκολουθεῖν) 네 사람을 선택하는 모습을 서술하는데(1:16-20), ἀκολουθεῖν은 마가복음에서 대개 제자도를 가리키는 전문 용어다.[60] 그 내러티브는 이어서 새로 부름을 받은 제자들이 예수가 가르치고(1:21, 29), 귀신을 쫓아내고(1:21-28), 질병을 치유하고(1:29-31), 레위의 집에서 저녁 식사를 하고(2:15), 어느 안식일에 곡식 밭을 지나갈 때(2:23-28) 종종 예수를 수행하는 것으로 묘사한다.

59　참조. Wolfgang Schrage, "συναγωγή...," *TDNT* 8:833.

60　"따르다"(ἀκολουθεῖν)는 마가복음에서 1:18; 2:14, 15; 3:7; 5:24; 6:1; 8:34(2회); 9:38; 10:21, 28, 32, 52; 11:9; 14:13, 54; 15:41; (16:17)에 나온다. Martin Hengel, *The Charismatic Leader and His Followers* (Edinburgh: T&T Clark, 1981), 50-57을 보라.

더러는 예수가 혼자 있는 것으로 묘사되거나(예컨대 1:35-36) 최소한 제자들이 함께 있지 않을 때 병을 고치거나(1:40) 가르쳤다고(2:1-12) 암시되기도 한다. 그러나 열두 제자가 임명되고(3:14) 나서 그들은 거의 항상 예수와 함께 지낸다. 예수의 부재를 보여주는 가장 현저한 예외는 제자들이 바람을 거슬러 힘겹게 노를 저을 때(6:45-52), 폭풍이 이는 동안 예수가 함께 있을 (그러나 잠들어 있을) 때(4:35-41), 그리고 우리의 연구에 있어 중요한 때로서 제자들이 축귀를 행하는 데 어려움을 겪을 때다(9:14-29).

예수의 제자들을 거의 항상 예수와 함께 있는 모습으로 나타내는 묘사는 마가가 열두 제자의 임명에 대해 제시하는 첫 번째 이유—"이는 자기와 함께 있게 하시고"(ἵνα ὦσιν μετ᾽αὐτοῦ, 막 3:14; 5:18도 보라)—를 보여준다.[61] 이어서 3:14에서 ἵνα᾽("~하기 위해서")라는 단어를 반복함으로써 마가는 열두 제자가 세워진 데 대한 두 번째 이유—더 정확하게는 두 가지 이유—를 제시하는데, 그것은 "전도도 하며 귀신을 내쫓는 권능도 가지게 하려 하심"이다(3:14-15). 열두 제자가 본받고 있는 것으로 묘사되는 예수의 사역(2:1-12)에 비춰볼 때 놀랍게도 제자들이 용서를 베푸는 데 대한 언급이 없다. 오직 예수만 이 권위를 갖고 있다.[62] 치유에 대한 언급도 없다. 이는 여러 면에서 예수의 제자들의 사역에서 축귀의 중요성에 주의를 환기한다.

첫째, 열두 제자의 사역에 대한 실제 묘사에는 병자를 고치는 일이 포함되지만(막 6:13), 위임 이야기(3:14-15)나 열두 제자 파송(6:7)에서는 메시지의 선포 외에는 축귀가 그들에게 할당된 유일한 임무다. 둘째, 임명받은 데서 생기는 권위(3:14-15; 참조. 6:7)는 마가복음에서 흔히 축귀와 관련된다

---

61 이곳 3:13-35에서 마가가 등장인물들을 예수를 따르는 무리의 "내부"나 "외부"에 있는 것으로 묘사하는 데 대해서는 Stephen C. Barton, *Discipleship and Family Ties in Mark and Matthew* (SNTSMS 80; Cambridge: Cambridge University Press, 1994), 74-79를 보라.

62 Chapman, *Orphan Gospel*, 76을 보라.

(1:22, 27; 3:15; 6:7). 이 점은 우리로 하여금 종들에게도 권위(ἐξουσία)가 주어지는[63] 문지기와 종들의 비유(13:34)는 축귀 사역이 예수의 제자들이 집 주인이 돌아오기를 기다리는 동안 종사해야 할 주된 일이었다는 개념을 전달하도록 의도된 것일 수도 있다고 생각하게 한다. 셋째, 제자들의 사역과 따라서 부활 이후 공동체의 사역에서 축귀의 중요성은 그다음 이야기인 바알세불 논쟁(3:21-30)에서 축귀라는 주제 및 사역의 권위에 대한 논의에서 나타난다. 우리는 또한 이 이야기가 예수와 그분의 제자들의 축귀 자격을 확고히 해줄 뿐만 아니라, 마가가 축귀에서 발생한다고 생각한 일을 묘사하기 때문에 이 이야기를 자세히 살펴볼 필요가 있다.

5.4 바알세불 논쟁: 축귀를 위한 능력-권위(막 3:20-35)[64]

제자들이 조금 전에 축귀자들이라고 불렸던 점(막 3:13-19)과 바알세불 논쟁의 결론에 주어진 미래적 측면("내가 진실로 너희에게 이르노니 사람의…사하심을 얻되"[ἀφεθήσεται, 미래 직설법 수동태, 3:28])에 비춰볼 때, 우리는 마가에게 있어 이 단락은 예수뿐만 아니라 마가의 독자들을 포함한 예수의 제자들의 축귀의 능력-권위에 대한 논의의 역할을 한다는 점에 주목할 필요가 있다.[65] 예수와 제자들의 축귀는 바로 성령에 의해 발생하고 있다는 점을 입증하기 위해 마가는 "이는 그들이 말하기를 더러운 귀신이 들렸다 함이러라"(3:30)

---

63   참조. Best, *Following*, 152-53.

64   추가로 Graham H. Twelftree, *Jesus the Exorcist: A Contribution to the Study of the Historical Jesus* (WUNT 2.54; Tübingen: Mohr Siebeck; Peabody, MA: Hendrickson, 1993), §10을 보라.

65   이는 종말론적인 언급을 부정하는 것이 아니다. 참조. Joachim Gnilka, *Das Evangelium nach Markus (Mk 1-8,26)* (EKK 2.1; Zürich: Benzinger; Neukirchen-Vluyn: Neukirchener Verlag, 1978), 151.

는 말을 덧붙임으로써 용서받을 수 없는 죄에 대한 말씀을 해석한다.[66] 따라서 예수가(그리고 아마도 예수와의 관계로 인해 예수의 제자들도) 더러운 귀신이 들렸다고 비난하는 것은 곧 성령을 모독하는 것이었다(3:28-30). 그러므로 용서받을 수 없는 죄에 관한 이 절들은 축귀의 능력-권위의 원천에 대한 논의를 마무리하고 적용하면서 마태복음 12:28 ∥ 누가복음 11:20이 Q에서 하는 것과 같은 역할을 하며, 예수와 그의 제자들의 축귀의 능력-권위는 사탄이 아니라 성령이라고 단언한다. 마가는 "내가 진실로[ἀμήν[67]] 너희에게 이르노니…"(막 3:28)라는 말로 예수의 말씀을 소개함으로써 이 말의 중요성을 강조하는데, 이는 예언자들의 권위 있는 진술(예컨대 렘 28:6)을 상기시키고 말해진 내용에 주의를 환기하며 그 말을 확증한다.[68]

또 이 구절을 통해 예수의 부활 이후 그리스도인들 사이의 축귀에 대한 마가의 관점을 밝히고자 할 때 우리는 강한 자의 비유를 고려할 필요가 있다(막 3:27; 참조. 3:23). 그러나 이 비유가 축귀 비유라는 맥락의 사고를 펼치기 전에 우리는 마가복음의 내러티브에서 강한 자(사탄)의 결박이 이미 발생했다는 관점을 고려해야 한다. 어니스트 베스트는 여기에 나오는 부정과거 가정법(δήσῃ, "그가 결박한다", 3:27)을 바탕으로 이 결박은 시험 이야기(1:12-13)에 나오는 사탄의 패배를 가리킨다고 생각했다.[69] 그러나 마지막 절에 나

---

66 너무 많은 문제가 여기에 좌우되므로 Chapman, *Orphan Gospel*, 200이 마가는 3:30에 관심이 없었다고 생각하는 것이 옳을 가능성은 거의 없다.

67 막 8:12; 9:1; 41; 10:15, 29; 11:23; 12:43; 13:30; 14:9, 18, 25, 30에도 나온다.

68 Gundry, *Mark*, 176. 참조. Heinrich Schlier, "ἀμήν," *TDNT* 1:335-38.

69 Ernest Best, *The Temptation and the Passion: The Markan Soteriology* (SNTSMS 2; Cambridge: Cambridge University Press, 1965); 15. 마가복음에서 사탄이 시험에서 패배했다는 점은 널리 인정된다. 예컨대 Charles E. Carlston, *The Parables of the Triple Tradition* (Philadelphia: Fortress, 1975), 135와 각주 30을 보라; 그는 다음 문헌들을 인용한다. Julius Schniewind, *Das Evangelium nach Matthäus* (12th ed.; NTD 2; Gottingen: Vandenhoeck & Ruprecht, 1968), 159; Pierre Bonnard, *L'évangile selon Saint Matthieu* (CNT 1; Neuchâtel: Delachaux & Niestlé, 1963), 182; Werner Foerster, "σατανᾶς," *TDNT* 7:159; Joachim Jeremias, *The Parables of Jesus*

오는 부정과거 가정법은 그 행동이 발생하는 때를 특별히 강조하지 않고 어떤 행동을 표현할 수 있다(예컨대 요 17:1, 21). 그리고 마가가 사탄의 결박이 시험 때 발생했음을 의도했다면 우리는 이 절(막 3:27)에 언급된 결박 이후의 약탈이 미래 시제(καὶ τότε...διαρπάσει, "후에야…강탈하리라")가 아닌 현재 시제로 표현될 것으로 예상할 것이다. 이 점이 더 중요한데, 마가가 사탄이 시험 때 패배한 것으로 간주했다면 우리는 시험 이야기 자체에서 그 개념을 지지할 것으로 예상할 수 있을 것이다. 그러나 그 이야기에는 마가가 그 시점에 사탄이 패배했다고 생각했음을 암시하는 내용이 전혀 없다.[70] 그보다는 시험 내러티브에서 마가는 아마도 예수가 자신의 사명과 관련해서, 그리고 그 사명을 시작하기 위해 사탄을 이기는 모습을 보여주고자 했을 것이다.[71] 따라서 우리는 마가가 강한 자 비유에서 사탄이 시험 때 결박당하거나 패배했음을 전제하고 있다는 개념을 제쳐두지 않을 수 없다.

우리는 이미 이사야 49:24-25이 마가의 청자들에게 마가가 축귀는 (이사야서에서) 약속된 정치적 구원을 내면화하고 개인화했다고 생각했다는 점을 알려주었을 것이라고 언급했다. 그리고 미래의 구원 약속은 이사야서의

(London: SCM; 1972), 122-23. 예컨대 다음 문헌들도 보라. Morna D. Hooker, *The Message of Mark* (London: Epworth; 1983), 37; Howard C Kee, *Medicine, Miracle, and Magic in New Testament Times* (SNTSMS 55; Cambridge: Cambridge University Pres´ 1986), 73; George R. Beasley-Murray, *Jesus and the Kingdom of God* (Grand Rapids: Eerdmans; Exeter, UK: Paternoster, 1986), 108-11, 특히 110과 366 각주 4; 그는 예컨대 다음 문헌들을 인용한다. Adolf Schlatter, *Die Geschichte des Christus* (Stuttgart: Calwer, 1923), 99; Adolf Schlatter, *Der Evangelist Matthäus* (Stuttgart: Calwer; 1948) 2:406-8; Walter Grundmann, *Das Evangelium nach Markus* (3rd ed.; THKNT 2; Berlin: Evangelische Verlagsanstalt, 1965), 84; Robinson, *History*, 30-31; D. E. Nineham, *The Gospel of St Mark* (PNTC; Harmondsworth; UK: Penguin, 1963), 121.

70   추가로 Twelftree, *Exorcist*, 111-12, 114-17을 보라.

71   다음 문헌들을 보라. Twelftree, *Exorcist*, 117; Twelftree, "Temptation of Jesus," *DJG* 825-26; 참조. France, *Mark*, 174.

해당 구절에서는 불가능한 일로 여겨졌음에도 불구하고(참조. 사 49:24[72]) 마가의 독자들에게는 (마가가 고칠 수 없는 것으로 묘사하는; 막 5:3-4) 축귀에 대한 적절한 이미지로 여겨졌을 뿐만 아니라, 축귀는—그들 자신의 축귀를 포함해서—하나님이 약속한 종말론적 구원이기도 하다는 점을 강조하기도 했을 것이다. 축귀에 내포된 이 종말론적 차원은 그 비유(3:23-27)에 사용된 어휘에서도 명백히 드러난다. 이 비유는 귀신에 대해 조치를 취하기 전에 먼저 결박(또는 제한)하기 위해 명령하고(참조. 예컨대 *PGM* IV. 3028-3085) 나서 약탈하는 행동의 진행 과정을 묘사하는데 이는 모두 고대의 축귀에서 익히 알려진 행동이다.[73] 결박 개념과 말세에 있을 사탄의 결박 사이의 강한 연관성[74]은 예수의 축귀뿐만 아니라 그의 제자들의 축귀에 대해서도 이러한 종말론적 차원을 선명하게 부각한다.

우리는 이제 강한 자 비유 자체(막 3:23-27)로 돌아올 수 있다. 이 비유는 종말론적 조짐뿐만 아니라 축귀에서 일어나는 일에 대한 마가의 관점을 전달하는 것으로 볼 수도 있다. 돌아오는 귀신의 비유(눅 11:24-26)—(동양에서는 아직도 일반적으로 그렇듯이[75]) 그 비유에서는 집이 사람을 상징한다—와 대조적으로 강한 자 비유에서 집은 사탄이 자신의 재산(τὰ σκεύη[76])—사람—을 빼앗기는(διαρπάσαι, "강탈당한") 영역을 상징한다.[77] 따라서 이 비유는 축

---

72 참조. Claus Westermann, *Isaiah 40-66*(London: SCM, 1969), 222; 참조. Werner Grimm and Kurt Dittert, *Deuterojesaja: Deutung, Wxrkung} Gegenwart; Ein Kommentar zu Jesaja 40-55* (Calwer Bibelkommentare; Stuttgart: Calwer; 1990), 351-54.

73 추가로 Twelftree, *Exorcist*, 112를 보라.

74 France, *Mark*, 173에 인용된 유대 문헌을 보라.

75 다음 문헌들을 보라. Paul Joüon, *L'évangile de Notre-Seigneur Jésus-Christ* (2nd ed.; Verbum Salutis 5; Paris: G. Beauchesne; 1930), 83; Ulrich Luz, *Matthew 8-20* (Hermeneia; Minneapolis: Fortress, 2001); 221 각주 77에 인용된 자료들도 보라. 아래의 10장 각주 91을 참조하라.

76 Σκεῦος의 복수형(σκεύη)은 "재산"을 총칭할 수 있다. BDAG, σκεῦος" 927-28을 보라.

77 이는 Twelftree, *Exorcist*, 111의 견해를 수정한 것이다. France, *Mark*, 173도 보라.

귀와 교차대구법적으로 관련된다. 즉 축귀에서는 달갑지 않은 거주자(귀신) 가 귀한 장소(사람)로부터 쫓겨나며, 비유에서는 귀한 거주자(사람)가 달갑 지 않은 장소(귀신)에서 탈취된다. 이 비유는 우리에게 이는 사탄을 쫓아내 는 것이라고 말하지 않는다. 그것은 축귀와 관련된 앞의 질문에 이미 함축 되어 있다. "사탄이 어찌 사탄을 쫓아낼 수 있느냐?(막 3:23) 따라서 이사야 49:24-25의 반향과 이 질문의 문맥으로 볼 때 우리는 이 비유에서 마가가 축귀를 사탄에게 불법적으로 붙잡힌 사람들을 빼앗아오는 싸움으로 간주하 며 그 결과 사탄이 괴멸당하는 것으로 여겨진다는 것을 알 수 있다.

축귀가 귀신의 영향과의 우주적인 싸움이라는 점은 축귀 이야기들로부 터도 명백히 알 수 있다. 제임스 M. 로빈슨은 축귀 이야기의 등장인물들이 이 우주적 전투에서의 대적을 분명히 밝힌다는 점에 우리의 주의를 환기시 켰다.[78] 한편에는 사탄(막 3:23)과 더러운 귀신들이 배치되어 있다.[79] 다른 한 편에는 하나님이나 지극히 높으신 하나님(5:7)의 거룩한 자(1:24) 또는 아들 (3:11; 5:7)이 있다. 나아가 각 기사에서 함성과 격렬함을 통해 전투 개념이 전달되고 강조된다.[80] 로빈슨이 언급한 것처럼 마가가 예수와 귀신(들린 사 람)들 사이에서 이루어진 정상에 근접한 대화를 기록한 유일한 구절은 거라 사의 귀신 들린 사람 치유 이야기에 등장한다(5:9-13). 그러나 이 대화는 전 투 뒤에 나오며 예수가 완전히 승리했음을 강조하는 역할을 한다.[81] 마가가 귀신 들린 자들을 예수 앞에서 무릎을 꿇거나 쓰러지는 모습으로 묘사하는 방식에서도 이 승리를 볼 수 있다.[82] 축귀 이야기들 어디서도 성령과 사탄을

---

78 Robinson, *History*, 35-38.

79 막 1:23, 26, 27; 3:11; 5:2; 8, 13; 6:7; 7:25; 9:25.

80 축귀의 격렬함에 대해서는 다음 문헌들을 보라. Campbell Bonner, "The Violence of Departing Demons," *HTR* 37 (1944): 334-36; Twelftree, *Exorcist*, 155-56.

81 Robinson, *History*, 36.

82 막 3:11; 5:6; 9:20; 참조. 7:25.

직접 관여하는 당사자로 지목하지 않는다는 점이 강한 자 비유에서 제시되는 내용에서 주의를 다른 데로 돌리는 것이 아니다. 오히려 그 점은 이 싸움의 은밀한 성격을 강조한다.

바알세불 논쟁의 결론도 "누구든지 하나님의 뜻대로 행하는 자가 내 형제요 자매요 어머니이니라"(막 3:35)는 예수의 말을 통해 제자들의 사역에서 축귀의 중요성에 주의를 환기한다. 하나님의 뜻의 성격은 명백히 밝혀지지 않는데, 두 가지 이유에서 그럴 필요가 없다. 첫째, 마가복음에서 하나님의 뜻이 언급되는 다른 유일한 구절(14:36)은 십자가를 포함한다. 따라서 자기 십자가를 지는 것이 제자도의 핵심이므로(8:34) "하나님의 뜻"이라는 어구는 제자도를 가리키는 간단한 표현이 되며,[83] 방금 보인 바와 같이(3:14-15) 축귀는 제자도에서 주된 활동이다. 둘째, "하나님의 뜻"(3:35)이라는 어구는 성령을 모독하는 행위에 관한 어구(3:29)와 병행하므로[84] 하나님의 뜻을 행하는 이들—제자들 또는 "내부"에 있는 이들—은 성령의 능력을 힘입은 예수와 제자들의 축귀에 관여하거나 최소한 동정적이다.

열두 제자의 임명(막 3:14-16a)과 파송(6:7-13) 사이에 등장하는 이 가르침은 단지 축귀의 성격과 능력-권위의 원천(3:20-30)에 관한 가르침인 것만이 아니다. 그것은 제자도에 있어 축귀의 중요성(3:31-35), 그 사명의 시련(4:1-20), 사명의 책무(4:21-25),[85] 하나님의 확실한 관여(4:26-29)뿐만 아니라 장래의 그 사명의 폭(4:30-32)[86]에 관한 가르침이기도 하다. 마가는 예수

---

83   참조. Best, *Disciples and Discipleship*, 62.

84   막 3:29과 35에 대해 Donahue, "Neglected Factor," 584는 이렇게 말한다. "형식적으로 이 구절들은 조건적 관계사(*hos*)의 용법을 조건절에 있는 *an*과 부정과거 가정법 동사와 관련시킨다."

85   Eduard Schweizer, *Good News according to Mark* (London: SPCK; 1971), 99: "마가는 아마도 최후 심판 뒤 하나님 나라가 임한 시대가 아니라 전 세계적으로 복음이 선포되는 시대를 생각했을 것이다(참조. 32절)."

86   다음 문헌들을 보라. Dodd, *Parables*, 42-43; Jeremias, *Parables*, 149,

의 제자들을 향한 가르침을 이렇게 마무리한다. "예수께서 이러한 많은 비유로 그들이 알아들을 수 있는 대로 말씀을 가르치시되 비유가 아니면 말씀하지 아니하시고 다만 혼자 계실 때에 그 제자들에게 모든 것을 해석하시더라"(4:33-34). 즉, 예수와 함께 있는 것이 곧 예수의 가르침을 이해할 수 있는 유일한 방법이다.[87]

5.5 귀신의 영향에 대한 두려움을 잠재움(막 4:35-41)

제자들은 자신의 전도 임무를 수행하러 파송 받기 전에 가르침을 받을 뿐만 아니라, 예수의 활동들에 대한 목격자이며 그 활동들에 제한적으로 관여한다(참조. 막 5:31). 이어서 폭풍을 잠잠케 한 이야기가 나온다(4:35-41). 마가는 아마도 이 이야기를 열두 제자의 부름과 파송 사이인 이곳[88]에 배치했을 것이라는 점을 우리가 유념하면, 이 이야기에는 몇 가지 흥미로운 점이 있다. 첫째, 예수는 마치 귀신들을 꾸짖으시는 모습으로 묘사되듯이 바람을 꾸짖는(ἐπιτιμάω) 것으로 묘사된다(4:39).[89] 또 마가복음에서 예수가 "잠잠하라"(또는 "입 다물라", πεφίμωσο)는 표현을 사용하는 다른 유일한 때는 귀신에게 명령하는 때다(1:25). 따라서 마가는 아마도 예수가 폭풍을 잠잠케 할 때 귀신의 영향을 다루고 이를 극복했다고 말하고 있는 듯하다.[90] 이 점은 그다

---

87 참조. Schweizer, *Mark*, 107.
88 이 이야기가 언제나 이 문맥에 있지는 않았을 수도 있다는 점에 대해서는 다음 문헌들을 보라. *Ludgar Schenke, Die Wundererzählungen des Markusevangeliums (SBB; Stuttgart: KBW, 1974), 3-16; Best, Following, 231;* 이에 대한 반대 의견은 *Karl Kertelge*, Die Wunder Jesu im Markusevangeliums (Munich: Kosel, 1970), 91을 보라.
89 막 1:25; 3:12; (참조. 8:33); 9:25. Ἐπιτιμάω는 마가복음에서 1:25; 3:12; 4:39; 8:30, 32, 33; 9:25; 10:13, 48에 나온다.
90 참조. Robinson, *History*, 40-42; William L. Lane, *The Gospel of Mark* (NICNT; Grand Rapids: Eerdmans, 1974), 174-78; Hugh Anderson, *The Gospel of Mark* (NCB; Grand Rapids: Eerdmans; London: Marshall, Morgan & Scott, 1981), 145; Gnilka, *Markus (Mk 1-8,26)*, 195-

음 요점과 함께 생각하면 분명해진다.

둘째, 이 단락은 마가가 배라는 주제를 사용하여 교회를 나타내는 대목 중 하나다.[91] 따라서 이 이야기에서 그들에게 믿음이 없었기 때문에 제자들(교회?)에게 큰 두려움을 초래한 (귀신이 일으킨?) 폭풍에 이리저리 흔들리는 배(교회?)는 예수가 큰 고요함을 가져옴으로써 구함을 받았다. 제자들이 예수 없이 자기들끼리 배를 타고 바다로 나갔을 때(막 6:45-52) 또 다른 폭풍을 만났지만, 예수가 "배에 올라 그들에게 가시니 바람이" 그쳤다(6:51)는 사실은 주목할 만하다. 따라서 이곳 4:35-41에서 마가는 아마도 교회가 가장 큰 규모의 (귀신에 의한?) 폭풍에 둘러싸였을 때 예수가 그들과 함께함으로써, 그리고 예수에 대한 그들의 믿음으로 인해 교회의 사명이 안전하게 지켜질 것이라고 말하는 듯하다.

5.6 축귀자로서의 제자들(막 6:7-12, 13)

고향에서 훈련을 시작한(막 3:19, 31-35) 제자들은 사역 준비를 마치기 위해 예수의 고향으로(πατρίς, 6:1) 그를 따라간다. 제자들이 예수의 가르침과 치유를 목격하는 이 부분에서 (3:19부터) 언제나 그랬듯이 제자도와 사명뿐만

96.

91 Πλοιάριον("작은 배" 또는 "보트"), 막 3:9; πλοῖον("작은 어선"), 1:19, 20; 4:1, 36, 37; 5:2, 18, 21; 6:32, 45, 47, 51, 54; 8:10, 14. 다음 문헌들을 보라. Earle Hilgert, *The Ship and Related Symbols in the New Testament* (Assen: Royal Van Gorcum; 1962); Best, *Following*, 230-34. 예컨대 막 3:7, 20; 4:1, 10을 염두에 두면 제자들 외에 다른 이들도 그 배에 탔을 것이라고 예상할 수도 있겠지만, 다른 이들은 그 배에 타지 않았다. 그 배가 언급되는 6:30-33에서 제자들 외의 무리를 배제하는 문맥을 주목하라. 1:17에 비추어보면 1:19는 "새로운 배"에 탄 제자들의 사역의 전조일 수도 있다. 참조. 막 1:20. 마태(8:23-27)도 이 이야기에서 배가 교회를 나타내는 것으로 해석한다. Günther Bomkamm, "The Stilling of the Storm," in *Tradition and Interpretation in Matthew* (ed. Günther Bornkamm, Gerhard Barth, and Heinz Joachim Held; London: SCM, 1982), 특히 54-55를 보라.

아니라 예수의 권위가—때로는 심지어 제자들에 의해[92]—어떻게 오해받는지[93]가 강조점이다. 이 단락은 하나님의 능력이 눈에 보이지 않는다는 것이 믿음을 방해하는 요소임을 보여준다. 이 단락은 다음과 같이 끝난다. "거기서는 아무 권능도 행하실 수 없어 다만 소수의 병자에게 안수하여 고치실 뿐이었고 그들이 믿지 않음을 이상히 여기셨더라"(6:5-6). 이 단락은 치유에서 믿음의 중요성을 강조하며 나아가 에두아르트 슈바이처가 말했듯이 "교회가 말씀 선포"와 치유가 "효과적이지 않아서 어려움을 겪을 때 교회를 위로했을 것이다."[94]

이어서 예수의 사역을 듣고 본 것을 바탕으로(막 3:13-6:6) 열두 제자가 파송된다(6:7, 12). 그렇다면 마가가 보기에 예수는 축귀를 포함한 사역의 모델이다. 예수의 제자들은 예수의 권위의 수단—그것은 하나님의 권위다[95]—뿐만 아니라 그의 방법도 본받는다

마가는 제자들이 나가서 사람들에게 회개해야 한다고 전파했다고 말한다(막 6:12). 세례 요한도 예수의 하나님 나라 전파(1:14-15)에 대한 준비로 회개의 세례를 전파한다(1:4). 마가가 "회개하다"(μετανοέω)라는 단어를 사용하는 다른 유일한 때는 예수가 하나님 나라를 전파하고 회개(와 복음에 대한 믿음; 1:15)를 요구할 때다. 따라서 우리는 아마도 마가가 제자들이 하나님 나라를 전파하고 있는 것으로 이해했다고 가정해야 할 것이고, 3:23-27에 근거하여 하나님 나라의 선포는 마가가 이곳 6:13에서 명시하듯이 축귀를 수반했을 것으로 예상해야 한다. 이는 아마도 마가의 독자들에게 그들의 축귀 사역의 중요성도 전달했을 것이다. 그것은 사탄을 쫓아내는 일이자 악의

---

92   참조. 막 4:10, 33, 38, 40; 5:31.
93   막 6:2-3; 참조. 3:21-22, 30, 31-35; 5:36.
94   Schweizer, *Mark*, 125.
95   막 1:22, 27; 2:10; 11:28, 29, 33. 참조. 3:15; 6:7.

왕국을 파괴하는 일이었다.

열두 제자가 예수의 사역을 연장하고 있는 것으로 보이는데, 예수의 사역에는 축귀 이상의 것이 포함되었기 때문에, 우리는 열두 제자의 임명(막 3:14-15)에서 치유에 대해 전혀 언급하지 않는다는 점이 놀랍다는 것을 살펴보았다. 이곳에 기록된 열두 제자 파송(6:7)에서도 (설교에 대해서는 언급하지 않고) 축귀만 간단하게 언급한다. 그런데 이 단락의 끝부분에 그들이 "'회개하라' 전파하고 많은 귀신을 쫓아내며 많은 병자(ἄρρωστος)에게 기름을 발라" 고쳤다고 기록된다(6:13). 의학에서는 기름이 드물지 않게 사용되었지만[96] 이 시기에 귀신 들린 사람을 고치는 데 기름이 사용되었다는 증거는 별로 없다(PGM IV.3007-3010).[97] 마가가 제자들의 구체적인 축귀 방법을 제시하지 않는다는 점에서 우리는 그가 자기의 독자들이 그들의 스승인 예수의 방법을 사용하도록 의도했다고 생각할 수밖에 없다.

5.7 마가복음에서 축귀자로서의 예수[98]

마가는 예수를 제자들 사이에서의 축귀의 모델로 묘사하며 제자들과 예수의 가까운 관계를 표현하는 데 많은 분량을 할애했다. 마가는 (독자에 대한 모델로서의) 제자들이 예수와 똑같은 방법을 사용하고 있다고 두 번 암시하는

---

96 다음 문헌들을 보라. Otto Böcher, *Dämonenfurcht und Dämonenabwehr* (Stuttgart: Kohlhammer, 1970), 216-17; France, *Mark*, 250-51.

97 이는 기름이 귀신 들린 자들을 위한 일반적인 치료 수단이었다는 잘못된 인상을 심어주는 Böcher; *Damonenfurcht*, 216-17의 견해와 다르다. 기원후 2세기에서 3세기로 넘어가는 전환기와 그 이후 시기의 기름의 용도에 대해서는 Henry Ansgar Kelly, *The Devil at Baptism: Ritual, Theology, and Drama* (Ithaca, NY: Cornell University Press, 1985), 예컨대 138-39, 192-94, 230-31을 보라. 따라서 역사적 차원에서는 이 구절이 예수가 제자들에게 축귀만 행하도록 의도했다는 증거일 수도 있다.

98 Twelftree, *Exorcist*, 5장을 보라.

데, 우리는 마가가 축귀자로서의 예수에 대해 말하는 내용은 그가 초기 그리스도인들 사이의 축귀에 대해 말하려고 하는 바에 대해서도 중요하다는 것을 알 수 있다.

예수의 최초의 공적 행위가 축귀였다는 점으로 미루어볼 때 마가의 관점에서는 예수의 사역에서 축귀가 중요했음을 알 수 있다(막 1:21-28). 그리고 우리가 앞에서 살펴보았듯이 이 복음서에 나오는 13건의 치유 이야기에서 가장 큰 단일 범주는 축귀인데 4건이 이 범주에 속한다.[99] 그런데 마가는 축귀에 초점을 맞춘, 자신이 지어낸 간략한 요약 진술들에서 축귀가 예수의 사역에서―최소한 갈릴리 사역에서는―중요했다는 인상을 강화한다.[100] 독자들이 그들의 축귀에서 본받아야 할 예수는 성령을 통해 능력을 부여받고(막 1:10, 12; 참조. 3:28-30) 사탄에 맞서 전쟁을 치른다(3:20-27). 그러나 예수는 축귀자일 뿐만 아니라 하나님 나라의 전파자이기도 하므로(1:14-15), 예수의 활동에 대한 마가의 관점에서는 가르침과 치유가 일체를 이룬다(1:21-28을 보라).

마가가 예수가 사용하고 있는 것으로 묘사하는 축귀 기법들은 마가의 독자들이 다른 축귀자들을 통해서 익히 알고 있었을 만한 기법들이다. 예수는 귀신들을 "꾸짖는다"(ἐπιτιμάω).[101] 예수는 귀신의 "입을 막고"(φιμόω, 참

---

99 막 1:21-28; 5:1-20; 7:24-30; 9:14-29.

100 막 1:32-34, 39; 3:7-12. 이 구절들이 마가의 창작이라는 점에 대해서는 Gnilka, *Markus* (Mk 1-8,26), 86을 보라. 마가복음의 요약 진술들에 대해서는 Wilhelm Egger, *Frohbotschaft und Lehre: Die Sammelberichte des Wirkens Jesu im Markusevangelium*(FTS 19; Frankfurt am Main: J. Knecht, 1976)을 보라. 축귀가 마가의 내러티브의 앞부분에서는 중요하지만(1:21-28의 입장과 요약 진술들이 1:32-34, 39; 3:7-12을 보라), 놀랍게도 6:53-56의 요약 진술에는 축귀가 언급되어 있지 않을 만큼 그 중요성이 줄어든다는 점에 주목해야 한다. 예수는 여전히 사람들과 접촉하는 모습으로 묘사되고(예컨대 11:8, 15-19, 27; 12:18, 28, 35-37, 41) 수난 내러티브는 14:1에 이르러서야 비로소 시작되지만, 9:38-41(미지의 축귀자 이야기) 이후에는 축귀가 언급되지 않는다.

101 막 1:25; 3:12; (참조. 4:39. 이에 대해서는 아래의 논의와 8:33을 보라); 9:25; 위의 논의를 보

조. 막 4:39; 위의 논의를 보라), 귀신들에게 "밖으로 나와"(ἔξελθε)[102] 다시는 사람 속에 들어가지 말라고 명령한다(막 9:25; 위의 논의를 보라). 예수는 귀신들을 한 거주지에서 다른 거주지로 옮기고(5:12-13) 원격지에서 귀신을 쫓는다(7:24-29).

예수는 동시대의 방법들을 사용한다는 점에서 분명히 그 시대의 축귀자이지만(앞의 2.5 단락을 보라), 마가가 보기에 예수의 축귀는 귀신들이 예수와 그의 명령에 직면한 뒤 굴복하는 것이다(참조. 막 3:11). 직면 개념은 이러한 기법들을 요약해준다. 마가가 그러한 기법들이 초기 교회의 사역에서 사용되기에 얼마나 적절하다고 이해했는지는 앞으로 논의를 진행해 나감에 따라 분명해질 것이다.

5.8 축귀에서 한 가지 교훈(막 9:14-29)

이미 언급했듯이[103] 일반적으로 마가복음 8:22이나 27부터 10:52까지는 제자도에 대한 마가의 가르침의 핵심이라는 데 의견이 일치한다. 축귀는 이 부분에 수록된 유일한 기적 이야기이므로 우리는 마가가 초기 그리스도인들 사이에서의 축귀에 대해 말하려고 하는 바를 이해하는 데 특별히 주의를 기울여야 한다.[104] 제자들이 현장에 있었음을 암시하기만 하는 다른 두 축귀 이야기(막 1:21, 29; 5:1) 및 제자들을 언급하지 않는 한 이야기(7:24-30)와 대조적으로 이 이야기에서는 제자들이 중요한 역할을 한다는 점으로 미루어

라.

102 막 1:25, 26; 5:8, 13; (7:29, 30); 9:25, 26, (29); 위의 논의를 보라.

103 Graham H. Twelftree, *Jesus the Miracle Worker: A Historical and Theological Study* (Downers Grove, IL: Inter Varsity, 1999), 85-89도 보라.

104 Chapman, *Orphan Gospel*, 110에서는 마가복음에서 거라사의 귀신 들린 자 이야기를 제외하면 수난 내러티브가 나오기 전까지는 이 이야기가 가장 긴 이야기라는 점을 지적한다.

이 이야기가 우리의 주제에 중요하다는 것을 알 수 있다. 제자들은 그 이야기의 첫머리에서 명시적으로 언급되고(9:14) 그 내러티브의 중심부에서 중요한 역할을 할 뿐만 아니라(9:18), 특히 축귀에 실패하는 것으로 묘사된다(9:18, 28-29).[105] 이 이야기는 예수의 변용 이야기(9:2-13) 다음에 나오기 때문에 제자들의 사역의 초라함도 강조된다. 그러므로 우리는 이 이야기에 대한 우리의 긴 논의가 우리로 하여금 마가복음의 청자들이 갖고 있던 축귀에 대한 마가의 관점을 이해할 수 있게 해주는 놀랍도록 풍부한 광맥을 발굴해 낼 것으로 기대할 수 있다.

나머지 아홉 제자가 (이미 예수와 함께 있던) 베드로, 야고보, 요한과 합류하자마자 예수는 제자들과 몇몇 서기관들이 서로 무슨 논쟁을 벌이고 있는지 물었다(막 9:14-16). 언뜻 보기에는 이 논쟁의 주제가 적시되지 않은 것으로 보인다.[106] 그러나 그 텍스트를 주의 깊게 읽어보면 마가는 이 논쟁이 귀신을 쫓아내는 권위에 관한 논쟁이라고 생각했음을 알 수 있다. 즉 마가복음의 첫 번째 축귀 이야기에서는 서기관들의 권위와 예수의 권위가 다르다는 것이 초점이다(1:22). 이어서 바알세불 논쟁에서 마가는 이 서기관과 같지 않은 축귀의 권위가 곧 성령임을 확증한다(3:28-30). 우리가 논의하고 있는 이 이야기에서 중요한 요소는 사도들이 축귀와 치유 사역에 파송 받기 위해(6:7-13) 바로 이 서기관과 같지 않은 권위로 임명받았다는 점인데(3:15), 이 사역은 매우 성공적이었다(6:12-13, 30).

따라서 제자들이 뜻밖에 귀신을 쫓아내지 못함에 따라, 마가가 이 이야기에서 몇몇 서기관들과의 논쟁이 제자들이 이 독특한 권위를 사용하지 못

---

105 그러므로 Chapman, *Orphan Gospel*, 110이 이 이야기가 마가복음의 이 부분의 주제와 아무 관련이 없는 것 같다고 말한다고 상상하기가 어렵다.

106 Thomas L. Budesheim, "Jesus and the Disciples in Conflict with Judaism," *ZNW* 62 (1971): 206-7도 같은 입장이다. 그는 이 주제는 비교적 중요하지 않았다고 생각한다. 중요한 것은 종교 지도자들과의 논쟁이라는 사실(*factum*)이었다.

한 것과 관련이 있다고 암시했다 해도 놀랄 일이 아닐 것이다. 이어지는 마가의 말에서 이 점이 확인될 수도 있을 것이다. 마가는 무리가 예수를 보고 "매우 놀라며"(ἐκθαμβέω) 달려와 문안했다(막 9:15)고 말한다. 신약성경에서 이 단어를 사용하는 유일한 저자인 마가에게 있어 ἐκθαμβέω는 강한 고뇌의 요소를 수반하는데(9:15; 14:33; 16:5, 6), 여기서는 아마도 "당황하여"라고 번역하는 것이 더 나을 것이다.[107] 따라서 마가는 아마도 무리가 제자들이 치유할 권위를 갖고 있음이 분명한 어떤 존재에게서 받은 자기들의 권위에 관해 서기관들과 논쟁을 벌이고 있는 점에 비추어보아 제자들이 축귀에 실패했다는 것을 알고서 당황했다는 개념을 표현했을 것이다.[108]

제자들의 축귀 실패는 그들이 귀신을 쫓아낼 만큼 능력이 있거나 충분히 강하지 못하다(οὐκ ἴσχυσαν)[109]는 관점에서 묘사된다. ἰσχύω라는 단어의 의미는 δύναμαι("할 수 있다")와 비슷한데, 마가는 이 단어를 예수의 치유 능력에 대해 사용한다(막 9:22-23).[110] 그러나 ἰσχύω는 자연 발생적이거나 선천적인 힘이라는 개념을 전달한다.[111] 달리 말하자면 귀신 들린 아이의 아버지는 제자들이 축귀를 행할 선천적인 힘을 소유하지 못했다고 말한 것이다. 마가복음의 독자들이 알고 있듯이 제자들은 바로 이 힘을 받지 않았고 그것을 갖고 있지 않았다.[112] 마가에 따르면—성령에 의존하는(참조. 1:9-11과 3:28-30)— 예수의 치유 능력은 선천적이거나 자연 발생적인 반면 제자들의

---

107 참조. Georg Bertram, "θάμβος…," *TDNT* 3:4-7.
108 Twelftree, *Miracle*, 86도 보라.
109 마가복음에 동사 ἰσχύω가 나오는 사례로는 2:17; 5:4; 14:37을 보라. 명사(ἰσχυρός)는 3:27에서 사용되고 형용사(ἰσχυρότερός)는 1:7에서 사용된다.
110 마가복음에 δύναμαι가 나오는 사례로는 1:40, 45; 2:4, 7, 19(2회); 3:20, 23, 24, 25; 4:32, 33; 5:3; 6:5, 19; 7:15, 18, 24; 8:4; 9:3, 22, 23, 28, 29, 30, 39; 10:26, 38, 39, 40; 14:5, 7; 15:31을 보라.
111 BDAG, "ἰσχύω," 484, §2를 보라.
112 있을 수 있는 비판을 다른 데로 돌리기 위해 마 17:16과 눅 9:40은 δύναμαι를 사용한다.

축귀 수행 능력은 예수를 통해 그들에게 주어진 능력에 달려 있다(6:7).[113]

그 상황을 듣고서 예수가 보인 반응―"믿음이 없는 세대여"(ὦ γενεὰ ἄπιστος, 막 9:19)―은 우리가 제자들의 축귀 실패 이유를 이해하는 데 도움이 된다. 독자들은 믿음의 부족이 제자들이 성공하지 못한 핵심 요인이며, 이 이야기가 마가복음의 모든 기적 이야기 중에서 믿음이라는 주제를 가장 철저하게 다루고 있고 우리의 면밀한 주의를 요구하는 이야기라는 데 놀라지 않을 것이다.[114] 6:1-6에서는 "그들이 믿지 않음"(τὴν ἀπιστίαν αὐτῶν)으로 인해 예수가 기적을 일으키는 것이 제한되는데, 이 대목이 마가복음에서 ἀπιστία("믿지 않음")가 나오는 다른 유일한 곳이기 때문이다.[115] 그러나 이 이야기에서 예수가 누구의 "믿음이 없음"을 책망하는지가 명확히 밝혀지지는 않고 있다.

이 책망을 "그들"(αὐτῶν, 복수형, 막 9:19)에게 하기는 했지만, 그것이 무리를 염두에 둔 책망은 아닐 가능성이 크다. 이 이야기에서 무리는 시야에서 벗어났고(9:14-15) 아버지와 제자들이 관심의 초점이기 때문이다. 이 이야기에서 제자들이 처음부터 끝까지 핵심 등장인물이라는 점에서―그리고 마가가 방금 그들을 실패자들로 묘사했다는 점에서―마가는 아마도 독자들로 하여금 예수가 제자들에게 얘기하고 있다고 이해하도록 의도했을 것이다. 마태와 누가는 마가를 이렇게 이해했고 따라서 그들은 제자들이 비판 대상이 되지 않도록 그들의 서술을 변경했다.[116] 실제로 믿음이라는 분명한

---

113 그러나 내러티브의 이 대목에서 마가는 실패의 원인에 관심이 있는 것이 아니라―실패 원인은 나중에 나온다―그들의 능력의 토대에 주의를 환기하는 데 관심이 있다.

114 참조. Eduard Schweizer, "The Portrayal of the Life of Faith in the Gospel of Mark," *Int* 32 (1978): 389, 396.

115 나중에 덧붙여진 마가복음의 결말 부분인 막 16:14에서도 마찬가지다.

116 마 17:17과 눅 9:41은 막 9:19에서 'αὐτοῖς("그들에게")를 제거해서 예수의 진술을 일반화시키며, 누가는 예수가 "네 아들을 이리로 데리고 오라"(9:41)고 말함으로써 책망을 끝내면서 귀신 들린 아이의 아버지에게 말하는 것으로 묘사한다.

어휘를 사용하지는 않지만 아마도 예수의 수사적인 질문—"내가 얼마나 너희와 함께(πρὸς ὑμᾶς) 있으며 얼마나 너희에게 참으리요(ἀνέξομαι ὑμῶν)?"—은 마가가 예수의 제자가 되려는 목적 자체가 "그와 함께"(μετ᾽ αὐτοῦ, 3:14) 있는 것임을 반향할 의도였을 것이다. 따라서 믿음이라는 어휘와 예수와 함께 있음이라는 주제를 결합하면 제자들이 저지른 실수는 아마도 그들이 예수와 함께 있었음에도 불구하고 여전히 믿음이 없었다는 점일 것이다.[117]

그러나 더 자세히 읽어보면 제자들의 실패에 대해 더 많은 사실이 드러날 수도 있다. 즉 (1) 마가가 제자도를 "예수와 함께" 있는 것으로 묘사한다는 점(막 3:14; 5:18[118]), (2) 예수와 함께 있는 데서 비롯되는 축귀(3:14-15; 6:6-13), (3) 제자들이 예수 없이 배 안에 있었을 때 경험한 어려움(6:46, 51), (4) 마가가 총체적인 실패를 예수와 함께 있지 않거나 예수를 떠나는 것으로 묘사한다는 점(14:50)[119] 등을 고려하면 우리는 마가가 이 이야기에서 제자들의 실패가 어느 정도는 예수가 그 자리에 없었기 때문에 생긴 일이라고 간주했다고 추론할 수 있을 것이다.

그러나 제자들의 분명한 책임에도 불구하고 예수의 책망은 또한 이 아이 아버지의 부족한 믿음을 반영하려는 의도일 수도 있다.[120] 그가 예수께

---

117 이 점에서 나는 문제는 제자들이 예수와 함께 있지 않았다는 것이 아니라고 바로잡을 수 있다. 이 책망은 바로 그 점, 즉 예수가 그들과 함께 있었다는 점을 긍정하기 때문이다(막 9:19). Graham H. Twelftree, *Christ Triumphant: Exorcism Then and Now* (London: Hodder & Stoughton, 1985), 122를 비교하라.

118 예수가 치유 받은 사람의 "함께" 있게 해 달라는 요청을 허락하지 않고(막 5:19) 대신 사명을 주어 그를 보낸 것(5:20)은 아마도 마가가 그의 독자들에게 사명의 수행이 곧 예수와 함께 있는 것이라고 말하려는 의도라고 이해될 수 있을 것이다.

119 Timothy J. Geddert, *Watchwords: Mark 13 in Markan Eschatology* (JSNTSup 26; Sheffield: JSOT Press, 1989), 101-3을 보라.

120 참조. Christopher D. Marshall, *Faith as a Theme in Mark's Narrative* (Cambridge and New York: Cambridge University Press, 1989), 117-18. 아이의 아버지가 비판을 받고 있다는 점에 대해서는 예컨대 다음 문헌들을 보라. Taylor, *Mark*, 398; Gundry, *Mark*, 489.

"만일"(εἰ) "하실 수 있거든"(δύνῃ; δύναμαι의 변화형[막 9:22]) 도와 달라고 요청하고 있기 때문이다. 이 "만일"이라는 단어 안에 그 아이 아버지의 믿음의 표현에 담긴 주저와 결함을 암시하려는 저자의 의도가 숨어 있을지도 모른다. 어쨌든 이야기의 첫머리에서 마가는 제자들이 치유할 수 없다고 묘사했으므로 우리는 이 아버지가 주저하는 모습으로 묘사되리라고 예상할 수 있다.[121] 더구나 이 아버지가 도움을 요청할 때 마가가 제자들에 대해 사용했던 단어와 똑같은 "능히 하다"(ἰσχύειν)라는 단어(9:18)를 사용하지 않은 점도 중요한 의미가 있을 것이다. 그 대신 마가는 선택이라는 의미, 또는 선택의 가능성과 함께 δύναμαι("능력이 있다")라는 단어를 사용한다.[122] 즉 그 아버지는 예수의 자기 발생적인 능력(이는 문제시되지 않는다)을 구하는 모습으로 묘사되는 것이 아니라, 자신이 인식하기에 예수가 능히 행하실 수 있는 그 일을 예수가 행하기로 작정해 달라고 요청한다. 실제로 예수는 자기가 그 아이를 고칠 수 있는지 여부는 자신의 능력(δύναμαι)에 달린 것이 아니라—마가복음의 모든 독자는 이것이 문제가 되지 않는다는 것을 알고 있다—신뢰 또는 믿음에 의존한다고 말했다(9:23). 이 문장의 논리가 예수의 믿음을 가리키는 것으로 해석될 수도 있겠지만[123] 그것은 마가복음에서 독특한 논리일 것이다. 어쨌든 마가는 아이의 아버지가 그 진술의 도전을 받아들인 것으로 묘사한다.[124] 요컨대 이 아버지의 믿음이 문제인 것이다. 그런데 문제는 예수께 치유할 능력이 있다는 이 아버지의 믿음이 아니라 예수

---

121 참조. France, *Mark*, 367.

122 BDAG, "δύναμαι," 262-63; 참조. "δύναμις," 263, §1, §2.

123 참조. Erich Klostermann, *Das Markusevangelium* (HNT 3; Tübingen: Mohr Siebeck, 1950), 91; Nineham, *Mark*, 247. "예수의/에 대한 믿음"에 관한 좀 더 광범위한 논쟁은 James D. G. Dunn, *Romans 1-8* (2 vols.; WBC 38A; Dallas: Word Books, 1988), I:161-62에 인용된 문헌을 보라; 참조. 166-67.

124 참조. Joachim Jeremias, *New Testament Theology* (London: SCM; 1971), 166. Twelftree, *Miracle*, 87도 보라.

가 기꺼이 치유해줄 것이라는 그의 믿음이다.

그 아이의 아버지가 예수께 보인 즉각적인 반응은 "내가 믿나이다. 나의 믿음 없는 것을 도와주소서"였다(막 9:24). 이 말을 한 직후에 축귀가 일어난 것을 보면 마가가 그 말을 (완벽한?) 불신앙의 고백이라고 생각했을 리는 없다.[125] 오히려 이 말은 믿음을 확고히 하는 한편 믿음을 일종의 선물로 이해해야 함을 보여준다. 따라서 그 아버지의 말은 그를 치유 실패의 원인에서 면제하고 제자들의 책임을 강조하는 믿음의 고백이다.

이 치유에 대한 마가의 묘사는 예수의 부활 뒤 공동체에서의 축귀에 대한 그의 관점을 반영한다는 점에서도 중요하다. 마가는 예수가 그 아이의 손을 잡고 그를 "일으켰다"(ἤγειρεν αὐτόν, 막 9:27)고 말한다. Ἐγείρω는 마가가 예수가 죽은 자들 가운데서 부활한 것을 표현하는 데 사용한 동사로서 (16:6), 축귀는 누군가를 다시 살려내는 일 못지않게 중요하거나 기적적인 일이라는 개념을 전달한다.[126]

이 이야기의 중심부와 상충하는 것으로 보이는, 기도를 언급하는 이 이야기의 결말(막 9:28-29)은 우리의 연구에 특히 중요하다. 이 이야기의 중심부와 결말 사이의 불일치[127]는 마가복음의 특징적인 어휘[128]와 문법[129] 및 예

---

125 예컨대 Paul J. Achtemeier, "Miracles and the Historical Jesus: A Study of Mark 9:14-29," *CBQ* 37 (1975): 480도 같은 입장이다.

126 치유 받는 것은 죽은 자들 가운데서 살아나는 것과 비슷하다는 개념이 마가에게서 나타나는 새로운 사상은 아니었다. Joachim Gnilka, *Das Evangelium nach Markus (Mk 8,27-16,20)* (EKK II.2; Zürich: Benzinger; Neukirchen-Vluyn: Neukirchener Verlag, 1979), 49는 이 개념이 시 30:4에서 발견된다고 말한다. 참조. 1QH 3.19-20; 5.18-19; 6.24.

127 Robert H. Stein, "The 'Redaktionsgeschichtlich' Investigation of a Markan Seam [Mc 1 2lf.)," *ZNW* 61 (1970): 78-79를 보라.

128 δύναμαι(2회), εἰς, ἐξέρχομαι, ἐπερωτάω, ἴδιος, μαθητής, οἶκος를 주목하라. 그리고 Lloyd Gaston, *Home Synopticae Electronicae: Word Statistics of the Synoptic Gospels* (Sources for Biblical Studies 3; Missoula, MT: Society of Biblical Literature, 1973), 18-21, 58-60을 보라.

129 절대 소유격(막 9:28)을 주목하라. E. J. Pryke, *Redaction Style in the Marcan Gospel* (SNTSMS 33; Cambridge: Cambridge University Press, 1978), 62를 보라. 그리고 ὅτι 의문문을 주목하라

수가 가르치는 장소로서의 집이라는 마가복음의 주제[130]와 더불어 마가복음이 고도로 편집되었다는 것과 이 결론에 관심이 많다는 점을 보여준다. 아마도 마가가 이 이야기에 그 결말을 덧붙였을 것이다.[131] 마가의 결말이 보여주는 것은, 초기 그리스도인들이 예수를 본보기로 사용했다면 이 이야기 자체는 이러한 종류의 축귀를 행하는 방법에 관한 질문에 대답하지 않는다는 것이다. 예수는 말하지 못하는 아이의 아버지에게 정보를 구하는 본을 보인다. 그 결말은 그런 정보를 구할 수 있는 사람이 아무도 없을 때 어떻게 해야 할지에 관한 질문에 대답한다. 즉 그들은 기도해야 한다. 이것은 예상치 못한 대답이다. 예수가 실패한 제자들에게 그들의 믿음의 부족을 책망한 데 비추어보면(9:19) 우리는 예수가 그 결론에서 이런 종류의 귀신은 믿음을 통해 쫓겨날 수 있다고 말할 것으로 예상할 수 있기 때문이다. 실제로 6:5-6에서 예수가 자기 고향에서 병을 고치지 않은 것은 명시적으로 믿음의 부족 때문이었다고 언급된다. 그와 달리 여기서 마가는 이렇게 말한다. "기도 외에 다른 것으로는 이런 종류가 나갈 수 없느니라."(9:29)[132]

(9:28). 다음 문헌들을 보라. C. H. Turner, "Marcan Usage: Notes, Critical and Exegetical on the Second Gospel," in *The Language and Style of the Gospel of Mark* (NovTSup 71; ed. J. K. Elliott; Leiden: Brill, 1993), 63-65; 그리고 George D. Kilpatrick, "Recitative λέγων," Elliot, *Language and Style of the Gospel of Mark*, 177. 또한 동사가 질문을 도입한 뒤 λέγων(λέγοντες)도 생략되는 점(9:28에서는 ἐπηρώτων); Turner, "Marcan Usage," 134를 보라.

130 이 주제는 막 1:29 (?); 2:1, 15; 3:19-20; 7:17, 24; 10:10과 같은 다른 편집상의 구절들에서도 등장할 수 있다. Pryke, *Style*, 69 각주 3을 보라.

131 참조. Gnilka, *Markus (Mk 8,27-16,20)*, 49 및 예컨대 Pryke, *Style*, 17에 인용된 문헌들.

132 고대의 많은 증거들은 막 9:29에 "~와 금식"(και νηστεια)이라는 말을 덧붙인다. NA[27]을 보라. 확실히 και νηστεια라는 단어들을 마가가 기록했을 가능성은 크지 않다. (1) 금식 및 금식을 기도와 연결하는 것에 대한 초기 교회의 관심에 비춰보면 ─ 눅 2:37; 5:33; 행 13:(2), 3; 14:23; 27:9; 그리고 Justin, *1 Apol*. 61을 보라 ─ 이 어구가 텍스트에서 떨어져 나갔다고 보기보다 덧붙여졌다고 설명하기가 더 쉽다. (2) 고넬료가 환상을 보았을 때 기도뿐만 아니라 금식도 하고 있었다고 덧붙이는 서방 텍스트에 비춰볼 때(행 10:30; C Kingsley Barrett, *The Acts of the Apostles* [2 vols.; ICC; Edinburgh: T&T Clark, 1994-1998], 1:517을 보라), 알렉산드리아 및 서방 텍스트 유형의 중요한 대표적 사본에서 막 9:29에 "~와 금식"이라는 말이 없다는

이는 제자들이 필요로 하지 않을 때 예수가 사적으로 가르치는 마가복음의 여러 사례 중 하나다.[133] 함축적으로 제자들은 이런 종류의 귀신—말을 하지 못하고 듣지 못하는 귀신(막 9:25)—을 쫓아내는 방법을 알았어야 했다. 말을 하지 못하는 귀신들은 쫓아내기가 특히 어렵다고 여겨졌다.[134] 이는 아마도 그것들이 지시나 주문을 들을 수 없기 때문만이 아니라 자신에 대한 정보를 줄 수 없기 때문이기도 했을 것이다. 따라서 예수는 귀신에게 말하고, 귀신의 말을 듣고, 귀신에게 떠나라고 명령하는 일반적인 방법을 사용하는 대신 "기도 외에 다른 것으로는 이런 종류가 나갈 수 없느니라"고 말한다(9:29). 이 말이 그 아이의 아버지나 병든 아이에게 한 말이 아니라 제자들에게 한 말이라는 점에서 기도의 사용은 곤궁한 탄원자의 기술이 아닌 축귀자의 기술(또는 자질)로 여겨져야 한다.[135]

이는 우리로 하여금 마가가 기도가 축귀에 효과적이라고 말할 때 무엇을 염두에 두었는지를 질문하게 한다. 우선 우리는 기도의 방향이 인자가

점은 주목할 만하다. Metzger, *Commentary*, 85를 보라. 그리고 (3) 마태는 기도와 금식을 관련시키는 데 관심이 있으므로(마 6:5-19) 만약 그가 갖고 있던 자료에 이 어구가 들어 있었다면 그가 이 어구를 사용할 기회를 놓쳤을 가능성은 별로 없다(막 9:29 ∥ 마 17:20). 마 17:21(∥ 막 9:29)은 그 복음서의 원문이 아닌 것으로 판단된다. Donald A. Hagner, *Matthew 14-28* (WBC 33B; Dallas: Word Books, 1995), 501을 보라.

그러므로 이 추가된 부분은 축귀에 대한 마가의 관점을 고찰할 때 제외해야 한다. 더구나 P⁴⁵는 3세기 전반에서 중반 사이의 사본으로 추정되므로 우리가 연구하는 시기에서 벗어나 있다. 예컨대 다음 문헌들을 보라. Frederic G. Kenyon, *Chester Beatty Biblical Papyri Codex II/1: The Gospels and Acts, Text* (London: Emery Walker, 1933), x; T. C. Skeat, "A Codicological Analysis of the Chester Beatty Papyrus of Gospels and Acts (P⁴⁵)," *Hermathena* 155 (1993): 27-43; reprinted *The Collected Biblical Writings of T. C. Skeat* (ed. J. K. Elliott; NovTSup 113; Leiden and Boston: Brill, 2004), 140-57, 특히 141; Larry W. Hurtado, "P⁴⁵ and the Textual History of the Gospel of Mark," *The Earliest Gospels: The Origins and Transmission of the Earliest Christian Gospels — The Contribution of the Chester Beatty Gospel Codex P⁴⁵* (ed. Charles Horton; JSNTSup 258; London and New York: Continuum / T&T Clark, 2004), 133과 각주 4 및 인용된 문헌들.

133   막 4:10-12, 34; 7:17-18; 9:28-29; 10:10; 13:3-4를 보라.

134   참조. *PGM* IV. 3037-3044; Twelftree, *Christ Triumphant*, 40.

135   John Muddiman, "Fast, Fasting," *ABD* 2:775의 생각과 같다.

귀신을 이긴 강력한 승자로 나타날 때인 재림을 기대하는 방향으로 향한다는 생각[136]을 무시해야 한다. 텍스트에 그 관점을 뒷받침하는 증거가 없다.[137] 마가가 믿음 혹은 기도 중 하나에 다른 하나가 함축되어 있다고 이해했다는 증거도 없다. 오히려 마가에게는 기도가 믿음과 관계가 있을 뿐만 아니라 [138] 믿음과 동의어이거나 믿음으로 충만한(또는 믿음에 기반을 둔) 말로 이해되었다는 점에 주목할 때, 우리는 마가가 무엇을 염두에 두었는지 알 수 있을 것이다. 이 점은 예수가 베드로가 자신이 저주한 무화과나무가 시들었다고 말하자 그에 대한 대답으로 "하나님을 믿으라"(막 11:22)고 말한 데 대한 마가의 설명에서 명백히 드러난다. 첫 번째 진술은 산을 향해 믿음으로 충만한 말을 하는 것과 관련이 있다(말한 대로 이루어지리라고 의심하지 말고 믿으라; 11:23). 두 번째 진술은 기도에 관한 것이다. "그러므로 내가 너희에게 말하노니 무엇이든지 기도하고 구하는 것은 받은 줄로 믿으라. 그리하면 너희에게 그대로 되리라"(11:24). 이 진술이 "그러므로"($\delta\iota\grave{\alpha}$ $\tauο\tildeυ\tauο$)라는 말로 시작되고 첫 번째 진술과 병행한다는 점은 그것이 믿음에 관한 첫 번째 진술에 의존하고 있고 그 진술을 설명해준다는 점을 보여준다.[139]

달리 말하자면—산이나 무화과나무를 향한—믿음이 충만한 말은 믿음이 충만한 기도로 이해된다. 결국 마가는 아마도 축귀에서 기도가 효력을 발휘하려면 제자들이 그들의 모델인 예수처럼 귀신들을 향해 여기서 하나님께 대한 신뢰—발터 그룬트만이 표현한 것처럼 "하나님을 향한 믿

---

136 Schenke, *Wundererzählungen*, 340.

137 참조. Gnilka, *Markus (Mk 8,27-16,20)*, 49 각주 28.

138 참조. Karl-Georg Reploh, *Markus, Lehrer der Gemeinde: Eine redaktionsgeschichtliche Studie zu den Jüngerperikopen des Markus-Evangeliums*(SBM 9; Stuttgart: KBW; 1969), 218-19.

139 Sharyn E. Dowd, *Prayer, Power, and the Problem of Suffering: Mark 11:22-25 in the Context of Markan Theology*(SBLDS 105; Atlanta: Scholars Press, 1988), 63-65.

음"(Gott zugewandter Glaube)[140]—에 기초한다고 설명된 명령을 내려야 했다는 뜻으로 말하는 것 같다. 달리 표현하자면 기도—귀신을 향한 지시—는 예수가 사용했고, 자기 제자들에게 수여한 능력과 권위에 대한 전적인 신뢰와 의존의 표현이어야 했다.[141] 실제로 아마도 이것이 이 이야기의 첫머리에서 제자들이 서기관들과 논쟁했던 바로 그 문제일 것이다(막 9:14).

예상했던 대로 이 축귀 이야기에 대한 우리의 자세한 검토는 마가의 독자들 가운데서 행해진 축귀에 대한 마가의 관점을 이해하기 위한 귀중하고 복잡한 정보의 광맥을 찾아냈다. 마가복음에서 이미 분명히 드러난 사실에 대해 약간의 암시를 제공하는 또 다른 구절에 주의를 기울여보자.

5.9 미지의 축귀자(막 9:38-39)

이 이야기의 문맥에서 우리는 마가가 아마도 무심코 기독교의 축귀에 관해 말하고 있음을 알 수 있다. 이 이야기는 기독교 공동체 안의 내부 관계에 대한 자료(막 9:33-37)와—신자(τούτων τῶν πιστευόντων, "이 믿는 자들")[142]로 정의된—이 "작은 자들" 중 한 사람 앞에 걸림돌을 놓는 일에 관한 말씀(9:42) 사이에 등장한다. 이러한 위치는 그리스도인들이 이 미지의 축귀자에 대한 이야기를 포함한 이 단락 전체(9:30-50)의 대상임을 강하게 암시한다. 더 나아가 이 예수가 요한에게 한 대답을 보면 미지의 축귀자가 예수의 다른 제자들이나 곧 제자가 될 사람들을 대표하도록 의도되었을 개연성이 높아 보인다. "[그를] 금하지 말라. 내 이름을 의탁하여 능한 일을 행하고 즉시로 나를 비방할 자가 없느니라"(9:39). 최초의 독자들의 관점에서 보면 이 말씀

---

140 Gnilka, *Markus (Mk 8,27-16,20)*, 49에서 인용된 Gruntmann.
141 참조. C. E. B. Cranfield, "St. Mark, 9.14-29," *SJT* 3 (1950): 62-63.
142 참조. Taylor, *Mark*, 410.

은, 이 미지의 축귀자가 나타내는 사람은 그리스도인이 아니었다 하더라도 그리스도인이 되어가는 과정에 있었음을 의미했을 것이다. 또 제자 요한이 이 알려지지 않는 축귀자가—주님(σοί)이 아니라—"우리를 따르지 아니하므로"(ὅτι οὐκ ἠκολούθει ἡμῖν, 9:38, 9:38)[143] 그가 하는 일을 중단시키려 했다고 말한다는 점은 독자들에게 이 이야기가 예수의 첫 제자들의 상황을 넘어서까지 적실성이 있음을 일깨워주었을 것이다. 따라서 마가의 독자들은 아마도 이 이야기를 비그리스도인이 예수의 이름을 치유에 사용하지 못하게 하려는 것이 아니라, 자신들의 특정한 공동체의 일원이 아닌 그리스도인은 누구든 배제하고 싶은 그들의 욕구를 반영하는 이야기로 인식했을 것이다.[144] 달리 말하자면 마가는 로마에 서로 구별할 수 없는, 축귀를 행하는 여러 무리의 그리스도인들이 있었다는 인상을 준다.

이 이야기를 통해 마가의 자료에서 축귀의 새로운 측면이 등장하는 것으로 보인다. 즉 축귀에 예수의 이름이 사용되고 있다. 미지의 축귀자와 예수의 제자들 사이에서 묘사된 쟁점은 축귀 방법이 아니라 예수의 제자들의 특정 집단에 대한 충성이다. 예수의 이름을 사용하는 방법에 대한 비판은 없고, 예수의 이름이 사용되었다는 설명만 존재한다. 따라서 우리는 예수의 이름을 사용하는 방법이 마가에게 용인될 수 있었고 마가가 이 방법을 인정하고 있다고 생각할 수 있다. 누군가의 "이름 안에서"(ἐν τῷ ὀνόματί) 병을 고친다는 개념은 초기 그리스도인들에게 독특한 것이 아니었다.[145] 그러나 우리가 앞으로 살펴보겠지만 이 표현은 그들의 치유 기술의 독특한 특징이 되

---

143 이 절의 텍스트상의 편차는 우리의 논의에서 본질적인 문제가 아니다. 이 문제에 대해서는 France, *Mark*, 375를 보라.

144 참조. Martin, *Mark*, 115; Xabier Pikaza Ibarrondo, "Exorcismo, poder y evangelio: Trasfondo histórico y eclesial de Mc 9,38-40," *EstBib* 57 (1999): 539-64; France, *Mark*, 378-79.

145 예를 들어 다음 문헌들을 보라. 11Q11 4.4; Josephus, *Ant.* 8.46-47; *PGM* IV. 3019. Twelftree, *Exorcist*, 41-42의 논의를 보라.

었다.

ἐπί("에 의지하여")와 ἐν("안에서") 사이에는 의미상 기술적인 차이가 없을 수도 있다.[146] 그러나 마가는 "~의 이름에 의지하여"와 "~의 이름 안에서" 라는 유명한 어구를 계속 번갈아 사용함으로써 이 자료를 연계했을 뿐만 아니라[147] 아마도 축귀에 대한 미묘한 함의를 지닌 관점을 전달하려는 듯하다.[148] 제자 요한의 목소리를 통해 마가는 축귀를 예수의 이름 "안에서"(ἐν), 또는 그 이름에 의해 이루어지는 일로 묘사한다(막 9:38). 즉 축귀는 예수의 이름을 능력-권위의 원천으로 사용함으로써 이루어진다. 마가는 이것이 작동하는 방식을 보여주는 어떤 예도 제시하지 않는다. 아마도 그는 그럴 필요가 없었을 것이다. 미지의 축귀자에 대한 이야기는 아마도 독자들이 그런 방법에 친숙했음을 암시할 것이다. 그러한 방법들은 확실히 그 당시에 잘 알려져 있었다(위의 각주 145를 보라).

어쨌든 다음 절(막 9:39)에서 축귀에 대한 이러한 묘사를 "내 이름을 의지하여[ἐπί]" 행한 "능한 일"로 유사하게 묘사함으로써 마가는 이러한 축귀 개념에 한 가지 중요한 측면을 덧붙인다. 더해진 내용은 ἐπί가 9:37에 처음 사용될 때부터 제시되었다. "누구든지 내 이름으로[ἐπί] 이런 어린 아이 하나를 영접하면 곧 나를 영접함이요…나를 보내신 이를 영접함이니라"(9:37; 참조. 9:41). 여기서 예수와 예수의 이름을 지닌 사람은 서로 동일시되어서 한쪽에게 일어나는 일이 다른 쪽에게도 일어난다. 따라서 "예수의 이름으

---

146 Taylor, *Mark*, 407을 보라. Gundry, *Mark*, 519-21은 막 9:37과 38절에 나오는 ἐπί와 ἐν을 서로 구별하려 하는데, 9:38과 39절에서 이 두 단어 사이에 아무런 차이가 없다는 점에 주목하면 이는 아무 근거가 없다. 이 두 단어가 상호 교환적으로 사용된다는 점 자체가 축귀의 수단("안에서"/ἐν)과 근거 또는 기초("의지하여"/ἐπί)를 동일한 것으로 간주하려는 마가의 시도일지도 모른다.

147 막 9:37, 38, 39, 41. Grundmann, *Markus*, 194도 같은 입장이다.

148 막 9:37, 38, 39, 41.

로"행해지는 축귀는 예수의 제자가 마치 하나님과 동일시되고 하나님께 인정받은(위의 3:20-35에 관한 논의를 보라) 예수 자신이 행한 것처럼 행하는 축귀였을 것이다(참조. 13:6).

또 다른 관점에서 이러한 결론에 도달하자면, 그러한 사고의 근거는 어떤 존재의 이름은 그 이름이 나타내는 대상을 넘어 어떤 사람이나 신의 핵심 또는 본질이라는 생각이었음을 알 수 있다.[149] 따라서 누군가의 "이름으로" 치유한다는 것은 마치 그 치유가 그 사람이나 신의 영역에서 발생하듯이, 또는 마치 그 사람이나 신이 치유를 수행하듯이 그 이름을 사용하여 치유를 행하는 것이었다.[150] 마가는 이러한 축귀 방법의 어떤 사례도 제시할 필요가 없다. 마가는 이렇듯 동일화하는 방법이 그의 독자들에게 분명해지도록 예수가 축귀를 행하는 충분한 사례들을 제시했다. 물론 우리가 이 구절 및 다른 신약 저자들을 통해 알고 있는 내용(예컨대 행 3:6)에 비추어보면, 예수가 이러한 동일화를 암시한 것으로부터 취한 단순한 명령은 아마도 "예수의 이름으로"와 같은 말로 시작되었을 것이다.

5.10 마가와 초기 그리스도인들 사이의 축귀

마가복음 연구에서 되풀이되는 주제의 흐름과는 반대로 텍스트상의 증거는 귀신의 영향에 맞선 싸움을 사회정치적 투쟁을 상징하는 것으로 해석하는 것이 아니라, 이 싸움이 로마인들에 대항한 싸움이 아닌 사탄에 맞선 싸움으로서 축귀에 초점이 맞춰져 있었음을 암시한다. 이는 그 싸움—축귀의 의

---

149 참조. Richard Reitzenstein, *Poimandres: Studien zur griechisch-ägyptischen und frühchristlichen Literatur* (Leipzig: Teubner, 1904), 17 각주 6. 다음 글의 논의를 보라. Hans Bietenhard, "ὄνομα...," *TDNT* 5:242-81.

150 참조. H. Cremer, *Biblio-Theological Lexicon of New Testament Greek* (Edinburgh: T&T Clark, 1895), 56.

미―을 특히 영적인 영역이나 우주적인 영역으로뿐만 아니라 확고하게 개인적인 영역으로 가져왔다. 이 관점은 우리로 하여금 마가의 내러티브에서 축귀가 왜 중요한 역할을 하는지를 이해하도록 도움을 준다.

마가의 내러티브를―마가가 축귀에 대해서 하고 싶은 말을 포함하여―그의 독자들에게 해명해줄 해석상의 열쇠는 제자와 제자도라는 주제임을 고려하면, 초기 그리스도인들 가운데서의 축귀와 관련하여 마가의 메시지가 지닌 여러 측면이 두드러진다. 첫째, 우리의 연구에서 가장 놀라운 결과는 마가가 그의 독자들의 사역에서 축귀를 중요하게 여겼다는 점을 확인한 것이었다. 마가는 주로 축귀를 그리스도인들이 그들의 주님이 재림하기를 기다리는 동안 행하는―심지어 하나님 나라를 선포하는 사역에서 지배적인―중요한 사역으로 묘사함으로써 이 점을 전달한다. 축귀가 그처럼 중요한 이유는 그것이 죽은 자들을 다시 살리는 일보다 덜 중요하거나 덜 기적적이지 않은, 하나님이 말세에 사람들을 구원하겠다고 약속한 그 구원이기 때문이다. 달리 말하자면 그들의 축귀를 통해 그들의 자비로운 하나님이 사람들을 종말론적으로 강한 원수에게서 활발하게 구원하고 있다.

둘째, 마가의 관점에서 보면 기독교의 축귀는 성령을 통해 능력을 부여받는다. 비록 적대적인 관찰자들에게는 그것이 항상 명확하지는 않지만 말이다. 실제로 바알세불 논쟁은 축귀 능력-권위의 원천에 대해 길게 논의하면서 마가의 독자들이 성령이 아닌 사탄에게 능력을 부여받았다는 비난에 직면했음을 암시한다. 따라서 우리는 축귀 사역이 교회 안의 두려움과 결부되거나 교회에 동요를 초래했을 가능성이 크다는 점을 살펴보았다. 그러나 축귀의 실패는 (그들이 받은) 권위의 부재 때문이 아니라 믿음의 부족이나 "예수와 함께" 있지 않음으로 인해 초래된다.

셋째, 마가의 독자들은 귀신을 쫓아낼 때 언제나 예수와 똑같은 기법을 사용할 것으로 기대되지는 않았겠지만, 그들은 예수처럼 신적인 능력으로 귀신의 영향과 대면했을 것이다. 귀신을 쫓아낼 때 그들은 때때로 예수처럼 귀신들에게 밖으로 나오라고 명령할 뿐만 아니라 귀신들을 꾸짖고 그 입을 막기도 했을 것이다. 그들은 필요하면 문제가 되는 귀신의 이름을 사용해서 축귀의 통제력을 얻었을 것이다. 그들은 귀신들을 다른 거주지로 옮기기도 하고, 격지에서 귀신을 쫓아내기도 했을 것이다. 그러나 마가는 두 곳에서 예수의 방법을 본받는 것이 무엇을 의미하는지 암시한다. 아마도 마가는 자기 독자들이 항상 축귀에 성공하지는 않을 것이라는 점을 고려하여 기도를 옹호하는데(막 9:28-29), 기도는 마가가 기도에 대해 다른 곳에서 한 말에 비춰볼 때 귀신을 향한—성령에게 의존하는—믿음이 충만한 진술이다. 이어서 미지의 축귀자에 대한 이야기에서 마가는 "예수의 이름으로"(9:38) 귀신을 쫓는 방법을 지지하는데, 이는 축귀를 마치 예수 자신이 행하는 것처럼 수행하는 것이었다. 따라서 서로 달라 보이는 세 가지 축귀 방법—예수를 따라 하기, 기도, 예수의 이름을 사용하기—은 똑같은 접근법의 여러 측면으로, 즉 마치 예수가 축귀를 행하는 것처럼 귀신들에게 믿음이 충만한 말을 발하는 것으로 밝혀진다.

6

누가-행전

누가는 사도행전을 통해 우리에게 초기 그리스도인들 가운데서의 축귀에 대한 자신의 견해를 직접적으로 접할 수 있게 해 주었다.[1] 그리고 사도행전은 또한 우리로 하여금 우리가 다루는 주제에 대해 세심한 관심을 기울이면서 누가복음을 읽을 수 있게 해준다. 따라서 상호적으로 누가복음은 우리가 사도행전에서 예수의 부활 이후 그리스도인들 사이의 축귀에 대해 누가가 하는 말을 더욱 분명하게 읽을 수 있도록 더 깊은 통찰을 준다.[2] 그러나 예수라는 인물이 누가복음을 지배하며 사도행전에서도 여전히 중요하기 때문에, 누가는 우리가 초기 그리스도인들 사이의 축귀에 대해 그가 하는 말을

---

1 행 5:12-16(사도들의 사역에 대한 요약); 8:4-8(사마리아에서의 빌립); 10:36-43(예수의 사역에 대한 요약); 16:16-18(귀신 들린 여종); 19:11-20(스게와의 아들들)을 보라.

2 눅 4:33-37 ‖ 막 1:23-28(회당에 있던 귀신 들린 자); 4:38-39 ‖ 막 1:29-31(시몬의 장모); 4:40-44 ‖ 막 1:32-39(요약 보도); 6:17-19 ‖ 막 3:7-12(설교 서론); 7:18-23 ‖ 마 11:2-6(세례 요한에 대한 답변); 8:1-3 ‖ 마 9:35(여제자들); 8:26-39 ‖ 막 5:1-20 (거라사에 있던 귀신 들린 자); 9:1-6, 10 ‖ 막 6:7-13(열두 제자의 전도); 9:37-43 ‖ 막 9:14-29(간질 질환을 앓는 소년); 9:49-50 ‖ 막 9:38-41(미지의 축귀자); 10:1-12, 17-20 ‖ 마 9:37-38; 10:7-16(70[72]인의 전도); 11:14-26 ‖ 마 12:22-30, 43-45 ‖ 막 3:22-27(바알세불 논쟁); 13:10-17(귀신 들려 앓는 여자); 13:32(요약 보도). 누가복음과 사도행전 사이의 관계에 대한 논의는 C. Kingsley Barrett, "The Third Gospel as a Preface to Acts? Some Reflections," in *The Four Gospels, 1992: Festschrift Frans Neirynck* (ed. R van Segbroeck et al.; 3 vols.; Louvain: Leuven University Press, 1992), 2:1451-66을 보라.

이해하려면 예수에서부터 시작하도록 권유한다.

그 전에 우리는 누가가 기원후 약 70년에서 80년 사이의 어느 시점에 글을 썼다는 것이 다수 의견이라는 점을 언급할 수 있다.[3] 더 나아가 누가가 오론테스 강변의 수리아 안디옥에 있는—초기 단계에 있음이 확실한[4]—교회에 상당한 관심을 보이므로 이곳이 누가의 저술이 집필되고 발표된 장소일지도 모른다.[5] 그러나 이는 여전히 추측에 지나지 않을 것이다. 어쨌든 누가는 경험이 많은 여행가였을 가능성이 높으며 그의 저술은 아마도 하나의 교회보다는 더 넓은 세계를 반영하고 있을 것이다. 사회적 요인들과 축귀에 대한 관심 사이에 상관관계가 있을 수도 있으므로 우리는 누가, 또는 누가가 쓴 글의 사회적 위치를 고려할 수 있다. 여기서 우리는 누가가 여러 지역의 문화적 배경을 가지고 있고 부유층, 행정관리, 여행, 글쓰기, 교양 있는 연설, 기술에 친숙하다는 것을 알 수 있다.[6]

6.1 살아 있는 모델로서의 예수

누가가 자기 글의 독자들에게 예수를 삶과 사역의 모델로 삼으라고 권면한

---

3   다음 문헌들의 개괄적 논의를 보라. Robert Maddox, *The Purpose of Luke-Acts* (Edinburgh: T&T Clark, 1982), 6-9; Joseph A. Fitzmyer, *The Acts of the Apostles* (AB 31; New York and London: Doubleday, 1998), 51-55. 최근에는 Barbara Shellard, *New Light on Luke: Its Purpose, Sources and Literary Context* (JSNTSup 215; London and New York: Sheffield Academic, 2002), 23-34가 기원후 100년 로마 저작설을 주장한다.

4   행 6:5; 11:19-20, 26-27(베자 사본); 13:1-4; 14:26-28; 15:1-3, 13-40; 18:22-23.

5   참조. John Nolland, *Luke 1-9:20* (WBC 35A; Dallas: Word Books), xxxix; Frederick W. Norris, "Antioch of Syria," *ABD* 1:266-67의 간략한 논의와 언급된 문헌들도 보라.

6   Vernon K. Robbins, "The Social Location of the Implied Author of Luke-Acts," in *The Social World of Luke-Acts: Models for Interpretation* (ed. Jerome H. Neyrey; Peabody, MA: Hendrickson, 1991), 305-32, 특히 330-32를 보라.

다는 점은 오랫동안 합의된 견해였다.[7] 누가는 초기 그리스도인들이 예수의 생애를 재현하고 그와 유사한 삶을 살았다고 묘사한다. 예수의 죽음과 스데반의 죽음, 부활 후 예수의 출현과 감옥에서 풀려난 후 베드로의 출현, 예수와 바울의 고별 설교, 예수와 바울의 예루살렘행 여정, 예수와 바울의 심리등의 폭넓은 유사점들을 주목할 필요가 있다.[8] 특히 우리는 누가복음 끝에 나오는 고별 담화에서 누가가 명시적으로 예수를 제자들의 모범으로 묘사하면서 예수가 두 번이나 제자들에게 자신의 행동을 본받으라고 지시한다는 점을 주목할 수 있다. 성만찬 진술에서 예수는 "너희가 이를 행하여 나를 기념하라"(눅 22:19)고 말한 뒤 자신을 섬김의 모델로 묘사한다(22:27).[9] 이를 근거로 누가에게는 명백히 독자들의 행동에 영향을 주기 위해 예를 드는 것이 중요한 수사 장치의 하나이며[10] 누가가 독자들에게 예수를 그들의 삶과 사역의 본보기로 삼으라고 권유하고 있다고 결론짓는 것은 합리적이다.[11]

예수가 초기 그리스도인들에게 계속 중요한 의미가 있다는 누가의 견

7　예컨대 다음 문헌들을 보라. Charles H. Talbert, *Literary Patterns, Theological Themes, and the Genre of Luke-Acts* (SBLMS 20; Missoula, MT: Scholars Press, 1974), 15-65; A. J. Mattill, "The Jesus-Paul Parallels and the Purpose of Luke-Acts: H. H. Evans Reconsidered," *NovT* 17 (1975): 15-45.

8　Garry W. Trompf, *The Idea of Historical Recurrence in Western Thought: From Antiquity to the Reformation* (Berkeley: University of California Press, 1979), 122-28의 논의를 보라. .

9　자세한 내용은 William S. Kurz, "Luke 22:14-38 and the Greco-Roman and Biblical Farewell Addresses," *JBL* 104 (1985): 251-68을 보라.

10　Abraham J. Malherbe, *Moral Exhortation: A Greco-Roman Sourcebook* (Philadelphia: Westminster, 1986), 135-36의 논의를 보라. 그는 다음 구절들을 인용한다. 히 11:4-38; 13:7; *1 Clem.* 9-12; 17-18; 55; Polycarp, *Phil.* 8-9; Isocrates, *To Demonicus* 9-15; Pliny the Younger, *Epistulae* 8.13; Plutarch, *Demetr.* 1.4-6; Seneca, *Ep.* 6. Benjamin Fiore, *The Function of Personal Example in the Socratic and Pastoral Epistles* (AnBib 105; Rome: Pontifical Biblical Institute, 1986), 특히 3장도 보라.

11　참조. William S, Kurz, "Narrative Models for Imitation in Luke-Acts," in *Greeks, Romans, and Christians: Essays in Honor of Abraham J. Malherbe* (ed. David L. Balch, Everett Ferguson, and Wayne A. Meeks; Minneapolis: Fortress, 1990), 176.

해에 대해 또 다른 관점을 취하자면 누가는 예수를 모델로만이 아니라 부활 이후 제자들의 삶 속에서 여전히 활동하고 있는 분으로도 묘사한다고 주장할 수 있다. 예를 들어 누가는 아마도 독자들로 하여금 예수가 유다의 계승자를 선택했다고 이해하도록 의도했을 것이다. 제자들의 기도("주여, 이 두 사람 중에 누가 주님께 택하신 바 되어…보이시옵소서", 행 1:24-25)는 예수께 드리는 기도이기 때문이다(참조. 7:59-60; 14:23).[12] 따라서 누가가 사도행전 서두에 자신이 먼저 쓴 책이 "예수께서 행하시며 가르치시기를 '시작하신'(ἤρξατο)" 일에 관한 글이라고 한 말(1:1)은 단순히 누가의 첫 번째 책에 예수가 사역을 시작한 때부터 행한 활동들이 담겨 있다는 의미만은 아니다.[13] 오히려 두 번째 책은 예수가 제자들의 활동을 통해 자신의 사역을 계속하는 것에 관한 문헌이 될 예정이었다.[14] 따라서 사도행전의 독자들은 그 등장인물들이 누가의 첫 번째 책을 반향할 것으로 예상할 수 있었다. 예를 들어 우리가 관심을 두고 있는 주제 면에서 살펴보면, 우리는 초기 교회의 사역이 "기사와 표적"[15]을 동반했다고 묘사되는 데서 예수의 사역이 반향되고 있다고 말할 수 있다. 더 구체적으로 말하자면 베드로와 바울이 축귀에 관여한 것은 예수의 축귀를 모델로 삼은 것으로 보인다. 요컨대 누가의 독자들은 축귀 이야기에

---

12 다음 문헌들도 같은 입장이다. Steven F. Plymale, *The Prayer Texts of Luke-Acts* (New York; San Francisco; and Bern: P. Lang; 1991), 77; C. Kingsley Barrett, *The Acts of the Apostles* (2 vols.; ICC; Edinburgh: T&T Clark, 1994-1998), 1:103. 예컨대 행 9:5; 10-17, 34; 22:8; 26:15에서 예수가 활동하는 것에 대한 언급도 보라.

13 예컨대 다음 문헌들도 같은 입장이다. F. J. Foakes-Jackson and Kirsopp Lake, *The Beginnings of Christianity*, part 1, *The Acts of the Apostles*, vol. 4, *English Translation and Commentary* (1922; repr., Grand Rapids: Baker, 1965), 3; Hans Conzelmann, *Acts of the Apostles* (Hermeneia; Philadelphia: Fortress, 1987), 3.

14 참조. Barrett, *Acts*, 1:66-67. 예컨대 다음 문헌들도 보라. F. F. Bruce, *The Acts of the Apostles* (Grand Rapids: Eerdmans; Leicester, UK: Apollos, 1990), 98; Beverly R. Gaventa, *Acts* (ANTC; Nashville: Abingdon, 2003), 63.

15 행 2:22을 주목하라. 2:43; 4:30; 5:12; 6:8도 보라. 8:6을 참조하라.

서—예수의 축귀와 사도행전에 나오는 제자들의 축귀 모두에서—그들의 활동에 대한 모델을 발견할 것으로 기대할 수 있었다.

6.2 누가-행전에 묘사된 예수

누가가 예수를 초기 교회 사역에서 여전히 활동적일 뿐만 아니라 그 사역을 위한 패턴이 되는 분으로 이해한다면, 우리는 그가 축귀자로서의 예수에 대해 하는 말이 초기 그리스도인들 사이의 축귀에 대해 그가 하고 싶은 말에 공헌할 것으로 예상할 수 있다.

a. 예수: 축귀의 중요성

마가복음에서 우리는 복음서 저자가 예수의 사역이 시작될 때 축귀에 가장 눈에 띄는 위상을 부여한 후 미지의 축귀자에 대한 이야기가 등장할 때까지 축귀의 중요성을 축소시키고(막 9:38-41), 그 뒤 축귀에 대해 전혀 언급하지 않는다(5장 각주 101을 보라)는 점을 살펴보았다. 그러나 누가는 축귀의 지속적인 중요성을 제고하는 동시에 초기의 중요성을 감소시킨다. 한편으로 누가는 예수의 공적 사역을 축귀 이야기가 아니라(참조. 막 1:21-28) 예수가 회당에서 가르치는 것으로 시작하고(눅 4:15) 그 후에야 비로소 축귀를 행하는(4:31-37) 것으로 묘사한다. 다른 한편으로 누가는 축귀를 예수의 사역에서 계속 중요한 요소로 유지한다.

첫째, 예를 들어 누가는 치유 이야기를 축귀로 구성하거나 재구성했다. 누가복음 13:10-17에서 지체 장애 여성은 "귀신 들려 앓으며"(πνεῦμα ἔχουσα ἀσθενείας, 눅 13:11) "사탄에게 매인 바 된"(ἣν ἔδησεν ὁ σατανᾶς, 13:16) 것으로 묘사된다. 다음으로 베드로의 장모 치유 이야기(막 1:29-34 ∥ 눅 4:38-41)에 누가는 두 가지 중요한 내용을 추가했다. 누가는 예수가 축귀자가 하듯이 "가까이 서서"(ἐπιστὰς ἐπάνω αὐτῆς, 4:39)[16] 축귀에 적절한 언어를 사용하여 열병을 꾸짖었다(ἐπετίμησεν, 4:39)고 말한다.[17] 이 이야기가 축귀로 재구성되었을 뿐만 아니라, "꾸짖다"라는 단어를 통해 누가복음에 나오는 처음 세 건의 치유 이야기 모두 축귀 모티프를 지니고 있다(참조. 4:35; 39, 41).

둘째, 세례 요한의 제자들이 예수께 "오실 그이가 당신이오니이까? 우리가 다른 이를 기다리오리이까?"(눅 7:20)라고 물을 때 누가는 "그때에 예수께서 질병과 고통과 및 악귀 들린 자를 많이 고치시며 또 많은 맹인을 보게 하신지라"라고 덧붙인다(7:21). 이렇게 덧붙임으로써 누가는 우리로 하여금 요한의 제자들이 돌아가서 자신들이 보고 들은 것을 말할 수 있었음을 쉽게 이해하도록 해주었고, 누가 자신도 축귀를 예수의 사역의 지속적인 부분으로 언급할 수 있었다(참조. 마 11:3-4). 셋째, 13:32에서 누가는 약간의 전기적인 진술로 이야기 하나를 소개한다. "너희는 가서 저 여우[헤롯]에게 이르되 '오늘과 내일은 내가 귀신을 쫓아내며 병을 고치다가 제삼일에는 완전하여지리라' 하라." 이 말도 마찬가지로 예수에 대한 누가의 묘사에서 축귀가 여전히 높은 위상을 유지하게 하는 효과가 있다.

헤롯에 대한 이 반응은 누가가 축귀와 예수의 사역의 다른 측면들 사이에 균형을 유지하고 있음도 보여준다. 이와 비슷하게, 귀신 들린 자가 회당에서 치유된 마가복음의 이야기를 뒤돌아보면 군중이 축귀뿐만 아니라 가르침에도 놀라는 반응을 보이는 것으로 묘사됨으로써 예수의 가르침이라

---

16 참조. *PGM* IV. 745; 또한 IV. 2735와 Lucian, *Philops*. 31.
17 추가로 다음 문헌들을 보라. Graham H. Twelftree, "EI ΔE…ΕΓΩ…ΕΚΒΑΛΛΩ ΤΑ ΔAIMONIA! (Luke 11:19)," *The Miracles of Jesus* (ed. David Wenham and Craig Blomberg; Gospel Perspectives 6에 수록된 글; Sheffield: JSOT Press, 1986), 394 각주 17; Graham H. Twelftree, *Jesus the Miracle Worker: A Historical and Theological Study* (Downers Grove, IL: InterVarsity, 1999), 148.

는 주제가 최초의 기적 이야기 안으로 엮여 들어온다(막 1:27). 그러나 누가는 군중이 먼저 축귀와 별도로 예수의 가르침에 반응한 것으로 묘사한다(눅 4:31-32). 이어지는 축귀 이야기에서는 가르침에 대한 언급이 사라지고, 예수가 능력-권위의 말씀으로 더러운 귀신들을 쫓아내는 데 대한 반응만 남아 있다(막 1:27 ∥ 눅 4:36). 그 결과 예수의 사역의 한 측면을 다른 측면에 종속시키지 않고 각 측면이 별개로 다뤄져서 말씀과 행위의 균형을 맞추려는 누가의 분명한 목표에 공헌한다.[18] 그리고 축귀자로서의 예수에 초점을 맞추는 바알세불 논쟁(눅 11:14-28)의 말미에서 예수는 군중 속의 한 여인에게 "오히려 하나님의 **말씀을 듣고** 지키는 자가 복이 있느니라"라고 응답한다. (눅 11:28, 강조는 덧붙인 것임).[19] 이를 통해 행위는 말씀이 된다.

비록 누가는 그의 이야기의 말미에 축귀의 새로운 측면을 덧붙이지 않았지만 이러한 저작 활동을 통해 예수의 사역에서 축귀가 차지하는 위상을 높일 수 있었다. 그러나 우리는 누가가 비록 예수 전승에서 축귀 측면을 강조하고자 했지만 이를 따로 떼어내거나 예수의 생애의 다른 측면들과 대비시키려 하지는 않았다는 점을 알 수 있다. 실제로 누가는 축귀가 예수의 사역의 핵심적인 부분이었음을 보여주는 데 상당한 분량을 할애한다.

또 다른 차원에서 추가적인 균형 잡기, 심지어 경계를 모호하게 만들기가 이루어진다. 누가는 예수가 귀신의 영향을 축귀를 통해서뿐만 아니라 치유를 통해서도 다루는 것으로 묘사한다. 평지 설교 시작부에 나오는 치유에 대한 요약에서 누가는 예수가 더러운 영들을 책망하거나 쫓아냈다고 말하지 않고, 더러운 영들에게 괴롭힘을 당한 이들이 "치유되었거나" "나았

---

18   참조. Paul J. Achtemeier, "The Lukan Perspective on the Miracles of Jesus: A Preliminary Sketch," *Perspectives on Luke-Acts* (ed. Charles H. Talbert; Danville, VA: Association of Baptist Professors of Religion; Edinburgh: T&T Clark, 1978), 156-57에 수록된 글.

19   눅 4:40-44; 6:17-26; 7:18-23; 8:1-3도 주목하라.

다"(ἐθεραπεύοντο, 눅 6:18)고 말한다. 예수의 사역에서의 축귀에 대한 전반적인 위상 강화—이는 예수의 사역이 지닌 다양한 측면들 사이에 균형을 가져온다—와 더불어, 축귀와 다른 종류의 치유 사이의 차이를 이처럼 모호하게 만드는 모습은 누가가 사도행전 10:38에서 "그가 두루 다니시며 선한 일을 행하시고(εὐεργετῶν)[20] 마귀에게 눌린 모든 사람을 고치셨다"고 묘사한 구절에 압축되어 있다. [21] 결국 이 표현은 예수의 사역의 한 중요한 부분인 축귀에 주의를 끌 뿐만 아니라 일반화된 언급("마귀에게 눌린 모든 사람")을 통해 귀신의 영향이 "귀신 들림"보다 더 넓음을 암시한다. 즉 누가에게 있어서 모든 병이 귀신에 의해 초래되는 것은 아니지만[22](참조. 눅 13:10-17)[23] 모든 병은 귀신적인 차원을 갖고 있다(악하다). 결국 누가가 보기에는 모든 치유에서 하나님의 대적이 제압당한다.[24]

예수와 관련된 누가의 전승을 이렇게 읽으면 우리는 사도행전에 나타난 초기 그리스도인들 가운데서의 축귀의 중요성에 좀 더 민감해진다. 우선 우리는 사도행전에서도 누가복음에서와 마찬가지로 모든 치유는 하나님의 대적이 패배했음을 암시하는, 축귀와 치유 사이의 균형 잡기와 구별 모호하게 하기를 발견한다. 예를 들어 누가는 예루살렘 부근의 많은 사람이 베드

---

20 Luke Timothy Johnson, *The Acts of the Apostles* (SP 5; Collegeville; MN: Michael Glazier / Liturgical Press, 1992), 192는 Philostratus, *Vit. Apoll.* 8.7이 아폴로니오스에 대해 "은인"이라는 말을 사용한다는 점을 언급한다.

21 추가로 Leo O'Reilly, *Word and Sign in the Acts of the Apostles: A Study in Lucan Theology* (Rome: Editrice Pontifical Universita Gregoriana; 1987), 217과 Twelftree, Miracle, 178-81에 수록된 논의를 보라.

22 예컨대 눅 5:12-16; 17:11-19에 나오는 나병 환자 치유에는 귀신에 대한 언급이 없다.

23 Twelftree, *Miracle*, 179도 같은 입장이다. John Christopher Thomas, *The Devil, Disease, and Deliverance: Origins of Illness in New Testament Thought* (JPTSup 13; Sheffield: Sheffield Academic, 1998), 225-26과 대조하라.

24 Graham H. Twelftree, *Christ Triumphant: Exorcism Then and Now* (London: Hodder & Stoughton, 1985), 104.

로에게 "병든 사람과 더러운 귀신에게 괴로움 받는 사람을 데리고 와서 다 나음을" 얻는(ἐθεραπεύοντο, 행 5:16) 모습을 묘사한다. 이처럼 구별을 모호하게 하기는 "표적과 기사"라는 어구에서도 나타난다. 누가가 예수에 대해 사용한 "기사와 표적"(2:22)이라는 어구에 축귀가 포함된 것처럼, 독자들은 예수의 제자들의 "기사와 표적"에 축귀가 포함되었다고 생각했을 것이다.[25] 우리에게는 이 또한 초기 그리스도인들의 활동 중에서 축귀를 중요하게 보는 누가의 관점을 확증해준다는 점이 중요하다.

누가는 초기 그리스도인들에게 축귀가 중요했음을 보여주는 좀 더 직접적인 또 다른 신호를 준다. 초기 그리스도인들의 활동에 대한 누가의 요약은 이 점을 가장 분명하게 보여준다(행 5:12-16; 특히 8:4-8). 그리고 예수의 사역에서 축귀와 하나님 나라가 아주 긴밀하게 연결되어 있으므로, 누가가 초기 그리스도인들이 하나님 나라를 전파했다고 말할 때 독자들은 그 안에 축귀가 포함되어 있다고 생각할 수 있었다.[26] 이어서 몇몇 대목에서 축귀가 계속 중요한 위치를 차지하고 있다는 점이 명시적으로 서술된다. 첫째, 축귀는 빌립의 활동에 포함된 것으로 나타난다(그리고 맨 먼저 언급된다). 누가는 무리가 빌립의 말을 경청하고 빌립이 행한 표적을 듣고 보았다고 말한 뒤 "많은 사람에게 붙었던 더러운 귀신들이 크게 소리를 지르며 나갔기" 때문(γάρ)이라고 설명한다(8:7). 둘째, 사도행전 16:16-18에는 바울과 관련된 축귀 이야기가 나온다. 셋째, 축귀는 사도행전 19:11-12에 나오는 바울의 사역에 대한 요약에 언급되어 있다. 누가가—짧게—"하나님 나라 전파"라고 부르는 것에서 축귀가 중요한 위상을 차지하고 있음에 비추어, 우리는

---

25 행 2:43; 4:30; 5:12 (참조. 5:16); 6:8을 보라. 참조. 8:6-7, 13; 5:12의 "표적과 기사"; 14:3. 3장 각주 55에서처럼 우리는 이 어구들에서 "표적"이나 "기사"에 어떤 특정한 의미나 구별되는 의미를 부여할 필요가 없다는 점에 주목한다. Otto Bauemfeind, *Die Apostelgeschichte* (THKNT 5; Leipzig: A. Deichert, 1939), 80을 보라.

26 행 8:12 (참조. 8:7); 19:8 (참조. 19:12); 20:25; 28:23; 31을 보라.

누가가 예수에 대해 말하는 내용을 통해 축귀의 의미를 설명하는 일에 관심을 돌릴 수 있다.

b. 예수: 축귀의 의미

누가에게 예수의 축귀는 하나님의 강력한 임재의 도래 또는 하나님 나라의 도래이자 그와 관련된 사탄의 패배다. 이 점은 누가복음 11:20에서 설명된다. "그러나 내가 만일 하나님의 손을 힘입어 귀신을 쫓아낸다면 하나님의 나라가 이미 너희에게 임하였느니라." 그 뒤에 강한 자 비유가 이어진다(눅 11:21-22). 이 비유는 축귀 비유일 개연성이 높으므로[27] 이 비유 또한 하나님 나라의 도래와 사탄의 패배를 관련시킨다. 누가는 이러한 사탄의 패배가 예수의 축귀를 통해 드러나는 것으로 이해했다.

누가는 우리에게 하나님 나라의 도래와 사탄의 패배가 축귀에 대한 자신의 관점의 핵심임을 보여주는 다른 신호들도 제시한다. 첫째, 누가는 자기보다 앞선 Q와 마가처럼 ἐκβάλλω("내가 쫓아낸다")라는 단어를 사용하는데,[28] 이 단어는 70인역에서 하나님의 목적이 성취되도록 원수가 쫓겨나는 것과 관련이 있다(위의 4.7 단락을 보라). 또 누가는 ἐπιτιμᾶν("꾸짖다")이라는 단어를 사용하는데,[29] 이 단어는 70인역에서 멸망을 가져오는 하나님의 꾸짖는 말과 관련이 있다.[30] 그러므로 누가의 독자들은 예수의 축귀에서 하나님의 목적이 성취될 수 있도록 하나님의 원수인 사탄이 패배하고 있다[31]고 이

---

27 Graham H. Twelftree, *Jesus the Exorcist: A Contribution to the Study of the Historical Jesus* (WUNT 2.54; Tübingen: Mohr Siebeck; Peabody, MA: Hendrickson, 1993), 111-13.

28 눅 11:14-15, 18, 19-20 (참조. 마 12:27-28); 13:32을 보라. 참조. 9:40, 49. 막 1:34, 39; 3:22; 7:26도 보라.

29 참조. 눅 4:35, 39, 41; 8:24; 9:21, 42; 18:39.

30 다음 글을 보라. Ethelbert Stauffer, "ἐπιτιμάω," *TDNT* 2:624.

31 눅 4:35, 39, 41; 9:42을 보라.

해했을 것이다. 둘째, 귀신 들려 앓는 여인 이야기에서도 누가는 축귀가 사탄의 패배라는 관점을 밝힌다. 누가는 이 여인이 질병에서 놓였다고 말하고 또 사탄의 매임에서 풀려났다고 말한다(눅 13:11-12, 16).[32] 셋째, 출애굽기 3:20, 7:4-5, 8:19, 15:6과 같은 구절에 비추어보면 누가는 "손가락"이라는 표현을 사용하면서 하나님이 이스라엘을 결박에서 해방할 때 사용한 기적들과 하나님이 예수 안에서 사람들을 사탄의 결박에서 풀어준 기적 사이의 유사성을 제시하고 싶었을지도 모른다.[33] 그러나 누가는 예수의 축귀가 사탄의 최종적인 패배라고 묘사하지는 않는다.[34] 예수의 사역이 끝날 즈음에 사탄은 여전히 활동하고 있고 유다에게 들어갔을 뿐만 아니라(눅 22:3) 시몬을 요구했다고 묘사된다(22:31). 그리고 사도행전에서 사탄은 아나니아의 마음에 가득했고(행 5:3), 바울의 사역은 이방인들을 사탄의 권세에서 구해내는 것이었다(26:18; 참조. 10:38).[35]

예수의 축귀는 하나님 나라의 도래 및 사탄의 패배일 뿐만 아니라 하나님의 일이라고도 불리며(참조. 눅 8:39 ‖ 막 5:19),[36] 하나님이 자기 백성에게 구원을 가져오겠다는 약속을 성취하는 데도 공헌한다.[37] 나아가 예수의 제자들의 축귀도 그와 비슷하게 간주되며[38] "기사와 표적"의 일부로서 구원

---

32 M. Dennis Hamm, "The Freeing of the Bent Woman and the Restoration of Israel: Luke 13.10-17 as Narrative Theology," *JSNT* 31 (1987): 23-44.

33 참조. 눅 13:16; James D. G. Dunn, *Jesus and the Spirit* (London: SCM; 1975), 46.

34 참조. 눅 8:31-33. 이 구절에 대해서는 Twelftree, *Miracle*, §5.16을 보라.

35 행 5:16; 8:7; 16:16-18; 19:11-20.

36 더 자세한 내용은 Twelftree, *Christ Triumphant*, 101-2를 보라.

37 누가-행전에서의 "구원"에 대해서는 예컨대 다음 문헌들을 보라. Ralph P. Martin, "Salvation and Discipleship in Luke's Gospel," *Int* 30 (1976): 366-80; Neal Flanagan, "The What and How of Salvation in Luke-Acts," in *Sin, Salvation, and the Spirit* (ed. Daniel Durken; College ville, MN: Liturgical Press, 1979), 203-13; Joel B. Green, "'The Message of Salvation' in Luke-Acts," *ExAud* 5 (1989): 21-34; Mark Allan Powell, "Salvation in Luke-Acts," *WW* 12 (1992): 5-10.

38 참조. 눅 4:36과 9:1. 행 4:30; 19:12도 보라.

(σῴζω, 행 2:47)과 연결된다.[39]

예수의 축귀가 예수에 대해 갖는 의미나 중요성의 또 다른 측면이 여러 번 언급된다. 예수는 하나님의 일을 할 때, 또는 아마도 하나님으로서 일할 때 영웅적으로 묘사될 뿐만 아니라, 질병에 대해 매우 동정 어린 반응을 보이는 모습으로 묘사되어 이야기들에 연민의 정이 더해진다. 예를 들어 거라사의 귀신 들린 사람은 그 도시 출신이지만 집도 없고 옷도 없는 사람으로 묘사된다(눅 8:27 ∥ 막 5:3-4). 간질을 앓는 소년의 치유에 대한 보도에서 누가는 그 이야기를 변경해서 그 소년을 "외"(μονογενής)아들로 묘사하고 아이의 아버지가 예수와 제자들에게 도와 달라고 "소리 질러"(βοάω) 간청(δέομαι)한다고 묘사한다(막 9:17 ∥ 눅 9:38). 누가복음에서 예수는 이 소년을 "그"(αὐτός)라고 부르지 않고 네 "아들"(υἱός, 막 9:19 ∥ 눅 9:41)이라고 부르며, 이어서 누가는 예수가 치유된 아이를 그 아버지에게 도로 주었다고 덧붙인다(눅 9:42). 이러한 창의성을 통해 누가는 일차적으로 예수께—예수가 능력이 있고, 귀신들이 그에게 복종하며, 그가 모든 것을 알 뿐만 아니라 동정적이라는 점에—초점을 맞추고 있다. 그러나 예수가 초기 그리스도인들의 삶과 사역의 모범이기 때문에 그들의 사역도 사탄의 패배 및 구원을 가져오는 하나님의 강력한 임재의 도래와 관련지어져야 할 뿐만 아니라 깊이 동정하는 사역이 되어야 했다.

c. 예수: 축귀 방법

방법에 대해 폭넓게 이해하는 나는 이미 다른 곳에서 누가가 예수의 기적을 "능력"(δύναμις) 덕분으로 돌리고 "영"(πνεῦμα)을 예수의 선포의 원천으로 유보해둔다는 견해에 반대했다. 누가가 보기에 복음 전파의 경우와 마찬가지

---

39   추가로 Twelftree, *Miracle*, §6.5를 보라.

로 기적은 직접 성령이나 성령의 능력에 기인한다.[40] 나는 또한 다른 곳에서 존 헐이 누가-행전은 "마술에 관통된 전승"[41]이라고 말함으로써 논점을 흐려 놨다고 주장했다. 마술에 대한 헐의 넓은 정의는 고대 이집트부터 중세시대 교회까지 도처의 자료에서 나온 개념들로 채워지며[42] 천사, 귀신, 축귀에 대한 어떤 종류의 믿음이라도 다 포함한다.[43] 그럼에도 누가에게 δύναμις는 비인격적으로 작용하며 어떤 신자의 접촉에도 반응하는 초자연적인 힘과 같은 자극[44]이라는 헐의 말은 거의 정확하다.[45]

왜냐하면 눅 5:17("병을 고치는 주의 능력이 예수와 함께 하더라")과 8:46("내게 손을 댄 자가 있도다")에서 δύναμις는 즉각적이고 비인격적으로 작용하며 예수의 인식이나 승인이 없이도 믿는 모든 사람의 접촉에 반응하기 때문이다. 이 점은 예수가 능력의 가용성의 변화를 경험한다는 누가의 관점에 있어서만 중요한 것이 아니다.[46] 그것은 아마도 우리가 초기 그리스도인들의 축귀를 포함한 경험에 대한 누가의 관점을 이해하는 데도 중요할 것이다. 누가는 예수의 제자들에게 이러한 δύναμις가 주어졌다고 이해한다(눅 9:1).

---

40 Twelftree, *Miracle*, §6.2를 보라.
41 John M. Hull, *Hellenistic Magic and the Synoptic Tradition* (SBT 2.28; London: SCM, 1974), 6장. 추가로 Twelftree, *Miracle*, §6.4를 보라.
42 Max Turner, "The Spirit and the Power of Jesus' Miracles in the Lucan Conception," *NovT* 33 (1991): 136-37과 각주 33.
43 Howard C. Kee, Miracle and Magic in New Testament Times (Cambridge: Cambridge University Press; 1986), 114도 같은 견해를 보인다. 마술의 정의에 관해서는 다음 문헌들을 보라. Twelftree, *Exorcist*, §24; Graham H. Twelftree, "Jesus the Exorcist and Ancient Magic," *A Kind of Magic: Understanding Magic in the New Testament and Its Religious Environment* (ed. Michael Labahn and Bert Jan Lietaert Peerbolte; European Studies on Christian Origins; LNTS 306; London and New York: T&T Clark, 2007), 57-86에 수록된 글.
44 Hull, *Magic*, 105.
45 그러나 이 δύναμις의 개념은 마술적인 기적에 대한 보편적인 모든 개념에서 찾을 것이 아니라 70인역에서 찾아야 한다. E. P. Sanders and Margaret Davies, *Studying the Synoptic Gospels* (London: SCM; Philadelphia: TPI, 1989), 281도 같은 입장이다.
46 Hull, *Magic*, 107, 115는 아무 증거 없이 이 관점을 역사적 예수에게 돌린다.

사도행전에서 누가는 δύναμις가 관찰자들이 보기에 예수께 작용하는 것과 똑같은 방식으로 작용하는 것처럼 보인다고 묘사한다. 예를 들어 마술사 시몬이 믿고 표적과 큰 능력을 보고서 크게 놀랐을 때 그는 자기 손을 통해 성령을 나누어줄 권위를 얻기 위해 돈을 주겠다고 제안했다(행 8:19). 그러나 누가는 "네 은과 네가 함께 망할지어다!"(8:20)라고 말하는 베드로를 통해 이러한 관점을 바로잡는다. 그러므로 우리는 힐의 δύναμις에 대한 개념을 보충해야 한다. 그것은 즉각적이고 비인격적으로 작용하는 초자연적 능력과 비슷한 실체 이상이기 때문이다. 그것은 믿음을 통한 치유를 위해서 받은 하나님의 영의 강력한 임재다.[47] 우리는 사도행전을 살펴볼 때 초기 그리스도인들 사이의 축귀 방법에 대해 누가가 하는 말을 더 많이 알게 될 것이다.

d. 축귀자들로서의 예수의 제자들

사도행전의 처음 부분에 나오는 이야기들이 열두 제자를 초기 그리스도인들의 삶에서 중요하고(참조. 행 1:24-25) 주도적인 역할을 하는 이들로 묘사한다는 점에서 누가의 독자들은 그가 자기의 복음서에서 그들에 대해 묘사한 내용을 떠올리도록 자극을 받는다(참조. 눅 1:1-2). 축귀에 대한 우리의 관심과 관련해서 우리가 누가복음에서 맨 처음 고찰할 내용은 열두 제자의 부름과 사명이다(9:1-11). 그들의 부름과 위임 사이의 기간(6:13-7:50)에 예수와 그의 사역의 성격이 확립될 뿐만 아니라(7:18-50을 보라) 더 넓은 제자 집단(또는 무리)도 예수의 가르침(6:17-49; 특히 6:17, 20, 40)을 듣고 예수가 죽은 자를 살리는 모습을 목격하는 것으로 묘사된다(7:11-17; 특히 11절). 그러고 나서 누가는 8:1부터 관심의 초점을 열두 제자로 좁힌다. "예수께서 각

---

47 Twelftree, *Miracle*, 172.

성과 마을에 두루 다니시며 하나님의 나라를 선포하시며 그 복음을 전하실 새" 열두 제자가 동행했다고 명시적으로 진술된다(8:1). 따라서 열두 제자는 파송되기 전에(9:1-2) 예수가 하나님 나라에 대해 선포하고(8:10) 제자도의 참된 성격은 하나님의 말씀을 듣고 행하는 것이라고 선언하는 것을 들었으며(8:11, 15; 참조. 8:39), 예수가 귀신들을 쫓아내고(8:26-39) 어떤 여성의 혈루병을 고치고(8:40-48) 죽은 소녀를 살리는(8:49-56) 모습을 본 것으로 나타난다.

열두 제자들은 사명을 위임받을 때 예수가 전파한 것("하나님 나라", 눅 9:2; 참조. 8:1)을 전파하고 예수가 그랬던 것처럼 환자를 치유하라는 말을 들으며(9:1, 6), 예수처럼 귀신들을 제어할 권위를 받는다(9:1). 누가복음 9:1의 앞에 나온 이야기들에 비추어보면 이 권위와 능력이 크다는 점을 알 수 있는데, 특히 다른 사람들은 고칠 수 없다는 점에 비추어보면 제자들이 받은 권위와 능력이 얼마나 큰지 명백하다(8:43).

누가가 열두 제자를 교회의 기초와 지도자로 묘사한다는 점을 고려하면 이 점은 확실히 초기 그리스도인들 사이의 축귀에 대한 누가의 관점과 직접적인 관련이 있다. 예수가 제자 중에서 열둘을 "택하여"(ἐκλέγομαι)[48] 그들을 "사도들"(ἀπόστολοι)[49]이라고 불렀다는 누가의 말(6:13)로 미루어 독자들은 아마도 이 열두 제자가 특별한 지도자의 지위를 가졌다고 이해할 것이다. 그들이 초기 교회의 생활에서 핵심을 형성했다는 점을 우리가 주목하면

---

48 이 단어는 눅 6:13; 9:35; 10:42; 14:7에 나온다. 9:35을 주목하라. 여기서는 예수가 선택된 것에 대해 ἐκλέγω가 사용된다. 참조. 행 1:2, 24; 6:5; 13:17; 15:7, 22, 25. 여기서는 각 경우에 선택된 이들이 특별한 지도자의 역할을 맡게 된다. Gottlob Schrenk, "ἐκλέγομαι," TDNT 4:174를 보라.

49 눅 11:49과 행 14:14에서 좀 더 광범위하게 사용되는 경우를 제외하고, 누가는 ἀπόστολος라는 단어를 열두 제자에 대해 사용한다. 눅 6:13; 9:10; 11:49; 17:5; 22:14; 24:10; 행 1:2, 26; 2:37, 42, 43; 4:33, 35, 36; 37; 5:2, 12, 18, 29, 40; 6:6; 8:1, 14, 18; 9:27; 11:1; 14:4, 14; 15:2; 4, 6, 22, 23; 16:4.

이 점이 확인된다(행 1:15-2:1; 2:14, 37). 그리고 열두 제자도 예수처럼 권위(ἐξουσία)[50]뿐만 아니라 귀신을 쫓아내고 병을 고치는[51] 능력(δύναμις)[52]도 부여받으며, 하나님 나라를 전파하도록 보냄을 받는다.[53]

e. 칠십(칠십 이) 인[54]

칠십(칠십 이) 인의 부름과 사명 이야기도 초기 그리스도인들 사이에서의 축귀에 대한 누가의 관점을 직접적으로 조명해주기 때문에 중요하다(눅 10:1-12, 17-20). 누가는 전도 이야기 두 개를 기록한 유일한 복음서 저자다. 누가는 왜 제자들을 파송한 이야기를 해 놓고 유사성이 많은 또 다른 이야기를 하는가? 그 답은 누가가 의사소통 수단으로 절정의 병행(climactic parallelism)의 한 패턴을 사용한다는 개념에서 발견할 수 있을 것이다.[55] 즉 이와 병행하는 열두 제자의 부름과 사명 이야기가 예수가 그의 제자들의 전도의 모델이라는 점에 주의를 집중시킨다면, 이 이야기는 그 전도의 범위와 성격에 주의를 집중시킨다.

누가가 방금 전도에 대해 이야기했으므로(눅 9:1-6, 10) 10:1에 나오는 "다른" 사람들은 아마도 열두 제자의 사명과 대조—특별히 부활 전 예수의 전도와 관련된 이들과 부활 후 예수의 전도와 관련된 이들 사이의 대조—를 이루도록 의도되었을 것이다. 따라서 "칠십"이라는 숫자는 모세에 의해 임

---

50 막 6:7에서도 마찬가지다. 눅 4:32, 36; 5:24도 보라.

51 눅 4:14, 36; 5:17; 6:19; 8:4을 보라.

52 참조. 눅 4:14, 32, 36; 5:17; 6:19; 7:1-10; 8:46; 20:1-8.

53 참조. 눅 4:43; 8:1; 16:16. 4:18-19도 보라.

54 δύο의 위상에 관해서는 다음 문헌들을 보라. Bruce M. Metzger, "Seventy or Seventy-two Disciples," *NTS* 5 (1959): 299–306; 그리고 Bruce M. Metzger, *A Textual Commentary on the Greek New Testament* (2nd ed.; New York: American Bible Society, 1994), 126–27.

55 Helmut Flender, *St. Luke, Theologian of Redemptive History* (trans. Reginald H. and Ilse Fuller; London: SPCK, 1967), 20-22를 보라.

명된 이스라엘의 칠십 장로(민 11:16)[56] 및 그들의 역할이 지닌 행정적 성격을 모델로 삼은 것일 수도 있지만, 이것이 누가복음 10장의 배경이 되었을 것 같지는 않다. 지도력이 이 이야기의 주된 주제는 아니기 때문이다. 오히려 전도가 이 이야기의 주요 주제임을 감안하면 "칠십"이라는 숫자는 아마도 (당시) 칠십 개라고 여겨진 세상의 나라들을 상징할 것이다(창 10장, 민족들의 목록;[57] 참조. 출 1:5; 「에녹1서」89:59-60). 따라서 누가는 아마도 더 넓은 세상을 향한 교회의 보편적 전도를 미리 보여주는 듯하다.[58] 이 이야기의 다른 몇 가지 사항들도 이 점을 확인한다.

첫째, 누가복음 10:2에서 전도는 추수(θερισμός)에 비유되는데, 신약성경의 모든 저자[59]는 이 단어를 종말론적 추수에 대한 비유로 사용했다.[60] 따라서 이 이야기에서 하나님이 더 넓은 세상에서 자기 백성을 모으는 종말론적 추수(사 27:12; 참조. 창 15:18)는 이제 부활 후에 예수의 제자들에게 주어진 임무다(참조. 눅 10:12; 유 7).

둘째, 누가복음 10:3에서 예수는 "내가 너희를 보냄이 어린 양을 이리 가운데로 보냄과 같도다"라고 말한다. 이리와 양이 평화롭게 함께 사는 비유도 종말과 관련된다(사 11:6; 65:25). 그러나 양이 이리로 인해 위험에 처한 모습은 아마도 땅의 열방 가운데서 무방비상태로 노출된 제자들을 상징할

---

56 추가로 다음 글을 보라. Karl H. Rengstorf, "ἑπτά," *TDNT* 2:634를 보라.

57 창 10장에서 마소라 텍스트는 노아의 손자 70명을 나열하고 70인역은 72명을 나열한다. 마소라 구절과 70인역의 이러한 차이는 눅 10:1의 텍스트상의 어려움을 설명해준다.

58 Rengstorf, "ἑπτά," *TDNT* 2:634; Flender, *Luke*, 23; I. Howard Marshall, *The Gospel of Luke* (Exeter, UK: Paternoster, 1978), 415.

59 마 9:37 ∥ 눅 10:2; 요 4:35; 마 13:30, 39; 막 4:29; 계 14:15. 요 4:35과 공관복음 전승의 관계에 대해서는 예컨대 C. H. Dodd, *Historical Tradition in the Fourth Gospel* (Cambridge: Cambridge University Press, 1963), 392-94를 보라.

60 Friedrich Hauck, "θερίζω, θερισμός," *TDNT* 3:133. 배경은 사 27:12; 욜 3:13; 「바룩2서」70:2을 보라. 참조. 사 17:5; 18:4-5; 렘 8:20; 51:33; 호 6:11.

것이다(참조. 행 20:28-29; 「솔로몬의 시편」 8:23, 30).[61] 우리는 여기서 예수가 하나님의 어린 양이었던 것처럼(참조. 행 8:32, 35; 사 53:7) 이제 제자들도 보냄을 받은 양들이라는 점에서 누가의 대구법의 또 다른 측면을 본다.[62] 그러므로 누가는 칠십(칠십 이) 인을 보내는 이 이야기를 예수와 사도들의 활동에 기반을 두고 그것을 본보기로 삼은 것으로(특히 눅 9장) 들려줄 뿐만 아니라, 교회의 전도의 본질을 설명하기 위해 그것을 미리 보여주는 한 방법으로 이 이야기를 들려준다.

예수의 사역과 마찬가지로 그들의 사명은 병자를 고치고 "하나님의 나라가 너희에게 가까이 왔다"[63]라고 말하는 일로 구성된다. 사명의 위임에 축귀는 언급되어 있지 않지만(눅 10:9; 참조. 9:1-2) 누가는 축귀가 교회의 사명의 일부라고 전제한다. 칠십(칠십 이) 인은 하나님 나라를 전파해야 하는데, 하나님 나라는 축귀를 수반하며, 그들의 귀환 보고는 축귀에 초점을 맞춘다(10:17). 그러나 예수의 제한된 전도와 대조적으로—누가복음이(눅 9:17-18) 예수가 이방 땅에 있는 구절인 막 6:45-8:26을 어떻게 생략하는지 주목하라[64]—교회의 전도는 보편적이어야 하며(참조. 눅 10:2b, 16;[65] 행 1:8) 우리가 주목하는 목적상으로는 축귀를 포함한다.

---

61 참조. *Midr. Tanḥ. Toledot* (generations) 32b: "하드리아누스가 랍비 여호수아에게 말했다[기원 후 90년경]: 70마리의 이리들[백성들] 가운데서 살아남을 수 있는 양[이스라엘]에게는 무언가 대단한 것이 있다. 그는 이렇게 대답했다: 그 양을 구원하시고 지켜보시며 그들[이스라엘 앞에서 저들[이리들]을 멸하시는 목자는 위대합니다." Joachim Jeremias, "ἀρήν," *TDNT* 1:340에서 인용함. 독자들에게 보호 또는 돌봄을 보장하는 눅 10:19를 주목하라.

62 따라서 제자들이 "둘씩" 보내진 이유 중 하나는 동료애로 볼 수 있을 것이다. 눅 7:19; 행 13:2; 15:27, 39, 40; 17:14; 19:22에 나오는 누가의 짝짓기를 보라. 참조. 전 4:9-12. 신 19:15의 증인의 원칙도 관련이 있을지 모른다.

63 눅 10:9, 11. 참조. 행 1:3; 8:12; 19:8; 20:25; 28:23, 31.

64 추가로 John Drury, *Tradition and Design in Luke's Gospel* (London: Darton, Longman & Todd, 1976), 96-102를 보라.

65 Marshall, *Luke*, 416을 보라.

f. 칠십(칠십 이) 인의 귀환

칠십(칠십 이) 인의 귀환(눅 10:17-20)에서 누가는 자신의 축귀에 대한 이해의 또 다른 세 가지 중요한 측면을 전달하는데, 축귀에 대한 그의 이해는 초기 그리스도인들 사이에서의 축귀에 대한 그의 관점과 관련이 있다. 첫째, 누가는 독자들에게 축귀의 기능 또는 의미에 대해 말한다. "예수께서 이르시되, 사탄이 하늘로부터 번개같이 떨어지는 것을 내가 보았노라. 내가 너희에게 뱀과 전갈을 밟으며 원수의 모든 능력을 제어할 권능을 주었으니 너희를 해칠 자가 결코 없으리라"(10:18-19). 사탄이 "떨어지는"(πεσόντα, 행동 시점을 가리키는 부정과거 분사) 기간이나 때에 대한 이해는 주동사인 "내가 보았노라"(ἐθεώρουν, 미완료 시제)의 지배를 받는데 이 시제는 지속적이고 오래 이어지는 행동을 가리킨다. 따라서 우리는 여기서 누가의 의도를 "사탄이 하늘로부터 번개같이 떨어지는 것을 내가 보고 있었노라"라고 번역할 수 있을 것이다.

달리 말하자면 누가는 사탄의 몰락이 지속적이며 초기 그리스도인들의 축귀 사역과 관련이 있다고 보았다.[66] 예수께 귀신을 쫓아내고(눅 4:36) 질병을 고치는(참조. 5:24; 7:8, 10; 20:1-8) 권위가 있었듯이, 그리고 사도들이 귀신들을 제어할 권위(9:1), 사탄을 물리칠 권위를 받았듯이, 초기 그리스도인들에게도 사탄의 예비적인 패배에 개입할 동일한 권위가 부여되었다. 이러한 사탄의 몰락이 "번개같이"라는 말로 묘사된다고 해서(10:18)—특히 우리가 방금 말한 내용의 맥락에서—반드시 오늘날의 독자들에게 그렇게 느껴질 수도 있듯이 그 몰락이 "신속함"[67]을 의미하는 것은 아니다. 그것은 아마

---

66 참조. W. F. Arndt, *Luke* (St. Louis: Concordia, 1956), 285.
67 다음 문헌들의 견해와 반대된다. Werner Foerster, "ἀστραπή," *TDNT* 1:505; BDAG, "ἀστραπή."

도 선명하고 극적이며 분명하다는 의미일 것이다.[68] 뱀[69]과 전갈[70] 및 원수에 대한 언급(참조. 마 13:25; 롬 16:20; 벧전 5:8)은 초기 그리스도인들의 활동에 전투적 측면이 있음을 강조한다. 따라서 그들에게 아무런 해도 닥치지 않을 것이라는 격려가 나와도 이상한 일이 아니다(눅 10:19).

둘째, 이 이야기에서 우리가 축귀 방법에 관해 발견하는 내용은 거의 없다. 그러나 돌아온 제자들이 "주의 이름이면 귀신들도 우리에게 항복하더이다(ὑποτάσσω; 참조. 눅 2:51)"라고 한 말에 유용한 단서가 담겨 있다. 귀신들(또는 원수들; 참조. 10:19)이 칠십(칠십 이) 인에게 항복했다는 것은 단순히 귀신들이 복종했다는 뜻이 아니라 그들의 권리나 의지를 포기했다는 뜻이다.[71] 동사 ὑποτάσσω는 흔히 군사적인 의미가 있었으므로[72] 전체 어록의 문맥에서 누가를 통해 대표되는 초기 그리스도인들은 아마도 자신들이 예수(의 권위)를 통해 귀신들과 대결하고 있다고 이해했을 것이다.[73] 귀신들에 대한 이러한 통제는 제자들 자신의 능력-권위를 토대로 이루어진 것이 아니었다. 이것은 비록 예수가 "하나님의 손을 힘입어"(눅 11:20) 귀신을 쫓아냈다고 선포했지만 실제로는 자신의 능력-권위에 의존한 것처럼 보이는 예수의 독특한 축귀 방법과 뚜렷이 대조된다.[74]

즉 예수가 초기 그리스도인들의 본보기이기는 하지만 누가는 제자들이 귀신들을 굴복시키기 위해 그들 자신의 능력-권위를 사용하는 것이 아니

---

68   참조. 예컨대 단 10:6; 마 24:27; 28:3; 눅 11:36; 17:24; 계 4:5; 8:5; 11:19; 16:18.

69   고후 11:3; 계 12:9; 14-15; 20:2을 보라.

70   눅 11:12; 계 9:3, 5, 10; 참조. 시 91:13(70인역 90:13).

71   Gerhard Delling, "ὑποτάσσω," TDNT 8:40; 참조. 8:41.

72   왕상 10:15 ‖ 대하 9:14(70인역); 에 3:13a(70인역); Josephus, C. Ap. 1.119; 마카베오 2서 8:9; 22; 「마카베오 3서」 1:7.

73   이러한 귀신과의 대결과 축귀자(또는 "마술사")에 대한 귀신의 굴복은 알려진 귀신 통제 방법이었다. 예컨대 PGM V.164-166을 보라: "모두…복종하도록 모든 귀신을 내게 굴복시켜라." 참조. IV.3080. "그러면 모든 귀신과 영이 네게 굴복할 것이다."

74   눅 4:35; 8:29; 9:42을 보라. 참조. 13:12. 참조. 위의 2.5 단락.

라 예수(의 이름)를 통해 귀신들을 대적해야 했다는 개념을 제시하고 있다(행 16:18을 보라). 따라서 누가의 안내에 따르면, 축귀 방법에 있어 초기 교회는 어떤 은사자의 고유한 능력-권위를 사용하기보다는 어떤 더 큰 능력-권위의 원천에 의해 귀신을 쫓는 당대의 "마술적인" 방법을 사용하는 쪽으로 돌아간 셈이다(위의 2.1 및 2.2 단락을 보라).

칠십(칠십 이) 인의 귀환 이야기에서 발견되는, 초기 그리스도인들 사이의 축귀에 대한 누가의 이해에서 세 번째 중요한 측면은 다음과 같은 진술이다. "그러나 귀신들이 너희에게 항복하는 것으로 기뻐하지 말고 너희 이름이 하늘에 기록된 것으로 기뻐하라"(눅 10:20). 여기서 누가는 축귀를 지나치게 열광적으로 기뻐하는 것에 대해 우려했을 수도 있다. 누가가 앞부분부터 축귀에 초점을 맞춘 마가복음의 입장을 누그러뜨린 점과 축귀를 예수의 사역의 다른 측면들과 균형을 맞추고 축귀와 다른 측면들 사이의 구별을 흐리게 한 점을 종합하여 해석하자면, 이는 누가가 독자들에게 축귀는 교회의 사역에서 핵심적이고 중요한 부분이기는 하지만 이것을 균형 잡힌 시각으로 바라봐야 한다는 신호를 보내고 있는 것일지도 모른다. 핵심적으로 중요한 문제는 그들의 이름이 하늘에 기록되었다는 것(참조. 눅 13:23-24)과 그들이 하나님의 백성의 일부라는 것이다(참조. 출 32:32-33; 시 69:28; 단 12:1).

요컨대, 예수의 부활 전에 있었던 두 차례의 전도 이야기에 관한 이 단락들에서 누가는 예수를 모델로 삼으면서 초기 그리스도인들이 "하나님 나라를 전파하는" 사역에 축귀를 포함시킬 근거—사실은 명령—와 그러한 사역을 위한 패턴 모두를 갖고 있다는 관점을 표현했다.

6.3 누가와 초기 교회에서의 축귀

누가가 예수와 관련된 이야기들을 통해 초기 교회에서의 축귀에 대해 하려는 말을 살펴보았으니 우리는 누가가 그의 두 번째 책에서 좀 더 직접적으로 하는 말에 관심을 기울일 수 있다. 영적 능력을 특징으로 하는 책에서 우리가 기대할 수도 있는 바와 달리 누가복음과 비교하면 사도행전에서 축귀가 눈에 훨씬 덜 띈다는 것은 놀라운 일이다.[75] 그러나 예수가 초기 그리스도인들 사이에서의 축귀 사역의 모범이라면, 이 점은 덜 놀랍다. 누가가 초기 교회에서의 축귀에 대해 하고자 하는 말은 이미 누가복음에서 예수의 제자들의 여러 사역 중 일부로 알려지고 확립되었다. 또한 "표적과 기사"[76] 같은 어구에서 누가의 독자들은 축귀가 제자들의 사역에 포함되었다는 점을 이해했을 것이다. 더 나아가 축귀를 포함한 기적과 "능력"(δύναμις/δυνάμεις)의 관련성을 고려하면, 사도행전에 이런 단어들이 나올 때 누가의 독자들은 축귀를 떠올렸을 것이다.[77] 그러나 사도행전에 축귀에 관한 자료가 비교적 적다는 점으로 미루어볼 때 우리는 최소한 누가의 관점에서는 축귀가 초기 교회 사역의 가장 중요한 부분이라고 생각할 수 없다. 우리가 누가복음에서 배운 내용뿐만 아니라 사도행전에 나오는 누가의 몇몇 이야기들은 우리로 하여금 누가가 초기 그리스도인들 사이의 축귀에 대해 어떻게 생각하는지에 관한 개념을 형성할 때 특별한 주의를 기울이도록 요구한다.

---

75   Rick Strelan, *Strange Acts: Studies in the Cultural World of the Acts of the Apostles* (BZNW 126; Berlin and New York: de Gruyter, 2004), 101-2의 논의를 보라.

76   위의 내용을 보고, 여기서 행 2:43; 4:30; 5:12; 6:8; 14:3; 15:12 및 8:6-7을 주목하라. 8:6-7에 대해서는 아래의 논의를 보라.

77   행 1:8; 4:33; 6:8; 8:13을 보라. 19:11에 대해서는 아래의 논의를 보라.

a. 베드로와 사도들(행 5:12-16)

이 요약에서 초점은 (2:42-47에서와 같은) 공동체의 내적인 삶과 예배나 (4:32-37에서와 같은) 공동체 안에서의 상호 돌봄과 부양에 있다기보다는 사도들의 전도에 있다. 누가의 저술에 나타난 병행과 체계(paradigm)에 민감한 독자들은 아마도 이 이야기에서 예수의 사역과 유사한 점을 보았을 것이다. 특히 마지막 절은 사람들이 예루살렘 주변에서 모여들고 병자와 더러운 귀신들에게 괴롭힘당하는(ὀχλέομαι[78]) 사람들을 고쳐달라고 데려오는 것에 관한 내용이다. 이는 예수의 사역의 여러 곳에서 발견되는 내용을 떠오르게 한다.[79] 이처럼 누가는 독자들에게 초기 그리스도인들의 사역은 예수의 모범을 따르고 있다는 결론을 내리도록 권유한다.

이 이야기의 서두에 기록된 표적과 기사에 대한 언급(행 5:12)은 사도행전에서 지금까지 언급된 기적이라는 주제를 한 곳으로 모을 뿐만 아니라 최소한 부분적으로라도 응답되고 있는 4:30의 기도에 주의를 기울이게 한다.[80] 사도행전 4:29-30에서 누가는 초기 그리스도인들이 이렇게 기도하는 것으로 묘사한다. "주여, 이제도…종들로 하여금 담대히 하나님의 말씀을 전하게 하여 주시오며(δός) 손을 내밀어(ἐν) 병을 낫게 하시옵고 표적과 기사가 거룩한 종 예수의 이름으로 이루어지게 하옵소서." 이 기도는 **그들**에게 담대한 말이 부여되고 **또한 주님**도 기적을 행해 달라는 간구가 아니다. 오히려 그들은 하나님이 손을 내밀어 치유와 표적과 기사가 행해지는

---

78 베드로에게 인도된 이들이 더러운 귀신들에게 괴롭힘을 당했다(ὀχλέομαι, 행 5:16)고 말하는 것은 Strelan이 *Strange*, 105에서 제안하듯이 귀신 들림을 복음서에서보다 온건하게 묘사하는 것이 아니다. ὀχλέομαι는 예컨대 토비트 6:8에서 살인적인 귀신에 대해서 사용되었고 요세푸스에 의해서는 역경(Josephus, *C. Ap.* 1.310)과 질병의 공격을 당하는 것(Josephus, *Ant.* 6.217)에 대해 사용되었기 때문이다.

79 눅 4:40; 5:15; 6:18; 7:21을 보라.

80 참조. Conzelmann, *Acts*, 39.

토대 위에서, 또는 그것으로 인해—도구를 나타내는 ἐν("안에서")[81]을 주목하라—그들에게 담대한 말이 부여되기를 간구하고 있다.[82] 달리 말하자면 누가는 초기 그리스도인들의 담대한 말이 치유 및 축귀를 포함한 표적과 기사에 의존하고 있거나 그것들에 토대를 둔 것이라고 본다. 이러한 해석은 아마도 누가가 그들이 계속해서 담대히 말했다(καὶ ἐλάλουν)고 말하기 전에 먼저 모인 곳이 진동했고 그곳에 있었던 이들이 성령이 충만해졌다고 말한다(행 4:31)는 점으로 미루어 즉시 확인될 것이다.[83] 그리고 이곳 요약(5:12-16)에서도 표적과 기사는 더 많은 신자가 "주께로 나아오고"(5:14), 이어서 병자들과 더러운 귀신들에게 괴롭힘을 당한 이들을 데리고 와서 모두 나음을 얻게 한(ὥστε, "~하도록", 5:16) 원인인 것이 분명하다. 요컨대 축귀를 포함한 기적이 초기 그리스도인들이 담대히 말할 수 있는 토대였다.

이 요약 구절의 가장 흥미롭고 어려운 측면은 사람들이 베드로의 그림자가 자신들에게 드리워지는 것을 통해 치유를 받으려고 했다는 개념인데(행 5:15), 5:16에 비추어보면 누가는 이를 기독교적인 축귀 방법으로 받아들인다.[84] 고대 이집트 텍스트들은 "능력 있는" 그림자라는 개념에 익숙하며 때때로 그것들을 신들로 부른다.[85] 좀 더 최근에는 18세기 독일에서 라임나무 그림자가 환자를 치유할 수 있다고 믿어졌다.[86] 피터 반 데어 호르스트는 이 자료 및 다른 고대 자료들[87]을 조사해서 그림자는 한 사람의 "영혼,

---

81 도구를 나타내는 ἐν에 대해서는 BDF §219를 보라. 참조. §195.

82 참조. Barrett, *Acts*, 1:249.

83 Ἐλάλουν; 미완료, "그들은 계속 말했다." 참조. 행 11:20; 19:6.

84 상당히 많은 해석상의 난점들에 대해서는 Barrett, *Acts*, 1:272-73을 보라.

85 Pieter W. van der Horst, "Peter's Shadow: The Religio-Historical Background of Acts 5:15," *NTS* 23 (1976-1977): 206. 그는 Hans Bonnet, *Reallexikon der Ägyptischen Religionsgeschichte* (Berlin: de Gruyter, 1952), "Schatten," 675-76을 인용한다.

86 J. von Negelein, "Bild, Spiegel und Schatten im Volksglauben," *AR* 5 (1902): 17.

87 예컨대 Cicero, *Tusc.* 3.12, 26; Virgil, *Ecl.* 10.75-76; Pliny the Elder, *Nat.* 17.18; 28.69; Dio Chrysostom, *2 Glor (Or. 67)* 4-5; Aelian, *Nat. an.* 6.14; Philostratus of Lemnos, *Her.* 1.3;

영혼의 실체, 영적 본질, 영적 분신, 또는 생명력이나 생명의 힘을 가리키는
데 사용할 수 있는 다른 일체의 용어"로 간주되었다고 결론짓는다. 따라서
한 사람의 그림자와 접촉한다는 것은 그 사람의 생명과 접촉하고 그것의 영
향을 받는다는 것을 의미했다.[88] 그림자의 영향이 키케로, 아울리아누스, 위
(僞)아리스토텔레스 및 대플리니우스에게 (나무 그림자의 특성과 관련해서) 심
각하게 여겨졌다는 사실은 이 개념이 누가의 시대에 통용되었고 누가가 이
요약 구절을 쓸 때 그것에 친숙했음을 암시한다.[89] 여기서 초기 그리스도인
들 사이의 축귀와 관련해서 결론을 내림에 있어 누가가 아마도 더러운 귀신
들에 시달린 사람들이 베드로의 영적 본질 또는 생명력과 접촉했을 때 고
침을 받았다고 이해했을 것이라는 점이 중요하다. 누가는 이 능력이 성령에
의해 베드로와 사도들에게 부여되었다고 보았을 것이다(참조. 5:12).[90] 우리
는 또한 축귀가 다른 기적들과 더불어 초기 그리스도인들이 담대히 말할 수
있는 능력의 토대라는 점도 살펴보았다.

b. 사마리아의 빌립(행 8:4-8)

우리는 솜씨 좋게 구성된 시몬의 이전 활동에 대한 회고를 포함하는 한 이
야기에 나타난 축귀의 위치와 관행에 관한 누가의 관점에 관심이 있다. 우
리는 축귀와 관련해서 진술된 내용에 주목할 때뿐만 아니라 누가가 빌립과
시몬 사이에 설정한 대조—사실은 대결—의 여러 측면들에 주의를 기울일
때에도 축귀의 성격과 역할을 인식할 수 있다. 시몬은 "마술"(μαγεύω, 8:9; 참
조. μαγεία, 8:11)을 행했다고 보도된다. 누가는 이것이 무엇을 의미했는지를

Porphyry, *Antr. nymph.* 26; Ps.-Aristotle, *Mir. ausc.* 145 (157).

88 참조. van der Horst, "Shadow," 207.

89 다음 문헌들에서 언급한 증거를 보라. van der Horst, "Shadow," 207; Edwin M. Yamauchi,
    "Magic in the Biblical World," *TynBul* 34 (1983): 179.

90 참조. 눅 10:19; 24:49; 행 1:8; 2:4.

명시적으로 말하지 않는다. 그럼에도 누가가 독자들로 하여금 시몬의 마술에 예언이 포함되었다고 이해하도록 의도했다는 점은 누가가 마술사 바예수(엘루마)를 거짓 예언자라고 부르는 데서 추론할 수 있다(13:6-8). 시몬의 마술에는 돈거래도 관련되었을 것이다(참조. 8:17-24). 더 나아가 누가가 설정한 경쟁으로 미루어볼 때 이 마술에는 아마도 모종의 기적이 관련되었을 것이다. 이 점에 대한 몇 가지 암시는 누가가 시몬의 마술을 그의 말과 대조하는 데서 감지할 수 있을 것이다. 즉 사마리아 사람들은 "오랫동안 그 마술에 놀랐으므로(διά)" 그의 말을 경청했다. 그러나 빌립이 기적을 행한 것이 우월했다고 묘사된다. 시몬은 믿고 세례를 받은 뒤 "전심으로 빌립을 따라다니며 그 나타나는 표적과 큰 능력을 보고" 놀랐다(8:13).

실제로 군중들은 "많은 사람에게 붙었던 더러운 귀신들이 크게 소리를 지르며 나가고 또 많은 중풍병자와 못 걷는 사람이" 낫는(행 8:7) 것을 듣고 보았기 때문에(γάρ) 빌립의 말을 경청했다고 보도된다. 심지어 하나님 나라의 선포에 대한 언급에서도 독자들은 기적적인 일, 특히 축귀가 관련되었다고 추정했을 것이다. 빌립의 사역의 결과에 대한 이 요약이 복음서에 나타난 예수의 사역의 결과와 매우 유사하다는 점에서[91] 독자들은 빌립의 사역에 대해서도 그들이 예수의 사역에 대해 도출한 결론, 예를 들어 이러한 축귀는 사탄에 대한 정복의 일부였다는 결론을 도출했을 것이다(눅 11:20-22; 참조. 위의 6.2b 단락).[92] 우리가 기적으로 가득한 빌립의 전도라고 부를 수 있는 것의 결과로 사람들은 믿고 세례를 받았다(8:12).

앨런 리처드슨은 이 구절을 "세례식의 축귀라는 고대의 관행이 사도 시대까지 거슬러 올라간다는 점은 합리적으로 확실하다"는 자신의 증거의

---

91 눅 4:43; 8:1; 9:11; 11:20; 12:1을 보라. 참조. 10:9.

92 참조. Susan R. Garrett, *The Demise of the Devil: Magic and the Demonic in Luke's Writings* (Minneapolis: Fortress, 1989), 65.

일부로 삼았다.[93] 그러나 세례가 축귀를 뒤따랐지만(참조. 행 8:7, 12), 어느 하나가 다른 하나를 수반하거나 그것들이 직접적으로 관련이 있었다는 암시는 전혀 없다.[94] 사실 세례는 초자연적인 표적에 대한 언급에서 다소 동떨어져 있다.[95]

시몬과 군중 모두의 관심을 받는 것은 기적이지만(행 8:6-7, 13) 언뜻 읽으면 누가는 빌립의 활동에서 그의 메시지의 의미를 우선시하는 것으로 보인다. 즉 빌립은 처음에 예루살렘에서 흩어져 말씀을 전하고(8:4) 사마리아에서 그리스도를 전하는(8:5) 이들 중 한 명으로 묘사된다. 그러고 나서 조금 뒤에 사마리아 사람들이 빌립을 기적을 일으키는 자가 아니라 "하나님 나라와 예수 그리스도의 이름에 관하여 전도"하는 자(8:12)로 믿는 것으로 묘사된다. 그럼에도 빌립이 예수의 사역을 본받음에 있어 마치 예수의 하나님 나라 선포가 기적과 밀접하게 관련되었듯이 빌립의 기적, 특히 축귀는 하나님 나라를 "눈에 보이고 귀에 들리도록 보여주는 것"이었다.[96] 달리 말하자면 누가에게 축귀는 메시지와 공생하는 관계였고 각각은 그 완전함과 포괄성을 위해 상대편을 필요로 했다.

c. 바울과 여종(행 16:16-18)

이 이야기에는 누가가 예수를 초기 그리스도인들의 모델로 보는 일반 원리뿐만 아니라 누가가 독자들이 바울의 이 이야기를 거라사의 귀신 들린 사람

---

93 Alan Richardson, *An Introduction to the Theology of the New Testament* (New York: Harper & Brothers, 1958), 337-38도 막 9:14-29; 16:15-17; 행 8:16; 16:18을 인용한다.

94 Richardson에 반대하는 Barrett, *Acts*, 1:404는 행 8:7이 "세례 때의 축귀 관행이 사도 시대에 기원을 두고 있다는 증거 역할을 거의 하지 못할 것"이라고 말한다.

95 참조. Hans-Josef Klauck, *Magic and Paganism in Early Christianity: The World of the Acts of the Apostles* (Edinburgh: T&T Clark, 2000), 14.

96 Garrett, *Demise*, 65.

이야기(눅 8:26-39)에 나오는 예수의 이야기와 병행하는 것으로 보기를 원했음을 암시하는 두 가지 구체적인 단서가 있을 수도 있다. 즉 바울과 예수는 "지극히 높으신 하나님의~"(눅 8:28 ‖ 행 16:17)로 묘사되며, 이 두 이야기 모두에서 구원이라는 주제가 발견된다.[97]

더 자세하게 말하자면 이 짧은 이야기는 누가가 초기 그리스도인들 사이의 축귀에 대해 말하고자 하는 바를 우리가 이해하는 데 유익하다. 누가는 여종의 상태와 축귀에 사용되는 방법뿐만 아니라 축귀의 기능에 대해서도 명시적으로 밝힌다.[98] 이 소녀는 "비단뱀의 영을 가진"($\check{\epsilon}\chi o \upsilon \sigma \alpha \nu$ $\pi \nu \epsilon \hat{\upsilon} \mu \alpha$ $\pi \acute{\upsilon} \theta \omega \nu \alpha$, 행 16:16. 저자의 번역), 또는 "점치는 귀신 들린" 것으로 언급된다. 누가의 말이 이 소녀에게 비단뱀이라는 이름의 영이 있었다는 뜻인지, 비단뱀의 영이 있었다는 뜻인지는 알기 어렵다.[99] 그러나 아무튼 그 의미는 분명하다. 누가는 그 영을 소녀로 하여금 복화술처럼 보이는 방식으로[100] 예언하거나 신탁을 내리게($\mu \alpha \nu \tau \epsilon \acute{\upsilon} o \mu \alpha \iota$, 16:16)[101] 하는 영으로 묘사한다. 뱀 또는 비단뱀으로 화한 델포이의 신 아폴론이 플루타르코스가 피토네스, 즉 "복화술사"($\check{\epsilon}\gamma \gamma \alpha \sigma \tau \rho \acute{\iota} \mu \upsilon \theta o \iota$)라고 부르는 존재에게 영감을 준다고 여겨졌기 때문이

---

97 눅 8:36(σῴζω)과 행 16:17(σωτηρία). 추가로 Todd E. Klutz, *The Exorcism Stories in Luke-Acts: A Sociostylistic Reading* (SNTSMS 129; Cambridge: Cambridge University Press, 2004), 217-18 을 보라.

98 Lisa Maurizio, "Anthropology and Spirit Possession: A Reconsideration of the Pythia's Role at Delphi," *JHS* 115 (1995): 75는 비교 문화적 관점에서 여성이 대체로 귀신 들림의 대리인이었다고 말한다.

99 Ernst Haenchen, *The Acts of the Apostles: A Commentary* (Oxford: Blackwell, 1971), 495와 각주 4 를 보라.

100 Maurizio, "Anthropology," 69-86; 그리고 Frederick E. Brenk, "The Exorcism at Philippoi in Acts 16.11-40: Divine Possession or Diabolical Inspiration," *Filología Neotestamentaria* 13 (2000): 11-17의 논의를 보라.

101 Plutarch, *Def. orac.* 9.414e도 같은 입장이다. 다음 문헌들도 보라. Plato, *Apologia* 22C; *Ion* 534C; *Menex.* 99C; *Soph.* 252C; Aristophanes, *Vesp.* 1019.

다.[102] 이는 그 소녀가 복화술사였다는 말이 아니다.[103] 그랬더라면 관찰자들이 그 소녀를 황홀경이나 영적인 상태에 있다고 간주하지 않았을 것이기 때문이다. 히포크라테스는 환자의 거친 숨소리를 "복화술사라고 불리는 여자들"에 비유하며[104] E. R. 도즈가 지적하듯이 복화술사들은 코를 골며 숨쉬지 않는다.[105]

아마도 70인역에서 엔돌의 무녀(삼상 28:7)에 대해 ἐγγαστρίμυθος("복화술사")라는 단어를 사용한 것으로 미루어 알 수 있고,[106] 누가가 그를 "예언"하거나 "점치는"(μαντεύομαι) 여자로 묘사하는 것으로 미루어 알 수 있듯이, 누가에게 있어 이 복화술은 매우 악한 함의를 가졌을 것이다. 이 단어는 신약성경에서 이곳에만 사용된다. 70인역에서 거짓 예언자와 관련된 이 단어의 매우 부정적인 함의[107]와 이 단어가 그 무렵의 비기독교 문헌에서 이교도의 무아지경적인 활동에 대해 사용된 점[108]은 누가가 이 소녀가 악한 영에게 영감을 받았고[109] 축귀를 필요로 한다고 간주했으리라는 점을 보여준다.

---

102 Plutarch, *Def. orac.* 9.414e. 추가로 다음 문헌들을 보라. Eric R, Dodds, *The Greeks and the Irrational* (London, Berkeley, and Los Angeles: University of California Press, 1951), 71; Werner Foerster, "πύθων," *TDNT* 6:920.

103 Brenk, "Exorcism at Philippoi," 8–9도 같은 입장이다.

104 Hippocrates, *Epid.* 5.63 (7.28).

105 Dodds, *Greeks,* 72.

106 참조. 70인역: 레 19:31; 20:6, 27; 신 18:11; 대상 10:13; 대하 33:6; 35:19; 사 8:19; 19:3; 44:25. Pseudo-Clement, *Hom.* 9.16.3도 보라: "비단뱀들은 예언하지만, 귀신들로서 우리에게 쫓겨나기 때문이다."

107 70인역에서 μαντεῖον("신탁": 민 22:7; 잠 16:10; 겔 21:22-27), μαντεύομαι("점치다": 신 18:10; 삼상 28:8; 왕하 17:17; 렘 34:9; 겔 12:24; 13:6, 23; 21:26, 28, 34; 미 3:11), μάντις("점쟁이", "선견자" 또는 "예언자": 수 13:22; 삼상 6:2; 렘 36:8; 미 3:7; 슥 10:2)를 보라.

108 LSJ 1079-80. 추가로 μαντεύομαι에 관해 Klutz, *Exorcism Stories,* 216을 보라.

109 이는 Haenchen, *Acts,* 495에서 우호적으로 인용한 Hermann Wolfgang Beyer, *Die Apostelgeschichte* (9th ed; NTD; Göttingen: Vandenhoeck & Ruprecht, 1959)와 반대되는 견해다.

소녀의 예언이 지닌 오류는 그 예언의 근본적인 모호함에 있다. "이 사람들은 지극히 높은 하나님의 종으로서 구원의 길을 너희에게 전하는 자라"(행 16:17). 그리스어 성경은 주저하지 않고 "지극히 높은"이라는 신적인 술어를 사용하지만, 신구약 중간기 문헌에서는 이 용어가 덜 자주 발견되며 매우 의미심장하게도 누가만이 귀신 들린 자의 입에서 "지극히 높으신 하나님"(τοῦ θεοῦ τοῦ ὑψίστου)이라는 정확한 표현이 나오게 한다. 이 점은 이례적으로 "길"(ὁδός)이라는 단어에 "그"라는 관사가 붙지 않은 점과 더불어[110] 바울이 전했다고 하는 말이 구원을 위한 여러 대안 가운데 하나일 뿐임을 암시한다. 이 모호성 및 바울이 소녀의 거짓 예언에 대응하기를 지체하는 모습은, 누가가 기독교와 그 대적들 사이의 불분명한 윤곽을 다루고 있음을 인식하고 있다는 점과 그가 바울로 하여금 소녀의 말에 대응하게 하는 이유를 함께 보여준다. (독자들에게는 구원의 원천으로 입증된)[111] 예수의 이름을 사용하여 귀신더러 소녀에게서 나오라고 명령함으로써 바울은 지극히 높으신 하나님과 구원의 길에 대한 소녀의 언급에 나타난 모호성을 제거한다 (16:18).[112] 따라서 축귀는 명백한 구원의 수단이 된다.

누가가 이 소녀의 상황을 얼마나 혐오스럽게 생각했을지 보여주는 추가적인 암시는 그가 "예언" 또는 "점"으로 돈을 벌고 있었다는 점이다(참조. 행 8:18-23에서의 시몬). 따라서 그에게서 귀신을 쫓아낸 것은 단지 그가 복음을 선포할 자격이 없기 때문만이 아니라[113] 그가 악령에게서 영감을 받거나 능력을 받았기 때문이다. 바울은 돌이켜 그 영(πνεῦμα)에게 "예수 그리스

---

110 행 2:28에는 시 16:11(70인역 15:11)의 인용문에 관사가 없다.
111 예컨대 행 2:14-36과 여기서 검토 중인 이야기에서는 16:30-31을 참조하라.
112 Klauck, *Magic*, 69 및 Graham H. Twelftree, in *JTS* 53 (2002): 227의 Klauck의 문헌에 대한 논평을 보라.
113 Hans Hinrich Wendt, *Die Apostelgeschichte* (KEK 3; Göttingen: Vandenhoeck & Ruprecht, 1913), 246도 같은 입장이다. Haenchen, *Acts*, 495 각주 10도 같은 견해를 보인다.

도의 이름으로 내가 네게 명하노니(παραγγέλλω) 그에게서 나오라"라고 말했다고 보도된다(16:18). 마가복음에서 우리는 이미 마치 예수 자신이 축귀를 행하는 것처럼 축귀를 행하는 것을 의미하는 "예수의 이름으로" 귀신을 내쫓는다는 개념을 접했다(위의 5.9 단락을 보라). 그리고 우리가 누가가 이 개념을 마가와 다르게 사용했다고 생각할 이유는 없다.

축귀 방법과 관련해서 이 이야기의 핵심 단어는 παραγγέλλω("내가 명한다")다. 누가는 이 단어를 특히 좋아하며[114] 사도행전에서는 이 단어를 언제나 "권위 있는 원천에서 나온 지시"라는 의미로 사용한다.[115] 의미심장하게도 누가는 이 단어를 더러운 귀신더러 거라사의 귀신 들린 사람에게서 떠나라고 명령하는 예수께도 사용한다(눅 8:29; 참조. 막 5:8). 이처럼 바울과—바울이 본받고 있는 분으로 묘사되는—예수는 권위 있는 원천으로부터 귀신에게 지시를 내리는 모습으로 나타난다. 이 단어에 강한 군사적 의미가 있다는 점에 우리가 주목할 때 이 단어의 이 측면이 분명해지는데, 그 경우 이 단어는 "계급을 따라 고지사항을 전달하다"라는 뜻이다.[116] 따라서 누가는 바울이 예수의 이름으로 행동한다고 보도하는 동시에 또다시 축귀가 예수와 함께 악령들 또는 귀신들을 대면하는 것임을 보여주고 있는 셈이다. 누가의 관점에서 볼 때 초기 기독교의 축귀가 성공적이었던 이유는 축귀자들이 예수의 이름을 사용하거나 마치 예수로부터 명령이 하달된 것처럼 명령을 내림으로써 예수를 그 상황 속에 끌어들였기 때문이었다.

---

114 신약성경에서 이 단어가 나오는 곳은 다음과 같다. 마 10:5; 마 15:35 ‖ 막 8:6; 6:8; 눅 5:14; 8:29, 56; 9:21; 행 1:4; 4:18; 5:28, 40; 10:42; 15:5; 16:18, 23; 17:30; 23:22, 30; 고전 7:10; 11:17; 살전 4:11; 살후 3:4, 6, 10, 12; 딤전 1:3; 4:11; 5:7; 6:13, 17.

115 Friedrich Hauck, "παραγγέλλω," *TDNT* 5:763. 참조. 예컨대 행 1:4; 10:42; 15:5.

116 Hauck, "παραγγέλλω," *TDNT* 5:761-62 각주 2는 Eduard Schwyzer, *Griechische Grammatik im Anschluss an Karl Brugmanns "Griechische Gmmmatik"* (HAT 2.1; 3 vols.; Munich: Beck, 1934-1953), 2:493을 인용한다.

이 작은 이야기는 바울의 더 넓은 이야기를 서술하면서(참조. 행 16:9-10) 지나가듯이 잠깐 언급되며 우리는 이 소녀가 회심했는지 알지 못하지만, 이 이야기에 초기 그리스도인들 사이에서의 축귀에 대한 누가의 관점이 반영되어 있음을 살펴보았다. 축귀는 예수의 축귀를 모델로 삼아야 했고 기독교 가장자리의 불분명한 경계선 위에 있는 악과 싸우는 전투였다. 축귀의 실제 방법은 예수를 상황 속에 끌어들이는 것과 관련이 있었는데, 여기서는 더 높은 권위로부터 내려진 명령을 전달한다는 관점에서 묘사된다. 축귀는 단순히 병든 사람을 고치는 것만이 아니라 구원을 가져다주는 것이었다.

d. 바울의 옷과 스게와의 아들들(행 19:11-20)

때때로 한 단락으로 간주되는 이 구절에[117] 실제로는 두 가지 이야기가 들어있다. 바울에 대한 묘사를 제시하는 첫 번째 이야기(19:11-12)는—베드로와 관련된 이야기(5:15-16)와 병행한다—하나님이 "바울의 손으로 놀라운 능력을 행하게" 하시는 것과 관련이 있다(19:11). "손으로"라는 어구는 바울이 환자들과 귀신 들린 사람들에게 안수했다는 뜻이 아니라[118] 매개를 뜻하는 표현이다.[119] 누가는 계속해서 "[그래서, ὥστε] 심지어 사람들이 바울의 몸에서 손수건이나 앞치마를 가져다가 병든 사람에게 얹으면 그 병이 떠나고 악귀도 나가더라"라고 말하고 있기 때문이다(19:12). 어쨌든 안수는 신약성경의 세계에서 축귀 방법의 일부였지만 누가는 이 특정한 방법을 피하는

---

117 예컨대 Bruce, *Acts*, (1990), 409-10.

118 Foakes-Jackson and Lake, *Acts*, 4:239; Bruce, *Acts* (1990), 410. 행 19:11-12에 대한 가장 자연스러운 독법은 누가가 질병과 귀신 들림을 구별한다는 것이다.

119 참조. 행 5:12; 11:30; Bruce, *Acts* (1990), 410. Foakes-Jackson and Lake, *Acts*, 4:239의 주장과 달리 복수형 χειρῶν("손들")은 기적이나 안수와는 아무런 관련이 없는 매개의 표현으로 사용된다. 마 4:6; 눅 4:11; 행 7:41; 17:25; 19:26; 히 1:10; 계 9:20을 보라. Thomas, *Devil*, 280-8과 비교하라. 그는 이렇게 주장한다. "그것은 바울이 곤경에 처한 이들에게 안수했다는 개념을 포함할 수도 있지만 12절이 보여주는 대로 아마도 이 수단에만 국한되어선 안 될 것이다."

것으로 보인다.[120] 물체가 영적인 힘을 흡수하거나 전달할 수 있다는 개념은 고대 세계에서 널리 알려져 있었다.[121] 특히 사람의 옷은 그 옷을 입은 사람의 권위와 능력을 지니고 있다고 믿어졌다.[122] 신약성경 시대에 요세푸스는, 예를 들어 엘리야가 엘리사를 후계자로 선택하는 이야기를 설명하면서 엘리야의 외투를 받자마자 "엘리사가 즉시 예언하기 시작했다"는 이야기를 삽입한다는 점에서 이와 비슷한 이해를 보여준다(*Ant.* 8.353-354; 참조. 왕상 19:19-20).

바울이 이러한 활동을 승인했는지 여부[123]를 질문하는 것은 핵심에서 벗어난 것이 아니다.[124] 이 질문이 핵심이다! 즉 누가는 바울이 명백히 비자발적인 영적 능력의 방출과 전달, 또는 치유나 축귀에 있어 어떤 적극적인 역할도 하지 않는 것으로 묘사한다.[125] 예수의 이야기(눅 6:19; 8:44) 및 베드로의 이야기(행 5:15)와 빌립의 이야기(행 8:4-8)에서도 마찬가지로, 여기서 전달되는 요점은 바울 안에 성령이 강력하게 임재한다는 사실만으로도(여

---

120 참조. 눅 4:39과 막 1:31; 눅 9:42과 막 9:27. 눅 4:41에서 누가는 δὲ καί를 사용함으로써 아마도 안수를 통한 치유를 축귀와 구별한 듯하다(참조. 4:40). BDF §447 (9)을 보라.

121 Twelftree, "Ancient Magic"과 위의 2.1 단락을 보라. 또한 *PGM* V. 159-171에 따르면 축귀자는 파피루스 조각에 쓰인 글귀가 축귀자의 마음에 옮겨진다고 가정하고, "모든 귀신들은 너에게 복종할 것이다"라고 확신하고서 새 파피루스 조각에 정형화된 문구를 써서 그것을 그의 이마 위에 펼쳐놓아야 했다. *PGM* XII. 301-306도 영적인 능력을 축귀와 관련된 활동에 사용될 물체 속으로 옮기는 데 사용된 텍스트의 일부다. "나는 네게…네가 이 형상(ξόανον)에게 신적인 최고의 힘을 주고 그것을 모든 [대적]에 대해 효력 있고 강력하게 만들도록 요구한다." 눅 8:33에서 귀신들은 한 사람에게서 여러 마리의 돼지들에게 옮겨지는 것으로 묘사된다.

122 예컨대 창 35:2; 민 20:25-26; 삼상 18:4; 왕상 19:19-20; 왕하 2:8; 겔 44:19; 학 2:12-14. Anton Jirku, "Zur magischen Bedeutung der Kleidung in Israel, *ZAW* 37 (1917-1918): 109-25을 보라. 눅 8:43-48도 보라.

123 예컨대 다음 문헌들이 이 문제를 논의한다. Ellen M. Knox, *The Acts of the Apostles* (London: Macmillan, 1908), 306; David J. Williams, *Acts* (Peabody; MA: Hendrickson, 1990), 333. "그들이 하는 일을 바울이 격려했다거나 눈감아주었다는 암시는 전혀 없다."

124 Thomas, *Devil*, 281의 생각과 같다.

125 참조. Gerhard Schneider, *Die Apostelgeschichte* (HTKNT 5; Freiburg, Basel, and Vienna: Herder, 1982), 2:269 각주 20.

기서는 바울의 옷으로 대표된다) 병을 고치고 악한 영들을 몰아내는 데 충분하다고 간주되었다는 점이라는 것을 우리가 주목하면 이 점이 좀 더 명백해진다. 누가가 이 옷 조각들이 어떻게 이용되었다고 생각했는지에 대해 성경은 우리에게 말해주지 않는다. 그러나 방금 언급한 요세푸스의 글과 구약성경의 내용 및 옷이 그 당시에 액막이나 부적 역할을 한 점[126]에 비추어보면 누가는 아마도 그 옷을 고통당하는 사람들 위에 얹어두었다고 생각했을 것이다. 그러므로 독자는 축귀의 성공 여부는 어떤 말이나 명령에 달린 것이 아니라 단지 영적인 능력이 스며든 옷가지의 존재에 달려 있었다고 추정하게 된다. 결과적으로 악한 영들은 쫓겨난 것이 아니라 "나갔다"[127]고 표현된다 (참조. 8:7).

21세기의 독자가 이 치유 방법을 어떻게 이해하든,[128] 누가는 확실히 이 방법이 가능할 뿐만 아니라 받아들일 만하다고 믿었다. 누가는 이 현상을 하나님(ὁ θεός)이 "기적"(δυνάμεις, 행 19:11)을 행한[129] 것이라고 말하는데, 누가는 이 단어도 성령과 관련시킨다.[130] 또한 누가는 치유들을 "능력

---

126 참조. Klauck, *Magic*, 98.

127 행 19:12: "나갔다"(ἐκπορεύεσθα), 현재 중간태 또는 수동 이태(異態) 동사.

128 예컨대 Johannes Munck, *The Acts of the Apostles* (New York: Doubleday, 1967), 192: "물론 우리가 그런 기적들이 일어날 수 없다고 생각할 수도 있지만 그런 기적들이 원시 기독교에서 매우 중요했다는 점은 의심할 수 없다. 이런 치유 사건들을 진지하게 고려하지 않으면 우리는 원시 기독교를 이해할 수 없을 것이다." I. Howard Marshall, *The Acts of the Apostles* (Leicester, UK: Inter-Varsity, 1980), 310은 다음과 같은 가치 판단을 제시한다: "아마도 우리는 하나님이 여전히 그렇게 조잡한 방식으로 생각하는 사람들의 수준으로 자신을 낮출 수 있다고 제언할 수 있을 것이다." 예컨대 다음 문헌들도 보라. Richard B. Rackham, *The Acts of the Apostles* (WC; London: Methuen, 1951), 353; Haenchen, *Acts*, 562-63.

129 동사 ποιέω("하다/행하다")는 흔히 기적(예컨대 마 7:22; 13:58; 막 3:8; 6:5, 30; 9:39; 눅 9:10; 행 6:8; 7:36; 10:39; 14:11)이나 하나님의 구원(예컨대 눅 1:51, 68; 18:7; 행 15:17)과 관련해서 사용된다. 다음 문헌들을 보라. H. Braun, "ποιέω...," *TDNT* 6:464-65, 483; BDAG 839-40.

130 눅 1:17; 35; 4:14; 24:49; 행 1:8; 10:38. 누가는 제자들이 "능력"(δύναμις)을 받았다고 말하며 (눅 9:1; 행 1:8) 제자들의 사역은 능력(들)으로 묘사된다(눅 10:13, 19; 행 4:7, 33; 8:13)는 점

(δυνάμεις)의 행위"[131]라고 부를 뿐만 아니라 그것들이 "일반적이지 않다"(οὐ τὰς τυχούσας, 19:11, 저자의 번역)[132]고 말한다는 점에서 이를 주목할 만하다고 간주한다. 그러나 우리가 살펴본 바와 같이 영적인 능력이 한 사람이나 물건에서 다른 대상으로 옮겨질 수 있다는 관점이 널리 인정되었다는 점에 비추어보면 누가가 일반적이지 않다며 우리의 주의를 끄는 요소는 아마도 축귀 방법은 아닐 것이다.[133] 바울의 치유와 축귀의 독특한 측면은 수수께끼가 아니고, 바울이 돈을 받지 않았다는 것도 어려운 문제는 아니다.[134] 하지만 우리가 앞으로 살펴보겠지만 바울이 돈에 관심이 없었다는 점은 아마도 최소한 배경의 일부로 생각되어야 할 것이다(참조. 8:18-24). 오히려 이 짧은 이야기를 그 뒤에 곧바로 이어지는 스게와의 아들들의 실패 이야기에 비추어 읽어보면, 바울에 대한 누가의 묘사에서 주목할 만한 요소는 오로지 바울 안에 하나님이 강력하게 임재했기 때문에[135] 수많은[136] 치유와 축귀가 힘들이지 않고 성공적으로 발생했다는 점이다.

에 주목하라. 예수가 하나님으로부터 능력을 받았고(눅 1:17, 35; 5:17; 행 10:38) 그의 사역이 능력(들)이라는 관점에서 묘사된 것처럼(눅 4:36; 6:19; 19:37; 행 2:22) 말이다. 다음 문헌들도 보라. Friedrich Preisigke, *Die Gotteskraft der frühchristlichen Zeit* (Papyrusinstitut Heidelberg 6; Berlin and Leipzig: de Gruyter, 1922); Walter Grundmann, "δύναμαι/δύναμις," *TDNT* 2:300-301, 310-13.

131 누가는 δυνάμεις를 예수의 "능력들" 또는 기적들(눅 10:13; 19:37)과 천체들의 능력들(21:26; 참조. 왕하 17:16; 단 8:10)뿐만 아니라 빌립의 기적들(행 8:13)에 대해서도 사용했다.

132 참조. BDAG 1019. Otto Bauernfeind, "τυγχάνω...," *TDNT* 8:241-42도 보라.

133 Thomas, *Devil*, 281은 이에 반대한다.

134 Klauck, *Magic*, 98도 같은 의견이다.

135 Conzelmann, *Acts*, 163을 보라(Gerd Lüdemann, *The Acts of the Apostles: What Really Happened in the Earliest Days of the Church* [Amherst, NY: Prometheus Books, 2005], 254 각주 137이 이를 뒤따른다). Conzelmann이 "기적을 일으키는 사람이 아무런 실제적인 능력이 없는 이들과 대조된다"라고 한 말은 최소한 부분적으로는 맞는 말이다.

136 행 19:11-12에 나오는 복수형들을 주목하라: τὰς τυχούσας("이례적인 일들"), δυνάμεις("기적들" 또는 "능력의 행위들"), τοὺς ἀσθενοῦντας("병자들"), σουδάρια("손수건들" 또는 "수건들"), σιμικίνθια("일꾼의 앞치마들"), αὐτῶν("그들의"), τὰς νόσους("병들"), τά τε πνεύματα τὰ πονηρά("악한 영들"[복수]).

우리가 이 단락의 두 번째 이야기를 더 구체적으로 살펴보면 초기 그리스도인들 사이의 축귀에 대한 누가의 태도의 또 다른 측면들이 분명해진다. 이 이야기는 집집마다 돌아다니는 몇몇 유대인 축귀자들과 관련이 있다(행 19:13-20).[137] 이 축귀자들이 "이에(δέ)…시험삼아 악귀 들린 자들에게 주 예수의 이름을 불러 말하되 '내가 바울이 전파하는 예수를 의지하여 너희에게 명하노라' 하더라"(19:13)라고 말하면서 누가는 아마도 그들이 바울을 모델로 삼고 있음을 암시했을 것이다.[138] 이 점은 최소한 부분적으로는 사실이다. 누가가 독자들로 하여금 바울이 예수의 이름을 사용했다고 추정하도록 의도했을 가능성이 크기 때문이다. 그러나 우리는 이미 바울의 축귀에 비자발적으로 옷에 영적 능력이 스며드는 현상이 수반되었다는 점을 살펴보았다. 더구나 바울이 예수를 전파했다는 언급은 누가가 바울이 관련된 치유와 축귀에 예수를 전파하는 것이 있었다고 가정함을 암시한다.

이 순회 축귀자들의 축귀를 책망할 필요가 있었던 이유는 이 이야기의 수수께끼 중 하나다.[139] 우선, 예수와 그의 추종자인 바울을 엮는 "내가 예수도 알고 바울도 알거니와"(행 19:15)라는 귀신의 병행 진술이 스게와의 아들들을 바울과 대립시키는 데 사용된다는 점은 주목할 만하다.[140] 누가는 또한 Ἰουδαῖος("유대인", 19:13, 14; 참조. 19:17)라는 단어를 반복함으로써 스게

---

137 서방의 텍스트 전승(D)에는 ἐν οἷς(19:14)라는 어구가 있는데, Silva New, "The Michigan Papyrus Fragment 1571," in Foakes-Jackson and Lake, *Acts*, 5:268은 이 어구가 "바로 이때"라는 뜻을 지닌 누가의 관용어라고 주장한다. 이는 어떤 순회하는 유대인들과 스게와의 아들들이라는 두 부류의 축귀자들이 존재한다는 인상을 준다. 그러나 William A. Strange, "The Sons of Sceva and the Text of Acts 19:14," *JTS* 38 (1987): 97-106에서 서방 텍스트가 원문이라고 한 주장은 설득력이 있는 것으로 여겨지지 않았다. NA²⁷ 379를 보라.

138 참조. Strange, "Sceva," 97; Garrett, *Demise*, 92.

139 다음 문헌들의 논의를 보라. Garrett, *Demise*, 5장; 그리고 이의 검토 논문인 David Frankfurter, "Luke's μαγεία and Garrett's 'Magic,'" *USQR* 47 (1993): 81-89, 특히 85-86.

140 누가는 μὲν…δέ(대략 "한편으로는…, 그러나") 구문을 사용한다.

와의 아들들이 유대인이라는 점에 주의를 환기한다.[141] 우리가 이 말을 반유대주의적인 의미로 받아들여서는 안 된다. 누가-행전의 주요 등장인물들은 모두 유대인이지만 그리스도인이 아니라는 의미에서 유대인이기 때문이다.[142] 특히 누가가 바울에 대해 방금 진술한 내용으로 미루어보면 그는 아마도 이 순회 마술사들이 하나님이나 성령으로부터 능력을 받지 않았다는 점에서 그들을 비난하는 듯하다. 누가는 바울이 하나님으로 하여금 자신을 통해 직접 놀라운 능력을 행하게 한다고 묘사하지만(19:11) 스게와의 아들들은 제3자를 통한 능력-권위의 원천에 의존한다고 보도한다. "내가 바울이 전파하는 예수를 의지하여 너희에게 명하노라"(19:13).[143] 이처럼 누가는 축귀자의 "영"적 정체성이 지닌 중요성에 주의를 끈다.[144] 누가의 내러티브에 나오는 예수나 바울과 달리 스게와의 아들들은 영의 세계에 알려진 존재가 아니었다. 그러므로 함축적으로 귀신이 예수나 바울에게 복종하기는 하지만,[145] 자격이 없는 축귀자의 개입으로 그들의 권위가 없어진다. 더구나 누가는 스게와의 아들들이 악령이 들린 사람에게 공격을 당한다(ἴσχυσεν)고 말한다.[146] 예수가 축귀 때 강한 자(ὁ ἰσχυρός, 눅 11:21)가 패배한다고 말한 것

---

141 Todd Klutz, "Naked and Wounded: Foregrounding, Relevance and Situation in Acts 19.13-20," *Discourse Analysis and the New Testament: Approaches and Results* (ed. Stanley E. Porter and Jeffrey T. Reed; JSNTSup 170; Sheffield: Sheffield Academic, 1999), 259-60에 수록된 글의 논의를 보라.

142 누가는 방금 바울이 한 장소에서 3개월(행 19:8)과 2년(19:10; 참조. 19:22) 동안 체재했다고 묘사하고 나서 스게와의 아들들을 순회자로 묘사하는데(19:13), 이것이 누가가 그들을 책망한 추가적인 원인일지도 모른다. Klutz, "Naked," 269를 보라. 그는 딤전 5:13에 나오는 περιέρχομαι의 경멸적인 어감을 언급한다. 그러나 우리는 이 단어가 히 11:37에서 긍정적으로 쓰인다는 점도 고려해야 한다(예컨대 Plato, *Apologia* 30a도 보라).

143 참조. Robert C. Tannehill, *The Narrative Unity of Luke-Acts: A Literary Interpretation*, vol. 2, *The Acts of the Apostles* (Minneapolis: Fortress, 1990), 237; 그 견해를 따르는 Thomas, *Devil*, 283 각주 243.

144 Garrett, *Demise*, 93.

145 Garrett, *Demise*, 93도 같은 입장이다.

146 영의 세계에서의 활동에 관련된 것으로 지각된 위험에 대해서는 Garrett, *Demise*, 148 각주 66

과 대조적으로, 여기서는 악령이 스게와의 아들들을 굴복시키거나 그들에게 "폭력을 휘두른다"(ἴσχυσεν). 사탄은 분열되고 자멸했다.[147]

이 이야기에서 누가는 텍스트에 의존하는 그리스도인들의 축귀도 책망한다.[148] 첫째, 축귀 이야기의 문맥을 고려하면 누가는 신자들이 고백한 마술 관행이 축귀와 관련이 있다고 생각한 것으로 볼 수 있다(행 19:18). 둘째, 이 관행의 뚜렷한 특징은 공개적으로 불태워진 그들의 책이라는 점에서(19:19) 이 축귀는 텍스트 중심적인 것이었다고 추정할 수 있다. 그러나 수전 개러트는 누가가 "믿게 된 사람들"(τῶν πεπιστευκότων, 19:18)이라는 완료 분사로 신자들을 가리켰을 개연성이 낮다고 생각한다.[149] 그는 누가가 "마술적, 사탄적인 관행을 잠시라도 지속한다는 생각을 용납하지 않았을 것"이라는 점을 주된 논거로 내세운다. 그러나 우리가 이 이야기를 누가가 불완전한 그리스도인들(참조. 19:1-8; 18:24-26)이나 통찰력 있는 비그리스도인들(참조. 16:16-18)이 관여한 말과 삶과 행동 가운데 성령에 의해 능력을 받은 것과 다른 원천으로부터 능력을 받은 것 사이의 경계 충돌을 다루고 있는 사례의 하나로 받아들일 수 있다면, 누가가 자신들의 관행을 드러내는 신자들을 염두에 두고 있다고 해석하는 것은 타당하다.

또한 개러트는 누가가 πιστεύειν을 분사적으로 사용한 것은 "다른 시제들에 내재한 의미의 뉘앙스보다는 내러티브와 구문상의 맥락의 지배를 받

을 보라.

147 참조. Garrett, *Demise*, 93, 98.

148 Frankfurter, "μαγεία," 86은 행 19:18-19에 나오는 τε와 δέ에 주목하면서 누가가 아마도 이 단락에서 바울과 스게와의 아들들 및 신자들의 마술이라는 서로 다른 세 종류의 마술을 염두에 두었을 것이라고 올바로 지적한다.

149 Garrett, *Demise*, 95-96. 참조. Conzelmann, *Acts*, 164. "누가는 자기의 표현에 따르면 이 그리스도인들이 회심 이후에도 여전히 그들의 '관행'을 계속 이어갔다는 사실을 알지 못하는 것처럼 보인다."

은" 것처럼 보인다고 말한다.[150] 그러나 누가가 말하고 있는 내용에서 분사의 시제가 중요한 경우가 충분히 많이 있으므로[151] 아마도 누가가 전달하고 있는 내용에 있어 이곳 19:18에 나오는 완료 분사가 고려되어야 할 것이다. 더 나아가 사도행전에 나오는 진보적인 보고[152]—19:20("이와 같이 주의 말씀이 힘이 있어 흥왕하여 세력을 얻으니라")은 그중 하나다—는 수적 성장에 관심이 있다.[153] 그러나 그러한 보고 바로 앞에 나오는 이야기들은 회심과 관련이 없다. 그러므로 여기서 성장에 대해 언급하고 있으므로 바로 앞에 나오는 이야기가 사람들이 신자가 되고 있다는 뜻이라고 상정할 수 없다.[154] 요컨대 우리는 누가가 사용한 완료 분사(τῶν πεπιστευκότων, 19:18)가 이미 신자였던 사람들이 누가가 인정하지 않은, 그들의 텍스트 중심적인 마술 관행을 드러내는 모습을 묘사하는 말이라고 진지하게 받아들이지 않을 수 없다.

아마도 불태워진 책들의 엄청난 가치에 대한 언급에서 성령으로 능력을 부여받은 바울의 축귀에 반대하여 부각된 또 다른 측면을 발견할 수 있을 것이다. 성령의 능력에 힘입은 축귀와 대조적으로, 암묵적으로 스게와의 아들들을 포함하여 마술적인 축귀를 실행하는 이들에게는 상당한 양의 돈이 관련되었다(행 19:19).

이 이야기는 스게와의 아들들은 책망 받는 반면에 누가복음의 미지

---

150 Garrett, *Demise*, 96.

151 누가는 다음과 같은 구절들에서 πιστεύειν의 분사를 사용한다. 눅 1:45; 8:12; 행 2:44; 4:32; 5:14; 9:26; 10:43; 11:17, 21; 13:39; 15:5; 16:34; 18:27; 19:2, 18; 21:20, 25; 22:19; 24:14. 그는 아마도 예컨대 모두 초기 예루살렘 교회의 인상적인 비슷한 묘사의 일부분인 행 2:44(현재)과 4:32(부정 과거)에서 분사의 시제의 뉘앙스에 특정한 의미를 부여하는 듯하다. 11:17(부정과거)과 13:39(현재)도 참고하라. 22:19(현재)에서와 마찬가지로 이 두 절에서 시제는 중요한 의미가 있다.

152 행 6:7; 9:31; 12:24; 16:5; 19:20; 28:31.

153 행 19:20과 28:31은 수적 성장을 언급하지 않는다.

154 Jerome Kodell, "The Word of God Grew: The Ecclesial Tendency of Λόγος in Acts 6,7; 12,24; 19,20," *Bib* 55 (1974): 505–19는 그렇게 생각한다.

의 축귀자는 묵인되는(눅 9:49-50) 이유가 무엇인가라는 질문을 제기한다.[155] 마가복음 9:38에서 요한은 어떤 사람이 "**우리를 따르고 있지** 아니하므로"(ἠκολούθει[156] ἡμῖν, 강조는 덧붙인 것임) 예수의 이름으로 귀신을 쫓아내는 것을 금했다고 말한다. 그러나 누가는 이를 "**우리와 함께 따르지** 아니하므로"(ἀκολουθεῖ[157] μεθ᾽ ἡμῶν, 눅 9:49, 강조는 덧붙인 것임)라고 바꾼다. 누가는 미완료 시제를 현재 시제로 바꿈으로써 그 이야기가 지시하는 시점을 예수의 부활 이전 상황에서 예수의 부활 이후 초기 기독교 상황으로 옮겼다. 이점은 누가가 예수가 "**우리를** 반대하지 않는 자는 **우리를** 위하는 자니라"(막 9:40, 강조는 덧붙인 것임)라고 말하지 않고 "**너희를** 반대하지 않는 자는 **너희를** 위하는 자니라"(눅 9:50b, 강조는 덧붙인 것임)라고 말한 것으로 바꾼 다음 절에서 훨씬 더 분명해진다.[158] 그러나 누가가 염두에 둔 구체적인 예수의 부활 이후의 상황은 그리스도인 축귀자와 비그리스도인 축귀자 사이의 관계에 관한 논쟁이 아니라 기독교 공동체 안에 있는 축귀자들 사이의 관계에 관한 논쟁이다.

왜냐하면 누가가 그 이야기를 사용하여 다음과 같은 한 가지 요점을 밝히기 때문이다. "제자 중에서(ἐν αὐτοῖς) 누가 크냐 하는 변론이 일어났다"(눅 9:46). 이러한 관점과 같은 맥락에서 누가는 예수의 대답("내 이름을 의탁하여 능한 일을 행하고 즉시로 나를 비방할 자가 없느니라", 막 9:39) 중 상당 부분을 삭제한다. 이 대답은 더 이상 누가가 이 이야기에 부여한 예수의 부활 이후의 내

---

155 다음 문헌들에서 기독교적 기적과 다른 기적에 대한 누가의 구별과 관련된 더 폭넓은 논의를 보라. Dunn, *Jesus and the Spirit*, 167-70; Achtemeier, "Lukan Perspective," 153-67; Klauck, *Magic*, 6장.

156 과거의 지속적인 활동을 가리키는 미완료 시제.

157 현재의 활동을 가리키는 현재 직설법 시제.

158 참조. BDF §193(1): "눅 9:49의 μεθ᾽ ἡμῶν은 '우리를 따르는'이 아니라 '우리와 함께 (당신을) 따르는'이다."

적 관계와 적용에 활용될 수 없다. 결론적으로 이곳 누가복음 9장에서 미지의 (묵인된) 축귀자 이야기는 기독교 공동체 내의 다른 축귀자들과 관련이 있으며, 사도행전 19장의 (책망받은) 스게와 아들들의 이야기는 기독교적인 축귀를 시도하는 비그리스도인들 또는 하나님이나 성령으로부터 능력을 받지 않은 이들의 문제와 관련이 있다(눅 11:23도 보라[159]).

6.4 누가와 초기 그리스도인들 사이에서의 축귀

누가는 귀신의 영향의 범위를 넓혔다. 누가는 귀신 들림과 다른 종류의 질병 사이의 구별을 모호하게 해서 사실상 모든 질병(과 치유)에 귀신적이고 보편적인 차원이 부여되도록 했다. 누가는 교회가 자신의 사명에 축귀를 포함시킬 근거가 있다고 믿는다. 이 근거의 기초는 먼저 예수가 초기 교회의 사역을 위한 모델이라는 개념에서 나온다. 축귀는 예수의 사역의 필수적인 부분이었던 것처럼 교회의 사역의—유일하거나 가장 중요한 부분은 아니지만—필수적인 부분도 되어야 했다. 둘째, 특히—누가가 보기에 교회의 전 세계적인 전도를 상징하거나 미리 보여주는—칠십(칠십 이) 인의 전도에서 누가는 축귀가 교회 사역의 필수적인 부분이라는 근거를 제시한다. 비록 예수가 교회의 삶과 사역을 위한 본보기로 간주되기는 했지만, 누가에게 친숙한 초기 교회는—신약성경에 제시된 다른 교회들과 마찬가지로—예수의 방법을 정확히 본뜨지는 않았다.

사도행전의 다른 이야기들을 통해서뿐만 아니라 누가의 서술상의 결정을 통해 볼 때에도 누가의 관점에서 초기 그리스도인들 사이의 축귀의 가장 중요한 측면은 그들이 축귀를 시행할 때 예수를 본받거나 예수의 방법을 사

---

159 Marshall, *Luke*, 399를 보라. 그는 눅 9:50과 11:23 사이의 이러한 긴장을 해결하지 못한다.

용해야 한다는 것과 축귀는 종말론적인 구원 또는 추수를 가져다주는 예수 자신의 계속되는 활동—하나님 자신의 사역—이라는 것이다. 그러나 마가복음에서와는 달리 그렇다고 해서 축귀가 기독교 사역의 가장 중요한 측면이 되는 것은 아니다. 축귀는 말씀과 행동을 포함하는 균형 잡힌 접근법의 한 부분이다. 그러나 귀신의 영향은 귀신 들림보다 더 광범위하고 귀신의 영향력에 대한 정복은 단순한 축귀보다 더 광범위하다. 즉 모든 치유는 귀신의 영향력의 패배다.

우리가 방금 논의한 두 이야기—바울의 옷과 스게와의 아들들—에서 우리는 누가가 예수의 제자들이 그러한 능력을 사용할 수 있었고 그들의 존재만으로도 축귀를 행하기에 충분하다고 생각했다는 점을 살펴보았다. 우리는 또한 누가가 옷을—최소한 거기에 성령이 스며들어 있다면—부적과 같은 역할을 하는 것으로 보는 데 아무런 거리낌이 없었다는 사실도 살펴보았다. 이 개념이 21세기의 몇몇 독자에게는 난해할 수도 있겠지만, 이 개념은 귀신의 영향을 강력하고 손쉽게 물리치는 것은 그리스도인이 말하거나 행하는 어떤 것보다도 바로 성령의 임재라는 점을 명백히 보여준다. 동시에 누가는 텍스트를 바탕으로 한 축귀를 책망한다. 누가는 또한 이러한 구원의 표현 또는 구원의 수단을 가져다주는 것과 비용의 지불이 관련이 있었음을 증언한다. 누가는 다양한 종류의 그리스도인 축귀자를 기꺼이 수용하지만 (참조. 눅 9:49-50) 하나님이나 성령에 의해 능력을 부여받지 않은 축귀는 책망한다.

우리는 또한 바울의 "이례적인 기적들" 이야기는 누가가 "사기꾼들과 거짓 예언자들/사도들의 상투적인 수단에 더 가까운 극적인 마술"이자 "초기 교회를 위한 광고로서 '기사와 표적'의 무비판적인 과시"[160]로 받아들인

---

160 Dunn, *Jesus and the Spirit*, 167. 그는 막 13:22 ‖ 마 24:24; 요 4:48; 고후 12:12; 살후 2:9을 인

하나의 예로 여겨져왔다는 점도 언급할 수 있다. 우리는 이것이 단지 부분적으로만 사실임을 발견했다. 왜냐하면 스게와의 아들들에 대한 이야기의 문맥에 위치한 바울의 축귀는 그것이 텍스트에 바탕을 두거나 재정적 이익과 관련될 수도 있는 제3자를 통한 능력-권위에 의존한 것이 아니라 하나님 또는 성령으로부터 능력을 부여받았으므로 그 횟수와 성공 및 외견상의 수월함으로 인해 다른 축귀와 구별되기 때문이다.

요컨대 누가는 초기 그리스도인들이 어떤 능력-권위에 의해 귀신을 쫓아내는 이교적인 방법을 받아들인 것으로 묘사하지만 그 과정에서 그들은 예수와 함께 귀신들과 대면했다. 그들은 예수를 그 상황 안으로 끌어들였다. 그러나 축귀의 기법이 성공적인 축귀의 열쇠는 아니었다. 성공은 축귀자, 곧 성령으로 충만하고 성령에 의해 능력을 부여받은 사람에게 달려 있었다. 누가에게는 예수의 축귀만이 아니라 교회의 축귀도 사탄과 그의 왕국의 (비록 지속적이지만) 예비적인 패배와 관련이 있었다.

용한다. 참조. 계 13:13-14.

7

마태복음

우리가 검토하고 있는 모든 문헌에서와 마찬가지로 여기서 우리는 마태복음이 초기 그리스도인들 사이에서의 축귀에 대해 뭐라 말하는지를 묻고 있다.[1] 마태가 교회에 대해 좀 더 분명한 관심을 보이기 때문에 우리는 이 복음서에서 특별히 명확한 결과를 얻으리라고 기대할 수 있다.[2] 권터 보른캄이 말한 것처럼 "마태복음만큼 교회에 대한 사고에 의해 형성되고 교회에서 사용되도록 구성된 다른 복음서는 없다. 그래서 마태복음은 다른 어떤 복음서보다도 후대의 교회에 규범적인 영향력을 행사했다."[3] 우리의 주제와 관련해서 존 헐은 마태는 축귀에 의심을 품고 이야기들에서 마술적인 세부 내용을 제거하는 경향이 있다고 주장하면서 문제를 제기했다.[4] 우리는 이

---

1 나는 Christopher Gammill과의 대화를 고맙게 생각한다. 그는 마태복음에 대한 나의 생각을 다듬는 데 도움을 주었다.

2 예컨대 ἐκκλησία("교회")는 복음서에서 3회만 나오는데 모두 마태복음에 나온다(16:18; 18:17[2회]). 참조. 사도행전 23회, 바울 서신 59회, 디모데전서 3회, 히브리서 2회, 야고보서 1회, 요한3서 3회, 요한계시록 20회.

3 Günther Bornkamm, "End Expectation and Church in Matthew," in *Tradition and Interpretation in Matthew* (ed. Günther Bornkamm, Gerhard Barth, and Heinz Joachim Held; London: SCM, 1982), 38.

4 John M. Hull, *Hellenistic Magic and the Synoptic Tradition* (SBT 2.28; London: SCM, 1974), 116-41. 다음 문헌들도 보라. Morton Smith, *Jesus the Magician* (London: Gollancz, 1978), 145; Susan R. Garrett, *The Demise of the Devil: Magic and the Demonic in Luke's Writings* (Minneapolis:

주장이 부분적으로만 사실이라는 점을 살펴볼 것이다.

7.1 마태의 교회

마태가 가장 분명하게 반영한 교회—그의 복음서가 기원한 장소—는 일반적으로 지중해 동쪽의 한 도시, 아마도 안디옥일 것이라는 데 일반적으로 의견이 일치한다.[5] 최근에는 마태복음에 반영된 교회의 상황이 유대교의 울타리 안에서 분투하는 교회,[6] 또는 유대교가 더 이상 위협이 되지 않는, 스스로를 "참된 이스라엘"로 간주하는 유대교 밖의 이방인 교회[7]라고 광범위하게 해석되어왔다. 그러나 그레이엄 스탠튼은 마태복음이 거절과 박해를 수반한 장기간의 적대적인 시기 이후 "최근의 유대교와의 고통스러운 결별을 계기로 기록되었다"[8]는 견해를 설득력 있게 옹호했다. 이 견해에 따르면 논쟁적이지만 신랄한 언어는 서기관과 바리새인을 겨냥한 것이 아니다. 그 대신 그것은 유대인의 적대감과 거부에 비추어본 마태의 분노, 좌절감, 자기정당화의 표현이다.[9] 이 점이 우리에게 갖는 의미는 우리가 마태복음을 회

Fortress, 1989), 26.

5   David C. Sim, *The Gospel of Matthew and Christian Judaism: The History and Social Setting of the Matthean Community* (SNTW; Edinburgh: T&T Clark, 1998), 40-62의 논의를 보라.

6   예컨대 다음 문헌들을 보라. Bornkamm, "End Expectation," 39. 그러나 그가 훗날 쓴 논문인 Günther Bornkamm, "The Authority to 'Bind' and 'Loose' in the Church in Matthew's Gospel: The Problem of Sources in Matthew's Gospel," in *Jesus and Man's Hope* (ed. Donald G. Miller; 2 vols.; Pittsburgh: Pittsburgh Theological Seminary, 1970), 1:41도 보라; William D. Davies, *The Setting of the Sermon on the Mount* (Cambridge: Cambridge University Press, 1966), 290, 332.

7   예컨대 다음 문헌들을 보라. Rolf Walker, *Die Heilsgeschichte im ersten Evangelium* (FRLANT 91; Göttingen: Vandenhoeck & Ruprecht, 1967), 145 및 각주 107; Sjef van Tilborg, *The Jewish Leaders in Matthew* (Leiden: Brill, 1972), 171.

8   Graham N. Stanton, *A Gospel for a New People: Studies in Matthew* (Edinburgh: T&T Clark, 1993), 114와 124-26에 인용된 연구들. 참조. 156.

9   Stanton, *New People*, 156-57.

당에 대한 공격으로 읽을 것이 아니라 기독교 공동체가 직면한 주제들을 다루고 있는 글로 읽어야 한다는 점이다.[10] 우리가 앞으로 보게 되겠지만 이러한 주제 중 하나는 축귀와 관련이 있다.

마태복음의 저작 시기와 관련해서는 기원후 70년 이후에 저술되었다는 정설에 대한 반론이 계속 제기되고 있다.[11] 그러나 혼인 잔치의 비유가 "임금이⋯군대를 보내어 그 살인한 자들을 진멸하고 그 동네를 불사르고"라는 말을 포함하고 있고(마 22:7),[12] 마태복음은 유대교와 예수의 제자들 사이의 최근의 결별을 반영하고 있으므로 일반적인 견해는 계속해서 이 복음서가 예루살렘 멸망 뒤인 1세기의 마지막 20년 중에 기록되었다고 보기를 선호한다.[13]

마태는 내러티브를 독자들의 시대를 포함한 넓은 배경 속에 둠으로써 지상의 예수와 그의 첫 제자들의 이야기가 독자들에게 적실성이 있음을 보여준다. 예를 들어 19:28에서 예수는 복음서의 배경을 넘어서 자기의 제자들이 이스라엘을 심판하게 될 때를 언급한다(참조. 마 25:46). 또한 예수가 "우리와 함께" 계실(1:23) 것이라는 복음서 앞부분의 약속이 (마태복음의 마지

---

10 참조. Robert H. Smith, "Matthew's Message for Insiders: Charisma and Commandment in a First-Century Community," *Int* 46 (1992): 229-39.

11 William D. Davies and Dale C. Allison Jr., *The Gospel according to Saint Matthew* (ICC; 3 vols.; Edinburgh: T&T Clark, 1988-1997), 1:128에서 "유력한 소수파"라고 부르는 견해에는 다음과 같은 문헌들이 포함된다. Bo Reicke, "Synoptic Prophecies on the Destruction of Jerusalem," in *Studies in the New Testament and Early Christian Literature* (ed. David E. Aune; NovTSup 33; Leiden: Brill, 1972), 121-34; E. E. Ellis, "Dating the New Testament, *NTS* 26 (1980): 487-502; John A. T. Robinson, *Redating the New Testament* (London: SCM, 1976), 104; Gerhard Maier, Matthäus-Evangelium (2 vols.; Stuttgart: Hänssler; 1988-1989), 9-10; C. F. D. Moule, *The Birth of the New Testament* (3rd ed.; London: Black, 1981), 173-74; Robert H. Gundry, *Matthew: A Commentary on His Literary and Theological Art* (Grand Rapids: Eerdmans, 1982), 599-609.

12 이와 반대되는 견해로는 예컨대 Reicke, "Synoptic Prophecies," 123을 보라.

13 다음 문헌들의 간략한 논의를 보라. Davies and Allison, *Matthew*, 1:131; 그리고 Sim, *Matthew and Christian Judaism*, 33-40.

막 장면에서조차[14]) 예수가 결코 무대에서 떠나지 않는다는 사실에서뿐만 아니라 특히 "세상 끝날까지"(28:17-20) 제자들과 함께 있겠다는 예수의 약속에서도 성취되고 있다는 점에서[15] 독자들은 이 복음서가 가지는 도달력과 적실성을 볼 수 있다.

7.2 마태복음의 내러티브

마태복음의 전반적인 구조뿐만 아니라 그가 숫자와 배열의 세부 사항에 주의를 기울인다는 점이 이 복음서에서 가장 인상적인 측면 중 하나이기 때문에[16] 우리는 이 복음서의 구조에 주의를 기울이면 초기 그리스도인들 사이에서의 축귀에 대한 정보를 포함해서 마태가 말하는 바에 대한 중요한 정보를 얻을 것으로 기대할 수 있다. 그렇게 관심을 기울이면 마가복음이나 누가복음에서 발견되는 메시지와 매우 다른 메시지를 얻을 수 있다. 누가의 말씀과 행위 사이의 경계 모호하게 하기와 균형 잡기는 사라진다. 또한 축귀를 예수의 최초의 공적인 행위로 제시하고(막 1:21-28) 이를 전형적인 기능으로 설정한 마가와 대조적으로 마태는 예수를 그의 복음서의 처음 부분을 지배하는 산상 설교의 스승으로 제시한다. 실제로 마태는 자신이 곧 서술할 사역에 대한 요약인 4:23-25에 가서야 축귀를 언급하며,[17] 그것도 다른 치유들 사이에서 언급한다. "사람들이 모든 앓는 자 곧 각종 병에 걸려서

---

14 Terence L. Donaldson, *Jesus on the Mountain: A Study in Matthean Theology* (JSNTSup 8; Sheffield: JSOT Press, 1985), 184에서 언급되었다. 186-87에 나오는 그의 논의도 보라.

15 참조. Graham H. Twelftree, *Jesus the Miracle Worker: A Historical and Theological Study* (Downers Grove, IL: InterVarsity; 1999), 105-6.

16 참조. Davies, *Sermon*, 14.

17 참조. 막 1:21-28, 32, 34, 39; 3:7-12. 다음 문헌들을 보라. Davies and Allison, *Matthew*, 1:412; Ulrich Luz, *Matthew 1-7* (Edinburgh: T&T Clark, 1989), 204.

고통 당하는 자, 귀신 들린 자, 간질하는 자, 중풍병자들을 데려오니 그들을 고치시더라"(마 4:24). 그러나 의미심장하게도—4:24과 짝을 이루는, 이 부분(5-9장)을 마무리하는 9:35의 요약과 매우 흡사한—이 요약의 첫 부분은 이 부분의 말씀과 행위로 이루어진 구조[18]와 그 결과 거기에 함축된 예수의 사역의 성격에 주의를 환기한다. "예수께서 온 갈릴리에 두루 다니사 그들의 회당에서 가르치시며 천국 복음을 전파하시며 백성 중의 모든 병과 모든 약한 것을 고치셨다"(4:23). 그러나 축귀는 이 절에서 언급되지 않는다. 게다가 마태복음에서 기적 이야기는 8:1-4에서 나병환자가 깨끗해지는 이야기에서 비로소 등장할 뿐만 아니라 완전한 축귀 이야기—거라사의 귀신 들린 사람들 이야기—도 8:28-34에 이르러서야 등장한다. 이러한 자료의 중대한 (재)배열은 예수를 복음을 전파하는 치료자나 축귀자가 아니라 병을 고치는—그리고 축귀도 행하는—교사로 확립한다. 이 점에서 우리는 마태가 기적을 행하는 자로서의 예수보다 교사-설교자로서의 예수를 강조할 뿐만 아니라 예수의 기적 중 축귀의 역할을 축소한다는 것도 알 수 있다.[19] 이렇게 가르침을 강조하는 태도는 마태복음 끝의 요약적인 명령에서도 끝까지 유지된다. 즉 제자들은 세례를 주고 가르쳐야 한다. 거기서 기적을 행하거나 귀신을 쫓는 일은 언급하지 않는다(28:16-20).

그러나 기적과 축귀에 대한 명백한 경시에도 불구하고 가르치라는 명령은 예수의 사역의 다른 측면들을 배제하지 않고 포함한다.[20] 즉 제자들은 새 제자들에게 "내가 너희에게 분부한(ἐνετειλάμην ὑμῖν) 모든 것을 지키

---

18   참조. Eduard Schweizer, *The Good News according to Matthew* (London: SPCK, 1976), 233. Julius Schniewind, *Das Evangelium nach Matthäus* (8th ed.; NTD 2; Göttingen: Vandenhoeck & Ruprecht, 1956), 36도 보라. Luz, *Matthew 1-7*, 203은 그의 견해를 따른다.

19   참조. Graham H. Twelftree, *Christ Triumphant: Exorcism Then and Now* (London: Hodder & Stoughton, 1985), 123.

20   이는 Twelftree, *Miracle*, 104의 수정이다.

도록(τηρεῖν)" 가르치라는 말씀(마 28:20)을 듣는다. 지키라(τηρεῖν)는 지시는 단순히 법을 알거나 복종하는 것이라기보다는 어떤 것(또는 어떤 사람)을 보호하거나 보존하거나 보살피는 것[21]을 포함한다. 따라서 마태복음 23:3에서 예수는 서기관들과 바리새인들에 관해 군중과 제자들에게 이렇게 말한다. "무엇이든지 그들이 말하는 바는 행하고 지키되(τηρεῖν) 그들이 하는 행위는 본받지 말라. 그들은 말만 하고 행하지 아니한다." 이는 "지키는 일"이나 "따르는 일"이 명령뿐만 아니라 생활 방식도 포함하는 것임을 의미한다. 또한 "분부"한다(ἐντέλλεσθαι)는 것은 어떤 법을 공표하거나 제정하는 것만이 아니라(참조. 히 9:20) 일반적인 지시사항을 남긴다는 개념도 포함한다.[22] 따라서 마태복음의 마지막 절에서 마태는 예수의 제자들이 예수의 법을 가르쳐야 함을 암시하는 것이 아니다. 그보다 제자들은 새로운 제자들에게 "내가 너희에게 분부한 모든 것"(마 28:20)을 유지하거나 보호하도록 가르쳐야 한다. 가장 분명한 점은 이것이 축귀에 대한 자료를 포함해 이 복음서에서 발견되는 내용이라는 것이다. 따라서 마태복음 28:20에서 지시하시거나 명령하시는 예수에 대한 언급은 "말씀과 행위를 통합하고 따라서 이 책 전체를 상기시킨다. 즉 모든 내용을 염두에 둔다. 그의 지상 사역 전체가 하나의 명령이다"[23]라고 가정하는 데이비스와 앨리슨의 논지는 타당하다.

그러므로 사역의 다른 측면들만큼 중요하지는 않을지라도 초기 그리스도인들에게 축귀를 행하라는 것이 이 명령의 일부였을 것이다. 마태복음의 본론에서 기적에 관한 장들(마 8:1-9:38)과 제자들의 사명에 관한 장(10:1-

---

21 마태복음에 나오는 τηρέω에 대해서는 19:17; 23:3; 27:36, 54; 28:4, 20을 보라. 다음 문헌들도 보라. Harald Riesenfeld, "τηρέω," *TDNT* 8:140-46; BDAG, "τηρέω."
22 BDAG, "ἐντέλλω."를 보라. 참조. 마 4:6; 17:9.
23 Davies and Allison, *Matthew*, 3:686.

42)이 기적 이야기 직전(7:28)과 사명을 위임받은 제자들을 향한 지시 직후 (11:1)에 나오는 "예수가 ~을 마쳤을 때"라는 표현에 의해 결합된다는 점을 주목하면, 우리는 축귀의 위상을 확인할 수 있다. 따라서 마태복음에서 축귀는 비교적 중요하지 않으며 치유나 축귀보다 복음 전파와 가르침이 마태의 주요 관심사이기는 하지만, 축귀는 여전히 독자들에게 통합적인 사역 모델의 한 측면으로 확립된다. 우리가 이 복음서의 특정 텍스트들을 살펴보면 마태가 초기 그리스도인들 사이의 축귀에 대해 말하는 내용을 더 자세하게 알 수 있다.

7.3 그리스도인 순회 축귀자들(마 7:15-23)

마태는 예수의 부활 이후의 상황을 암시하면서 축귀를 처음 언급할 때 이를 부정적으로 언급한다.

거짓 선지자들을 삼가라. 양의 옷을 입고 너희에게 나아오나 속에는 노략질하는 이리라. 그들의 열매로 그들을 알지니 가시나무에서 포도를, 또는 엉겅퀴에서 무화과를 따겠느냐? 이와 같이 좋은 나무마다 아름다운 열매를 맺고 못된 나무가 나쁜 열매를 맺나니 좋은 나무가 나쁜 열매를 맺을 수 없고 못된 나무가 아름다운 열매를 맺을 수 없느니라. 아름다운 열매를 맺지 아니하는 나무마다 찍혀 불에 던져지느니라. 이러므로 그들의 열매로 그들을 알리라(마 7:15-20).

나더러 "주여, 주여" 하는 자마다 다 천국에 들어갈 것이 아니요, 다만 하늘에 계신 내 아버지의 뜻대로 행하는 자라야 들어가리라. 그날에 많은 사람이 나더러 이르되 "주여, 주여, 우리가 주의 이름으로 선지자 노릇 하며 주의 이름으로 귀신을 쫓아내며 주의 이름으로 많은 능력을 행하지 아니하였나이까?" 하리니 그때에 내가 그들에게 밝히 말하되 "내가 너희를 도무지 알지 못하니 불법을 행하는 자들아, 내게서 떠나가라" 하리라(마 7:21-23).

이 구절[24]은 마태가 독자들 사이의 가상적인 쟁점이 아닌 실제 쟁점을 다루고 있음을 암시한다.[25] 우리의 관심사를 염두에 두자면 마태가 M 자료와 Q를 모아 정리하면서(참조. 눅 6:43-45; 13:25-27) 축귀를 반율법주의 및 거짓 예언과 연결할 수 있었다는 점이 주목할 만하다(마 7:21-23). 거짓 예언자들의 정체는 수수께끼였다.[26] 마태가 이 두 부분(7:15-20과 21-23)을 (정체가 밝혀지고 있는 이 사람들과 관련된 구체적인 어휘[27]와 문제가 되고 있는 이들의 건전성 또는 정직성[integrity]이라는 전반적인 주제를 통해) 연결했다는 점에서 그는 아마도 두 집단이 아닌 한 집단을 다루고 있는 듯하다.[28] 그들이 그리스도인을 나타낼[29] 개연성이 높은데, 그 경우 서술상의 긴장감이 높아질 것이고 또한 그들이 마태가 다른 경우에 제자들만 사용하도록,[30] 또는 최소한 예수 앞에

---

24 Luz, *Matthew 1-7*, 440-41의 짧은 논의를 보라.

25 참조. Luz, *Matthew 1-7*, 441.

26 다음 문헌들을 보라. David Hill, "False Prophets and Charismatics: Structure and Interpretation in Mt. 7:15-23," *Bib* 57 (1976): 327-48; Davies and Allison, *Matthew*, 1:701의 요약 논의; Luz, *Matthew 1-7*, 441-42; 그리고 Dieter Trunk, *Der messianische Heiler: Eine redaktions-und religionsgeschichtliche Studie zu den Exorzismen im Matthäusevangelium* (HBS 3; Freiburg, Basel, and Vienna: Herder, 1994); 224-27.

27 ἐπιγινώσκω(마 7:16, 20)와 γινώσκω(7:23)를 주목하라.

28 Hill, "False Prophets," 327-48이 생각한 바와 같다.

29 다음 문헌들의 견해도 이와 같다. David E. Aune, *Prophecy in Early Christianity and the Ancient Mediterranean World* (Grand Rapids: Eerdmans, 1983), 223; Joachim Gnilka. *Das Matthäusevangelium, part 1, Kommentar zu Kap. 1,1-13,58* (HTKNT 1.1; Freiburg, Basel, and Vienna: Herder, 1986), 274는 다음 문헌들에 주의를 환기한다. *Did.* 11; 그리고 Trunk, *Heiler*, 226.

30 마 8:21, 25; 14:28, 30; 16:22; 17:4; 18:21; 26:22.

서 믿음을 표현하기 위해[31] 남겨놓은 말인 "주"라는 표현을 사용한 것으로 보아 그 점이 분명해 보이기 때문이다. 그들이 그리스도인이라는 점은 그들의 예언, 축귀, "주의 이름으로 행한 "능력($\delta \upsilon \nu \acute{\alpha} \mu \epsilon \iota \varsigma$)"[32] 등의 활동을 통해 뒷받침된다(7:22-23; 참조. 24:11, 24).[33]

그러나 이 거짓 예언자들—마태는 그들에 대해 독자에게 경고한다—이 독자들에게 "나아온다"($\check{\epsilon}\rho \chi o \nu \tau \alpha \iota$ $\pi \rho \grave{o} \varsigma$ $\acute{\upsilon} \mu \tilde{\alpha} \varsigma$, 마 7:15)고 진술된다는 점에서, 우리는 이 그리스도인 예언자들은 순회 예언자들이며[34] 아마도 기독교 공동체 안에서 활동했으리라고 추정할 수 있을 것이다. 마태가 독자들에게 말한 다른 내용으로 미루어볼 때 우리는 원칙적으로 마태가 카리스마적 순회 사역자들에게 반대했다고 결론을 내릴 수는 없다. 10:1-15, 41절과 23:34에서 마태는 기독교 공동체에 카리스마적 순회 사역자들이 있을 것이라고 가정하고 있기 때문이다(때때로? 7:15; 23:34를 보라[35]). 실제로 이 구절에서 마태는 그런 사람들을 노골적으로 비난하지 않고 거짓 예언자들의 특정한 측면에 대해 경고한다(7:15). 더 나아가 마태가 이 그리스도인 축귀자들의 방법에 대해 비판적이지 않다는 점에서 우리는 마태가 "주의 이름으로"(7:22) 행하는 축귀를 인정된 방법으로 받아들이고 있다고 가정할 수 있다. 그러므로 우리가 다른 초기 그리스도인 축귀자들에게서 본 바와 같이, 이 방법은 예

---

31 마 8:2, 6, 8; 9:28; 15:22, 25, 27; 17:15; 20:30, 31, 33. Luz, *Matthew 1-7*, 444를 보라.

32 $\Delta \upsilon \nu \acute{\alpha} \mu \epsilon \iota \varsigma$는 마태복음에서 다른 경우에는 예수에 의해서만 사용되었다(13:58).

33 참조. Pierre Bonnard, *L'évangile selon Saint Matthieu* (2nd ed,; CNT 1; Neuchâtel: Delachaux & Niestlé, 1970), 104.

34 이 주제에 대한 더 광범위한 내용은 사고를 자극하는 Martin Hengel, *The Charismatic Leader and His Followers* (Edinburgh: T&T Clark, 1981)를 보라; Schweizer, *Matthew*, 178-80도 보라.

35 참조. Max Weber, "The Sociology of Charismatic Authority," in *From Max Weber: Essays in Sociology* (ed. and trans. H, Gerth and C. W. Mills; London: Routledge & Kegan Paul, 1948), 248: "은사를 지닌 이들—스승과 그의 제자들—은 그들의 사명에 충실하려면 이 세상의 인연과 일상적인 직업, 그리고 일상적인 가족의 의무에서 벗어나 있어야 한다"(Hengel, *Leader*, 34에서 인용됨). 참조. *Did.* 11.4-5.

수의 권위에 의해 또는 마치 예수가 그 자리에 존재하거나 축귀를 행하는 것처럼 축귀를 행하는 것을 의미했다(참조. 10:41-42; 18:5; 21:9).[36]

이것이 "나더러 '주여, 주여' 하는 자마다 다 ~할 것이 아니요"(마 7:21; 참조. 고전 12:3)라는 진술을 이해하는 방식이라면 마태는 그들의 황홀경 체험이나 그런 발언에도 반대하지 않는다고 볼 수 있다.[37] 그보다는 마태의 경고는 보살펴주겠다고 제안하며 나아오지만, 공동체를 맹렬히 공격하거나 약탈하는(ἅρπαξ[38]) 카리스마적 순회 사역자들에 대한 경고다. 마태는 그들의 열매로 그들을 알게 될 것이라고 말한다. "열매"(καρπός)는 바뀐 의미에서는 행위라는 뜻이며(마 3:8; 12:33)[39] 마태가 그들을 "불법을 행하는 자들"(ἐργαζόμενοι τὴν ἀνομίαν, 7:23)로 묘사하고 있으므로 우리는 마태가 독자들에게 이 순회 사역자들의 해로운 생활 방식을 근거로 그들에 대해 경고하고 있음을 알 수 있다.[40] 마태는 계속해서 카리스마적 사역자에게 요구되

---

36   Davies and Allison은 *Matthew*, 1:716에서 마태는 아마도 "예수의 이름으로"라는 어구를 일관되게 사용하지 않았을 것이고 따라서 24:5에서 "화자는 자신이 예수나 메시아적인 인물인 것처럼 꾸미려 하고 있다"고 지적한다.

37   참조. David Hill, *The Gospel of Matthew* (NCB; 1972; repr., Grand Rapids: Eerdmans; London: Marshall; Morgan & Scott, 1990), 152; Davies and Allison, *Matthew*, 1:716 각주 38; Luz, *Matthew 1-7*, 446-47은 이보다 확신이 덜하다. Schweizer, *Matthew*, 158은 그 말이 예언, 축귀, 기적 행하기와 관련이 있다고 말하지만, 마태가 "전례의(liturgical) 환호성을 생각"했을 가능성은 별로 없다.

38   마 7:15. 참조. 겔 22:27; 습 3:3.

39   고대에 이 단어가 가지는 의미에 대해서는 LSJ; BDAG; Friedrich Hauck, "καρπός…," *TDNT* 3:614-15를 보라. 여기서 기적을 일으키는 자의 정직성은 그의 행동을 통해 입증된다는 점에서 오리게네스와 켈수스 사이의 논쟁이 떠오른다. 추가로 Graham H. Twelftree, *Jesus the Exorcist: A Contribution to the Study of the Historical Jesus* (WUNT 2.54; Tübingen: Mohr Siebeck; Peabody, MA: Hendrickson, 1993), 5장을 보라. 참조. *Did.* 11.8: "그러나 영으로 말하는 사람이 다 예언자인 것은 아니고, 주의 도를 가지고 있는 사람만 예언자다. 따라서 거짓 예언자와 [참]예언자는 그들이 사는 방식에 의해 알려질 것이다."

40   70인역에서 ἐργαζόμενοι τὴν ἀνομίαν("불법을 행하는 자들")은 일반적으로 "취약한 이들에게 해를 끼칠 수 있는 영향력 있는 악한 사람들"을 가리킨다. Ernest James Bursey, "Exorcism in Matthew" (PhD diss., Yale University, 1992), 144도 같은 입장이다.

는 삶의 방식은 무아지경의 말, 예언, 축귀, 또는 능력을 넘어 "내 아버지의 뜻"(7:21)을 행하는 데까지 미친다고 설명한다.

이 경고가 마태가 방금 자신의 공동체에 대해 자신의 율법 해석을 제시한 곳인 산상 설교의 마지막 부분에 나오므로 독자들은 대체로 거기에 아버지의 뜻―율법―이 제시되어 있다고 생각할 것이다.[41] 그러나 마태가 나중에 순회 축귀자들이 어떻게 처신해야 하는지에 대해 말하는 내용(마 10:8)으로 미루어볼 때, 순회 축귀자들이 기독교 공동체에 행한 이러한 만행에는 아마도 사역에 대해 돈을 받는 행위가 포함되었을 것이다.[42] 따라서 마태는 순회 축귀자들이 자신의 공동체 안에서 그리고 그 공동체와 관련해서 활동하는 것을 인정하지만[43] 그들의 정당성은 그들이 특히 행위와 관련해서 마태 공동체의 규제에 따르느냐에 달려 있다.[44] 진리와 윤리는 분리될 수 없기 때문이다.[45]

---

[41] 참조. Donald A. Hagner, *Matthew 1-13* (WBC 33A; Dallas: Word Books, 1993), 187. 그는 마 6:10; 12:50; 21:31; 26:42에 주의를 환기시킨다.

[42] 마 10:6에 비추어보면 Luz, *Matthew 1-7*, 443이 생각하듯이 공동체를 위협하는 이 위험은 사소한 것이 아니다. 참조. *Did.* 11.6. 마태복음(7:15)이 재정적 약탈에 대해 경고하고 있음을 뒷받침하는 증거는 행 20:29(신약에서 λύκοι["이리"]가 이런 식으로 사용된 다른 유일한 용례)에서 나오는데, 거기서 바울은 한편으로 에베소의 장로들에게 사나운 이리(λύκοι βαρεῖς)에 대해 경고하며 다른 한편으로 자신은 "아무의 은이나 금이나 의복을 탐하지 아니했다"고 말한다 (20:33; 참조. 살전 2:5, 9).

[43] 참조. Luz, *Matthew 1-7*, 445.

[44] 참조. Luz, *Matthew 1-7*, 445-46; Gerhard Barth, "Matthew's Understanding of the Law," in Bornkamm, Barth, and Held, *Tradition and Interpretation*, 75: "거짓 예언자들은 이처럼 분명하게 반율법주의자로 지칭된다."

[45] 참조. Daniel Marguerat, *Le jugement dans l'évangile de Matthieu* (MdB; Genève: Labor et Fides, 1981), 192: "***la vérité chrétienne est éthique***" (강조는 저자의 것임); Luz, *Matthew 1-7*, 446 각주 48에서도 인용된다.

7.4 축귀의 사명(마 9:37-10:42)

다음에 고찰할 내용은 9:37-10:42에 나오는 마태복음의 전도 파송 강화다. 이 강화의 초반부에서 예수가 제자들에게 "더러운 귀신을 쫓아낼 권위를 주셨다"고 보도된다(마 10:1). 마태가 초기 그리스도인들 사이의 축귀에 대해 무엇을 염두에 두고 있었는지를 발견하려 할 때 핵심적인 질문은 '마태가 이 가르침을 예수의 동료들을 위한 가르침으로 의도했는가, 아니면 이 가르침이 마태의 독자들에게 적용되도록 의도되었는가?'다. 이 질문에 답하기는 쉽지 않다. 한편으로 이 전도 파송 강화 내러티브의 배경은 예수 자신의 갈릴리 사역에서의 특정 상황이다.[46] 독자들은 이 점으로 미루어볼 때 이 가르침이 그들 자신을 위한 것이라기보다는 예수의 동료들을 위한 것이라고 가정할 수도 있을 것이다. 그러나 다른 한편으로 이 이야기의 뒷부분에서는(10:18) 예수의 갈릴리 사역보다 훨씬 더 광범위한 전도가 가정된다. 열두 사도들은 "그들과 이방인들에게 증거가" 되도록 "총독들과 임금들 앞에 끌려" 갈 것이라는 경고를 받는다. 더 나아가 10:22-23에서도 예수의 갈릴리 사역보다 더 오래 지속되는 전도를 가정한다. 예수는 "끝까지" 견디는 것과 인자의 도래에 대해 언급한다. 더구나 전도 명령의 뒷부분(10:24-42)은 9:35-10:15에서 주어졌거나 가정된 특정한 시간적, 지리적 배경을 벗어나 있다. 특히 그 지시대상이 자주 일반적인 용어로 나타내진다(예컨대 10:32와 33에서 나오는 ὅστις["누구든지"]).[47]

마태의 목적을 불분명하게 만드는 배경과 내용 사이의 이러한 괴리를

---

46   마 4:18, 23; 8:18, 23, 28; 9:1, 35; 11:1을 보라.
47   더 자세한 내용은 Dorothy Jean Weaver, *Matthew's Missionary Discourse: A Literary Critical Analysis* (JSNTSup 38; Sheffield: JSOT Press, 1990), 16을 보라.

해소하기 위해 학자들은 다양한 노력을 기울여왔다.[48] 예를 들어 마태는 예수가 대면해야 했던 대적들이 예수의 제자들이 대면한 대적들과 같음을 보여주고 있는 것일지도 모른다. 따라서 총독들, 임금들, 이방인들에 대한 언급(마 10:18)은 각기 빌라도(예컨대 27:11), 헤롯 일가(예컨대 14:1), 이방인들(20:19)을 가리키는 것으로 여겨졌고 예수도 이들과 대면해야 했다.[49] 그러나 이는 이 내러티브의 배경이 지닌 지리적, 시간적 틀을 넘어서는 어록을 고려하지 않은 해석이다. 이에 대한 대안으로 전도 임무 전체[50]나 그것의 뒷부분(10:24-42)[51]은 열두 사도가 아니라 교회를 대상으로 한 것이라고 여겨지기도 했다. 그러나 이는 마태가 이 이야기에 부여한 시기와 배경 및 마태가 10:24-42의 자료에 대해 강화의 배경을 바꾸지 않았다는 점을 무시하는 해석이다.

이 강화가 의도한 청중을 밝히는 데 있어 진척을 이룰 한 가지 방법은 이 강화의 끝부분에서 마가복음(6:12-13, 30)이나 누가복음(9:6, 10; 10:17)과 달리 마태복음은 제자들이 그들의 사명을 계속 수행하는 모습으로 묘사하지 않는다는 점에 주목하는 것이다.[52] 그 대신 마태는 "예수께서 열두 제자에게 명하시기를 마치시고 그들의 여러 동네에서 가르치시며 전도하시려고 거기를 떠나가셨다"고 기록한다(마 11:1). 마태가 통일되고 일관성 있는 하나의 내러티브를 기록하고 있다는 점을 고려하면 제자들의 사명은 이 특정

---

48   여기서 나는 Weaver, *Discourse*, 17-29에 의존하고 있다.

49   Joachim Lange, *Das Erscheinen des Auferstandenen im Evangelium nach Matthäus: Eine traditions- und redaktionsgeschichtliche Untersuchung zu Mt 28, 16-20* (FB 11; Würzburg: Echter; 1973), 258.

50   예컨대 Francis W. Beare, "The Mission of the Disciples and the Charge: Matthew 10 and Parallels," *JBL* 89 (1970): 3도 같은 입장이다.

51   예컨대 Bornkamm, "End Expectation," 18도 같은 입장이다.

52   예컨대 Beare, "Mission," 3; Gundry, *Matthew*, 203; Hagner, *Matthew 1-13*, 296.

한 내러티브의 틀 안에서 성취되지 않는다는 결론이 도출된다.[53] 사실 그 사명은 마태복음의 내러티브 전체에서도 성취되지 않는다. 제자들이 모종의 전도에 참여했다는 암시가 있기는 하지만 그래도 이 인상이 바뀌지 않는다. 15:23에는 가나안 여자가 제자들에게 자신의 딸을 도와달라고 요청했음이 암시되어 있다(우리는 그 여자가 제자들에게 귀신을 쫓아달라고 요청했다고 추측할 수 있다). 결국 이는 예수의 제자들도 그들의 스승처럼 축귀자라고 기대되었음을 암시한다. 그러나 그들의 거절은 이방인에 대한 전도는 이 내러티브의 시대에서 벗어나 있음[54]을 확인한다는 점뿐만 아니라 그들이 10:5-6의 명령("이방인 중 어느 곳으로도 가지 말라")을 성취하고 있음도 보여준다. 제자들의 전도는 간질병에 걸린 아이와 관련해서도 암시된다(17:14-21). 그러나 이 전도는 실패했을 뿐만 아니라, 주도적으로 치료를 요청한 사람은 그 아이의 아버지이기도 했다. 이 점에서 마태는 또다시 예수의 제자들이 전도할 때가 이르지 않았음을 확인시켜주는데, 이는 더 많은 훈련이 요구되기 때문일 뿐만 아니라 전도의 때가 독자들의 내러티브 세계에 속해야 하기 때문이기도 하다.

따라서 주목할 만하게도 마태복음의 끝에서 그 위임의 책무는 "가라"(ὑπάγετε, 마 28:10에서와 같은 현재 명령형)는 것이 아니다. 그것은 즉시 실현될 것이라고 가정된다. 오히려 제자들은 그 지시들이 아직 실현되지 않았다고 가정하는 "가서" 또는 "가거든"(πορευθέντες, 부정과거 분사)이라는 지시를 받았다(28:19).[55] 따라서 이 중요한 요점에 대한 결론을 내리자면, 마태에게

---

53 이는 독자가 제자들이 파송 받았다고 추정할 것이라는 Ernst Bammel, "πτωχός," *TDNT* 6:903-4와 Hill, *Matthew*, 196의 가정을 제쳐둘 필요가 있음을 의미한다.

54 참조. Amy-Jill Levine, *The Social and Ethnic Dimension of Matthean Social History: "Go nowhere among the Gentiles..." (Matt 10:5b)* (SBEC 14; Lewiston, NY: Mellen, 1988), 131-64, 191-92.

55 Karen Barta, "Mission in Matthew: The Second Discourse as Narratives," *SBLSP* 27 (1988): 530 에서 그 텍스트가 "그들이 가지 않았다고 말하지 않는다"고 한 말은 이러한 미묘한 요소들을

있어 10:1-42의 사명 실현은 마태복음의 내러티브 밖인 독자들의 시대에 이루어진다고 가정하는 것이 여전히 합리적이다.

여기서 다음 두 가지 결론이 도출된다. 첫째, 이 명령을 하고 난 뒤의 예수 자신의 사역 내러티브뿐만 아니라 그에 선행하는 사역 내러티브(참조. 마 5:1-9:34)가 전도 파송 강화를 해석하고 설명하는 수단이다.[56] 달리 말하자면 가르침, 치유, 축귀뿐만 아니라 고난과 박해도 포함하는 제자들의 사역은 예수의 사역을 그대로 반영해야 한다.[57] 그 결과 둘째, 예수의 사역이 그 전도 명령을 해설해줌과 아울러, 역으로 그 위임은 마태복음 끝에 나오는 대위임령에서 간접적으로만 암시된 내용을 확인해주고 그 배경을 제공한다. 즉 독자들의 내러티브 세계에서 성취되어야 할 대위임령은 예수의 전도를 그대로 따라 하는 것이다. 달리 말하자면 전도 파송 명령에서 의도된 청중에 관한 질문에 대답하자면, 마태는 축귀와 관련된 지시를 포함한 전도 파송 명령이 그의 독자들에게 적용되도록 의도했다.

마태가 초기 그리스도인들이 수행한 이 전도에서 축귀에 대해 말하고자 하는 내용은 이 전도 명령에서 여러 방식으로 여러 곳에 제시되어 있다.

a. 축귀를 위한 권위 부여는 그 명령에서 치유보다 먼저 나온다(마 10:1). 가르침이나 복음 전파는 나중에 가서야 언급된다(10:7). 언뜻 보면 이는 축귀에 대한 마태의 낮은 평가와 모순되는 것처럼 보인다(위의 각주 4를 보라). 그러나 마치 자신의 전승에서 축귀의 중요성의 균형을 잡으려는 듯이 (참조. 막 6:7; 눅 9:1) 그는 다른 치유 활동에 관한 가르침을 포함시킨다. 따라서 축귀는 이 순회 설교자들에게 설정된 여러 임무 가운데 하나일 뿐이며 (10:8) 그들은 마가복음(6:12-13)과 누가복음(9:1-2, 6; 10:9)에 제시된 제자들

___

충분히 고려하지 않았다.
56   참조. Weaver, *Discourse*, 126.
57   참조. John P. Meier, *The Vision of Matthew* (New York: Paulist Press, 1979), 73.

보다 훨씬 더 광범위한 임무를 부여받는다.[58]

b. 축귀는 치유와 더불어 예수의 제자 공동체를 위해 남겨둘 것이 아니라 복음 전파 활동의 일부가 되어야 한다. 이 점은 마태가 전도의 순회적 측면에 할애하는 분량으로 보아 명백히 드러난다(마 10:5-23).

c. 전도를─이방인과 사마리아인은 배제하고─"이스라엘 집"(마 10:6)으로 제한한 것은 그들의 사역이 그 내러티브에서 곧 다루게 될 예수의 사역(11:1b)과 병행한다는 점을 강조하는 효과를 지닌다.[59] 이러한 제한은 가나안 여인의 이야기가 예외임을 강조하는 효과가 있는데, 그 이야기는 이방인들도 그들의 믿음에 근거하여 자비를 얻는다는 점을 보여준다(15:21-28).

d. "천국이 가까이 왔다"는 진술(마 10:7)에서 독자들은 마태가 순회 치유자들에게 예수의 종말론적 사역에서 일정한 몫을 부여한다는 점을 이해하게 된다(9:37을 보라). 그들의 축귀는 사탄의 나라의 멸망과 하나님의 강력한 임재의 실현의 일부다. 이 관점은 아마도 17:17에서도 명백히 드러나는 듯하다(아래의 논의를 보라). 즉 초기 교회의 축귀라는 맥락에서 작동하는 믿음의 사례인 "산을 움직이는" 믿음은 이사야 40:4에 나타난 종말론적 기대를 반향한다.

e. 전도 책무는 "너희가 거저 받았으니 거저 주라"(마 10:8)는 지시도 포함한다. 이 어록은 의학적 치료에는 비용의 지불이 요구된다는 것이 인정된 관행이었다는 점뿐만 아니라[60] 마태가 초기 그리스도인들이 아마도 그들에

---

58 참조. Heinz Joachim Held, "Matthew as Interpreter of the Miracle Stories," in Bornkamm, Barth, and Held, *Tradition and Interpretation*, 250.

59 Weaver, *Discourse*, 84.

60 다음 문헌들을 보라. Xenophon, *Mem.* 1.2.4-8; Aristotle, *Politica* 3.16. 참조. Arthur R. Hands, *Charities and Social Aid in Greece and Rome* (Ithaca, NY: Cornell University Press, 1968), 131-41과 202-5 (documents). BDAG, "ἰατρός"는 P. Stras. 73.18-19를 인용하여 의사의 진료비

게 다가오는 거짓 예언자들처럼 행할 가능성이 있는 행위에 반대하고 있음을 암시한다(위의 논의를 보라). 마찬가지로 이 어록은 그들이 행하는 일과 일반적인 의료 관행을 구분한다. 축귀를 행하는 순회 기독교 전도자들이 돈 대신 음식을 받을 수 있다고 언급된다는 점에 우리가 주목할 때 돈을 받는 것이 마태에게 특별한 문제였다는 점이 확인된다.[61] 초기 그리스도인들의 축귀는 그들의 스승의 축귀와 마찬가지로 의학적인 치료자가 하는 일이 아니라 도래한 하나님 나라가 부여하는 은혜의 표현이었다.[62]

f. 마태는 자신의 교회와 연결된 순회 축귀자들이 큰 어려움에 직면했고 큰 성공을 거두지 못했으며 잘 대접받지도 못했음을 암시한다. 실제로 더글러스 헤어는 적대감이나 거부와 관련된 자료의 비율이 높다는 점을 언급했다.[63] 텍스트에 그들을 영접하지 않거나 그들의 말을 듣지 않을 것이라는 언급이 있다(마 10:14). 도리어 예수의 제자들은 공회(=지방 "의회")에 넘겨지고 채찍질을 당하며(10:17) 정치 지도자들 앞에 끌려가고(10:18) 미움을 받고(10:22) 아마도 바알세불[64]의 식솔이라는 혐의를 받으며(10:25) 비방을

가 20드라크마라고 말하지만, 의사들이 아무런 대가를 받지 않은 사례는 다음 문헌들을 보라. Fridolf Kudlien, "'Krankensicherung' in der griechisch-römischen Antike," in *Sozialmassnahmen und Fürsorge: Zur Eigenart antiker Sozialpolitik* (ed. Hans Kloft; GBSup 3; Graz: Berger, 1988), 90-92; Frederick W. Danker, *Benefactor: Epigraphic Study of a Graeco-Roman and New Testament Semantic Field* (St. Louis: Clayton, 1982), nos. 1-4.

61 마태는 그 속담 같은 진술을 "일꾼이 그 삯을 받는 것이 마땅하다"(μισθός, 눅 10:7; 참조. Ps.-Phoc. 19; 또한 고전 9:14)에서 "일꾼이 자기의 먹을 것 받는 것이 마땅하다"(τροφή, 마 10:10)로 바꾸었다.
   「디다케」는 보상을 구하는 것을 거짓 예언자의 특징으로 지목한다. "누구든 성령 안에서 '내게 돈을 달라'거나 다른 무언가를 달라고 말하는 자의 말을 너희는 듣지 말라. 그러나 그가 너희에게 다른 곤궁한 사람을 위해 달라고 말하면 아무도 그를 판단치 말라"(「디다케」 11.12). 행 8:18-24도 보라.

62 참조. Bursey, "Exorcism," 167.

63 Douglas R. A. Hare, *The Theme of Jewish Persecution of Christians in the Gospel according to St Matthew* (SNTSMS 6; Cambridge: Cambridge University Press, 1967), 98.

64 사탄을 가리키는 완곡어법으로서의 이 단어의 기원, 의미, 용법에 대해서는 Graham H.

당한다. 예수께 충실하지 않을 가능성이 존재하는 것은 놀랄 일이 아니다 (10:32-33). 그러나 그들은 곧 돌아올 인자의 위로[65]와 하나님 아버지의 돌봄에 대해 확신한다(10:26-31).

7.5 축귀의 본질: 바알세불 논쟁(마 12:22-30)

우리가 언급한 대로 전도 명령 뒤에 이어지는 예수 사역 내러티브가 최소한 부분적으로라도 그 명령에 대한 주석 역할을 한다면, 마태가 초기 그리스도인들의 축귀에 대해 무슨 말을 하는지에 관한 내용을 보충하기 위해 우리는 추가로 바알세불 논쟁을 포함한 몇몇 구절에 주의를 기울여야 한다. 특히 마태가 마태복음의 구조에 주의를 기울인다는 점을 고려함으로써 우리는 예수의 사역에서 축귀에 비교적 낮은 우선순위가 주어진다는 것을 살펴보았다. 그럼에도 불구하고 우리는 또한 마태에게 이러한 형태의 치유가 여전히 중요했다는 점도 살펴보았다. 이 점은 마태가 다른 곳에서 예수와 축귀에 대해 말하고 있고 그의 독자들이 축귀를 행함에 있어 중요한 함의가 있는 많은 내용을 모아둔 이 구절에서 특히 명백하다.[66] 이 구절은 축귀와 관련된 예수의 능력-권위에 대한 논쟁(12:22-45)과 관련된 부분을 소개한다. 이 구절은 짧은 축귀 이야기로 시작한다. "그때에 귀신 들려 눈 멀고 말 못 하는 사람을 데리고 왔거늘 예수께서 고쳐 주시매 그 말 못하는 사람이 말하며 보게 된지라. 무리가 다 놀라 이르되 '이는 다윗의 자손이 아니냐?' 하니"(마 12:22-23).

Twelftree, "Beelzebul," *NIDB*, 1:417-18을 보라.

65 참조. Meier, *Vision*, 73-74.

66 마 9:32-34 ‖ 막 3:22-27 ‖ 눅 11:14-15, 17-23. 더 자세한 내용은 Twelftree, *Christ Triumphant*, 123-25를 보라.

귀신 들린 사람이 시각장애인이었다는 개념을 소개하는 것(참조. 마 9:32 ∥ 눅 11:14)은 마태에게는 새 시대에 대한 강렬한 소망이 축귀에서 실현되고 있었음을 보여준다.[67] 군중이 예수가 다윗의 아들이라고 제언하는 반응을 보인다는 점도 마태가 이 축귀 이야기를 사용해서 자신의 기독론에 공헌하고 있음을 보여준다. 실제로 마태는 그의 기독론적인 고려 때문에―축귀 이야기를 포함해서―기적 이야기를 줄이는 습관을 갖게 되었다.[68] 예를 들어 거라사의 귀신들린 자들을 치유한 이야기에서 마태는 대화를 극도로 줄였는데, 대화는 치유 방법의 일부로 여겨졌다(마 8:28-34; 참조. 막 5:1-20). 그 텍스트에는 "가라"라는 예수의 권위 있는 단순한 명령만 남아 있는데, 이는 마태가 실제로 예수가 귀신에게 한 말을 언급하는 유일한 경우다.[69] 마태의 관점에서 보면 하나님의 아들은 복잡한 방법을 사용할 필요가 없다. 이 사실을 통해 마태의 독자들은 정확한 방법이 그들의 축귀 성공에 중요한 요소가 아니라고 추론할 수 있었을 것이다.

축귀와 군중의 반응(마 12:22-23)에 대한 간략한 보도에 이어서 예수가 "귀신의 왕 바알세불을 힘입어" 귀신을 쫓아내고 있다는 바리새인들의 비난이 등장한다(12:24).[70] 이에 대한 예수의 대답은 사실상 이 신성모독적인 비난(12:31-32을 보라)은 옳을 수 없다는 것이다. 축귀는 사탄을 대적하여 행해지는 것이므로 사탄에게 능력을 받는다는 것은 그 축귀가 효과적이지 않을 것임을 의미하기 때문이다. 마태는 강한 자 비유(12:29)를 통해 이 점을 보여주는데 이 비유에서 강한 자는 명백히 축귀를 통해 쫓겨나는 사탄을 나타낸다.[71] 이 점에서 마태는 자신이 받은 전승을 따라 예수의 축귀를 두 단

---

67   추가로 Twelftree, *Christ Triumphant*, 124를 보라.

68   Held, "Miracle Stories," 165-200, Twelftree, *Miracle*, 4장에 수록된 글의 논의를 보라.

69   참조. Hull, *Magic*, 130.

70   참조. 마 9:34; 12:24 ∥ 막 3:22 ∥ 눅 11:15.

71   예컨대 Ernest Best, *The Temptation and the Passion: The Markan Soteriology* (SNTSMS 2;

계에 걸친 사탄의 패배로 이해된 내용 중 첫 번째 단계와 연결시킨다.[72]

따라서 마태에게는 예수의 축귀가 소극적으로는 사탄의 패배의 첫 단계다. 적극적으로는 예수의 축귀 사역은 에두아르트 슈바이처가 "복음서에서 가장 놀라운 말씀 중 하나"[73]라고 부른 한 어록에 분명히 제시된다. "그러나 내가 하나님의 성령을 힘입어 귀신을 쫓아내는 것이면 하나님의 나라가 이미 너희에게 임하였느니라"(마 12:28). 이 말은 예수의 축귀가 성령을 통해 능력을 부여받은 것이라는 점을 명확히 밝힌다. 이 말은 또한 오래 기다려온 종말론적인 성령이 예수에게 임한 것의 함의도 밝혀준다(12:18). 즉 성령을 통해 능력을 받은 예수의 축귀에서 하나님 나라가 이미 임했다는 것이다.[74] 마태가 초기 그리스도인 축귀자들이 예수의 사역을 모델로 삼고 "천국이 가까이 왔다"(10:7)고 말해야 한다고 생각한다는 점을 감안하면 독자들은 그들의 축귀가 종말론적인 성령을 통해 능력을 부여받아야 할 뿐만 아니라, 그들의 축귀에서 하늘나라가 임하고 있다고 결론을 내려야 한다.

7.6 나갔다 돌아온 귀신(마 12:43-44)

마태는 예수의 능력-권위에 관한 이 부분을 축귀 이야기로 시작했다(마 12:22). 그는 이 부분을 한 사람에게서 나간 뒤에 집 없이 배회하는 한 더러

Cambridge: Cambridge University Press, 1965), 13과 같은 견해는 사탄이 예수의 시험에서 패배했다고 본다. 그러나 특히 이 단락 때문에 이 견해는 성립될 수 없다. Twelftree, *Exorcist*, 3장을 보라.

72 사탄의 두 단계에 걸친 패배 개념에 대해서는 Graham H. Twelftree, "EI ΔE...EΓΩ... EKBAΛΛΩ TAΔAIMONIA!...[Luke 11:19]," in *The Miracles of Jesus* (ed. David Wenham and Craig Blomberg; Gospel Perspectives 6; Sheffield: JSOT Press, 1986), 391-92에 수록된 글을 보라. 참조. 벧후 2:4; 유 6; 계 20:1-3.

73 Schweizer, *Matthew*, 286-87.

74 참조. James D. G. Dunn, *Jesus and the Spirit* (London: SCM, 1975), 47.

운 영에 대한 어록으로 마무리한다. 그 영은 이전의 숙주가 비어 있거나 여유가 있는 것(σχολάζοντα)을 발견하고 다른 일곱 영과 함께 돌아와 그 사람의 상태를 전보다 악화시킨다(12:43-44). 이 어록은 누가복음에서는 축귀에 대한 논평이었지만(11:24-26) 마태복음에서 이 어록은 서기관 및 바리새인과의 관계에서 진술되며(12:38-39) 예수를 배척하고 있었던 "이 악한 세대"(12:45)에게 적용된다. 달리 말하자면 이 어록 직전에 소개된 심판이라는 주제를 염두에 두자면(12:41-42), 이스라엘은 예수를 배척했기 때문에 심판 때 예수를 알지 못했을 경우나 알기 전보다 더 나쁜 상황에 놓일 것이다.[75]

마태는 아마도 예수를 배척하는 이들을 적절히 묘사하는 단어로 σχολάζοντα[76]를 선택했겠지만, 이 단어는 수사적으로 아마도 아직 어떤 영도 그 사람 속에 채워지지 않았고 따라서 추가 공격을 받기 쉬운 취약한 상태에 대한 적절한 묘사이기도 했을 것이다. 악령이―더 강해져서―돌아오는 것을 막기 위해서는 모종의 예방 조치가 취해져야 했다. σχολάζω의 의미에서 핵심적인 요소는 게으르거나 한가하거나 비어 있다는 개념이다.[77] 따라서 마태는 아마도 성공적인 축귀는 그 사람이 더러운 영으로부터 해방될 뿐만 아니라 계속해서 σχολάζοντα와 반대되는 상태에 있는 것―즉 아마도 제자의 삶의 방식을 받아들이는 것―을 포함한다는 견해를 반영하는 듯하다.

---

75 참조. Ulrich Luz, *Matthew 8-20* (Hermeneia; Minneapolis: Fortress, 2001), 221; Gundry, *Matthew*, 246; Davies and Allison, *Matthew*, 2:360; Donald Senior, *Matthew* (ANTC; Nashville: Abingdon, 1998), 144.

76 σχολάζοντα(12:44)가 마태의 자료에 포함되어 있지 않았다는 견해에 대해서는 Bruce M. Metzger, *A Textual Commentary on the Creek New Testament* (2nd ed.; New York: American Bible Society, 1994), 134를 보라.

77 예를 들어 70인역 출 5:8, 17; 시 45:11(영어 성경에서는 46:10)을 보라. 다음 문헌들도 보라. Philo, *Mos.* 2.211; *Decal.* 98; *Spec.* 2.60, 101; 3.1; *Flacc.* 33; *Legat.* 128; 참조. 70인역에서의 σχολή: 잠 28:19; MM; "σχολάζω"와 LSJ, "σχολάζω." Douglas R. A. Hare, Matthew (IBC; Louisville: John Knox, 1993), 144의 통찰력 있는 논평들도 보라.

7.7 축귀 훈련(마 17:14-21 || 막 9:14-29 || 눅 9:37-43)

이른바 간질병 걸린 아이의 치유 이야기(마 17:14-21 || 막 9:14-29 || 눅 9:37-43)에 마태가 축귀에 대한 구체적인 가르침을 주고 있는 것처럼 보이는 일화가 들어 있다. 우리는 이미 이 이야기가 전도 중인 제자들에 관한 이야기라기보다는 독자들의 시대에 성취되어야 할 전도 훈련을 받는 것에 관한 이야기라는 점을 언급했다.

제자들이 아이를 치유하지 못했다는 보도에 비추어 이 이야기의 끝에서 마태는 이렇게 말한다. "이때에 제자들이 조용히 예수께 나아와 이르되 '우리는 어찌하여 쫓아내지 못하였나이까?' 이르시되 '너희 믿음이 작은 까닭이니라. 진실로 너희에게 이르노니 만일 너희에게 믿음이 겨자씨 한 알만큼만 있어도 이 산을 명하여 여기서 저기로 옮겨지라 하면 옮겨질 것이요, 또 너희가 못 할 것이 없으리라'"(마 17:19-21).[78] 제자들이 모종의 방식으로 치유에 관여하는 것으로 자주 묘사하는 마가복음과 달리 이 이야기는 마태복음이 제자들이 필수적인 역할을 하는 것으로 묘사한 유일한 치유 이야기라는 점을 고려하면 이 가르침이 제자들에게 주는 의미가 명확해진다.[79] 마태의 축약된 이야기에서는 그의 전승(막 9:14-29)에 비해 예수의 치유 기법에 대한 논평이 줄어들고 병을 고치지 못하는 제자들의 무능이 부각된다(마 17:16). 특히 "믿음이 없고 패역한 세대여…"라는 말은 여전히 제자들을 향하고 있고(참조. 막 9:19), "그들이 하지 못했다"(οὐκ ἠδυνήθησαν/-θημεν)는 어

---

78 대체로 비잔틴 계열 텍스트에서 발견되는 마 17:21(참조. 막 9:29)은 가장 좋은 증거 본문(예컨대 ℵ* B Θ)에는 빠져 있다. "이 구절이 원래 마태복음에 들어 있었다면 그것이 왜 제거되었는지에 대한 만족할 만한 이유가 없고, 필사자들은 종종 다른 복음서에서 유래된 자료를 삽입했으므로 대다수 사본이 막 9:29의 병행 절에 동화된 것으로 보인다"(Metzger, *Commentary*, 35).

79 참조. Held, "Miracle Stories," 181.

구가 두 번 등장하며(마 17:16, 19), 거기에 믿음에 관한 말이 더해져(17:20b) 이 이야기에서 그들의 실패와 따라서 예수의 대응이 부각된다.[80]

마태의 자료에서 아이 아버지의 믿음은 축귀의 성공에 중요한 한 측면으로 나타난다(막 9:23-24). 그러나 마태복음(17:17-18)은 아이 아버지의 믿음에 대해 언급하지 않으므로[81] 축귀의 실패는 전적으로 제자들 탓으로 간주된다. 제자들이 자기들이 실패했던 이유를 묻기 전에 독자들은 이미 그 실패가 그들의 믿음 없음과 관련이 있음을 안다(17:17). 이 점은 이 일화 끝에서 예수가 제자들이 귀신을 쫓아내지 못한 것은 "너희 믿음이 작은 까닭"(διὰ τὴν ὀλιγοπιστίαν ὑμῶν, 17:20)이라고 한 말에서 확인된다. 마태복음에서 "믿음이 작다"(ὀλιγόπιστος)라는 말을 사용하는 인물은 언제나 예수이며,[82] 이 말은 언제나 제자들에게 한 말이다. 이 말은 제자들이 공동체 안에 머물기에 충분한 믿음은 있지만 하나님이 어려운 상황에서 그들의 예상치 못한 필요를 충족시키실 수 있다고 믿지는 않는다는 생각을 전달하는 데 사용된다.[83] "믿음이 겨자씨 한 알만큼만 있어도" 불가능한 일을 충분히 행할 수 있다는 말(17:20)에 비추어보면 예수의 비판 강도가 매우 강하다는 점과 적은 분량의 믿음만 있어도 축귀를 행할 수 있다는 점을 이해할 수 있다. 산을 향해서 옮겨지라고 말하는 예에서 성공적인 축귀를 위해 요구되는 믿음의 표현은 마가복음에서와 마찬가지로 귀신에게 믿음이 충만한 명령을 내리는 것이다.

---

80   Held, "Miracle Stories," 189.

81   그러나 다른 곳에서 마태는 치유 받기를 원하는 사람의 믿음이 중요하다고 생각한다. 마 8:10; 9:2, 22, 29; 15:28.

82   몇몇 사본(예컨대 C, D, L, W)에는 ἀπιστίαν("믿음 없음")이 들어 있다. Donald A. Hagner, *Matthew 14-28*(WBC 33B; Dallas: Word Books, 1995), 296의 논의를 보라.

83   마 6:30; 8:26; 14:31; 16:8; 17:20을 보라. 랍비 문헌의 병행 텍스트에 대해서는 다음 문헌들을 보라. Davies and Allison, *Matthew*, 1:656; Luz, *Matthew 1-7*, 406.

7.8 마태와 초기 그리스도인들 사이에서의 축귀

이 장에서 우리는 초기 그리스도인들 사이에서의 축귀에 대한 우리의 연구에 중요한 몇몇 요점을 살펴보았다.

　　a. 마태복음에 대한 우리의 고찰에서 가장 흥미로운 결과는 1세기의 마지막 수십 년 동안 아마도 안디옥에는 예언 및 기적 행하기와 더불어 축귀를 포함하는 사역을 한 그리스도인 순회 사역자들이 있었을 것이라는 점이다. 그러나 최소한 마태의 관점에서는 그들은 방탕하다고 인식된 삶의 방식으로, 특히 아마도 그들이 제공한 서비스에 대해 돈을 받으면서 공동체를 "노략질"하고 있었다.

　　b. 아마도 이 경험 때문에 다른 두 공관복음 저자들과 비교할 때 초기 그리스도인들 사이의 축귀에 대한 마태의 견해 중 가장 눈에 띄는 측면은 축귀의 우선순위가 낮다는 점이다. 그러나 우리는 헐(위의 각주 4를 보라)처럼 마태가 축귀에 대해 의구심을 품고 있다고 말할 수는 없다. 그러나 축귀가 기독교 전도에서 여전히 중요하기는 하지만 마태복음에서는 축귀가 마가복음에서 차지했던 두드러진 위치를 점하지는 않으며, 누가복음에서와 같이 복음 전파와 균형을 이루지도 않는다. 대신 마태복음에서는 초기 그리스도인들의 사역에서 선포된 말씀이 최고 자리를 차지한다. 그렇기는 하지만 독자들은 마태복음의 끝에서 명령된 가르침에 마태복음에서 그전에 나온 모든 내용이 포함된 것으로 이해했을 것이다. 그리고 그 내용에는 축귀가 초기 그리스도인들의 사역의 일부로 포함되었다.

　　c. 바울과 대조적으로(위의 3.5 단락을 보라) 순회 축귀자들은 이미 그리스도인이 된 마태의 공동체 안에서 활동했던 것으로 보인다. 그러나 마태가 축귀를 전도 명령에 포함시킴으로써 축귀를 초기 그리스도인들의 복음 전도 활동의 일부로도 간주했다는 점은 분명하다. 축귀가 신자 공동체의 유익

을 위한 활동이기만 한 것은 아니었다.

d. 전도하러 가는 이들에게 "천국이 가까이 왔다"(마 10:7)고 말하라는 명시적인 지시를 통해서뿐만 아니라, 초기 그리스도인들의 축귀가 예수의 축귀를 모델로 삼는 것으로 묘사된다는 점에서 그들의 축귀에는 예수의 축귀와 동일한 의미가 부여되었다. 축귀는 하나님의 강력한 임재의 종말론적 도래에 대한 보완물일 뿐만 아니라 사탄의 파멸의 첫 단계 중 일부였다.

e. 우리는 마태가 초기 그리스도인 축귀자들이 사용한 어떤 특정한 방법도 그다지 중요하게 생각하지 않았다고 추론할 수 있었다. 축귀 방법은 단순해야 했다. 카리스마적 순회 사역자들은 전통적인 축귀 방법을 사용했고 마태가 그 방법들을 인정할 수 있었다는 점에서 우리는 마태가 인정했을 법한 축귀자들이 "예수의 이름"을 사용했다고 추정할 수 있다. 더 나아가 우리는 마가복음에서와 마찬가지로 귀신을 향하여 성령을 통해 능력을 부여받은 믿음이 충만한 말을 사용하는 것이 축귀에서 사용되는 방법이었다는 점을 살펴보았다.

f. 이른바 배회하거나 돌아오는 귀신 이야기는 성공적인 축귀는 한 사람에게서 더러운 귀신을 제거하는 일 이상이라고 이해한, 마태에게 알려진 초기 그리스도인들 사이의 축귀에 대한 관점을 반영한다. 귀신 들렸던 사람은 제자의 삶의 방식을 받아들이는 사전조치를 취하지 않으면 귀신의 추가 공격을 받아 그전보다 나쁜 상태에 빠지기 쉬웠다.

g. 애석하게도 우리는 마태가 축귀를 행하는 이들이 그다지 성공적이지 못했고, 그들의 스승이 전에 환영받지 못했듯이 그들도 환영받지 못했음을 암시한다는 점을 살펴보았다. 그러므로 그들에게는 마태가 주는 격려가 필요했다.

h. 보다 일반적으로 마태복음이 우리의 전반적인 연구에 상당히 중요하기는 하지만 마가복음이 마태복음의 일차 자료 중 하나임에 비추어보면,

우리는 마태가 자신이 처한 긴박한 상황에 비추어 자신이 받은 전승으로부터 예수가 이해한 축귀 및 다른 기독교 공동체들이 이해한 축귀에 대한 개념을 바꿨음을 알 수 있다. 우리가 앞으로 살펴보게 될 요한 문헌 전승에서 일어난 현상에 비하면 마태는 변화를 조금만 가했을 뿐이다. 그러나 우리는 먼저 베드로전서, 히브리서, 야고보서를 살펴볼 것이다.

8

베드로전서, 히브리서, 야고보서

신약성경 자료를 가능하면 저술 연대순으로 다루면 우리는 베드로전서, 히브리서, 야고보서에 이르게 된다. 이 서신서들에 대해서는 광범위하게 논의할 필요가 없으므로 우리는 편의상 이 서신서들을 함께 다룰 수 있지만 그렇다고 해서 이 서신서들 사이에 어떤 관계가 있다는 뜻은 아니다. 베드로전서에는 그리스도가 영들에게 선포했다는 흥미로운 진술이 있다. 히브리서는 초기 그리스도인들 사이에서의 축귀의 위치에 대한 우리의 고찰과 관련해서 간략하지만 유망한 참고 자료를 제공한다. 야고보서는 축귀에 대해 훨씬 더 흥미로운 통찰을 드러낼지도 모른다.

8.1 베드로전서

베드로전서의 독자 찾아내기에 관한 다양한 측면들에 대해 우리는 존 H. 엘리어트에게 크게 빚지고 있다. 예를 들어 독자들이 "거류민"(πάροικοι, 벧전 2:11)으로 묘사되는 방식을 살펴봄으로써 엘리어트는 그 서신의 수신자들이 가난한 시골 지역 사람들이라고 생각할 만한 타당한 이유를 제시했는데, 이 서신의 저자는 이들을 아나톨리아의 다섯 지역에 사는 이들로 묘사한다

(소아시아; 1:1).[1] 다수설은 아마도 기원후 70년에서 90년 사이에 로마의 어느 곳에서[2] 알려지지 않은 베드로의 제자가 이 편지를 썼을 것이라고 본다.[3]

3:18-19과 22절에서 저자는 이렇게 말한다. "[그가] 육체로는 죽임을 당하시고 영으로는 살리심을 받으셨으니 그가 또한 [거기서](ἐν ᾧ καί) 영으로 가서 옥에 있는(ἐν φυλακῇ) 영들에게 선포하시니라." 그리고 그리스도 예수는 "…하나님 우편에 계시니 천사들과 권세들과 능력들이 그에게 복종" 한다. "영들"(πνεύματα)은 복음서에서 특히 예수가 대면한 영적 존재들에 대해 사용되고 있고(예컨대 마 8:16), 일반적으로 (귀신의 기원에 관한) 「에녹 1서」 6장이 여기에 영향을 주었다는 데 의견이 일치하고 있으므로 베드로전서는 아마도 그리스도가 악령들을 다룬 것을 염두에 두었을 것이다. "또한 거기서"(ἐν ᾧ καί)가 어떤 기능을 하느냐가 이 구절의 수수께끼 중 하나다. 이 말은 그리스도가 "되살아난 상태에서" 영들을 다루었다는 의미로 해석될 수도 있다.[4] 그러나 그의 죽음과 부활 모두에 비추어보면 예수가 영들에게 선포했고, 이제 그 영들이 예수께 복종하는 위치에 있다는 뜻일 가능성이 더 크다. 어쨌든 우리가 이 구절에 대한 더 완전한 이해와 관련된 복잡한 문제들로 인해 이 구절에서 예수가 악령들을 다룬 것이 축귀를 포함한 예수의 사역과는 관련이 없다는 점을 놓칠 필요는 없다. 그리스도가 악령들보다 높은 지위에 있다는 것과 관련된 요소는 그리스도가 영으로 살아 있다는 점—또는 아마도 그의 죽음과 부활 모두—에 놓여 있다.

1   John H. Elliott, *A Home for the Homeless* (Minneapolis: Fortress, 1990), 67-72.

2   Raymond E. Brown, *An Introduction to the New Testament* (ABRL; New York: Doubleday, 1997), 721-22.

3   다음 문헌들의 논의를 보라. Marion L. Soards, "1 Peter, 2 Peter, and Jude as Evidence for a Petrine School," *ANRW* II. 25.5 (1988): 3828-49; Leonhard Goppelt, *A Commentary on 1 Peter* (Grand Rapids: Eerdmans, 1993), 7-15.

4   William J. Dalton, *Christ's Proclamation to the Spirits: A Study of 1 Peter 3.18-4.6* (AnBib 23; Rome: Pontifical Biblical Institute; 1965), 140.

8.2 히브리서 2:3-4

히브리서는 아마도 「클레멘스 1서」가 히브리서에서 많은 아이디어를 얻은 때[5]인 90년대 중반 이전에 기록되었겠지만 60년대 이전에 기록되지는 않았을 것이다. 비록 히브리서의 독자들은 상당히 오랫동안 그리스도인으로 살아왔지만(5:12), 이 서신의 저자는 예수의 첫 세대 제자들에게 의존하고 있기 때문이다(히 2:3).[6] 독자들의 소재지에 대해서는 많은 제언이 있었지만[7] 학자들 대다수는 히브리서가 로마에서 쓰였다고 보는데 이는 특히 「클레멘스 1서」가 그렇게 증언하기 때문이다.[8] 그들이 소유를 빼앗기는 일을 경험했다는 언급에 최소한 과거에는 독자들의 사회경제적 지위가 상당히 높았음이 암시되어 있을 수도 있다(10:32-34).[9]

예수의 고난과 죽음 및 그 신학적 의미를 제외하면 히브리서 저자는 예수의 사역에는 별다른 관심을 기울이지 않는다.[10] 그러나 저자는 구원의 메

---

5 다음 문헌들을 보라. Donald A. Hagner, *The Use of the Old and New Testaments in Clement of Rome* (NovTSup 34; Leiden: Brill, 1973), 179-95; Gareth L. Cockerill, "Heb 1:1-14, *1 Clem.* 36:1-6 and the High Priest Title," *JBL* 97 (1978): 437-40.

6 Harold W. Attridge, *Hebrews* (Hermeneia; Philadelphia: Fortress, 1989), 7-9에 수록된 저작 시기에 관한 논의를 보라.

7 Attridge, *Hebrews*, 9-10은 팔레스타인, 예루살렘, 사마리아, 안디옥, 고린도, 구브로, 에베소, 비두니아, 본도, 골로새를 열거한다.

8 Eusebius, *Hist. eccl.* 6.14.2 및 William L. Lane, *Hebrews 1-8* (WBC 47A; Dallas: Word Books, 1991), lviii-lx에 수록된 간략한 논의를 보라.

9 다음 문헌들에 수록된 논의를 보라. William L. Lane, *Hebrews 9-13* (WBC 47B; Dallas: Word Books, 1991), 300-301; David A. deSilva, "The Epistle to the Hebrews in Social-Scientific Perspective," *ResQ* 36 (1994): 1-21.

10 역사적 예수의 생애에 관해 히브리서는 3회만 언급한다(5:7; 7:14; 13:12). 이에 대해서는 Erich Grässer, "Der historische Jesus im Hebräerbrief," *ZNW* 56 (1965): 63-91을 보라. 히브리서에 나타난 역사적 예수에 대해서는 예컨대 다음 문헌들도 보라. Graham Hughes, *Hebrews and Hermeneutics* (SNTSMS 36; Cambridge: Cambridge University Press, 1979), 75-100; Bertram L. Melbourne, "An Examination of the Historical-Jesus Motif in the Epistle to the Hebrews," *AUSS* 26 (1988): 281-97.

시지가 "처음에 주로 말씀하신 바요 들은 자들이 우리에게 확증한 바니, 하나님도 표적들과 기사들(σημείοις τε καὶ τέρασιν)과 여러 가지 능력(ποικίλαις δυνάμεσιν)과 및 자기의 뜻을 따라 성령이 나누어 주신 것(μερισμοῖς)으로써 그들과 함께 증언(συνεπιμαρτυροῦντος)하셨다"고 말한다(히 2:3-4). 저자는 확실히 구원의 메시지가 처음에 주를 통해서 왔을 뿐만 아니라 선포된 말씀을 통해서, 그리고 또한—συνεπιμαρτυροῦντος(동시적인 증언)가 현재 분사임을 고려하면—기적을 통해서 그리고 기적과 더불어 자신이나 자신의 세대에 전달되었다고 확신한다. 더 나아가 성령이 "나누어 주심"(μερισμοῖς)에 대한 언급은 그 공동체의 기적 체험이 지속적이었음을 암시한다(참조. 6:5).[11] 이 기적들이 정확히 무엇이었는지는 언급되어 있지 않다. 아마도 사용된 단어들("표적들과 기사들과 여러 가지 능력")의 포괄적인 성격에 비추어보면 최소한 축귀가 포함되었을 가능성이 있다. 더 나아가 그 동일한 세 단어(표적, 기사, 능력)가 바울이 자신의 사역을 묘사할 때 사용되고(롬 15:18-19; 고후 12:12), 또한—비록 순서는 정반대지만—사도행전 2:22에서 예수의 사역에 대해서도 사용된다는 점은 초기 그리스도인들이 이러한 용어 전체를 사용해서 기적의 전체 범위를 포괄했음을 암시한다. 만일 축귀를 기적 중 하나로 간주해야 한다면 축귀는 구원이 온 것에 대한 표현의 일부로서만이 아니라 초기 교회의 지속적인 삶의 일부로도 여겨졌을 가능성이 있다.

---

11   참조. Lane, *Hebrews 1-8*, 40.

8.3 야고보서 2:19

야고보서가 성경의 토라를 중요하게 여긴 유대인으로 구성된 기독교를 반영한다는 점은 분명하다.[12] 그러나 야고보서는 좀 더 구체적인 사회적 배경을 드러내기를 극도로 꺼리는 것으로 밝혀졌으므로[13] 저자의 신원과 이 서신의 기원은 여전히 상당한 논쟁 대상이 되고 있다.[14] 그럼에도 불구하고 독자들은 부자들의 억압에 노출된 것으로 묘사되고 있으므로 그들은 가난한 이들이었을 가능성이 크다.[15] 야고보서가 위서(僞書)[16]가 아니라고 보고 구체적인 저자를 찾는다면, "의인" 야고보,[17] 마가복음 6:3의 야고보, 예수의 "형

---

12 약 1:25; 2:8-12; 4:11-12. 야고보서에 나타난 율법에 대해서는 다음 문헌들을 보라. Robert W. Wall, *Community of the Wise: The Letter of James* (The New Testament in Context; Valley Forge, PA: TPI, 1997), 83-98; Patrick J. Hartin, *A Spirituality of Perfection: Faith in Action in the Letter of James* (Collegeville, MN: Michael Glazier / Liturgical Press, 1999), 78-85. Matt A. Jackson-McCabe, *Logos and Law in the Letter of James: The Law of Nature, the Law of Moses, and the Law of Freedom* (NovTSup 100; Leiden: Brill, 2001)처럼 야고보서에서의 νόμος("율법")에 대한 이해를 스토아 학파의 자연법 개념까지 포함하도록 확대하려는 시도는 잘 받아들여지지 않았다. 이 책에 대한 다음 두 글의 논평을 보라. Joel Marcus in *CBQ* 64 (2002): 577-79; Matthias Konradt in *JBL* 122 (2003): 187-89.

13 야고보서의 사회적 배경을 밝히는 일의 어려움에 대해서는 Luke Timothy Johnson, "The Social World of James: Literary Analysis and Historical Reconstruction," in *The Social World of the First Christians: Essays in Honor of Wayne A. Meeks* (ed. L. Michael White and O. Larry Yarbrough; Minneapolis: Fortress, 1995), 178-97을 보라; 이 논문은 Luke Timothy Johnson, *Brother of Jesus, Friend of God: Studies in the Letter of James* (Grand Rapids and Cambridge, UK: Eerdmans, 2004), 101-22에 재수록되었다.

14 예컨대 Todd C. Penney, *The Epistle of James and Eschatology: Re-Reading an Ancient Christian Letter* (JSNTSup 121; Sheffield: Sheffield Academic, 1996), 2장을 보라.

15 약 2:1-7; 4:13-17; 5:1-6을 보라. 다음 문헌들도 보라. Pedrito U. Maynard-Reid, *Poverty and Wealth in James* (Maryknoll, NY: Orbis; 1987), 예컨대 8-10, 97-98; Robert B. Crotty, "Identifying the Poor in the Letter of James," *Colloq* 27 (1995): 11-21.

16 학자들 대다수는 그렇게 생각한다. John Painter, *Just James: The Brother of Jesus in History and Tradition* (Minneapolis: Fortress, 1999), 240-41에 인용된 학자들을 보라.

17 Robert Crotty, "James the Just in the History of Early Christianity," *ABR* 44 (1996): 42-52를 보라.

제"[18] 야고보가 저자라는 제언이 레이먼드 브라운이 표현한 것처럼 "실로 유일하게 타당성 있는" 제언이다.[19] 그렇다면 야고보서는 애초에는 1세기 중반에 기록되었다가 아마도 나중에 편집되었을 것이다.[20] 그러나 브라운이 제언하듯이 야고보서 3:1이 교사 직분이 존재했음을 암시하고 5:14-15에 기록된 장로들은 준(準) 예전적인 역할을 했다면 이 편지는 아마도 1세기 말에 기록되었을 것이다.[21]

그럼에도 불구하고 야고보서와 Q 및 「쿰란 공동체 규칙」(1QS) 사이의 유사성, 기독론 및 임박한 종말론과의 관련성,[22] 게헨나에 대한 언급(γεέννη, 약 3:6)—이는 팔레스타인에 대한 지식을 암시한다[23]—은 야고보서가 초기 팔레스타인 기독교에서 기록되었다는 가설을 지지한다. 더구나 야고보서의 세련된 그리스어는 팔레스타인 출신 저자에게서도 충분히 나올 수 있었다는 점이 입증되었으므로[24] 그러한 기원은 합리적인 결론이라고 할 수 있다.[25] 어쨌든 최소한 야고보서가 예루살렘 교회 전승이 계속 영향력을 발휘하고

---

18 Richard Bauckham, *Jude and the Relatives of Jesus in Early Christianity* (Edinburgh: T&T Clark, 1990), 19-32 및 간략한 내용으로는 Richard Bauckham, "The Relatives of Jesus," *Them* 21 (1996):18-21을 보라.

19 Brown, *Introduction*, 725. James B. Adamson, James: The Man and His Message (Grand Rapids: Eerdmans, 1989), 9-11도 같은 입장이다. 이러한 견해에 대한 비판에 관한 논의는 Painter, *Just James*, 236-48을 보라.

20 다음 문헌을 보라. Peter H. Davids, *The Epistle of James* (NIGTC; Exeter, UK: Paternoster, 1982), 22-23을 보라.

21 Brown, *Introduction*, 742를 보라.

22 Penner, *James and Eschatology*, 234-54, 266-68을 보라.

23 Johnson, "Social World," 178-97; Johnson, *Brother of Jesus*, 106 각주 16에 재수록되었다.

24 Jan N. Sevenster, *Do You Know Greek? How Much Greek Could the First Jewish Christians Have Known?* (NovTSup 19; Leiden: Brill, 1968), 3-21, 191을 보라. Penney, *James and Eschatology*, 35-47에 수록된 요약 논의를 보라.

25 참조. Richard Bauckham, James: Wisdom of James, Disciple of Jesus the Sage (New Testament Readings; London and New York: Routledge, 1999), 11-25. "흩어져 있는 열두 지파"(약 1:1)에 대한 비유적 해석에 관해서는 Wall, *Community*, 11-18을 보라.

있음을 나타낸다는 데는 동의할 수 있을 것이다.[26]

야고보서 2:19은 특히 우리의 관심을 끈다. "네가 하나님은 한 분이신 줄을 믿느냐? 잘하는도다. 귀신들도 믿고 떠느니라." 이 단락(2:14-26)에서는 믿음의 성격과 범위가 정의되고 있다. 이 특정 구절에서의 요점은 믿음이 단순히 어떤 명제에 대한 지적인 동의와 관련될 뿐만 아니라[27] 어떤 반응도 요구한다는 것인데, 귀신의 경우 그들은 "떠는"(φρίσσειν) 반응을 보였다. 떤다는 것은 하나님을 포함한[28] 어떤 대상에 대해 꼼짝못할 정도로 두려워하는 반응을 보이는 것이었다.[29]

이 진술이 아마도 야고보에게 알려진 축귀 관행을 반영하고 있을 것이라는 점을 암시하는 여러 요인이 있다. 우선 그는 축귀 관행에 수반되는 악이나 악의 세력에 대해 전반적인 관심을 보인다. 예컨대 유혹하는 악한 욕망이 존재한다(약 1:13-14).[30] 신적인 지혜뿐만 아니라 마귀적인(δαιμονιώδης) 지혜도 있다(3:15). 그리고 마귀에게는 대적해야 한다(4:7). 더 구체적으로 말하자면, 귀신들이 떤다는 개념은 액막이 텍스트나 축귀 텍스트에 잘 기록되어 있다. 예를 들어 마술 파피루스에서 나온 어떤 축귀 텍스트에는 다음과 같은 지시가 적혀 있다. "얇은 주석판 위에 다음과 같은 주문을 쓰고 그것을 환자에게 매달아라:IAĒO ABRAŌTH IŌCH PHTHA MESENPSIN IAŌ PHEŌCH IAĒŌ CHARSOK." 그것은 모든 귀신을 두려워 떨게

---

26 참조. Helmut Koester, *Introduction to the New Testament* (2 vols.; New York: de Gruyter, 1982), 2:157.

27 Sophie Laws, *A Commentcuy on the Epistle of James* (BNTC; London: Black, 1980), 126을 Hugh W. Montefiore, *The Epistle to the Hebrews* (BNTC; London: Black, 1964), 187과 대조하여 보라.

28 예컨대 *Prayer of Manasseh* 4; Josephus, *J. W.* 5.438.

29 참조. LSJ, "φρίσσω."

30 Davids, *James*, 84는 *b. Sukkah* 52b와 *b. B. Bat.* 16a를 인용하여 "유대 전승에는 악한 충동을 의인화하고 그것을 사탄과 교체하여 사용하려는 강한 경향"이 있음을 지적한다.

8장 베드로전서, 히브리서, 야고보서 **269**

(φρικτόν) 할 물건으로서 귀신은 그것을 두려워한다"(*PGM* IV. 3014-3019).[31] 야고보서 2:19이 축귀 관행을 반영할 수도 있음을 암시하는 또 다른 측면은 "하나님은 한 분"(εἷς ἐστιν ὁ θεός;[32] 참조. 신 6:4)이라는 어구인데, 축귀자들이 그들의 능력-권위의 원천을 밝히는 데 사용하는 어휘에서 이와 같은 신앙 고백적인 진술들이 발견되기 때문이다.[33] 예를 들어 유스티누스는 유대인의 축귀에서 "아브라함의 하나님, 이삭의 하나님, 야곱의 하나님"이 능력-권위의 원천으로 사용되었다고 말한다(*Dial.* 85.3).[34] 그러나 "하나님"의 이름을 사용하는 데 의존한 축귀가 아마도 널리 알려졌겠지만[35] 수사적 효과에 있

---

31 다음 문헌들에 의해 수집된 자료도 보라. Samson Eitrem and Leiv Amundsen, eds., *P. Oslo* 2:98; Martin Dibelius and H. Greeven, *James* (Hermeneia; Philadelphia: Fortress, 1976), 160. 참조. *PGM* XII. 239-240.

32 약 2:19에서 입증된 여러 독법 중 하나인 εἷς ἐστιν ὁ θεός("하나님은 한 분이시다")라는 어구는 근거가 가장 확실하며(예컨대 P[74] ℵ vg syr[p] cop[sa,bo]) 기독교 신학에 동화된 것이라기보다 널리 퍼져 있던 유대 정통 신앙의 관용구와 일치한다. 다음 문헌들을 보라. Joseph B. Mayor, *James* (London: Macmillan, 1913), 100; Dibelius and Greeven, *James*, 158 각주 50; Davids, *James*, 125; Ralph R Martin, *James* (WBC 48; Waco: Word Books, 1988), 77; Bruce M. Metzger, *A Textual Commentary on the Greek New Testament* (2nd ed.; New York: American Bible Society, 1994), 610. 참조. Erik Peterson, *ΕΙΣ ΘΕΟΣ: Epigraphische, formgeschichtliche und religionsgeschichtliche Untersuchungen* (FRLANT 24; Göttingen: Vandenhoeck & Ruprecht, 1926), 295-99.

33 야고보서의 유대적인 환경을 고려할 때 아마도 "εἷς가 이방 신에 대해 사용되면 명백히 유일신 신앙보다는 그 신의 큰 능력이나 탁월함을 표현한다"고 생각할 수 없게 하는 듯하다. Campbell Bonner, *Studies in Magical Amulets: Chiefly Graeco-Egyptian* (Ann Arbor: University of Michigan Press; London: Oxford University Press, 1950), 174-75는 세라피스에 의한 기적 이야기 뒤에 P.Oxy, 1382에서 사용된 예를 인용한다.

34 참조. *PGM* IV. 1231-1239; Origen, *Cels.* 1.24-25; 4.33-34. John G. Gager, "A New Translation of Ancient Greek and Demotic Papyri, Sometimes Called Magical," *JR* 67 (1987): 84 의 논의를 보라.

35 참조. 예컨대 4Q511 frg. 35; 8Q5 frg. 1; 11Q11 3.1-12. 이에 대해서는 다음 문헌들을 보라. Joseph M. Baumgarten, "On the Nature of the Seductress, in 4Q184," *RevQ* 15 (1991): 136; Esther Eshel, "Genres of Magical Texts in the Dead Sea Scrolls," in Lange, 401-2, 404. 기원전 2세기 초에 이르기까지 및 쿰란에서 신성사문자(tetragrammaton)를 자유롭게 사용한 점에 대해서는 다음 문헌들을 보라. Armin Lange, "The Essene Position on Magic and Divination," in *Legal Texts and Legal Issues: Proceedings of the Second Meeting of the International Organization*

어 야고보가 반영하고 있는 축귀는 그리스도인들이 행한 축귀였을 것이다. 그러므로 우리는 그들이 우리가 예상할 수 있는 바와 같이 예수의 이름을 사용했을지라도[36] 이 텍스트는 야고보가 알고 있는 축귀가 아마도 관습적으로나 전승에 의해 "하나님의 이름"을 사용하는 행위를 포함했고 *PGM* IV. 3014-3020과 특히 유스티누스의 글(*Dial.* 85.3)에서 방금 인용한 그런 종류에 속하는 축귀였을 수도 있음을 보여준다.

8.4 "주의 이름으로"

야고보서 5:14을 주목해 보면 야고보가 앞의 구절(약 2:19)에서 반영하고 있는 축귀에 하나님의 이름이 사용된 점을 뒷받침하는 증거가 있다.[37] "너희 중에 병든(ἀσθενεῖ) 자가 있느냐?[38] 그는 교회의 장로들을(πρεσβυτέρους) 청할 것이요 그들은 주의(τοῦ κυρίου) 이름으로 기름을 바르며 그를 위하여(ἐπί) 기도할지니라."[39] 병든 자는 이런 식으로 "치유"되거나 "구원"(σῴζω)될 것으로 기대된다. 우선 κύριος("주")는 예수를 가리키기보다 하나님을 가리킬

---

for Qumran Studies Cambridge 1995 (STDJ 23; ed. M. Bernstein, F. Garcia Martinez, and X Kampen; Leiden: Brill, 1997), 380-81과 각주 8 및 14. *PGM* XII. 270-350과 Graham H. Twelftree, "Jesus the Exorcist and Ancient Magic," in *A Kind of Magic: Understanding Magic in the New Testament and Its Religious Environment* (ed, Michael Labahn and Bert Jan Lietaert Peerbolte; European Studies on Christian Origins; LNTS 306; London and New York: T&T Clark, 2007), 57-86의 논의도 보라.

36   행 3:6; 4:10, 30; 16:18을 보라. 참조. 19:13.

37   이에 대해서는 Martin C. Albl, "'Are Any among You Sick?' The Health Care System in the Letter of James," *JBL* 121 (2002): 123-43도 보라. Dibelius and Greeven, *James*, 252는 이를 축귀 절차라고 잘못 부른다. 그들은 막 6:13을 인용하지만, 마가복음은 축귀와 병자에게 기름을 붓는 것을 구별한다.

38   이 사람이 장로들에게 갈 수 없다고 가정된다는 점에서 "약한" 자보다 "병든"(ἀσθενεῖ) 자라는 번역이 더 바람직하다. 참조. BDAG, "ἀσθένεια."

39   Dibelius and Greeven, *James*, 253 각주 67은 "주 예수[그리스도]의(τοῦ κυρίου Ἰησοῦ [Χριστοῦ])라는 매우 드문 확대된 표현은 가치가 없다"고 바르게 지적한다.

의도였을 가능성이 매우 크다. 한편으로 야고보서에 나오는 κύριος는 대부분 하나님을 가리키며[40] 예수를 가리키는 말로는 단 두 번만 구체적으로 명시되어 사용되기 때문이다(약 1:1; 2:1). 그리고 5:7-8에서 "주의 강림"이 메시아적인 예수의 강림이 아니라 심판 때 하나님의 강림을 가리킬 가능성을 배제할 수 없는데(참조. 「에녹 1서」 92-105),[41] 이는 특히 그다음 절에서 문 앞에 서 있는 심판주(5:9)―아마도 하나님일 것이다(참조. 약 4:12)[42]―를 언급하고 있기 때문이다. 다른 한편으로 유대인들은 기도를 통해 치유받을 수 있었고[43] 그들은 기름을 치료 목적으로 사용하였다는 점(사 1:6; b. Šabb. 53b; PGM IV. 3007-3020[44])을 감안하면, 이 지시는 유대 전통이 유지된 것이거나 거기서 가져온 것일 가능성이 매우 크기 때문에 예수라기보다는 하나님이 치유하는 존재로 이해되었다고 할 수 있다.[45]

그럼에도 불구하고 초기 그리스도인들은 일반적으로 귀신 들림과 그 밖의 질환을 구별했을 뿐만 아니라 그 둘을 고치는 법도 구별했다는 점을

---

40 약 1:7; 3:9; 4:10, 15; 5:4, 10, 11.

41 Dibelius and Greeven, *James*, 242-43과 주석 6의 논의를 보라. 야고보서와 에녹 서신(*1 En.* 92-105)에 관해서는 Patrick J. Hartin, "'Who Is Wise and Understanding among You?' (James 3:13): An Analysis of Wisdom, Eschatology, and Apocalypticism in the Epistle of James," SBLSP 35 (1996): 495-98을 보라.

42 참조. Laws, *James*, 213. 이와 반대되는 견해로는, 설득력은 떨어지지만, 다음 문헌들을 보라. Davids, *James*, 185; Franz Mussner, *Der Jakobusbrief* (HTKNT 13.1; Freiburg: Herder, 1975), 205.

43 참조. 기원전 3세기의 유대인 저자인 벤 시라: "얘야, 병에 걸리거든 지체하지 말고 주님께 (κυρίῳ) 기도해라. 그러면 주님께서 너를 고쳐주실 것이다"(집회서 38:9).

44 참조. 위의 5.6 단락. 이 파피루스와 기타 마술 파피루스(예컨대 *PGM* IV. 1231-1239)에 유대적 특성이 강하다는 점에 대해서는 Morton Smith, "The Jewish Elements in the Magical Papyri," SBLSP 25 (1986): 455-62를 보라. 그는 유대인에 고유한 특징적 요소들을 구별하기가 어려움을 지적한다(456쪽).

45 치유자로서의 하나님(야웨)에 대해서는 다음 글을 보라. Albrecht Oepke, "ἰάομαι...," *TDNT* 3:201-2를 보라. Rebecca Lesses, "The Adjuration of the Prince of the Presence: Performative Utterances in Jewish Ritual," in *Ancient Magic and Ritual Power* (ed. Marvin W. Meyer and Paul Mirecki; RGRW 129; New York and Leiden: Brill, 1995), 185-206을 보라.

감안하면(예컨대 막 6:13에 관한 위의 5.6 단락을 보라) 우리는 이 절을 축귀에 관한 지시라고 생각할 수 없다.[46] 그러나 그 지시는 여전히 야고보에게 친숙한 축귀 관행을 반영하는 것으로 여겨질 수 있다. 우리가 누가복음에서 살펴본 바와 같이 축귀와 치유 간의 구별이 모호하다는 점과 여기서 치유의 기도가 고통받는 사람 "위에"($\dot{\epsilon}\pi\acute{\iota}$) 대고 드려져야 한다는 점—이는 그 당시의 축귀에서 잘 알려진 방법이었다[47]—및 기름이 여기에 관련된다(PGM IV. 3007-3010을 보라)는 점을 고려하면 우리는 이 명령이 야고보가 잘 알고 있었을 축귀의 한 방법을 반영하기도 한다는 결론을 내릴 수 있다.[48] 특히 이 절은 좀 더 구체적인 "예수"의 이름이 아니라 주의 이름으로 병을 고치는 (그리고 귀신을 쫓는) 유대-기독교 전통이 이어지고 있음을 보여준다. 더 나아가 이 절(약 5:14)은 이 서신의 저자가 치유 및 축귀에 대해 알고 있는 바를 반영하고 있을 가능성이 매우 크므로 그의 교회는 아마도 축귀를 "장로들"($\pi\rho\epsilon\sigma\beta\acute{\upsilon}\tau\epsilon\rho\sigma\iota$)이나 지도자들에게 한정시켰을 것이다.[49] 우리는 쿰란 텍스트에서 이와 비슷한 방법이 분명히 나타나는 것을 발견했다(위의 2.1 단락). 그리스도인들 사이에서 주의 이름으로 병을 고치는 일이 행해졌지만 우리

---

46 Dibelius and Greeven, *James*, 252: "이 과정 전체가 일종의 축귀다." John Wilkinson, "Healing in the Epistle of James, *SJT* 24 (1971): 326-45, 특히 332, 341은 그들의 견해에 반대한다.

47 다윗이 "고통받는(על הפגועים, 27.9-10 이들을 위한" 노래를 만드는 책임을 맡았다고 진술하는 11Q5 (11QPsᵃ)를 보라. 참조. 눅 4:39; Lucian, *Philops.* 31; *PGM* IV. 745, 2735. *PGM* IV. 1227-1264의 축귀 텍스트에는 고통 받는 사람의 머리 "위에"($\dot{\epsilon}\pi\acute{\iota}$) 대고 말하라는 지시가 있다. Twelftree, "Ancient Magic"도 보라.

48 우리는 이미 (위의 6.2 단락에서) 이러한 태도와 자세는 전투로 이해된 상황에서의 지배의 표현이었다는 점을 살펴보았다. Luke Timothy Johnson, "The Letter of James," *NIB* 12:222와 대조하라. 그는 $\dot{\epsilon}\pi\acute{\iota}$가 "위기의 시기에 공동체의 헌신과 지원의 표시"라고 주장한다.

49 바울이 세운 교회에서 개연성이 있는 상황과 대조해 보라(고전 12:9-10, 28-30). Dibelius and Greeven, *James*, 252를 보라. 이어서 약 5:16에서 "그러므로($\sigma\breve{\upsilon}\nu$) 너희 죄를 서로($\dot{\alpha}\lambda\lambda\acute{\eta}\lambda\sigma\upsilon$) 고백하며 병이 낫기($\iota\alpha\theta\tilde{\eta}\tau\epsilon$)를 위하여 서로($\dot{\alpha}\lambda\lambda\acute{\eta}\lambda\omega\nu$) 기도하라"고 말한다고 해서 반드시 Davids, *James*, 195-96에서 암시하는 것처럼 기도하는 사람들이 공동체 전체를 포함하도록 확대되는 것은 아니다. 5:16의 이 명령은 죄와 용서에 관한 바로 앞 절인 5:15b("혹시 죄를 범하였을지라도 사하심을 받으리라")와 연결하는 것이 가장 적절하기 때문이다.

는 야고보가 축귀를 교회 안에 있는 이들을 위한 일로 여겼는지, 교회 밖에 있는 이들을 위한 일로 여겼는지 알 수 없다. 베드로전서에서 우리는 부활한 그리스도를 영들에게 권위를 행사하는 존재로 본다. 히브리서에서 우리는 기적(축귀가 기적에 포함될 가능성이 있다)이 구원의 메시지의 일부로 이해되었다는 사실을 배운다.

9

요한의 기독교

네 번째 복음서에 이르면 우리는 수수께끼에 직면한다. 즉 공관복음 전승에는 축귀라는 주제가 뚜렷하지만, 요한복음은 예수와 그의 제자들이 축귀자라는 점에 대해 침묵한다. 초기 그리스도인들 사이에서의 축귀에 대한 우리의 이해와 관련해서 그것이 갖는 함의를 설명할 뿐만 아니라 이 문제에 대한 해법을 제시하는 것이 이 장의 목표 중 하나다.[1]

대다수 고대 문헌의 경우와 마찬가지로 제4복음서의 기록 연대를 매우 정확하게 추정할 수는 없다. 현재로서 최상의 추측은 이 복음서가 기원후 90년에서 110년 사이 어느 시점에 최종 형태로 유포되기 시작했다는 것이다.[2] 마찬가지로 이 문헌의 저작 장소를 알아내기도 어렵다. 갈릴리나 안디옥에서 기록되었을 수도 있지만 에베소에서 기록되었을 가능성이 더 크다.[3]

---

1   이 장의 내용은 Graham H. Twelftree, "Exorcism in the Fourth Gospel and the Synoptics," in *Jesus in Johannine Tradition* (ed. Robert T. Fortna and Tom Thatcher; Louisville: Westminster John Knox, 2001), 135-43을 수정 보완한 것이다.

2   최근의 연구로는 Andrew T. Lincoln, *The Gospel according to Saint John* (BNTC; Peabody, MA: Hendrickson; London and New York: Continuum, 2005); 18을 보라. 다음 문헌들도 보라. Raymond E. Brown, *The Gospel according to John* (2 vols; AB 29-29A; London: Chapman, 1971), 1:lxxx-lxxxvi; D. Moody Smith, *John* (Nashville: Abingdon, 1999), 41-43.

3   다음 문헌들을 보라. Irenaeus, *Haer.* 2.22.5; 3.3.4; Eusebius, *Hist, eccl.* 3.23.3-4. 다음 문헌들의 논의를 보라. Craig S. Keener, *The Gospel of John: A Commentary* (2 vols.; Peabody, MA: Hendrickson, 2003), 1:142-49; Sjef van Tilborg, *Reading John in Ephesus* (NovTSup 83; Leiden:

사회적으로 제4복음서에 반영된 요한 공동체는 자유민들이며 비록 사회 기득권층의 일부는 아니지만 상당한 경제적, 사회적 안정성을 지닌 사람들이다.[4]

축귀에 대한 요한 문헌의 침묵이라는 수수께끼에는 또 다른 측면이 있다. 요한복음은 예수가 축귀자라는 데 아무런 관심이 없지만,[5] 예수가 귀신들린 자로 묘사된다는 점에서 요한복음 저자는 귀신 들림이라는 범주에는 관심을 표한다.[6] 우리는 요한복음에서 예수가 귀신 들렸다고 비난받은 것을 통해 말하려는 바를 이해함으로써 요한의 신학이 귀신의 영향을 어떻게 다루는지를 알게 될 것이다. 더 광범위하게는 예수 전승을 향한 다양한 태도뿐만 아니라 초기 교회의 다양성을 이해하기 위해 우리가 제기하는 문제 및 설명의 함의에 대한 잠정적인 결론을 도출할 것이다.

공관복음 전승을 조사하고 신약성경 외부의 증거를 살펴보면 예수가 매우 강력하고 성공적이며 널리 알려진 축귀자였다는 사실에 대해 거의 어떤 의심도 있을 수 없을 것이다.[7] 실제로 제4복음서를 언뜻 읽어보면 우리는 이 복음서가 축귀 이야기를 포함하고 있을 것으로 예상할 수 있다. 공관복음 전승에서 축귀 이야기가 메시아적인 기능을 하고 있고(예컨대 마 12:28 ∥ 눅 11:20) 요한복음이 명시한 목적이 독자들로 하여금 "예수께서 하나님의

Brill, 1996), 특히 1-4.

4   Van Tilborg, *Reading John*, 특히 82-83.

5   공관복음 저자들에게 친숙한 언어의 유일한 흔적은 한 관리의 아들 치유 보도인데 거기서는 "그 열이 그를 떠났다(ἀφῆκεν)"라고 진술되었다(요 4:52). 그러나 ἀφίημι는 귀신과 치유 이외의 대상에도 널리 사용되었기 때문에 우리는 이 증거를 밀어붙일 수 없다. BDAG를 보라.

6   요 7:20; 8:48-49, 52; 10:20-21. Graham H. Twelftree, "Spiritual Powers," in *New Dictionary of Biblical Theology* (ed. T. D. Alexander and Brian S. Rosner; Leicester, UK, and Downers Grove, IL: InterVarsity, 2000), 801도 보라

7   Graham H. Twelftree, *Jesus the Exorcist: A Contribution to the Study of the Historical Jesus* (WUNT 2.54; Tübingen: Mohr Siebeck; Peabody, MA: Hendrickson, 1993), 136-42와 거기서 인용된 문헌들을 보라.

아들 그리스도이심을 믿게" 하려는 것임(요 20:31)으로 미루어볼 때, 축귀 이야기는 그러한 목적에 잘 들어맞는 것으로 여겨질 수 있을 것이다. 또한 요한복음의 표적들이 십자가라는 위대한 표적을 예기한다면(예컨대 2:4; 6:11), 축귀 이야기들은 십자가에서 사탄이 파멸하는 것을 적절하게 예시하지 않겠는가(12:31)? 그러나 요한복음은 이러한 경로를 따르지 않았다. 그 이유가 무엇인가? 이 질문에 대답하려면 우리는 요한복음에는 다른 종류의 기적 이야기들도 빠져 있다는 점을 고려할 필요가 있다.

9.1 부적절한 해법

a. 요한복음이 축귀에 대해 침묵하는 데 대한 가장 간단한 해답은 제4복음서의 저자가 축귀자로서의 예수에 대해 몰랐다는 것이다. 최소한 두 가지 이유로 그럴 가능성은 매우 낮다. 첫째, 우리가 앞에서 살펴본 것처럼 예수는 강력하고 인기 있는 축귀자로서의 명성이 자자했다. 같은 맥락에서 만일 우리가 복음서들이 특정한 독자층을 위해 쓰인 것이 아니라 그리스도인 독자 전반을 위해 기록되었다는 새로 떠오르는 관점을 받아들인다면, 요한 문헌 전승의 발전에 관여한 그리스도인들이 예수가 축귀자로 알려졌다는 사실에 대해 몰랐다고 주장하기 어렵다.[8] 둘째, 제4복음서 저자가 공관복음 전승에 반영된 축귀 전승을 알았다는 암시가 있다. 많은 제자가 예수를 따르다가 돌아간 이야기(요 6:66-71)는 예수에 대해 "하나님의 거룩한 자"(6:69)라는 어구를 사용하는데, 이 어구와 똑같은 호칭은 마가복음 1:24 ∥ 누가복음 4:34에서 귀신 들린 사람이 사용한 것을 제외하고는 이 시기에 알려지지

---

8   Richard Bauckham, ed., *The Gospels for All Christians: Rethinking the Gospel Audience* (Edinburgh: T&T Clark; Grand Rapids: Eerdmans, 1998).

않았었다. 요한 문헌과 공관복음이 연결되어 있음을 뒷받침하는 요소는 공관복음에서 많이 사용된 호칭인 "열두 제자"[9]가 이 일화에 등장한다는 점인데, 이 호칭은 다른 곳에서는 요한복음의 부록인 20:24에서만 등장한다.[10]

막달라 마리아가 요한복음의 수난 내러티브에서 매우 핵심적인 역할을 하므로(요 19:25; 20:1, 18) 우리는 그가 "일곱 귀신이 나간" 사람(눅 8:2)으로 알려졌다는 전승을 제4복음서 저자가 알았을 수도 있다는 점을 덧붙일수 있을 것이다. 또한 "그들이 예수가 병자들에게 행하고 있는 표적을 보았다"는 어구(요 6:2)는 공관복음 전승에서 발견되는 짧은 치유 보도들(예컨대 막 1:32)을 떠올리게 하는데, 따라서 그 표현은 아마도 제4복음서 저자가 공관복음 전승에 기록된 것과 비슷한 치유들을 알고 있었다는 암시일 것이다. 더 나아가 우리는 공관복음에 기록된, 예수가 미쳤고 바알세불이나 사탄에 의해 능력을 부여받았다는 비난(막 3:22-27; 마 12:22-30 ‖ 눅 11:14-23)이 요한복음에서는 예수가 미쳤고 귀신이 들렸다는 무리의 비난과 대응 관계에 있다는 점을 언급할 수 있다(요 7:20; 8:48-52; 10:20-21).

이러한 점들은―사소하기는 하지만―우리가 현재 공관복음서에서 접할 수 있는 축귀 전승을 제4복음서 저자가 알고 있었다는 내적 증거일 것이다. 그러므로 제4복음서 저자가 강력하고 인기 있는 축귀자로서 예수의 명성이 자자했음을 알지 못했다고 주장하는 것은 불합리하다. 제4복음서 저자는 자신의 복음서에서 의도적으로 축귀에 대한 언급을 제외했다고 결론 짓는 것이 합리적이다.[11]

---

9   요 6:67, 70, 71과 마 10:5; 26:14, 20, 47; 막 3:16; 4:10; 6:7; 9:35; 10:32; 11:11, 17, 20,43; 눅 8:1; 9:1, 12; 18:31; 22:3, 47.

10   참조. Edwin K. Broadhead, "Echoes of an Exorcism in the Fourth Gospel?" *ZNW* 86 (1995): 111-19. 11장에 축귀의 잔재가 남아 있을 가능성에 대해서는 Barnabas Lindars, "Rebuking the Spirit: A New Analysis of the Lazarus Story of John 11," *NTS* 38 (1992): 84-104를 보라.

11   우리는 요한복음이 축귀를 치유의 일반적 범주의 일부로 포함시켜야 한다는 어떤 암시도 주

b. 예수가 축귀자라는 언급을 제거함으로써 요한복음은 예수로 하여금 마가복음 3:22에 반영된, 예수가 사탄의 능력으로 축귀를 행했다는 비난에 직면하지 않게 했을 수도 있는가? 아마 그렇지 않을 것이다. 우리가 방금 언급했듯이 요한복음은 예수가 귀신이 들렸다는 그와 비슷하게 해로운 비난도 피하지 않는다(요 7:20; 8:48-52; 10:20-21).

c. 요한복음에 축귀 이야기가 없다는 점은 요한복음이 유대 땅에 기원을 두고 있는 사실과 관련이 있을 수도 있다. 즉 공관복음의 축귀 이야기 중 어느 것도 요한복음이 의존하고 있을 수도 있는 "사랑하는 제자"의 고향으로 추정되는 곳인 유대 땅에 기원을 두고 있지 않다.[12] 그러나 이는 그럴듯하지 않은 설명이다. 우선, 요한복음에 나오는 일곱 가지 표적 또는 기적 중 네 가지는 최소한 공관복음의 축귀 이야기 두 가지(막 1:21-28; 5:1-20)의 배경인 갈릴리에서 일어난다.[13] 둘째, 우리가 요한복음의 저자가 처음 세 복음서에서 우리에게 전달된 전승까지는 아니라 하더라도 최소한 공관복음서의 줄거리에 대해서조차 아무것도 알지 못했다고 가정하는 것은 불합리할 것이다.[14]

d. 요한복음에 축귀가 나타나지 않는다는 문제에 대한 또 다른 해법은 요한복음의 저자가 일곱 가지 기적 이야기라는 표적 자료를 사용하고 있는데 그 표적 중 어느 것도 축귀 이야기가 아니었다고 가정하는 것이다. 그러나 설령 요한복음이 그러한 자료에 의존했다고 하더라도 그 자료가 왜 축귀에 대한 언급을 포함하지 않았는가라는 의문은 여전히 남는다. 더구나 우리

지 않는다는 점을 염두에 둘 수 있다.

12 Eric Plumer, "The Absence of Exorcisms in the Fourth Gospel," *Bib* 78 (1997):350-51에 기록되었다.

13 요 2:1-12; 4:46-54; 6:1-14, 16-21.

14 참조. D. Moody Smith, *John among the Gospels* (Columbia, SC: University of South Carolina Press, 2001), 8장, 특히 234-41.

는 제4복음서 저자가 왜 자신이 계속 언급하는 예수의 다른 많은 기적이나 표적 보도들에 바탕을 둔 예수의 축귀 이야기나 그에 대한 언급 또는 최소한 명확한 암시를 통해 이른바 표적 자료를 보완하지 않는지 질문할 필요가 있다.[15]

e. 좀 더 오래된 한 설명은 요한복음 저자가 천사와 귀신에 대한 믿음을 배격한 사두개파(이 점은 행 23:8에 의해서만 구체적으로 뒷받침된다)에 속해 있었다는 추측에 근거한 관점에 의존했다. 이 관점에 의하면 축귀 이야기들이 제4복음서 저자의 마음에 들지 않았기 때문에 그 복음서에 그 이야기들이 수록되지 않았다. 그러나 이 설명은 설득력이 없다. 하나님의 천사들이 오르내리는 것과 인자 사이의 긍정적인 관련성(요 1:51), 부활을 증언하는 일에서 천사의 핵심적인 역할(20:12), 요한복음 저자가 예수가 귀신들렸다는 비난을 받았다는 사실을 거리낌 없이 보도한다는 점(7:20; 8:48-52; 10:20-21) 등은 이러한 주장과 부딪힌다.

f. 요한복음 저자가 예수가 동시대인들의 치유 기법을 사용했다고 묘사하는 데 당혹감을 느꼈을 리는 없다. 우리는 요한복음이 축귀를 무시함으로써 예수의 치유 기법으로 인해 그가 마술을 사용했다고 비난받을 가능성을 피하고 있다고 상정할 수도 없다.[16] 요한복음은 예수가 고대 세계에서 친숙한 방법(Flavius Philostratus, *Vit. Apoll.* 3.38; *b. Ber.* 34b)인 원격 치유를 행했다고 설명하고 있기 때문이다(요 4:46-54). 또 예수는 치료법의 보편적인 특징 중 하나인 침을 사용한다(요 9:1-7).[17] 그러나 우리가 요한복음이 악명 높은 마술의 중심지인 에베소와 관련이 있을 수 있다고 가정하면,[18] 요한복음의 저

---

15 참조. 요 2:23; 3:2; 4:45; 6:2, 26; 7:31; 10:32; 11:47; 12:37; 20:30.

16 Plumer, "Absence of Exorcisms," 356-58도 같은 입장이다.

17 Twelftree, *Exorcist*, 158.

18 Clinton E. Arnold, *Power and Magic: The Concept of Power in Ephesians* (Eugene, OR: Wipf & Stock, 1989), 2장을 보라.

자는 축귀를 언급하지 않음으로써 예수를 이런 부류의 유명한 치료자들과 관련 짓지 않도록 거리를 두었을 수도 있다.[19] 이 복음서와 에베소 간의 구체적인 관련성에 대해서는 별로 확신할 수 없지만,[20] 우리는 나중에 이 점에 대해 좀 더 미묘한 관점을 취할 것이다(아래의 9.5 단락을 보라).

g. 공관복음 전승에서 축귀가 자주 등장하는 것과 대조적으로 요한복음에서는 축귀가 언급되지 않을 뿐만 아니라, "하나님 나라"라는 표현도 사실상 흔적도 없이 사라진다. Q, 마태복음, 누가복음의 공관복음 전승에서 축귀와 하나님 나라는 서로 뗄 수 없게 연결되어서 축귀는 하나님 나라의 실현 또는 도래로 묘사된다(마 12:28 ‖ 눅 11:20). 그러나 하나님 나라라는 어구가 요한복음 3:3과 5절에 나오는 점으로 미루어 요한 전승에서 하나님 나라 개념을 싫어하기 때문에 요한복음에서 축귀가 사라진 것일 수는 없다. 축귀를 제쳐둠으로써 그것과 불가분의 관계에 있는 하나님 나라 개념을 배제하고 그 개념을 예수의 왕권에 대한 초점으로 대체했을 가능성이 더 크다. 요한복음에서 예수의 왕권은 다른 복음서에서 언급한 횟수의 거의 두 배인 15회나 언급된다.

요한복음에서 축귀가 언급되지 않은 데 대한 이러한 부적절한 설명들을 제쳐뒀으니 우리는 다른 설명을 살펴보아야 한다. 우리는 한편으로는 요한복음 저자의 의도와 신학이 지닌 여러 측면—특히 예수의 사역에 대한 그의 관점과 기적 및 귀신의 영향에 대한 그의 이해—이 아마도 예수와 축귀의 관련성을 의도적으로 억제하는 방향으로 수렴되었다는 점을 살펴볼 것이다. 다른 한편으로는 귀신의 영향의 본질과 범위에 대한 그의 개념에 비

---

19 유랑하는 신피타고라스 학파 철학자이자 치료자, 축귀자였던 아폴로니오스가 에베소에서 열렬한 환영을 받았다고 말하는 Philostratus, *Vit. Apoll.* 4.1을 참조하라. 필로스트라투스의 역사적 신빙성에 대해서는 Graham Anderson, *Philostratus: Biography and Belles Lettres in the Third Century A.D.* (London and Dover, NH: Croom Helm; 1986), 175-97을 보라.

20 Lincoln, *John,* 88-89의 간략한 논평을 보라.

추어볼 때 축귀는 귀신의 영향을 전복하기 위한, 두 부분으로 된 급진적인 대안으로 대체된다. 우리는 우선 요한복음 저자의 의도부터 조사하기 시작할 것이다.

9.2 요한복음의 목적과 청중

리처드 보컴은 요한복음이 일반적인 공관복음 전승을 전제로 하고 있다는, 20세기 초에 주장된 견해[21]와 맥을 같이해서 요한복음은 마가복음을 보완하기 위해 발간되었다고 주장했다.[22] 무디 스미스가 이 견해는 요한복음의 독자들이 세련된 사람이었을 것을 요구한다는 이유로 거부하듯이[23] 우리가 이 특정한 논지를 거부한다고 하더라도,[24] 우리는 여전히 요한복음은 공관복음에 반영된 전승을 알고 있었고[25] 그 전승을 바로잡으며 그것을 뛰어넘으려 했다는[26] 일반적인 견해를 취할 수 있다는 데 점점 더 많은 사람이 동의한다.

　제4복음서 저자가 공관복음을 보완하려 했다는 점이 우리가 그의 기적

21　James Moffatt, *An Introduction to the Literature of the New Testament* (New York: C. Scribner's Sons, 1914), 533을 보라.

22　Bauckham, ed., *Gospels*, 147-71.

23　Smith, *John among the Gospels*, 240 각주 65.

24　Bauckham에 대한 비판은 이 책의 5장 각주 9를 보라.

25　예컨대 다음 문헌들을 보라. Frans Neirynck, "John and the Synoptics: 1975-1990," *John and the Synoptics* (ed. Adelbert Denaux; BETL 101; Louvain: Leuven University Press, 1992), 3-62에 수록된 글; Paul N. Anderson, "John and Mark: The Bi-Optic Gospels," in *Jesus in Johannine Tradition* (ed. Robert T. Fortna and Tom Thatcher; Louisville: Westminster John Knox, 2001), 180-85; 그리고 Lincoln, *John*, 26-39.

26　Martin Hengel, *The Johannine Question* (London: SCM; Philadelphia: TPI, 1989), 91, 193-94 각주 8은 다음 문헌들의 견해를 인정한다. Hans Windisch, *Johannes und die Synoptiker: Wollte der vierte Evangelist die älteren Evangelien ergänzen oder ersetzen?* (UNT 12; Leipzig: Hinrichs; 1926); 그리고 Martin Hengel, *The Four Gospels and the One Gospel of Jesus Christ: An Investigation of the Collection and Origin of the Canonical Gospels* (Harrisburg, PA: TPI; 2000), 105-6.

이야기 선별을 이해하는 데 도움이 될 수 있을 것이다. 요한복음에는 축귀 이야기가 나오지 않을 뿐만 아니라 손 마른 사람이 치유되는 이야기, 나병 환자가 깨끗해지는 이야기, 열병이 치료되는 이야기, 출혈이 멈추는 이야기, 청각장애인이 듣게 되는 이야기, 수종병이 치료되는 이야기, 폭풍을 잠잠케 하는 이야기나 무화과나무가 시드는 이야기도 나오지 않는다.

요한복음 저자가 그의 독자들이 이미 알고 있었을지도 모르는 종류의 이야기를 되풀이하는 것을 피하려 한 것이 그 이유일 수는 없다. 그는 예수 가 군중을 먹이고 바다 위를 걷는 마가복음의 이야기를 병렬시키며, 시각장 애인이 시력을 회복하고 죽은 자가 되살아나는 이야기도 기록한다.[27] 요한 복음은 또한 제자들이 많은 물고기를 잡는 이야기와 관리의 종이나 아들이 고침을 받는 이야기도 마태복음 및 누가복음과 공유한다. 제4복음서에만 나오는 독특한 이야기는 물이 포도주로 변하는 이야기다.

요한복음에서 발견되지 않는 기적 이야기는 대부분 치유에 관한 이야 기지만 요한복음 저자가 예수가 치유자라는 점을 경시하려 한 것이 그가 기 적 이야기를 선택한 이유일 수도 없다. 요한복음의 본론 부분에 나오는 일 곱 가지 기적 이야기 중 세 가지(나사로를 살리는 기적을 포함하면 네 가지)가 치 유를 다루기 때문이다. 오히려 제4복음서에서 축귀에 대한 언급이 없는 이 유 중 일부는 아마도 공관복음 전승을 보완하려는 요한복음 저자의 의도와 관련이 있을 것이다. 실제로 이것이 최소한 요한복음에 다른 기적 이야기들 역시 수록되지 않은 이유 중 하나일지도 모른다. 요한복음에 나오는 기적과 공관복음 전승에 나오는 축귀 모두를 좀 더 자세히 살펴보면 이 점이 확인 되며, 요한복음이 독자들이 이미 알고 있는 전승을 어떻게 보완하려고 하는

---

27   David Friedrich Strauss, *The Life of Jesus Critically Examined* (trans. George Eliot from 4th German ed., 1840; Philadelphia: Fortress, 1972), 437도 오래전에 이 점을 지적한 바 있다.

지가 드러난다.

9.3 요한복음의 기적들은 매우 놀랍고 명백히 신적인 존재에 의한 기적이다

다른 복음서에 나오는 기적들과 비교하면 요한복음에 나오는 기적 이야기들의 가장 분명한 특징은 요한복음에는 다른 복음서들에서보다 기적 이야기가 적게 나오고 직접 기적 이야기에 할애하는 지면이 적다는 점이다. 그럼에도 불구하고 요한복음에 나오는 기적 이야기들은 매우 극적이고 비교적 드물어서 요한복음의 내러티브를 지배한다. 우리는 또한 요한복음 저자의 서술상의 창의성을 통해서는 물론 이른바 병행 사례들에 비추어볼 때 요한복음의 기적들은 기원 면에서 및 신의 계시로서의 측면에서 명백히 신적인 기적으로 이해되도록 의도되었다는 점도 알게 될 것이다.

물이 포도주로 변하는 사건은 엄청난 규모의 기적으로 진술된다. 각기 약 75리터에서 115리터 들이 항아리 여섯 개에 가득 담긴 물이 포도주로 변한다(요 2:1-11). 이 이야기는 아마도 독자들로 하여금 포도주와 관련된 신인 디오니소스와 연결된 사람들을 떠올리게 했을 것이고[28] 따라서 독자들은 아마도—최소한—이 기적을 행하는 사람은 신이자 디오니소스보다 우월한 존재라는 결론을 내렸을 것이다. 어쨌든 요한복음 저자는 그 기적이 하나님의 영광 또는 신적 임재를 드러냈다고 말한다(2:11; 출 16:7).

관리의 아들의 치유(요 4:46-54)는 27km가 넘는 먼 거리에서 아픈 소년을 고친 사건일 뿐만 아니라 "거의 죽게" 된(4:47) 한 사람의 생명을 되살리는 놀라운 기적이기도 하다. 이 이야기의 신적인 기원은 병행 사례일 수

---

28 참조. Julius J. G. Vürtheim, "The Miracle of the Wine at Dionysos' Advent: On the Lenaea Festival," *CQ* 14 (1920): 92-96.

도 있는 이야기[29]를 통해서뿐만 아니라 "네 아들이 살 것이다"는 선언의 반복적인 변형(4:50, 51, 53)을 통해서도 인식되었을 것이다. 요한복음에서 "생명"(ζωή)은 언제든 하나님이 주는 것이거나(예컨대 4:10; 6:58) 예수가 죽은 자 가운데서 살아난 이후로 계속 지니는 것이다(14:19). 그러므로 이것은 하나님의 생명을 갖고 있고 죽은 자들 가운데서 부활한 존재가 행한 기적이다.

베데스다에 있던 사지가 마비된 환자 이야기(요 5:1-18)에서 놀라운 점은 그 사람이 38년간 사지가 마비된 채로 지냈는데 예수가 그에게 얘기하자 즉시 나았다는 것이다(5:8-9). 다시금 이 기적 역시 병행 사례일 수도 있는 이야기[30]를 통해서만이 아니라 이번에는 예수가 안식일에 치유를 행한다고 보도되는(5:9, 16) 점을 통해서도 신을 계시하며 신적인 기원을 가진 것임을 보여준다. 예수가—그 당시의 유대 전승과 같이—자기 아버지인 하나님이 안식일에 일한다는 것을 근거로 자신이 안식일에 일하는 것을 정당화했기 때문이다(5:16-17; 참조. Philo, *Alleg. Interp.* 1.5-6). 이에 유대인들은 예수가 "자기를 하나님과 동등"하게 보았다고 말하는데(요 5:18), 이는 독자들에게 치유에 담긴 신적인 계시와 치유의 신적 기원을 보여주는 분명한 표시다.

군중을 먹이는 기적(요 6:1-14)이 엄청난 일이었음은 주로 5천 명(ἄνδρες, 6:10)이 배불리 먹었다는 말과 더불어 6개월분 임금으로도 각 사람이 조금씩 받을 만큼의 빵도 살 수 없을 것이라는 말로 묘사된다(6:7). 이 이야기와 가장 비슷한, 잘 알려진 이야기로 인해 이 기적의 규모가 강조되는

---

29 참조. Wendy Cotter, *Miracles in Greco-Roman Antiquity: A Sourcebook* (London and New York: Routledge, 1999), 18-19.

30 다음 문헌들을 보라. Hendrik van der Loos, *The Miracles of Jesus* (NovTSup 9; Leiden: Brill, 1965), 435-36; Cotter, *Miracles*, 20-22.

데 그 이야기는 이 기적과 비교하면 초라하다. 그 이야기는 엘리사가 보리 떡 20개와 약간의 곡식으로 백 명을 먹였다는 이야기다(왕하 4:42-44; 참조. 왕상 17:8-16에 기록된 엘리야). 이 기적적인 급식이 "여호와께서 말씀하신 대로" 발생했으므로(왕하 4:44; 참조. 왕상 17:16) 한 예언자에 대한 구약성경의 이 이야기는 아마도 최초의 독자들로 하여금 예수의 이야기가 신적인 기원을 지니고 있고 신을 드러낸다는 결론을 내리게 했을 것이다. 실제로 요한복음에 나오는 이 이야기의 끝에서 사람들은 "이는 참으로 세상에 오실 그 선지자라"고 말한다(요 6:14).

예수가 바다 위를 걸은 보도는 확실히 엄청나다(요 6:16-21). 신들과 영웅들은 바다나 강 위를 걸을 수 있다는 믿음이 당대에 널리 퍼져 있었다.[31] 그러나 그런 이야기 중 어느 것도 요한복음에 나오는 이 이야기처럼 분명하고 생생하지 않았으므로 예수의 기적은 틀림없이 놀라운 일로 여겨졌을 것이라고 상정할 수 있다. 예수가 단호하게 "나다!"('Εγώ είμι, 요 6:20)라고 말한다는 점에서 제4복음서 독자들은 아마도 하나님이 모세에게 "나는 스스로 있는 자이니라"(출 3:14)라고 한 말을 떠올렸을 것이다. 그러므로 요한복음은 이 이야기를 사용해 예수와 하나님 사이의 독특하고 매우 가까운 관계를 드러내며 이 기적이 명백히 신에게서 유래하며 예수의 신성을 계시한다는 점을 보여준다.

마찬가지로 시각장애인이 보게 한 일(요 9:1-7)도 그 사람을 선천적 시각장애인으로 묘사함으로써 그 놀라움이 한층 더 커진 행동이다(9:1). 시각장애인 치유 이야기들은 대체로 전설에 나오고[32] 역사적 인물에게서는 드물게 나오므로[33] 예수와 관련된 이 기사는 매우 놀랍게 여겨졌을 것이다. 부정

---

31 예컨대 Homer, *Il.* 13.27-30; Dio Chrysostom, *3 Regn.* 30-31; 참조. 예컨대 욥 9:8.
32 Cotter, *Miracles*, 17-18을 보라.
33 Tacitus, *Hist.* 4.81; Philostratus, *Vit. Apoll.* 3.39.

확할 수도 있지만 요한복음은 이 이야기에 대해 "창세 이후로 '맹인으로 난 자의 눈을 뜨게 하였다' 함을 듣지" 못했다고 보도한다(9:32). 이와 비슷한 사례가 나오는 문헌이 있다면 예수를 신들의 반열에 두었을 것이다. 어쨌든 구약성경에서 시각장애인을 고치는 것은 하나님의 활동이었다는 점과(시 146:8) 종말론적 소망이 성취되고 있었다는[34] 점으로 인해 이 기적에 완전히 신적인 차원이 부여되었다.

죽은 자를 살리는 일에 관한 나사로의 이야기(요 11:1-57)와 비슷한 믿기지 않는 이야기는 많이 있는데, 그 이야기들은 대체로 신들과 영웅들에 관한 그리스의 전설에서 나왔지만, 구약성경 및 신약 시대의 종교인들에게서도 나왔다.[35] 그러한 이야기들은 아마도 요한복음의 독자들로 하여금 나사로가 살아난 이야기는 신 또는 최소한 거룩한 사람이 행한 놀라운 일이라는 결론을 내리도록 도움을 주었을 것이다(참조. 11:4, 40). 나사로는 또한 나흘간 무덤 속에 있었다고 보도된다(11:17). 한 사람의 영혼은 죽은 뒤 사흘 동안 시신 근처에서 배회한다고 여겨졌고 그 후에 소생하는 것은 불가능하다고 여겨졌다.[36] 실제로 11:39은 그 시신이 이미 썩고 있었음을 암시한다.

많은 물고기가 잡힌 이야기(요 21:4-14)는 아마도 요한복음의 이전 편집본에 덧붙여졌을 것이고 최소한 부분적으로는 비유적으로 이해되도록 의도되었을 것이다. 이 이야기가 요한복음에 수록된 다른 기적들과 나란히 놓이면 그다지 극적이지 않으며 그 자체로 요한복음의 본론 부분에 나오는 일곱

---

34 사 29:18; 35:5; 42:7, 16, 18.

35 다음 문헌들을 보라. Loos, *Miracles*, 559-66; Cotter, *Miracles*, 1장.

36 C. Kingsley Barrett, *The Gospel according to St John* (2nd ed; London: SPCK; 1978), 401을 보라. 그는 *Eccl. Rab.* 12.6과 *Lev. Rab.* 18.1을 인용하면서 이런 믿음이 예수 시대에 존재했다는 데 대한 Marie-Joseph Lagrange, *Évangile selon Saint Jean* (7th ed.; Paris: Gabalda, 1948), 307의 의심에도 불구하고 여기서 아마도 이 개념이 전제되어 있을 것이라고 지적한다.

가지 기적이 엄청나다는 점을 강조한다. 이 이야기와 유사한 이야기는 알려진 것이 없는데, 그런 이야기가 있었더라면 요한복음의 최초 독자들이 이 이야기의 중요성이나 의도된 신적 기원 또는 특성에 주목했을지를 우리가 판단하는 데 도움이 될 것이다. 그러나 이 복음서 저자가 κύριος("주")를 사용한다는 점이 이 기적이 이른바 신적인 기원과 계시의 능력을 지니고 있다는 분명한 신호를 준다. Κύριος는 요한복음에 52회나 등장하지만, 20장(2, 13, 18, 20, 25, 28절)에 들어와서야 비로소 내러티브에 나오는 인물이 초월적인 의미에서의 "주" 예수를 가리킨다는 점이 명백하도록 사용되고 있고 물고기가 많이 잡힌 이야기(21:7; 12)에서 그 점이 더 분명해진다.

우리는 요한복음의 기적 이야기에 대해 두 가지를 주목할 필요가 있다. 첫째, 많은 물고기가 잡힌 일에 관한 덧붙여진 이야기 외에는 요한복음의 기적들은 우선 **일관되게** 공관복음에 실린 축귀 이야기들의 비교적 평범한 성격과 대조되는, 차원이 다른 기적으로 묘사된다. 그것은 공관복음 전승에는 놀랄 만한 기적이 없어서가 아니다. 많은 무리를 먹인 일, 시각장애인의 눈을 뜨게 한 일, 야이로의 딸과 과부의 아들을 되살린 일은 확실히 극적인 일로 여겨졌을 만한 이야기들이다. 그러나 바로 요한복음의 기적들이 지닌 일관되게 놀랍고 이례적이거나 흔치 않은 특성이 독자들의 눈에 띄었을 것이다. 더구나 액면 그대로 받아들이자면, 자신이 "아무도 못한 일"을 했다는 예수의 과장된 진술(요 15:24)에서 우리는 요한이 이 기적들을―독특할 정도까지―놀랄 만한 일로 간주되도록 의도했다는 점을 알 수 있다.

둘째―그 자체로, 그리고 때때로 있을 수 있는 비슷한 예들에 비추어 볼 때―요한복음의 기적들은 또한 기원에 있어서나 신에 대한 계시로서나 명백히 신적인 기적으로 보도된다. 요한복음에서 기적들에 대한 관점은 니고데모라는 등장인물을 통해 요약된다. "하나님이 함께 하지 아니하시면 당신이 행하시는 이 표적을 아무도 할 수 없음이니이다"(요 3:2). 이 관점은 예수의 기적에서 하나님의 영광이 보인다는 요한복음 저자의 생각을 통해서도 포착된다.[37] 즉 예수 안에 있는 하나님의 영광은 예수가 하나님의 임재와 능력을 나타내는 것을 가리킨다는 점에서[38] 예수가 메시아(20:30-31)라는 데 의심의 여지가 있을 수 없었다. 이러한 두 관점은 그 당시 축귀가 이해된 방식과 뚜렷한 대조를 이룬다.

9.4 축귀는 흔하고 돋보이지 않는다

그리스의 마술 파피루스는 축귀자들을 위한 수많은 주문과 비결을 보존함으로써 광범위하고 일반적으로 축귀가 발생했으며 그러한 축귀의 성공에 축귀자의 신원이 별로 중요하지 않았다는 가장 좋은 증거를 제공한다.[39] 우리가 가진 역사적 자료에는 다른 어떤 축귀자도 예수만큼 강력하고 왕성하게 축귀를 시행했다는 증거가 전혀 없다. 그러나 신약성경 및 이 시기의 문헌은 스게와의 아들들, 랍비 시므온 바르 요하이, 티아나의 아폴로니오스 등과 같은 많은 역사적 인물들이 축귀자였음을 증언한다.[40] 공관복음 전승조차 축귀를 예수 자신의 사역에서 흔히 벌어진 일로 묘사한다.[41]

더 나아가 공관복음의 축귀 이야기들은 대부분 고통받는 사람이나 치

---

37 요 11:40. 참조. 1:14; 2:11; 11:4; 17:24.

38 C. H. Dodd, *The Interpretation of the Fourth Gospel* (Cambridge: Cambridge University Press, 1953), 206-8의 논의를 보라. 좀 더 최근의 문헌은 Dirk G. van der Merwe, "The Glory-Motif in John 17:1-5: An Exercise in Biblical Semantics," *Verbum et Ecclesia* 23 (2002): 226-49를 보라.

39 Graham H. Twelftree, "Jesus the Exorcist and Ancient Magic," in *A Kind of Magic: Understanding Magic in the New Testament and Its Religious Environment* (ed. Michael Labahn and Bert Jan Lietaert Peerbolte; European Studies on Christian Origins; LNTS 306; London and New York: T&T Clark, 2007), 57-86; Twelftree, *Exorcist*, 38-39.

40 Twelftree, *Exorcist*, 22-47.

41 참조. 마 12:22-23 ∥ 눅 11:14; 막 1:32-34; 39; 3:11-12.

유 방법의 묘사에 있어서 별로 놀라운 요소가 없다. 마가복음 1:21-28에서는 예수와 대면하기 전까지 귀신 들린 사람의 증상이 무리에게나 심지어 본인에게도 알려지지 않았거나 최소한 그가 분열증을 보이지 않았다. 이와 유사하게 9:14-29에서 이른바 간질병 걸린 아이는 간헐적으로만 고통을 받는 것으로 묘사된다(참조. 막 9:21). 마가복음 7:24-30에는 귀신 들린 사람이 현장에 없는 상태에서 귀신을 쫓아낸 일에 대한 기록이 나온다. 그러나 성경에는 그 거리가 멀리 떨어졌다는 언급이 없고 그 질환이 특별히 심각하다는 언급도 없다(7:26).

따라서 거라사의 귀신 들린 사람에 관한 축귀 보도(막 5:1-20)를 제외하면 공관복음의 축귀는 돋보이지 않는 사건들로 보고된다. 이는 우리가 요한복음의 기적들에 대해 살펴본 것과 뚜렷한 대조를 이룰 것이다. 따라서 우리는 축귀가 요한복음 저자의 다른 기적 이야기들 가운데 포함되었더라면 예수의 기적은 놀랍고 규모 면에서 웅장하다는 요한복음 저자의 일관된 관점이 흐려졌으리라고 추정할 수 있다.[42] 그러므로 축귀와 같은 비교적 흔한 치유는 마가복음 1:21-28(참조. 요 2:1-11)에서와 같이 예수의 사역에서 잘 짜인 계획에 따른 행위가 될 수 없었을 뿐만 아니라 요한복음 저자가 그의 기적 이야기에 부여하고자 한 (신적인 행위로서의) 의미를 결코 전달하지 못했을 것이다.

---

42 참조. Frederick E. Brenk, "In the Light of the Moon: Demonology in the Early Imperial Period," *ANRW* II.16.3 (1986): 2113: "예수가 만일 단순히 귀신 들린 사람들 안에 있는 개별적인 귀신들에게 자신의 능력을 행사하는 기적 사역자로 묘사된다면 세상에 있는 신적인 로고스로서의 예수가 모욕적인 위치에 놓이게 될 것이다."

9.5 축귀는 의미와 기원이 모호하다

공관복음에 수록된 축귀의 모호성으로 미루어 보건대 축귀에는 확실히 모호한 면이 있었다(예수는 이로 인해 그 기원에 관해 심한 비판에 직면했다). 예수의 비판자들은 축귀를 목격하고서 이렇게 말한 것으로 전해진다. "이가 귀신의 왕 바알세불을 힘입지 않고는 귀신을 쫓아내지 못하느니라"(마 12:24 ‖ 눅 11:15). 축귀에 대해 우리가 아는 사실로 미루어볼 때 예수의 성공은 그의 말이나 행동, 또는 그의 외부에 있는 능력-권위의 원천에 의존한 것으로 이해될 수 있었을 것이다. 요한복음 저자는 축귀에 대한 언급을 삼감으로써 예수의 기적과 관련된 능력-권위의 원천이 지닌 기원의 모호성을 피했다.[43] 이는 요한복음 저자가 예수와 다른 치료자들 사이에 거리를 두었다는 뜻이 아니다. 다른 치유 사례들에서 예수는 다른 치유자들과 매우 비슷했다. 요한복음에서 발생한 거리 두기는 요한복음 저자가 예수의 기적들은 명백히 신적인 기원과 계시적 성격을 지니고 있다고 주장함으로 인한 부산물이었다.

이 점은 축귀에 대한 관점과 직접적인 관련이 있는데 아마도 요한복음 저자는 그 관점 때문에 축귀에 대해 언급하지 않았을 것이다. 즉 몇몇 축귀자들은 어떤 특정한 기법에 의존한다기보다 외부의 능력-권위에 의존했기 때문에 효과적으로 축귀를 시행하는 것으로 여겨졌다.[44] 예수는 "내가(ἐγώ) 네게 명하노니"라는 단호한 표현을 사용해서 자신의 능력-권위에 의존하는 모습으로 기록되어 있지만, 누가복음에 따르면 예수가 "내가 귀신을 쫓아내는 것은 하나님의 성령[누가복음에서는 '손가락']을 힘입은 것이다"고 말한다(마 12:28 ‖ 눅 11:20)는 점에서 공관복음 전승에는 예수의 축귀가 바로 이

---

43   참조. Smith, *John*, 110. 그는 막 3:22-23을 인용한다.
44   막 9:38-39 ‖ 눅 9:49-50; 행 19:13-19; *PGM* IV.3019-3020을 보라. 참조. 1227. 위의 2.2 단락을 보라.

런 식으로 이해되었다는 증거가 있다. 다른 한편으로 예수가 성부 하나님께 임무와 권한을 부여받았더라도(요 5:36), 요한복음은 예수가 기적을 행할 때 자기 외부의 어떤 능력-권위의 원천에도 의존하지 않은 것으로 묘사한다.

여기서 우리는 요한복음 저자가 예수와 다른 치료자들 사이에 거리를 두기 위해 축귀에 대한 언급을 회피했다는 관점의 좀 더 미묘한 형태를 취하고 있다. 즉 요한복음 저자가 예수와 다른 치료자들 사이에 거리를 두려한 이유는 그들의 축귀 방법 때문이 아니라(위의 9.1f 단락을 보라) 그들이 특정되지 않거나 알려지지 않은 능력-권위의 원천에 의존하고 있었을 수 있기 때문이다. 요한복음 저자는 예수와 그의 기적들의 독특성을 확립함으로써 서론에서 예고되고(요 1:1-18) 이어지는 내러티브를 통해 이러저러한 방식으로 되풀이되는 것처럼(예컨대 1:51; 5:18) 성부와 성자 간의 긴밀한 관계 또는 심지어 동일성에 초점을 맞춘다. 따라서 요한복음은 기적 이야기 자체를 통해 예수가 하나님의 성령의 손가락을 통해 일함으로써 스스로 충분히 신적인 기적을 일으킬 수 있는 존재라는 생각을 확립했다는 Q의 개념을 뛰어넘을 수 있다.

요한복음 저자가 "현실과 동떨어진" 기적 이야기들을 선별한 점과—그보다 정도는 덜하지만—기적들의 명백히 신적인 기원과 성격에 주목해보면 아마도 요한복음 저자가 청각장애인, 수종병 환자, 손 마른 사람, 나병환자, 열병과 혈루증에 걸린 사람에 관한 이야기들, 심지어 폭풍이 잠잠해지고 무화과나무가 시든 이야기까지 제쳐둔 이유를 설명하는 데도 도움이 될 것이다. 즉 그런 이야기들은 비교적 사소하고—축귀의 경우에는—그 기원이 모호했다.

9.6 요한복음의 기적은 표적이다

요한복음의 기적들이 지닌 독특한 특징 중 하나는 그것들이 표적(σημεῖα)이라고 불린다는 점이다. 공관복음에서 이 단어는 예수의 기적에 대해서는 한 번도 사용되지 않는다. σημεῖον이 사용된 사례 중 두 가지(요 2:18; 6:30) 외에 나머지는 모두 편집에 의한 것일 개연성이 있음을 감안하면, 표적으로서의 기적이라는 개념은 요한복음에 수록된 기적과 (축귀를 포함한) 공관복음 전승에 수록된 기적의 뚜렷한 차이에 대해 우리가 이미 발견한 사실을 확인하는 매우 중요한 개념으로 간주해야 한다.

요한복음에서 사용된 "표적"이라는 단어는 70인역에 비추어 이해하는 것이 가장 좋다. 70인역에서 이 단어는 거의 언제나 이스라엘 백성을 이집트에서 데리고 나오는 모세와 관련된 기적적인 사건들을 통해 자신은 전능자이며 이스라엘은 자신이 택한 백성임을 보여주는 하나님에 대해 사용된다(예컨대 신 26:8; 렘 32:20-21). 또 표적은 예언자 자신뿐만 아니라 하나님의 예언자의 말의 신뢰성을 입증하는 자연적인 사건이나 초자연적인 사건일 수도 있다(예컨대 출 3:12; 4:1-9; 삼상 10:1-9). 더 나아가 구약성경의 표적이 앞으로 일어날 일을 상징하거나(겔 4:1-3) 알려주는 것처럼(예컨대 사 7:10-16), 우리는 요한복음 저자에게는 예수의 기적도 하나님이 그보다 훨씬 더 큰 일을 행할 미래 시점에 대한 맛보기(요 14:10-12)라는 데 놀라지 않는다.

따라서 요한복음에 기록된 기적들은 명백히 신적인 기원을 지니고 있고 본질적으로 신을 계시할 수 있지만, 그 기적들은 첫눈에 보기에 명백한 것 이상의 내용을 나타내기도 한다. 이 점은 이야기에 수록된 오해에서 관찰된다. 기적들이 무엇을 가리키는지는 쉽게 밝혀진다. 첫째, 70인역에 비추어보면 요한복음 저자는 아마도 예수의 이런 행동들에서 하나님 자신이 주체로서 일하고 있으며 자신의 성품을 드러내고 있다고 선언하고 있을 것이다. 따라서 결국 표적은 예수의 영광을 드러내거나 예수의 참된 정체성이나 영광 그리고 예수와 성부 사이의 부자 관계나 동일성을 드러낸다. 심지어 덧붙여진, 물고기가 많이 잡힌 이야기(요 21:4-14)조차 최소한 예수를 제자들에게 계시하는(φανερόω) 데 사용되며(21:1, 14; 참조. 2:11; 9:3) 그들로 하여금 예수를 신뢰하도록 격려한다는 점에서 이러한 요한복음의 기적 신학과 일치한다.

둘째, 표적들은 예수의 죽음과 부활을 가리키는데, 거기서도 예수의 영광이 명확하게 드러난다. 다음 두 가지 사례가 이 점을 입증할 수 있다. (a) 관리의 아들 치유(요 4:46-54)는 단순히 어떤 아픈 아이를 치유한 사건이 아니다. "네 아들이 살 것이다"(4:50, 51, 53)라는 반복적인 표현에 아마도 예수의 부활을 상기시키는 요소가 들어 있을 것이다(참조. 14:19). (b) 한 시각장애인에게 시력을 되찾아주는 이야기(9:1-7)를 개략적으로 살펴보면 우리는 그 이야기가 예수의 생애를 반영하고 있음을 알 수 있다. 두 사람 모두에게 씻음 뒤에 조명이 이어진다. 예수와 선천적 시각장애인 모두 그들의 정체에 대한 논쟁 대상이 되며 가족 안에서의 분열을 초래한다. 치료된 사람은 추궁 받을 때 예수와 똑같은 말("나는 ~이다")을 사용해서 자신의 정체를 밝히며, 두 사람 다 적대적인 반응을 끌어낸다. 그리고 치료된 사람은 마치 예수의 재판을 미리 보여주기라도 하듯이 당국자들 앞에서 증언할 때 불신 받는다.

공관복음의 경우 우리는 그곳에 수록된 이야기들이 상징적인 기능을 가질 수 있음을 알 수 있다. 마가복음에서 무화과나무에 대한 저주를 이스라엘의 배척에 관한 예언적 행동으로 이해하는 것처럼 말이다(막 11:12-14, 20-24). 누가복음에도 물고기를 기적적으로 많이 잡는 이야기가 있는데, 이 이야기도 사람들을 낚는 일을 상징하는 예언적 행동이다(눅 5:1-11). 마태복음에서 어느 물고기의 입에서 기적적으로 동전 하나가 발견된 사건 역시 아마도 상징적인 행동으로 이해될 것이다(마 17:24-27).

그러나 공관복음 전승에서의 축귀는 다른 역할을 한다. 예수에게 있어 축귀는 그것이 의미하는 바—하나님 나라의 현존 안으로 들어옴—를 실행했다(참조. 마 12:28 ‖ 눅 11:20). 축귀는 예수의 출현에 수반되는 새로운 상황을 가리켰다. 따라서 공관복음 저자들에게는 축귀가 일차적으로 표적이 아니었지만, 그것들은 이차적으로 예수의 정체를 가리킨다(예컨대 막 1:27-28). 그러나 요한복음에서는 기적이 표적으로서, 일차적으로 하나님이 예수 안에서 일하고 있음을 가리켰고 이를 통해 예수의 참된 정체가 드러났다.

9.7 예수의 사역 전체는 사탄과의 싸움이다

공관복음의 축귀에서 예수가 전투에 관여한다는 점에는 의심의 여지가 없다. 그러나 그 전투에서 예수는 반대에 부딪히고, 폭언과 저주를 듣고, 불순종에 직면하며, 성공하는 데 어려움을 겪는 것으로 보인다. 그러한 관점은 매우 강력하고 스스로 결정하는 요한복음의 예수와 너무도 달라서 이것만으로도 요한복음 저자가 그런 이야기들을 수록하지 않을 충분한 이유가 되었을 것이다.

그것은 그렇다 치고 다른 한편으로 공관복음서들이 이 개념을 긍정하기는 하지만, 공관복음에는 따로 떨어진 축귀 이야기들을 제외하면 예수의 사역 전체를 사탄과의 전투로 이해해야 한다는 암시가 거의 없다(예컨대 막 3:22-27). 심지어 공관복음서에서 예수와 논쟁하는 귀신들조차 사탄과 강하게, 또는 자주 제휴하지 않으며 예수의 사역 후반부—수난 내러티브를 포함한다—는 이 싸움을 거의 반영하지 않는다. 그러나 요한복음에서는 예수의 반대자들을 사탄의 자식(요 8:44)으로, 예수를 사탄에 의해 어두워진 세상에 빛을 가져오는 존재로 묘사한다는 점에서 예수의 사역 전체가 사탄과의 전쟁터다. 더 나아가 예수께 간구하는 자들이 아닌 예수가 귀신 들린 자로 묘사된다는 점은 기적의 명백한 계시적 능력뿐만 아니라 전투 개념에 대해서도 독자들의 관심을 고조시킨다. 예수의 사역 전체를 전투로 볼 수 있다는 점은 예수의 죽음에 대한 요한복음 저자의 해석을 통해 강화된다.[45]

그 당시의 사고와 마찬가지로 공관복음 전승에 반영된 초기 그리스도인들뿐만 아니라 예수도 사탄의 패배가 두 단계로 발생할 것으로 기대했다(예컨대 사 24:22; 「에녹1서」 10:4-6). 그러나 공관복음 저자들이 보기에 첫 번째 단계는 예수의 축귀에서 발생했고(예컨대 마 12:26 ‖ 막 3:26 ‖ 눅 11:18) 그의 제자들의 축귀에서도 발생했다(예컨대 눅 10:18). 사탄의 패배의 두 번째 단계는 역사의 끝에 발생할 것으로 여겨졌다(참조. 마 13:24-30, 36-43).

이 점을 좀 더 자세하게 표현하자면 공관복음 전승은 예수의 사역(특히 축귀)에 나타난 사탄과의 전투에 초점을 맞추며 수난 내러티브에서는 그 전투가 아주 약해지지만, 요한복음의 경우는 그와 정반대다. 예수의 초기 사역의 곳곳에 사탄과의 전투가 스며 있기는 하지만 그 싸움은 거대한 우주적 축귀인 십자가 사건에서 절정과 마무리에 도달한다.[46] 예수는 십자가를 바라보면서(참조. 요 12:23-25, 33) 이렇게 말한다. "이제 이 세상에 대한 심판이 이르렀으니 이 세상의 임금이 쫓겨나리라"(12:31). 하늘의 영역과 관련된 단 하나의 행동으로[47] 지상에 있는 사탄의 악한 부하들을 통하지 않고 사탄이 직접 다뤄질 것이다. 이런 식으로 요한복음 저자는 사탄이 이 세상을 지배

---

45 요 12:31; 14:30; 16:11. 참조. 13:27.

46 요 6:70; 12:31; 13:2; 14:30; 16:11. 참조. 「에녹1서」 1-36(파수꾼의 문헌).

47 Keener, *John*, 2:880은 스토아 철학자 코르누투스(기원후 1세기)가 티탄족이 몰락할 때 제우스가 크로노스를 추방한 일에 대해 이와 비슷한 표현을 사용한 사실을 언급한다. Cornutus, *Nat. d.* 7.7.20을 언급하는 Pieter W. van der Horst, "Cornutus and the New Testament: A Contribution to the Corpus Hellenisticum," *NovT* 23 (1981): 171을 보라.

한다는 거짓말이 개인들의 귀신 들림보다 훨씬 만연해 있고, 사탄을 패배시키려면 예수의 개별적인 행동 이상의 것이 필요하다고 단언할 수 있다. 그럼에도 불구하고 공관복음 전승처럼 요한복음 저자도 사탄을 예수 사건 이후에도 계속 활동하는 존재로 본다(17:15).

우리는 예수의 죽음에 대한 일관된 관점을 지닌 요한복음 저자가 아무것도 사탄이 패배한 장소로서의 십자가 사건의 핵심적인 역할에서 시선을 빼앗지 않기를 원했을 것이라고 상정할 수 있다. 또 우리가 살펴본 바와 같이 요한복음에 수록된 기적들이 놀랄 만하고 명백히 신적인 성격을 지니고 있다는 점으로 미루어 볼 때 평범하고 모호한 축귀가 십자가에서 사탄의 파멸을 요약하기는 고사하고, 그 일이 십자가에서 발생할 것을 적절히 예시할 수 있었을 가능성도 별로 없다. 그리고 예수의 나라는 이 세상에 속한 것이 아니며(요 18:36) 예수의 전투는 지상에서의 싸움이 아니라 십자가에 초점이 맞춰져 있었다는 점에서 예수의 부활 이전의 축귀는 그 전투의 강도에 대한 개념을 전달할 수 없었을 것이다.

9.8 공관복음의 축귀와 요한복음의 표적

공관복음서들은 독자들로 하여금 축귀 전승을 예수의 종말론의 핵심으로 간주하게끔 하지만 요한복음 저자는 메시아를 축귀자로 묘사할 필요가 없었다. 예수 시대 전에는 축귀와 종말론 사이에 어떤 연결 관계도 없었다.[48] 우리는 요한복음 저자가 그의 복음서에 축귀를 수록하지 않은 여러 이유를 살펴보았다. 그 이유를 거칠게나마 다음과 같은 표로 표현할 수 있다.

---

48 Twelftree, *Exorcist*, 182-89.

요한복음의 표적-기적	공관복음 전승의 축귀
극적이다	평범하다
드물다	일반적이다
기원이 신적이다	기원이 모호하다
기적에서 일하는 하나님을 드러낸다	기원이 모호하다
예수는 스스로 충분히 기적을 행하는 존재다	예수는 성령을 통해 능력을 부여받는다
십자가 사건의 표적	하나님 나라의 실현
예수의 사역 전체가 사탄과의 전투다	축귀가 사탄과의 싸움의 초점이다
전투와 사탄의 패배가 십자가 사건에 집중된다	전투와 사탄의 패배가 축귀에 집중된다

우리는 축귀와 같은 공관복음의 다른 기적 이야기들—평범하고, 일반적이며, 기원이 모호하고, 하나님 나라를 실현하는 이야기들—이 요한복음에서 발견되지 않는 이유를 설명하면서 최소한 부분적으로라도 이 복음서에 축귀가 수록되지 않은 이유도 설명한 셈이다. 이 점이 더 중요한데, 우리는 요한복음 저자가 자신의 복음서를 공관복음 전승을 보완하는 것으로 간주하고서 일관되게 공관복음에 수록된 기적과는 다른 부류의 기적을 사용해 예수의 신성과 예수와 아버지 사이의 관계의 독특성을 표현하기 원했음을 알 수 있다. 즉 예수를 자기 백성 가운데서 일하는 하나님 자신으로 묘사할 수밖에 없는 활동에서 우리는 하나님 자신을 만나며 거기서 그분이 일하는 모습을 본다.

요컨대 요한복음의 관점에서 축귀는 상당히 많은 추가 설명이 없으면 예수의 정체성이나 기원을 반영할 것으로 기대할 수도 없고, 기적의 신적 차원을 반영할 것으로 기대할 수도 없다. 또한 축귀를 아무리 많이 수록하더라도 요한복음 저자가 전달하기를 원했던 바와 같이 우주적인 웅장한 규모를 갖고 있고 지구 외부를 배경으로 하는 전투가 십자가 사건에서 발생했고 거기서 예수가 승리를 거두었지만, 그럼에도 그것들이 예수의 생애와 사역 전체에 걸쳐서 그 윤곽이 그려졌다는 점을 표현할 수 없었을 것이다. 따라서 요한복음 저자는 기원 면에서나 계시의 능력 면 모두에서 명백히 신적이었던 그의 (표적?) 자료에서 이야기들을 취할 수 있었다. 오해가 남아 있을 가능성을 낮추기 위해 그는 그 이야기들을 "표적"이라고 불렀다.

9.9 귀신들을 다루기

요한복음 저자는 예수나 예수의 제자들이 축귀자였다는 개념을 완전히 피했음에도 불구하고 귀신 들림이라는 범주를 유지할 뿐만 아니라—최소한 언뜻 보기에는—예수를, 그리고 예수만을 귀신이 들렸다는 비난의 대상으로 삼음으로써 그렇게 한다.[49] 이 비난이 중요하다는 점은 그것이 요한복음에서 여러 번 반복되는 데서 나타난다.[50] 문학에서 널리 사용되는 반복이 구약성경에서만 중요했던 것이 아니라,[51] 신약성경의 모든 저자 중에서도 특히 요한복음 저자가 다양한 주제들에 관심을 끌기 위해 가장 자주 사용한 문학적 장치가 반복이었기 때문이다.[52] 귀신이 들렸다는 비난이 반복된다는 점과 아울러 그 역설—어떤 등장인물이나 표면적인 텍스트가 말하는 바와 독자들이 이해하는 것 사이의 차이가 크다—이 작동하고 있다는 점에서 예수가 귀신 들렸다고 여러 번 비난하는 것의 중요성이 한층 더 강조된다.[53]

---

49   "귀신이 들어와 있는" 것과 "귀신 들리는" 것이 같은 현상이라는 점에 대해서는 Twelftree, *Exorcist*, 198-99를 보라.

50   요 7:20; 8:48, 49, 52; 10:20, 21.

51   James Muilenburg, "A Study in Hebrew Rhetoric: Repetition and Style," in *Congress Volume: Copenhagen 1953* (VTSup 1; Leiden: Brill, 1953): 97-111을 보라.

52   Paul D. Duke, *Irony in the Fourth Gospel* (Atlanta: John Knox; 1985), 91.을 보라. 그는 다음 구절들을 인용한다. 요 3:10; 6:42; 7:20, 28, 35-36; 8:22; 58; 11:16; 13:38; 16:17-18, 29-30. 요한복음에서의 반복에 대해서는 다음 문헌들을 보라. Urban C. von Wahlde, "A Redactional Technique in the Fourth Gospel," *CBQ* 38 (1976): 520-33; David Alan Black, "On the Style and Significance of John 17," *CTR* 3 (1988): 141-59, 특히 150-52.

53   요한복음에서의 역설에 대한 최근의 논의에 관한 보도는 R. Alan Culpepper, "Reading

따라서 당연하게도 요한복음의 맥락에서 이 비난들을 살펴보면 거기에 분명한 신학적 내용이 있다는 사실이 드러난다.[54] 우리는 이러한 비난들 속에도 귀신의 영향과 귀신 들림 및 그 해결책에 대한 요한복음 저자의 독특한 이해가 담겨 있음을 알게 될 것이다. 요한복음의 두 곳에서 귀신 들림에 대해 간략하게 언급한다(요 7:20; 10:20-21). 이 두 곳의 의미를 충분히 이해하려면 귀신 들림에 대해 말하는 좀 더 긴 세 번째 구절(8:48-52)뿐만 아니라 그 이전의 한 구절(4:2-42)을 살펴봐야 하는데, 이 구절은 독자들에게 몇 가지 원칙을 세워주기 때문에 고려할 필요가 있을 것이다.

요한복음 7:20

요한복음 내러티브의 이 지점에 이르기까지는 일반 백성이 아니라 유대인 당국자들(οἱ Ἰουδαῖοι)[55]이 종교적 관점에서 보는 세상을 대변한다.[56] 특히 (19장뿐만 아니라) 7장과 8장에서 예수의 대적으로 묘사되는 그들은 전에 예수를 죽이려고 결심했는데(요 5:18; 7:1) 이제 예수를 찾고 있다(7:11). 그러나 나중에 진리에 대해 무지한 것으로 밝혀질(12:29) 군중(ὄχλος)은 이 점을 전

Johannine Irony," in *Exploring the Gospel of John: In Honor of D. Moody Smith* (ed. R, Alan Culpepper and C. Clifton Black; Louisville: Westminster John Knox; 1996), 10장을 보라.

54 Barrett, *St John*, 319는 이에 반대한다. 그는 "요한복음에는 이 비난(δαιμόνιον ἔχεις)에 대한 어떤 신학적 논의도 없다"고 말한다.

55 요한복음에 나오는 "유대인"의 정체를 식별하는 일의 어려움에 대해서는 Urban C. von Wahlde, "The Johannine 'Jews' : A Critical Survey," *NTS* 28 (1982): 33-60을 보라. 참고 문헌상의 각주인 54쪽 각주 1도 보라. 그는 이렇게 진술한다. "원저자가 의도한 [οἱ Ἰουδαῖοι의] 의미에 대해 말한다면 우리가 원저자는 그들을 오로지 종교 당국자로 간주했다고 말하는 것이 정확할 것이다. 그 텍스트의 현재 상태에 대해 말한다면 우리는 6:41, 52은 편집자가 일반 백성의 태도와 의견을 대표하는 것으로 간주한 한 구절을 가리키는 것 같다고 말할 수 있을 것이다."

56 참조. 예컨대 요 1:19; 2:13, 18, 20; 3:1, 25; 4:9; 5:1, 10, 16, 18; 6:4, 41; 7:2, 15; 그리고 C. Dekker, "Grundschrift und Redaktion im Johannesevangelium," *NTS* 13 (1966): 특히 66-71.

혀 알지 못한다.[57] 따라서 "너희가 어찌하여 나를 죽이려 하느냐?"는 예수의 물음에 대한 대답으로 군중은 그들의 불신을 표현한다. "당신은 귀신이 들렸다. 누가 당신을 죽이려 하는가?"

이 비난은 흔히 미쳤다는 비난으로 해석된다(참조. 요 10:20).[58] 그러나 이 특정 문맥에서 예수가 귀신이 들렸다는 군중의 말은 예수가 믿을 수 없는 사람이거나 진실을 말하지 않는다는 말의 다른 표현이다(참조. 10:20-21). 부정확한 진술과 질문에 대답하지 않는 것이 진리를 모른다는 점을 암시하는 이 복음서의 한 가지 특징을 통해,[59] 그리고 그러한 특징이 지닌 서술상의 이점을 통해(참조. 7:1과 20절) 독자들은 예수가 귀신 들리지 않았고, 진실을 말하고 있으며, 사람들이 그의 목숨을 노리고 있다고 결론 짓도록 초대된다.[60] 따라서 비난의 정확한 내용은 이곳의 논쟁에서 그다지 중요하지 않지만,[61] 독자들은 이 비난이 잘못이라는 점을 (그리고 아마도 예수의 대적들이 무식하고 거짓말하는 특징이 있음을) 통보받고 최소한 진실을 말하지 않는다는 이

---

57 참조. R. Alan Culpepper, *Anatomy of the Fourth Gospel* (Philadelphia: Fortress, 1983), 132. 요한복음 저자가 독자들이 여기서(요 7:20) 무리의 결백을 상정하기를 원하지 않는다면 군중의 이 항의는 "등 뒤에서는 칼을 만지작거리면서 앞에서는 안심시키듯이 미소 짓는 살인자의" 목소리일 것이다. Duke, *Irony*, 74도 같은 입장이다. 요 7-8장에서 군중, 유대인, 바리새인, 대제사장의 역할에 대한 혼란스러운 설명에 대해서는 John Painter, *The Quest for the Messiah: The History, Literature, and Theology of the Johannine Community* (2nd ed.; Nashville: Abingdon, 1993), 288-90을 보라.

58 예컨대 Barrett, *St John*, 319; Barnabas Lindars, *The Gospel of John* (London: Oliphants / Marshall, Morgan & Scott, 1972), 290; Rudolf Schnackenburg, *The Gospel according to St. John* (3 vols.; New York: Crossroad, 1982), 2:133; George R. Beasley-Murray, *John* (WBC 36; Waco: Word Books, 1987), 109.

59 참조. Culpepper, *Anatomy*, 176. 그는 요 1:46; 4:12; 6:42, 52; 7:20, 26, 35, 42, 8; 8:22, 53; 9:40; 18:38을 인용한다. Gail R. O'Day, *Revelation in the Fourth Gospel: Narrative Mode and Theological Claim* (Philadelphia: Fortress, 1986), 130 각주 38은 예수가 간접적인 답변을 한다는 점에서 4:12에 이의를 제기한다(참조. 4:11-14).

60 또한 군중이 예수를 대적하는 세력의 일부로 연루될 수 있는 한 그들은 거짓말쟁이라는 점이 드러난다.

61 Rudolf Bultmann, *The Gospel of John* (Oxford: Blackwell, 1971), 277.

비난의 표면적인 의미를 알아챔으로써 나중에 예수가 귀신이 들렸다는 비난이 반복되며 확대될 때 그 비난의 의미를 충분히 이해하기 위한 해석상의 관점을 얻게 된다. 우리는 이제 그 구절을 살펴볼 것이다.

요 8:48-52

요한복음 저자는 귀신 들림에 대해 좀 더 길게 말하는 이 구절에서 주로 역설을 사용해서 예수에게 제기된 귀신이 들렸다는 혐의의 본질과 기능을 해석할 주된 열쇠를 전달한다. 다른 두 구절(요 7:20; 10:20-21)에서와 마찬가지로 예수는 범죄 수사 구조[62]를 지닌 이곳에서 유대인과 대립한다. 유대인들은 예수를 사랑하지 않고(8:42), 예수의 말을 받아들이지 않으며(8:43), 거짓말쟁이이기 때문에 "진리에 서지" 못하는 마귀를 아비로 둔 자들로 묘사된다(8:44).[63] 이 묘사는 앞에서 이미 유대인들에 대해 예수께 신뢰를 받지 못하고(2:23-25), 그 지도자 중 한 사람은 예수의 가르침을 받아들이지 못하며(3:1-12), 예수에게 너무 적대적이어서 예수가 유대 땅을 떠났다고(4:1-3) 진술된 내용을 더 자세하게 풀어준다. 따라서 서술 측면에서 독자들은 이러한 관점을 곧 다음과 같이 예수를 고발하게 될 유대인들에 대한 묘사로 받아들였을 것이라고 예상할 수 있다. "우리가 너를 사마리아 사람이라 또는 귀신이 들렸다 하는 말이 옳지 아니하냐?"(8:48) 달리 말하자면 우리는 요한복음 독자들이 유대인에 대해 계속되어온 부정적인 묘사로 미루어 7:20에 나

---

62 Jerome H. Neyrey, "Jesus the Judge: Forensic Process in John 8,21-59," *Bib* 68 (1987): 509-42. Andrew T. Lincoln, *Truth on Trial: The Lawsuit Motif in the Fourth Gospel* (Peabody, MA: Hendrickson, 2000), 82-96, 특히 96의 논의도 보라.

63 참조. Felix Porsch, "'Ihr hat den Teufel zum Vater' (Joh 8,44): Antijudaismus im Johannesevangelium," *BK* 44 (1989): 50-57. Miroslaw Stanislaw Wróbel, *Who Are the Father and His Children in JN 8:44 and Its Context?* (CahRB 63; Paris: Gabalda; 2005)는 내 눈에 너무 늦게 띄어서 고려하지 못했다.

타난 예수에 대한 비난이 거짓임을 알았을 뿐만 아니라 여기서 비난 자체의 틀에서 명백해진 역설을 인식했을 것으로 예상할 수 있다.

두 부분으로 이루어진 이 비난("당신은 사마리아 사람이고 귀신이 들렸다")은 한 가지 비난이나 마찬가지로 예수는 그 비난에 대해 단순하게 "나는 귀신 들린 것이 아니라"(요 8:49)고 포괄적으로 답변한다. 그러나 우리는 예수가 사마리아 사람임을 부정하지 않는 역설에 주목할 수 있다. 따라서 예수의 단순한 답변에 비춰보면 우리는 요한복음 저자가 귀신 들림이라는 표현을 통해 말하려는 바가 무엇인지를 이 문맥에서 유대인에 대한 묘사(8:42-44)와 관련된 역설을 통해서만이 아니라 사마리아인이라는 비난이 무엇을 의미했는지 이해함으로써도 알 수 있다고 예상할 수 있다. 존 바우만은 사마리아 사람이라는 비난이 문자적인 뜻으로 의도된 것은 아니지만 사마리아 사람처럼 행동한다는 비난, 즉 역설적으로 제의 행위 대신 신앙과 믿음을 중심으로 한 믿을 수 없는 견해를 제시함으로써 거짓 예언을 한다는 비난 (참조. 8:52)[64]을 의미했다는 점을 보여주었다.[65] 속임수를 쓴다는 그런 비난은 귀신이 들렸다는 비난에 반영되어 있었다(참조. 7:20; 10:20-21). 여기 요한복음 8장에 담겨 있는 귀신의 영향 또는 사탄과 거짓 정보 또는 예언 간의 이러한 연결 관계는 유대 사회에서 확고히 자리 잡혀 있었다(예컨대 *Mart. Isa.* 1:8-9).[66] 따라서 진실을 말하지 않는다는 요 7:20에서의 비난과 비슷한, 두 부분으로 된 이 비난은 결국 거짓말쟁이라는 비난이나 마찬가지다. 사마리아 사람에 대한 2세기의 한 논평에 이러한 해석을 뒷받침할 어느 정도의

---

64   참조. 왕하 17:29. 거기서는 "사마리아 사람"이 신들을 위해 신전들을 만든 일과 관련된다.

65   John Bowman, "Samaritan Studies," *BJRL* 40 (1957-1958): 306-8. 추가로 Twelftree, *Exorcist*, 200을 보라. 사마리아의 예언자들은 귀신이 들렸다는 유대인의 믿음에 대해서는 Walter Bauer, *Das Johannesevangelium: Erklärt von Walter Bauer* (3rd ed.; HNT 6; Tübingen: Mohr Siebeck, 1933), 130-31을 보라.

66   Jannes Reiling, "The Use of ΨΕΥΔΟΠΡΟΦΗΤΗΣ in the Septuagint, Philo and Josephus," *NovT*

근거가 있다. 『이단에 대한 반박』(*Against Heresies*)에서 이레나이우스는 사도행전 8:9-24의 시몬을 사마리아 사람이자 모든 이단의 기원이 된 사람이라고 부른다(*Haer.* 1.23.1-2). 더 나아가 이레나이우스는 시몬에게 "지식이라고 잘못 불리는 것의 기원이 된 매우 불경한 교리"인 "시몬파"의 창시자 지위를 부여한다(*Haer.* 1.23.4). 이레나이우스가 대략 세 세대 뒤에 저술하기는 했지만, 그가 요한복음 전승이 발전해온 바로 그 지역에서 자랐다는 사실과 더불어(아래의 11.6 단락을 보라) 과거와 전승을 물려주는 일에 대한 그의 관심에 비추어보면, 그가 요한복음의 자료에서 "사마리아 사람"이라는 말이 거짓말을 퍼뜨리는 자를 가리키는 암호로 사용되었다는 믿을 만한 단서를 제공하고 있을 가능성이 있다.

그러나 예수가 사마리아 사람이라는 (또는 귀신이 들렸다는) 유대인의 비난과 관련된 역설은 이미 "우리가⋯하는 말이 옳지 아니하냐?"(οὐ καλῶς λέγομεν...?, 요 8:48)라는 유대인들의 믿기 어려운 질문을 통해 암시되었다. 유대인들이 거짓말쟁이를 아비로 둔 자들로 설정되어서(8:44) 독자들은 이미 유대인들의 말이 결코 옳을 리가 없음을 알게 되었기 때문이다. 이 맥락에 비추어보면, 우리가 유대인들과 사마리아인들이 묘사되어 온 대조적인 방식을 함께 고려할 때 그 역설이 신랄하게 드러난다.

유대인에 대한 묘사와 대조적으로,[67] 예수가 (예언자로서 존경을 받지 못했던 유대 땅에서부터; 요 4:44) 사마리아를 통과하여 지나갈 때 유대인이 아니라

---

13 (1971): 147-56을 보라.

67 이 문맥에서 바리새인 니고데모와 사마리아 여인에 대한 요한복음의 대조적인 묘사에 주목해야 한다. 예컨대 Winsome Munro, "The Pharisee and the Samaritan in John: Polar or Parallel?" *CBQ* 57 (1995): 710-28을 보라.

어느 사마리아 여인[68]의 효과적인 증언의 결과로(4:39, διὰ τὸν λόγον[69]) 사마리아인들로부터 "참으로 세상의 구주"(4:42, 참조. 39절)라는 환호를 받았기 때문이다. 여기서 ─ 요한복음에서 σωτηρία("구원", 4:22)와 σωτήρ("구주", 4:42)가 이곳에서만 사용되는 데서 암시되는 ─ 역설은 사마리아 사람들이 유대인에게서 나올 것으로 인식한 구원(4:22)이 유대인들에게는 거부되고 사마리아인들에게는 받아들여졌다는 점이다(4:44).[70] 사마리아 사람들이 예수를 유대인들처럼 **한 명의**, 또는 **그들의** 민족적 구원자로 인식한 것이 아니라 이 이야기의 절정에서 "세상의 구주"(4:42)로 인식한다는 점에서 사마리아인들의 환호에서도 추가적인 역설이 발견된다.[71] 사마리아 사람들은 또한 예수께 그들과 함께 머물러 달라고(μένω, "유하시기를")[72] 요청한다(4:40). Μένω는 요한복음에서 매우 자주 등장하는 중요한 단어로서[73] 관계의 친밀함과 항구성을 가리킨다는 점에서[74] 사마리아 사람들은 단순히 우발적인 친절을 베풀

---

68   그는 예수를 예언자로 인식했고(요 4:19; 참조. 4:29, 39) 예수가 그리스도라고 선포했다
      (4:29). Jeffrey A. Trumbower, *Born from Above: The Anthropology of the Gospel of John* (HUT 29;
      Tübingen: Mohr Siebeck, 1992), 79는 그를 요한복음의 "올바른 믿음의 전형" 중 하나로 부른
      다.
69   Λόγος는 예수의 말에 대해 사용되고(요 4:41), λαλιά는 그 여인이 한 말에 대해 사용되지만
      (4:42), Bultmann, *John*, 201이 주장하는 바와 같이 그 여인의 증언을 폄하할 의도는 없다. 처
      음에 여자가 많은 사마리아 사람들을 믿도록 인도하면서 한 말에 대해 λόγος가 사용되었기 때
      문이다(4:39). O'Day, *Fourth Gospel*, 88을 보라.
70   O'Day, *Fourth Gospel*, 89.
71   참조. P. Joseph Cahill, "Narrative Art in John IV," *RelSBul* 2 (1982): 43-44.
72   참조. Friedrich Hauck, "μένω…," *TDNT* 4:576.
73   신약성경에서 μένω는 118회 등장하는데 요한복음에서 40회(1:32, 33; 38, 39[2회]; 2:12;
      3:36; 4:40[2회]; 5:38; 6:27, 56; 7:9; 8:31, 35[2회]; 9:41; 10:40; 11:6, 54; 12:24, 34, 46;
      14:10, 17, 25; 15:4 [3회], 5, 6, 7[2회], 9, 10[2회], 16; 19:31; 21:22, 23), 마태복음에서 3회
      (10:11; 11:23; 26:38), 마가복음에서 2회(6:10; 14:34), 누가복음에서 7회(1:56; 8:27; 9:4;
      10:7; 19:5; 24:29[2회]) 등장한다.
74   Georgius Pecorara, "De verbo 'manere' apud Ioannem," *Div Thom* 40 (1937): 159-71, 특
      히 162-64를 보라; Brown, *John*, 1:510-12, 특히 511은 Pecorara의 견해를 따른다. Rudolf
      Schnackenburg, *The Johannine Epistles* (Tunbridge Wells, UK: Bums & Oates, 1992), 99-104도
      보라.

고 있는 것이 아니라 새롭게 발견한 그들의 구주에게 자기들과 친밀한 관계 속에서 살거나 거주해달라고 초대하고 있다.[75] 여기서 나타난 친밀함과 항 구성은 이것이 문학적인 사례에서 약혼 장소일 수 있는[76] 우물가에서 벌어 진 장면이라는 점에서 강조된다.

사마리아인들에 대한 이와 같은 높은 평가를 감안하면[77] 두 부분으로 이루어진 비난("당신은 사마리아 사람이고 귀신이 들렸다")에 대한 반박이 예수 가 사마리아인이라는 주장에 대한 부인이 아니라는 점은 놀랄 일이 아니다. 달리 말하자면 독자들이 보기에 예수에 대해 제기된 비난은 사마리아 사람 들에 대한 긍정적인 평가를 반영한 것이자 독자들 자신이 처한 곤경—거짓 말쟁이고 마귀를 아비로 두고 있다는 사실—에 대한 간략한 묘사로 밝혀 진다. 즉 독자들에게 귀신 들린 것으로 여겨질 사람은 예수가 아니라 유대인

75　예수가 "이틀" 동안 머물렀다고 명시된다는 점(요 4:40)은 수수께끼다. 예컨대 Francis Moloney, *The Gospel of John* (Collegeville; MN: Liturgical Press, 1998), 149를 보라. 그것은 단 지 짧은 기간을 가리키는 말일 수도 있다. 이와 다르게 해석하자면 그 기간의 끝에 "이틀"이 이번에는 예수가 갈릴리로 여행하는 예언자라는 점과 관련해서 다시 언급되므로(4:43) 요한복 음은 "이틀"이라는 말로 예수가 진정한 예언자라는 견해(4:39)를 강조하고자 했을 수도 있다. *Did.* 11.5에서 순회 예언자는 이틀만 머물 수 있고 3일 체류는 거짓 예언자라는 표지이기 때 문이다.

76　참조. 예컨대 Cahill, "Narrative Art," 45-47. 그는 Walter Arend, *Die typischen Scenen bei Homer*(Problemata: Forschungen zur klassischen Philologie 7; Berlin: Weidmann, 1933)를 인용 한다.

77　Bowman, "Samaritan Studies," 298-327, 특히 299, 310-11은 Hugo Odeberg, *The Fourth Gospel: Interpreted in Its Relation to Contemporaneous Religious Currents in Palestine and the Hellenistic-Oriental World* (Uppsala and Stockholm: Almquist & Wiksell, 1929), 171-90에 수 록된 사마리아인들의 개념이 제4복음서의 일부를 형성하는 데 영향을 끼쳤다는 제언을 받 아들였다. Wayne A. Meeks, *The Prophet-King: Moses Traditions and the Johannine Christology* (NovTSup 14; Leiden: Brill, 1967), 특히 318-19을 보라; Edwin D. Freed, "Did John Write His Gospel Partly to Win Samaritan Converts?" *NovT* 12 (1970): 241-56은 Meeks의 견해 를 따라서 요한복음의 목적 중 하나는 사마리아인들을 회심시키는 것이었다고 주장한다. 사 마리아 자료들은 기독교, 특히 요한복음을 차용했다는 John MacDonald, *The Theology of the Samaritans*(London: SCM, 1964)의 견해는 지지를 받지 못했다. Meeks, *Prophet-King*, 특히 256-57을 보라.

들이다.

요 10:20-21

"그중에 많은 사람이 말하되 '그가 귀신 들려 미쳤거늘 어찌하여 그 말을 듣느냐?' 하며 어떤 사람은 말하되 '이 말은 귀신 들린 자의 말이 아니라. 귀신이 맹인의 눈을 뜨게 할 수 있느냐?' 하더라." 여기서 귀신 들렸다는 비난 뒤 곧바로 예수는 미쳤고(μαίνεται, "그는 미쳤다") 믿을 수 없다는 비난이 이어진다.[78] 신약성경에 나오는 μαίνομαι("미치다")의 다른 모든 용례에서 이 단어는 불신받는 메시지를 묘사한다.[79] 예를 들어 사도행전 12:15에서 로데가 베드로가 문 앞에 서 있다는 소식을 전할 때 사람들이 그가 미쳤다(μαίνομαι)고 말하거나 그의 말을 믿지 않았다고 보도된다.[80] 따라서 요한복음 7:20에서처럼 귀신이 들렸다는 비난은 거짓말을 퍼뜨리는 것과 관련이 있으며 우리가 방금 논의한 구절에 비추어보면 이는 독자들에게 귀신이 들려서 그 말을 듣지 말아야 할 사람들은 바로 예수의 대적들이라는 정반대의 결론을 도출하라는 신호가 되었을 것이다.

요한복음에 나타난 귀신 들림의 범주를 살펴본 결과 우리는 극적인 언어상의 역설을 통해 예수가 귀신 들렸다는 비난은 예수가 아닌 예수의 대적들에 대한, 가려져 있지만 적절한 묘사임을 알 수 있다. 요한복음 저자는 그들 모두가 귀신이 들렸다고, 즉 마귀에게 속했고 거짓의 아비의 자식들이라고 비난하고 있다.[81] 결국 이는 독자들로 하여금 귀신 들림—오류에 빠짐—

---

78 다음 문헌들을 보라. Twelftree, *Exorcist*, 199; Brown, *John*, 1:387; Lindars, *John*, 365; Barrett, *St John*, 378.

79 행 12:15; 26:24, 25; 고전 14:23을 보라.

80 추가로 Twelftree, *Exorcist*, 199-200을 보라.

81 악한 영들이 개인에게 미치는 영향에 대한 이러한 이해는 사해 문서에서 발견되는 관점과 일치한다. 1QS 3.13-26에 나오는 두 영에 대한 글을 보라. 거기서 악한 영들은 "한 개인을 하

에 어떻게 맞서 싸워야 하는지를 깨닫게 해준다. 즉 진리(ἀλήθεια)로 충만하다는 것은 예수에 대한 묘사이며(요 1:14; 참조. 14:6) 아버지에게서 온 진리(15:26)는 예수를 통해 세상에 들어왔다(1:17). 또 8:48-52에서 귀신이 들렸다는 비난을 중심으로 한 논의—흔히 진리와 거짓(8:40, 44, 45, 46)이라는 문제에 대해 다룬다—는 "진리를 알지니 진리가 너희를 자유롭게 하리라"(8:32)는 예수의 말에 기원을 두고 있다.[82] 따라서 우리는 요한복음의 관점에서 볼 때 **귀신 들림에 대해서는 진리, 즉 예수를 아는 것을 통해 싸운다**는 것을 알 수 있다.[83]

요한복음에 귀신 들림 개념과 그 해결책이 이처럼 곳곳에 가득 차 있다는 점을 고려하면 우리는 요한복음에 축귀 이야기가 없다는 사실에 놀랄 필요가 없다. 축귀 이야기를 수록했더라면 사탄이 소수가 아니라 다수에 대해 갖고 있는 것으로 묘사되는, 깊고 모든 것을 아우르는 영향력과 모순될 것이다. 따라서 귀신 들림은 치료자의 손으로 맞서 싸우는 것이 아니라 예수(요 1:12)와 그의 진리를 받아들이고 하나님을 자신의 아버지로 공경하는 것으로 맞서 싸우는 것이다(참조. 8:49). 오류와 귀신의 영향에 대한 해결책은 구원—예수와 그가 가져오는 진리를 알고 그 안에 머무는 것—이지, 소수에게만 제한된 치유의 만남이 아니다.[84]

나님과 하나님의 법에서 떼어놓으려는 노력의 일환으로 그의 윤리적 행위에 영향을 끼친다."
Archie T. Wright, *The Origin of Evil Spirits: The Reception of Genesis 6.1-4 in Early Jewish Literature* (WUNT 2.198; Tübingen: Mohr Siebeck, 2005), 179.

82 Bernard C. Lategan, "The Truth That Sets Man Free: John 8:31-36," *Neot* 2 (1968): 70-80.

83 진리가 악한 영들의 기만과 맞서 싸운다는 비슷한 관점은 1QS 3.13-26을 보라. 요한복음에서 "생명을 얻게 하는 진정한 믿음"의 중요성에 대해서는 요 20:31과 Lincoln, *John*, 88을 주목하라.

84 이처럼 진리 또는 구원을 받아들이는 일이 발생하고 있는지에 대한 판단 기준이 요 10:21에 내재되어 있는지도 모른다. "귀신이 맹인의 눈을 뜨게 할 수 있느냐?"고 묻는 일부 유대인들의 질문에는 시각장애인의 눈을 뜨게 할 수 있는 사람은 귀신이 들리지 않은 것이라는 가정이 전제되어 있다. 아마도 우리는 여기서 요한복음 저자의 관점에서 볼 때 그리스도인들이 예수와

9.10 요한계시록과 요한 서신

요한계시록은 사탄 또는 마귀에 대해 상당한 관심을 보여주며 이 책에서 마귀는 정경의 다른 어떤 책에서보다 더 자주 언급된다. 마귀는 천사라고도 불리는데(계 9:11)─그의 추종자들도 마찬가지다(12:7, 9)─그는 권력자들(2:9, 13), 황제 숭배(2:13), 부도덕, 우상숭배(2:22-24), 일부 유대인들(3:9)을 부추김으로써 교회를 공격할 뿐만 아니라(12:13-17) 무서운 권력을 행사하면서 예수 안에 있는 하나님의 구속 계획을 뒤엎으려 한다(12:1-3). 따라서 요한복음 8:44에서는 요한계시록 2:9 및 3:9에서와 같이 사탄의 영향력이 축귀를 필요로 할 수도 있는 소수의 사람에게 미치는 것이 아니라 예수 안에 있는 진리를 받아들이지 않고 속아 넘어가(참조. 계 9:20; 12:9) 그리스도인들과 대적하는 모든 이들에게 미친다. 실제로 표적이나 기적을 행하는 것은 한 짐승 또는 거짓 예언자(13:13-14)와 귀신의 영들(16:14)이 하는 일 및 기만(19:20)과 관련된다. 사탄의 패배가 개인 차원에서 벌어지는 일이 아니라는 점도 요한복음을 통해 친숙해졌다. 사탄이 땅으로 내던져지는데(12:7-12; 참조. 요 12:31), 이는 아마도 십자가의 승리를 시사할 것이다. 사탄의 군대가 불에 소멸되듯이 사탄도 마침내 결박되어 불못에 던져져(참조. 왕하 1:10) 영원히 고통당하므로(계 20:1-3, 7-10) 독자들은 악한 영적 세력이 부추기는 자신들에 대한 다양한 공격은 결국 좌절될 것임을 알고 격려를 받을 수 있다. 따라서 사탄과의 전투는 우주적이지만(12:12; 참조. 20:2, 7-8) 지상에서 순교자들의 신실함을 통해 표현된다(12:11).

마찬가지로 악한 영이나 거짓된 영들에 관심을 두는 요한 서신(참조. 요

그의 진리를 받아들이고 하나님을 아버지로 공경하기 위한 판단 기준은 예수의 기적을 행하는 능력이었다고 추론할 수 있을 것이다.

일 3:24; 4:1-6)에서 적그리스도의 영의 활동은 질병과 관련이 있다기보다 예수와 연관된 올바른 믿음과 관련이 있다(4:2-3). 여기서도 이러한 영에 대한 정복은 축귀를 통해서가 아니라 하나님을 알고(2:14) 세상이 아닌 하나님을 사랑할 뿐만 아니라 하나님의 말씀을 성도들 안에 살아 있게 함으로써 이루어진다(2:14-16).

9.11 결론

이 장에서 우리는 요한복음에서는 예수의 사역 전체가 사탄과의 전투라는 특징을 지닌다는 점을 살펴보았다. 그러나 그 전투는 철저하게 재해석된다. 요한복음에서 전투가 벌어질 때 예수는 사탄을 실성했거나 미친 소수의 사람 안에 있는 귀신의 형태로 대면하지 않는다. 그 대신 예수는 거짓의 아비의 부추김을 받아(요 8:44) 예수의 가르침에서 계시된 진리와 예수의 기적에서 계시된 그의 영광을 보기를 거부하는 모든 이들의 불신에 직면한다. 그들은 예수를 영접하는 순간 진리를 알고 거짓의 아비에게서 해방된다(참조. 8:31-32, 44). 사탄과 싸우고 사탄을 물리치는 법에 대한 이와 같은 재해석으로 미루어볼 때 마가복음과 친숙한 독자들이 요한복음이나 다른 어떤 요한 문헌이 축귀를 격려하는 것으로 볼 가능성은 별로 없다. 사실 예수의 사역에 대한 요한의 관점과 그에 수반되는 세계관도 그리스도인들 가운데서 축귀의 부재와 관련해서 다른 기독교 문헌의 관점을 이해하는 데 도움이 될 것이다. 그 주제는 이 연구의 제3부에서 탐구할 것이다.

9.12 다음 단계

지금까지 우리는 초기 그리스도인들 사이에서 축귀의 위상과 관행에 대한 우리의 질문에 대답하는 데 크게 이바지할 수 있는 신약 문헌들을 살펴보았다. 우리는 제2부의 각 장에 대한 결론을 이미 제시했으므로 여기서 그것들을 되풀이하지는 않을 것이다. 그 대신 우리는 2세기 자료들을 조사함으로써 우리가 살펴본 신약성경 문헌들을 더욱 정확하고 명확하게 되돌아볼 수 있게 해 줄 후대 문헌이라는 렌즈의 초점을 가다듬을 것이다.

3부

—

2세기

계속되는 논쟁에 비추어볼 때 신약성경에 대한 이 연구를 견인하는 주된 질문은, '초기 그리스도인들 사이에서 특히 교회의 성장과 관련해서 축귀가 어떤 위치를 차지했는가?'라는 것이다. 둘째, 축귀가 어떤 위치를 차지했다면 우리는 축귀의 중요성과 그것의 실행 방식을 발견하는 데 관심이 있다. 우리가 지금까지 살펴본 내용으로 미루어볼 때 신약성경 문헌들은 초기 그리스도인들 사이에 축귀에 대한 다양한 관점이 있었음을 증언한다. 심지어 비록 정도야 달랐지만 축귀가 초기 기독교에서 하나의 중요한 요소였다는 관점을 공유했던 공관복음의 저자들 사이에도 다양한 견해가 있다. 마태는 초기 그리스도인들 사이에서의 축귀에 대해 가장 관심이 적었던 반면 마가는 축귀가 예수의 부활 이후 기독교 사역의 가장 중요한 측면이라는 견해를 갖고 있었을 가능성이 크다. 우리가 가진 증거가 어느 정도 정황 증거이기는 하지만 야고보서의 경우 축귀가 초기 기독교의 일부였을 가능성이 크며, 그 실행은 공관복음서에서 발견되는 것과는 매우 달랐을 것이다. 그러나 다른 한편으로 요한의 신학에서는 축귀가 차지하는 위치가 없는데, 이는 귀신의 영향 또는 귀신 들림이라는 범주가 없었기 때문이 아니라 귀신의 영향이 축귀라는 능력 대결에 의해서가 아닌 진리에 의해 극복되었기 때문이다. 우리는 바울이 아마도 중간 입장을 대표할 것이라고 추론했다. 즉 축귀는 단순히 그리스도인들이 그들의 복음 전도에 수반될 것으로 기대할 수 있는 치유의 한 형태였다.

이러한 발견사항들은 '초기 그리스도인들 사이에서 축귀의 역할과 실행을 밝히는 데 있어 축귀자로서의 예수에 대한 기억이 어떤 역할을 하는 것으로 인식되었는가?'라는 추가 질문을 제기한다. 우리는 4부의 결론에서 이 문제로 다시 돌아올 것이다. 어쨌든 신약성경을 검토해본 결과 예수가 축귀자였다는 매우 강력한 전승에도 불구하고 축귀에 대한 관심은 다양했을 뿐만 아니라, 귀신의 영향을 다른 수단으로 물리치기를 기대했기 때문에 축귀에 관심이 없고 축귀를 실행하지 않은 그리스도인들과 교회들도 있었던 것으로 보인다.

신약성경 텍스트들에서 특히 그 텍스트들 사이에서 불균등하게 표현된 주제에 대해 그 저자들이 의도한 것보다 더 많은 것을 억지로 쥐어짜 내지 않기 위해서뿐만 아니라, 이러한 잠정적 결론을 검증하고 이처럼 다양한 관심과 접근법들을 설명하는 데 도움을 주기 위해 나는 앞에서 후대 문헌이라는 렌즈를 통해 정경 밖으로부터 되돌아보자고 제언했다. 또 나는 이미 기원후 200년을 이 자료의 종착점으로 설정했다(위의 1.3 단락을 보라). 너무 많은 자료가 상실되기는 했지만 그래도 방대한 자료가 남아 있으므로 우리는 이를 두 장에 걸쳐 살펴볼 것이다. 이 두 장에서 우리는 "정통"으로 인정되었고 보편적 교회의 정경의 궤적에 충실한 것으로 여겨지는 문헌만을 고려할 것이다. 이런 이유에서 우리는 이른바 사도 교부들과 그리스 변증가들의 주류 문헌 외에 다른 것은 모두 제쳐둘 것이다. 그럼에도 불구하고 앞서 살펴본 바와 같이 "마술적 축귀"라고 부를 수 있는 것이 기독교 축귀의 배경에서 중요한 위치를 차지한 점을 고려하면(위의 2.1 단락을 보라), 우리가 초기 그리스도인들 사이에서의 축귀를 이해하고자 할 때 마술적 축귀에 대한 논평을 포함시키는 것이 적절하다(아래의 11.11 단락을 보라). 따라서 우리가 활용할 수 있는 엄청나게 풍부한 문헌 중에서 우리는 축귀를 언급하거나 그와 똑같이 중요한, 축귀를 언급할 것으로 예상할 수 있는 문헌들만 살펴볼 것이다. 이 목록에는 마가복음의 더 긴 결말도 추가해야 한다. 이 부분은 원래 마가복음의 일부는 아니지만 우리의 관심사가 된 시대에 기록되었고 정경에서 주류 기독교 안으로 받아들여졌기 때문이다. 또 내가 뒤에 논증하는 바와 같이 더 긴 이 결말은 지리적으로나 연대기적으로 축귀에 대한 관심의 부흥을 나타내며 초기 그리스도인들의 축귀에서 발견할 수 있는 다양한 관심을 설명하는 데 도움이 되므로 중요하다.

더 나아가 우리의 관심 대상인 시기에 기독교는 사회에 큰 영향을 끼쳐서 외부인들의 문헌에서 상당한 비판적 관심을 받았다. 3부의 세 번째 장(12장)에서 우리는 이 자료를 이용하여 외부인들이 알았던 초기 그리스도인들 사이의 축귀의 위상에 대한 통찰을 얻고자 이 외부인들의 문헌을 살펴볼 것이다. 우선 우리는 알려진 최초의 기독교 비판자들, 예를 들어 타키투스나 수에토니우스 등이 지나가면서 가볍게 언급한 몇몇 논평들을 간략하게 살펴볼 것이다. 이어서 우리는 2세기에 기독교를 비판한 세 명의 중요한 인물인 켈수스, 사모사타의 루키아노스 그리고 갈레노스에 대해 간략히 살펴볼 것이다. 이를 통해 우리는 3부의 처음 두 장(10-11장)에서 논의되는 초기 기독교 문헌이라는 렌즈의 초점을 더 가다듬은 다음 그 렌즈를 사용하여 신약성경 문헌들을 더 분명하게 돌아볼 수 있을 것이다.

10

교부들, 변증가들 및 2세기 초반의 문헌들

이 장과 다음 장의 목표는 2세기 말까지의 초기 주류 기독교 저술가들을 살펴보고 그들이 축귀에 대해 어떤 관심을 가졌을지, 축귀가 어떻게 실행되었을지 설명하는 것이다. 이 자료는 그 자체로도 가치가 있겠지만 우리에게 있어 이 자료는 다른 방법으로는 즉각적으로 분명하게 인식되지 않는, 신약성경에 나오는 축귀의 몇몇 측면들을 발견할 수 있게 해 줄 렌즈를 제공해 줄 것이다. 예를 들어 신약성경에서 인상적인 기적들이 그 입증 능력을 상실하고 있었거나 믿음을 불러일으키는 데 더 이상 필요하지 않아서 기적에 호소하기를 그만두었다면 우리는 이 문헌들의 도움을 받아 그 사실을 알게 될 것이다. 이 자료는 또한 우리에게 예수 전승이 최소한 축귀와 관련해서 이 시기에 어떻게 보이고 다루어졌는지 알려줄 수도 있을 것이다. 더 나아가 신약성경 저자들의 축귀에 대한 관심이 신학적, 사회적, 문화적, 지리적 요인들의 영향을 받았다면 우리가 그 사실을 아는 데도 이 문헌들이 도움을 줄 수 있을 것이다. 그러므로 우리는 증거가 허락하는 대로 저작 시기와 기원뿐만 아니라 우리의 주제에 대한 다양한 관심을 설명하는 데 중요할 수 있는 이러한 요인들에도 주목할 것이다. 이 장에서 우리는 저작 시기를 결정할 수 있는 범위 내에서 거의 연대기적 순서대로 로마의 클레멘스, 「헤르마스의 목자」(Shepherd of Hermas), 「디다케」(Didache), 콰드라투스, 아테네의 아리스티데스, 「베드로의 설교」(*Preaching of Peter*), 「바나바 서신」(*Letter of Barnabas*), 안디옥의 이그나티오스 등을 다룰 것이다. 다음 장에서 우리는 마가복음의 더 긴 결말, 「디오그네투스에게 보내는 편지」(*Letter to Diognetus*), 순교자 유스티누스, 타티아노스, 아테네의 아테나고라스, 리옹의 이레나이우스, 안디옥의 테오필로스, 몬타누스주의, 알렉산드리아의 클레멘스, 『사도전승』(*Apostolic Tradition*)을 살펴볼 것이다. 우리는 기독교의 마술적 축귀 및 그것과 우리의 목적 간의 관련성에 대한 몇 가지 논평으로 그 장을 마무리할 것이다.

10.1 로마의 클레멘스

로마의 클레멘스[1]가 90년대 중기[2]에 보낸 이 편지는 고린도 교회 지도자들에 대한 성도들의 거부로 인해 쓰였다(*1 Clem.*, 서문). 그럼에도 불구하고 우리는 이 편지가 여전히 "로마의 그리스도인 회중의 관심사와 확신"을 반영한다고 가정할 수 있다.[3] 노예 제도에 대해 빈번하게 긍정적이거나 중립적으

---

1   아마도 달리는 알려지지 않았을 이 저자(참조. *Herm.* 8.3)에 대한 논의는 Bart D. Ehrman, *The Apostolic Fathers* (2 vols,; LCL; Cambridge, MA, and London: Harvard University Press, 2003), 1:21-23을 보라.

2   David G. Horrell, *The Social Ethos of the Corinthian Correspondence: Interests and Ideology from 1 Corinthians to 1 Clement* (Studies in the New Testament and Its World; Edinburgh: T&T Clark, 1996), 239-41을 보라. 예컨대 다음 저자들을 열거하는 239쪽의 각주 7도 포함해서 보라. J. B. Lightfoot, K. Lake, O. Knoch, L. W. Barnard, R Mikat, A. Jaubert, J. Fuellenbach, M. W. Holmes, J. S. Jeffers, A. Lindemann. Ehrman, *Fathers*, 1:23-25에 수록된 간단한 논의를 참조하라. 이보다 이른 시기에 저술되었다고 주장하는, 다소 설득력이 떨어지는 주장은 Thomas J. Herron, "The Most Probable Date of the First Epistle of Clement to the Corinthians," *StPatr* 21 (1989): 106-21과 이에 대한 Ehrman, *Fathers*, 1:25의 논평을 보라.

3   James S. Jeffers, *Conflict at Rome: Social Order and Hierarchy in Early Christianity* (Minneapolis: Fortress, 1991), 90.

로 언급하고 하나님을 주인으로 인식하는[4] 점은 클레멘스가 속한 기독교 공동체가 타키투스가 "초라한 가난뱅이들"(Hist. 1.4)이라고 부르는 사람들의 공동체가 아니라 자유를 얻은 사람들과 로마의 유력한 가문에 속한 노예들의 공동체였음을 암시한다.[5]

클레멘스는 고린도 교인들에게 편지하면서 야집에 찬 반항과 불화를 책망하고 질투, 시기, 자만심을 복종, 평화, 조화로 대체할 것을 요구했다.[6] 그러한 의제로 미루어볼 때 「클레멘스 1서」(1 Clement)에서 축귀를 언급하지 않는 것은 놀랄 일이 아니다. 그러나 저자가 하는 말로 미루어볼 때 클레멘스가 그 주제에 아무런 관심이 없다고 생각할 만한 타당한 이유가 있다. 첫째, 바울의 전도를 묘사할 때 바울이 가르쳤다(διδάσκω, 1 Clem. 5.7)고 언급된다. 복음의 확산과 관련해서 기적이나 축귀에 대한 언급은 없다. 둘째, 「클레멘스 1서」 49.6에서 클레멘스는 우리를 자신에게 인도한 주의 사랑은 그의 피였다고 말한다. 치유나 축귀로 표현되었을 수도 있는 사랑에 대한 언급은 없다. 셋째, 사역은 예수가 명령한 대로 수행되어야 한다는 자신의 견해(40.1)를 뒷받침하면서 클레멘스는 부활 이후에 그리스도가 사도들을 보내서 "성령의 확신으로 하나님 나라가 곧 임할 것(μέλλειν ἔρχεσθαι)이라는 좋은 소식(εὐαγγελιζόμενοι)을 선포하게 했다"고 말한다(42.3).

사도들이 병을 고치거나 축귀를 시행했다는 언급은 없다. 그들은 앞에

---

4 「클레멘스 1서」는 δεσπότης를 신약성경의 어떤 책이나 초기 교회 저술가보다도 많이 사용한다.

5 Jeffers, Conflict, 100-104.

6 예를 들어 1 Clem. 1.1; 44.3-6; 47.6; 63.4. Horrell, Social Ethos, 250-58의 논의를 보라. Christian Eggenberger는 Die Quellen der politischen Ethik des 1. Klemensbriefes(Zürich: Zwingli, 1951), 189-93에서 1 Clem.이 진술한 사례는 일종의 허구라는 그의 견해를 뒷받침할 근거를 거의 발견하지 못했다. Karlmann Beyschlag, Clemens Romanus und der Frühkatholismus: Untersuchungen zu 1 Clemens 1-7 (BHT 35; Tübingen: Mohr Siebeck; 1966), 17-19를 보라.

서 묘사된 바울처럼(*1 Clem.* 5.5-7) 기적에 호소하지 않는 설교자들이다.[7] 사실 하나님 나라에 대한 이러한 관심을 감안할 때 축귀가 전도에 포함되었다면 우리는 하나님 나라가 도래했거나(ἤγγικεν, 마 10:7; 막 1:15) 듣는 자에게 도래한 것으로(ἔφθασεν ἐφ᾽ ὑμᾶ, 마 12:28 ‖ 눅 11:20) 묘사되었으리라고 예상할 수 있다. 그러나 이 전도에서 클레멘스는 사도들의 설교 외에는 사도들이 감독(bishop)과 집사를 임명할 목적으로 회심한 이들을 검증하는 데만 관심이 있다(*1 Clem.* 42.5).

뒤에 독자들에게 자신이 기도하는 내용을 확신시키는 과정에서 클레멘스는 하나님께 직접 이렇게 기도한다. "고통 중에 있는 우리를 구원하시고 겸손한 자들에게 자비를 보이시고 넘어진 자들을 일으켜주시고 궁핍한 자들에게 주님 자신을 보여주시고 병든 자들(τοὺς ἀσθενεῖς ἴασαι)을 치유하시고 주님의 백성 가운데 옳은 길에서 벗어난 자들을 바로잡아 주소서. 굶주린 자들을 먹여주시고 죄수들을 석방해주시고 약한 자들을 일으켜 세워주시고 낙심한 이들을 격려해주소서"(59.4). 여기에 치유가 교회의 삶의 일부였다는 증거가 있다. 그러나 축귀에 대해 언급할 것으로 예상할 만한 곳에서 그런 언급이 발견되지 않는다. 물론 축귀가 환자 치유의 일부로 이해되었을 수도 있다. 그러나 축귀가 언급되지 않은 이유는 클레멘스의 구원관에 의하면 그것이 필요 없기 때문일 가능성이 더 크다. 그는 아브라함을 모델 삼아 구원을 영적인 원수에게서 구출된다는 관점이 아니라 "하나님의 말씀에"(τοῖς ῥήμασιν τοῦ θεοῦ, 10.1) 순종하는 관점에서 본다.

축귀에 대한 관심의 결여에 비추어 「클레멘스 1서」 저자가 공관복음 전

---

7   εὐαγγελίζομαι의 용법에 대해서는 다음 문헌들을 보라. Gerhard Friedrich, "εὐαγγελίζομαι...," *TDNT* 2:718; Lampe 261; BDAG 402. 특히 다음 문헌들을 보라. *1 Clem.* 42.1-3; *Barn.* 8.3; 14.9; Polycarp, *Phil.* 6.3. 클레멘스의 관심사와 그보다 40년 전의 바울의 관심사 사이의 차이에 관해서는 Bruce Chilton and Jacob Neusner, *Types of Authority in Formative Christianity and Judaism* (London and New York: Routledge, 1999), 105를 보라.

승을 알고 있었는지에 대한 의문이 제기된다. 이 서신이 공관복음 전승을 여러 번 넌지시 언급하고[8] 아마도 이를 두 번 인용하는 것으로 보아[9] 그가 현재 마태복음이나 마가복음에서 발견되는 전승을 알았을 가능성이 있다.[10] 요한복음에 대한 암시—(모두 언어적으로 일치되지 않는다)[11]—는 아마도 클레멘스가 요한복음을 알지 못했음을 의미할 것이다.[12] 그 대신 요한 문헌의 일부가 된 개념들과 표현들은 클레멘스의 신학에 영향을 끼쳤다.[13] 따라서 우리는 클레멘스가 정경의 일부가 된 전승은 알고 있었지만 축귀에 대한 강조를 포함하여 전해 내려온 이런 전승들이 기독교에 결정적으로 중요한 요소라고 생각하지는 않았다고 추정할 수 있다. 특히 클레멘스는 공관복음 전승에서 발견되는 전도와 축귀 사이의 관련성을 완전히 무시했다. 대신 그는 전도를 설교와 가르침으로 보는 기독교를 반영한다. 환자 치유를 격려하기는 하지만 그것이 전도의 맥락에서 일어나지는 않는다.

---

8   *1 Clem.* 7.4; 16.17; 23.4; 24.5; 30.3; 48.4 (참조. 공관복음서에서도 발견되는 구약성경의 인용이나 암시: 4.10; 7.7; 15.2; 16.15-16; 18.10; 36.5; 50.4; 52.3); 그리고 Donald A. Hagner, *The Use of the Old and New Testaments in Clement of Rome* (NovTSup 34; Leiden: Brill, 1973), 164-71의 논의도 보라.

9   *1 Clem.* 13.2(참조. 마 5:7; 6:14-15; 7:1-2; 12; 막 4:24; 11:25; 눅 6:31, 35-38)와 *1 Clem.* 46.8(참조. 마 18:6; 26:24; 막 9:42; 14:21; 눅 17:2; 22:22)을 보라. 이에 관해 Hagner, *Use of the Old*, 135-64를 보라.

10   Hagner, *Use of the Old*, 164, 171, 178도 같은 입장이다. Arthur J. Bellinzoni, "The Gospel of Matthew in the Second Century," *SecCent* 9 (1992): 201-4도 보라.

11   예컨대 다음 구절들을 보라. *1 Clem.* 42.1(요 17:18; 20:21); *1 Clem.* 43.6(요 17:3; 참조. 12:28); *1 Clem.* 49.1(요 14:15,21,23; 15:10); *1 Clem.* 49.6(요 6:51); *1 Clem.* 54.2와 57.2(요 10:2-16, 26-28; 21:16-17); *1 Clem.* 59.3-4(요 17:3); *1 Clem.* 60.2(요 17:17). 이에 대해 Hagner, *Use of the Old*, 263-68을 보라.

12   Hagner는 "이 증거는 요한복음에 대한 의존…의 가능성만을 암시한다"고 결론짓는다(*Use of the Old*, 268).

13   참조. Robert M. Grant, *An Introduction* (vol.1 of *The Apostolic Fathers: A New Translation and Commentary*; ed. Robert M. Grant; New York: Nelson, 1964), 43.

10.2 헤르마스의 목자

이 문서는 초기 교회에 널리 알려졌고 대체로 높은 평가를 받았다.[14] 이 문서는 헤르마스가 본 일련의 환상을 제시하여 예컨대 세례받은 뒤에 지은 죄에 대한 용서의 가능성, 부유한 그리스도인들의 생활 방식 및 그들과 교회의 더 가난한 지체들의 관계 등을 다룬다. 상당히 많은 학자가 이 책의 저자가 여러 명이라고 주장해왔지만 로마에서 성장하여 노예 신분에서 해방된 뒤 그리스도인이 된 헤르마스라는 사람이—아마도 몇 단계에 걸쳐서 썼겠지만[15]—이 글을 썼다는 주장에 일리가 있다.[16] 「헤르마스의 목자」는 1세기와 2세기의 전환기 무렵 어느 시점에 로마에서 유래하였다(*Herm.* 1.1-2; 22.2)[17]는 데 일반적으로 견해가 일치한다.[18] 헤르마스 자신은 가난하지 않았지만(1.8), 그의 메시지에 공감했을 이들은 도시 사회의 하위 계층 출신이었고 자유민이었지만 가난에 시달렸다.[19]

「헤르마스의 목자」에서는 악한 영들, 귀신들, 또는 마귀의 활동이 자주 언급된다. 예를 들어 그들은 파벌 싸움, 의심, 악행에 관여하며 특히 사람들

---

14   Carolyn Osiek, *Shepherd of Hermas: A Commentary* (Hermeneia; Minneapolis: Fortress; 1999), 4-7에 수록된 논의를 보라.

15   Norbert Brox, *Der Hirt des Hermas* (Kommentar zu den Apostolischen Vätern 7; Göttingen: Vandenhoeck & Ruprecht, 1991), 26-28.

16   William J. Wilson, "The Career of the Prophet Hermas," *HTR* 20 (1927): 21-62.

17   「헤르마스의 목자」는 팔레스타인의 금욕적인 분위기에서 그 기원을 찾아야 한다는 Erik Peterson, "Kritische Analyse der fünften Vision des Hermes," in *Frühkirche, Judentum und Gnosis: Studien und Untersuchungen* (Freiburg: Herder, 1959), 271-84의 견해는 학자들의 지지를 받지 못했다.

18   다음 문헌들의 논의를 보라. J. Christian Wilson, *Toward a Reassessment of the Shepherd of Hermas: Its Date and Its Pneumatology* (Lewiston, NY: Edwin Mellen, 1993), 9-61; Osiek, *Shepherd*, 18-20; Charles E. Hill, *The Johannine Corpus in the Early Church* (Oxford: Oxford University Press, 2004), 474-80.

19   Jeffers, *Conflict*, 116-20을 보라.

이 화내고 교만해지는 것에 관여한다.[20] 33.1-3에는 한 사람 안에서의 거주 공간을 두고 벌이는 악한 영들과 성령 사이의 경쟁에 대한 논의가 나온다 (참조. *Herm.* 34.7). 헤르마스는 성령이 내보내지면 "그 사람은 올바른 영이 비게 되고 결국 악령들로 가득 차게 되어, 그가 하는 모든 일에 마음이 흔들리고 악령들에게 이리저리 끌려다니며 건전한 이해력에 완전히 눈멀게 된다"고 말한다(34:7). 나중에 마귀의(τοῦ δαιμονίου) 일의 최종 결과는 죽음이라고 언급된다(100.5).

악한 영들이 어떻게 사람들을 통제하는 것으로 이해되는지와 관계없이 축귀는 결코 그것에 대한 대응책으로 여겨지지 않는다. 오히려 마귀를 이기는 능력과 마귀로부터의 정결함을 가져다주는 것은 바로 회개와 주님께 대한 믿음, 그리고 인내로 옷 입고 급한 성질, 신랄함과 맞서 싸우는 것—자신에게 적용한 도덕적 또는 지적 축귀라고 부를 수 있는 것—이다 (*Herm.* 100.5; 참조. 34.1-8).[21] 주님과 달리 마귀는 능력이 있거나 두려워해야 할 존재로 여겨지지 않기 때문이다(37.2; 39:10). 능력이 있고 두려워할 대상이며 마귀를 이길 능력을 가져다주는 존재는 하나님이다(37.2; 참조. 33.1). 여호와를 경외함(37.3-4)과 악을 멀리하고 인내하며 분별 있게 처신하겠다는 결심(33.1, 6)을 통해 마귀의 일로부터의 지속적인 자유가 유지된다. 마귀에게서 해방되는 방법은 개인적인 지적 결단과 주께 대한 경외와 관련이 있으므로 우리는 헤르마스가 비그리스도인을 상대할 때조차 축귀를 필요로 하지 않을 것이라고 가정할 수 있다. 대신 우리는 헤르마스가 행위와 인식에 바탕을 둔 회개와 믿음을 행사하라고 요구할 것이라고 예상할 수 있

---

20 *Herm.* 33.3; 39.10-11; 99.3. 참조 번호는 Molly Whittaker, *Die Apostolischen Väter*, vol. 1, *Der Hirt des Hermas* (GCS; 1956; 2nd ed., Berlin: Akademie-Verlag, 1967)에 의해 도입되고 TLG 에서 사용된 연속적 번호 부여체계를 따른 것이다. Jeffers, *Conflict*, viii의 논의를 보라.

21 참조. Osiek, *Shepherd*, 248.

다. 30.1-2에서 개종은 이해 및 "큰 이해"($\sigma\acute{\upsilon}\nu\epsilon\sigma\acute{\iota}\varsigma\ \acute{\epsilon}\sigma\tau\iota\nu\ \mu\epsilon\gamma\acute{\alpha}\lambda\eta$; 참조. 100.5)와 동일시되기 때문이다.

귀신의 영향을 진압하는 데 대한, 자신에게 적용된 이러한 도덕적 접근법에 비추어 두 가지 문제가 발생한다. 첫째, 「헤르마스의 목자」가 공관복음 전승을 알고 있었고 그 전승에 대해 반대하는 반응을 보였는가?'라는 질문이 제기된다. 그러나 인용이 전혀 없고[22] 기껏해야 공관복음에 대한 암시만 있는[23] 책이ㅡ비록 저자가 모종의 형태로 공관복음 전승을 알고 있는 것처럼 보일지라도ㅡ그 전승을 바로잡으려 할 것 같지는 않다. 둘째, 다른 한편으로 요한복음과 「헤르마스의 목자」 사이의 직접적인 관련성을 고려해 보는 것은 구미가 당기는 일이다.[24] 계명을 지켜서 생명을 찾고 하나님께 대해 살기(*Herm.* 30.4; 참조. 요 8:51; 15:10), 영적인 안전을 위해 진리를 알고 진리 안에 머물기(*Herm.* 14.2; 참조. 요 8:31-32)와 특히 자발적인 회개와 바른 행동의 결심(*Herm.* 33.1-7; 100.5; 요 8:48-52)은 두 문헌 모두 공유하고 있는 개념의 예이기 때문이다.[25] 그리고 아홉 번째 비유(특히 89-93)에는 요한복음 1:2-3, 10:7, 14:6에 대한 암시가 집중적으로 나온다. 그러나 정확한 인용은 없다. 따라서 헤르마스가 요한복음에서 빌려 왔을 가능성보다는 두 문헌이 공통 개념이 들어 있는 자료를 공유했을 가능성이 더 크다.[26] 특히 아마

---

22 Osiek, *Shepherd*, 26.

23 Robert Joly, *Le pasteur: Hermas* (2nd ed., 1968; SC 53; repr., Paris: Cerf, 1997), 414-15의 논의를 보라.

24 이 두 문헌 사이에 어떤 관계가 있는지는 부분적으로 「헤르마스의 목자」의 저작 시기에 의존한다. Hill, *Johannine Corpus*, 374-80의 논의를 보라. 1세기의 마지막 20년 사이에 저술되었다는 이른 시기 저작설에 대해서는 Wilson, *Toward a Reassessment of the Shepherd of Hermas*, 2장을 보라.

25 더 자세한 내용은 Hill, *Johannine Corpus*, 376-80을 보라.

26 Hill은 이 증거가 "별로 인상적이지 않을 수도 있다"는 점을 인정하지만 이렇게 결론짓는다. "저자는 최소한 아홉 번째 비유를 썼을 무렵에는 요한복음을 알았던…것으로 보인다"(*Johannine Corpus*, 378, 380).

도 동일한 이원론적인 개념들에 대한 접근이 「헤르마스의 목자」의 사상의 이 측면을 형성하는 데 결정적인 영향을 주었을 것이다. 헤르마스의 경우에 이 점은 (쿰란 공동체에게도 친숙한) "두 영"(참조. 1QS 3.13-4.26), "두 길" 또는 "두 성향" 등으로 다양하게 확인되는 널리 알려진 전승에서 도출된다.[27]

우리의 연구 목적과 관련해서 중요한 것은 「헤르마스의 목자」가 공관 복음 전승에서처럼 기독교 초기에 축귀에 의존하지 않고 귀신의 영향을 다루는 방법이 존재했다는 증거라는 점이다. 다른 한편으로 「헤르마스의 목자」는 요한복음에 직접 의존하지는 않지만 거기서 발견되는 접근법과 비슷하면서도, 자신에게 적용한 도덕적 또는 지적인 축귀가 요한 문헌에서 입증되는 것보다 더 널리 퍼졌음을 보여주는 접근법이 존재했다는 증거이기도 하다.

10.3 디다케

「디다케」가 그 안에 담긴 "사도적인" 규칙으로 인해 기독교의 처음 몇 세기 동안에는 중요했지만[28] 1883년에 재발견되기까지 역사상 대부분의 시기에 이 문서의 존재는 에우세비오스의 언급(*Hist. eccl.* 3.25)과 아타나시오스의 「축

---

27 초기 기독교와 그 이후의 정반대의 용어들이나 이미지들을 모아놓은 이 문헌이 다루고 있는 자료에 대해서는 다음 문헌들을 보라. Oscar J. R. Seitz, "Two Spirits in Man: An Essay in Biblical Exegesis," *NTS* 6 (1959-1960): 82-95; Leslie W. Barnard, "The Dead Sea Scrolls, Barnabas, the *Didache* and the Later History of the Two Ways," 그의 *Studies in the Apostolic Fathers and Their Background* (New York: Schocken, 1966), 87-107; Sebastian Brock, "The Two Ways and the Palestinian Targum," in *A Tribute to Geza Vermes: Essays on Jewish and Christian Literature and History* (ed. Philip R. Davies and Richard T. White; JSOTSup 100; Sheffield: JSOT Press, 1990), 139-52.

28 Huub van de Sandt and David Flusser, *The Didache: Its Jewish Sources and Its Place in Early Judaism and Christianity* (Assen: Royal Van Gorcum; Minneapolis: Fortress, 2002), 2-3.

일 서신」(*Festal Letter*) 39에서의 언급을 통해서만 알려져 있었다.[29] 저작 시기, 또는 더 정확히 말하자면 보다 오래된 전승의 편집 시기에 대해서는 의견일 치가 이루어지지 않고 있다. 이 문서의 저작 시기를 정하는 데 있어 중요한 요소는 그것의 저자가 공관복음 전승, 특히 마태복음에 의존했다고 주장된 다는 점이다. 그러나 이 문제에 대한 결론은 아직 확실하지 않다.[30] 「디다케」 의 저자가 공관복음과 무관하다면 이 문서의 저작 시기를 1세기 중반으로 추정하는 데 대해 설득력 있는 반론이 없을 것이다.[31] 그럼에도 불구하고 점 점 더 많은 학자가 1세기에서 2세기로 넘어가는 때를 저작 시기로 보고 있 다.[32]

이 책의 저작 장소도 수수께끼다.[33] 이 문헌이 일찍이 이집트에서 유포 된 점[34]과 주기도의 송영(*Did.*8.2)과 마태복음 6:13의 콥트어 번역 사이의 일

---

29 「디다케」를 개인적으로 아는 사람이 한 마지막 언급은 콘스탄티노폴리스의 총대주교였던 니 케포로스(약 758-823년)의 언급이다. 초기 기독교에서 「디다케」 사용의 복잡성에 대해서는 van de Sandt and Flusser, *The Didache*, 1, 4-5를 보라.

30 한편으로 John S. Kloppenborg는 "Didache 16:6-8 and Special Matthaean Tradition," *ZNW* 70 (1979): 54-67은 "마태는 마가의 전승을 마태복음과 상당히 독립적으로 디다케 안에 통합 된, 자유롭게 떠다니던 또 다른 묵시적인 전승과 결합시켰다"고 설득력 있게 주장했다(67). 다 른 한편으로 *Did.* 16과 관련해서 Christopher M. Tuckett, "Synoptic Tradition in the Didache," *The New Testament in Early Christianity* (BETL 86; ed. Jean-Marie Sevrin; Louvain: Leuven University Press; 1989), 197-230에 수록되고 *The Didache in Modern Research* (ed. Jonathan A. Draper; AGJU 37; Leiden: Brill, 1996), 92-128에 재게재된 글에서 이렇게 결론지었다. "디다 케와 마태복음 사이의 유사성의 패턴은 만일 디다케가 여기서 마태가 완성한 복음서를 전제 로 한다면 이렇게 가장 쉽게 설명된다"(104; 참조, 128). 다음 문헌들에 의해 제시된 논쟁을 보 라. Tuckett, "Didache," in *Modern Research*, 92-93; Bellinzoni, "Matthew," 204-6.

31 예컨대 Aaron Milavec, "Distinguishing True and False Prophets: The Protective Wisdom of the Didache," *JECS* 2 (1994): 118; 그리고 Michelle Slee, *The Church in Antioch in the First Century CE* (JSNTSup 244; London: Sheffield Academic, 2003), 57-76의 논의.

32 다음 문헌들을 보라. Kurt Niederwimmer, *The Didache* (Hermeneia; Minneapolis: Fortress, 1998), 53 각주 71; van de Sandt and Flusser, *The Didache*, 48 및 각주 128에서 인용된 문헌들.

33 참조. John M. Court, "The Didache and St. Matthew's Gospel," *SJT* 34 (1981): 109.

34 Andrew Louth and Maxwell Staniforth, *Early Christian Writings: The Apostolic Fathers* (London: Penguin, 1987), 189를 보라. 그는 알렉산드리아의 클레멘스가 이 문헌을 성경이라고 증언한

치는 저작 장소가 이집트임을 암시할 수도 있다.[35] 그러나 언덕에서 자라는 곡물들(*Did.* 9.4)과 흐르는 물이 부족하다(7.2)는 언급은 문헌의 기원과 관련해서 가장 자주 제안되는 지역[36]인 수리아나 팔레스타인을 선호한다.[37] 저작 장소의 범위를 더 좁힐 수도 있다. 그 공동체의 상대적인 부유함(13장)뿐만 아니라 방문자들의 수(11장)와 공동체에 합류하기 위해 들어오는 그리스도인들의 수(12장), 유대적인 요소들(1-6장)과 이방인의 필요에 관심을 기울이는 점(6.2-3; 7장; 9.5)을 아울러 고려하면 안디옥이 이 문헌의 저작 장소라고 추정하는 것이 합리적이다.[38]

종합적인 문헌인 「디다케」는 윤리(*Did.* 1-6장), 예전(7-10장), 조직(11-15장) 문제뿐만 아니라 종말론(16장) 문제도 다룬다. 이방 종교에서 개종한 이방인들이 존재할 경우 가장 일리가 있는 가르침도 있지만(예컨대 우상에게 제사 지낸 음식을 멀리하라는 가르침; 6:3),[39] 이 문서는 유대적인 풍미가 무척 강한 점으로 미루어볼 때[40] 유대인 그리스도인들이 지배적인 교회를 대상으로 쓰

다(*Strom.* 1.20.100)고 언급한다.

35   다음 문헌들을 보라. Niederwimmer, *The Didache*, 53 각주 75; van de Sandt and Flusser, *The Didache*, 51.

36   Niederwimmer, *The Didache*, 53 각주 77을 보라. 그의 주장과 달리 *Did.* 11에서 사도들에 대해 언급한다는 사실이 이 문서가 저자가 수리아나 팔레스타인에서 쓰였음을 뒷받침하지는 않는다. 이 문서의 저자는 예수의 제자들이 아닌 다른 사람들을 언급했을 수도 있기 때문이다. 어쨌든 사도들의 움직임이 수리아나 팔레스타인에 국한되었다고 가정할 수는 없다.

37   이집트에서는 곡물 재배에 적합한 토양이 나일강 계곡으로 한정되어 있다. 다음 문헌들을 보라. Richard S. Ascough, "An Analysis of the Baptismal Ritual of the *Didache*," *StLit* 24〔1994〕: 205-6 각주 23; 그리고 Robert A. Kraft, *Barnabas and the Didache* (vol. 3 of *The Apostolic Fathers*; ed. Robert M. Grant; New York: Nelson, 1965), 74-75.

38   Slee, *Antioch*, 55-57.

39   여기에 아마도 *Did.* 9.4와 10.5를 덧붙일 수 있을 것이다. 이에 대해 van de Sandt and Flusser, *The Didache*, 33은 구원의 날에 이스라엘을 모은다는 개념(신 30:3-5a; 사 11:12b-c; 겔 37:21)이 기독교 교회로 전이된 것은 "이방인의 기독교적 개조의 눈에 띄는 특징"이라고 주장한다.

40   Van de Sandt and Flusser는 *The Didache*, 32는 "세례식, 주기도문, 성찬 기념은 유대인의 매일 예배의 패턴에서 깊은 영향을 받았다"는 점을 언급한다.

였을 가능성이 매우 크다.[41] 「디다케」의 저자는 처음에는 독자들이 참된 기독교를 유대교를 흉내낸 매력적인 사이비 신앙과 구별하는 데 도움을 주기 위해 자료를 모았을 것이다. 8.1에서 독자들은 자신을 "위선자들"(ὑποκριταί)과 구별해야 하기 때문이다. "위선자"는 저자가 다른 곳에서 아마도 경건한 유대인이 아니라[42] 유대인들이 금식하기 위해 구별한 날과 같은 날인 월요일과 금요일마다 금식하는(8.1) 타락하거나 고집불통인 그리스도인들(2.6; 4.12)을 가리키는 데 사용하는 단어다.[43] 저자는 윤리 문제와 예전 문제들을 다룬 뒤 계속해서—아마도 이후의 증보판에서—내부 관계와 지도자 문제(14-15)를 다룬 다음 순회 전도자 문제(16)를 다루는데[44] 우리는 특히 이 문제를 자세히 살펴볼 것이다.

다른 사도 교부 문헌들처럼 이 문서는 예수의 제자들이 축귀자였다는 점은 말할 것도 없고 예수의 기적에 대해서도 거의 관심을 기울이지 않거나 지속적인 관심을 기울이지 않는다. 우리는 「디다케」 9.3에 표현된 성찬 빵을 떼면서 하는 말("아버지, 우리는 주께서 주의 아들인 예수를 통해 우리에게 알려주신 생명과 지식으로 인해 주께 감사드립니다")에서 예수의 기적에 관심을 보일 것으로 예상할 수 있을 것이다. 그러나 감사를 드리는 이유는 예수를 통해 알게 된 "생명과 지식"(τῆς ζωῆς καὶ γνώσεως)이다. 예를 들어 예수의 기적이나 기적을 행할 수 있는 능력에 대한 언급은 없다.

이 문서에는 순회 사도들 및 예언자들과 관련된 기적에 대한 언급도 없으며 독자들은 그들에 대해 지시와 경고를 받는다는 점도 주목할 만하다

---

41   "백성들에게" 또는 "이방인들에게"(τοῖς ἔθνεσιν)라는 표현은 「디다케」의 목적과 독자를 밝히는 데 별 도움이 되지 않는데 그 이유는 아마도 그것이 부차적이기 때문일 것이다. Niederwimmer, *The Didache*, 56을 보라.

42   Niederwimmer, *The Didache*, 131-32는 다른 견해를 보인다.

43   J. Behm, "νῆστις," *TDNT* 4:930-31.

44   「디다케」의 합성의 역사에 대해서는 van de Sandt and Flusser, *The Didache*, 28-35를 보라.

(*Did.* 11-13).[45] 현재 정경에 수록된 예수 전승으로 미루어 볼 때 우리는 순회 그리스도인들이 자신들이 기적을 일으킨다고 말하고 다녔을 것으로 예상할 수 있다.[46] 그러나 이 문서에서 언급한 예언자들의 활동 중 "기적적"일 수도 있는 유일한 활동은 "성령 안에"(ἐν πνεύματι) 있는 것이며 이는 말하는 것에 한정된다(11.7).

「디다케」의 저자는 기적을 순회 사도들 및 예언자들과 관련시키지 않으므로 축귀를 포함한 기적이 「디다케」에 반영된 이들의 삶과 공동체의 적절한 부분이었다고 주장하기는 어려울 것이다. 더구나 방문하는 사도들과 예언자들은 "위에서 말한 모든 것"(ταῦτα πάντα τὰ προειρημένα, *Did.* 11.1)을 충실하게 준수해야만 수용될 수 있는데, 제시된 내용 중 일부는 그들이 "마술이나 주술"(οὐ μαγεύσεις, οὐ φαρμακεύσεις, 2.2;[47] 참조. 3.4; 5.1)을 실행하지 말아야 한다는 것이었고, 이 표현은 출애굽기에서 모세와 아론의 기적을 흉내 낸 마술사들을 묘사하는 데 사용되었다[48]는 점에서 이 금지 명령은 실제적인 것으로 이해해야 하며, 기적은 인정되기는 했지만 가짜 그리스도인들과 관련되었다고 결론지어도 무방할 것이다. 그들이 기적을 일으키면 점쟁이, 마술사, 또는 점성술사로 묘사되었을 수도 있다(3.4).

---

45 *Did.* 11.1-2에 언급된 가르침이 사도들 및 예언자들과 별도의 한 계층을 언급하려는 것인지 또는 그들의 역할 중 하나를 언급하려는 것인지에 관한 논쟁에 대해서는 van de Sandt and Flusser, *The Didache*, 342-43을 보라. 그들은 후자라는 결론을 내린다.

46 마태복음이 「디다케」와 가장 유사한 복음서라는 점에 비추어 마 7:21-23; 10:5-8; 24:24을 참조하라. Richard Glover, "The Didache's Quotations and the Synoptic Gospels," *NTS* 5 (1958): 25-29를 보라.

47 Jean-Paul Audet, *La Didachè: Instructions des apôtres* (Paris: Gabalda, 1958), 287은 문맥으로 보아 μαγεία와 φαρμακεία라는 단어의 의미를 구별하는 것은 불가능하다고 말한다. 이 두 단어의 유사성에 대해서는 Pieter W. van der Horst, *The Sentences of Pseudo-Phocylides, with Introduction and Commentary* (SVTP 4; Leiden: Brill, 1978), 212-13을 보라.

48 70인역에서 출 7:11, 22; 8:3, 14을 보라. 참조. Wilfred L. Knox, "Περικαθαίρων (Didache III, 4)," *JTS* 40 (1939): 146-49.

「디다케」에서 기적에 대한 명확한 언급은 종말론에 관한 장에서 딱 한 번 나온다.[49] 16.4에서 저자는 말세에 "세상을 속이는 자가 하나님의 아들로 나타날 것"이며 "그는 표적과 기사를 행할 것(καὶ ποιήσει σημεῖα καὶ τέρατα)"이라고 말한다. 우선 "표적과 기사"라는 어구가 사람들을 잘못된 길로 이끄는 행동을 가리키는 단어로서의 용례를 포함해서 통용되었다는 점은 주목할 만하다.[50] 다음으로 그 인물에 대해 "아들"이라는 단어가 사용될 뿐만 아니라[51] 데살로니가후서 2:9과 비슷한 방식으로[52] 그리고 (표적과 기사를 만들어내는 거짓 메시아들과 거짓 예언자들에 관한) 마태복음 24:24이 공유하는 전승을 모방하여[53] 표현된다는 점에서 이는 아마도 독자들이 이 말을 예수의 사역, 특히 그의 기적에 대한 모방으로 인식하게 하려는 의도가 있었음을 의미할 것이다.

이 경고와 방금 주장한 대로 물리쳐야 할 순회 설교자들은 아마도 기적을 행하는 자들이었을 것이라는 점에 비추어보면 예수는 기적을 행한 유일한 존재로 암시된다.[54] 「디다케」는 주님의 재림에 선행하는 표적은 메시아를 참칭하는 자들과 혼동될 수 있는 모호한 표적과 기사를 행하는 것이 아니라, 좀 더 우주적이고 극적인 종류의 "진리의 표적"—하늘이 열림, 나팔 소리, 죽은 자들이 일어남—이라고 말한다(Did. 16.6, 8). 달리 말하자면 「디다케」는 예수 이후로는 기적을 거짓 메시아 및 거짓 기독교와 결부시킨다.

---

49 우리의 목적상 중요하지는 않지만, 문체상의 차이는 이 장이 한때는 별도의 전승이었을 수도 있음을 암시한다. 다음 문헌들의 논의를 보라. Torsten Löfstedt, "A Message for the Last Days: Didache 16:1-8 and the New Testament Traditions," *EstBíb* 60 (2002): 375-78; 그리고 Niederwimmer, *The Didache*, 207-13.

50 Graham H. Twelftree, "Signs, Wonders, Miracles," *DPL* 875를 보라.

51 *Did.* 7.1, 3에서 예수에 대해 υἱός("아들")가 사용된다.

52 참조. Glover, "Quotations," 24.

53 Niederwimmer, *The Didache*, 211의 개요를 보라.

54 참조. Louth and Staniforth, *Apostolic Fathers*, 197-98의 번역: "그때 세상을 속이는 자가 나타나 하나님의 아들 행세를 하며 표적과 기사를 행할 것이다."

기적적인 현상에 대한 이러한 혐오를 설명하기는 어렵지 않다. 거짓 기독교는 신실한 자들을 잘못된 길로 인도하는 기적들을 수반하는 것으로 여겨졌음이 명백할 뿐만 아니라(Did. 3.4; 참조. 신 18:10-13) 또한 설득력 있게 주장된 바와 같이 「디다케」 저자는 예수의 전기에 대해서는 별 관심이 없는, Q와 비슷한 어록 자료에 의존했다.[55] 더욱이 이안 헨더슨이 주장한 대로 "교사"는 암시된 저자를 묘사하는 가장 근접한 단어일 뿐만 아니라 이 문서에서 διδασκ-("-을 가르치다")로 시작되는 단어들이 상당히 많이 사용된 점은—특히 이 단어들이 예언자 및 사도와 결합할 때—저자가 독자들을 예언자들 및 사도들과 관련된 기독교보다 덜 초자연적인 기독교를 중심으로 결속시키고 있음을 암시한다.[56] 달리 말하자면 「디다케」 저자는 기적이 없는 기독교를 장려하고 있는데, 이러한 기독교는 (우리가 지적한 대로) 축귀를 배제할 것이다. 따라서 우리는 마태가 불리한 경험에 직면하여 축귀의 중요성을 낮췄다는 점을 살펴봤지만 「디다케」 저자도 아마도 안디옥에서 축귀를 거짓 기독교로 좌천시켰을 것이다.

「디다케」 저자에 대한 논의를 마무리하기 전에 우리는 신약성경 정경 외에 세례에 대한 최초의 기사인 「디다케」 7장(참조. Did. 9.5)에서 세례에 대해 언급한 것을 주목할 필요가 있다.[57] 오늘날 학자들이 초기 교회에서의 세례와 축귀의 관계에 대해 논의하고 있으므로 우리는 이 언급에 관심이 있다.[58] 7장은 이렇게 시작한다. "그러나 세례와 관련해서는 다음과 같이 세례

---

55 특히 다음 문헌들을 보라. Glover, "Quotations," 25-29; Kloppenborg, "Didache 16:6-8," 54-67; Jonathan A. Draper, "The Jesus Tradition in the Didache," in *The Miracles of Jesus* (ed. David Wenham and Craig Blomberg; Gospel Perspectives 6; Sheffield: JSOT Press, 1986), 283.

56 Ian H. Henderson, "*Didache* and Orality in Synoptic Comparison," *JBL* 111 (1992): 286-87.

57 Ascough, "Baptismal Ritual," 201-13의 논의를 보라.

58 Willy Rordorf, "Baptism according to the Didache," in *The Didache in Modern Research* (ed. Jonathan A. Draper; AGJU 37; Leiden and New York: Birll, 1996), 212-22의 논의를 보라.

를 주라. 이 모든 것을 미리 말한 뒤에(ταῦτα πάντα προειπόντες)…세례를 주라"(7.1). 이것이 세례 의식 직전에 1-6장의 "두 길"을 암송하게 해야 한다는 뜻인지 아니면 사전에 세례 후보자들에게 가르쳐야 한다는 뜻인지와 무관하게[59] 7.1이나 앞의 자료에 세례와 축귀를 결부시키는 것으로 해석될 수 있는 내용이 전혀 없다. 심지어 사탄을 거부하는 일에 대한 언급도 없다(참조. *Trad.ap.* 21.9).[60] 하지만 몇 행 뒤에 "세례를 주는 사람과 세례를 받는 사람 둘 다—다른 사람들이 가능하다면 기타 몇몇 사람들과 더불어—세례 전에 금식해야 한다. 그러나 세례받는 사람에게는 하루나 이틀 전에 미리 금식하도록 명하라"(*Did.* 7.4)는 지침이 있다. 몇십 년 뒤인 2세기 중반에 세례, 더러운 영, 그리고 축귀가 명확하게 연결되는 것은 사실이다.[61] 발렌티누스파 영지주의자인 알렉산드리아의 테오도투스[62]는 이렇게 말한다. "더러운 영들은 흔히 몇몇 사람들과 함께 물속으로 들어가기 때문에…금식하고, 간구하고, 기도하고, 손을 들고, 무릎을 꿇게 하라"(*Exc.* 84-85). 그러나 「디다케」에서는 축귀와 세례를 결부하지 않으며 우리는 후대의 증거를 근거로 하여 그 이전 시기에 작성된 「디다케」에 그런 관행이 존재했다고 주장할 수 없다.

---

59 van de Sandt and Flusser, *The Didache*, 280의 논의를 보라.

60 참조. Rordorf, "Baptism," 221.

61 Elizabeth A. Leeper, "From Alexandria to Rome: The Valentinian Connection to the Incorporation of Exorcism as a Prebaptismal Rite," VC 44 (1990): 7; "테오도투스파의 의식에는 사람이 세례받기 전에 그 사람에게서 악한 영들을 모두 제거해야 할 필요성을 명시적으로 진술하는 최초의 증거가 담겨 있다."

62 테오도투스에 대한 우리의 지식은 Clement of Alexandria, *Excerpta ex Theodoto*에 보존된 그의 저술의 단편들을 통해 우리가 그에 대해 알게 된 내용에 국한되어 있다. 다음 문헌들을 보라. Robert Pierce Casey, *The Excerpta ex Theodoto of Clement of Alexandria* (London: Christophers, 1934); 그리고 François M. M. Sagnard, *Clément d'Alexandrie: Extraits de Théodote* (SC 23; Paris: Cerf, 1970).

10.4 콰드라투스

우리는 최초의 기독교 변증가인 콰드라투스가 예수의 기적에 관해 말하는 내용과 그가 자기 시대의 기독교의 기적에 대해 말하지 않는 내용에 대해 관심이 있다. 유감스럽게도 우리가 콰드라투스에 대해 아는 내용은 에우세비오스를 통해 추론할 수 있는 것이 전부다.[63] 에우세비오스는 『연대기』 (*Chronicle*)에서 콰드라투스가 사도들의 제자였고 그의 변증서가 하드리아누스 황제 재위 9년에 황제에게 전달되었다고 말한다.[64] 그때는 하드리아누스가 소아시아를 순회하고 있던 때인 130년대 중반이었을 것이다(*Dio Cassius* 69.9-12).[65] 에우세비오스는 『교회사』(*Ecclesiastical History*)에서 이렇게 말한다. "트라야누스가 19년 반 동안 다스리고 난 뒤 아일리우스 하드리아누스가 왕위를 계승했다. 콰드라투스는 그에게 우리의 종교를 변호하는 논문을 지어 보냈는데, 이는 몇몇 사악한 자들이 그리스도인들을 괴롭히려 했기 때문

---

63 에우세비오스가 언급한 서로 다른 세 명의 콰드라투스에 대해서는 다음 문헌들을 보라. Johannes Quasten, *Patrology* (4 vols; Utrecht-Antwerp: Spectrum, 1950-1986), 1:191; Robert M. Grant, "Quadratus, The First Christian Apologist," in *A Tribute to Arthur Vööbus: Studies in Early Christian Literature and Its Environment, Primarily in the Syrian East* (ed. R. H. Fischer; Chicago: Lutheran School of Theology, 1977), 178-79. 이 이름들이 동일 인물을 가리키는 것으로 받아들일 만한 아무런 설득력 있는 이유가 없다고 보는 논문인 "Quadratus," *ODCC3* 1354와 대조하라.

64 Eusebius, *Chronicon*; Grant, "Quadratus," 182 각주 31.

65 다음 문헌들을 보라. Quasten, *Patrology*, 1:191; Ehrman, *Fathers*, 1:89. 비교적 늦은 저작 시기는 콰드라투스가 한 말과 모순되지 않는다. 그는 치유되고 되살아난 사람들이 자기가 실제로 글을 쓰고 있을 당시에 살아 있다고 말하지 않기 때문이다. 참조. Geoffrey W. H. Lampe, "Miracles and Early Christian Apologetic," in *Miracles: Cambridge Studies in Their Philosophy and History* (ed. C. F. D. Moule; London: Mowbray, 1965), 209; Maurice F. Wiles, "Miracles in the Early Church," in Moule, ed., *Miracles*, 221. 그리고 에우세비오스는 예수 시대부터 살았던 사람 중 누구도 실제로 안다고 말하지 않으므로 — Robert M. Grant, *Miracles and Natural Law in Graeco-Roman and Early Christian Thought* (Amsterdam: North-Holland, 1952), 188도 보라 — 콰드라투스가 레반트 지역에서 살았다고 추정할 필요는 없다.

이다(His. eccl. 4.3.1). 에우세비오스는 자신이 가지고 있던 바로 이 문서의 사본을 근거로 콰드라투스가 지적이고 그의 신앙이 정통적임을 알 수 있다고 말한다.

에우세비오스는 콰드라투스가 이른 시기에 이 문헌을 썼다는 사실을 보여주기 위해 그의 말을 인용한다. "그러나 우리 구주가 행하신 일들은 언제나 그 효과가 유지되었다. 그 일들은 참이었기 때문이다. 치유된 이들, 죽은 자들 가운데서 살아난 이들, 그들은 단순히 외관상 치유되고 살아난 것처럼 보이기만 한 것이 아니라 구주가 살아 계신 동안은 물론 심지어 구주가 승천하신 뒤에도 얼마 동안 계속 살아 있었고 그들 중 일부는 심지어 우리 시대까지 생존했다"(His. eccl. 4.3.2).[66] 콰드라투스는 기적의 지속적인 효과에 관해 예수—"그러나 우리 구주"(δέ σωτῆρος ἡμῶν)—를 어떤 다른 구원자 같은 인물 또는 인물들과 대조하고 있는 것으로 보인다.[67] "치유된…이들"(οἱ θεραπευθέντες)이라는 두루뭉술한 표현이 축귀와 같은 치유를 포괄한다고 할 수도 있겠지만 축귀가 명시적으로 언급되지는 않았다. 어쨌든 이는 비록—제3자에게서 나온 몇 개의 인용문밖에 없을 때는 특히 분명한—침묵을 근거로 한 논증일 수밖에 없지만 우리는 콰드라투스가 자기의 대적들의 기적을 반박하는 주장을 하면서 자기 시대에 기독교의 기적이 일어나고 있다고 언급하지 않는다는 것을 알 수 있다. 그렇다면 우리는 그러한 기적들이 최

---

66 콰드라투스의 이 단편은 *Diogn.* 7.6과 7절 사이의 공백과 잘 맞아 떨어진다는 Andriessen 의 제언은 인정받지 못했다. Paul Andriessen, "L'Apologie de Quadratus conservée sous le titre d'Épître à Diognète," *RTAM* 13 (1946): 5-39, 125-49, 237-60; 14 (1947): 121-56; 그리고 Paul Andriessen, "The Authorship of the Epistula ad Diognetum," *VC* 1 (1947): 129-32. 예 컨대 다음 문헌들을 보라. Eugene Fairweather, "The So-Called Letter to Diognetus," in *Early Christian Fathers* (ed. Cyril C. Richardson: LCC 1; 1953; repr., New York: Collier / Macmillan, 1970), 206-7; Grant, "Quadratus," 178.

67 콰드라투스가 염두에 두었을 가능성이 있는 여러 인물들—하드리아누스, 아스클레피오스, 영지주의자들—에 대해서는 Grant, "Quadratus," 180-82를 보라.

소한 유의미한 규모로 발생하고 있었다면, 그리고 그 기적들이 참되다고 여겨졌다면 콰드라투스가 그 기적들을 언급했을지 질문해봐야 한다. 우리는 축귀를 포함한 기적이 소아시아의 콰드라투스가 알고 있던 130년대의 교회에는 중요하지 않았다고 추정할 수 있을 뿐이다.

10.5 아리스티데스

에우세비오스는 콰드라투스를 소개하고 난 후 계속해서 이렇게 말한다. "충성스럽고 헌신된 그리스도인인 아리스티데스도 콰드라투스처럼 우리에게 하드리아누스에게 바쳐진 『신앙의 변호』(Defense of the Faith)를 남겼다. 많은 사람이 아직도 그의 글의 사본을 보존하고 있다"(Hist. eccl. 4.3.3). 아리스티데스는 아테네의 철학자였는데 아마도 하드리아누스가 기원후 125년에 그 도시를 방문했을 때[68] 자신의 변증서를 바친 듯하다.[69] 그런데 콰드라투스가 쓴 변증서와 달리 아리스티데스의 변증서 텍스트는 현재 여러 형태로 우리에게 알려져 있다.[70] 그 텍스트의 앞부분에 수록된 네 종류의 사람들—이교도, 그리스인, 유대인 그리고 그리스도인—에 대한 묘사에서 그는 기독교를 메시아 예수로부터 시작된 것으로 소개한다. 예수에 대한 그의 짧은 묘사 속에는 예를 들어 그의 히브리 혈통, 열두 제자를 둔 일, 그가 "유대인들에게 찔림을 당했다"는 사실, 사흘 뒤에 부활해서 하늘로 올라갔다는 사실 등에 대한 언급이 포함되어 있다. 이 묘사는 다음과 같은 말로 끝난다. "그 후 곧

---

68   David Magie, *Scriptores historiae Augustae* (vol. 1; LCL; 1921; repr., London: Heinemann; Cambridge, MA: Harvard University Press, 1979) 39–43에 수록된 *Hadr.* 13을 보라. 아리스티데스의 저작 시기에 대해서는 Pouderon et al., *Aristide*, 32–37을 보라.

69   Eusebius, *Chron.* 2.166; 참조. Jerome, *Vir. ill.* 20. 아리스티데스에 대한 고대의 증언들에 대해서는 Bernard Pouderon et al., *Aristide: Apologie* (SC 470; Paris: Cerf, 2003), 25–31을 보라.

70   그 텍스트의 발견과 재발견에 대해서는 Quasten, *Patrology*, 1:192에 수록된 짧은 묘사를 보라.

이 열두 제자는 세상의 알려진 지역 곳곳으로 나아가 지극히 겸손하고 올곧게 그의 위대하심을 보여주기를 계속했다. 그래서 오늘날 그 설교를 믿은 사람들은 그리스도인이라고 불린다"(Aristides, *Apol.* 2). 예수에 대한 묘사에서나 그의 제자들의 전도에 대한 묘사에서 축귀는 고사하고 기적에 대한 언급도 전혀 없으며 설교가 전도의 핵심이다.

그리스도인들을 묘사하는 더 긴 단락에서 아리스티데스는 주로 이상한 신을 섬기지 않기뿐만 아니라 부부 간의 정절, 부모 공경, 타인에게 해 끼치지 않기 등 그들의 생활 방식에 초점을 맞춘다. 아리스티데스는 그리스도인들의 타인에 대한 사랑을 설명하면서 기독교의 전도 사례를 제시한다. "그들 중 어떤 사람에게 남자 노예와 여자 노예, 또는 자녀가 있으면 그는 그들을 향한 사랑으로 그들을 설득하여 그리스도인이 되게 한다"(*Apol.* 15). 여기서도 전도의 한 부분으로서의 기적적인 현상에 대한 언급이 없다는 점이 주목할 만하다. 또한 기적에 대한 회의적인 시각이 존재할 가능성에 직면하여 기적을 행하는 것을 변호해야 할 어떤 필요성도 보이지 않는다. 아리스티데스의 책에서 기독교의 주된 특징들이 묘사되고 있다는 점을 고려하면 축귀를 포함한 기적은 아리스티데스가 알고 있고 변호하고 있었던 기독교(및 기독교의 전도)의 일부가 아니었다고 결론짓는 것이 합리적이다.

10.6 베드로의 설교

이 문서는 주로 알렉산드리아의 클레멘스의 「잡문집」(*stromateis*)에 나오는 인용구들을 통해 우리에게 알려져 있다.[71] 2세기의 영지주의자인 헤라클레

---

71 Clement of Alexandria, *Strom.*의 다음 구절들을 보라. 1.29.182; 2.15.68; 6.5.39-41, 43; 6.6.48; 6.7.58; 6.15.128. 다른 문헌들에 있을 수도 있는 인용문에 대한 논의는 Wilhelm Schneemelcher, *NTApoc2* 2:36-37을 보라. 그 텍스트는 예컨대 다음 문헌들을 통해서도 알려

온(기원후 145-180년경에 활동했다)이 이 문서를 사용했다는 점을 고려하면,[72] 「베드로의 설교」의 저작 시기는 2세기 전반으로 추정할 수 있다.[73] 입증할 수는 없지만, 이 문서의 저술 장소는 이집트라는 데 일반적으로 견해가 일치한다.[74] 우리가 이 문서에 대해 모르는 점들이 너무 많다. 이 문서의 길이, 구조, 현존하는 단편들 대부분의 순서, 전반적인 목적이 여전히 우리에게 수수께끼로 남아 있다. 그러나 그 제목은 이 문서가 베드로를 사도들의 대표자로 내세워 사도들의 설교 일반을 반영한 것은 아니라 하더라도 최소한 베드로의 설교에 대한 요약으로 여겨졌음을 암시할 것이다.[75] 우리가 접할 수 있는 단편들(각주 71을 보라)은 기독교의 일신론, 이교의 다신론, 유대인의 예배, 구약은 헬라인과 유대인을 위한 책이고 신약은 그리스도인을 위한 책이라는 점, 성경은 그리스도 예수에 대해 기록되었고 기독교의 메시지를 결정한다는 점 등의 주제들을 다룬다. 이로 미루어볼 때 저자는 그리스도인과 다른 사람들, 특히 유대인의 관계에 특별히 관심이 있었던 것으로 보인다.

우리의 관심 대상인 기적과 축귀에 관한 관점을 암시하는 단편이 하나 있다. 「잡문집」 6.6.48에서 클레멘스는 「베드로의 설교」에서 부활한 주님이 자기 제자들에 관해 이렇게 말했다고 전한다. "나는…온 세상에 있는 사람들에게 그들이 (오직) 한 하나님이 계심을 알 수 있도록 기쁜 메시지를 **선포하여** 듣고 믿는 이들은 구원을 받고 믿지 않는 이들은 그 메시지를 '우리는 듣지 못했습니다'라고 말하면서 변명하지 못하게 하려는 목적으로, 그리고

저 있다. Eusebius, *Hist. eccl.* 3.3.2; Origen, *Comm. Jo.* 13.17.

72   Origen, *Comm. Jo.* 13.17도 같은 입장이다; 이 문헌은 Schneemelcher, *NTApoc2* 2:41 각주 14 에서 인용되었다.

73   Henning Paulsen, "Das Kerygma Petri und die urchristliche Apologetik," *ZKG* 88 (1977): 13은 기원후 100-120년을 제안한다; Wilhelm Schneemelcher, "Kerygma Petri," *NTApoc2* 2.34는 기원후 100-140년을 제안한다.

74   Schneemelcher, *NTApoc2* 2:34를 보라.

75   Schneemelcher, *NTApoc2* 2:35를 보라.

나를 믿는 믿음으로 인해 미래에 어떤 일들이 있을 것인지를 계시하기 위해 그들을 세상 속으로 보냈다." 예수가 "율법과 말씀"이라고 불리며(*Strom.* 1.29.182), 기적을 일으키는 분이라기보다 언약을 맺는 분으로 묘사된다는 점(*Strom.* 6.5.39)뿐만 아니라 말하기와 듣기에 관한 어휘가 두드러진다는 점(강조는 덧붙인 것임)은 예수와 그의 제자들이 모두 오직 설교자로 이해되고 있음을 보여주는 강력한 암시다. 전도에 수반하거나 전도의 진정성을 입증하는 축귀나 다른 기적들이 행해지고 있음을 보여주는 암시는 없다. 「베드로의 설교」의 내용에 대한 정보는 별로 없지만, 제자들에 대한 묘사에서 축귀가 언급될 것으로 우리가 예상할 수 있는 바로 그 대목에서 그런 언급이 나오지 않는다. 그리고 클레멘스가 귀신의 영향에 대한 큰 관심을 보인다는 점을 고려하면(아래 11.9 단락을 보라) 그가 축귀에 대한 언급을 걸러냈을 것 같지는 않다. 이로 미루어볼 때 이 문서를 만들어낸 2세기 초의 이집트 그리스도인들에게는 아마도 예수가 언약을 맺는 분으로 여겨졌고 교회의 사명은 설교로 여겨졌기 때문에 축귀는 전혀 중요한 요소로 인정되지 않았다고 결론짓는 것이 합리적이다.

10.7 바나바 서신

익명의 저술로 보이는 이 문서는(참조. Eusebius, *Hist. eccl.* 3.25.4) 아마도 정경인 사도행전에 나오는 바나바에 대한 묘사에 힘입어[76] 그 유대적인 내용 때문에 훗날 바나바의 저술로 여겨질 수 있었을 것이다.[77] 그러나 우리는 저자

---

76 예컨대 행 13:1, 43, 46; 15:2, 35를 보라.
77 Hans Windisch, *Der Barnabasbrief* (HNT, Ergänzungs-Band: Die apostolischen Väter 3; Tübingen: Mohr Siebeck, 1920), 413.

자신이 유대인이었는지 여부를 알 수 없다.[78] 이 문서에 유대적인 내용이 많고, 특히 유대에 기원을 두고 있을 가능성이 큰 "두 길"이라는 표현[79]이 사용되었다 해서 우리가 이 문서 저자를 유대인으로 볼 수는 없다. 저자는 어디서도 자신을 할례받지 않은 이방인과 구별하지 않기 때문이다.[80] 어쨌든 이 편지는 아마도 어떤 교사가[81] 서로 분리되어 있던 유대인과 그리스도인이[82] 이방인들을 놓고 경쟁하고 있었던 상황에서[83] 유대교로 개종하려는 유혹을 받았던 이방인 그리스도인들에게[84] 쓴 편지일 것이다. 그들의 충성을 얻기 위해 이처럼 경쟁하는 상황에서[85] 바나바는 자신이 하나님이 수여한 지식 또는 독자들을 꿰뚫어 보는 영적 통찰력을 받았다고 말한다.[86] 「바나바 서신」을 읽어보면 일반적인 기적이나 구체적인 축귀 어느 것도 기원후 130년경 알렉산드리아에 있던[87] 저자에게 알려진 교회에서 중요한 요소가 아니었

---

78 저자가 유대인이었는지 여부는 상당한 논쟁거리였다. 다음 문헌들을 보라. James Carleton Paget, *The Epistle of Barnabas: Outlook and Background* (WUNT 2.64; Tübingen: Mohr Siebeck, 1994), 7-9의 요약 논의; 그리고 Leslie W. Barnard, "The Epistle of Barnabas: Outlook and Background," *JTS* 46 (1995): 696-98의 비평.

79 다음 문헌들을 보라. Leslie W. Barnard, "The Epistle of Barnabas in Its Jewish Setting," in *Studies in Church History and Patristics* (Analecta Vlatadon 26; Thessaloniki: Patriarchikon Hidryma Paterikon Meleton, 1978), 52-106, 특히 90-91; 그리고 Niederwimmer, *The Didache*, 36-37.

80 Kraft, *Barnabas and the Didache*, 39는 1.8; 3:6; 4:6; 13.7; 14.5-8; 16.7-9를 인용한다.

81 Reidar Hvalvik, *The Struggle for Scripture and Covenant: The Purpose of the Epistle of Barnabas and Jewish-Christian Competition in the Second Century* (WUNT 2.82; Tübingen: Mohr Siebeck, 1996), 47-49의 논의를 보라.

82   William Horbury, "The Jewish-Christian Relations in Barnabas and Justin Martyr," in *Jews and Christians: The Parting of the Ways A.D. 70 to 135* (ed. James D. G. Dunn; WUNT 2.66; Tübingen: Mohr Siebeck, 1992), 315는 *Barn.* 2.7; 3.6; 8.7; 10.12; 13.1; 14.1, 4-5에 나오는 "우리"와 "그들"이라는 표현에 주목한다.

83 Hvalvik, *Struggle*, 319-20.

84 다음 문헌들을 보라. S. Lowy, "The Confutation of Judaism in the Epistle of Barnabas," *JJS* 11 (1960): 1-33; Hvalvik, *Struggle*, 164; Ehrman, *Fathers*, 2:8-9.

85 Paget, *Barnabas*, 46-49의 논의를 보라.

86 Hvalvik, *Struggle*, 49-51에서 (특히 *Barn.* 1.5에서) λαμβάνω에 대한 논의를 보라.

87 Paget, *Barnabas*, 30-42를 보라.

다는 점을 분명하게 알 수 있다. 이 서신의 저작 시기를 기원후 130년경으로 보는 것은 이 서신 16.3-4에 제2차 유대인 봉기(기원후 132-135년)까지 살아 있었던, 예루살렘 성전이 곧 재건축될 것이라는 소망에 대한 언급이 있는 듯하기 때문이다.[88]

기적이라는 주제는 다가오는 심판에 대해 경고하는 부분의 끝에 처음 등장하는데, 거기서 저자는 독자들이 "이스라엘에서 그토록 큰 표적과 기사(σημεῖα καὶ τέρατα)가 행해진 뒤에도 그들이 거절당했다"는 사실을 명심해야 한다고 말한다. 이를 통해 바나바는 독자들이 "성경에서 부름을 받은 자는 많아도 선택을 받은 자는 적다고 기록된 자들에 속하지 않도록 매우 조심" 해야 한다고 결론짓는다(4.14).[89] 독자들이 기적을 많이 체험했을 수도 있다. 실제로 독자들이 개인적으로 기적을 체험했다면 저자의 논증이 더 설득력이 있었을 것이다. 이 사실에 대한 약간의 증거가 이어졌을 수도 있다. 바나바는 계속해서 성육신을 다루면서 예수를 이스라엘 백성을 가르치고 "기사와 표적"(τέρατα καὶ σημεῖα, 5:8)을 행하는 존재로 묘사한다. 그러나 그는 예수가 사도들을 뽑았다고 말하면서 사도들이 "그의 복음을 전파해야 했다"고만 말한다. 사도들이 기사와 표적을 행했다는 언급은 없다(5:9).

따라서 바나바가 기사와 표적에 의존하는 일의 위험을 지적하는 동시에 사도들이 기사와 표적을 행했다는 언급을 하지 않은 이유는 그가 기적의 가치를 출애굽과 예수의 사역에만 한정하기를 원했기 때문일 수도 있다. 바나바가 기적을 경시하려 한다는 점은 14장에서 분명히 드러나 있을지도 모른다. 거기서 이사야 42:6-7과 61:1-2(70인역; 각기 시각장애인의 눈을 뜨게 하

---

88 예컨대 Hvalvik, *Struggle*과 Ehrman, *Fathers*, 2:6-7의 요약 논의를 보라. 저작 시기를 이보다 이르게 보는 관점에 대해서는 예컨대 다음 문헌들을 보라. Peter Richardson and Martin B. Shukster, "Barnabas, Nerva, and the Yavnean Rabbis," *JTS* 34 (1983): 31-55; Horbury, "Jewish-Christian Relations," 319-21; Paget, *Barnabas*, 9-30.

89 Louth and Staniforth, *Apostolic Fathers*에서 가져온 번역이다.

는 일을 언급한다)의 인용구는 예수나 예수의 제자들이 기적을 일으키는 것에 적용되는 것이 아니라 일반적인 구원 개념에 적용된다(*Barn.* 14.4-9). 더 나아가 기적, 특히 축귀가 교회 성장에서 중요했다는 주장에 비추어 볼 때(위의 1.1 단락을 보라) 이런 주장이 제기될 수 있었을 법한 대목에서 바나바가 기적에 대해 아무 말도 하지 않는다는 점은 주목할 만하다. 바나바는 분명히 전도와 관련해서 기적이 중요하다고 생각하지 않았다. 실제로 우리가 제언해온 내용이 바나바가 염두에 둔 것과 비슷하다면 그에게 있어 기적은 전도의 방해물이었는데, 이 점은 믿음의 반응(9.3)을 끌어내는 설교(5.9; 8:3)의 측면에서 이해된다.

그럼에도 불구하고 옛 성전과 새 성전에 대한 논의에서 귀신들과 그들의 제거라는 개념이 보인다(*Barn.* 16). 바나바는 공관복음에 나오는 축귀 이야기를 통해 친숙해진 개념보다는 귀신들을 우상이나 이방 신들로 보는 구약의 개념[90]을 떠올리게 하면서 이렇게 말한다. "우리가 하나님을 믿기 전에 우리 마음의 거처는…우상숭배로 가득했고 귀신들의 집(οἶκος δαιμονίων, 16.7)이었다."[91] 그는 계속해서 "우리가 죄 사함을 받았고 그 이름을 바랐기 때문에…우리 안에" 하나님이 진실로 거하는 새 성전이 지어진다고 말한다 (16.8). 이어지는 설명으로 미루어볼 때 확실히 새롭게 되고(16.8) 하나님이

---

90 신 32:17; 시 91:6(70인역); 96:5; 106:37; 사 13:21; 34:14; 65:3, 11을 인용하는 다음 글을 보라. Graham H. Twelftree, "Devil, Demons," in *New Dictionary of Theology* (ed. Sinclair B. Ferguson and David F. Wright; Leicester, UK, and Downers Grove, IL: InterVarsity, 1988), 197. 참조. 행 17:18.

91 집이 그 안에 귀신이 거주하고 있는 사람을 나타내는 것에 대해서는 위의 5.4 단락을 보라. 이 이미지에 대해 좀 더 일반적으로는 Francis X. Gokey, *The Terminology for the Devil and Evil Spirits in the Apostolic Fathers* (Patristic Studies 93; Washington, DC: Catholic University of America Press, 1961), 108-9 주석 5를 보라. 바나바는 인간과 영적 세계 간의 관계에 대한 이러한 이해에 상응하여 계속해서 (가르침의 길과 권력을 휘두르는 길이라는) "두 길"에 대해 논한다. "한 길에는 빛을 지닌 하나님의 천사들이 지정되고 다른 한 길에는 사탄의 사자들이 지정되기 때문이다"(*Barn.* 18.1).

그 사람 안에 거하는 이 경험이 그 사람에게서 귀신을 없애고 건강한 상태를 유지해준다.

바나바는 "하나님의 믿음의 말씀, 그분의 약속을 통해 우리를 부르심, 하나님의 올바른 요구에 담긴 지혜, 가르침의 계명, 하나님 자신이 사망을 섬겼던 우리 안에서 예언하시고 우리 안에 거하심, 성전의 문인 입(즉 '말씀'[92])이 우리에게 열림, 우리에게 회개를 주심"을 통해 새 성전이 지어지거나 생긴다고 말한다(Barn. 16.9). 따라서 어떤 사람이 귀신들의 집으로 묘사될 수도 있지만 그에 대한 치유법은 축귀 의식도 아니고 심지어 물에 잠김으로 시행된 세례[93]도 아니었다(11.11). 오히려 치유법은 하나님이 그 사람 안에 거하는 것을 포함하며 그것으로 요약되는 회심 과정 전체(또는 믿게 됨)에 있었다. 따라서 단 한 번의 경험(회심)이 아니라 하나님께서 한 사람 안에 거하는 지속적인 경험이 귀신의 영향과 관련해서 건강을 가져오고 유지한다. 귀신을 다루는 방법이 요한복음을 연상시킨다는 점이 우리의 눈길을 끈다(앞의 9장을 보라).

「바나바 서신」과 요한복음 사이의 관계는 오랫동안 논란이 되어왔다.[94] 이 두 문서가 공유하고 있는 내용—예를 들어 몇몇 모형론(예컨대 놋뱀과 아브라함이라는 인물), 성육신 신학, 그리스도의 선재성(그의 죽음은 죄 용서와 관련된다), 반유대주의 등—으로 미루어볼 때 둘 사이에는 우연의 일치 이상의 어떤 관련성이 있다고 주장할 수 있다.[95] 또 우리의 관심사에 비추어볼 때 유

---

92   Στόμα에 대해서는 Kraft, *Barnabas and the Didache*, 132를 보라. 그는 *Odes Sol.* 12:3; 42:6과 Ignatius, *Rom.* 8.2를 인용한다.

93   Gokey, *Terminology*, 100은 아무 증거 없이 그렇게 주장한다.

94   Paget, *Barnabas*, 225-30의 논의를 보라.

95   더 자세한 내용은 Paget, *Barnabas*, 226-28과 각주를 보라. 그렇다고 해서 이 두 문헌이 유대적인 성격이 강함을 부정하는 것은 아니다. Paget, *Barnabas*, 특히 9장과 Reimund Bieringer, D. Pollefeyt, and F. Vandecasteele-Vanneuville, eds., *Anti-Judaism and the Fourth Gospel: Papers of the Leuven Colloquium, 2000* (Jewish and Christian Heritage Series 1; Assen: Royal Van Gorcum,

대인들이 "한 악한 천사"(ἄγγελος πονηρός, Barn. 9.4; 참조. 요 8:44)의 지시를 받고 있다고 말하는 점도 주목할 만하다. 그러나 「바나바 서신」과 요한복음 사이에 어떤 직접적인 관계가 있을 것 같지는 않다. 「바나바 서신」에는 로고스 신학이 없으며 특히 유대교는 금송아지 사건 이래로 죽은 종교였으므로 구원이 유대인에게서 비롯되었다고 말할 수 없었다. 따라서 「바나바 서신」은 요한복음에 의존한 것이 아니다.[96] 그랬다기보다는 「바나바 서신」과 요한의 문헌 모두에서 우리는 아마도 똑같은 시대정신을 표현하는 개념들을 접하고 있는 듯하다.[97] 여기서도 귀신과 인간의 귀신 들림을 인정하되 그 치유 방법을 축귀에 의존하지 않는 기독교를 표현한 한 사례가 등장한다(참조. 「헤르마스의 목자」). 이를 달리 표현하자면 귀신의 영향을 제거하는 것은 바로 하나님의 임재다. 마지막으로, 세례와 축귀 사이의 관계에 대한 우리의 관심에 있어서, 우리는 바나바가 세례를 논의하기는 하지만 세례는 축귀가 아닌 십자가와 관련이 있다는 점을 지적할 수 있다(11.1-11).

10.8 안디옥의 이그나티오스

초기의—아마도 두 번째—안디옥 감독(Ignatius, Rom. 2.2; 참조. Eusebius, Hist. eccl. 3.22)에 대해서는 그가 군인 열 명의 호위를 받으며 로마에 순교하러 가는 도중에 몇몇 교회들에 보낸 일곱 편의 편지(Ignatius, Rom. 5.1)[98]에서 얻을

2001)의 논문 모음집을 보라.

96 다음 문헌들이 주장해온 바와 같다. François-Marie Braun, "La 'Lettre de Barnabé' et l'Évangile de Saint Jean (simples réflectiones)," NTS 4 (1957-58): 119-24; 그리고 François-Marie Braun, Jean le Théologien et son évangile dans l'église ancienne (Paris: Gabalda, 1959), 81-86. 다음 문헌들의 논의를 보라. Paget, Barnabas, 225-30; 그리고 Hill, Johannine Corpus, 19-20.

97 H. Holtzmann, "Barnabas and Johannes," ZWT (1871): 336-51도 같은 입장이다. 이 논문은 Paget, Barnabas, 230에 인용되었다.

98 이그나티오스에 대해 언급한 가장 이른 시기의 교부 문헌들을 정리한 목록은 Cyril C.

수 있는 정보를 제외하고는 알려진 것이 전혀 없다. J. B. 라이트풋은 그 편지들의 행간을 읽고서 이그나티오스가 이교 신앙에서 개종했을 때는 이미 성인이 된 뒤였다고 합리적으로 추정했다.[99] 합리적으로 주장되어 온 바대로 이그나티오스가 트라야누스의 재위 기간(기원후 98-117년)인 기원후 107년에 순교했다는 에우세비오스의 말[100]을 신뢰할 수 있다면 이그나티오스가 2세기 초에 이 편지들을 썼을 가능성이 크다.[101]

그의 임박한 죽음—그는 그것을 갈망했다(예컨대 *Rom.* 1-2, 8)—을 제외하면 이그나티오스는 일반적으로 교회 안의 거짓 교사들에 대해 염려하며 (예컨대 *Eph.* 6.2; *Trall.* 6.1),[102] 무엇보다 교회의 연합에 관해 염려한다(*Magn.* 1.2; *Phld.* 5.2; 8.1).[103] 그러나 이 시기의 다른 저자들과 비교하면 이그나티오스는

Richardson, *The Christianity of Ignatius of Antioch* (New York: Columbia University Press, 1935), 89 주석 1을 보라. 전통적으로 열거된 이 편지들의 세 가지 교정본에 대해서는 William R. Schoedel, *Ignatius of Antioch: A Commentary on the Letters of Ignatius of Antioch* (Hermeneia; Philadelphia: Fortress, 1985), 3-4를 보라. 이그나티오스의 편지들의 진정성에 대한 확신은 변동을 겪었지만, 그 편지들을 실제로 이그나티오스가 썼다는 쪽으로 합의가 이뤄져 있다. 다음 글들을 보라. Caroline P. Hamond Bammel, "Ignatian Problems," *JTS* 33 (1982): 62-97; Mark J. Edwards, "Ignatius and the Second Century: An Answer to R. Hubner," *ZAC* 2 (1998): 214-26.

99 Joseph B. Lightfoot, *The Apostolic Fathers*, part 2, *Ignatius and Polycarp* (2nd ed.; 2 parts in 5 vols.; London: Macmillan, 1889-1890; repr., Grand Rapids: Baker, 1981), 1:28을 보라.

100 Eusebius, *Hist. eccl.* 3.21-22, 35. 이그나티오스의 저작 시기 결정을 위한 이 증거에 대한 논의는 Christine Trevett, *A Study of Ignatius of Antioch in Syria and Asia* (SBEC 29; Lewiston, NY; Queenston, ON; and Lampeter, UK: Edwin Mellen, 1992), 3-9를 보라.

101 다음 글들을 보라. William R. Shoedel, "Ignatius and the Reception of the Gospel of Matthew in Antioch," in *Social History of the Matthean Community* (ed. David L. Balch; Minneapolis: Fortress, 1991), 130-31; William R. Schoedel, "Polycarp of Smyrna and Ignatius of Antioch," *ANRW* II.27.1 (1993): 347-58.

102 예컨대 다음 글들을 보라. Einer Molland, "The Heretics Combatted by Ignatius of Antioch," *JEH* 5 (1954): 1-6; Jerry L. Sumney, "Those Who 'Ignorantly Deny Him': The Opponents of Ignatius of Antioch," *JECS* 1 (1993): 345-65; 그리고 Michael D. Goulder, "Ignatius' 'Docetics,'" *VC* 53 (1999): 16-30.

103 Schoedel, *Ignatius*, 21-22의 논의를 보라. 다음 글들에 따르면 이그나티오스는 세 번째 오류, 즉 몬타누스주의의 온상이 된 예언 활동과 맞서 싸우고 있었다. Christine Trevett, "Prophecy

예수에 생애에 대해 상당한 관심을 보인다.[104] 하지만 이그나티오스는 예수가 먹고 마신 이야기(예컨대 *Trall.* 9.1) 및 그가 사도들을 두었고 교사였다는 점(*Magn.* 7.1; 9:1-2)을 제외하면 예수의 공적인 생애와 사역에 대해 별로 말하지 않는다.[105] 그럼에도 불구하고 그가 예수가 치유자였다는 사실을 알고 있다는 암시가 존재할 수는 있다. 이그나티오스는 폴리카르포스에게 보내는 편지에서 그 감독에게 이렇게 촉구한다. "주께서 당신에게 참으신 것처럼 모든 사람에게 참으십시오(βάσταζε, *Pol.* 1.2). 이그나티오스는 여기서 마태복음 8:17에 기록되었듯이 이사야 53:4을 반영하고 있는데, 마태복음 8:17에서는 예수의―축귀를 포함한―치유 사역을 묘사하기 위해 이사야 53:4을 사용했으므로 그는 아마도 예수의 사역의 이런 측면을 알고 있었을 것이다. 그러나 이그나티오스는 그 구절을 교회의 치유 사역 관점에서 해석하는 것이 아니라 자신의 역할을 감당하는 한 감독의 관점에서 해석한다.[106]

이그나티오스는 그가 받은 전승을 취해서 예수와 예수의 제자들이 치

---

and Anti-Episcopal Activity: A Third Error Combatted by Ignatius?" *JEH* 34 (1983): 1-18; 그리고 Christine Trevett, "Apocalypse, Ignatius, Montanism: Seeking the Seeds," *VC* 43 (1989): 313-38. Schoedel, "Polycarp of Smyrna and Ignatius of Antioch," 342는 이 이론을 논의하고 비판했다.

104 이그나티오스는 예수의 생애의 여러 측면―마리아(*Eph.* 7.2; *Trall.* 9.1)로부터의 동정녀 탄생(*Eph.* 19.1; *Smyrn.* 1.1), 성탄의 별(*Eph.* 19.2)과 (아마도) 동방 박사들(*Eph.* 19.3), 예수가 다윗의 혈통이었다는 사실(예컨대 *Eph.* 20.2; *Trall.* 9.1), 요한에게 세례를 받았다는 사실(*Smyrn.* 1.1; 참조. *Eph.* 18.2), (아마도) 사탄에 의한 시험(*Rom.* 6.1), 먹고 마셨다는 사실(*Trall.* 9.1), 기름 부음을 받았다는 사실(*Eph.* 17.1), (아마도) 마지막 만찬(*Rom.* 7.3); (아마도) 재판(*Eph.* 15.2), 본디오 빌라도(*Trall.* 9.1)와 분봉왕 헤롯(*Smyrn.* 1.2)의 시대에 박해를 받았다는 사실, "참으로 십자가에 못 박혀 죽었다"는 사실(*Trall.* 9.1; *Smyrn.* 1.2), "그가 또한 참으로 죽은 자들 가운데서" 육체로 "부활"해서(*Trall.* 9.2) 먹고 마셨고 그의 제자들이 그를 보고 만질 수 있었다는 사실(*Smyrn.* 3.1-3) 등―을 언급하거나 암시한다. 더 자세한 내용은 Schoedel, "Reception," 154-75를 보라. 더 이전 시기의 논문인 Graydon F. Snyder, "The Historical Jesus in the Letters of Ignatius of Antioch," *BR* 8 (1963): 3-12도 보라.

105 Schoedel, "Reception," 164-65를 보라.

106 Schoedel, "Reception," 167.

유자 또는 축귀자였다는 개념을 전개하지 않은 이유에 대한 충분한 정보를 우리에게 제공했다. 우선 그가 마태복음[107](또는 최소한 마태의 자료[108])에 상당히 의존했다는 점이 어느 정도는 그가 축귀에 대해 언급하지 않은 요인으로 작용했을 것이다. 마태는 이그나티오스보다 먼저 기적을 일으키는 자로서의 예수를 교사로서의 예수에 포함시켰다.[109] 둘째, 이그나티오스는 요한복음을 읽고서[110] 축귀 없이 귀신을 패배시키는 방법에 친숙해졌을 것이다.

셋째, 이그나티오스가 고대해오던 순교가 임박한 상황을 고려하면 그가 복음을 예수의 죽음과 특히 부활이라는 관점에서 묘사할 수 있었던 것은 놀랄 일이 아니다. 어느 대목에서 그는 복음을 "구주이신 우리 주 예수 그리스도의 오심, 그분의 고난과 부활"로 정의한다(*Phld.* 9.2; 참조. 8.2; *Smyrn.* 7.2). 더 나아가 이그나티오스에게 있어 이 복음은 말해지거나 전파되는 복음이다(예컨대 *Eph.* 6.2).[111] 어떤 사람이 살아가는 방식(예컨대 *Eph.* 14)에 대한 언급을 제외하면 이그나티오스는 기적이나 축귀로 복음을 입증하거나 규정하는 것에 대해 아무런 언급도 하지 않는다.

---

107 Christine Trevett, "Approaching Matthew from the Second Century: The Under-Used Ignatian Correspondence," *JSNT* 20 (1984): 59-67, 특히 65를 보라.

108 Trevett, *Ignatius,* 22-23의 논의를 보라. 다음 글들의 논의도 보라. Schoedel, "Reception," 129-77, 특히 175-77; John P. Meier, "Matthew and Ignatius: A Response to William R. Schoedel," in Balch, ed., *Social History of the Matthean Community,* 178-86; Bellinzoni, "Matthew," 206-7.

109 Schoedel, "Reception," 예컨대 164.

110 이그나티오스가 요한복음을 사용하지 않았다는 점에 대해서는 Henning Paulsen, *Studien zur Theologie des Ignatius von Antiochien* (Forschungen zur Kirchen- und Dogmengeschichte 29; Göttingen: Vandenhoeck & Ruprecht, 1978), 36-37을 보라. 그러나 설득력 있는 반대 견해는 Hill, *Johannine Corpus,* 421-43을 보라. Ignatius, *Rom.* 7.2-3(요 4:10, 14; 6:33 등); *Magn.* 7.1(요 5:19; 8:28); *Magn.* 8.2(요 1:1; 8:28-29); *Phld.* 7.1(요 3:6, 8; 8:14); *Phld.* 9.1-2(요 8:30-59; 10:7, 9; 14:6; 17:20-23)에 대해서는 Hill, *Johannine Corpus,* 431-41의 논의를 보라.

111 Charles T. Brown, *The Gospel and Ignatius of Antioch* (New York: P. Lang, 2000), 118-21의 논의를 보라. 참조. 209.

넷째, 이그나티오스에게 있어 사탄과 악의 세력의 패배 중 일부는 성육신을 통해 발생했다. 그는 이렇게 말한다. "마리아의 처녀성과 출산은 이 시대의 통치자의 눈에 띄지 않았다. 주님의 죽음도 마찬가지다"(*Eph.* 19.1).[112] 그는 그 결과 "모든 마술은 정복되었고 모든 악의 속박(δεσμός)은 무력해졌다"고 말한다(19.3). 독자들은 아마도 이 속박을 운명, 마술의 주문, 불화[113]뿐만 아니라 악의 세력[114]도 가리키는 것으로 이해했을 것이다. 그러나 이그나티오스는 예수의 출생뿐만 아니라 그의 먹고 마심, 박해, 죽음도 포함하도록 예수에 대해 더 폭넓게 묘사하면서 "하늘과 땅 위와 땅 아래 있는 이들"이―아마도 그들을 무력한 자들로 묘사하기 위해―그 모든 장면을 바라보는 것으로 그린다(*Trall.* 9.1). 어쨌든 가르침이나 축귀를 포함한 기적에 대한 언급은 존재하지 않는다.

다섯째, 이그나티오스는 사탄의 활동을 잘못된 교리 및 불화와 관련시킨다. 따라서 그는 독자들에게 "사탄의 세력이 전복되도록" 더 자주 모여 하나님께 감사하고 영광을 돌리도록 격려한다(*Eph.* 13.1-2).[115] 그는 또한 계속해서 사탄의 "파괴성은 여러분의 믿음의 일치에 의해 무력해진다"고 말한다(13.1). 마찬가지로 「에베소인들에게 보내는 편지」 17장에서 그는 독자들에게 "이 세상의 군주"의 가르침을 받아들이는 대신 예수 그리스도의 인격 안에 있는 하나님을 아는 지식을 받아들이도록 격려한다. 따라서 사탄은 축

---

112 참조. Virginia Corwin, *St. Ignatius and Christianity in Antioch* (New Haven: Yale University Press, 1960), 156, 177.

113 Schoedel, *Ignatius*, 93을 보라.

114 Schoedel, *Ignatius*, 93 각주 37은 눅 13:16을 인용한다; Hippolytus, *Comm. Dan.* 4:33; *Odes Sol.* 21:2; 25:1; 42:16; *Trim. Prot.* (NHC XIII, *I*) 41.4-5; 44.14-17.

115 감사와 영광의 어휘(εἰς εὐχαριστίαν θεοῦ καὶ εἰς δόξαν)는 이그나티오스가 성찬을 염두에 두고 있음을 암시한다. 다음 문헌들을 보라. Gerhardus J. M. Bartelink, *Lexicologisch-semantische studie over de taal van de Apostolische Vaders* (Nijmegen: Centrale Drukkerij N.V.; Utrecht: Beyers, 1952), 113-14; Justin, *1 Apol.* 65.3; Schoedel, *Ignatius*, 74에서 인용된 *Did.* 9.1.

귀나 어떤 강력한 대결을 통해서 전복되는 것이 아니라 하나님(또는 예수 안에 계신 하나님)과 연합에 관심을 표명함으로써 전복된다. 우리는 다시금 요한복음에서 접했던 접근법과 크게 다르지 않은 접근법을 보게 된다.

이 장에서 우리는 로마의 클레멘스, 「헤르마스의 목자」, 「디다케」, 콰드라투스, 아리스티데스, 「베드로의 설교」, 「바나바 서신」, 안디옥의 이그나티오스를 다뤘다. 초기 교회에서 축귀가 매우 중요했다는 점에 비추어볼 때 지금까지 우리가 축귀에 대한 어떤 관심도 접하지 못했다는 점은 주목할 만하다. 그러나 다음 장에서 다루는 자료를 살펴보면 최소한 몇몇 그리스도인들 사이에서는 변화가 발생한다.

11

마가복음의 더 긴 결말과 2세기 후반의 문헌들

우리가 앞 장에서 살펴본 바와 대조적으로 마가복음의 더 긴 결말을 시작으로 2세기 후반의 몇몇 문헌—「디오그네투스에게 보내는 편지」, 순교자 유스티누스, 타티아노스, 아테네의 아테나고라스, 리옹의 이레나이우스, 안디옥의 테오필로스, 몬타누스주의, 알렉산드리아의 클레멘스, 「사도 전승」—에서는 축귀에 대한 관심의 뚜렷한 변화를 보여준다. 우리는 기독교의 마술적인 축귀와 그것이 우리의 목적과 어떤 관련이 있는지에 대한 몇 가지 논평으로 이 장을 마무리할 것이다.

11.1 마가복음의 더 긴 결말(막 16:9-20)

마가복음의 더 긴 결말이라고 불리는 단 열두 절에 축귀가 두 번 언급된다는 사실은 그 저자가 이 주제에 대해 상당한 관심이 있었을 수도 있음을 보여준다. 마가복음 16:9에서 막달라 마리아가 "예수께서…일곱 귀신을 쫓아내어 주신" 사람이라고 소개되고(참조. 눅 8:2), 이 구절의 거의 끝부분인 마가복음 16:17에서는 "그들이 내 이름으로 귀신을 쫓아낼" 것이라고 말한다. 우리는 이러한 언급들과 그 문맥에 대한 논의를 통해 이 자료가 대변하는 몇몇 초기 그리스도인들 사이에서의 축귀에 대한 더 깊은 통찰을 얻을 수 있을 것이다.

마가복음의 결말은 "가장 큰 문학적 신비"라고 말하면 아마도 과장이 겠지만[1] 이 수수께끼에 대해 일반적인 호소력을 지닌 설명은 아직 나오지 않았다.[2] 마가가 자기의 복음서를 16:8에서 마무리하려고 했든 그렇지 않 았든[3] 간에 마가복음의 더 긴 결말은 그 책의 본론을 쓴 사람이 집필한 것이 아니라고 생각할 만한 타당한 이유가 있다.[4] 이 열두 절이 최초의 두 양피지 사본인 시나이 사본(ℵ)과 바티칸 사본(B) 및 기타 여러 사본에 들어있지 않 은 데다,[5] 이 구절은 어휘 및 문체 면에서 마가복음의 나머지 부분과 다른 중요한 차이점들을 포함하고 있고[6] 16:8의 주어는 여자들인데 16:9의 주

---

1   Dennis E. Nineham, *The Gospel of St Mark* (PNTC; Harmondsworth, UK: Penguin, 1963), 439.

2   예를 들어 다음 문헌들의 논의를 보라. Garry W. Trompf, "The Markusschluss in Recent Research," *ABR* 21 (1973): 15-26; 그리고 Steven Lynn Cox, *A History and Critique of Scholarship concerning the Markan Endings* (Lewiston, NY: Mellen, 1993).

3   16:8에서 마가는 복음서를 마무리한 것이 아니라 예수와 여인들의 이후의 만남에 관한 새로 운 단락을 쓰기 시작했다는 주장과 그에 관한 증거를 수집한 Robert H. Gundry, Mark (Grand Rapids: Eerdmans, 1993), 1009-21을 보라. Richard T. France, *The Gospel of Mark* (Grand Rapids and Cambridge, UK: Eerdmans, Carlisle, UK: Paternoster, 2002), 684는 이 관점을 "마 가복음의 수수께끼 같은 마지막 절들에 대해 제안된 이해 중 가장 덜 불만족스러운 이해"라고 부른다.

4   Ned B. Stonehouse, *The Witness of Matthew and Mark to Christ* (Philadelphia: The Presbyterian Guardian, 1944), 86-118에서 "마가복음의 결론"을 다룬 데 대해 F. F. Bruce, "The End of the Second Gospel," *EvQ* 17 (1945): 169가 "그 결과 이런 종류의 어떤 증거라도 이 열 두 절이 그토록 오래 덧붙여져 있던 마가복음의 본질적인 부분이 아니라는 점을 결정적 으로 보여줄 수 있다"라고 한 논평은 여전히 유효하다. 그러나 이와 반대되는 주장으로는 예컨대 Eta Linnemann, "Der (wiedergefundene) Markusschluss," *ZTK* 66 (1969): 255-87 을 보라. Linnemann에 대한 비판은 다음 글들을 보라. Kurt Aland, "Die wiedergefundene Markusschluss? Eine methodologische Bermerkung zur textkritischen Arbeit," *ZTK* 67 (1970): 3-13; 그리고 J. K. Elliot, "The Text and Language of the Endings to Mark's Gospel," *TZ* 27 (1971): 255-62; J. K. Elliott, *The Language and Style of the Gospel of Mark* (Leiden: Brill, 1993)에 재수록됨, 특히 204-5.

5   다음 문헌들을 보라. Bruce M. Metzger, *The Text of the New Testament* (4th ed.; Oxford: Oxford University Press, 2005), 322-23; Elliott, "Text and Language," 203-4.

6   예컨대 다음 열여섯 개 단어는 마가복음의 본론에서는 나타나지 않는다. : πορεύομαι(막 16:10, 12, 15), πενθέω(16:10), θεάομαι(16:11, 14), ἀπιστέω(16:11, 16), ἕτερος(16:12),

어는 예수라는 점에서, 이 단락이 선행하는 단락들과 잘 연결되지 않기 때문이다. 더구나 이 더 긴 결말은—아마도 다른 세 복음서에서 따온 듯한 예수의 부활 후 출현 목록에서—부활한 주님이 갈릴리로 가겠다던 약속대로 (16:7) 갈릴리에 나타났다고 진술하지 않는다는 점에서 16:8까지 확립된 사고의 순서를 방해한다.[7] 따라서 마가복음의 더 긴 결말과 본론 사이에 존재하는 문체상의 친화성[8]은 이 결말 부분이 마가복음의 원저자가 아닌 다른 사람에 의해서 이 복음서의 이차적인 결말로 기록되었음을 암시한다.

이 자료 저작 연대의 시점을 결정할 때 우리는 다음 두 가지 요소에 의존한다. 첫째, 더 긴 결말은 확실히 요한복음을 반영하는 부분이 있으므로[9] 이 자료가 쓰였다고 추정할 수 있는 가장 이른 시기는 2세기 초다. 이와 유사하게 마가복음의 더 긴 결말이—마르틴 헹엘에 따르면 "늦어도 2세기 중반에 쓰였고, 그보다 일찍 쓰였을 가능성이 매우 큰"[10]—「사도들의

μορφή 16:12); ὕστερον(16:14), ἕνδεκα(16:14), παρακολουθέω(16:17), ὄφις(16:18), θανάσιμον(16:18), βλάπτω(16:18), ἀναλαμβάνω(16:19), συνεργέω(16:20), βεβαιόω(16:20), 그리고 ἐπακολουθέω(16:20). 막 1:1-16:8과 16:9-20 사이의 어휘와 문법 면에서의 그 밖의 차이점들은 Paul L. Danove, *The End of Mark's Story: A Methodological Study* (Leiden: Brill, 1993), 122-23, 125-26을 보라. William R. Farmer, *The Last Twelve Verses of Mark* (SNTSMS 25; Cambridge: Cambridge University Press, 1974), 83-103, 특히 85도 보라. 그도 마가복음 본론과의 접촉점들을 언급한다.

7   Farmer, *Last Twelve,* 103을 보라. 참조. Craig A. Evans, *Mark 8:27-16:20* (WBC 34B; Nashville: Nelson, 2001), 546-47.

8   Farmer, *Last Twelve*, 85는 "[마가복음의 더 긴 결말을] **막 1:1-16:8을 쓴 바로 그 저자가 썼다면 우리는 그 절이 마가복음의 나머지 부분과 문체상의 유사성이 있을 것이라고 예상할 수 있을 텐데**" 막 16:9의 표현이 "**그것을 입증한다**"고 주장한다(강조는 원저자의 것임).

9   참조. 막 16:9과 요 20:1; 막 16:10과 요 20:18; 막 16:16과 요 3:18. "그 여자"(여성 주격 단수 명사)를 가리키는 ἐκείνη는 복음서들의 다른 곳에서는 오직 요 11:29; 20:15, 16에서만 발견된다. Farmer, *Last Twelve*, 85를 보라. 그는 이렇게 덧붙인다. "매우 흥미롭게도 ἐκείνη πορευθεῖσα와 가장 비슷한 표현은 요 20:15에서 발견되는 ἐκείνη δοκοῦσα인데 거기서 우리는 관련된 이 여자가 정확히 같은 사람이라는 사실에 감명을 받게 된다."

10   Hengel, *Studies*, 168. Johannes Quasten, *Patrology* (4 vols.; Utrecht-Antwerp: Spectrum, 1950-1986), 1:150-51의 논의를 보라.

편지」(*Epistula Apostolorum*)[11]에 의존하고 있을 가능성이 있다는 점을 고려하면 이 긴 결말이 2세기 초에 존재했을 가능성이 크다. 우리는 여기에 마가복음의 더 긴 결말 전체를 최초로 인용한 문헌은 타티아노스의 『디아테사론』(*Diatessaron*)[12]이라는 점을 추가할 수 있는데, 이 문헌의 저작 시기는 타티아노스가 로마를 떠나기 직전인 기원전 172년으로 추정할 수 있다.[13] 이레나이우스도 『이단에 대한 반박』(*Against Heresies*, 3.10.5)에서 마가복음 16:19을 그 복음서의 일부로 인용하는데,[14] 이 문서는 리옹에서 기록되었고 각 부분이 기록될 때 당시(175-189년경)의 로마 감독이었던 엘레우테리오에게 보내졌다.[15] 이레나이우스는 타티아노스와 무관한 자료들에 의존했을 것이다. 왜냐하면 이레나이우스는 『디아테사론』을 한 번도 언급하지 않을 뿐만 아니라,[16] 자기가 비판적으로 대한(*Haer.* 1.28.1; 3.23.8) 타티아노스가 이 자료를 사용했다고 알려졌다면 그 뒤로는 이레나이우스가 다른 설명 없이 이 자료를 인용했을 가능성이 별로 없기 때문이다. 따라서 이레나이우스는 늦어도

---

11   Manfred Hornschuh, *Studien zur Epistula Apostolorum* (PTS 5; Berlin: de Gruyter, 1965), 14를 보라. 이 문헌은 Martin Hengel, *Studies in Mark's Gospel* (London: SCM, 1985), 168에서 인용되었다. James A. Kelhoffer, Miracle and Mission: The Authentication of Missionaries and There Message in the Longer Ending of Mark (WUNT 2.112; Tübingen: Mohr Siebeck, 2000), 171 각주 49는 「사도들의 편지」가 마가복음의 더 긴 결말에 의존했음을 부인한다. 그러나 186 각주 91을 보라. Charles E. Hill, The Johannine Corpus in the Early Church (Oxford: Oxford University Press, 2004), 405는 그러한 의존성이 "여전히 상당히 가능성이 큰"(still quite possible) 것으로 본다.

12   Tatian, *Diat.* 53.25, 35, 37, 39, 61; 55.3, 5, 8-10, 12, 13, 16을 보라

13   Molly Whittaker, *Tatian: Oratio ad Graecos and Fragments* (Oxford: Clarendon, 1982), "Introduction," ix.

14   Irenaeus, *Haer* 3.10.5: "자신의 복음서의 끝부분에서 마가는 이렇게 말한다. '그다음에 주 예수께서는 그들에게 말씀하신 뒤 하늘로 들어 올려져 하나님 우편에 앉아 계신다.'"

15   Robert M. Grant, *Irenaeus of Lyons* (London and New York: Routledge, 1997), 6.

16   Bruce M. Metzger, *The Early Versions of the New Testament: Their Origin, Transmission, and Limitations* (Oxford: Clarendon, 1977), 32. 그러나 이레나이우스(*Haer.* 1.28.1)는 타티아노스의 「그리스인들에게 보내는 담화」(*Discourse to the Greeks*)를 알고 있다.

자신이 기원후 177년에 로마에 있었던 때부터 마가복음의 더 긴 결말에 대해 알고 있었다고 가정하는 것은 합리적이다(Eusebius, *Hist. eccl.* 5.4.1-2). 이 자료가 마가복음의 일부로 인정되는 데 걸렸을 시간을 고려하면 그것이 로마에서 아마도 그보다 한 세대 전인 2세기 중반에 확고하게 자리를 잡았을 것으로 추정할 수 있다.[17] 더 나아가 음독(陰毒)에 대한 언급(막 16:18)으로 미루어 저작 시기를 2세기 전반으로 보는 경향이 있다. 파피아스가 유스투스 바르사바스가 독을 마시고도 해를 입지 않았다고 말한 『주의 가르침에 대한 해설집』(*Exposition of the Logia of the Lord*)을 에우세비오스가 인용하고 있기 때문이다(*Hist. eccl.* 3.39.9).[18] 파피아스는 아마도 기원후 110년경에 이 책을 썼을 것이다.[19] 이러한 증거로 보아 우리는 마가복음의 더 긴 결말이 130년대 무렵에 존재하고 있었고 2세기 중반에는 확고하게 자리를 잡았다고 합리적으로 결론을 내릴 수 있다.[20]

마가복음의 더 긴 결말이 작성된 장소에 대해 우리에게 있는 증거는 로마를 지목한다. 타티아노스의 『디아테사론』은 수리아어로 기록되었지만[21] 로마에는 상당한 규모의 수리아인 기독교 공동체가 존재했고[22] 거기서 2

---

17 Cox, *Markan Endings*, 15-17을 보라.

18 그리스도인들의 음독에 대한 이후의 다른 언급은 Henry R. Swete, *The Gospel according to St. Mark* (London: Macmillan, 1908), 406을 보라.

19 다음 문헌들을 보라. William R. Schoedel, *Polycarp, Martyrdom of Polycarp, Fragments of Papias* (vol. 5 of *The Apostolic Fathers*; ed. Robert M. Grant; Camden, NJ: Nelson, 1967), 91-92; Ulrich H. J. Körtner, *Papias von Hierapolis* (Göttingen: Vandenhoeck & Ruprecht, 1983), 225-26.

20 참조. Kelhoffer, *Miracle and Mission*, 175는 "우리는 마가복음의 긴 결말의 저작 시기를 이처럼 확신 있게 기원후 120-150년경으로 추정할 수 있다"고 말하며, "아마도 이 범위 중 보다 이른 시기로 추정할 수 있다"고 주장한다. (475)

21 『디아테사론』의 원어에 대해서는 아래의 각주 89를 보라.

22 Louis Duchesne, *Le liber pontificalis: Texte, introduction et commentaire* (2 vols.; Paris: E. Thorin, 1886-1892), 1:134는 수리아인 아니케투스가 기원후 145년부터 165년까지 로마의 감독이었다고 말한다; 이글은 William L. Petersen, "Tatian's Diatessaron," *Ancient Christian Gospels: Their History and Development* (ed. Helmut Koester; London: SCM; Philadelphia: TPI, 1990), 429 각

세기와 3세기에 그 문서가 잘 알려져 있었다.[23] 또 아마도 마가복음의 결말을 넌지시 언급한 듯한[24] 타티아노스의 스승인 순교자 유스티누스(Eusebius, *Hist. eccl.* 4.29.3)도 로마에 있었다.[25] 따라서 우리가 주목한 마가복음의 더 긴 결말과 전체적인 마가복음 사이의 불일치에도 불구하고 더 긴 결말은 아마도 마가복음의 결론으로 의도되었을 텐데, 전통적으로 마가복음도 로마에서 기원했다고 전해진다(5장 각주 6을 보라). 더구나 마가복음의 더 긴 결말의 저자는 사도행전뿐만 아니라 4복음서 전승도 모두 잘 알고 있었던 것으로 보인다.[26] 로마는 이 모든 전승이 알려져 있었을 가능성이 큰 장소 중 한 곳이므로 마가복음의 더 긴 결말도 그곳에서 쓰였다고 주장하는 것은 충분히 일리가 있다.

이 절들의 내용을 살펴보면 이 절들을 결합하는 모티프가 믿음과 불신이라는 점이 주목할 만하다.[27] 이 구절의 첫 번째 관심 대상은 열한 제자

주 1에 실린 글에서 인용되었다.

23 Petersen, "Tatian's Diatessaron," 429.

24 기원후 150년대 말에 로마에서 집필된(*1 Apol.* 1.46) Justin Martyr, *1 Apol.* 1.45 에는 – Adolf von Harnack, *Die Chronologie der altchristlichen Litteratur bis Eusebius* (2 vols, ; Leipzig: Hinrichs, 1897), 1: 274-84를 보라 – 막 16:20을 넌지시 언급한 것일 가능성이 있는 구절이 있다. "그의 사도들이 나가서 모든 곳에 전파했다."

25 Justin Martyr, *1 Apol.* 1을 보라.

26 Rudolf Pesch, *Das Markusevangelium* (HTKNT 2.1-2; Freiburg: Herder, 1980), 2.544-47; Hengel, *Studies*, 168-69; Evans, *Mark 8:27-16:20*, 546-47. 『디아테사론』도 예수의 말씀의 생생한 전승에 의존하고 있다는 점에 대해서는 예컨대 다음 문헌들을 보라. Eric E Osborn, *Irenaeus of Lyons* (Cambridge: Cambridge University Press, 2001), 181; Kelhoffer, Miracle and Mission, 예컨대 121-22, 138-39, 147-50.

27 "믿다"(πιστεύω, 막 16:16, 17), "믿지 않다"(ἀπιστέω, 16:11, 16), "믿지 않다"(οὐδέ… πιστεύω, 16:13; οὐ…πιστεύω, 16:14), "불신"(ἀπιστία, 16:14). 9-14절과 15-20절은 별개로 다루어야 한다는 Linnemann, "Markussschluss," 255-87의 주장과 달리 언어학적으로 막 16:9-20은 동사 πορεύομαι에 의해 결합되어 있는데, 이 동사는 마가의 어휘가 아니다. πορεύομαι는 막 16:10, 12, 15에 나오고, 마태복음에서 29회, 누가복음에서 51회 나온다. 막 9:30에서만 복합 동사 παραπορεύομαι가 단순 동사의 이차적인 의미로 사용된다. Elliott, "Text and Language," 특히 206-7을 보라.

다. 예수가 부활한 뒤 그를 본 사람들의 말을 믿지 않은 그들은 부활한 주님으로부터 꾸중을 듣고(막 16:14) 난 후 믿고 나가서 복음을 전파할 수 있게 된다(16:15). 그러나 그 구절의 초점은 이 메시지를 선포하는 이들의 말을 믿는 사람들에게 있다. 그들은 구원을 받을 뿐만 아니라(16:16) "믿는 자들"에게는 "표적이" 따를—직역하자면, "뒤따를"(παρακολουθήσει)—것이다 (16:17). 즉 표적 또는 기적이 믿음의 입증 또는 증거로 여겨진다. 달리 말하자면 이 자료의 저자에게 믿음은 그 사람과 관련해서 일어나는 기적을 통해 증명된다. 축귀에 대한 언급은 바로 기적에 대한 이러한 신학에 비추어 이해되어야 한다.

막달라 마리아가 예수가 "일곱 귀신을 쫓아내어 주신"(παρ' ἧς ἐκβεβλήκει ἑπτὰ δαιμόνια, 막 16:9) 사람으로 소개된다는 점이 우리의 연구에 중요하다. 마가복음의 더 긴 결말의 저자는 ἐκβάλλω("쫓아내다")라는 단어를 사용해서 축귀를 하나님이 원수를 쫓아냄으로써 자기 백성을 위한 자신의 목적을 성취하는 것으로 보는 마가복음 및 좀 더 넓은 초기 기독교의 축귀 개념을 유지한다.[28] 이 구절의 저자가 마리아에게서 일곱 귀신이 쫓겨났다는 생각을 받아들였다는 점은 더 나쁜 상태를 상상할 수 없을 정도로 단단히 귀신 들린 사람도 다룰 수 있는 예수의 능력에 주의를 끈다.[29] 결국 이 강력한 예수의 능력은 16:17에 나오는, 축귀에 대한 두 번째 언급에서 초기 그리스도인들의 축귀에 대한 배경을 제공해준다.

우리의 관심 대상인 두 번째 언급에서 축귀는 표적 중 가장 앞에 나온다. "믿는 자들에게는 이런 표적이 따르리니 곧 그들이 내 이름으로(ἐν τῷ

---

28 Graham H. Twelftree, *Jesus the Exorcist: A Contribution to the Study of the Historical Jesus* (WUNT 2.54; Tübingen: Mohr Siebeck; Peabody, MA: Hendrickson, 1993), 110.

29 참조. Karl H. Rengstorf, "ἑπτά...," *TDNT* 2:630-31; Otto Böcher, *Das Neue Testament und die dämonischen Mächte* (SBS 58; Stuttgart: KBW, 1972), 9-10.

ὀνόματί μου) 귀신을 쫓아낼(δαιμόνια ἐκβαλοῦσιν) 것이다"(막 16:17; 참조. 9:37-
41). 믿음과 기적을 행할 수 있는 능력 사이의 이러한 연결 관계는 공관복음
의 특징이 아니라 요한복음의 특징이다. "나를 믿는 자는 내가 하는 일을 그
도 할 것이다"(요 14:12). 요한복음 전승에서 일(ἔργα) 또는 기적[30]을 행할 수
있는 이러한 능력은 예수와 제자들의 연합 및 예수의 사역을 이어나가는 성
령의 임재를 바탕으로 한다(15:18-16:11). 그러나 마가복음의 더 긴 결말에
열거된 표적 또는 기적—축귀(예컨대 막 1:21-28), 방언 말하기(예컨대 행 2:4;
고전 12:28), 독사 집어 들기(참조. 눅 10:19), 병자에게 안수하기(예컨대 막 5:23;
고전 12:9-10, 28-30)—은 요한복음의 특징이 아니라 공관복음이나 바울 서
신의 특징이다. 성령론적인 관점과 이런 특정한 기적들의 결합은 바울을 연
상시킨다.

"내 이름으로"(ἐν τῷ ὀνόματί μου)라는 관용구 사용과 관련된 축귀 방법
은 저자가 마가복음 9:38에서 표현된 것과 같은 식의 치유에 대한 관점을
지니고 있음을 보여준다. 즉 축귀는 예수 자신에 의해 행해진 것과 같은 방
식으로 행해져야 하는 것으로 이해되었을 것이다(위의 5.9 단락을 보라). 이 구
절의 마지막 절은 주께서 그들과 "함께 역사하사"(συνεργέω) 그것에 "수반
한"(ἐπακολουθέω) 표적으로 그 메시지를 "확인하셨다"(βεβαιόω)고 말함으로
써(막 16:20) 이 점을 확인한다. 즉 주의 "이름으로" 행해진 기적들은 주가
하신 일로 간주된다(참조. 히 2:4). 이 점은 주(예수)를 초기 그리스도인들의
축귀와 관련시키며, 우리가 방금 언급한 대로 예수가 마리아에게서 일곱 귀
신을 쫓아낸 사건이 이 자료의 배경이라는 점—이는 ἐκβάλλω와 δαιμόνια

---

30 요 14:12에서 "일"(ἔργα)이 기적을 포함하도록 의도된 단어라는 점에 대해서는 Graham
    H. Twelftree, *Jesus the Miracle Worker: A Historical and Theological Study* (Downers Grove; IL:
    InterVarsity, 1999), 233-34를 보라. 그는 예컨대 Rudolf Schnackenburg, *The Gospel according
    to St. John* (3 vols.; New York: Crossroad, 1982), 2:71의 견해를 따른다.

의 어휘적인 관련성에 의해 확인된다—은 초기 그리스도인들의 성공과 능력을 암시한다.

이 구절의 마지막 절은 기적이—메시지에 동반하거나(ἐπακολουθέω) 이를 따르면서—선포하는 자의 믿음에 대한 증거를 제공했을 뿐만 아니라 메시지를 "확인했다"(βεβαιόω)고 진술한다는 점에서 기적의 역할을 한 단계 더 발전시킨다(막 16:20). 메시지에 표적이나 기적이 "따른다"(ἐπακολουθέω)는 것은 표적이 메시지 뒤에 곧바로 이어져서 그것이 메시지의 결과이며[31] 아마도 심지어 메시지에 내재되어 있었다고도 말할 수 있었다는[32] 뜻이다. 동사 ἐπακολουθέω는 메시지의 신뢰성을 입증한다는 의미에서도 뒤따른다는 개념을 포함하고 있다.[33] 따라서 여기에 메시지를 확인할 뿐만 아니라 메시지에 본질적으로 뒤따르는 기적을 가리키는 "표적"의 적절한 용법이 등장한다.

마가복음의 더 긴 결말에 대한 우리의 논의가 증거를 합리적으로 반영하고 있다면 우리는 이 자료에서 2세기 전반에 로마의 그리스도인들 사이에서 축귀가 차지한 중요한 위치를 엿볼 수 있다. 그들은 자신들이 행한 축귀는 마치 예수가 친히—아마도 그의 성령을 통해 이루어지는 일로 이해되는—축귀를 행하는 것과 같다는 견해를 유지했다(참조. 막 9:37-41). 우리는 이러한 성령론적인 기독교는 그 "일" 또는 "은사"에 축귀를 포함했다고 추정할 수 있다. 더 넓게 말하자면 그들이 축귀를 행할 수 있었다는 사실은 그

---

31 다음 문헌들을 보라. Gerhard Kittel, "ἐπακολουθέω," *TDNT* 1:215. 그는 예컨대 막 16:20; 딤전 5:10; 수 6:8(70인역)을 인용한다; Polybius, *Historiae* 30.9.10; Erwin Preuschen, *Vollständiges Griechisch-Deutsches Handworterbuch zu den Schriften des Neuen Testaments* (ed. Walter Bauer; 2nd ed.; Giessen: Töpelmann, 1928), 438은 다른 견해를 보인다.

32 MM, "ἐπακολουθέω"를 참조하라. 그는 이 동사가 "직접 그 자리에 있다"는 뜻을 갖게 되었다는 증거로 P.Petr. 2.40(b)[6]과 P.Oxy 7.1024[33]을 인용한다.

33 BDAG, "ἐπακολουθέω"를 보라.

들의 ("정통적인"?) 믿음에 대한 증거를 제공했을 뿐만 아니라, 그들의 메시지에 수반하는 기적을 통해 그들의 메시지가 하나님께 인정받은 진실한 것이었음을 보여주었다.

11.2 디오그네투스에게 보내는 편지

이 편지를 언급하는 초기 기독교 문헌이 전혀 없는 점으로 미루어보면 최악의 경우 이 문서는 16세기 말에 최초로 알려진 이 문서 편집자에 의한 위작일 수도 있다. 그러나 이런 견해에 공감하는 학자는 거의 없다.[34] 대신 이 문서는 (2세기 전반의 작품인)「베드로의 설교」를 사용하고 있고[35] 알렉산드리아의 클레멘스가 인용한 내용을 통해서만 알려져 있으며 클레멘스 자신과 「바나바 서신」에 이 편지와 유사한 점들이 있는 것으로 미루어볼 때 아마도 최소한 2세기 말이나[36] 2세기 중반에[37] 알렉산드리아에서 학식이 높고 그리스어를 구사하는 어느 그리스도인에 의해 쓰였을 것이다.[38]

　　최초의 편집자가 편지라고 잘못 부른 이 문서는 사실 변증을 넘어 권고

34　Andrew Louth and Maxwell Staniforth, *Early Christian Writings: The Apostolic Fathers* (London: Penguin, 1987), 139.

35　위의 10장 각주 73을 보라.

36　Theofried Baumeister, "Zur Datierung der Schrift an Diognet," *VC* 42 (1988): 105-11.

37　다음 문헌들을 보라. Leslie W. Barnard, "The Enigma of the Epistle to Diognetus," in *Studies in the Apostolic Fathers and Their Background* (New York: Schocken; 1966), 165-73, 특히 173; W. H. C. Frend, *The Rise of Christianity* (Philadelphia: Fortress, 1984), 261 각주 24. 더 늦은 저작 시기를 주장하는 입장에 대해서는 다음 문헌들을 보라. Robert M. Grant, *Greek Apologists of the Second Century* (Philadelphia: Westminster, 1988); 178(기원후 177년경); Henri Irénée Marrou, *A Diognète* (2nd ed. revised and augmented; SC 33 bis; Paris: Cerf, 1997), 241-68(190-200년경). Hill, *Johannine Corpus*, 361-62는 위의 두 문헌에 대해 논의한다.

38　Bart D. Ehrman, *The Apostolic Fathers* (2 vols.; LCL; Cambridge, MA; and London: Harvard University Press, 2003), 2:124-27을 보라. 논의된 이름 목록은 Barnard, "Diognetus," 171-72를 보라.

와 신규 모집으로 나아가는 일종의 논문이다(*Diogn.* 10.1). 우리의 관심을 끄는 부분은 기독교에 대한 긍정적인 묘사와 신규 모집을 위한 노력에 있어서(7-12장) 예수의 기적이든 제자들의 기적이든 기적에 대한 언급이 없다는 점이다. 그 대신 예수(그의 이름은 언급되지 않는다)를 보내는 하나님의 행동은 "자신의 거룩하고 불가해한 말씀"을 보내는 것으로 아리송하게 묘사된다(7.2). 또한 저자는 우리가 구주를 특히 치유자(ἰατρόν, 9.6)로 간주해야 한다고 말하지만, 예수를 "우리를 참아주었고", "우리의 죄를 짊어졌고"(9.2) 우리를 설득하고 부르는(7.4; 10:6) 분으로 묘사한다. 기적이나 축귀에 대한 언급은 없다.

타인과의 불확실한 관계[39]에 관한 마지막 두 장에서 저자는 자신을 사도들의 제자로 묘사한다(*Diogn.* 11.1). 사도들도 치유와 관계가 있는 이들이 아니라 지식을 받아서(12.9) 진리, 말씀, 또는 계시를 전해주는(11.2) 이들로 묘사된다. 당연하게도 저자는 스스로를 자신에게 계시된 진리를 전달하기 위해 애쓰는 선생(διδάσκαλος, 11.1)으로 묘사한다. 독자들은 이러한 진리들을 듣고 이해해야 한다(11.7-8). 저자는 계속해서 자신이 추천하는 삶의 방식은 지식에 있다고 말한다(12.1-9). 이 문서가 이처럼 예수나 교회의 사역에서 기적이나 축귀에 관심을 보이지 않는 데 대한 가장 단순하고 개연성이 높은 설명은 공관복음 전승이 이 문서에 거의 영향을 끼치지 않았다는 것이다.[40] 다른 한편으로는 유진 페어웨더의 말대로 "요한의 관점이 이 문서를

---

39 Barnard, "Diognetus," 171은 「디오그네투스에게 보내는 편지」(*Ad Diogetum*) 1-10장과 11-12장을 같은 저자의 저술로 간주하는 데는 반박할 수 없는 어떤 반론도 존재하지 않는다"고 본다.

40 기껏해야 공관복음 전승을 살짝 연상시키는 부분은 다음과 같다. 마 3:17 ∥ *Diogn.* 8.11; 11.5; 마 6:31 ∥ *Diogn.* 9.6; 마 17:5 ∥ *Diogn.* 8.11; 마 19:17 ∥ *Diogn.* 8.8; 마 20:28 ∥ *Diogn.* 9.2; 막 3:4 ∥ *Diogn.* 4.3; 막 9:7 ∥ *Diogn.* 8.11; 막 10:18 ∥ *Diogn.* 8.8; 막 10:45 ∥ *Diogn.* 9.2; 눅 6:27 ∥ *Diogn.* 6.6; 눅 18:19 ∥ *Diogn.* 8.8.

지배하고 있다."[41] 이는 이 문서의 저자가 정경에 포함된 요한 문헌의 사본을 갖고 있었다는 뜻이 아니다. 이 문서에는 확실하게 요한 문헌에서 인용한 문장이 없다. 그보다 이 문서의 저자는 축귀가 안중에 없을 만큼 요한의 관점에 철저히 동화되었다.

11.3 순교자 유스티누스

콰드라투스와 아리스티데스는 최초의 변증가들이지만, 유스티누스와 더불어 비로소 이른바 사도 교부들의 시대가 저물고 변증가들이 활약하는 시대로 접어든다. 유스티누스의 생애에 대해 우리가 알고 있는 내용의 대부분은 그 자신의 저술, 특히 「제1변증서」(1 Apology)의 처음 몇 장에서 얻을 수 있지만(참조. Dial. 1-8; 28.2) 그중 얼마나 많은 부분을 자전적인 내용으로 받아들일 수 있는가라는 문제가 있다.[42] 로마인의 혈통으로서 1세기 말 또는 2세기 초에 사마리아의 플라비아 네아폴리스(현재의 나블루스)에서 이교도 부모

---

41 Eugene R. Fairweather, "In Defense of the Faith: The So-Called Letter to Diognetus," in *Early Christian Fathers* (ed. Cyril C Richardson; LCC 1; 1953; repr., New York: Macmillan / Collier, 1970), 207(참조. 주석. 3); Hill, *Johannine Corpus*, 363은 앞의 글에 동의하고 이를 인용하며 363-66에서 추가 증거를 제시한다.

42 Erwin R. Goodenough, *The Theology of Justin Martyr* (Amsterdam: Philo, 1968), 58-59는 예컨대 Carl Andresen, "Justin und der mittlere Platonismus," *ZNW* 44 (1952-1953), 157-95와 Niels Hyldahl, *Philosophie und Christentum: Eine Interpretation der Einleitung zum Dialog Justins* (Copenhagen: Prostant apud Munksgaard, 1966), 45-50뿐만 아니라 Rudolf Helm, *Lucian und Menipp* (Leipzig and Berlin: Teubner, 1906), 40-42에 다양한 방식으로 의존하여 유스티누스의 자전적인 글의 역사적 진정성을 의심했다. 이에 반대하는 견해는 다음 문헌들을 보라. Leslie W. Barnard, *The First and Second Apologies: St. Justin Martyr* (ACW 56; New York and Mahwah, NJ: Paulist Press, 1997), 3-5, 11-12; Leslie W. Barnard, "Justin Martyr in Recent Study," *SJT* 22 (1966): 152-56; Leslie W. Barnard, *Justin Martyr: His Life and Thought* (London: Cambridge University Press, 1967), 1장.

에게서 태어난[43] 유스티누스는 사마리아 문제에 관심을 보였다.[44] 대략 30세 때 플라톤주의로부터 개종한 뒤로도[45] 유스티누스는 계속해서 자신을 이방인으로 간주했다.[46] 그는 교육을 많이 받았고 자신을 철학자로 여겼으며 저술에서 지적인 엄밀함을 발휘했다.[47] 유스티누스는 고린도에서 지냈는데 거기서 약 137년에 유대인 트리포와 대화를 나눴고(*Dial.* 1.3[48]) 그 대화는 훗날 아마도 150년대 말에 글로 기록되었을 것이다.[49] 그의 「제1변증서」는 아마도 대략 같은 시기에 기록되었고 「제2변증서」는 그 직후에 기록되었을 것이다.[50] 유스티누스는 생애 말년을 포함해[51] 로마에서 두 번 지냈다(Eusebius, *Hist. eccl.* 4.11, 16).[52] 에우세비오스는 유스티누스의 저술들이 "신학에 조예가

---

43 Barnard, *Life and Thought*, 3; Eric R. Osborn, *Justin Martyr* (BHT 47; Tübingen: Mohr Siebeck, 1973), 6. 참조. Eusebius, *Hist. eccl.* 4.11, 16.

44 Justin, *1 Apol.* 1; 26; 53; 56; *Dial.* 120.6.

45 Edward R. Hardy, "The First Apology of Justin, the Martyr: Introduction," in Richardson, ed., *Early Christian Fathers*, 230.

46 *2 Apol.* 12; *Dial.* 2–7; 41.3. 유스티누스가 개종한 뒤에도 플라톤적인 사상을 유지한 것에 대해서는 Barnard, *First and Second Apologies*, 16을 보라.

47 Osborn, *Justin Martyr*, 6–7을 보라. 좀 더 최근의 문헌으로는 Craig D. Allert, *Revelation, Truth, Canon, and Interpretation: Studies in Justin Martyr's "Dialogue with Trypho"* (VCSup 64: Leiden: Brill, 2002), 28–29를 보라.

48 Eusebius, *Hist. eccl.* 4.18.6은 「트리포와의 대화」는 에베소에서 벌어진 논쟁을 재현한 것이라고 말한다. 「트리포와의 대화」의 역사성에 대해서는 J. C. M. van Winden, *An Early Christian Philosopher: Justin Martyr's Dialogue with Trypho, Chapters One to Nine: Introduction, Text and Commentary* (Philosophia patrum 1; Leiden: Brill, 1971), 127을 보라.

49 유스티누스의 생애의 주된 윤곽과 그의 글의 저술연대를 밝히는 문제에 대해서는 예컨대 다음 문헌들을 보라. Hardy, "First Apology," 228–31; Cullen I. K. Story, *The Nature of Truth in "The Gospel of Truth" and in the Writings of Justin Martyr* (NovTSup 25; Leiden: Brill, 1970), xiii–xv; Osborn, *Justin Martyr*, 6–10.

50 Barnard, *First and Second Apologies*, 11.

51 *The Acts of Justin and Companions* 1; Herbert Musurillo, *The Acts of the Christian Martyrs: Introduction, Texts and Translations* (Oxford: Clarendon, 1972), 43을 보라. 최소한 에우세비오스가 두 변증서와 「트리포와의 대화」는 알고 있었지만 「유스티누스 행전」은 알지 못했다는 점에서 「유스티누스 행전」의 역사적 가치에 대한 문제가 제기된다.

52 Jon Nilson, "To Whom Is Justin's Dialogue with Trypho Addressed?" *TS* (1977): 538은 「트리포와의 대화」의 정황을 2세기 중반 로마에서의 유대인과 그리스도인 간의 관계라는 특정한

깊은 교양 있는 지성의 산물"이었다고 말한다(4.18.1). 유스티누스는 2세기의 가장 위대하고 가장 많은 저술을 남긴 변증가가 되어 그리스도인들을 국가, 유대인, 이단, 지식인들에게서 보호했다는 데 일반적으로 의견이 일치한다.[53] 유스티누스는 자기가 "모든 민족 중에 불공평하게 미움받고 학대당하는 이들을 위해" 글을 쓴다고 말했다. 그가 이 일에 관심을 기울인 이유는, 그가 말한 대로 "나 자신이 그들 중 한 사람이기" 때문이었다(1 Apol. 1.1).

그리스도인들에 대한 다양한 위협에 맞선 싸움에서 유스티누스의 핵심적인 관심사는 성육신에서 최고로 표현된 자기 백성에 대한 하나님의 사랑과 돌봄에 관한 초기 교회의 기본적인 메시지를 물려주는 것이었다.[54] 그럼에도 그는 귀신들이나 악한 영들에 상당한 관심을 기울인다.[55] 유스티누스는 그것들을 "이상한"(ἀλλοτρίων) 존재로 묘사하는데, 이 말은 "악한" 또는 "속이는" 영들이라는 뜻이다(τῶν πονηρῶν καὶ πλάνων πνευμάτων, Dial. 30.2). 귀신들의 기원에 대한 설명으로 그는 창세기 6:1-4을 참조한다. 구약성경은 "하나님의 아들들"이 여자들에게 매혹되었고 그들을 통해 "영웅들"(הַגִּבֹּרִים, 6:4 마소라 텍스트) 또는 "거인들"(οἱ γίγαντες, 6:4 70인역)을 낳았다고 말한다. 유스티누스는 아들들을 천사들(ἄγγελοι)로 대체하고[56] 귀신들(δαίμονες)이 태어났다고 말한다(2 Apol. 5.3).[57] 여기서 그는 아마도 「에녹 1서」

배경에서 찾아내려 한다."

53 다음 문헌들을 보라. Osborn, *Justin Martyr*, 13-14; Eric F. Osborn, "Justin Martyr and the Logos Spermatikos," *StMiss* 42 (1993): 143-44.

54 Hardy, "First Apology," 231-32.

55 다음 문헌들을 보라. Osborn, *Justin Martyr*, 4장; Barnard, *First and Second Apologies*, 108-9; Goodenough, *Justin Martyr*, 201-5.

56 랍비들은 랍비 시므온 벤 요하이(기원후 140년경)와 마찬가지로 이러한 해석을 배격했다 (*Gen. Rab.* 26.5,2). Oskar Skarsaune, *The Proof from Prophecy: A Study in Justin Martyr's Proof Text Tradition: Text-Type, Provenance, Theological Profile* (NovTSup 56; Leiden: Brill, 1987), 368을 보라.

57 다음 문헌들은 천사들과 여자들이 결합하여 귀신을 낳았다고 최초로 주장한 유스티누스의 견

에 나오는 이 이야기(참조. *1 En.* 6:1-8) 바로 뒤에 아자젤(참조. 레 16:10, עֲזָאזֵל; 17:7)에 대한 언급이 나오는 것에 영향을 받았을 것이다.[58] (아자젤은 「에녹 1서」에서 귀신으로 간주된다.[59]) 유스티누스는 아마도 여전히 「에녹 1서」에 의존하면서(*1 En.* 8.1-4를 보라) 귀신들이 두려움과 복수(또는 "형벌", τιμωριῶν[60])뿐만 아니라 마술 문헌들을 통해서, 그리고 부분적으로는 사람들에게 제사와 향을 바치고 자기들과 협정 또는 조약(σπονδῶν[61])을 맺도록 가르침으로써 사람들을 그들의 "종으로 만들었다."(ἐδούλωσαν)고 말한다. 그 결과는 살인, 전쟁, 간음, 무절제한 행동, 사악함이었다(*2 Apol.* 5.4). 사탄을 우두머리로 하는 귀신들(*Dial.* 131.2; *1 Apol.* 28.1)은 또한 박해를 일으키고[62] 시몬, 메난드로스, 마르키온 같은 이단들을 일으켰을 뿐만 아니라(*1 Apol.* 26) "신을 믿지 않고, 불경하며, 거룩하지 않은 교리들"을 퍼뜨렸다(*Dial.* 82.3). 유스티누스는 또한 사람들에게 귀신이 들린다고 생각한다(*1 Apol.* 18.4; *2 Apol.* 6). 그의 사상에서 공관복음서의 사고와 가장 비슷한 부분은 그의 귀신론의 이 부분이다.[63] 그러나 유스티누스는 귀신들이 더 중요한 일을 해왔다고 생각하며 귀

해를 따랐다. Athenagoras, *Leg.* 25.1; Tertullian, *Apologeticus* 22. Goodenough, *Justin Martyr*, 199도 같은 입장이다. 그는 또 창 6장에 대한 유스티누스의 설명이 기독교 신학자들에게 명시적으로 배척당했다고 지적하면서 다음 문헌들을 인용한다. Philastrius, *Liber de haeresibus* 107; Augustine, *Civ.* 15.23.

58 Goodenough, *Justin Martyr*, 200은 에비온파도 유스티누스와 똑같이 설명했음을 지적하고(Pseudo-Clement, *Hom.* 6.18) 둘 다 그 이전의 유대 전승에 의존하고 있다고 주장한다. Archie T. Wright, *The Origin of Evil Spirits: The Reception of Genesis 6.1-4 in Early Jewish Literature*(WUNT 2.198; Tübingen: Mohr Siebeck, 2005)의 중요한 연구도 보라.

59 *1 En.* 8:1; 9:6; 10:4-8; 13:1; 54:5-6; 55:4; 69:2을 보라.

60 Lampe 1394를 보라.

61 유스티누스는 σπονδῶν이라는 단어를 사용하는데(*2 Apol.* 5.4). 이 단어는 예컨대 Barnard, *First and Second Apologies*, 11에서 흔히 "헌주"(libation)라고 번역된다. 그러나 이곳의 문맥을 고려하면 이 단어는 "조약" 또는 "협정"으로 번역되어야 한다. Lampe 1250을 보라.

62 Justin, *1 Apol.* 5.3; 10.6; 12.5; 44.12; 63.10; *2 Apol.* 1.2; 7.2-3; 8.2; 10.5-8; *Dial.* 18.3; 131.2.

63 Goodenough, *Justin Martyr*, 205.

신들로부터의 지속적인 보호뿐만 아니라 그것들의 파멸을 매우 본질적인 문제로 간주하여(*1 Apol*. 14.1; *Dial*. 30.3) 성육신의 목적은 "믿는 사람들을 위한 것이자 귀신들을 파멸시키기 위한 것"(*2 Apol*. 6.5)이라고 말한다는 점에서 공관복음서들보다 더 나아간다.

「제2변증서」에서 발췌한 이 인용문이 보여주듯이 유스티누스에게 축귀는 별도의 관심 주제가 아니다. 대신 그는 축귀를 다른 주제들과 함께 논하는데 일반적으로 예수를 높이고자 할 때 그렇게 한다.[64] 예를 들어「제2변증서」6.6에서 그가 "예수"라는 이름의 중요성과 성육신의 목적 모두에 대해 제시하는 유일한 증거는 로마를 포함한 전 세계에서 귀신 들렸던 많은 사람에게서 그것들이 나갔다는 점이다(참조. *Dial*. 85.2). 이 사실에서 우리는 유스티누스가 아마도 축귀를 기독교 치유의 가장 중요할 뿐만 아니라 가장 일반적인 형태로 간주했으리라는 것을 알 수 있다.

유스티누스는 또한 세례를 묘사한 뒤 귀신을 언급하면서 귀신들이 이 씻는 소리를 듣는다고 말한다(*1 Apol*. 61.1). 그러나 우리는 이를 근거로 유스티누스가 세례의 일부로 축귀가 발생했다고 말한다는 결론을 내릴 수는 없다.[65] 실제로 유스티누스는 계속해서 귀신들이 패배한 증거를 제시할 때 세례가 아닌 축귀를 지목한다. "온 세상과 당신이 사는 도시에서 귀신 들린 수많은 사람들에게서 예수 그리스도의 이름으로" 귀신이 쫓겨났다(*2 Apol*. 6.6). 이와 일치하게 유스티누스는 세례와 구별되는 축귀 활동을 언급한다.[66]

---

64 James Edwin Davidson, "Spiritual Gifts in the Roman Church: 1 Clement, Hermas and Justin Martyr" (박사 학위 논문 Graduate College of the University of Iowa, 1981), 149.

65 참조. Barnard, *First and Second Apologies*, 175 각주 378. 그는 *1 Apol* 61.13을 언급한다. "유스티누스의 설명으로는 축귀가 세례 의식과 관련되었는지 불분명하다." 세례와 축귀는 둘 모두와 관련해서 사용되고 있는 예수에 대한 동일한 진술에서만 분명하게 관련된다. 참조. *1 Apol*. 61.13 (καὶ ἐπ' ὀνόματος δὲ Ἰησοῦ Χριστοῦ, τοῦ σταυρωθέντος ἐπὶ Ποντίου Πιλάτου); *2 Apol*. 6.6 (κατὰ τοῦ ὀνόματος Ἰησοῦ Χριστοῦ, τοῦ σταυρωθέντος ἐπὶ Ποντίου Πιλάτου).

66 Justin, *Dial*. 30; 76.6; 85; *2 Apol*. 6.6.

축귀 방법과 관련해서 유스티누스는 기독교의 축귀 관행을 "주문과 약물"(ἐπαστῶν καὶ φαρμακευτῶν, 2 Apol. 6.6)을 사용하는 이들과 대비시킨다. 「트리포와의 대화」 85.3에서 그는 유대인들과 헬라인들이 "기교"(τῇ τέχνῃ)를 사용했다고 말하는데, 이는 아마도 "향과 주술" 또는 주문(θυμιάμασι καὶ καταδέσμοις)과 관련된 방법론적 접근이라고 이해하면 무방할 것이다. 달리 말하자면 유스티누스가 보기에 기독교의 축귀는 실제적인 보조 수단 사용에 의존하지 않는다는 점에서 독특했다. 대신 그는 많은 그리스도인이 "본디오 빌라도 치하에서 십자가에 처형된 예수 그리스도의 이름으로" 귀신을 쫓아냈다고 말한다(2 Apol. 6.6; 참조. Dial. 30.3).

그럼에도 불구하고 언뜻 보기에 이 방법은 능력-권위가 특정한 말 속에 있는 것으로 이해된 다른 축귀자들의 주술적인 방법과 별로 다르지 않아 보인다.[67] 그러나 두 가지 요소가 이러한 결론을 도출하는 데 불리하게 작용한다. 첫째, 기독교의 축귀[68]와 비기독교의 축귀[69] 양쪽 모두 사용되는 이름에 능력-권위를 주의 깊게 묘사하는 진술을 덧붙여서 추구하고 있는 능력-권위를 정확히 식별했다. 유스티누스가 예수에 대한 진술을 고유한 능력을 보유하고 있는 말이 아닌 신원을 밝히는 말로 이해했다는 것은 그가 비슷하지만 좀 더 짧은 일련의 단어들을 사용해서 신자들을 "본디오 빌라도에 의해 십자가에 처형된 우리 주 예수를 믿는 이들"로 규정하는 데서 알 수 있다(Dial. 76.6). 더구나 이 점은 그가 축귀는 단순히 "예수의 이름을 통해(διά)" 귀신들을 물리치거나 타도한다고 진술할 수 있었다는 점에서 충분히 명확해진다(2 Apol. 8.4; 참조. Dial. 121.3). 이것은 우리가 사도행전에서 살펴본, 축귀에서 그 단어들을 사용할 때의 관점이었다(앞의 6.3c 단락을 보라).

---

67   Twelftree, *Exorcist*, 38-43의 논의를 보라.
68   예컨대 행 19:13; Irenaeus, *Haer.* 2.32.4를 보라.
69   예컨대 *PGM* IV. 3034-3036; *L.A.B.* 60을 보라.

유스티누스의 축귀 방법을 주술적인 것으로 보는 데 불리하게 작용하는 또 다른 요소는, 「트리포와의 대화」 76.6에 나오는 이 진술을 주의 깊게 읽어보면 유스티누스가 예수를 "본디오 빌라도 치하에서 십자가에 처형된" 존재로 묘사할 때 염두에 두었을 법한 생각이 미묘하게 드러난다는 점이다. 유스티누스는 자신도 포함하는 일인칭으로 표현하면서 이렇게 말한다. "이제 우리―본디오 빌라도에 의해 십자가에 처형된 우리 주 예수를 믿는 이들―는 귀신을 쫓아내면서 모든 귀신들과 악한 영들을 우리에게 굴복시킨다"(Dial. 76.6). 여기서 축귀는 어떤 특정한 방법이나 공식에 의존하지 않는다. 대신 축귀는 우리 주 예수를 믿는 축귀자에 의존한다. 하지만 유스티누스가 축귀를 가리켜 바른 믿음의 증거라고 말하고 있는 것은 아니다. 그는 바른 믿음이 성공적인 축귀를 가능하게 한다고 말한다. 이 점에서 그는 우리가 마가복음의 더 긴 결말에서 접한 축귀에 대한 관점을 지니고 있다(앞의 11.1 단락을 보라). 달리 표현하자면 기독교의 축귀는 반복되는 단어와 어구를 사용한다는 점에서 다른 축귀들과 비슷해 보일 수도 있지만, 이 어구들이 능력이나 성공의 원천으로 여겨지지 않는다는 점에서 다른 축귀들과 다르다. 오히려 성공은 축귀자와 특정한 능력-권위의 원천인 예수 사이의 연합에 달려 있다. 그리고 이 연합에서 신자들은 귀신을 쫓아내는 능력과 권위를 받았다고 확신할 수 있다. 유스티누스는 「트리포와의 대화」 73.6에 기록된 축귀에 대한 논의에서 누가복음 10:19("내가 너희에게…원수의 모든 능력을 제어할 능력을 주었다")을 인용하여 누가와 마찬가지로 예수가 신자들에게 권위를 주었다는 결론을 도출하기 때문이다.[70]

이로 미루어볼 때 유스티누스는 축귀를 귀신이 들끓는 세상에서 교회를 향한 다양한 위협에 맞서 그리스도인들이 소유한 가장 중요한 복음 전도

---

70   Davidson, "Spiritual Gifts," 154.

의 무기로 간주했음이 분명하다. 따라서 축귀는 당연히 그리스도인들이 관여한 치유의 가장 일반적인 형태였다. 그러나 기독교의 축귀는 최소한 피상적으로는 다른 축귀와 매우 흡사했다. 이 점은 그가 그리스도인들의 축귀의 뚜렷한 특징에 대해 제시하는 변호로 보아 분명한데, 그는 축귀의 성공 자체와 치유의 단순성이 그 특징이라고 말한다. 특히 치유에 사용된 어떤 특별한 말이나 재료가 능력-권위의 출처로 간주된 것이 아니었다. 그 대신 기독교의 축귀의 편만한 성공 수단은 예수의 이름, 즉 그를 통해 신자들에게 주어진 능력이었다.

이로 미루어볼 때 우리는 유스티누스가 예수뿐만 아니라 그의 제자들이 예수의 부활 이전과 직후에 행한 것으로 묘사된 축귀와 별로 다르지 않은 축귀 관행에 관여했음을 알 수 있다. 그러나 유스티누스의 관점에서는 예수의 이름으로 행해진 단순한 축귀가 큰 성공을 거두었다는 것은 관련된 구체적인 신자들의 믿음에 대한 증거일 뿐만 아니라 기독교 신앙의 진리와 우월성에 대한 증거의 일부였다는 점에서 그는 예수의 초창기 제자들을 능가한다.

유스티누스 시대의 교회에 초창기 신조를 암송하는 축귀 의식이 있었다고 말하는 것은 증거를 과대 해석하여 유스티누스의 생각을 잘못 표현하는 것이다.[71] 더 정확히 말하자면 축귀에서 말해진 것이 초창기 신조였다.[72] 그러나 거기서 한 말들은 신앙에 대한 진술이나 고유의 능력을 가진 말의 기능을 수행한 것이 아니라 치유를 위한 능력-권위의 원천을 밝히는 수단 역할을 했다.

유스티누스에게 있어 축귀가 귀신과 싸우는 중요한 수단이기는 했지

---

71 Barnard, *First and Second Apologies*, 191 각주 34를 보라.
72 참조. John N. D. Kelly, *Early Christian Creeds*(London: Longman, 1972), 70-76.

만, 그는 축귀를 귀신들에게서 벗어나는 유일한 수단으로 간주하지는 않았다. 「제1변증서」 56에서 시몬과 메난드로스는 사악한 귀신들에게 영감을 받으며 계속 사람들을 속인다고 전해진다. 이러한 기만은 다른 종교로부터 취해질 뿐만 아니라 날조된 신화와 이야기들을 통해서도 이루어진다(*1 Apol.* 23.3). 유스티누스는 독자들에게 경고하면서 축귀라는 해결책이 아니라 진리를 배우고 이를 통해 오류에서 벗어나는 해결책을 제시한다(56).

유스티누스가 전하는 축귀 방법 및 축귀가 기독교를 위한 중요한 변증이 된다는 점으로 미루어볼 때 우리는 그가 공관복음 전승, 특히 마태복음[73] 또는 더 그럴듯하게는 그 기록에 많이 의존하는 전승[74]에 의존하고 있음을 알 수 있다. 그가 공관복음을 선호한다는 사실[75]은 그가 요한복음을 알고 있었다는 점이 입증될 수 있음에도 불구하고 그의 저술에 그것을 공식적으로 인용하는 곳이 하나도 없다는 점에서 나타난다.[76] 2세기 중반 "당대에 로마나 그 외의 지역에서 가장 널리 인정받은 정통파 반(反)이단 교사 중 한 사람"[77]이라는 유스티누스의 위상을 고려하면 이 연구를 바탕으로 결론을 내릴 때 축귀와 제4복음서에 대한 그의 태도에 특히 유념할 필요가 있다.

---

[73] Édouard Massaux, *Influence de l'évangile de saint Matthieu sur la littérature chrétienne avant saint Irénee* (BETL 75; Louvain: Leuven University Press, 1986), 466-505, 510-55를 보라. Arthur J. Bellinzoni, "The Gospel of Matthew in the Second Century," *SecCent* 9 (1992): 197-258의 논의도 보라.

[74] Arthur J. Bellinzoni, *The Sayings of Jesus in the Writings of Justin Martyr* (NovTSup 17; Leiden: Brill, 1967), 30, 36, 43, 88은 Massaux와 A. Baldus의 견해에 대한 비평을 제시한다. 유스티누스가 공관복음의 조화를 사용한 점에 대해서는 Bellinzoni, *Sayings*, 140-42를 보라.

[75] 다음 문헌들을 보라. Henry Chadwick, *Early Christian Thought and the Classical Tradition* (Oxford: Clarendon, 1966), 124-25 각주 5; Bellinzoni, *Sayings*, 140; Skarsaune, *Proof*, 106.

[76] Hill, *Johannine Corpus*, 312-37, 특히 337.

[77] Hill, *Johannine Corpus*, 312.

11.4 타티아노스

우리는 이미 앞에서 타티아노스가 마가복음의 더 긴 결말에 대해 최초로 전체 인용구를 제공한다는 점을 언급한 적이 있다(위의 11.1 단락을 보라). 여기서 우리는 타티아노스가 자신의 견해나 다른 그리스도인들의 견해와 관련해서 축귀에 대해 우리에게 말해주는 내용에 관심을 기울일 것이다.

「그리스인들에게 보내는 연설」(*Address to the Greeks*)의 마지막 몇 줄에서 그는 자기가 아수리아에서 태어났지만 기독교로 개종하기 전에 그리스식 교육을 받았다고 말한다(*Orat.* 42.1). 그보다 앞에서 그는 자기가 많은 여행을 하고 나서(35.1) 기원후 155년경에 아마도 로마에서(29.1-2) 많은 기독교 문헌들을 읽은 뒤에 회심했다고 말한다. 그는 로마에서 유스티누스의 제자가 되었고[78] 그에 대해 좋게 말한다(18.2; 19:1). 전승에 의하면 유스티누스가 163년에서 167년 사이에 죽은 뒤[79] 타티아노스는 정통 교회를 떠나 동방에서 엔크라테이아파(Encratite) 교회를 세웠다.[80] 우리는 그의 죽음에 대해 아무것도 알지 못한다. 그의 저술은 「그리스인들에게 보내는 연설」[81]과 『디아테사론』 두 편만 남아 있다. 그의 명성을 떨치게 한 저술이자 우리의 일차적인 관심 대상인 『디아테사론』은 단 하나의 그리스어 단편과 2차, 3차 증거 문헌에 남아 있다.[82] 그의 다른 저술들은 그 자신의 책에서 지나가면서 살짝 언급한 몇 가지 내용[83] 및 다른 저자들의 문헌에 들어있는 논평들만

---

78 참조. Eusebius, *Hist, eccl.* 4.29.3.

79 Robert M. Grant, "The Heresy of Tatian," *JTS* 5 (1954): 62; Whittaker, *Tatian*, ix-xvii.

80 Irenaeus, *Haer.* 1.28.1; 3.23.8; Eusebius, *Hist, eccl.* 4.29.1-2. Grant, "Tatian," 62-68도 보라.

81 그가 이미 교회를 떠난 때인 176년 이후에 쓰였다. 다음 문헌들을 보라. Robert M. Grant, "Date of Tatian's Oratio," *HTR* 46 (1953): 99-101; Whittaker, *Tatian*, ix-x.

82 Metzger, *Early Versions*, 10-25.

83 *Orat.* 15장에서 타티아노스는 자신의 저술 「동물에 대하여」(*On Animals*)를 언급한다.

남아 있다.[84]

『디아테사론』은 모든 라틴어 역본과 그 후속편들에 영향을 끼쳤으므로[85] 타티아노스는 아마도 기원후 172년 로마를 떠나기 직전에 거기서 그것을 쓴 듯하다.[86] 『디아테사론』은 현재 정경의 4복음서를 통해 우리에게 알려진 전승들을 가지고 편집한 한 편의 연속적인 내러티브다.[87] 따라서 티타아노스의 문서와 정경의 복음서 전승들을 비교해보면 축귀에 관한 그의 관점에 대해 흥미로운 결과가 도출될 것으로 기대할 수 있다.[88]

타티아노스는 요한복음의 처음 몇 행에서 가져온 인용구들을 조화시키는 작업을 시작한 뒤(*Diat.* 1:1-5)[89] 폭을 넓혀 처음에는 누가복음에서, 그다

---

84 알렉산드리아의 클레멘스는 「구주의 설명에 따른 완전」(*Perfection According to the Savior*)을 인용하고 이를 반박하며(*Strom.* 3.12.81.1-3) 타티아노스의 「문제들」(*Problems*)을 인용한다 (*Eclogae propheticae* 38.1); 참조. Origen, *Cels.* 6.51. Whittaker, *Tatian*, x를 보라.

85 Otis C. Edwards Jr., "Diatessaron or Diatessara?" *StPatr* 16, part 2 (1985): 91.

86 다음 문헌을 보라. Whittaker, *Tatian*, ix를 보라.

87 『디아테사론』의 원천자료에 대해서는 William L. Petersen, *Tatian's Diatessaron: Its Creation, Dissemination, Significance, and History in Scholarship* (VCSup 25; Leiden and New York: Brill, 1994), 427-28을 보라. 타티아노스가 「도마 복음」과 동일한 전승을 반영하는 유대인 그리스도인의 다섯 번째 복음서를 사용했다는 Gilles Quispel의 주장은 일반적으로 지지를 얻지 못했다. 예컨대 Gilles Quispel, "The Gospel of Thomas and the New Testament," *VC* 11 (1957): 189-207; 그리고 William L. Petersen, "Textual Evidence of Tatian's Dependence upon Justin's ΑΠΟΜΝΗΜΟΝΕΥΜΑΤΑ," *NTS* 36 (1990): 512-34의 논의를 보라.

88 타티아노스 연구의 큰 난제 중 하나는 『디아테사론』에서 사용된 언어가 그리스어인지 수리아어인지다. 그것이 그리스어로 기록되었다는 지배적인 견해에 대한 반대 의견은 William L. Petersen, "New Evidence for the Question of the Original Language of the Diatessaron," in *Studien zum Text und zur Ethik des Neuen Testaments* (ed. Wolfgang Schrage; Berlin: de Gruyter, 1986), 325-43을 보라. 타티아노스가 이 책을 그리스어로 썼지만(따라서 제목이 그리스어로 되어 있다)—두 언어를 사용하는 지역에서 흔히 예상할 수 있듯이—아마도 그 후 곧 그런 문헌이 필요한 로마에 있는 사람들이나 그가 동방으로 이주했을 때 속해 있었던 집단의 사람들을 위해 이 문헌을 수리아어로 번역했으며, 그곳에서 그 문헌이 확고하게 자리잡았고 그리스도인들 사이에서 특히 유명해졌다고 가정하면 이 딜레마는 해결되며 증거도 설명된다. 다음 문헌들을 보라. Petersen, *Tatian's Diatessaron*, 328-29; 그리고 Metzger, *Early Versions*, 31-32의 요약 논의.

89 『디아테사론』의 첫 문장을 확립하는 문제에 대해서는 Metzger, *Early Versions*, 27-28을 보라.

음에는 마태복음에서 출생 내러티브 자료를 취한 다음, 세례와 시험 내러티브를 사용하고 이어서 예수가 제자들을 부른 사건을 진술한다. 문헌의 처음 부분에서 독자들에게는 진정으로 신적인 성령의 능력을 받은 인물이 땅 위를 활보하는 듯한 인상이 남는다. 이러한 이미지는 타티아노스가 예수가 물을 포도주로 바꾸는 이야기를 예수의 최초의 공적인 행위로 선택함으로써 강화된다(*Diat.* 5.22-33 ‖ 요 2:1-11). 이 이야기는 예수가 나사렛의 회당에서 가르치는 이야기에 선행하므로 예수가 강력한 기적을 일으키는 존재임을 입증한다(*Diat.* 5.34-41).

『디아테사론』 6.40에서 타티아노스는 예수가 축귀를 행했다는 개념을 도입한다. 그는 가버나움 회당에서 귀신들린 자가 치유되는 이야기의 누가복음 판본을 사용해서 이 개념을 도입한다(눅 4:33-37). 타티아노스가 누가복음 판본을 사용한 이유는 아마도 귀신들린 사람이 해를 입지 않았고 누가가 군중의 반응을 "이 어떠한 말씀인고? 권위와 능력으로 더러운 귀신을 명하매…"라고 단순화시켜 표현한다는 점과 같은 몇몇 세부사항이 그의 구미에 맞았기 때문이었을 것이다(*Diat.* 6.44 ‖ 눅 4:36). 타티아노스는 이 이야기의 뒤를 이어 시몬의 장모가 치유된 이야기를 배치하는데, 그 이야기도 누가복음을 사용하며 일종의 축귀 이야기로 제시된다. 시몬의 장모는 큰 열병에 억눌려 있었다고 진술되며 예수는 그의 옆에 서서 열병을 꾸짖었다고 진술되기 때문이다.[90] 다음에 타티아노스는 "저물매 사람들이 귀신 들린 자를 많이 데리고 오거늘 예수께서 말씀으로 귀신들을 쫓아 내셨다"고 말하는 마태복음 8:16을 사용한다(*Diat.* 6.50). 그는 정경의 복음서에 나오는 모든 축귀 이야기—대개 누가복음을 따라서—뿐만 아니라 예수가 귀신을 쫓아냈

---

90   *Diat.* 6.48-49 ‖ 눅 4:38-39. 누가가 이 이야기를 축귀로 말한다는 점에 대해서는 위의 6.2a
      단락을 보라.

다는 다른 많은 언급도 포함시키지만, 요한복음뿐만 아니라 마태복음과 누가복음의 처음 몇 장도 받아들인 결과 『디아테사론』에서는 축귀가 마가복음에서 차지하는 가장 중요한 위치를 잃게 되어 이 주제가 비교적 늦게 등장하게 되었고, 타티아노스가 축귀를 예수의 사역에서 매우 특별한 위치를 차지하는 것으로 간주하지 않았다는 점이 분명히 드러난다.

타티아노스는 마가복음에서 예수가 이른바 간질병 걸린 소년을 고치는 축귀 이야기를 거의 전적으로 받아들이는데(막 9:14-29), 그는 이 이야기를 간헐성 정신병 사례로 부른다(Diat. 24.31).[91] 이 이야기는 그 끝에 예수를 따르는 자가 어떻게 병을 고치고 축귀를 행할 수 있는지에 대한 가르침을 담고 있으므로 우리에게 특히 흥미롭다. 저자가 마가복음을 따르기로 한 이유는 아마도 마가복음의 이야기가 마태복음 17:14-21이나 누가복음 9:37-43a에서 전하는 내용보다 더 많은 내용을 제시하기 때문일 것이다.[92] 어쨌든 타티아노스는 예수와 그 아이 아버지 사이의 대화를 포함하고 있는 마가복음을 따르면서 자신의 관심사인 믿음이라는 주제를 끄집어낼 수도 있었다.[93] 이 점은 타티아노스가 자기가 참조하는 자료를 마태복음으로 바꿔서 이야기를 끝맺는 데서 분명해진다.

---

91 거라사의 귀신들린 사람 이야기에 대해 타티아노스는 막 5:1-20에서 발췌한 약간의 내용과 함께 주로 눅 8:26-39을 사용한다(참조. Diat. 11.38-12.1). 그 이야기에서 타티아노스는 아마도 자신이 필요로 하는 모든 내용이 마가복음과 누가복음에 다 있었기 때문에 마태복음을 제쳐 놓았을 것이다.

92 아마도 똑같은 이유에서 타티아노스는 수로보니게(가나안) 여인의 딸 치유 이야기에 대해 마태복음 판본을 사용했을 것이다(Diat. 20.46-58 ∥ 마 15:21-28). 아래의 각주를 보라.

93 예컨대 수로보니게(가나안) 여인의 딸 치유 이야기에 대해 타티아노스는 마태복음의 판본을 선택하는데(마 15:21-29), 그 이야기는 믿음을 강조하면서 끝난다(참조. Diat. 20.46-58). 백부장의 종 치유 이야기에서 타티아노스(Diat. 11.4-16)는 마 8:5-13과 눅 7:1-10을 모두 사용하지만 믿음이 언급되는 대목에서는 마태복음의 결말을 따르는 쪽을 선택한다(Diat. 11.15 ∥ 마 8:13).

그리고 예수가 집으로 들어가셨을 때 제자들이 와서 예수께 은밀히 여쭈며 말했다. "왜 우리는 그를 고칠 수 없었습니까?" 예수는 그들에게 말씀하셨다. "너희의 불신앙 때문이다. 진실로 내가 너희에게 말한다. 너희에게 겨자씨 한 알만한 믿음이 있다면 너희가 이 산에게 '여기서 없어져라'라고 말하면 그 산이 없어질 것이고 아무도 너희를 이기지 못할 것이다. 그러나 이런 종류는 금식과 기도 외에는 어떤 것으로도 쫓아낼 수 없다"(*Diat.* 24.45-47).[94]

이렇게 마태복음의 결말(마 17:20-21)을 사용하면서 질문을 마태복음에서와 같이 "우리는 왜 쫓아내지 못하였습니까?"가 아니라 "왜 우리는 그를 **고칠 수 없었습니까?**"라고 바꿈으로써 타티아노스는 독자들에게 이 특정한 종류의 귀신을 처리하지 못한 데 대한 구체적인 답변을 제시할 뿐만 아니라 치유 실패라는 일반적인 문제에 대한 답변도 제공하고 있다. '치유가 왜 실패하는가?'라는 일반적인 질문에 대해 타티아노스는 예수가 불신앙 때문이라고 말하는 것으로 묘사한다. 그는 아마도 마가 이야기의 본론(막 9:19-24)에서 이 주제를 선택했을 뿐만 아니라 마태가 제시하는 이 결론을 사용함으로써, 특히 마태복음의 "믿음이 작은"(마 17:20)을 "불신앙"으로 바꿈으로써 이 주제를 따라갈 수 있었다.

타티아노스는 "그러나 이런 종류는 금식과 기도 외에는 어떤 것으로도 쫓아낼 수 없다"라고 역접 접속사로 말하는 이 이야기의 결말 부분에서 '왜 이 특정한 종류의 축귀가 실패하는가?'라는 구체적인 질문에 대답할 수 있었다. 우리가 마가복음의 맥락에서 이 이야기를 논의할 때 살펴보았듯이(위

---

94 이 마지막 문장은 아마도 마태복음에 들어있지 않았을 것이므로 — Bruce M. Metzger, *A Textual Commentary on the Greek New Testament* (2nd ed.; New York: American Bible Society, 1994), 35; 그리고 Donald A. Hagner, *Matthew 14-28* (WBC 33B; Dallas: Word Books, 1995), 501을 보라 — 우리는 타티아노스가 아마도 마가복음에 동화된 텍스트를 사용했을 것이라고 가정할 수 있을 것이다.

의 5.8 단락을 보라) 이런 종류의 귀신은 말을 하지 않기에 축귀자가 진단을 위한 대화나 전투적인 대화도 할 수 없었으므로 쫓아내기 어려운 귀신으로 여겨졌을 것이다. 따라서 금식과 기도라는 다른 전략이 요구되었다. 이 문장은 제자들의 질문에 대한 대답으로 제시되므로 기도와 금식은 환자가 아닌 치료자에 대한 지시로 해석하는 것이 가장 자연스럽다.

타티아노스는 예수의 제자들이 가르치고 병을 고치고 성공적으로 귀신을 쫓아낼 임무를 띠고 파송 받은 이야기[95]뿐만 아니라 이 이야기도 포함시켰으므로 그가 축귀를—예수의 사역을 본받아—자기 시대의 제자들을 포함한 예수를 따르는 자들의 사역에 포함되어야 할 내용으로 간주했다고 가정하는 것은 합리적이다. 우리는 방금 이른바 간질병 걸린 아이의 치유에 대한 이야기의 결말에 대해 타티아노스가 보인 특별한 관심에서 이러한 결론을 뒷받침하는 증거를 살펴보았다.

그러나 타티아노스가 『디아테사론』을 출판할 때 그의 주된 관심사는 예수의 이야기를 자기 시대에 적용할 수 있게 만드는 것이라기보다는 자기 이전에 있었던 다양한 전승들을 근거로 완전하고 연속적인 하나의 내러티브를 제시하는 것이었다. 우리의 주제와 관련해서 우리는 그가 미지의 축귀자 이야기를 진술하는 방식에 담긴 한 암시를 통해 이 사실을 알 수 있다. 우리가 예상할 수 있듯이 그는 더 긴 판본의 이야기인 마가복음 9:38-41을 선택했다(참조. 눅 9:49-50). 그러나 제자 요한의 말을 "그가 우리를 따르지 아니하므로"에서 "그가 우리와 함께 주님을 따르지 아니하므로"로 바꿈으로써 타티아노스는 이 이야기를 소급하여 예수의 생애와 연결했다. 그는 당대의 적용을 위해서는 누가복음에 실린, 같은 이야기 속의 한 줄에 시선을 돌린다. "너희를 반대하지 않는 자는 너희와 함께 하는 자다"(*Diat.* 25.16 ∥ 눅

---

95   *Diat.* 13.36-37; 14.43; 15.33, 36.

9:50).

축귀에 대한 그의 전반적인 관심과 이 특정한 이야기에서 살펴본 바를 근거로 우리는 타티아노스가 축귀에 대해 상당한 관심이 있었고 아마도 동시대 그리스도인들 사이에서의 축귀를 가능한 일로 여겼을 뿐만 아니라 어쩌면 중요한 일로 이해했을 것이라고 결론을 내릴 수 있다. 실제로 「그리스인들에게 보내는 연설」에서 그는 귀신들이 "자기들의 광기의 발작으로 신체 조직을 흔들" 수 있다고 말한다. 그러나 타티아노스는 계속해서 "하나님의 능력의 말씀에 얻어맞으면 그들은 두려워 달아나고 환자는 치유된다"고 말한다(*Orat.* 16.3). 우리는 예수가 "말씀"으로 귀신을 쫓아낸다는 진술을 보았으므로(위의 *Diat.* 6.44, 50에 관한 내용을 보라) 타티아노스가 그리스도인들 사이의 축귀를 예수의 축귀를 본받은 것으로 보았다고 가정하는 것은 합리적이다. 더 나아가 우리는 이 사역이 예수가 제자들에게 준 권위를 근거로 할 뿐만 아니라 그들의 믿음 때문에 발생하는 것으로 이해되었으리라는 것을 알 수 있다. 우리는 또한 타티아노스가 복음서 전승을 다루는 방식으로 보아 이처럼 비교적 늦은 시기에도 전승의 사용과 관련해서 상당한 자유가 있는 것으로 이해되었다는 점에 주목한다.

11.5 아테나고라스

이 2세기의 변증가에 대해서는 알려진 것이 거의 없다.[96] 그는 아마도 아테네에서 왕성하게 활동했던 듯하다. 10세기 초의 아레타스 사본(Patrisinus Graecus 451)이 그를 "아테네의 철학자"라고 부르기 때문이다. 또한 그의 『그

---

96 교부 저술가 중에서는 올림포스의 메토디오스만이 그를 언급한다(*Res.* 3.7; 참조. Athenagoras, *Leg.* 24.2).

리스도인을 위한 사절』(*Legatio pro Christianis*)[97]은 아마도 마르쿠스 아우렐리우스 황제와 (황제가 될) 그의 아들 콤모두스가 아테네에 있었던 때인 기원후 176년 초가을에 그들에게 제출된 듯하다.[98] 아테나고라스는 그리스도인들에게 덧씌워진 무신론(*Leg.* 4-30장), 식인 잔치(31장), 오이디푸스식의 근친상간(32-36장)이라는 세 가지 혐의에 대한 답변에 착수한다. 축귀에 대한 우리의 관심과 관련해서 아테나고라스가 그리스도인들이 축귀에 관여한 것으로 여겨졌다면 제기되었을 법한 기적이나 마술과 관련된 어떤 질문에도 대답할 필요를 느끼지 않았다는 점은 주목할 만하다. 그가 최소한 마르쿠스의 철학적 신념[99]과 황제가 "마술사들과 기적을 일으키는 자들 및 그들의 주술, 축귀(δαιμόνων ἀποπομπῆς) 등에 대한 이야기"를 경멸했다(*Med.* 1.6)는 사실[100]을 알고 있었음을 고려하면, 아테나고라스가 그런 문제에 대답하지 않았다는 점으로 미루어 아테네나 로마에서 외부인들이 기독교를 바라볼 때 (축귀를 포함한) 마술과 기적은 문제가 되지 않았다고 결론짓는 것이 타당하다.

그럼에도 불구하고 무신론에 관한 혐의에 답변하는 과정에서 귀신이라는 주제가 등장한다. 탈레스는 하나님, 귀신, 영웅을 구별한 최초의 인물로 간주된다(*Leg.* 23.5). 아테나고라스는 몇몇 시인들은 귀신을 신으로 간주하며 어떤 이들은 물질로, 또 어떤 이들은 한때 살았던 사람으로 간주한다고 말

---

97   『부활에 관하여』(*On the Ressuretion*)가 그의 저서인지는 여전히 논쟁 중이다. Miroslav Marcovich, ed., *Athenagorae qui fertur De resurrectione mortuorum* (VCSup 53; Leiden: Brill, 2000), 1-19, 특히 1-3을 보라.

98   Timothy D. Barnes, "The Embassy of Athenagoras," *JTS* 26 (1975): 111-14를 보라. "심원한 평화"에 대한 언급(*Leg.* 1)은 마르쿠스 아우렐리우스가 두 차례의 큰 전투 사이에 있었던 때인 기원후 177년에 대한 언급이라기보다는 하나의 문학적 장치일 것이다. Athenagoras, *Embassy for the Christians; The Resurrection of the Dead* (trans. and ed. Joseph H. Crehan; ACW 23; Westminster, MD: Newman; London: Green, 1956), 10-11을 보라.

99   Leslie W, Barnard, "Athenagoras, Galen, Marcus Aurelius, and Celsus," *CQR* 168 (1967): 176-77의 논의를 보라.

100 참조. Robin Lane Fox, *Pagans and Christians* (New York: Knopf, 1987), 328.

한다(24.1). 그는 자신의 관점을 제시하면서 그리스도인들은 하나님 외에도 하나님에 의해 자유롭게 창조된 "다른 세력들이 존재하며…그들 중 하나는 하나님을 대적한다"(24.2)는 점을 인정한다고 말한다. 그는 이런 세력 또는 천사 중 일부는 하늘에서 떨어졌고 처녀들을 탐했으며 그 처녀들에게서 이른바 거인들이 태어났다고 말하는데(25.5-6), 이 이야기는 창세기 6장을 떠올리게 한다. 귀신들은 바로 이 거인들의 영혼이다(25.1). 인간은 자신이 창조주에게 의존하는 한 질서 잡힌 피조물이다. 그렇지 않고 지배하는 군주와 그를 시중드는 귀신들의 활동에 의존하면 인간은 이리저리 휩쓸리며(25.4) 우상에게 끌려간다(26.1). 아테나고라스는 이런 사람들은 제물의 피에 심취되어 자신의 몸에 상처를 낸다고 말한다. 그러나 그는 "나는 칼과 손가락 마디뼈로 자신의 신체를 절단하는 이들과 그들이 어떤 형태의 귀신에 들렸는지에 대해 논의하지 않을 것이다"라고 말한다(26.2). 아마도 우리는 이들은 일부 저자들이 귀신 들렸다고 간주했을 사람들이라고 가정할 수 있을 것이다(참조. 막 5:5).

"그러면 어떻게 할 것인가?"(Ti οὖν; Leg. 27.1)라는, 스스로 던진 질문에 대답하면서 그는 영혼은 "물질의 영에 달라붙어 그것과 뒤섞일 때, 하늘에 속한 것들과 그것들을 지으신 분을 우러러보지 않을 때" 그런 곤경을 경험한다고 말한다(27.1). 그는 이어서 더 자세한 내용을 제시한다. "영혼이 연약하고, 고분고분하며, 무지하고, 건전한 가르침에 생소하고, 진리를 묵상하지 못하며, 누가 만물의 아버지이자 창조자인지 이해하지 못할 때…물질과 관련된 귀신들이…이 기만의 순간들을 휘어잡고…그들의 생각 속에 침입함으로써 홀리는 이미지들로 그들의 생각을 가득 채운다"(27.2). 여기에 축귀에 대한 이야기는 없다. 대신 귀신으로부터의 자유는 하나님께 대한 예배와 진리 또는 바른 생각에서 나온다.

아테나고라스의 이 접근법은 요한복음의 신학과 궤를 같이한다. 아테나고라스는 요한복음을 읽은 증거를 보여주지만[101] 그것을 인용하지는 않으며, 귀신이 사람들에게 영향을 주는 문제와 관련해서 요한복음 텍스트에 의존하는 것처럼 보이지 않는다. 오히려 아테나고라스와 요한복음은 동일한 사고의 세계를 공유하는데 거기서는 귀신의 세력의 기만에 대한 해법은 오류가 아닌 진리를 묵상하겠다는 선택과 관련이 있다.

11.6 리옹의 이레나이우스

이레나이우스의 중요성에 대해서는 누구나 동의한다. 오래전에 데시데리우스 에라스무스(1466-1536년경)는 그의 지성의 힘 및 그의 저술의 신선함과 활력,[102] 그가 상당한 교육을 받았음을 암시하는 문제[103]에 큰 감명을 받았다. 좀 더 최근에는 로버트 그랜트가 이렇게 말했다. "리옹의 이레나이우스는 사도들과 3세기의 천재 오리게네스 사이의 가장 중요한 기독교 논객이자 신학자다."[104] 이 신학자—그의 글은 읽기 어려울 때가 있다—의 중요성에도 불구하고 우리는 그의 생애에 대해 아는 것이 별로 없다.[105]

그는 98년부터 147년 사이에 태어난 것으로 추정되지만 가장 개연성이 높은 시기는 기원후 130년에서 140년 사이다.[106] 그가 순교자로 추앙되

---

101 Athenagoras, *Leg.* 10.2-3; 참조. 요 1:1; 3, 14; 10:30, 38; 14:10-11; 17:21. Hill, *Johannine Corpus*, 81-83의 논의를 보라.

102 Osborn, *Irenaeus*, 7을 보라.

103 Denis Minns, *Irenaeus* (Washington, DC: Georgetown University Press, 1994), 1. 그는 또한 Pierre Nautin, *Lettres et écrivains chrétiens, des II*^e *et III*^e *siècles*(Patristica 2; Paris: Cerf, 1961)가 이레나이우스는 수사학을 업으로 삼았을 수도 있다고 주장한다고 언급한다.

104 Grant, *Irenaeus*, 1.

105 이레나이우스의 간략한 전기는 Grant, *Irenaeus*, 1장을 보라.

106 Osborn, *Irenaeus*, 2에 수록된 논의를 보라. 다음 문헌들도 보라. François M. M. Sagnard, *La gnose valentinienne et le témoignage de saint Irénée* (Paris: J. Vrin, 1947), 56; André Benoît, *Saint Irénée: Introduction à l'étude de sa théologie* (Paris: Presses universitaires de France, 1960), 49.

고 있기는 하지만 그가 202년 또는 203년[107]에 순교했다는[108] 증거는 빈약하고 설득력이 없다. 어쨌든 그가 198년까지 재위했던 교황 빅토르 1세보다 오래 살았다는 증거는 없다. 잘 알려진 바와 같이 이레나이우스는 젊은 시절에 스미르나(오늘날 터키의 이즈미르) 감독인 폴리카르포스를 보았다고 말한 것으로 전해지는데(Eusebius, *Hist. eccl.* 4.14.4), 이로 인해 이레나이우스는 소아시아 태생이며 심지어 스미르나에서 태어났을지도 모른다는 견해가 생겨났다.[109]

이레나이우스는 로마에서 얼마 동안 지낸 뒤(Irenaeus, *Haer.* 4.30.3) 177년에 리옹으로 갔다. 그 후 로마로 파견되었고(Eusebius, *Hist. eccl.* 5.4.1-2) 대략 178년부터 리옹의 감독이 되었다(5.5.8). 리옹은 세련된 도시였고 갈리아인들의 생활뿐만 아니라 로마의 행정 사무 수행 면에서도 중요한 곳이었다. 리옹이 갈리아를 압도하지는 않았지만, 리옹의 작은 교회는 모든 사회 계층을 반영했다.[110] 2세기의 마지막 20년 동안 이레나이우스는 일단의 대적들, 특히 발렌티누스주의자들(*Haer.*, 서문) 및 시몬과 카르포크라테스(*Haer.* 2.31-35)[111]와 같은 대적에 맞서 그리스어로 『이단에 대한 반박』(*Adversus haereses*)[112]

---

107 다음 문헌들의 논의를 보라. Minns, *Irenaeus*, 8 각주 11; 그리고 Osborn, *Irenaeus*, 2 각주 3.

108 위(僞) 유스티누스(*Quaestiones et responsiones ad orthodoxos* 115, PG 6, col. 1364에 실린 글)와 투르의 그레고리우스(*Hist. Franc.* 1.752)에 이르러서야 비로소 이레나이우스가 순교자라고 불렸다. Jan T. Nielsen, *Adam and Christ in the Theology of Irenaeus of Lyons* (Assen: Royal Van Gorcum, 1968), 1 각주 2를 보라.

109 Nautin, *Lettres*, 92의 견해도 이와 같다. 그는 Minns, *Irenaeus*, 1 각주 3에 인용되었다.

110 Osborn, *Irenaeus*, 2-3은 다음 문헌들을 Benoit, *Saint Irénée*, 52-55; 그리고 James S. Reid, *The Municipalities of the Roman Empire* (Cambridge: Cambridge University Press, 1913), 179.

111 참조. Nielsen, *Adam and Christ*, 2장.

112 그리스어로 된 이레나이우스의 저술 중에 남아 있는 파편들은 다른 이들의 책에서 건져낸 것들이다. 라틴어 사본을 포함한 사본의 역사에 대한 철저한 논의는 Dominic J. Unger and John J. Dillon, *St. Irenaeus of Lyons: Against the Heresies* (ACW 55; New York / Mahwah, NJ: Paulist Press, 1992), 11-15를 보라. 매우 문자적이어서 이레나이우스의 원문을 규명하는 데 유용한 라틴어 텍스트에 대한 연구는 Unger and Dillon, *Irenaeus*, 14, 120 각주 64, 121 각주 70을 보라.

을 썼다. 이 책에서 그는 자기가 비판했던 이들 가운데서뿐만 아니라 정통 교회에서 기적과 관련해 어떤 일이 벌어지고 있었는지에 대한 증거를 보여준다. 그는 두 곳에서 자기 시대에 발생한 기적—약한 자, 저는 자, 시각장애인, 청각장애인, 중풍병자, 신체의 어느 부분이든 고통을 겪는 자를 고치는 일과 축귀 및 죽은 자를 살리는 일—에 대해 무언가를 말한다(*Haer.* 2.31.2, 3).

먼저 『이단에 대한 반박』 제2권에서 이레나이우스는 영지주의자들 중특히 마술사 시몬과 알렉산드리아의 카르포크라테스를 따르는 자들이 일으켰다고 여겨진 기적을 언급한다.[113] 이레나이우스는 이 기적들을 마술적인 속임수라고 비난한다. "그들은 시각장애인에게 시력을 회복시켜줄 수도 없고 청각장애인에게 청력을 회복시켜줄 수도 없기 때문이다"(*Haer.* 2.31.2). 우리에게 흥미로운 점은 그가 영지주의자들도 축귀를 행한다고 인정한다는 것이다. 이레나이우스는 그들은 "자기들이 다른 사람들에게 보낸 귀신들—그들은 가능한 경우 이런 일이라도 했다—을 제외하고 어떤 종류의 귀신도 쫓아낼(*effugo*)" 수 없다고 말한다(*Haer.* 2.31.2). 따라서 그는 영지주의자들이 할 수 있는 일이라고는 귀신들을 한 사람에게서 다른 사람에게로 옮기는 것뿐이라고 말하는 셈이다. 이레나이우스는 암묵적으로 그리스도인들이 귀신을 쫓아낼(*effugo*) 수 있다고 주장하고 있다. 이 어휘는 이레나이우스가 이해한 축귀 방법을 암시한다. 즉 축귀자는 귀신들을 급히 달아나게 한다고 생각되는 언어를 사용했다.

이레나이우스는 교회의 기적과 자기 대적들의 기적을 대조하는 방식을 통해 원시 정통 기독교의 축귀는 "마술적인" 축귀와 비슷한 것으로 간주

---

113 Heinz Kraft는 "Gab es einen Gnostiker Karpokrates?" *TZ* 8 (1952): 434-43은 카르포크라테스의 존재를 의심한다. 이와 반대되는 견해로는 Kurt Rudolph, *Gnosis: The Nature and History of an Ancient Religion* (Edinburgh: T&T Clark, 1983), 299를 보라.

되었다는 점뿐만 아니라, 그가 왜 교회가 더 성공적으로 축귀를 수행했다고 생각하는지도 보여준다. 그는 자기 대적들이 "하나님의 능력을 통해서나 진리와 관련해서 또는 사람들의 복리를 위해서 축귀를 행하는 것이 아니라 마술적인 속임수로 사람들을 오도하기 위해 행한다"고 말한다(*Haer.* 2.31.2-3). 달리 말하자면 교회를 통해 수행된 축귀는 하나님의 능력으로 또는 진리와 관련해서 행해진다. 또한 그의 대적들의 치유와 대조적으로 교회에서 일어나는 치유에는 "동정과 긍휼과 견실함과 진리"가 있다. "인류를 위한 도움과 격려는 보수나 보상 없이 나타날 뿐만 아니라 다른 이들의 유익을 위해 우리 자신의 재물도 사용하기 때문이다"(*Haer.* 2.31.3).

이레나이우스는 치유의 한 방법으로 기도와 금식을 언급하지만, 금식은 죽은 자를 일으키는 일과만 관련되는데 이 일은 어려운 과업으로 간주된다(*Haer.* 2.31.2). 마가복음 9:29과 관련해서 우리는 마가복음 9:29을 삽입한 이들이 축귀에서 기도와 금식을 사용했다는 점을 살펴보았다(5장 각주 132를 보라). 마가복음 9:29의 저자와 이레나이우스는 어려운 것으로 간주된 사례에 기도와 금식을 사용했다고 보는 공통점이 있는데, 이레나이우스는 거기에 특정 지역의 교회 전체가 "많은 금식과 기도에" 참여했다고 덧붙인다(*Haer.* 2.31.2).

이레나이우스가 축귀를 두 번째로 언급하는 대목은 같은 책의 그다음 장인데 거기서 그는 영지주의자들이 "자신들이 능력을 발휘해주겠다고 선언하는 이들에게 아무런 실제적인 유익이나 축복도 주지 않고, 단지 아이들을 앞으로 데려와 그들의 눈을 속이면서 곧 사라지고 잠시도 계속되지 않는 환영(幻影)을 보여준다"며 비난한다(*Haer.* 2.32.3). 더 나아가 이레나이우스는 그들이 "주님도 단지 외관상으로만 그런 일들을 행하셨다"라고 주장한다며 비난한다(*Haer.* 2.32.4).

이레나이우스는 그들의 환영을 논박하면서 먼저 예수에 관한 예언서의 예언들에 호소한다. 그러고 나서─이 점이 우리에게 흥미로운데─그는 자기 시대에 일어나고 있는 기적들의 실재성에 호소하여 예수가 행한 기적의 실재성을 뒷받침할 근거로 삼는다. 그 과정에서 그는 고린도전서 12:8-10에 제시된 바울의 은사 목록을 상기시킨다.

> 주님의 진정한 제자들은 주님께 은혜를 받았고 각자가 주님께 은사를 받은 대로 다른 사람들의 유익을 위해 주님의 이름으로 그 은혜를 사용한다. 어떤 이들은 실제로 그리고 참으로 귀신들을 쫓아내므로 종종 악령들에게서 깨끗함을 입은 이들이 믿고 교회에 들어오며, 또 몇몇 제자들에게는 미래에 대한 예지와 환상 및 예언의 말이 있으고, 또 다른 이들은 병자에게 안수하여 그들을 낫게 하며, 우리가 말했듯이(2.31.2) 심지어 죽은 자들이 살아나 오랫동안 우리 가운데 머물기도 하였다(*Haer.* 2.32.4).[114]

이레나이우스가 바울의 은사 목록을 닮은─그러나 거기에 의존하지는 않은─기적 목록에 축귀를 포함한 점이 눈에 띈다. 앞에서 살펴보았듯이 바울은 은사를 교회 공동의 유익이나 내적인 유익을 위한 것으로 이해했으므로(고전 12:7) 아마도 축귀가 바울의 목록에 포함되지 않았을 것이기 때문이다(위의 3.5 단락 보라). 이레나이우스는 계속해서 기적은 "이방인들의 유익을 위한" 것이라고 말할 뿐만 아니라(*Haer.* 2.23.4) 자신의 목록에 축귀를 포함시킴으로써 축귀를 포함한 은사를 복음 전파 과정의 일부로 바꿔놓는다. 즉 축귀는 다른 기적들과 함께 사람들로 하여금 믿고 교회에 가입할 수 있게 해준다. 동시에 그 자체로나 회심-입교 과정의 일부로 특별한 축귀 의식이 존재했다는 암시는 없지만, 그럼에도 축귀는 교회에 가입되는 수단의 하

---

114 영문 번역은 Grant, *Irenaeus*, 121에서 취한 것임.

나로 간주된다.

전도를 위한 기적 목록에서 축귀가 가장 먼저 나오는 점도 눈에 띈다. 이로 보아 이레나이우스가 (쫓아내야 하는 악령 형태의) 귀신 들림을 가장 중요하고 일반적인 치유 형태로 여겼을 뿐만 아니라 이방인들의 가장 큰 필요로 여겼다고 결론짓는 것은 충분히 합리적이다.

이 구절은 이레나이우스가 무엇을 축귀의 성공 요인으로 간주했는지를 말해주기 때문에도 우리의 이해를 돕는다. 그는 기적을 행하는 이들은 "진실로 주의 제자들로서 주님으로부터 은혜를 받으며" "주의 이름으로" 기적을 행한다고 말한다(*Haer.* 2.32.4). 즉 치유의 성공은 치료자가 제자나 신자이고 은혜를 받으며 "주님의 이름으로" 활동하는 것에 의존한다고 이해된다. 같은 단락의 약간 뒤에서 이레나이우스는 계속해서 이렇게 말한다.

> 세계 도처의 교회가 본디오 빌라도 치하에서 십자가에 처형된 예수 그리스도의 이름으로 하나님으로부터 받아서 속이거나 이익을 얻지 않고 이방인의 유익을 위해 매일 사용하는 은사들이 얼마나 많은지 알 수 없다. 교회는 하나님으로부터 값없이 받은 것처럼 값없이 사역하기 때문이다(*Haer.* 2.32.4).[115]

여기서도 우리는 이레나이우스가 축귀를 교회가 이방인들의 유익을 위해 하나님에게서 받은 은사 중 하나로 이해하고 있으며 그들의 대적들과 달리 치유에 대해 아무런 대가를 요구하지 않는다는 점을 발견한다. 예수가 "본디오 빌라도 치하에서 십자가에 처형된" 분으로 규정된다는 점도(위의 11.3 단락을 보라) 축귀의 말에서 이 어구가 사용되었음을 암시한다.

그리고 바울과 달리 이레나이우스가 교회와 그의 대적들 사이에서 도

---

115 영문 번역은 Grant, *Irenaeus*, 121-22에서 취한 것임.

출하는 대조는 그가 축귀를 포함한 기적의 성공은 (성령의) 은사에 의존할 뿐만 아니라, 치유자가 진정한 예수의 제자로서 하나님께 은혜를 받아 자신의 이익이 아니라 타인의 복리를 증진하는 데도 의존한다고 생각했음을 보여준다. 교회의 대적들과 달리 교회는 축귀에 대한 대가를 요구하지 않는다. "교회는 하나님께로부터 값없이 받은 것처럼 [다른 이들을] 값없이 보살핀다"(*Haer.* 2.32.4). 축귀를 포함한 모든 은사는 "예수 그리스도의 이름으로 하나님께로부터" 받은 것(*Haer.* 2.32.4)이라는 말은 아마도 축귀를 실행할 때 "예수 그리스도의 이름"을 사용했음을 암시할 것이다. 병에 걸렸지만 축귀를 필요로 하지 않는 이들이 안수를 받는다는 것은 축귀에 안수가 사용되지 않았으며, 공관복음에서와 같이 축귀와 환자 치유는 구별되는 것으로 이해되었다는 점을 암시한다.

이레나이우스는 그의 대적들과 대조적으로 교회는 "천사의 기도나 주문이나 다른 어떤 사악하고 기이한 기술을 통해서 어떤 일을 행하는 것이 아니라 순수하고 진지하고 솔직한 영으로 만물을 만드신 주께 기도하며, 우리 주 예수 그리스도의 이름을 부르고, 인류를 잘못된 길로 인도하는 것이 아니라 인류의 유익을 위해 기적을 행하는 일에 익숙해졌다"고 역설한다 (*Haer.* 2.32.5). 이는 이레나이우스의 주장에 힘을 실어준다. 기적은 하나님이 이런 기적들을 통해 자신의 창조세계에 직접 관여했고 은연중에 지금도 관여하고 있음을 보여준다. 이레나이우스가 마귀들이 "쫓겨나고" 사람들이 "깨끗해진다"고 한 말에서 우리는 축귀에 대한 그의 관점을 발견할 수 있다.

이레나이우스는 우리에게 정통 그리스도인들의 축귀에 대해서만 말해주는 것이 아니다. 그는 또한 우리로 하여금 자신이 공격하고 있는 사람들의 축귀도 엿볼 수 있게 해준다. 실제로 『이단에 대한 반박』 제1권에서 그는 자신이 영지주의 이단을 논박하는 방법을 제시하기 시작했다고 말한다 (*Haer.*, 서문). 23장에서 그는 사도행전 8장의 시몬을 다루면서 그를 "사마리아인"이라고 부르고 그에게서 모든 이단이 시작되었다며 비난한다(*Haer.* 1.23.1-2). 이레나이우스는 이 "시몬주의자들" 가운데 축귀와 주문을 사용하는 신비주의적인 사제들이 있다고 말한다. 그는 이런 사제들이 거둔 성공을 부정하지는 않지만, 그들이 방탕한 삶을 살며 할 수 있는 모든 방법으로 마술을 실행한다고 비판한다. 이 마술의 성격은 "그들은 축귀와 주문, 사랑의 묘약과 미약(媚藥), 그리고 이른바 심부름 마귀, 꿈 보내는 자들을 사용한다"(*Haer.* 1.23.4)고 말할 수 있는 것 외에는 불분명하다. 이러한 묘사를 제2권에서 언급된 축귀를 포함한 정통 신앙의 치유(위의 내용을 보라)와 비교해보면 우리는 이레나이우스가 정통 신앙의 치유 방법은 단순한 반면 이단들의 치유 방법은 주문과 묘약을 사용하는 등 복잡한 것이 양자의 차이라고 이해했다고 추정할 수 있다. 우리는 또한 이레나이우스에게는 이단적인 축귀자들의 생활 방식도 중요하다는 점을 지적할 수 있다. 우리는 이미 『이단에 대한 반박』제2권에서(위의 내용을 보라) 이레나이우스가 영지주의자인 마술사 시몬과 알렉산드리아의 카르포크라테스의 추종자들이 할 수 있는 일이라고는 귀신들을 한 사람에게서 다른 사람에게로 옮기는 것뿐이라는 이유로 그들의 마술적인 속임수를 비난한다는 점을 언급했다(*Haer.* 2.31.2). 또다시 이레나이우스는 자기 대적들의 마술적인 환상도 비난한다. 그는 또한 그들이 사람들을 돕는 것이 아니라 돈을 요구하고 배교적인 영감과 귀신의 준동을 통해 사람들을 파괴하며 잘못된 길로 인도하려 한다고 비난한다(*Haer.* 2.31.3). 앞서 언급한 것처럼 이레나이우스가 이 논쟁에 관여할 필요를 느꼈다는 것은 그가 인정한 기독교의 축귀가 그가 폄훼하려고 한 마술적 축귀와 얼마나 비슷한 것으로 인식되었는지를 보여준다.

11.7 안디옥의 테오필로스

에우세비오스는 테오필로스가 사도들 이후 6번째 안디옥 교구장이었고 "저명했다"고 말한다(*Hist. eccl.* 4.20). 테오필로스 자신이 쓴 글을 근거로 그는 메소포타미아 출신이며(*Autol.* 2.24) 성인이 된 뒤 아마도 구약을 읽고서 그리스도인이 되었을 것이라고 추론할 수 있다(2.14).[116] 에우세비오스는 이 변증가가 지은 여러 책을 열거하지만(Eusebius, *Hist. Eccl.* 2.14) 그중 『아우톨리쿠스에게』(*To Autolycus*)만 남아 있다.[117] 테오필로스는 자신이 완전한 연대기로 간주하는 그 책을 마르쿠스 아우렐리우스의 사망으로 끝내고 있으므로 그의 변증은 틀림없이 기원후 180년이나 그 직후에 쓰였을 것이다. 릭 로저스는 이 책을 "회심자들에게 성경의 법과 일치하는 도덕적인 삶을 살도록 설득"하려는 의도를 지닌, 권고의 신학이라고 부른다.[118] 이 책의 흥미로운 측면 중 하나는 그것이 그리스도를 언급하고 있지 않으므로 "그리스도 없는 기독교"라고 불려왔고 특히 그 이유로 지금까지도 상당한 논쟁의 초점이 되고 있다는 점이다.[119]

이 책에는 우리에게 특히 흥미로운 구절이 하나 있다. 테오필로스는 철학자들의 진술 목록으로부터 그들이 서로 모순되는 주장을 하고 있음을 보여준 뒤 이렇게 말한다. "귀신에게 영감을 받고 귀신으로 인해 교만해져

---

116 참조. Rick Rogers, *Theophilus of Antioch: The Life and Thought of a Second-Century Bishop* (Lanham, MD: Lexington, 2000), 3–14.

117 예컨대 Theophilus, *Autol.* 2.30은 자신의 저술인 「역사」(*History*)를 언급한다. Eusebius, *Hist. eccl.* 4.24는 테오필로스의 헤르모게네스와 마르키온에 대한 저술 및 몇몇 교리문답 책자를 언급한다. 우리는 여기에다 Jerome, *Vir. ill.* 25를 근거로 복음서에 대한 주석과 솔로몬의 잠언에 대한 주석, 그리고 Jerome의 *Epist. 121* (*Ad Algasiam*)을 근거로 복음서를 조화시킨 책을 추가할 수 있다.

118 Rogers, *Theophilus*, 21.

119 예컨대. J. Bentivegna, "A Christianity without Christ by Theophilus of Antioch," *StPatr* 13 (1975): 107–30을 보라.

서…그들은 순수한 영이 아닌 부정한 영으로서 기만적인 몽상에서 비롯된 말을 한다. 그리고 이 점은 실로 오늘날까지도 때때로 참되신 하나님의 이름으로 귀신 들린 자들에게서 귀신이 쫓겨나며 이 오류의 영들 스스로 자신들이 이전에 이 저자들에게 영감을 준 귀신이라고 자백한다는 사실에서 분명히 나타난다."[120] 테오필로스에게 알려진 축귀의 여러 측면이 눈에 띈다. 첫째, 귀신 들림은 신체적 증상을 동반한 병으로 나타난다고 생각되는 것이 아니라 듣는 이들을 오도할 거짓된 종교적 진술로 표현되는 것으로 여겨진다. 둘째, 축귀가 "오늘날까지도" 계속되었다는 진술은 예수 시대부터 당시까지 교회의 축귀 역사를 넌지시 언급하는 말로 해석하는 것이 합리적이다. 그러나 셋째, 귀신 들린 자들에게서 "때때로…귀신이 쫓겨"난다는 말은 귀신 들린 모든 사람에게서 귀신이 쫓겨나는 것은 아니라는 첫인상을 준다. 실제로 이 장의 마지막 문장—"그러나 때때로 그들 중 몇몇은 그들 자신과 모든 사람에게 증인이 될 수 있도록 영혼이 깨어나서 하나님의 왕권, 심판 등에 관한 예언자들의 말과 조화를 이루는 내용들을 말했다"—은 사람을 변화시키는 데 축귀가 언제나 필요한 것은 아니었음을 암시한다. 어쨌든 "때때로" 귀신 들린 이들에게서 귀신이 쫓겨났다는 언급은 축귀가 일반적이었거나 사람들을 잘못된 길로 인도하는 자들에 대항하여 자주 사용되지는 않았음을 암시한다. 넷째, 귀신들이 이런 저술들에 영감을 주었다고 자백한다는 테오필로스의 말에 비추어볼 때 귀신을 쫓는 동안 귀신(들린 자들)과 축귀자가—복음서를 통해 우리에게 친숙한 방법으로—상호작용했다고 주장하는 것은 합리적이다(예컨대 막 5:7-13). 마지막으로 그리고 가장 흥미

---

120 Δαιμόνων δὲ ἐμπνευσθέντες καὶ ὑπ᾽ αὐτῶν φυσιωθέντες,…φαντασίᾳ καὶ πλάνῃ ἐλάλησαν, καὶ οὐ καθαρῷ πνεύματι ἀλλὰ πλάνῳ. ἐκ τούτου δὲ σαφῶς δείκνυται, εἰ καὶ οἱ δαιμονῶντες ἐνίοτε καὶ μέχρι τοῦ δεῦρο ἐξορκίζονται κατὰ τοῦ ὀνόματος τοῦ ὄντως θεοῦ, καὶ ὁμολογεῖ αὐτὰ τὰ πλάνα πνεύματα εἶναι δαίμονες, οἱ καὶ τότε εἰς ἐκείνους ἐνεργήσαντες(Theophilus, Autol. 2.8).

로운 점으로서, 축귀가 예수가 아니라 "참되신 하나님의 이름으로"(κατὰ τοῦ ὀνόματος τοῦ ὄντως θεοῦ) 발생하거나 능력을 부여받는다고 전해진다는 점이다. 여기서 우리는 야고보서에서 살펴본 내용, 즉 축귀가 하나님의 이름으로 행해지는 현상(참조. 위의 8.3-4 단락)이 나타나고 있음을 알 수 있다. 우리는 또한 유스티누스가 유대인들이 하나님의 이름으로 귀신을 쫓았을 때 성공했다는 점을 인정하는 모습을 살펴보았다(*Dial.* 85.3; 참조. 위의 2.1f 단락). 결국 유대인들과 몇몇 그리스도인들의 축귀에 하나님의 이름이 계속 사용되었고, 비록 테오필로스의 저술에 반영된 축귀는 미친 이들의 축귀가 아니라 기만당한 이들의 축귀이지만 그 둘을 구별하기가 어려웠을 것이라는 결론을 내리는 것은 합리적이다.

11.8 몬타누스주의

몬타누스주의[121]는 황홀경을 추구하는 운동이었고—그래서 우리는 기적 및 축귀와 관련이 있을 것으로 예상할 수 있다—테르툴리아누스(160년경-225년경)도 이 운동의 가장 유명한 관련자이자 옹호자였기 때문에 우리에게 특히 흥미롭다.[122] 두 여성 예언자인 프리스킬라와 막시밀라를 동료로 둔 이 운동의 창시자 몬타누스는 2세기 후반의 세 번째 사분기에 프리기아 지방의

---

121 이 용어는 4세기에 예루살렘의 키릴로스에 의해 처음 사용되었다(*Cat.* 16.8). 그들은 "프리기아인", "페푸자인", "프리스킬라주의자", "퀸틸리아주의자" 등의 여러 용어로도 알려졌다. 최소한 초기 단계에 그들은 스스로를 "새 예언"파, 또는 아마도 "그 예언"파로 지칭했다. Christine Trevett, *Montanism: Gender, Authority and the New Prophecy* (Cambridge: Cambridge University Press, 1996), 2를 보라.

122 테르툴리아누스와 몬타누스주의로 불리게 된 운동 사이의 관계에 대한 논의는 David Rankin, *Tertullian and the Church* (Cambridge: Cambridge University Press, 1995), 27-31, 38, 41-51을 보라.

페푸자와 티미온이라는 작은 마을에서 예언을 시작했다고 한다.[123] 그는 자기 추종자들에게 이 마을들에 모여 천상의 예루살렘을 기다리도록 격려했다.[124] 테르툴리아누스가 (기원후 206년경) 이 운동에 합류한 곳인 아프리카까지 퍼진 이 운동은 다른 대부분의 기독교 분파보다 더 엄격한 생활 방식을 택했지만 (최소한 처음에는) 교리적으로 정도를 벗어난 것으로 인식되지는 않았다.[125]

몬타누스주의에 대한 자료에는 (크리스틴 트레베트가 묘사한 대로)[126] "놀랍고 특이한 변증가인 테르툴리아누스", 「페르페투아와 펠리키타스의 순교 사화」(Passio Perpetuae et Felicitatis),[127] 몬타누스주의의 비문[128] 등이 포함되지만 우리가 이들에 대해 알고 있는 지식은 대부분 외부에서 그리고 때때로 적대적인 반대자에게서 나왔다.[129] 우리는 이런 자료들이 몬타누스주의자들이

---

123 참조. 예컨대 Eusebius, *Chronicon; Hist. eccl.* 4.27; Epiphanius, *Pan.* 48.1. 몬타누스주의의 연대 추정에 대해서는 다음 문헌들을 보라. Timothy D. Barnes, "The Chronology of Montanism," *JTS* 21 (1970): 403-8; Trevett, *Montanism*, 26-45. 몬타누스주의의 창시에 대한 논쟁은 Anne Jensen, *Gottes selbstbewusste Töchter: Frauenemanzipation im frühen Christentum?*(Freiburg, Basel, Vienna: Herder; 1992)과 Trevett, *Montanism*, 159-62의 답변을 보라. 좀 더 최근 자료는 Laura Nasrallali, *An Ecstasy of Folly: Prophecy and Authority in Early Christianity* (HTS 52; Cambridge, MA: Harvard University Press, 2003), 156-62를 보라.

124 다음 문헌들의 논의를 보라. Daniel H. Williams, "The Origins of the Montanist Movement: A Sociological Analysis," *Religion* 19 (1989): 343; Trevett, *Montanism*, 77.

125 다음 문헌들을 보라. Ronald E. Heine, *The Montanist Oracles and Testimonia* (NAPSPMS 14; Macon, GA: Mercer University Press, 1989), ix; Trevett, *Montanism*, 3장; 로마에서 몇몇 몬타누스주의자들이 저지른 단일신론적인 오류에 대해서는 예컨대 214-19를 참고하라. 그러나 예컨대 David F. Wright, "Why Were the Montanists Condemned?" *Them* 2 (1970): 15-21의 주의 사항에 주목하라.

126 Trevett, *Montanism*, 4.

127 Jacqueline Amat, *Passion de Perpétue et de Félicité: Suivi des Actes*(SC 417; Paris: Cerf, 1996)를 보라.

128 예컨대 William Tabbemee, *Montanist Inscriptions and Testimonia: Epigraphic Sources Illustrating the History of Montanism* (NAPSPMS 16; Macon, GA: Mercer University Press, 1997). 좀 더 오래된 연구들은 Trevett, *Montanism*, 4를 보라.

129 다음 문헌들에 실린 자료 모음을 보라. Pierre C. de Labriolle, *Les sources de l'histoire du*

존재했던 최초 몇십 년 동안 그들 사이의 축귀에 대해 말해주는 내용에 관심이 있다. 그러나 자료를 샅샅이 뒤져봐도 우리가 발견할 수 있는 것이라고는 몬타누스와 그의 추종자들이 프리기아에서 한 예언 외에 "다른 많은 하나님의 은혜의 놀라운 일들(παραδοξοποιίαι[130])"이 있어서 많은 이들로 하여금 그들이 예언자였다고 믿게 했다는, 에우세비오스의 언급이 전부다(Hist. eccl. 5.3.4). 이 놀라운 일 또는 기적에는 축귀가 포함되었을 가능성이 클 것이다. 우리는 그 이상은 알 수 없다.

그러나 흥미롭게도 에우세비오스는 조금 뒤에 (2세기의) 히에라폴리스의 클라우디오스 아폴리나리스라는 신원 미상의 어느 동시대인[131]의 말을 인용한다. 그는 새로운 회심자인 몬타누스가 대적(ἀντικειμένῳ)에게 접근하는 자라고 묘사하는데, 몬타누스는 귀신이 붙어(πνευματοφορηθῆναι) 고래고래 소리 지르고 수다스럽게 지껄이고 이상하게 말하면서(ξενοφωνεῖν[132]) 처음부터 교회의 관행에 반하는 방식으로 예언했다고 한다. 에우세비오스의 자료에 따르면 어떤 이들은 격려를 받은 반면 다른 이들은 몬타누스를 "오류의 영에 사로잡혀 귀신 들린 자(δαιμονῶντι)"로 묘사한다(Hist. eccl. 5.16-7-8). 그들이 몬타누스의 소행을 중지시키려 했을 뿐만 아니라 에우세비오스가 그들이 몬타누스를 꾸짖었다고(ἐπετίμων) 말한다는 점은 주목할 만하다(5.16.8). 이는 단순히 비난이나 책망을 의미할 수도 있지만[133] 몬타누스가 사탄이 들린 것으로 여겨지는 문맥과 훗날 몬타누스주의자들이 축귀 대상이

Montanisme: Textes grecs, latins, syriaques (Collectanea Friburgensia 24 = n.s., 15; Fribourg: Librairie de l'Université / Gschwend; Paris: Leroux, 1913); 그리고 Heine, *Montanist Oracles*.

130 Lampe; BDAG를 보라.

131 참조. Eusebius, *Histoire ecclésiastique: Livres V-VII* (trans. and annotated by Gustave Bardy; 4th ed.; SC 41; Paris: Cerf, 1994), 46 각주 3.

132 이에 대해서는 LSJ와 Lampe를 보라.

133 LSJ와 Lampe를 보라.

되었다는 점,[134] ἐπιτιμάω가 다른 곳에서는 축귀를 지칭하는 데 사용된다는 점[135]을 고려하면 이 글은 소아시아에서 (또 다른 그리스도인을 대상으로 한!) 기독교 축귀의 증거일 가능성이 매우 크다. ἐπιτιμάω의 용법을 고려하면 축귀 방법은 신약에서 친숙한 방법—귀신에게 단호하게 말하기, 귀신에게 그 사람을 떠나라고 명령하기—과 다르지 않았을 것이라고 추론하는 것이 합리적이다. 따라서 여기서 몬타누스를 침묵시키려고 하는 점과 테오필로스의 글(위의 내용을 보라)로부터 우리는 소아시아와 안디옥에서 때때로 그리스도인들을 잘못된 길로 인도하는 자들을 바로잡는 데 축귀가 사용되었다는 것을 알 수 있다. 구할 수 있는 자료들로부터 몬타누스주의자들이 축귀에 관여했는지에 대해 우리가 알 수 있는 내용은 없다. 우리는 이 신령파들 사이에서 축귀 관행이 있었을 가능성에 관해 단지 추측만 할 수 있을 뿐이다. 그들에게 축귀는 자연스런 관심사로 보였을 것이다.

11.9 알렉산드리아의 클레멘스

오리게네스의 그늘에 가려지지 않고 오리게네스를 가르친 것으로 추정되지 않았다면,[136] 가장 학식 있는 초기 교부 중 한 사람[137]인 알렉산드리아의 클레멘스는 초기 기독교에서와 같이 계속해서 "복자"와 "성인"이라고 불렸을 것이다.[138] 우리는 그의 생애에 대해 거의 아무것도 알지 못한다. 그는 아

---

134 참조. Cyprian, *Epistulae*. 74.10; 그리고 Trevett, *Montanism*, 156-58의 논의.

135 Howard C. Kee, "The Terminology of Mark's Exorcism Stories," *NTS* 14 (1968): 232-46.

136 Johannes Munck, *Untersuchungen über Klemens von Alexandria* (Stuttgart: Kohlhammer, 1933), 224-29의 논의를 보라.

137 Rudolph, *Gnosis,* 16; 또한 Salvatore R. C. Lilla, *Clement of Alexandria: A Study in Christian Platonism and Gnosticism* (Oxford: Oxford University Press, 1971), 226-34; 그리고 John Ferguson, *Clement of Alexandria* (New York: Twayne, 1974), 17-20.

138 참조. Eusebius, *Hist. eccl.* 6.14.9. 클레멘스에 대한 평판의 끊임없는 변화에 대해서는

마도 150년경에 아테네에서 태어났을 것이다(참조. Clement, *Strom.* 1.1.11). 그는 자기가 뛰어난 사람들에게 교육을 받았다고 말한다. "이들 중 한 사람은 그리스에 있었고(이오니아인), 두 번째 사람은 이탈리아 남부, 세 번째 사람은 레바논, 네 번째 사람은 이집트에 있었다"(Eusebius, *Hist. eccl.* 5.11.3-4). 그의 말에 따르면 그의 마지막 스승은 이집트에 있던 판타이누스인데, 에우세비오스는 이 사람을 "당대의 가장 저명한 스승 중 하나"라고 부른다.[139] 시칠리아 출신의 스토아 철학자인 판타이누스는 기독교로 개종하고 나서 동쪽 인도로 전도 여행을 다녀온 뒤, 3세기 초 알렉산드리아 교리문답 학교가 될 학교의 교장이 되었다(Eusebius, *Hist. eccl.* 5.10.1-4). 그는 이 학교의 역대 교장 중 이름이 알려진 최초의 인물이다. 이 학교의 학생들은 사회 상류층은 아니었더라도 틀림없이 부유했을 것이다.[140] 클레멘스는 180년경 판타이누스 사후에 이 학교의 교장이 되어서 202년에 박해로 인해 알렉산드리아를 떠날 때까지 교장직을 수행했다. 클레멘스는 자신의 사명을 철학적 공격과 무신론이라는 혐의에 맞서 기독교를 변호하고 학식 있는 그리스인들의 개종을 촉진하는 것으로 보았다.

『그리스인들에 대한 권면』(*Protrepticus*) 첫 장에서 클레멘스는 자기가 독자들로 하여금 그들의 무가치한 믿음에서 사람들을 유일한 참된 철학에 대한 열정으로 충만케 하는 그리스도께로 돌이키도록 설득하기 시작했다고 말한다.[141] 이 목표의 일환으로 그는 음유 시인들인 테베의 암피온과 메팀나

Ferguson, *Clement of Alexandria*, 17을 보라.

139 Eusebius, *Hist. eccl.* 5.10.2; 참조. 5.11.1-5; 6.13.1. Clement, *Strom.* 1.11.1도 보라.

140 다음 문헌들을 보라. W. Countryman, *The Rich Christians in the Church of the Early Empire: Contradictions and Accommodations* (Texts and Studies in Religion 7; New York and Toronto: Edwin Mellen; 1980), 48-49. 그는 특히 Gustave Bardy, *Clément d'Alexandrie* (Paris: Gabalda, 1926), 15-16을 인용한다; Rebecca H. Weaver, "Wealth and Poverty in the Early Church," *Int* 41 (1987): 369-71.

141 참조. Quasten, *Patrology*, 2:7.

의 아리온을 통해 그리스인들에게 알려진 음악의 매혹적인 힘을 언급한다. 클레멘스는 그들의 파괴적인 시로 속이는 이런 자들과 대조적으로 "압제하는 귀신들의 혹독한 결박을—그것도 신속하게—풀어주러 온" 새 노래를 선포한다. 그는 이 노래는 사람들을 구원하고자 그들을 기만에서 해방하기 위해 빛을 던져주며 손을 내뻗는 진리—즉 지혜—에 관한 노래이자 그 진리를 구현하는 노래라고 말한다. 클레멘스는 진리가 태초에 있었고 태초 이전에도 있었던 말씀의 현시(顯示)인 새 노래라는 비유를 전개하면서, 한때 이 진리를 구현했던 다윗은 비파와 수금과 음악을 사용해서 귀신들을 쫓아낸 반면 지금은 이 진리를 구현하고 있는 새 노래인 하나님의 말씀이 귀신들을 쫓아내고 시각장애인의 눈을 뜨게 하며 청각장애인의 귀가 열리게 한다고 말한다(*Prot.* 1.1).

클레멘스는 확실히 음악으로 귀신을 쫓아낼 수 있다고 생각했지만, 그의 요점은 그것이 아니다. 오히려 그는 비유를 통해 바로—때때로 음악으로 표현되기도 하지만 예수 안에서 최고로 구현된—진리와 지혜가 귀신을 몰아낸다는 점을 예시했다. 따라서 이는 클레멘스가 귀신 들린 자들에게 음악을 연주하는 축귀를 묘사하거나 제안하는 것이 아니다. 대신 그는 하나님이 사람들 안에 거처를 잡으면 귀신들이 달아난다는 점을 강조하고 있다. 달리 말하자면 귀신들을 쫓아내거나 몰아내는 일은 귀신이 떠나라는 명령을 받았거나 귀신에게 음악이 연주되기 때문이 아니라, 귀신 들린 사람이 예수 안에서 구현된 진리를 받아들였기 때문에 발생하는 것으로 여겨진다. 우리는 클레멘스가 『그리스인들에 대한 권면』 거의 끝부분에서 다음과 같이 말하는 대목에서 이 점이 분명히 밝혀지는 것을 볼 수 있다. "나는 여러분에게 구원을 받으라고 촉구합니다. 이 그리스도는 ~을 바라십니다. 그분은 누구십니까? 간단하게 배워보십시오. 사람을 다시 진리로 인도함으로써 그 사람을 거듭나게 하는…진리의 말씀은…파멸을 몰아내고 사망을 쫓아내…

그리스도가 하나님으로 하여금 사람들 안에 거처를 정하게 합니다"(*Prot.* 11.117.3-4). 따라서 클레멘스에게 있어 그리스도 안에 구현된 진리가 어떤 사람 안에 거할 때—이것이 구원의 과정이다—파괴적인 귀신이 추방되거나 쫓겨난다. 또는 그가 다른 곳에서 발렌티누스를 모방하여 말하듯이 구원 또는 한 사람 안에서의 성자의 임재는 "마음에서 모든 악령을 몰아냄으로써" 순결을 가져온다(*Strom.* 2.20).[142] 귀신들린 자에 대한 이러한 접근법은 현재 4복음서 모두에 알려진 전승과 익숙하지만[143] 분명히 요한복음 전승을 생각나게 한다.

11.10 사도 전승

이 문헌은 축귀에 대한 언급 때문만이 아니라 특히 축귀가 아마도 2세기 말 전의 주류 기독교에서의 세례와 연결되기 때문에도 우리에게 흥미가 있다.[144] 교회의 예전과 생활에 관해 귀중한 정보를 제공해주는 이 문헌은 감독의 서임, 세례 후보자 교육에 이어 세례를 다룬다. 21장의 맺음말 다음에 집사의 의무(*Trad. ap.* 22, 24, 34, 39장), 금식(23, 33, 36장), 공동체 만찬(25-30장), 과일 봉헌(31, 32장), 개인기도(35, 41, 42장), 성찬용 빵 및 포도주 관리(37, 38장), 묘지(40장), 기도 시기(41-43장)에 관한 내용이 이어진다.[145] 1906년에 이

---

142 클레멘스가 주류 영지주의와 자신 사이에는 거리가 있다고 주장하는 핵심 요소는 그가 그리스도인의 참된 영적 지식(gnosis)과 거짓되거나 이단적인 영적 지식을 대비시킨다는 데 있다. Rudolph, *Gnosis*, 16을 보라.

143 François M. M. Sagnard, *Clément d'Alexatidrie: Extraits de Théodote* (SC 23; Paris: Cerf, 1970), 250-53.

144 참조. Henry Ansgar Kelly, *The Devil at Baptism: Ritual, Theology, and Drama* (Ithaca, NY: Cornell University Press, 1985), 138-39, 192-94.

145 참조. Geoffrey J. Cumming, *Hippolytus: A Text for Students: With Introduction, Translation, Commentary and Notes* (Bramcote; UK: Grove, 1976), 5.

르러서야 비로소 에두아르트 폰 데어 골츠가 히폴리투스가 한때 유실된 것으로 여겨졌으나 「이집트 교회 체계」(*The Egyptian CHrch Order*)로 알려진 「사도 전승」의 저자라고 주장했는데, 그 주장이 널리 받아들여졌다.[146] 따라서 결국 현재 형태의 「사도 전승」의 저작 시기는 히폴리투스의 사망 시점인 기원후 235년 전후로 추정되었다.[147] 그러나 이 문헌은 중복되는 부분이 있을 뿐만 아니라, 통일성이 부족하고 앞뒤가 맞지 않는 대목이 자주 등장하기 때문에 최근에는 이 텍스트를 단일 저자의 작품이 아니라 「디다케」처럼(위의 10.3 단락을 보라) 오랫동안 편찬된 "살아 있는" 합성 문헌으로 보는 견해에 관한 관심이 점점 커져왔다.[148] 이 견해에 설득력이 있으므로 우리는 축귀와 관련된 자료의 성격뿐만 아니라 이 문서의 저작 시기와 지리적 기원을 살펴보지 않을 수 없다.

「사도 전승」은 세례를 받을 사람들에 관한 지침을 주는 부분 가운데 세례 후보자들을 조사하는 문맥에서 이렇게 말한다. "그들은 구별된 날부터 매일 그들에게서 귀신을 쫓아내는 동안 안수를 받는다. 그들이 세례를 받는 날이 다가오면 감독은 그들이 정결하다는 것을 확신할 수 있도록 그들 각자에게서 귀신을 쫓아내야 한다"(*Trad. ap.* 20.3).[149] 테르툴리아누스가 아프리카

---

146 「사도 전승」에 대한 식별과 텍스트상의 증거에 대해서는 Paul F. Bradshaw, Maxwell E. Johnson, and L. Edward Phillips, *The Apostolic Tradition* (Hermeneia; Minneapolis: Fortress, 2002), 1-11을 보라.

147 Alistair Stewart-Sykes, *On the Apostolic Tradition: An English Version with Introduction and Commentary* (Crestwood, NY: St. Vladimir's Seminary, 2001), 12를 보라.

148 Paul F. Bradshaw, "Redating the Apostolic Tradition: Some Preliminary Steps," in *Rule of Prayer, Rule of Faith: Essays in Honor of Aidan Kavanagh, O.S.B.* (ed. Nathan Mitchell and John F. Baldovin; Collegeville, MN: Pueblo / Liturgical Press, 1996), 3-17을 보라.

149 훗날 *Trad. ap.* 3.5에 덧붙인 내용일 가능성이 있는, 아마도 축귀에 대한 언급인 듯한 구절이 있다. "주님이 사도들에게 주신 능력에 따라 모든 결박을 풀어줄…대제사장의 능력을 그가 갖게 하소서"; "그분[예수]은 마귀의 사슬을 끊기…위해…넘겨지셨다"(4.8). 다음 문헌들을 보라. Bradshaw, Johnson, and Phillips, *Apostolic Tradition*, 34, 37; 그리고 John E. Stam, *Episcopacy in the Apostolic Tradition of Hippolytus* (Theologische Dissertationen 3; Basel: Reinhardt, 1969),

에서는 감독이 세례 일주일 전에 세례 후보자들에게서 귀신을 쫓아낸다고 말했고[150] 「사도 전승」이 세례 후보자들은 그 주의 다섯째 날에 몸을 씻어야 한다고 말한다는 점(20.5)으로 미루어 보면, 우리는 아마도 감독이 일주일 동안 세례 후보자들에게 매일 축귀를 행했을 것으로 추정할 수 있을 것이다. 그러고 나서 그들이 세례를 받는 날인 안식일에 감독이 그들에게 안수하고 귀신을 쫓거나 "외부에서 그들 안으로 침입한 모든 영들에게 그들에게서 나가서 다시는 되돌아오지 말도록" 명령한다(20.8). 이 문서는 감독의 안수[151](이는 축귀에서 새롭게 발전된 요소다) 외에는 축귀가 어떻게 실행되는지 말해주지 않는다. 그러나 이 지시와 마가복음 9:25에 나오는 예수의 단도직입적인 말 사이의 유사성[152] 및 우리에게 알려진 다른 유사한 축귀 방법들[153]에 비추어볼 때 감독은 아마도 그와 같은, 또는 그와 비슷한 말을 사용해야 했을 것이다.

그 텍스트는 계속해서 이렇게 말한다. "감독이 그들에게서 귀신 쫓기를 마치고 나면 그는 그들의 얼굴에 입김을 불어야 한다. 그리고 감독이 그들의 이마, 귀, 코에 인을 치고 나면 그들을" 무릎 꿇은 자세에서 "일으켜 세워야 한다"(Trad.ap. 20.8; 참조. 20.7). 이 문맥에서 입김을 부는 것은 아마도 인을 치는 것을 상징할 것이다.[154] 그러나 이보다 더 단순하고 따라서 아마도

88-89에 수록된 논의. 본서에 수록된 *Apostolic Tradition*의 영어 번역은 Stewart-Sykes, *Apostolic Tradition*에서 따온 것이다.

150 다음 문헌들을 보라. Stewart-Sykes, *Apostolic Tradition*, 107-8; 그리고 Alistair Stewart-Sykes, "Manumission and Baptism in Tertullian's Africa: A Search for the Origin of Confirmation," *StLit* 31 (2001): 129-49. 부활절에 세례가 거행되었을 가능성에 대한 짧은 논의는 Stewart-Sykes, *Apostolic Tradition*, 108-9를 보라.

151 아랍어와 에티오피아어로는 복수형인 "손들"로 되어 있다. Bradshaw, Johnson, and Phillips, *Apostolic Tradition*, 106을 보라.

152 Cumming, *Hippolytus*, 17에 언급되었다.

153 다음 문헌들을 보라. Josephus, *Ant.* 8.47; *PGM* IV. 1254; 참조. 3024-3025.

154 Bradshaw, Johnson, and Phillips, *Apostolic Tradition*, 111.

더 이전의[155] 문헌이었을 에티오피아 텍스트에서는 단지 다음과 같이 말한다. "그가 귀신들을 저주하는 일을 끝마쳤다면 세례받는 이들에게 숨을 내쉬어야 한다"(20.8).[156] 여기서 세례 후보자에게 숨을 내쉬는 행위는 축귀의 일부가 아니라 그 뒤에 이어지는 일임이 더 분명하게 드러난다. 훗날 예컨대 암브로시우스(*Sacr.* 1.2; 참조. 3.11-15)는 이러한 숨을 내쉬기를 세례 후보자의 이해를 돕기 위한 세례의 시작(*apertio*)으로 이해했지만,[157] 이 행위는 그에 못지않게 후보자에게 성령을 불어넣는 것을 상징할 가능성도 있다(참조. 요 20:22).[158] 다음 장에서는 감독에게 집사로 하여금 세례받을 사람을 붙잡고 그 사람에게 사탄과 의절하라고 명령하는 장로의 왼손에 약간의 기름을 붓게 하며 그 기름에 대해 축귀를 행하도록 지시한다(「사도전승」 21.6-9). 그 텍스트는 계속해서 이렇게 말한다. "그가 이 모든 것과 의절하면 감독은 그에게 축귀의 기름을 부으며 '모든 악한 영들이 네게서 떠날지어다'고 말해야 한다"(21.10). 그러나 우리가 2세기의 축귀를 이해하려 할 때 아마도 이 말은 에누리해서 들을 필요가 있을 것이다. 세례 이전에 그처럼 "귀신이 쫓겨난 기름"을 사용하는 관행은 4세기 중반부터 4세기 말까지는 달리 알려진 적이 없을 뿐만 아니라[159] 이집트의 예전 전통에서 세례 전에 기름 붓기는 4세기까지는 귀신 쫓는 의식이 아니었기 때문이다.[160]

---

155 Bradshaw, Johnson, and Phillips, *Apostolic Tradition*, 111도 같은 입장이다.

156 Bradshaw, Johnson, and Phillips, *Apostolic Tradition*, 106에서 따온 번역이다.

157 Edward Yarnold, *The Awe-Inspiring Rites of Initiation: Baptismal Homilies of the Fourth Century* (Slough, UK: St Paul, 1971), 16을 보라.

158 요 20:22에서 예수가 제자들에게 숨을 내쉰 것에 대한 Craig S. Keener, *The Gospel of John: A Commentary* (2 vols.; Peabody, MA: Hendrickson, 2003), 2:1204-6의 논의를 보라.

159 Bradshaw, Johnson, and Phillips, *Apostolic Tradition*, 131 및 각주 50.

160 다음 문헌들을 보라. Paul R Bradshaw, "Baptismal Practice in the Alexandrian Tradition: Eastern or Western?" in *Living Water, Sealing Spirit: Readings on Christian Initiation* (ed. Maxwell E. Johnson; Collegeville, MN: Pueblo / Liturgical Press; 1995), 92-95; Maxwell E. Johnson, *Liturgy in Early Christian Egypt* (JLS 33; Nottingham, UK: Grove, 1995), 7-16; Bradshaw,

따라서 우리는 「사도 전승」 20.3에 최초로 언급되었고 이어서 감독의 안수 및 나간 후 다시 돌아오지 말라는 명령(*Trad.ap.* 20.8)과 관련해서 언급된 단순한 세례 전 축귀가 시행된 장소와 시기를 고찰해야 한다. 훗날 덧붙인 것으로 보이는 부분을 제거하고 나면 이 장은 아마도 「사도 전승」의 핵심적인 구성 요소 중 하나일 가능성이 크다.[161] 더구나 처음 세 절에 나오는 단순하고 일반적인 지침이 감독과 관련된 구체적이고 반복되는 지시(20.3)로 바뀌는 것을 고려하면, 축귀를 행하는 감독에 관한 뒤의 자료는 후대에 덧붙여졌다고 생각할 충분한 이유가 존재한다.[162] 이 생각이 옳다면 이는 축귀가 늦어도 2세기 말에는 세례의 예비 단계로 행해졌다는 증거일 수도 있을 것이다.

우리가 가진 증거로 미루어보아 축귀가 아마도 단순했을 것이라는 점 외에 우리는 그런 축귀의 세부사항에 대해서는 전혀 알 수 없다. 그에 대한 어떤 정보도 주어져 있지 않기 때문이다. 저자가 특별한 축귀자 계층을 염두에 두었을 것 같지는 않다.[163] 오히려 축귀를 수행할 수 있다고 간주된 이들이 축귀를 행했을 것이다(*Trad.ap.* 14.1을 보라). 유감스럽게도 나는 이 텍스트가 어느 지역의 기독교를 나타내고 있는지를 확신 있게 말할 수 있다고 생각하지 않는다. 이 장의 최종 형태는 아마도 후대 로마의 정밀 심사 체계로 알려진 내용과 닮았을 것이다.[164] 그러나 그보다 이전 형태의 텍스트에 있었을 것으로 추정되는 준비 주간(참조. 20.3, 5)은 북아프리카의 전통을 반

Johnson, and Phillips, *Apostolic Tradition*, 131-32.

161 다음 문헌들을 보라 Bradshaw, Johnson, and Phillips, *Apostolic Tradition*, 14-15; 그리고 이와 무관하게 연구된 Stewart-Sykes, *Apostolic Tradition*, 특히 51.

162 참조. Bradshaw, Johnson, and Phillips, *Apostolic Tradition*, 108.

163 축귀자의 직분에 대한 최초의 언급은 교황 코르넬리우스(253년 사망)가 안디옥 감독인 파비우스에게 보낸 편지에 나온다(Eusebius, *Hist. eccl.* 6.43.3, 11).

164 Stewart-Sykes, Apostolic Tradition, 109-110을 보라.

영하며[165] 8.15-21장의 세례 예전에 대한 알렉산드리아 기원설을 뒷받침할 수도 있다.[166] 축귀와 세례를 동일시하는 알렉산드리아의 발렌티누스주의 영지주의자들의 관행이 이 기원설을 다소 뒷받침한다.[167] 요컨대 「사도 전승」에 나오는 내용은 아마도 2세기 말 주류 기독교에서 축귀와 세례가 결합한 최초의 사례로, 알렉산드리아에서 유래했고 알렉산드리아의 테오도토스의 글에 반영된 관행에서 채택한 텍스트일 것이다.[168]

11.11 기독교의 마술적인 축귀

나는 이미 우리가 마술적 축귀라고 부를 수 있는 것―축귀를 행한 사람 때문이 아니라 축귀 때 한 말과 행동 때문에 성공적이라고 여겨진 축귀―은 아마도 기독교가 출현하던 시기에 가장 일반적으로 알려진 형태의 축귀였을 것이라고 주장했었다(위의 2.1 단락을 보라). 스게와의 아들들에 대한 이야기의 끝부분으로 미루어볼 때 누가가 초기 그리스도인들이 그런 축귀에도 관여했다고 생각했을 가능성이 큰데, 거기서 누가는 믿는 자들이 자기들의 관행을 자백하고 그들의 책을 공개적으로 불태웠다고 말한다(위의 6.3d 단락을 보라).

2세기 말까지 그리스도인들 사이의 마술적인 축귀에 대해 우리에게 말

---

165 Stewart-Sykes, "Manumission and Baptism in Tertullian's Africa," 129-49, 특히 132를 보라.

166 다음 문헌들을 보라. A. Salles, "La 'Tradition apostolique' est-elle un témoin de la liturgie romaine?" *RHR* 148 (1955): 181-213; 그리고 Stewart-Sykes, *Apostolic Tradition*, 17-19에 수록된 논의.

167 다음 문헌들을 보라. Clement, *Exc.* 77-78, 80, 82-83, 86; 그리고 Elizabeth A. Leeper, "From Alexandria to Rome: The Valentinian Connection to the Incorporation of Exorcism as a Prebaptismal Rite, *VC* 44 (1990): 7-9에 수록된 논의.

168 참조. Leeper, "Alexandria 6-24. Stewart-Sykes, *Apostolic Tradition*, 108은 테오도토스와의 관련성은 희박하지만 불가능하지는 않다는 점을 인정한다.

해줄 수 있는 증거를 모으는 일은 증거 부족에 의해서만이 아니라 본질상 흔히 복합적인 자료의 연대를 추정하는 작업의 어려움에 의해서도 방해를 받는다.[169] 그럼에도 불구하고 일반적으로 1세기의 스게와의 아들들에 대한 누가의 이야기와 3세기, 4세기 그리스도인들 사이의 마술적인 축귀에서 우리가 살펴본 내용을 고려하면[170] 우리가 관심을 두고 있는 기간 동안 그리스도인들이 그런 축귀에 관여했을 가능성이 매우 크다고 말하는 것이 합리적이다.

유감스럽게도 고찰할 가치가 있는 텍스트는 「그리스 마술 파피루스」 (PGM) IV의 한 부분뿐이다.[171] 이 문서는 일반적으로 기원후 4세기의 작품이라는 데 합의가 이뤄져 있지만, 그 내용은 기원후 2세기에 비롯되었을 가

---

169 Graham H. Twelftree, "Jesus the Exorcist and Ancient Magic," in *A Kind of Magic: Understanding Magic in the New Testament and Its Religious Environment* (ed. Michael Labahn and Bert Jan Lietaert Peerbolte; European Studies on Christian Origins; LNTS 306; London and New York: T&T Clark, 2007), 57-86의 논의를 보라.

170 이 시기에는 다음 사항들이 고려되어야 한다. (a) 신약성경의 어휘와 광범위하게 접촉했고 다음 문헌을 통해 출간된 텍스트. David R. Jordan and Roy D. Kotansky, "A Solomonic Exorcism," in *Kölner Papyri (P. Köln)* (ed. Bärbel Kramer et al.; Abhandlungen der Nordrhein-Westfälischen Akademie der Wissenschaften: Sonderreihe, Papyrologica Coloniensia 7.8; Opladen: Westdeutscher Verlag, 1997), 53-69. 이 텍스트는 기원후 3세기 또는 4세기에 쓰인 것으로 추정된다. (b) David R. Jordan and Roy D. Kotansky; "Two Phylacteries from Xanthos," *RAr* (1996): 161-71에서 논의된 그리스어 축귀 부적도 기독교 문서이며 2세기가 지난 직후에 쓰였다. (c) *GMA*, part 1; §68 (p. 387)은 키프로스에서 나온 4세기 기독교 예전상의 축귀에 관한 파편이다. (d) J. Paul Getty Museum에 소장된 "모든 악령과 모든 간질 발작 및 경련"(4-7행)에서 벗어나기 위한 4.2 x 2.0 cm 크기의 3세기 금박 부적(Acc. no. 80.AI.53)은 기독교의 유물일 수도 있다. 이에 대해서는 다음 문헌들을 보라. Roy D. Kotansky, "Two Amulets in the Getty Museum and a Gold Amulet for Aurelia's Epilepsy: An Inscribed Magical-Stone for Fever, 'Chills,' and Headache," *J. Paul Getty Museum Journal* 8 (1980): 181; 그리고 PGM IV. 1231-1239. 이에 대해서는 Twelftree, "Ancient Magic"을 보라.

171 예컨대 Marvin W. Meyer and Richard Smith, eds., *Ancient Christian Magic: Coptic Texts of Ritual Power*(Princeton; NJ: Princeton University Press, 1999)는 2세기 말 전에 나온, 연대를 추정할 수 있는 축귀 텍스트의 어떤 예도 제시하지 않는다.

능성이 더 크다.[172] *PGM* IV. 1227-1264의 현존하는 축귀에 대한 처방에 약간의 콥트어 텍스트가 들어 있는데 그 내용은 다음과 같다.

> 아브라함의 하나님 만세, 이삭의 하나님 만세, 야곱의 하나님 만세. 예수 크레스토스, 성령님, 성부의 아들 곧 일곱 위에 계시고 일곱 안에 계신 분. 만군(Iao Sabaoth)을 데려 오소서. 주께서 그의 안에 있는 이 더러운 귀신 사탄을 쫓아내실 때까지 주의 능력이 NN에서부터 나오기를 기원하나이다. (*PGM* IV. 1231-1239).

그러나 이는 아마도 기독교 텍스트가 아닐 것이다. 첫째, "크리스토스"(그리스도)와 "크레스토스"(탁월한)는 발음은 같았어도 고전 시대 콥트어 사본에서 일반적으로 혼동되지 않았지만[173] 여기서는 혼동되고 있다. 이러한 혼동은 이교도인 콥트인들이 예수 그리스도의 이름을 그들의 텍스트 안으로 받아들인 데서 비롯되었을 수도 있다. "예수 크레스토스, 성령님, 성부의 아들"이라는 말은 그 앞줄에서 확립된 기도의 패턴을 방해할 뿐만 아니라 기독교의 관점에서 보면 이 이름들의 순서와 조합이 그리스도인에게서 예상할 수 있는 내용이 아니기 때문이다. 이는 아마도 이 텍스트 사용자들이 변질된 삼위일체 관용구를 통합하려고 했지만 성공하지 못한 것으로 보인다.

둘째, "더러운 귀신 사탄"이라는 표현을 기독교처럼 마귀의 우두머리

---

172 André Jean Festugière, *La révélation d'Hermès Trismégiste* (4 vols,; Paris: Gabalda, 1949-1954), 1:303 각주 1을 보라. μηνοτύραννε(2664행)를 기원후 374년에서 390년 사이에 제작된 것으로 추정되는 아티스 메노티란누스(Attis Menotyrannus) 비문을 가리키는 것으로 보는 해석에 비추어 좀 더 최근에 Eugene Lane, "On the Date of *PGM* IV," *SecCent* 4(1984): 25-27은 *PGM* IV의 편찬 시기 범위의 끝부분을 기원후 380년경으로 설정한다.

173 Bentley Layton, *The Gnostic Treatise on Resurrection from Nag Hammadi* (HDR 12; Missoula, MT: Scholars Press; 1979), 44-45.

로 보는 것이 아니라 개별적인 마귀의 한 계층으로 사용한 것은 이 말이 기독교 외부의 자료에서 빌려오거나 취한 것임을 암시한다.[174] 따라서 우리는 기껏해야 그리스도인들이 예수 그리스도의 이름으로, 또는 심지어 삼위일체 관용구를 사용하여 더러운 영들을 쫓아내는 것을 보고서 이교도 콥트인들이 그리스도인들의 핵심 어휘를 차용했다고 추정할 수 있을 뿐이다. 그러므로 우리는 우리의 관심 대상인 기간에 그리스도인들이 마술적인 축귀에 관여했을 가능성이 매우 크다는 매우 일반적인 주장에 머물 수밖에 없다. (다소 추측에 근거한 이러한 결론은 우리가 켈수스에게서 배우는 내용에서 상당한 근거를 얻을 것이다; 아래의 12.2 단락을 보라). 이 말이 옳다면, 이 장에서 살펴본 내용으로 보아 원시 정통 기독교는 자신의 축귀를 그것과 유사하지만 예수에 근거한 것이 아니라 텍스트에 근거하거나 주술적인 것으로 간주된 다른 기독교의 축귀 및 비기독교의 축귀와 구별하려 했다고 추론하는 것은 타당해 보인다.

우리는 이 장과 앞 장에서 상당히 많은 자료를 다루었지만, 외부인들에게서 얻은 정보를 고려할 때까지는 이 자료를 요약하고 거기서 결론을 도출하기를 미뤄둘 필요가 있다.

---

174   이와 비슷한 "사탄"의 용법이 4Q213a 1.17과 11Q5 19.15-16에서 발견된다. Michael E. Stone and Jonas C. Greenfield, "The Prayer of Levi," *JBL* 112 (1993): 262-65를 보라.

12

기독교 비판자들

우리는 이 책의 3부에서 지금까지는 신약성경이 초기 그리스도인들 사이의 축귀에 대해 말하는 내용을 좀 더 충분히 이해하기 위해 우리에게 해석상의 도구—우리는 렌즈의 이미지를 사용해오고 있다—를 제공해줄 수도 있는 2세기 기독교 저자들을 검토했다. 신약성경 문헌들을 되돌아볼 때 사용할 우리의 렌즈를 가다듬을 때, 우리는 초기의 기독교 비판자들—외부자들—의 문학적 유산을 살펴보고 그들이 초기 그리스도인들 사이의 축귀에 대한 우리의 이해에 무슨 공헌을 할 수 있는지를 알아볼 것이다. 최초의 비판자들—소플리니우스, 타키투스, 수에토니우스, 에픽테토스, 크레스켄스, 트랄레스의 플레곤, 마르쿠스 코르넬리우스 프론토, 루키우스 아풀레이우스, 아엘리우스 아리스티데스, 마르쿠스 아우렐리우스—은 우리가 바라는 것보다 덜 유익하다. 2세기 후반의 비판자들—켈수스, 사모사타의 루키아노스, 갈레노스—의 통찰이 더 유익하다.

12.1 초기 비판자들

이교도 문헌에서 기독교에 대해 최초로 언급한 사람은 소플리니우스다. 그는 기원후 111년 9월부터 113년에 죽을 때까지 비티니아 폰투스의 총독으로 복무했다. 플리니우스는 그리스도인들의 재판에 관한 조언을 구하기 위해 트라야누스 황제에게 편지를 쓰면서 그리스도인들을 예컨대 완고하고 융통성 없는 자들로 묘사하며 이렇게 말한다. "그들은 정해진 날에 동트기 전에 정기적으로 모여 그들 사이에서 마치 신에게 하듯이 그리스도를 기념하는 구절들을 교대로 낭송하며, 또한 절도와 강도와 간음을 삼가고 신뢰를 저버리는 짓을 하지 않겠다고…맹세하여 스스로를 옭아맸습니다." 그는 기독교는 단지 타락했거나 사악하며 과도한 "미신"(*superstitio; Epistulae* 10.96)일 뿐이라는 말로 이 묘사를 요약한다. 여기에 플리니우스가 기적, 또는 특히 축귀가 비티니아 폰투스에서 기독교와 관련되었다는 것을 알고 있었음을 암시하는 내용은 없다.

이와 비슷하게 타키투스(56년경-118년 이후)도 기원후 64년에 발생한 로마의 화재를 이야기하면서 로마의 그리스도인들을 "그들의 범죄로 인해 미움을 받고", "파괴적인 미신"이자 "인류를 증오"(*odio humani generis*)하는 이들[1]로 묘사한다(*Ann.* 15.44). 여기서도 타키투스가 기독교가 기적 또는 특히 축귀에 관여한다고 생각했음을 암시하는 내용은 없다. 그는 기독교가 팔레스타인에 뿌리를 두고 있음을 알고 있었지만(15:44), 여전히 기독교는 사회적으로 파괴적이라는 인상을 지니고 있었다.[2] 유대교에 대한 그의 묘사는 기적이나 축귀와 관련된 것으로 해석될 수 있는 어떤 활동이 아니라 그들의 신학과 분리성에 초점을 맞춘다(참조. *Hist.* 5.5).

기원후 122년 이후에 글을 쓴 수에토니우스(69년경 출생)는 유대인들이 "크레스투스의 선동을 받아 끊임없이 소요를 일으켰기" 때문에 클라우

---

1 아마도 그들은 사회에서 물러남으로써 남들을 미워하는 것으로 보였을 것이다. Harald Fuchs, "Tacitus über die Christen," *VC* 4 (1950): 86을 보라.

2 Stephen Benko, "Pagan Criticism of Christianity during the First Two Centuries A.D.," *ANRW* II.23.2 (1980): 1065.

디우스가 유대인들을 (기원후 49년에) 로마에서 추방했다고 말한다(*Claud.* 5.25).[3] 『네로』(*Nero*) 16.2에서 수에토니우스는 황제가 "새롭고 해로운 미신 (*superstitionis novae ac maleficae*)에 빠진 계층의 사람들인 그리스도인들에게" 벌을 내리는 데 찬성한다. 말레피쿠스(*maleficus*)라는 단어는 부적이나 마술을 거는 수단을 명시하는 데 사용될 수 있다(Tacitus, *Ann.* 2.69를 보라). 그러나 이 단어는 여기서 사용된 것과 같이 바뀐 의미에서는 해롭거나 해를 끼치거나 사악한 어떤 것을 묘사한다.[4] 요컨대 수에토니우스는 그리스도인이나 기적에 대해 우리에게 아무것도 말해주지 않는다.

다른 여러 저자의 글에 나오는 기독교에 대한 (때로는 불확실한) 언급들을 읽어도 똑같은 결과에 이른다.[5]

a. 에픽테토스(50년경-130년경)의 글을 읽어보면 우리가 확신할 수 있는 것이라고는 『담화록』(*Discourses*) 4:7.1-6에서 그가 두려움의 결여를 갈릴리 사람들(그리스도인들)의 특징으로 언급한다는 점뿐이다.[6]

b. 크레스켄스(2세기 중엽)[7]는 단지 그리스도인들이 "무신론자"이자 "불경한" 자들이라고 말할 뿐이다(Justin Martyr, *2 Apol.* 3).

c. 에우세비오스의 글에서 언급되고 있는 하드리아누스(기원후 76-138

---

3   *Chrestus*는 일반적으로 *Christus*의 변형된 철자로 이해된다. 그러나 Benko, "Pagan Criticism 1057-62의 논의를 보라. 이 글에서 그는 수에토니우스가 "기독교 운동을 어느 지역의 말썽꾼인 크레스투스와 혼동하지는" 않았을(1059) 것이므로 이 구절은 기독교를 가리키는 것이 아니라는 설득력 있는 주장을 한다.

4   P. G. W. Glare, *Oxford Latin Dictionary* (Oxford: Clarendon, 1982), 1067을 보라.

5   이어지는 내용에 대해서는 Benko, "Pagan Criticism," 1055-1118을 보라.

6   이는 *Diatr.* 2.9.19-22에서 에픽테토스가 그리스도인들을 언급한다는 William A. Oldfather, *Epictetus* (2 vols.; LCL; Cambridge, MA: Harvard University Press; London: Heinemann, 1966-1967), 1:272-73 각주 1의 주장에 반한다. Benko, "Pagan Criticism," 1078은 저자가 유대인들을 염두에 두고 있다고 바르게 주장한다.

7   참조. Tacitus, *Dialogus de oratoribus* 19.1; Eusebius, *Hist eccl.* 4.16.3.

년)[8]는 그리스도인들이 공정한 재판을 받을 필요가 있다고 말할 뿐이다.[9]

d. 기원후 140년 이후 트랄레스의 플레곤[10]을 통해 간행된 하드리아누스의 가짜 편지는 이집트의 초기 그리스도인들에 대한 통찰을 준다.[11] 예컨대 그들은 유대인들과 더불어 점성술사와 점쟁이로 간주되지만, 기적을 일으키는 자나 축귀자로 여겨지지는 않는다.[12]

e. 아마도 현재 미누키우스 펠릭스(기원후 2세기 말-3세기 초)의 저술에서 발견되는 내용의 저자인 듯한 로마의 웅변가 마르쿠스 코르넬리우스 프론토(100년경-166년)는 그리스도인들을 예를 들면 미숙하고, 무신론자이며, 죽음을 두려워하지 않고, 잘 속는 사람들로 묘사한다. 그들은 은밀한 표식을 통해 서로를 알며 식인 행위와 가증한 정욕에 사로잡혀 있다. 그러나 그리스도인들이 치유나 축귀에 관여하고 있다는 암시는 없다. 심지어 잘 속는다는 비난조차 그러한 활동과 연결되지 않는다(Minucius, *Oct.* 8; 9).[13]

f. 루키우스 아풀레이우스(125년경 출생)가 쓴 『변론』(*Apologia*)에는 예수가 마술사라는 언급이 있을지도 모른다. 자기가 마술을 사용했다는 혐의를 받은 데 대한 변명의 일환으로 그는 이렇게 말한다. "나는 당신이 원하는 어떤 마술사―위대한 카르멘다스나 다미게론이나 그의…당신이 들어본 적이

---

8   Werner Eck, "Hadrianus," in *Brill's New Pauly: Encydopaedia of the Ancient World* (ed. Hubert Cancik and Helmuth Schneider; Leiden and Boston: Brill, 2002–), 5:1083–88.

9   Eusebius, *Hist. eccl.* 4.9.1-3; 참조. 4.8.6; 4.26.10.

10 David Magie, *Scriptores historiae Augustae* (3 vols,; LCL; 1921–1932; repr., London: Heinemann; Cambridge, MA: Harvard University Press, 1979–1982), 3:397–40을 보라.

11 Benko, "Pagan Criticism," 1081.

12 Flavius Vopiscus of Syracuse, *Saturninus*7과 8.

13 참조. W. H. C. Frend, *Martyrdom and Persecution in the Early Church* (New York: New York University Press, 1967), 187–88; Graeme W. Clarke, "Four Passages in Minucius Felix," in *Kyriakon: Festschrift Johannes Quasten* (ed. Patrick Granfield and Josef A. Jungmann; 2 vols,; Münster: Aschendorff, 1970), 2:499–504; Albert Henrichs, "Pagan Ritual and the Alleged Crimes of the Early Christians: Some New Evidence," in Granfield and Jungmann, *Kyriakon*, 1:18–35.

있는 모세나 얀네스나 아폴로베케스나 다르다누스나 조로아스터와 오스타네스의 시대부터 지금까지의 어떤 유명한 마술사—라도 될 준비가 되어 있다"(*Apologia* 90). "그의"라는 말은 예수(*ihs*)에 대한 언급일 수도 있다. 그러나 그 텍스트로는 어느 쪽으로도 결정할 수 없다.[14]

g. 이와 유사하게 아엘리우스 아리스티데스(기원후 117년-181년 이후)는 견유학파(Cynics)일 수도 있고 그리스도인일 수도 있는 일군의 팔레스타인 사람들을 묘사한다.[15]

h. 마르쿠스 아우렐리우스(기원후 121-180년)는 『명상록』(*Meditations*)에서 그리스도인들을 언급했을 수도 있다. 그는 죽음도 마다하지 않는 그들의 자세에 관해 이야기하면서 이렇게 말한다. "이러한 준비됨은 어떤 구체적인 결심의 결과여야 하며 그리스도인들처럼 완고한 저항의 결과가 아니라 사리에 맞고 품위 있는 결정의 결과여야 한다"(*Med.* 11.3).[16] 우리의 주제와 관련해서 이미 언급했듯이(위의 11.5 단락을 보라) 그는 기적을 일으키는 사람들 및 그들의 주문과 축귀 이야기에 대한 혐오감을 표현했지만(1.6), 그리스도인들과 관련해서는 이에 대해 아무 말도 하지 않는다. 이로 미루어볼 때도 우리는 그리스도인들이 기적이나 축귀로 특별히 유명했을 수 없다는 점에 주목한다.

여기서 분명하며 간결한 결론을 내릴 수 있다. 기원후 175년경까지 기독교 외부의 비판자들이 남긴 현존하는 파편들에서 엿볼 수 있는 사실로 미

---

14 Benko, "Pagan Criticism," 1091의 논의를 보라.
15 Benko, "Pagan Criticism," 1098의 논의를 보라.
16 그리스도인에 대한 언급은 하나의 주석이라는 논의에 대해서는 R A. Brunt, "Marcus Aurelius and the Christians," in *Studies in Latin Literature and Roman History* (ed. Carl Derox; vol. 1; Collection Latomus 164; Brussels: Latomus; 1979), 483-520을 보라. Eusebius, *Hist. eccl.* 4.13.1-7에 보존된 마르쿠스 아우렐리우스의 글로 간주되는 텍스트는 기원이 불확실하기 때문에 제쳐두어야 한다. Benko, "Pagan Criticism," 1093의 논의를 보라.

루어볼 때 기독교는—복음서에 묘사된 종류의 축귀든 그 시대의 마술적인 축귀든—축귀를 포함한 기적과 기적을 일으키는 자들의 종교로 간주되는 측면에서는 사회에 아무런 영향을 끼치지 않았다. 이 텍스트들은 초기 그리스도인들 사이에서의 축귀와 관련해서 약간의 결론만 허용하지만, 우리로 하여금 2세기의 마지막 25년 동안 그리스도인들 사이에서 축귀가 얼마나 중요하게 여겨졌는지를 이해할 수 있도록 도움을 줄 수 있는 세 명의 중요한 비판자가 있다. 우리가 2세기의 중요한 세 명의 기독교 비판자인 켈수스, 루키아노스, 갈레노스에 이르면 비록 여전히 광범위하지는 않지만 외부인들이 이 새로운 종교를 바라본 방식에 대한 보다 실질적인 통찰에 도달하기 때문이다. 여기서도 우리는 켈수스부터 시작해서 연대순으로 그들을 살펴볼 것이다.

12.2 켈수스

우리의 탐구에 있어서 켈수스의 전반적인 가치는 그가 2세기의 기독교에 대한 가장 독립적인 증인이라는 점이다.[17] 입수할 수 있는 증거로 볼 때 177-180년경에 그에게서 기독교에 대한 최초의 포괄적인 철학적 반론이 나왔다.[18] 우리의 목적과 관련해서는 다행스럽게도 오리게네스(185년경-254년경)가 그 문헌 전체를 거의 다 인용한 내용을 통해서만 우리에게 알려진 이 『참된 교리』(ἀληθὴς λόγος)에서 켈수스는 우리에게 초기 그리스도인들 사이의 축귀에 대한 통찰을 준다. 안타깝게도 우리는 오리게네스를 통해 알게

---

17   Gary T. Burke, "Walter Bauer and Celsus: The Shape of Late Second-Century Christianity,"
     SecCent 4 (1984): 3.
18   켈수스의 저작 시기에 대한 논의는 Henry Chadwick, *Origen: Contra Celsum* (1953; repr.,
     Cambridge: Cambridge University Press, 1965), xxvi-xxviii을 보라.

된 정보 외에는 켈수스에 대해 아무것도 알지 못하는데 오리게네스는 켈수스보다 75년 뒤인 3세기 중반에 글을 썼다(Eusebius, *Hist. eccl.* 6.36.2).[19] 켈수스와 오리게네스 사이에는 이처럼 시간적인 거리와 목표상의 차이가 있으므로 켈수스를 분명히 이해하기 위해서는 이 두 사람이 각자 하는 말을 주의 깊게 구별해야 한다.

오리게네스가 켈수스에 대해 확실하게 알았던 유일한 사항은 그가 오래전에 죽었고(*Cels.* preface 4) 플라톤을 매우 존경했다는 것이다(*Cels.* 6.47).[20] 켈수스가 이집트의 민간전승에 관심을 기울이고 있고(3.19; 8.58) 이집트의 어느 마술사의 말을 인용하는 것(6.41)을 고려하면 그가 알렉산드리아에 있었다고 가정하는 것이 합리적이다. 또한 켈수스가 「파피스쿠스와 야손의 논쟁」을 언급한다는 점에서(*Cels.* 4.52) 이러한 결론에 대한 추가적인 증거가 있다. 파피스쿠스는 알렉산드리아의 유대인이고 야손은 펠라의 히브리인 출신 그리스도인이기 때문이다.[21] 그러나 켈수스가 페니키아와 팔레스타인 전역을 여행했다고 말하고 있으므로 우리는 기독교에 대한 그의 정보가 이집트의 영향을 크게 받은 듯하지만 이집트에 한정되지는 않았을 것이라는 점

---

19 Christopher R. Jones, *Culture and Society in Lucian* (Cambridge, MA; London: Harvard University Press, 1986), 20: "루키아노스가 「사기꾼 알렉산드로스의 일생」을 헌정한 켈수스는 오리게네스가 그에 맞서 기독교를 변호한 대상인 플라톤주의자가 아니라, 오리게네스가 처음에 자신의 대적과 혼동한 사람으로서 그도 갈레노스에게서 공개편지를 받은 에피쿠로스 학파였다는 데 일반적으로 의견이 일치한다." 이에 대한 반대 견해는 Jacques Schwartz, *Biographie de Lucien de Samosate* (Collection Latomus 83; Brussels: Latomus / Bruxelles-Berchem, 1965), 23-24를 보라.

20 켈수스의 정체에 대한 논의는 Chadwick, *Origen*, xxiv-xxvi을 보라.

21 Chadwick, *Origen*, 227 각주 1의 논의를 보라. Chadwick, *Origen*, xxix는 Walter Bauer, *Orthodoxy and Heresy in Earliest Christianity* (London: SCM; 1972), 2장을 인용하면서 켈수스는 정통 기독교와 영지주의 기독교를 혼동하고 있고 특별히 알렉산드리아에서는 그 둘 사이에 뚜렷한 구분선이 없었으므로 그는 알렉산드리아에 있었다고 보아야 한다고 주장한다. 그러나 Bauer의 견해에 반대하면서 켈수스가 "정통" 교회 또는 "큰 교회"와 다른 종파들을 구별할 수 있었다고 주장하는 견해는 다음 글들을 보라. Robert L. Wilken, "Diversity and Unity in Early Christianity, *SecCent* 1 (1981): 107; Burke, "Walter Bauer," 4-7.

을 고려해야 한다(7.3-11).[22]

켈수스에 대해 우리가 특별히 관심을 기울이는 대목은 그가 기적을 일으키는 사람으로 간주된 예수[23]에 대해 알았을 뿐만 아니라 그리스도인들이 기적을 행했다는 사실도 알았다는 점이다. "그리스도인들은 특정한 귀신들의 이름과 주문을 말함으로써 그들이 소유한 것처럼 보이는 능력을 얻는다." 오리게네스는 이를 축귀로 해석한다. 그가 이렇게 논평하기 때문이다. "나는 [켈수스가] 마술로 귀신들을 굴복시키고 쫓아내는 사람들을 암시하고 있다고 생각한다"(Cels. 1.6; 참조. 6:39).

조금 뒤에 오리게네스는 켈수스의 다음과 같은 말을 인용한다. "내가 왜 정결 의식이나 구원(ἀποπομπίμους)을 가져다주는 주문이나 해악(δαιμονίους)을 피하는 공식을 가르쳐온 사람들을 다 열거해야 하는가?"(Cels. 6.39)[24] 몇 행 뒤에는 자기가 그리스도인 장로들 사이에서 "야만적인 귀신들의 이름과 마술 공식들이 담겨 있는 책들"을 보았다는 켈수스의 말이 인용되어 있다(6.40). 켈수스는 기독교의 축귀와 그 밖의 축귀를 비슷한 것으로 보고서 "돈을 받고 장터 한복판에서 자신의 신성한 민간전승을 알려주고 사람들에게서 귀신을 쫓아내며 질병을 날려 보내는" 그리스도인들과 마술사들을 비슷하게 묘사한다(1.69). 마술 파피루스에도 축귀에 대한 비슷한 묘사가 있다는 점에서 이런 종류의 축귀를 뒷받침하는 증거가 있다. PGM IV.

---

22 참조. Burke, "Walter Bauer," 3. Burke는 로마와의 관련성은 Cels. 5.62에 나오는 마르켈리나라는 사람에게서 유래된 마르켈리나 파(派)에 대한 언급으로 보아 기껏해야 정황적인 것일 뿐이라고 지적한다. 이레나이우스는 로마에 와서 많은 사람을 잘못된 길로 이끈 마르켈리나라는 사람을 언급한다(Haer. 1.25.6). 그러나 Burke는 우리는 마르켈리나(파)의 정체에 대해 확실히 알 수 없으며 켈수스가 알고 있었던 동방에는 마르켈리나 파가 존재하지 않았다고 말한다. 그는 "『참된 교리』 안에는 결정적으로 켈수스가 로마에 있었다고 판단하게 하는 내용은 전혀 없다"(7)고 결론짓는다.

23 Cels. 1.28, 38, 68; 2.48, 49.

24 Chadwick, Origen, 355를 보라; 참조. ANCL 4:591. 자기 시대의 축귀에 대한 오리게네스의 견해는 예컨대 Cels. 1.6, 25; 7.4를 보라.

3081-3083은 축귀자에게 다음과 같이 지시한다. "마술을 하는 동안 한 번 발끝부터 얼굴까지 바람을 불어라. 그러면 그 능력이 부여될 것이다." 달리 말하자면 켈수스가 보기에 기독교의 축귀와 그 밖의 축귀는 구별할 수 없는 것으로 보였다.

기독교의 축귀에 대한 켈수스의 묘사를 고려할 때 우리는 그가 "이단 적인" 작은 그리스도인 집단이 아니라 그 자신이 주류―"정통"―기독교로 간주한 집단을 묘사하고 있을 가능성이 상당히 크다는 점에 주의해야 한다. 오리게네스는 5권 끝 무렵에 가서야 비로소 켈수스가 경쟁하는 여러 그리 스도인 집단들을 구별한다는 점을 보여주기 시작하며, 거기서도 정통적인 그리스도인들이 수적으로 우월하며(*Cels.* 5.61) 켈수스가 흥미를 느낀 사람들 일 가능성이 더 큰 이들로 간주되기 때문이다. 종파들을 다룰 때도 켈수 스는 원칙적으로 별개의 두 단락에서 다룬다(5.61-64; 6:24-52).[25] 따라서 켈수 스는 마술 파피루스에 반영된 것과 구별할 수 없는 축귀를 행하는 다수파 그리스도인들―켈수스는 그들을 아마도 주로 알렉산드리아에 있는 교육 받 지 못하고 도덕적으로 타락한 사람들과 결부시킨다(참조. 1.9, 50; 6.41)[26]―과 접촉했으며 그들을 묘사하고 있다고 결론짓는 것이 합리적이다.

---

25 Burke, "Walter Bauer," 6을 따른 것이다.
26 참조. C. T. H. R. Ehrhardt, "Eusebius and Celsus," *JAC* 22 (1979): 41. 오리게네스는 소수파 그 리스도인들이 그렇게 묘사되는 것만을 인정할 것이다(*Cels.* 1.9).

12.3 사모사타의 루키아노스

이 그리스 저술가[27] 겸 철학자, 풍자 작가[28]가 「페레그리누스의 죽음」(*The Death of Peregrinus*)에서 지나가는 말로 기독교에 대해서 언급했는데, 이 말이 우리의 주제와 관련이 있기에 흥미롭다.[29] 루키아노스의 생애의 개요를 서술하기는 쉽지 않다.[30] 우리는 아마도 그가 115년에서 125년 사이에 사모사타에서 태어났다는 말 이상으로 더 정확하게 말할 수는 없겠지만, 그가 자신이 165년에 「2중 고소장」(*Doubly Indicted*)을 썼을 때 대략 마흔 살이었다는 루키아노스 자신의 말을 믿는다면 후자의 연대가 더 타당할 것이다.[31] 그가 「꿈」(*Dream*)에서 말하는 내용으로 미루어볼 때 그는 삼촌에게서 조각가 도제 교육을 받았으나 곧 진저리가 나서 그것을 포기하고 수사학을 배웠다.

---

27   루키아노스의 사본과 텍스트에 대해서는 Jacques Bompaire, ed., trans., *Lucien: Œuvres*, vol. 1, *Introduction générale*, opuscules 1-10 (Collection des universités de France, Série grecque 360; Paris: Les Belles Lettres, 1993), 2-4장을 보라.

28   그러나 루키아노스는 진지한 글을 쓰지 않았다. Hubert Cancik, "Lucian on Conversion: Remarks on Lucian's Dialogue Nigrinos," in *Ancient and Modern Perspectives on the Bible and Culture: Essays in Honor of Hans Dieter Betz* (ed. Adela Yarbro Collins; Atlanta: Scholars Press, 1998), 48을 보라. 그는 Eunapius, *Vitae sophistarum*(서론)을 인용한다: "사모사타의 루키아노스는 웃음을 유발하려고 진지하게 애쓰는 사람이다. 그는 당대의 철학자 데모낙스의 생애를 기록했는데 그 책에서는 아주 진지했지만, 진지하게 쓴 다른 책은 별로 없다."

29   루키아노스는 *Alex.* 25와 38에서도 그리스도인들에 대해 지나가는 말로 언급하는데 이에 대해서는 다음 문헌들을 보라. Marcel Caster, *Lucien et la pensée religieuse de son temps* (Paris: Les Belles Lettres, 1937), 349; Jennifer A. Hall, *Lucian's Satire* (New York: Arno; 1981), 212-13.

30   Schwartz, *Biographie*, 6장; Graham Anderson, *Lucian: Theme and Variation in the Second Sophistic* (Leiden: Brill, 1976), 부록 1; Jones, *Culture*, 부록 B. Barry Baldwin, *Studies in Lucian* (Toronto: Hakkert, 1973)은 우리에게 "루키아노스의 연대에 관한 내적, 외적 증거 속에는 사실의 지위를 얻을 만한 내용이 사실상 아무것도 없다"고 상기시킨다(18). 비록 갈레노스가 히포크라테스의 *Epidemics* 2.6.29에 대한 주석에서 루키아노스를 언급하기는 하지만 그의 삶에 대해서는 아무것도 밝혀지지 않는다. G. Strohmaier, "Übersehenes zur Biographie Lukians," *Philologus* 120 (1976): 117-22을 보라. 그리고 Hall, *Lucian's Satire*, 4-6 및 436 각주 5의 논의를 보라.

31   Hall, *Lucian's Satire*, 6-16, 특히 16의 논의를 보라. 다음 문헌들도 보라. Baldwin, *Lucian*, 10-11; 그리고 Jones, *Culture*, 8.

루키아노스는 법정에서 자신의 능력을 사용하는 평범한 역할을 받아들이는 대신 연설가로서 후기 궤변론자들처럼 이곳저곳을 여행하고 이오니아, 이탈리아, 안디옥, 사모사타, 그리스에서 시간을 보냈는데 아마도 아테네에서 몇 년 동안 살았을 것이다. 수사학자로서 그리고 그의 저술들이 확인해주는 바와 같이 그의 사명은 사회를 가르치고 변화시키는 것이 아니라 즐겁게 해주는 것이었다. 아마도 그는 한 번 이상 이집트에 있었던 듯하고 거기서 마르쿠스 아우렐리우스가 180년에 죽은 지 얼마 후 죽었을 것이다(*Alex.* 48).[32]

「페레그리누스의 죽음」은 유명한 동시대인인 페레그리누스에 대한 공격인데, 그보다 덜 유명한 플라톤주의자인 크로니우스에게 보내는 편지 형식을 취했다.[33] 이 작품은 페레그리누스의 삶과 희생에 대해 말하는데, 루키아노스에 따르면 그는 스스로를 프로테우스라고 부르기를 좋아했고[34] 젊은 시절에는 그리스도인이었다. 그는 한 지역 교회의 지도자가 되어 그리스도인으로서 투옥당한 것으로 묘사된다.

루키아노스가 기독교에 대해 하는 말을 해석할 때 우리는 두 가지 문제에 관심을 기울일 필요가 있다. 첫 번째 문제는 루키아노스가 당대의 사건들과 관련해서 쓴 글을 우리가 어떻게 해석해야 하는지와 관계가 있다. 그의 저술은 그를 둘러싼 삶과 단절되어 있고 그의 목표는 그 자신이 속한 사회를 반영한다기보다 그리스의 문화적 전통을 부인하고 문학적인 오락거리

---

32 Hall, *Lucian's Satire*, 41-44.

33 Jacob Bernays, *Lucian und die Kyniker* (Berlin: Wilhelm Hertz, 1879), 3-4; 그리고 John Dillon, *The Middle Platonists: 80 B. C. to A.D. 220* (Ithaca, NY: Cornell University Press, 1996), 362, 379-80.

34 Lucian, *Peregr.* 1: "불운한 페레그리누스, 또는 그가 그렇게 부르기를 좋아했던 자칭 프로테우스는 호메로스의 글에 나오는 프로테우스가 한 일과 똑같은 일을 했다." 이는 명백한 풍자다. *Od.* 4.349-570에서 호메로스는 하급 바다 신인 프로테우스가 잡히지 않기 위해 다양한 모습을 취하는 것으로 묘사하기 때문이다.

를 만들어내는 것으로 여겨져왔다.[35] 그러나 좀 더 최근에는 루키아노스의 저술은 자신이 속한 사회와 긴밀하게 관련되어 있고 그 사회를 반영한다는 주장이 설득력 있게 제기되어왔다.[36] 특히 페레그리누스는 아마도 루키아노스가 상상으로 꾸며낸 인물이 아닐 것이다. 아테나고라스와 아울루스 겔리우스는 모두 동일 인물을 언급하는 듯하기 때문이다.[37] 루키아노스가 마술사 판크라테스를 실제 인물로 다루는 방식을 고려하면—비록 그는 그 자신의 활동보다 더 많은 것을 표현하도록 변형되어 이용되지만[38]—우리는 실제 인물인 페레그리누스가 모델로 사용되어 자신의 삶 이상의 내용을 표현했다고 추측할 수 있다. 페레그리누스는 아마도 속임을 당하다가 결국 자기들보다 더 비참한 다른 사람들을 속이는 "불쌍한 작자들"—이 경우에는 그리스도인들—에 대한 루키아노스의 풍자와 조롱을 대변하는 듯하다(*Peregr.* 11-13).[39]

「페레그리누스의 죽음」해석과 관련된 두 번째 문제는 이 글이 언제 어디서 기록되었는지에 관한 문제라기보다는 이런 질문들이 루키아노스가 하는 말을 이해하는 데 중요한지 여부다. 루키아노스는 페레그리누스가 죽은 뒤 오래지 않아 글을 쓰고 있는 듯한 인상을 주는데 그가 사망한 시기는

---

35 예컨대 Rudolf Helm, *Lucian und Menipp* (Leipzig and Berlin: Teubner, 1906), 특히 1-16도 같은 입장이다. 그에 대해서는 다음 문헌들을 보라. Barbara R. McCarthy, "Lucian and Menippus," *YCIS* 4 (1934): 3-58; Jacques Bompaire, *Lucien écrivain: Imitation et création* (Paris: E. de Boccard, 1958), 특히 2부와 3부.

36 Jones, *Culture*, 6-23도 같은 입장이다. Baldwin, *Lucian*, 118은 "사실상 그가 쓴 모든 내용은 그가 속한 시대와 관련이 있고 그 시대에서 영감을 얻었다"고 결론짓는다.

37 Athenagoras, *Leg.* 26.3; Aulus Gellius, *Noct. att.* 12.11.1. W. H. C. Frend, *The Rise of Christianity* (Philadelphia: Fortress, 1984), 175-76을 보라.

38 Jones, *Culture*, 49-50.

39 이와 달리 Hans Dieter Betz, *Lukian von Samosata und das Neue Testament* (1961), 5-13은 루키아노스가 그리스도인들보다는 페레그리누스만 풍자하고 있다고 생각한다.

165년에 올림픽 경기가 끝날 때였다.[40] 그러나 페레그리누스에 대한 숭배가 생겨나고 그의 제자 테아게네스가 로마에서 죽기까지는 틀림없이 충분한 시간이 경과했을 것이다.[41] 또한 루키아노스는 올림피아에 다녀온 뒤에 이 작품을 쓰고 있고 그가 그리스에서 이집트로 갔다는 점에서 페레그리누스의 사후에 곧 이 작품을 집필한 것이 아니라,[42] 그의 말년에 이집트에서 지낼 때 이 글을 썼을 것이다. 그럼에도 불구하고 루키아노스는 여행을 통해 폭넓은 경험을 얻었고 그의 다양한 저술에 수록된 주제들을 재가공할 뿐만 아니라 광범위한 독자층을 위해 글을 쓰고 있다는 점에서 그의 저작 장소와 시기는 그가 하는 말을 해석하는 데 있어 그다지 중요하지 않다.[43] 대신 그가 쓴 내용은 그가 서술하고 있는 사건들보다 더 많은 내용을 반영하는 것으로 해석될 수 있다. 우리에게 이 두 가지 결론은 루키아노스가 기독교에 대해 쓰고 있는 내용이 아마도 그가 세계 도처를 여행하면서 경험한 바에 비추어 알게 된 기독교를 반영했을 가능성이 있음을 의미한다.

「페레그리누스의 죽음」 11장에서 루키아노스는 페레그리누스가 팔레스타인에서 "그리스도인들의 놀라운 민간전승을 배웠다"고 뻔뻔하게 말한다. 루키아노스는 이 말을 장황하게 늘어놓지는 않지만 아마도 페레그리누스를 기적을 일으키는 사람으로 여겼을 것이다. 페레그리누스가 더 이상 그리스도인이 아닌 한 대목에서 루키아노스는 이렇게 말하기 때문이다. "제우스로 맹세컨대 [그의 죽음을 목격하는] 모든 얼간이들 중에 어떤 자들이 페레그리누스를 통해서 말라리아에서 벗어났다고 주장하더라도 그것은 전혀

---

40 Schwartz, *Biographie*, "Tableau chronologique," 148면 맞은쪽; 참조. Jones, *Culture*, 120 (및 각주 14), 169.

41 루키아노스는 살아 있는 이들은 언급하지 않는 경향이 있지만 Jones의 주장대로 자신이 좋아하지 않는 사람에 대해서는 그다지 세심하지 않았을 수도 있다. Jones, *Culture*, 120.

42 다음 문헌들도 같은 입장이다. Schwartz, *Biographie*, 19; Anderson, *Lucian*, 178 및 각주 3.

43 Anderson, *Lucian*, 부록 1을 보라.

부자연스러운 일이 아닐 것이다"(*Peregr.* 28).

루키아노스는 그리스도인들을 페레그리누스에 대해 말할 때처럼 풍자적으로(참조. *Peregr.* 1), 그러나 훨씬 더 나쁘게—"불쌍한 작자들"로—묘사한다. "그는 순식간에 그들 모두를 아이들처럼 보이게 만들었다"(11). 루키아노스는 페레그리누스가 예언자, 입법자, 신흥 종교 지도자, "새로운 소크라테스"(12)였고[44] 심지어 그리스도인들에게는 그들의 예배에서 "팔레스타인에서 십자가에 처형된 사람" 다음 가는 신이었다고 말한다(11). 그는 이어서 페레그리누스가 그리스도인이었을 때 투옥된 일에 대해 말하면서 그리스도인들의 자선 사업과 원활한 의사소통, 다양한 지역의 그리스도인들 사이의 강한 유대 그리고 죽음에 대한 그들의 경멸도 묘사한다(12). 그는 또한 그리스도인들은 그리스의 신들은 부정하지만 "십자가에 달린 그 궤변론자"를 예배하며 "그의 법 아래서 산다"(13)고 말한다. 더 나아가 그는 그리스도인들이 아무런 명백한 증거도 없이 새로운 교리들을 받아들이기 때문에 "임기응변에 능한 사기꾼과 모리배들(γόης καὶ τεχνίτης)이 그들 가운데 오면 그는 이 단순한 사람들을 속여서 빠르게 돈방석에 앉는다"고 말한다(13). 루키아노스가 아마도 페레그리누스를 기적을 행하는 사람으로 이해했으리라는 점을 고려하면 이는 기적적인 현상에 대한 그리스도인들의 취약성을 풍자적으로 지적한 말일 수도 있다.[45] 더 나아가 루키아노스가 다른 곳에서 기적적인 현상, 특히 축귀를 조롱한다는 점을 감안하면[46] 우리는 이 사기꾼과 모리배들(13)의 선전 목록에 축귀가 포함된 것으로 이해되었다고 생각할 수 있을 것이다.

---

44 루키아노스가 여기서 플라톤의 글을 차용한 것에 관해서는 Anderson, *Lucian*, 75 및 각주 81을 보라.
45 루키아노스의 종교에 관한 풍자는 Hall, *Lucian's Satire*, 194-207을 보라.
46 예컨대 Lucian, *Philops.* 16, 31-32.

이로 보아 루키아노스는 아마도 150-175년경에 특히 이집트에서의 기독교를 축귀를 포함한 기적에 대해 특별한 관심을 가진 종교로 보았을 것이라고 결론짓는 것은 합리적이다. 루키아노스가 가진 지식이 완전하지 않음에도 불구하고[47] 그는 기독교에 대해 상당히 많이 알고 있었고 때때로 정확하게 알고 있었으므로[48] 우리는 더 나아가 루키아노스가 알고 있던 이집트의 기독교는 아마도 축귀에 관여함으로써 공동체에 영향을 끼쳤다고 결론을 내릴 수밖에 없다.

12.4 갈레노스

갈레노스는 기원후 129년 9월 소아시아의 페르가뭄의 교양 있는 중요한 가문에서 태어났다.[49] 그는 폭넓은 교육을 받았고 의학 공부를 계속하면서 여러 곳을 다녔으며 생애 마지막 30년의 대부분은 로마에서 보냈다. 그곳에서 갈레노스는 마르쿠스 아우렐리우스와 교분을 쌓았고 그의 아들 콤모두스의 건강을 잘 돌보았으며 의학 분야에서만이 아니라 철학자로서도 명성을 높였다.[50] 갈레노스는 199년경에 로마에서 사망했다. 대부분 그가 로마에 있을 때인 169년 이후 저술된 그의 방대한 저술에 그리스도인에 대한 네 번의 간략한 언급이 있다.[51]

---

47   Gilbert Bagnani, "Peregrinus Proteus and the Christians," *Historia* 4 (1955): 111: "기독교와 기독교 교리에 대한 루키아노스의 무지는 참으로 엄청나다." 기독교에 대한 루키아노스의 지식에 관해서는 다음 문헌들도 보라. Hall, *Lucian's Satire*, 214-15; Frend, *Rise*, 175-76.

48   Hans Dieter Betz, "Lukian von Samosata und das Christentum," *NovT* 3 (1959): 226-37을 보라.

49   갈레노스에 대한 소개는 다음 문헌들을 보라. David E. Eichholz, "Galen and His Environment," *GR* 20 (1951): 60-71; Glen Warren Bowersock, *Greek Sophists in the Roman Empire* (Oxford: Clarendon, 1969), 66-68.

50   의학과 철학 사이의 관계에 대해서는 Bowersock, *Greek Sophists*, 66-68을 보라.

51   Galen, *Puls.* 3.3; 2.4; 그리고 아랍어로만 현존하는 두 번의 언급. Richard Walzer, *Galen on Jews and Christians* (London: Oxford University Press, 1949), 10-16을 보라.

그중 두 번의 언급은 아마도 마르쿠스 아우렐리우스의 말년인 176년에서 180년 사이에 집필된 듯한 「맥박의 차이」(De pulsuum differentiis)에 나온다. 이 두 언급은 갈레노스가 그리스도인들(과 유대인들)의 무비판적인 신앙과 새로운 것을 쉽게 받아들이는 태도를 낮게 평가하고 있음을 드러낸다.[52] 한 대목에서 그는 이렇게 말한다. "사람들은 자신의 학파를 고수하는 의사나 철학자들보다는 모세와 그리스도의 추종자들에게 새로운 것을 더 쉽게 가르칠 수 있을 것이다."[53] 두 번째 대목에서 갈레노스는 유대인들과 그리스도인들은 권위자에게서만 배우고 권위자가 자신들에게 지시한 대로 믿는다고 비판하면서 이렇게 말한다. "모세와 그리스도의 학교로 들어온 사람이 있다면 [그는] 입증되지 않은 법에 관한 이야기를 듣게 될 것이다."[54] 192년 이전 어느 시점에 기록되었을 것으로 보이는,[55] 아리스토텔레스를 반박하는 유실된 저술 속에 등장하는 세 번째 언급도 그리스도인들이 잘못된 생각을 하고 있다며 폄하한다. "내가 만일 모세와 그리스도의 추종자들이 그들의 제자들을 가르치는 것과 똑같은 방식으로 제자들을 가르치는 사람들을 염두에 두었다면—그들은 제자들에게 믿음에 관한 모든 것을 받아들이라고 지시하기 때문이다—나는 당신에게 정의(definition)를 설명하지 않았을 것이다."[56]

　　갈레노스 이전의 기독교 비판에서는 기독교를 미신으로 여겼다.[57] 그러나 갈레노스는 기독교에 대해 비판적이기는 하지만 기독교를 그리스 철학

52　Benko, "Pagan Criticism," 1100의 논의를 보라.

53　Galen, Puls. 3.3. Walzer, Galen, 14에 인용됨.

54　Galen, Puls. 3.3. Walzer, Galen, 14에 인용됨.

55　Walzer, Galen, 15.

56　이 구절은 아랍어로 된 『갈레노스의 생애』(Life of Galen)에 나오는 한 인용구로만 현존한다. Walzer, Galen, 14-15, 87-98을 보라.

57　예컨대 Pliny the Younger, Epistulae 10.96.8: "부패하고 도를 넘은 미신을"(superstitionem pravam et immodicam).

과 대등한 반열에 위치시키는 최초의 이교도 저술가다.[58] 이는 아마도 그가 로마 상류 사회에서 알게 된 기독교가 상류 계층 사이에서 확산하기 시작했기 때문일 것이다. 에우세비오스는 콤모두스 치세에 이르러서야 비로소 학식 있고 부유하고 가문 좋은 이들이 기독교에 매력을 느끼게 되었다고 말한다(Eusebius, *Hist. eccl.* 5.21.1-3). 그러나 갈레노스는 기독교 철학에 합리적인 근거가 없다는 이유로 그것을 비판한다. 그리스도인들은 "철학 없는 철학자다."[59] 이 말은 기독교에 대한 그의 네 번째 언급을 이해하는 데 유용한데, 비슷한 주제를 다루는 이 언급은 우리에게 특별히 흥미롭다. 그 구절은 플라톤의 『국가』에 대한 갈레노스의 요약 속에 등장하는데, 180년경에 기록된 이 글의 원문은 유실되었고 아랍어로만 남아 있다.[60] 갈레노스는 이렇게 말한다. "그리스도인이라고 불리는 사람들은 비유[와 기적]에서 믿음을 끌어내지만 때로는" 철학적으로 논의하는 사람들과 "같은 식으로 행동한다."[61] 갈레노스는 이어서 기독교의 도덕성을 칭찬한다. 리처드 월처는 여기서 "기적"이라는 단어는 전승의 한 분파에서만 발견된다고 말한다. 월처의 말대로 갈레노스가 기적에 대해 말했을 수도 있지만,[62] 특히 아랍어로 번역된 갈레노스의 저술이 그리스도인들에 의해 전해졌기 때문에 이 단어가 덧붙여졌다고 보는 것이 더 합리적이다. 그러므로 "기적"이란 단어는 아마도 훗날 그리스도인 필사자들에 의해 그 텍스트에 덧붙여졌을 것이다.[63]

기적에 대한 갈레노스의 태도를 재구성하려 할 때 우리는 그 시기에 의

---

58 Walzer, *Galen*, 43.
59 Adolf von Harnack, *History of Dogma* (from 3rd German ed., 1894-1898); trans. Neil Buchanan, 1894-1899; repr. as 7 vols. in 4, New York: Dover, 1961), 1:237도 같은 입장이다.
60 연대 추정에 대해서는 Walzer, *Galen*, 16을 보라.
61 아랍어로 번역된 보편사, 기독교 신학, 의학사에 관한 저술들에서 언급된 진술. Walzer, *Galen*, 15, 89-90을 보라.
62 Walzer, *Galen*, 69.
63 갈레노스의 저작들이 아랍어로 전해진 것에 대해서는 Walzer, *Galen*, 4를 보라.

술의 전 범위를 관장하는 신인 아스클레피오스에 대한 숭배가 부활했다는 점을 염두에 두어야 한다. 아스클레피오스와 직접적으로 관련된 치료와 의사들의 손을 통한 치료가 서로 경쟁하지는 않았지만 그 방법들은 관련성이 없었고 때때로 의사들은 전자의 방법을 받아들이지 않았다.[64] 그러므로 갈레노스가 기독교를 하나의 철학으로 간주하며 기독교의 도덕에 호의적이지만 그리스도인들을 미신적이라고 비판한다는 점으로 미루어볼 때, 만일 그가 기적이나 축귀와 같은 그리스도인들의 관행에 대해 알았다면 그 관행들을 언급할 기회를 활용했을 것이다.

따라서 결국 우리는—최소한 그리스-로마 사회의 식자층에 속하는 외부인들이 알고 있는—기독교는 기적이나 축귀에 대해 분명한 관심이 없었다는 또 다른 증거를 갖게 된다. 실제로 에우세비오스는 로마에 "신성한 성경이 말하는 바는 탐구하지 않고" 단지 "에우클레이데스"를 공부하고 "아리스토텔레스와 테오프라스토스를 흠모하며 그들 중 몇몇은 심지어 갈레노스도 숭배하는" 일단의 철학적인 그리스도인들이 존재했다고 말한다(*Hist. eccl.* 5.28.13-14).[65] 에우세비오스에게서 나온 증거로 인해 우리가 로마에 있던 이 일군의 그리스도인들이 갈레노스의 논리에 의존해서 알렉산드리아 학파나 클레멘스, 오리게네스와 무관하며 그보다 앞서는 기독교 철학을 정립했다는 월처의 주장을 따를 수는 없겠지만[66] 최소한 2세기 말 로마에 한 외부인이 철학으로 간주했고 기적이나 축귀에 대한 관심으로 알려지지는 않았던 기독교가 있었음을 뒷받침하는 증거는 남아 있다.

---

64   Bowersock, *Greek Sophists*, 69-70.

65   Leslie W. Barnard, "Athenagoras, Galen, Marcus Aurelius, and Celsus," *CQR* 168 (1967): 169-71의 논의를 보라.

66   Barnard, "Athenagoras," 170-71. 그는 Walzer, *Galen*, 75-86에 대해 논의한다.

12.5 요약

우리가 초기 비판자들에게서 얻은 단편적인 정보들을 가지고 판단하자면 기독교는 축귀를 포함한 기적이라는 측면에서 언급할 만한 충분한 영향을 끼치지 않았다. 좀 더 중요한 이후의 비판자 세 명은 2세기 말의 기독교가 축귀와 관련해서 어떻게 인식되었는지를 파악하는 데 특히 도움이 된다. 알렉산드리아에서의 경험에 큰 영향을 받은 듯한 정보를 지닌 켈수스에게서 알 수 있는 내용에 비춰보면 우리는 2세기 말에 그 도시의 그리스도인들 사이의 축귀가 주술서, 야만인의 이름들, 이익을 위해 축귀를 행하면서 최소한 입김을 불어 넣는 행위를 포함한 의식 등 다른 사람들의 축귀와 구별할 수 없었다는 점을 진지하게 받아들여야 한다. 루키아노스에게서 우리는 그가 그리스도인들을 아마도 축귀를 포함하는 기적들에 특별한 관심을 가진 사람들로 간주했을 것이라는 점을 알게 되었는데, 우리는 그가 알았던 이집트의 기독교는 축귀에 관여함으로써 주변 사람들에게 어떤 인상을 남겼을 것이라는 점만 알 수 있다. 우리는 또한 조금 전에 갈레노스의 관점에서 볼 때 기독교─최소한 상류 사회에 속한 이들─는 기적이나 축귀에 명백한 관심이 없었을 것이라는 점을 살펴보았다.

4부

—

초기 그리스도인들
사이에서의 축귀

13

결론과 우리 시대를 위한 결말

예를 들어 루키아노스는 축귀를 비웃었지만 우리가 축귀를 어떻게 이해하든 축귀는 초기 그리스도인들의 세계에서 명백하고 잘 알려진 관행이었다. 그러나 초기 그리스도인들이 남긴 문헌을 검토할 때 그들이 이런 치유의 역할을 어떻게 보았는지 또는 그것을 어떻게 실행했는지 곧바로 분명하게 드러나지 않기 때문에 이 연구가 수행되었다. 실제로 초기 그리스도인들 사이에서 축귀에 대한 관심과 축귀의 위상에는 오늘날의 이론가들이 파악하기 어려운 복잡한 면이 있다. 축귀는 맥뮬렌의 표현처럼 기독교에서 "이례적인 꽃을 피웠을" 뿐만 아니라(27쪽을 보라) 초기 교회의 이례적이고 유례없는 성공을 설명해주는 복음 전도의 동력의 일부이기도 했다는 주장이 제기되어왔다. 다른 한편으로는 바울 서신에서 축귀에 대한 명시적인 언급이 적고, 요한복음에서도 축귀에 대한 언급이 당혹스러울 정도로 눈에 띄지 않는다는 사실에 압도되어 초기 교회는 축귀에 관여하기를 매우 꺼리는 태도를 보였다는 주장도 제기되어왔다.

이와 달리 특히 마가복음과 요한복음의 대조적인 관점에 주목하면 시간이 지나면서 초기 그리스도인들 사이에서 축귀에 대한 관심이 줄어들었을 수도 있다. 또는 사회-경제적 요인들이나 시간의 경과나 장소의 차이에 따른 문화의 차이들이 신약성경의 증거에서 우리가 관찰한 바를 설명해줄 수도 있다. 초기 그리스도인들 사이에서의 축귀 문제가 지닌 다양한 측면들을 해결하기 위해 어떤 시도를 하든 나는 그 결과를 너무 확고하게 부여잡아서는 안 된다는 점을 인정한다. 우리는 과거에 쓰인 훨씬 많은 분량의 문헌 중 단편적으로 남아 있는 문헌들만 다루고 있을 뿐이기 때문이다. 더 나아가 그 문헌은 때때로 우리의 관심사와 스쳐 지나가는 정도로만 관련이 있다. 그럼에도 나는 우리가 몇몇 중요한 결론을 도출할 만한 위치에 있다고 생각한다.

초기 그리스도인들이 축귀의 위상과 관행을 어떻게 인식했는지 이해하려고 할 때 그 과정에서 두 가지 추가 사항—세례 의식과 축귀의 관련성 그리고 예수의 사역에서 축귀의 핵심적인 위상에 비추어볼 때 예수의 역할이 초기 그리스도인들에게 모델로서 어떻게 인식되었는가—이 우리의 관심을 사로잡았는데 이에 대해 몇 가지 결론적인 논평을 할 필요가 있다.

13.1 축귀의 대안들

우리가 이 문제들과 견해의 차이들을 해결하기 위해 선택한 출발점은 초기 그리스도인들이 사용할 수 있었던 축귀의 대안들과 모델들을 제시하는 것이었다. 예수와 그 시대의 다른 축귀자들에 대해 검토해본 결과 몇 가지 중요한 결과가 나타났다. 그중 하나는 예수가 유일한 축귀자는 아니었다는 것이다. 맥뮬렌의 주장과 달리 축귀 관행은 다른 사람들에게서 및 다른 종파와 전통에서 번성했다. 결국 이는 초기 그리스도인들이 축귀를 행할 때 우리가 마술적인 방법이라고 부른 방법부터 마술적-은사적인 방법(신자들은 예수에 관한 그들의 전승에서 예수가 이 방법을 사용했다고 보았다), 그리고 이후 2세기의 은사적인 방법에 이르기까지 다양한 모델들을 선택할 수 있었음을 의미한다.

우리의 일반적인 예상과 달리 예수의 제자들이 택한 방법은 예수의 마술적-은사적인 방법이 아니었다. 또한 우리는 우리가 연구한 시기의 나중에 사용할 수 있게 된 은사적인 방법이 채택된 증거도 발견하지 못했다. 그 대신 초기 그리스도인들은 좀 더 마술적인 방법에 의지했는데 이 방법은 축귀자 개인의 능력에 의존한다기보다 외부의 능력-권위를 명시적으로 사용해서 귀신을 쫓아냈다. 그러나 우리는 초기 그리스도인들과 그들의 동시대인들의 마술적인 축귀의 가장 중요한 차이점은 그리스도인들의 높은 수준의 확신과 극히 간단한 방법이었다는 점에 주목했다.

마술적인 축귀의 우세와 초기 그리스도인들의 예수에 대한 의존 의식에 비추어볼 때 그들이 이러한 마술적인 접근법을 채택한 것은 놀랄 일이 아니다. 예수와 다른 축귀자들에 대한 우리의 연구에서 또 다른 중요한 결과도 밝혀졌다. 즉 우리는 매우 이른 시기의 예수 전승에는 제자들을 축귀에 관여시킬 직접적인 유인이 별로 없다는 점을 발견했다. 실제로 예수가 예수의 부활 이전에 제자들에게 축귀를 수행할 임무를 부여한 직접적인 증거가 없으며, 그는 자신의 사망 후 제자들이 축귀자들이 되리라고 기대하지도 않았을 것이다. 그럼에도 불구하고 예수가 자신의 부활 전에 제자들을 전도하라고 파송했고 초기 그리스도인들―예수의 부활 전의 제자들과 후의 제자들―은 아마도 예수처럼 자신들도 (하나님 나라가 부분적으로만 실현된) 비슷한 상황에서 살고 있다고 생각했다는 타당한 증거가 있다는 점에서 축귀는 아마도 그들에게 계속 중요하게 여겨졌을 것이다.

그러나 예수가 떠나자 그들 앞에는 더 이상 구체적인 모델이 보이지 않았다. 더구나 우리가 방금 언급한 대로―아마도 자신을 예수보다 영적으로 권위가 덜할 뿐만 아니라 예수께 의존하는 존재로 간주했을 이후의 제자들이―혹시라도 귀신 쫓는 일을 떠맡았다면 우리는 그들이 왜 더 적절하며 더 친숙한 것으로 간주했을 방법, 즉 마술적인 방법에 의존했는지를 이해할 수 있다. 따라서 이미 우리는 초기 그리스도인들 사이에서 축귀에 대한 관심의 정도가 달랐던 이유를 어느 정도 설명할 수 있을 것이다. 즉 축귀는 예수의 사역의 자연스러운 확장이자 표현으로 여겨질 수 있었고 실제로도 그렇게 여겨졌지만, 예수에 대한 매우 이른 시기의 전승에는 그렇게 하라는 예수의 어떤 명령도 담겨 있지 않았다. 이제 우리가 신약성경의 텍스트들을 연구해서 얻은 중요한 결론을 살펴보자.

13.2 축귀의 중요성 차이

우리가 초기 그리스도인들 가운데서 축귀의 역할과 관행을 이해하고자 할 때 신약성경이 우선적인 위치를 차지해야 한다는 점은 명백하다. 이 증거로부터 우리는 몇 가지 결론을 제시할 수 있다.

첫째, 초기 그리스도인들 사이에서 축귀가 핵심적으로 중요하다는 인식부터 그것이 부적절하고 따라서 적실하지 않다는 인식까지 다양한 의견이 존재했다. 한편으로 가장 눈에 띄는 점은 마가복음의 경우 축귀가 매우 중요했고 전도의 동력에서 가장 중요한 부분으로 묘사될 수 있었다는 것이다. 축귀는 기독교의 주된 사역으로서 심지어 하나님 나라를 말로 선포하는 것보다 더 중요한 일로 간주되었다. 바울 서신과 Q 자료에서 얻은 결과는 덜 확실하다. 바울은 축귀에 대해 아무것도 명시적으로 말하지 않는다. 그러나 우리는 바울의 침묵은 그가 축귀에 관심이 없어서라기보다 그의 편지가 교회의 전도나 예수의 이야기보다는 교회의 내적 생활을 다룬다는 점과 더 관계가 있다고 주장했다. 어쨌든 바울 서신들의 행간을 읽고 그가 아마도 예수를 자신의 사역 모델로 삼았을 것이라는 점에 주목해보면, 고린도전서 4:20은 축귀가 바울이 알았던 기독교의 확고한 일부였다는 증거일 가능성도 있다.

위상이 불확실한 문서인 Q는 독자들이 수행하는 단순한 축귀가 사탄에게 권위를 부여받은 것이라는 비난받고 있는 현실에 비추어 축귀에 높은 순위를 부여하려 하지 않았음에도 그 저자는 독자들의 전도를 격려했는데, 전도는 축귀를 수반했다. 히브리서는 아마도 축귀가 구원의 메시지의 일부라는 암시를 지니고 있을 가능성이 있으며, 야고보서는 아마도 공관복음서들과 유대 전승으로부터 익숙한 축귀 관행을 반영하고 있을 것이다. 그러나 베드로전서에서 예수가 귀신의 세력을 지배한다는 사실은 예수의 부활과 관련되어 있다. 이런 내용들은 다른 문제를 다루고 있는 편지들에서 나온 힌트에 불과하므로 우리가 이 텍스트들에 대한 해석을 확신할 수는 없다. 그런데 요한복음의 경우에는 그렇지 않다.

우리는 제4복음서를 읽을 때 발견하는 입장 변화에 대해 아무런 대비가 되어 있지 않았다. 질병 및 치유와 관련해서 예수와 (암묵적으로) 교회는 "귀신 들림"과 "축귀"라는 범주에 의지하지 않고 활동했다. 요한복음은 우리가 지금까지 공관복음에서 만난 예수의 사역의 매우 흔하고 일반적이며 모호한 축귀를 제쳐 두었다. 그뿐 아니라 요한복음 저자는 예수의 사역과 의미를 근본적으로 그리고 명백히 재해석했다. 축귀가 사탄의 패배의 한 부분인 것이 아니라, 십자가가 이 세상의 악한 통치자가 완전하게 패배한 데 대한 초점 역할을 한다(요 12:31; 14:30; 16:11). 이 패배는 예수가 모든 사람을 자신에게 이끌 때 실존적으로 실현된다(12:32). 달리 말하자면 우리는 사탄을 귀신들이 일으키는 질병의 형태로 직면하는 것이 아니라 거짓의 아비가 고취한 불신앙의 형태로 직면한다. 그러므로 축귀가 귀신 들림에 대한 해법이 아니라 진리가 그것에 대한 해결책이다. 또 요한복음은 질병과 그 원인 또는 심지어 그 치료에 집중하는 것이 아니라 치료자를 강조하고 그에게 초점을 맞춘다(예컨대 9:1-41을 보라). 따라서 요한의 신학에서는 예수가 축귀자였다거나 그리스도인들이 축귀에 관여해야 한다는 점을 인정하지 않고서도 예수 전승에 대한 의무를 이행하는 것이 가능하다고 생각했다.

둘째, 초기 교회는 축귀에 관여하기를 꺼렸다는 주장에 대한 대응으로 몇 가지를 지적할 수 있다. 우선 마가복음에는 몇몇 그리스도인들이 축귀에 관여하기를 꺼리지 않았다는 매우 분명한 증거가 있다. 마가는 로마에 있던 하나 이상의 그리스도인 집단이 축귀에 관여했음을 보여준다. 다음으로 비록 우리가 바울 서신 해석에서 얻은 결과 중 너무 많은 부분이 여전히 추측에 근거한 것이지만 아마도 우리는 최소한 바울 서신을 초기 그리스도인들이 축귀에 관여하기를 꺼렸다는 증거로 사용할 수 있는 가능성은 별로 없다고 말할 수 있을 것이다. 그러나 Q의 독자들은 몇몇 초기 그리스도인들은 축귀에 관여하기를 꺼렸다는 견해를 가장 가깝게 뒷받침하는 관점을 가졌을 수 있다. 하지만 이렇게 축귀를 꺼린 것은 신학적 확신에 의해 촉발된 것이 아니었다. 그보다는 외부인의 비판이라는 고통스러운 현실적인 경험, 내부자들로부터의 좋지 못한 경험, 성공의 결여로 인해 예수의 본보기와 제자들이 축귀에 관여하기를 원했던 예수의 의도를 상기할 필요가 있던 사람들의 의지가 약해졌다. 마태복음에서도 우리는 축귀와 관련해서 의심이나 거리낌은 발견하지 못했지만, 부정적인 경험으로 인해 거기서는 축귀에 대해 일종의 경고를 하고 있으며 확실히 축귀의 우선순위가 낮아졌음을 발견했다. 요한복음으로 넘어오면 우리는 축귀에 관여하기를 꺼린다기보다는 축귀가 악에 대한 반응으로 부적절하거나 불충분하다고 여기는 태도를 발견한다. 요한복음에서 악마화는 단순히 사람들이 악한 실체에 시달리는 일이 아니라 거짓의 아비의 영향으로 인해 모든 사람이 진리를 이해하지 못하는 것이므로 사람들은 축귀가 아닌 진리를 통해 귀신의 세력과 대결한다.

신약성경의 자료를 검토해서 얻은 세 번째 결론은 시간이 흐름에 따라 축귀에 대한 관심이 점점 줄어든 것으로 보인다는 점이다.[1] 우리가 예수의 최초의 제자들에 대해 복원할 수 있는 내용으로 미루어볼 때 그들은 축귀에 깊이 관여했다. 우리는 이미 최초의 복음서인 마가복음에서 축귀에 대한 관심이 매우 크다는 점을 살펴보았다. 그보다 약간 뒤에 쓰인 누가복음에서는 축귀가 예수의 사역에서 줄곧 말과 관련된 사역 및 행동과 관련된 사역에 대한 균형 잡힌 접근법의 한 부분이었다. 아마도 그보다 약간 더 뒤인 1세기의 마지막 20년 동안에 쓰인 것으로 보이는 마태복음은 동시대의 축귀에 예수가 한 것과 똑같은 중요성을 부여하며 축귀가 전도 노력의 일부라고 제시하지만, 거기서 축귀는 선포된 말씀보다는 덜 중요하다. 다음으로 복음서 가운데 가장 늦게 저술되었다는 데 의견이 일치하는 제4복음서에서 축귀는 전혀 관심의 대상이 아니다. 그러나 우리가 Q를 고려하면 축귀에 대한 관심이 줄어들고 있다는 우리의 결론은 불확실해진다. 우리는 마가복음 저작 시기보다 이전인 60년대 중반에 독자들 사이에서 행해지는 축귀에 대해 마가복음보다 신중한 접근법을 취하는 한 문서를 발견한다. 우리가 바울 서신, 베드로전서, 히브리서, 야고보서에서 얻는 정보는 우리에게 분명한 통찰을 주기에는 너무 빈약하다. 따라서 우리가 분명한 통찰을 얻기를 기대한다면 2세기의 자료를 살펴봐야 한다.

넷째, 신약성경 텍스트를 통해 알 수 있는 한, 축귀에 대한 관심의 차이에 문화적 요인이나 사회-경제적인 요인이 관련되지는 않은 것으로 보인다.[2] 예를 들어 한편으로는 교양 있고 부유층과 친분이 있는 사람 중에서 누

---

1   Maurice F. Wiles, "Miracles in the Early Church," in *Miracles: Cambridge Studies in Their Philosophy and History* (ed. C.F.D. Moule; London: Mowbray, 1965), 221-34에 실린 글, 특히 221-25도 같은 입장이다. 참조. John Dominic Crossan, *The Historical Jesus: The Life of a Mediterranean Jewish Peasant* (North Blackburn, Victoria: Collins Dove / HarperCollins, 1993), 310.

2   Eric Sorensen, *Possession and Exorcism in the New Testament and Early Christianity* (WUNT 2.157;

가는 축귀에 매우 관심이 많다. 다른 한편으로 역시 재정적, 사회적으로 안정된 요한복음의 기독교는 축귀에 관심이 없다. 이와 비슷하게 가난한 시골 사람들에게 서신을 보낸 베드로전서 저자는 축귀를 귀신의 세력의 패배와 관련시키는 일에 아무런 관심을 보이지 않는 반면 역시 가난한 이들에게 편지를 쓴 야고보는 아마도 축귀에 대한 관심을 반영하고 있는 듯하다. 우리는 2세기 자료에 의존해서 이런 결론을 유지할 수 있는지 알아보는 데 도움을 받을 것이다.

다섯째, 바울은 아시아와 그리스에 있는 사람들에게 편지를 썼고, Q는 아마도 갈릴리 바다 북쪽과 서쪽에서 유래했을 것이고, 마가는 로마의 그리스도인들에게 글을 썼고, 누가복음과 마태복음은 수리아의 안디옥에서 나왔고, 요한복음은 에베소에서 유래했지만, 축귀에 대한 관심의 차이가 지리상의 차이에 따른 것임을 암시하기에 충분한 일관된 증거는 없다. 이 문제에 대해서도 2세기의 렌즈가 도움이 될지도 모른다.

여섯째, 2세기 자료를 살펴보기 전에 우리는 신약성경 문서에 반영된 초기 그리스도인들 가운데 축귀가 사용된 곳에서 축귀의 역할과 관행에 대해 발견한 사실을 종합할 수 있다. 우리는 신약성경 자료에 관한 각각의 장들을 이미 요약했으므로[3] 여기서는 2세기의 렌즈를 가지고 철저히 검토할 대표적인 자료를 얻고 증거의 범위에 대한 감각을 얻기 위해 최소한의 자료만 제시하면 된다.

"표적과 기사"라는 바울의 언어에 비추어보면 바울은 아마도 축귀를 하나님이 그것을 통해 사람들에게 자유를 가져다주는 구원의 경험 역할을 하는 것으로 간주했을 것이다. 우리는 바울이 축귀를 어떻게 실행했을지에

Tübingen: Mohr Siebeck, 2002), 9는 위의 입장에 반대한다.

3   위의 2.8; 3.6; 4.11; 5.10; 6.4; 7.8; 8.4; 9.11 단락을 보라.

관한 직접적인 증거를 갖고 있지 않다. 바울이 스스로를 예수께 의존하는 존재로 보았고 우리가 누가를 신뢰할 수 있다면, 바울은 아마도 예수가 사용한 방법을 사용하려 하지 않고 예수의 이름을 마술적인 의미로 사용했을 것이다. Q는 예수를 축귀의 모델로 제시하며 독자들은 축귀를 하나님 나라가 도래한 것에 대한 가시적인 표현으로 간주해야 했으며 이는 사람들을 예수의 제자로 "모으는 것"과 관련되었다. Q의 공동체와 마찬가지로 마가복음의 독자들은 (우리가 확신할 수 있는 한) 비난에 직면해서 축귀를 꺼린 것은 아니었다 해도 아마도 그로 인해 두려워하고 실패를 맛보았을 것이다. 그들은 예수를 본받아 성령에 의해 능력을 부여받도록 격려를 받으며, 또 실패를 믿음의 부족이나 "예수와 함께" 있지 않은 결과로 보도록 권면을 받는다. 마가는 또한 예수를 축귀를 실행하기 위한 모델로 제시한다. 그러나 이는 기도—귀신을 겨냥한, 성령께 의존하는 믿음이 충만한 진술—를 옹호한다는 점에서, 그리고 마치 예수가 친히 축귀를 행하는 것처럼 "예수의 이름으로" 실행하는 축귀를 지지한다는 점에서 미묘한 입장이다. 따라서 달리 표현하자면 우리는 마가복음에서뿐만 아니라 다른 공관복음서에서도 초기 그리스도인들이 축귀를 행할 때 자신을 예수를 모방하는 존재라기보다 예수께 의존하는 존재로 간주했다는 점을 알 수 있다.

누가복음에서도 Q에서와 같이 축귀는 하나님의 강력한 임재가 실제로 도래한 것이었다. 누가가 보기에는 성령의 능력을 부여받은 그리스도인들의 존재만으로도 충분히 귀신을 쫓아낼 수 있었다. 여기서도 축귀는 예수를 모방한다기보다 예수께 의존하는 것으로 간주되었다. 동시에 누가는 텍스트에 기초한 축귀나 이 구원의 표현(축귀)이 일어나게 한 것에 대해 대가를 요구하는 행위를 비난한다. 누가가 이해한 기독교의 관행은 비록 겉으로는 다른 축귀와 비슷해 보이지만, 엄청나게 많은 축귀 횟수 및 성령의 직접적인 능력의 부여로 인해 성공이 외견상 수월해 보인다는 점에 의해 확연히 구별된다. 우리는 또한 누가복음에서는 축귀 행위를 하고 나서 말이 이어질 수도 있지만, 말과—축귀를 포함한—행동이 균형 잡혀 있다는 점도 발견할 수 있다. 그리고 Q의 경우와 마찬가지로 마태도 축귀를 하나님 나라의 가시적인 도래 또는 하나님의 강력한 임재로 이해했다. 마태복음에서는 축귀가 독자들의 활동의 성공적인 측면이 아니었음이 분명하다. 우리가 보는 바와 같이 마태복음에서 축귀에 관해 과묵한 이유는 부분적으로는 안디옥을 방문하여 (아마도 그리스도인들 사이에서) 축귀를 행한 순회 그리스도인 열광주의자들의 존재에 기인했을 것이다. 마태는 그들이 눈에 띄는 방탕한 생활 방식으로 공동체를 "유린"하고 있다고 생각했다. 야고보서에서 얻을 수 있는 단편적인 정보 속에는 그리스도인들이 예수의 이름뿐만 아니라 그들 주변의 다른 사람들처럼 하나님의 이름으로도 축귀를 행했다는 증거가 있는 듯하다. 이러한 축귀는 우리가 마태나 바울의 관점을 반영하는 교회에서 가정할 수 있는 것처럼 공동체의 구성원들에 의해 행해진 것이 아니었다. 그보다 이런 축귀는 아마도 쿰란 공동체의 축귀처럼 "장로들"에 의해 행해졌을 것이다.

13.3 2세기의 렌즈

나는 2세기 문헌을 그것이 없었다면 우리가 분명하게 인식하지 못했을 보다 이른 시기의 자료가 지닌 여러 측면을 인식하는 데 도움이 되도록 사용할 수 있는 방법을 가리키는 유용한 비유로서 렌즈라는 이미지를 여러 번 언급했다. 2세기의 초기 그리스도인들 사이에서의 축귀에 대한 우리의 논의(10장과 11장) 결과를 종합하고 이를 2세기의 기독교 비판자들에게서 얻은 자료로 약간 가다듬으면 이 렌즈를 조립하는 것이 가능하다.

2세기 초: 축귀에 대한 무관심

역사의 우여곡절로 인해 2세기 원시 정통 교회에서의 초기 그리스도인들의 삶에 대한 증거는 제한적이고 단편적으로만 남아 있다. 그럼에도 불구하고 이 자료들에 대해 연구한 결과 우리는 사도 교부들―이른 시기의 저술가들―중 누구도 축귀라는 주제에 관심을 표현하지 않았다는 점을 명확히 알게 되었다. 물론 이 시대의 문헌 중 어느 것도 축귀를 핵심 주제로 삼지는 않았다. 그들의 관심은 (그와 관련해서 축귀에 대한 관심이 있었을 것이라고 예상할 수 있는) 외부 세계에 있었던 것이 아니라 지중해 주변의 작은 그리스도인 공동체들을 굳건히 세우는 데 있었다. 그들의 관심사는 예컨대 분열(「클레멘스 1서」), 세례 후보자들을 위한 교육(「디다케」), 회개(「헤르마스의 목자」), 연합(이그나티오스), 구약 해석 방법(「바나바 서신」) 등이었다.[4] 그러나 그중 일부는 예를 들어 예수의 사역에 대해 지나가는 말로 언급하거나 귀신을 언급한다는 점에서, 또한 특히 그들은 공관복음 전승에 대해 알고 있었을 개연성이 매우 크므로, 사도 교부 중 누구의 글에서도―때때로 그런 논의를 예상할 수 있는 대목에서까지―이 주제를 명시적으로 다루지 않았다는 사실은 경악할 정도까지는 아니라 하더라도 여전히 놀라운 일이다.

확실성의 정도는 각기 다르지만 우리는 초기 변증가들인 콰드라투스, 아리스티데스, 디오그네투스도 마찬가지라고 말할 수 있다. 예를 들어 콰드라투스와 같은 몇몇 경우에 우리의 주장은 침묵을 근거로 한 것일 수도 있다. 그럼에도 불구하고 저자들이 축귀에 관심이 없었다는 점을 알아보기에 충분한 정보를 주는 몇몇 텍스트들이 있다. 최소한 「디다케」의 경우 축귀를 포함한 기적에 대한 관심이 전혀 없는 것은 아마도 기독교와 기적적인 현상

---

4   Leslie W. Barnard, *Justin Martyr: His Life and Thought* (London: Cambridge University Press, 1967), 1도 같은 입장이다.

사이에 의도적으로 거리를 두기 위함이었을 것이다. 예수만이 유일하게 기적을 행하는 존재라는 함의와 더불어 기적은 거짓 메시아, 거짓 그리스도인, 거짓 기독교와 결부된다. 「디다케」의 저자는 기적 없는 기독교를 장려하고 있어서 축귀에 대한 관심을 배제한다. 「베드로의 설교」에서 축귀가 중요하지 않았던 이유는 아마도 예수가 언약을 맺는 존재로 여겨졌고, 교회의 사명은 말씀 선포라고 이해되었기 때문일 것이다. 2세기 초의 축귀에 대해 우리가 살펴본 바에 따르면 축귀가 교회의 전도와 확장에서 중요했다는 결론을 내릴 수는 없다.

귀신의 세력을 다른 방법으로 물리침

흔히 요한복음의 영향을 받았거나 최소한 그것과 같은 환경에 있었던, 이 시기에 저술된 다른 자료들은 축귀가 아닌 다른 방법으로 귀신의 세력을 다룬다. 1세기 말경 알렉산드리아에서 유래된 「바나바 서신」은 「디다케」처럼 기적을 경시하려고 하는 듯하다. 이 문서의 저자는 기적을 출애굽과 예수의 사역으로 제한하기 때문이다. 그럼에도 불구하고 귀신 들림이 언급되기는 하지만 한 사람에게서 귀신을 몰아내는 것은 바로 하나님이 그 사람 안에 들어와 거하는 것으로서의 구원 개념이다. 축귀에 대한 언급은 없다. 기적은 아마도 분위기 전환 목적 외에는 전도와 관련해서 전혀 중요하지 않다 (참조. *Barn.* 4.14). 1세기에서 2세기로 넘어가는 전환기 무렵에 나온 「헤르마스의 목자」는 귀신 들림이라는 범주를 사용하지만 축귀는 전혀 고려하지 않는다. 대신 요한복음과 동일한 이원론적인 개념들을 공유하고 있는 듯한 이 저자는 귀신의 영향이 능력 대결을 통해서가 아니라 믿음과 회개라는 행위와 인지를 수반하는, 자신에게 적용된 도덕적·지적인 축귀라고 부를 수 있는 것을 통해 격퇴당한다고 본다.

2세기에 좀 더 나중에 등장하는 아테나고라스에게 친숙한 교회는 기적이나 축귀로 알려지지는 않았을 것이라는 점에 주목할 필요가 있다. 그는 회의적인 마르쿠스 아우렐리우스 앞에서 기적을 변호할 필요를 느끼지 않았기 때문이다. 최소한 귀신을 다루는 일과 관련해서 우리는 귀신으로부터의 자유는 하나님께 대한 예배와 진리 또는 바른 생각을 통해 생겨난다는 점을 살펴보았다. 알렉산드리아의 클레멘스에게서 발견되는 관점도 귀신은 축귀—이에 대해서는 언급하지 않는다—를 통해 쫓겨나는 것이 아니라 회심 과정에서, 즉 하나님의 말씀이신 예수가 한 사람 안에 거처를 정하거나 그 사람이 진리를 받아들여 귀신의 영향을 대신할 때 쫓겨난다는 것이다.

2세기 중반: 로마에서 축귀에 대한 새로운 관심이 일어남

우리의 2세기 문헌연구의 가장 중요한 결과 중 하나는, (4복음서 모두에 의존하는) 마가복음의 더 긴 결말이 예수와 그의 직접적인 제자들 및 그 이후의 제자들과 관련해서 축귀에 상당한 관심을 표현하는 2세기 원시 주류 기독교의 첫 번째 문헌이라는 점이다. 기적은 믿음의 증거이자 예수와 제자들 사이의 연합의 증거이므로 마치 (아마도 성령으로 이해되었을) 예수가 친히 기적을 행한 것과 마찬가지다. 따라서 축귀는 메시지의 결과로 간주되거나 심지어 메시지에 내재한 것이라고 말할 수 있었다.

이어서 10여 년 후 로마에서 저술된 순교자 유스티누스의 글에 공관복음을 연상시키는 귀신론과 축귀 방법이 나타난다. 실제로 유스티누스는 아마도 축귀를 가장 흔하고 중요한 기독교의 치유 형태이자 귀신이 만연한 세상에서 가장 중요한 복음 전도의 무기로 간주했을 것이다. 그럼에도 비록 유스티누스에게 축귀가 중요하기는 했지만, 그는 또한 요한복음의 신학을 반영해서 진리가 오류를 고취하는 귀신들에 대한 해결책이라고 제시한다. 따라서 우리는 유스티누스에게서 미친 이들로부터 귀신을 쫓아낼 수 있고 속임 당한 이들에게 진리로 도전할 수 있다는 개념이 공존하는 것을 발견할 수 있다.

유스티누스는 또한 세례-회심이 한 개인에게 있어 귀신의 영향의 전반적인 패배나 귀신의 영향으로부터의 보호를 위한 수단이라고 언급한다. 그럼에도 불구하고 우리는 그가 귀신이 패배했다는 증거를 제시할 때 세례가 아니라 "예수 그리스도의 이름으로" 시행하는 축귀를 지목한다는 점에 주의해야 한다. 따라서 우리는 세례가 축귀와―아마도 심지어 우연히―관련이 있지만, 그 관계의 본질은 명확하지 않으며 우리가 검토하고 있는 시기 이후까지 분명하게 다뤄지지 않는다는 것을 알 수 있다.[5] 우리가 검토하고 있는 시기의 끝 무렵에 이르러서야 비로소 아마도 알렉산드리아에서 「사도전승」이 세례의 예비 단계로 축귀가 행해졌다는 증거를 제시하기 때문이다.

2세기 후반기가 시작될 때 저술한 타티아노스는 특히 흥미롭다. 그는 아마도 귀신들이 "하나님의 말씀" 또는 기독교의 진리의 능력과 맞닥뜨렸을 때 사람에게서 황급히 떠나는 현상을 말하고 있을 것이다. 예수가 "말씀"으로 축귀를 행했다고 제시된다는 점에 비추어보면 우리는 타티아노스가 기독교의 축귀를 예수의 축귀를 모델로 삼은 것으로 간주했다고 추정할 수 있다.

2세기의 마지막 사반세기에 글을 쓴 이레나이우스에게서 우리는 이 시기의 초기 그리스도인들 가운데 축귀에 대한 관심이 매우 컸다는 상당한 증거를 발견한다. 즉 그는 순교자 유스티누스처럼, 그리고 공관복음서를 연상시키면서 주류 그리스도인들과 그 밖의 그리스도인들이 모두―아마도 최

---

5   Elizabeth A. Leeper, "From Alexandria to Rome: The Valentinian Connection to the Incorporation of Exorcism as a Prebaptismal Rite," *VC* 44 (1990): 6-24; 그리고 Elizabeth A. Leeper, "Exorcism in Early Christianity" (PhD diss., Duke University, 1991), 59-62. 참조. Hippolytus, *Trad. ap.*, 20.7; Cyril of Jerusalem, *Procat.* 9; *Cat.* 16.19; Augustine, *Pecc. merit.* 1.34. Christine Trevett, *Montanism: Gender, Authority and the New Prophecy* (Cambridge: Cambridge University Press, 1996), 157도 보라.

소한 괴롭히는 귀신에게 묘약을 사용하지는 않지만, 예수의 이름뿐만 아니라 어려운 경우에는 기도와 금식도 사용하는 언어적 위협이 되었을—축귀를 행했다는 증거를 제시한다. 그러나 이레나이우스는 하나님의 능력을 사용하는 것과 진리 간의 관련성이 자신이 인정하는 축귀의 독특한 특징이라고 주장한다. 축귀는 또한 동정과 긍휼의 마음으로 값없이 행해졌으며 다른 기적들과 더불어 아마도 복음 전도의 가장 중요한 측면이었을 것이다. 기독교 안으로 들어오는 것과 관련된 특별한 축귀 의식에 대한 암시는 없다. 이레나이우스가 축귀에 대해 논하면서 자신이 표현한 원시 정통 기독교의 축귀가 다른 사람들이 행한 축귀와 매우 비슷한 것으로 간주되었음을 보여준다는 점은 특히 흥미롭다.

안디옥에서의 문제들

마태복음이 일반적으로 그렇게 생각되듯이 1세기 말 안디옥에서 쓰였다면 우리는 그곳에서 가짜 그리스도인들의 기적에 대한 그의 부정적인 경험이 그로 하여금 축귀의 중요성을 낮추게 했으리라는 점을 살펴보았다. 세기가 바뀔 무렵 아마도 역시 안디옥에 있었고 같은 경험을 했을 「디다케」 저자는 축귀를 거짓된 기독교로 좌천시키는 데까지 나아갔다. 2세기 초 이그나티오스의 편지들은 우리에게 사탄의 역사가 거짓된 교리와 관련이 있다는 점과 요한복음의 신학을 떠올리게 하는 귀신을 물리치는 방법이 있었다는 점 외에 다른 정보는 거의 제공해주지 않는다. 2세기 말 안디옥의 테오필로스도 귀신 들림을 잘못된 믿음과 관련시킨다. 속임 당한 이들과의 대화 속에는 때때로 "참 하나님의 이름"을 사용하는 축귀가 있었다. (이는 야고보서와 더불어 그리스도인뿐만 아니라 유대인도 이런 식으로 성공적으로 축귀를 시행했다는 증거.) 테오필로스에 따르면 대개 속임 당한 이들은 다른 불특정한 방식으로 "깨어났다." 우리는 주류 교회에서 몬타누스주의를 비판한 반대자들이 몬타누스주의자들의 "기독교"를 귀신적인 것으로 간주하고 축귀를 외부인들에 대한 전도의 일환으로 사용한 것이 아니라 그들에 반대하는 근거로 사용했다는 점을 언급할 수 있는데, 이는 속임 당한 이들에 대한 위의 논의와 맥을 같이한다.

비판자들의 관찰 내용

우리의 렌즈가 지닌 이러한 주요 요소들에 기독교 비판자들의 글에서 나온 또 다른 요소를 추가할 수 있다. 이러한 외부의 비판자들은 특히 2세기 말의 기독교가 축귀와 관련해서 어떻게 보였는지를 파악하는 데 유용하다. 기원후 175년경까지 저술된 비판적인 문서 중 지금까지 남아 있는 파편들로부터 우리는 기독교가 축귀에 관여한 것으로 알려지지 않았다는 인상을 받는다. 이 결론은 우리가 기독교 저술가들로부터 얻은 결론 중 하나―기독교 저술가들은 2세기로 접어든 지 한참 지나서야 비로소 축귀에 대한 관심을 표현했다―와 관련이 있다. 따라서 자신이 알렉산드리아에서 얻은 지식에 대해 글을 쓴 켈수스에게서 우리가 알 수 있는 바에 비추어보면 2세기 후반 알렉산드리아의 "정통" 그리스도인들 사이의 축귀는 주술 텍스트, 낯선 이름들, 입김을 부는 행위를 포함하는 의식, 경제적 이득을 위해 축귀를 행하기 등 다른 축귀와 구별할 수 없었다고 결론짓는 것이 합리적이다. 우리가 누가복음에서 살펴본 텍스트에 기반을 둔 축귀에 대한 혐오감을 고려하면 우리가 살펴본 문헌에서는 제시되지 않았지만 몇몇 그리스도인들 사이에서는 그러한 축귀에 대한 지속적인 관심이 있었을 가능성이 있다. 루키아노스에게서 우리는 그가 알고 있는 이집트의 기독교는 비록 사기꾼과 모리배들에게 취약했다는 관점에서 묘사되기는 하지만 최소한 외부인들에게 축귀에 관여한 것으로 알려졌다는 점을 알 수 있다. 그러나 우리는 방금 갈레노스의 관점으로부터 그가 로마에서 알았던 2세기 말의 기독교는 기적이나 축귀에 대한 어떤 관심도 없었을 것이라는 점을 살펴보았다.

지금 우리가 살펴보고 있는 이 자료들을 또 다른 관점에서 고찰해도 사회-경제적 상관관계가 축귀에 대한 관심의 차이를 설명해주는 것 같지는 않다. 예를 들어 사회의 하층 계급에서 나온 「헤르마스의 목자」나 비교적 부유한 사회계층에서 유래한 「디다케」, 교육 수준이 높은 「디오그네투스에게 보내는 편지」의 저자, 부유한 환경에서 사역한 가장 박식한 초기 교부 중 한 사람인 알렉산드리아의 클레멘스도 축귀에 대해 아무런 관심을 보이지 않는다. 클레멘스가 한 사람 안에 여러 귀신들이 들어온 문제를 다루기는 하지만 말이다. 다른 한편으로 교양있는 도시에 살았던 박식한 인물인 이레나이우스는 축귀에 특히 관심이 많았고, 박식한 철학자인 순교자 유스티누스는 축귀가 귀신이 만연한 세상에 맞서 그리스도인들이 소유한 가장 중요한 무기라고 생각했다.

어떤 사회-경제적 요인이 축귀에 대한 관심과 관련이 있다기보다는 로마가 이 주제에 중요한 역할을 맡는 일종의 지리적 패턴이 있는 듯하다. 심지어 타티아노스와 이레나이우스는 로마에 머물 때 축귀에 관심을 기울이게 되었다는 주장이 합리적일 수도 있다. 작성 연대를 고려하면 마가복음의 더 긴 결말이 아마도 로마에서 기록된 후 2세기에 축귀에 대한 분명한 관심—이 관심은 유스티누스에게서 처음으로 볼 수 있다—이 회복되었을 것이다. 그렇다면 우리가 더 긴 결말을 갖춘 마가복음의 재발견으로 인해 로마에서 축귀에 대한 관심이 되살아났고 그 관심이 서쪽의 리옹과 동쪽의 수리아로 뻗어 나갔다고 추론할 수는 없는가?[6] 그러나 2세기 말에 이르면 로마의 기독교에 대한 갈레노스의 지식에는 분명 기적이나 축귀가 포함되

---

6   이 결론은 Arthur J. Bellinzoni, "The Gospel of Matthew in the Second Century," *SecCent* 9 (1992): 197-258, 특히 254-56의 견해와 일치한다. 그는 마태복음이 2세기 중반에야 비로소 공관복음 이전의 전승 대신 사용되기 시작했다고 본다.

지 않았다.

13.4 렌즈를 통해서 본 모습

우리가 앞 단락에서 도달한 결론들은 2세기 원시 정통 교회에서의 축귀를 이해하는 데 도움이 된다는 점에서 그 자체로 가치가 있다. 그러나 이 자료에 우리가 특별히 흥미를 느끼는 이유는, 이 자료가 우리로 하여금 신약성경 문헌을 통해 대변된 1세기 교회들의 축귀에 관해 우리가 놓쳤을 수도 있는 것에 주목할 뿐만 아니라 다른 측면들도 확인할 수 있도록 더 큰 통찰을 가지고 민감하게 과거를 되돌아볼 수 있는 문헌상의 렌즈를 제공해주기 때문이다. 2세기 문헌이라는 렌즈를 통해 되돌아보면 지금까지의 우리의 결론을 다듬고 보완하는 데 있어 다음과 같은 점들이 가장 중요해 보인다.

- 우리는 축귀가 초기 기독교에서 "이례적으로 꽃을 피우지" 않았다는 우리의 견해를 바꿔야 할 어떤 증거도 발견하지 못했다. 공관복음 외에는 2세기 전반까지 축귀에 관한 기독교 자료가 부족하므로 우리는 원시 정통 교회에서 축귀가 특별히 번성했다고 확언할 수 없다.
- 우리는 축귀가 복음 전도의 주요 동력, "강력한 전도와 포교 방법"[7]이었다고 말할 수 없다. 축귀는 몇몇 교회에서만 사용되었고 축귀가 매우 중요하다고 간주된 교회는 그보다 더 적었다.
- 우리가 신약성경의 일부 전승—Q의 최초 독자들과 마태복음—에서 살펴본 축귀에 대한 거리낌 또는 조심스러움은 예를 들어 「디다케」

---

7   Adolf von Harnack, *The Expansion of Christianity in the First Three Centuries* (2 vols.; 1904-1905; repr., New York: Arno, 1972), 1:160.

와 같은 후대의 문헌에도 반영되어 있다. 2세기의 렌즈는 이러한 거리낌이 거짓 기독교 및 그것과 관련된 현상과 거리를 두려는 노력에서 나왔음을 확인시켜준다. 우리가 가진 증거는 이 점이 특별히 안디옥에서 분명히 나타났음을 암시한다. 그러나 우리는 공관복음 전승에는 축귀에 대한 상당한 관심이 반영되어 있으며 최소한 마가복음에서는 축귀에 대한 거리낌이 없었다는 점을 잊어서는 안 된다.

- 순교자 유스티누스와 이레나이우스의 글에서 나타나는 축귀에 대한 우리의 논의는 기독교의 축귀와 비기독교의 축귀가 거의 같은 것으로 여겨질 수도 있었음을 보여주었다. 이는 켈수스와 오리게네스 사이의 논쟁에 대한 우리의 논의와 더불어, 비슷해 보이는 축귀 방법들―텍스트와 주술을 바탕으로 한 방법들과 어떤 식으로든 예수의 직접적인 임재에 의존한 방법들―사이의 모호한 충돌을 드러내려는 누가의 노력을 더욱 돋보이게 한다.[8]

- 우리는 귀신의 세력과 대결하는 다른 방법들도 있었다는 점을 더 분명하게 알 수 있다. 따라서 2세기 문헌이라는 렌즈를 통해서 보면 요한복음에서 축귀에 대해 언급하기를 회피하는 아주 예외적인 현상은 덜 놀랍게 보이고 더 쉽게 설명될 수 있다. 많은 그리스도인에게 있어 귀신의 세력과의 대면은 개인적인 질병에만 국한된 것이 아니라, 예를 들어 이그나티오스의 글에 나타나는 바와 같이 신학적인 오류와 관련되기도 했다. 결국 귀신의 세력은 축귀자와 대결하게 되는 것이 아니라 회심을 통해 예수 안에서 하나님과 대결하거나 좀 더 일반적으로 표현하자면 진리와 대결하게 되었다. 그것은 아마도 지적으

---

8   Stephen Benko, *Pagan Rome and the Early Christians* (Bloomington: Indiana University Press, 1986), 5장, "Magic and Early Christianity."

로 더 세련되어져서 축귀에 관여하기를 꺼렸기 때문이 아니라, 귀신의 세력은 교리적인 것이며 축귀가 아닌 다른 방법으로 다루고 물리칠 수 있다고 이해했기 때문이다. 축귀에 대한 이 접근법에서 우리는 기독교에 있어 예수가 매우 중요한 존재로 여겨졌을지라도 교회는 대체로 예수의 사역 방법을 본받는 것이 중요하다고 간주하지 않았다는 점을 더 분명하게 알 수 있다.

• 축귀 관행 자체에 관해서 2세기 문헌이라는 렌즈를 사용하면 우리는 유대인들 및 심지어 이교도들처럼 "예수의 이름"뿐만 아니라 야고보서에서와 같이(참조. 테오필로스) 하나님의 이름을 사용하는 것과 관련된 다양한 접근법이 있었다고 단언할 수 있다.

2세기의 렌즈를 사용한 결과 신약성경 문헌에서 축귀에 대한 관심이 점점 줄어들고 있다는 인상이 수정될 수 있다. 2세기 전반의 저자들은 축귀에 대해 아무런 관심을 보이지 않았지만, 2세기 중반에 결말이 덧붙여진 마가복음이 재발견되어 로마를 중심으로 축귀에 대한 관심이 되살아난 것으로 보인다. 기독교 교회의 첫 두 세기 전체를 장기적인 관점에서 보면 신약성경 문헌에서 축귀에 대한 관심이 감소한 것으로 보이는 것은 그 후 여러 세기 동안 그런 현상에 관한 관심에 부침이 있었던 것과 매우 흡사한, 축귀의 흥망성쇠에 대한 증거일 가능성이 크다고 결론짓는 것이 타당해 보인다. 결국 비판자들의 저술에서뿐만 아니라 2세기의 기독교 문헌에서도 우리는 교회가 때때로 그리고 다양한 장소에서 기적과 축귀에 대해 관심이 있는 것으로 알려지지 않았을 가능성이 매우 크다는 점을 살펴보았다. 이 점도 우리가 요한복음에서 발견한 사실, 즉 교회가 축귀 사역에 아무런 관심이 없을 수도 있다고 여겨졌다는 점을 확인해준다.

이 연구에서 살펴본 문헌의 폭이 좁다는 점을 조심한다면 우리의 2세기 렌즈는 교회의 다양한 조류들이 그들의 신학과 관행을 형성하는 데 있어 예수 전승을 어떻게 다루었는지를 이해하는 데도 도움이 된다. 우리는 교회의 일각(마가복음)에서는 예수가 축귀자였다는 사실뿐만 아니라 교회 사역에서 축귀의 중요성에도 큰 관심을 기울인 반면에, 또 다른 일각(요한복음)에서는 축귀를 완전히 무시할 수도 있다고 생각했다는 점을 살펴보았다. 2세기에는 이 점이 훨씬 더 분명하게 보인다. 예를 들어 「클레멘스 1서」의 저자는 분명히 공관복음 전승을 알고 있지만 거기서는 (축귀를 포함한) 기적에 대한 관심이 거의 사라졌고 전도는 기적에 전혀 호소하지 않는 말씀 선포로 간주된다. 이와 비슷하게 「베드로의 설교」도 기적을 일으키는 존재 또는 축귀자로서의 예수에 대해서나 말씀 선포를 제외한 교회의 사명에 관해 관심을 보이지 않는다.

따라서 우리의 2세기 렌즈는 초기 기독교에서의 예수의 역할이 우리가 신약성경─예수의 생애와 사역을 기독교의 본질과 관행에 대한 이해의 핵심에 두는 전기 비슷한 문헌들이 이끌고 지배한다─에서 결론을 내릴 수 있는 것보다 훨씬 더 다양했음을 보여준다. 바울 서신에서는 예수의 생애와 사역에 관한 관심이 비교적 적다는 점이 윤곽만 드러났을 수도 있는데, 그 점이 2세기에는 분명하게 표현되고 논의된다. 복음서의 내러티브 전승은 초기 그리스도인들에게 그다지 강한 영향력을 행사하지 않았다. 즉 초기 교회는 생애와 사역 면에서 예수 전승의 다양한 측면들을 고도로 선택적으로 강조하거나 무시할 수 있었을 뿐만 아니라 안디옥의 테오필로스의 경우에는 심지어 예수를 언급하지도 않았다. 이러한 관찰을 통해 우리는 역사적 예수의 사역의 성격이 몇몇 복음서 저자들이 우리로 하여금 그렇게 생각하도록 유도하려 하는 것과 달리 초기 기독교 사역에서 훨씬 덜 결정적이었다는─어디서나 필수적인 것은 아니었다는─점을 더 분명히 알 수 있다. 따라서 마가, 누가 그리고 마태(그는 마가나 누가보다 조심러웠다)는 자신의 독자들에게 예수를 축귀의 모델로 사용하도록 권고한 반면 요한의 신학은 그렇지 않았다. 더구나 예수가 축귀의 모델이었던 경우 그의 정확한 기술이 분명한 요소가 아니었다.[9]

아마도 결국 루돌프 불트만이 기독교에 근본적으로 중요한 것은 예수의 존재이지 그가 한 일이나 심지어 그가 한 말도 아니라는 주장은 크게 틀린 말이 아닐 것이다. 『예수와 말씀』(*Jesus and the Word*)에서 그는 우리가 이 연구에서 살펴본 내용의 핵심을 잘 포착한 듯하다. 즉 예수는 자신의 사역에 관심이 있는 것이 아니라 그 사역의 목표 또는 목적에 관심이 있었다.[10] 그리고 우리는 이것이 초기 교회에 상당 부분 반영되어 있음을 보았다. 따라서 우리가 원시 정통 교회의 처음 두 세기 동안 다양한 저술가들이 축귀라는 주제에 대해 제시한 내용을 살펴본 바에 따르면 예수는 여전히 중요했지만, 그리스도인들은 예수의 말이나 사역을 재현함으로써 이를 반영하는 것이 아니라 그들이 받은 전승의 그러한 측면들을 적용해서 그들이 예수를 구주로 보고 선포하는 일에 충실함으로써 이를 반영할 수 있다고 생각했다.

---

9   예수의 말에 관해서는 Leon E. Wright, *Alterations of the Words of Jesus, as Quoted in the Literature of the Second Century* (HHM 25; Cambridge, MA: Harvard University Press, 1952), 116-17을 보라. "예수의 말씀은 초기 그리스도인들에게 '영'이었고 '생명'이었다. 이 말씀은 기독교 공동체의 '절실한 필요'에 대해 독특한 권위를 지닌 사역에서 문자적인 제한 없이 자유롭게 사용되고 개작되었다." E. P. Sanders, *The Tendencies of the Synoptic Tradition* (SNTSMS 9; Cambridge: Cambridge Unversity Press, 1969), 특히 274-75의 결론도 보라.

10   Rudolf Bultmann, *Jesus and the Word* (1926; trans. Louise Pettibone Smith and Erminie Hutress Lantero from 2nd German ed., 1934; London and Glasgow: Collins / Fontana; New York: Charles Scribner's Sons, 1958), 15.

13.5 우리 시대를 위한 결말

이 연구는 역사 연구—신약성경 문헌에 의해 대변된 초기 그리스도인들 가운데서의 축귀의 위상과 관행에 관해 명백히 상충하는 자료를 이해하려는 시도—였다. 내가 독자들로 하여금 외관상 무질서해 보이는 자료를 적절한 관점에서 볼 수 있게 하는 데 성공했다면 마가복음에 반영된 이들과 같은 몇몇 초기 그리스도인들은 축귀를 예수뿐만 아니라 예수와 그들 자신의 전도에 대한 이해에 매우 중요한 요소로 받아들였다는 점이 분명해질 것이다. 요한복음에 반영된 이들과 같은 사람들은 그렇지 않았다. 요한복음에서는 귀신 들림을 한 사람 안에 있는 악의 존재를 묘사하기 위한 하나의 범주로 유지하기는 했지만 축귀를 그것에 대한 적절한 반응으로 보지는 않았다. 2세기 문헌이라는 렌즈는 몇몇 초기 그리스도인들이—훗날 신약 정경에서 공관복음에 주어진 지위로 인해 특권을 부여받은—마가복음과 같은 관점을 제쳐두었다는 사실을 더 예리하게 부각시켰다. 그들은 예수의 최초 제자들 및 최초의 해석자들과는 전혀 다른 방식으로 귀신의 세력 및 예수에 대한 전승에 반응할 수 있다고 생각했다. 개괄적으로 말해서 그들은 예수를 본받아 예수가 행한 대로 또는 (마치 예수가 축귀자인 것처럼) "예수의 이름으로" 귀신의 세력과 대결하는 대신 진리로써 (오류로 이해된) 귀신의 세력에 맞섰다. 마태가 대변한 이들과 같이 이 두 극단 사이에 있었던 초기 그리스도인들은 좀 더 신중했다.

나는 스스로를 정경, 특히 신약성경을 오늘날의 기독교 신학의—유일하지는 않지만—하나의 정보원으로 간주하는 이들에 속한 사람으로 여기며 [11] 어떤 신약성경 연구든 간에 그 신학적, 목회적인 함의에 대해 개인적으로

---

11   예. John Macquarrie, *Principles of Christian Theology* (London: SCM, 1977), 4-18은 기독교 신

도 관심을 가지기 때문에, 나는 우리가 그 텍스트들에서 살펴본 내용이 오늘날 갖는 몇 가지 추론 결과를 간단히 고찰하는 것을 행복한 의무로 받아들인다.

나는 개인적 경험뿐만 아니라 믿을 수 있는 증인들의 증언과 합리적인 주장들[12]을 근거로, 몇몇 파괴적인 영적 실체들이 존재하며 이들을 "악한 영들"이라고 부르는 것이 불합리하지 않다고 생각하는 것은 현명한 일이라고 확신한다.[13] 이 연구에 착수하기 전에 나는 다음과 같이 확신했다. "오늘날의 교회가 전인을 치유하고 세상에 있는 악의 매우 다양한 양상들과 대결할 수 있으려면…교회가 축귀에 관여할 준비가 되어 있어야 한다. 축귀는 악의 경계선을 후퇴시키기 위해 교회에 주어진 사역 중 한 부분이라는 정당한 위상을 갖고 있다."[14]

이 연구에 비추어볼 때 나는 더 이상 이 견해를 유지할 수 없다. 이는 내가 축귀 없이 지내고 싶어서나 그것을 사용하는 것을 단념시키고 싶어서가 아니라는 점을 분명히 밝혀둘 필요가 있겠다. 오히려 신약 정경이 축귀와 귀신의 세력에 대한 나의 관점에 정보를 제공하도록 허용하는 한, 신약 정경이 교회에 귀신의 세력을 이해하고 그것을 다루기 위한 다양한 대안들을 제공해주었다는 점을 인정하지 않을 수 없다. 나는 교회가 축귀의 형태 **또는** 진리의 형태로 귀신의 세력과 맞설 수 있다는 점을 인정한다.[15] 실제로

학을 형성하는 요소들로 경험, 계시, 성경, 전통, 문화, 이성을 열거한다.

12 예컨대 Graham Dow, "The Case for the Existence of Demons," *Chm* 4 (1980): 199-208; Macquarrie, *Principles*, 237-38, 262-63. 참조. Phillip H. Wiebe, "Finite Spirits as Theoretical Entities," *Religious Studies*, 40 (2004): 341-50; Phillip H. Wiebe, *God and Other Spirits: Intimations of Transcendence in Christian Experience* (New York: Oxford University Press, 2004).

13 더 자세한 내용은 Graham H. Twelftree, *Christ Triumphant: Exorcism Then and Now* (London: Hodder & Stoughton, 1985), 6장, "Exorcism Now?"를 보라.

14 Twelftree, *Christ Triumphant*, 191.

15 개인적인 대화에서 Mark Roberts는 내게 Neil Anderson, *Victory over the Darkness* (Ventura, CA: Regal, 1990)의 접근법에 관심을 불러일으켰다. 이 문헌은 일체의 축귀상의 능력 대결 대

우리는 신약성경 자료에서 초기 그리스도인들은 광기(狂氣)나 기만으로 표현된 악이 신과 대면하게 된다는 데 동의하리라는 점을 관찰할 수 있다는 것을 인정해야 한다.

가장 중요한 이 추론 외에도 축귀는 여전히 기독교 사역의 중요한 측면이라고 생각하는 이들에게는 이 연구에서 도출되는 다른 세 가지 특별한 추론 결과가 있다.[16] 첫째, 고대 세계의 몇몇 저술가들과 달리 신약성경 저자들은 귀신론에서 그들의 관심사 및 사용하는 이미지 면에서 현저하게 절제한다.[17] 예를 들어 루키아노스의 생생한 귀신 묘사(*Philops.* 31장; 참조 16장)와 「솔로몬의 유언」 전체는 구원론과 관련이 있을 때를 제외하고는 귀신들 및 귀신론에 관심을 거의 보이지 않는 신약성경과 극명한 대조를 이룬다. 그 대신 예수 안에서의 하나님의 구원에 관심을 집중하다 보니 우리의 이목이 귀신과 다양한 질병의 원인에 대한 추측에서 멀어진다. 이 점은 관심의 초점을 질병에 두는 것이 아니라 치료자에게 두는 요한복음에서 특히 두드러진다.

오늘날의 교회는 초기 교회의 예를 따라 귀신을 무시하지 말고 귀신을 물리친 예수께 주의를 집중하는 것이 좋을 것이다. 귀신에 대한 지나친 관심과 관여는 종종 스스로를 귀신의 영향에 노출시키는 것으로 여겨져왔다. 『스크루테이프의 편지』(*The Screwtape Letters*) 서문에 나오는 C. S. 루이스의 유명한 구절은 여기서 다시 음미해볼 만하다.

우리 인류가 귀신에 관해서 빠질 수 있는 동등하면서도 상반되는 두 가지 오

신 진리와의 만남을 격려한다.

16 신약성경에 나타난 축귀 연구에서 도출되는 현대적 함의에 대한 더 자세한 내용은 Twelftree, *Christ Triumphant*, 178-93을 보라.

17 고대의 귀신론에 대해서는 Lange의 문헌에 실린 논문들을 보라.

류가 있다. 하나는 그들의 존재를 불신하는 것이다. 다른 하나는 귀신들의 존재를 믿고, 그것들에 대해 과도하고 불건전한 흥미를 느끼는 것이다. 귀신들은 이 두 가지 오류에 똑같이 즐거워하며 유물론자든 마술사든 똑같이 기뻐하며 환영한다.[18]

칼 바르트도 그리스도인과 신학자는 "[귀신에] 많은 시간을 소비하거나 너무 깊이 몰두하지 말아야 한다.…그렇게 하다가 우리 자신이 다소간 귀신같은 존재가 될 수 있다는 위험이 임박해지기 때문이다"[19]라는 비슷한 경고를 했다. 달리 말하자면 우리는 목회적으로 가능하면 귀신의 영향에 관심을 덜 기울여야 한다. 그러나 우리는 목회적으로 필요할 경우 귀신의 영향과 가급적 많이 대결해야 한다.

둘째, 완전히 독특한 것은 아니었지만 예수와 초기 그리스도인들의 축귀 기술의 주목할 만한 측면 중 하나는 그 기술이 지극히 간결했다는 점이다. 예수의 경우 이는 아마도 귀신의 세력에 대한 자신의 능력-권위에 대한 의식에서 나왔을 것이다. 초기 그리스도인들의 경우 그것은 예수께 대한 그들의 의존감에서 비롯되었다. 오늘날의 교회와 관련해서 우리는 아마도 말이 많은 것은 영적인 무능력과 분별의 결여의 표시라고 결론을 내릴 수 있을 것이다.

마지막으로, 우리는 그 시대의 다른 이들과 일맥상통하게 신약성경 저자들이 **축귀는 하나님과 귀신 사이의 대결로서 거기서 귀신이 패배한다는 확신을 갖고 있었다는** 점을 살펴보았다. 초기 그리스도인들 사이의 축귀에서

---

18   C. S. Lewis, *The Screwtape Letters* (Rev. ed.; New York: Collier, 1982), 3.
19   Karl Barth, *Church Dogmatics*, III/3 (Edinburgh: T&T Clark, 1961), 519. "Deliver Us from Evil": General Audience of Pope Paul VI, November, 15, 1972, *L'Osservatore Romano*, 1972년 11월 23일에 보도된 글도 보라.

축귀자의 주문, 말 또는 기도가 중요했던 것은 귀신을 쫓아낼 수 있는 어떤 내재적인 "능력" 때문이 아니라 그런 것들이 예수와 귀신 간의 대결을 초래했기 때문이다. 오늘날 이 궤적을 따른다면 귀신을 말이나 축귀자나 성례나 주기도문, 심지어 교회를 통해서가 아니라 예수를 통해 상대하도록 축귀가 행해져야 할 것이다. 우리가 연구한 시대의 끝 무렵에 테르툴리아누스가 말한 대로 귀신은 "신적인 은혜의 압력을 통해 패퇴한다."[20]

---

20   Tertullian, *An.* 57.5.

Adinolfi, Marco. "L'esorcismo di Gesù in Mc 1,21-28 e i quattro esorcismi di Apollonio riferiti da Filostrato." *SBFLA* 42 (1992): 49-65.

Aichinger, Hermann. "Zur Traditionsgeschichte der Epileptiker-Perikope Mk 9, 14-29 par, Mt 17, 14-21 par, Lk 9, 37-43a." In *Probleme der Forschung*, edited by Albert Fuchs, 114-23. Vienna: Herold, 1978. Also in SNTSU 1 (1978): 110-53.

Albl, Martin C. "'Are Any among You Sick?' The Health Care System in the Letter of James." *JBL* 121 (2002): 123-43.

Ambrozic, Aloysius M. "New Teaching with Power (Mk 1,27)." In *Word and Spirit: Essays in Honour of David Michael Stanley*, edited by J. Plenik, 113-49. Willowdale, ON: Regis College, 1975.

Anderson, Graham. *Sage, Saint and Sophist: Holy Men and Their Associates in the Early Roman Empire*. London and New York: Routledge, 1994.

Annen, Franz. "Die Dämonenaustreibungen Jesu in den synoptischen Evangelien." *Theologische Berichte* 5 (1976): 107-46.

_____. *Heil für die Heiden: Zur Bedeutung und Geschichte der Tradition vom besessenen Gerasener* (Mk 5,1-20 par.). Frankfurt: Knecht, 1976.

Arnold, Clinton E. *Ephesians: Power and Magic: The Concept of Power in Ephesians in Light of Its Historical Setting*. Cambridge: Cambridge University Press, 1989.

_____. *Powers of Darkness: Principalities and Powers in Paul's Letters*. Downers Grove, IL: InterVarsity, 1992.

_____. "Returning to the Domain of the Powers: *Stoicheia* as Evil Spirits in Galatians 4:3,9." *NovT* 38 (1996): 55-76.

Asahu-Ejere, Kingsley. *The Kingdom of God and Healing-Exorcism* (Mt 4:17-5:12). Frankfurt am Main: P. Lang, 2003.

Aune, David E. "Magic in Early Christianity." *ANRW* II.23.2 (1980): 1507-57.

Avemarie, Friedrich. "Warum treibt Paulus einen Dämon aus, der die Wahrheit sagt? Geschichte und Bedeutung des Exorzismus zu Philippi (Act 16, 16-18)." In Lange,

550-76.

Bächli, Otto. "'Was habe ich mit Dir zu schaffen?' Eine formelhafte Frage im A.T. und N.T." *TZ* 33 (1977): 69-80.

Baltensweiler, Heinrich. "'Wer nicht gegen uns (euch) ist, ist für uns (euch)': Bemerkungen zu Mk 9,40 und Lk 9,50." *TZ* 40 (1984): 130-36.

Barnard, Leslie W. "Athenagoras, Galen, Marcus Aurelius, and Celsus." *CQR* 168 (1967): 168-81.

Barrett-Lennard, R. J. S. *Christian Healing after the New Testament: Some Approaches to Illness in the Second, Third, and Fourth Centuries.* Lanham, MD: University Press of America, 1994.

Bartlett, David Lyon. "Exorcism Stories in the Gospel of Mark." PhD diss., Yale University, 1972.

Bauernfeind, Otto. *Die Worte der Dämonen im Markusevangelium.* BWANT 44. Stuttgart: Kohlhammer, 1927.

Bell, Catherine. *Ritual: Perspective and Dimensions.* New York and Oxford: Oxford University Press, 1997.

Benko, Stephen. "Early Christian Magical Practices." SBLSP 21 (1982): 9-14.

―――――. "Pagan Criticism of Christianity during the First Two Centuries A.D." *ANRW* II.23.2 (1980): 1055-118.

Benoit, Pierre. "Pauline Angelology and Demonology: Reflexions on the Designations of the Heavenly Powers and on the Origin of Angelic Evil according to Paul." *RelSBul* 3 (1983): 1-18.

Berger, Klaus. *Die Auferstehung des Propheten und die Erhöhung des Menschensohns: Traditionsgeschichtliche Untersuchungen zur Deutung des Geschickes Jesu in frühchristlichen Texte.* SUNT 13. Göttingen: Vandenhoeck & Ruprecht, 1976.

Berkhof, Hendrikus. Christ and the Powers. Scottdale, PA: Herald, 1962.

Best, Ernest. "Exorcism in the New Testament and Today." *Biblical Theology* [Belfast] 27 (1977): 1-9.

Betz, Hans Dieter. "Eine Episode im Jüngsten Gericht (Mt 7,21-23)." *ZTK* 78 (1981): 1-30.

―――――. "Jewish Magic in the Greek Magical Papyri (PGM VII. 260-271)." In *Envisioning Magic: A Princeton Seminar and Symposium*, edited by Peter Schäfer and Hans G. Kippenberg, 45-63. Leiden: Brill, 1997. Repr., pages 187-205 in Betz, *Gesammelte Aufsätze*, part 4, *Antike und Christentum.* Tübingen: Mohr Siebeck, 1998.

Bieringer, Reimund, D. Pollefeyt, and F. Vandecasteele-Vanneuville, eds. *Anti-Judaism and the*

Fourth Gospel: Papers of the Leuven Colloquium, 2000. Jewish and Christian Heritage Series 1. Assen: Royal Van Gorcum, 2001.

Black, Matthew. "Pasai exousiai autō hypotagēsontai." In Paul and Paulinism: Essays in Honour of C. K. Barrett, edited by M. D. Hooker and S. G. Wilson, 74-82. London: SPCK, 1982.

Blackburn, Barry L. Theios Anēr and the Markan Miracle Traditions. WUNT 2.40. Tübingen: Mohr Siebeck, 1991.

Böcher, Otto. Christus Exorcista: Dämonismus und Taufe im Neuen Testament. BWANT 16. Stuttgart: Kohlhammer, 1972.

_____. Dämonenfuhrt und Dämonenabwehr: Ein Beitrag zur Vorgeschichte der christlichen Taufe. BWANT 10. Stuttgart: Kohlhammer, 1970.

_____. Das Neue Testament und die dämonischen Mächte. SBS 58. Stuttgart: KBW, 1972.

_____. "Wölfe in Schafspelzen: Zum religionsgeschichtlichen Hintergrund von Matth. 7, 15." TZ 24 (1968): 405-26.

Bokser, Baruch M. "Wonder-Working and the Rabbinic Tradition: The Case of Hanina ben Dosa." JSJ 61 (1985): 42-92.

Bolt, Peter G. Jesus' Defeat of Death: Persuading Mark's Early Readers. SNTSMS 125. Cambridge and New York: Cambridge University Press, 2003.

_____. "Jesus, the Daimons and the Dead." In The Unseen World: Christian Reflections on Angels, Demons and the Heavenly Realm, edited by Anthony N. S. Lane, 75-102. Grand Rapids: Baker, 1996.

Bonner, Campbell. "The Technique of Exorcism." HTR 36 (1943): 39-49.

_____. "The Violence of Departing Demons." HTR 37 (1944): 334-36.

Bowersock, Glen Warren. Greek Sophists in the Roman Empire. Oxford: Clarendon, 1969.

Bowman, John. "Exorcism and Baptism." In A Tribute to Arthur Vööbus: Studies in Early Christian Literature and Its Environment, Primarily in the Syrian East, edited by Robert H. Fischer, 249-63. Chicago: Lutheran School of Theology at Chicago, 1977.

Bradshaw, Paul F. "Baptismal Practice in the Alexandrian Tradition: Eastern or Western?" In Living Water, Sealing Spirit: Readings on Christian Initiation, edited by Maxwell E. Johnson, 82-100. Collegeville, MN: Pueblo / Liturgical Press, 1995).

Brashear, William M. "The Greek Magical Papyri: An Introduction and Survey; Annotated Bibliography (1928-1994)." ANRW II.18.5 (1995): 3380-684.

Bream, Howard N. "By the Finger of God: Demon Possession and Exorcism in Early Christianity in Light of Modern Views of Mental Illness." JR 34 (1954): 63-64.

Brenk, Frederick E. "The Exorcism at Philippoi in Acts 16.11-40: Divine Possession or Diabolic Inspiration?" *Filología Neotestamentaria* 13 (2000): 3-21.

_____. "In the Light of the Moon: Demonology in the Early Imperial Period." *ANRW* II.16.3 (1986): 2068-145.

Bridges, Carl B. "Jesus and Paul on Tolerance: The Strange Exorcist and the Strange Concession." *Stone-Campbell Journal 1* (1998): 59-66.

Broadhead, Edwin K. "Echoes of an Exorcism in the Fourth Gospel?" *ZNW* 86 (1995): 111-19.

Brown, Peter. "Sorcery, Demons and the Rise of Christianity from Late Antiquity into the Middle Ages." In *Witchcraft, Confession and Accusations*, edited by M. Douglas, 119-46. London: Tavistock, 1970.

Brown, Peter. "The Rise and Function of the Holy Man in Late Antiquity." *JRS* 81 (1971): 80-101.

_____. "Sorcery, Demons and the Rise of Christianity: From Late Antiquity into the Middle Ages." In *Religion and Society in the Age of Saint Augustine*, 119-46. London: Faber & Faber, 1972.

Brox, Norbert. "Magie und Aberglaube an den Anfängen des Christentums." *TTZ* 83 (1974): 157-80.

Brucker, Ralph. "Die Wunder der Apostel." *ZNT* 4 (2001): 32-45.

Bühner, Jan.-A. "Jesus und die Antike Magie: Bemerkungen zu M. Smith." *EvT* 43 (1983): 156-75.

Burke, Gary T. "Walter Bauer and Celsus: The Shape of Late Second-Century Christianity." *SecCent* 4 (1984): 1-7.

Burkill, T. A. "Historical Development of the Story of the Syrophoenician Woman." *NovT* 9 (1967): 161-77.

_____. "The Syrophoenician Woman: The Congruence of Mk 7 24-31." *ZNW* 57 (1966): 22-37.

Bursey, Ernest James. "Exorcism in Matthew." PhD diss., Yale University, 1992.

Busse, Ulrich. *Die Wunder Propheten Jesus: Die Rezeption, Komposition und Interpretation der Wundertradition im Evangelium des Lukas*. Stuttgart: KBW, 1977.

Caird, George B. *Principalities and Powers: A Study in Pauline Theology*. Oxford: Clarendon, 1956.

Carr, Wesley. *Angels and Principalities: The Background, Meaning, and Development of the Pauline Phrase "hai archai kai hai exousiai."* SNTSMS 42. Cambridge: Cambridge

University Press, 1981.

Cavadini, John C. *Miracles in Jewish and Christian Antiquity: Imagining Truth*. Notre Dame, IN: University of Notre Dame Press, 1999.

Cave, C. H. "The Obedience of Unclean Spirits." *NTS* 11 (1964-1965): 93-97.

Collins, Adela Yarbro. "The Origin of Christian Baptism." In *Living Water, Sealing Spirit: Readings on Christian Initiation*, edited by Maxwell E. Johnson, 35-57. Collegeville, MN: Liturgical Press, 1995.

Cook, John G. "In Defence of Ambiguity: Is There a Hidden Demon in Mark 1.29-31?" *NTS* 43 (1997): 184-208.

_____. "Some Hellenistic Responses to the Gospels and Gospel Traditions." *ZNW* 84 (1993): 233-54.

Crouzel, Henri. "Celse et Origène à propos des 'démons.'" In *Frontières terrestres, frontières célestes dans l'antiquité*, edited by Aline Rousselle, 331-55. Perpignan: Presses Universitaires de Perpignan, 1995.

Danove, Paul L. *The End of Mark's Story: A Methodological Study*. Leiden: Brill, 1993.

Davies, Stevan L. *Jesus the Healer: Possession, Trance, and the Origins of Christianity*. New York: Continuum, 1995.

Dermience, Alice. "Tradition et rédaction dans la péricope de la Syrophénicienne: Marc 7,24-30." *RTL* 8 (1977): 15-29.

Derrett, J. Duncan M. "Contributions to the Study of the Gerasene Demoniac." *JSNT* 3 (1979): 2-17.

_____. "Getting on Top of a Demon (Luke 4:39)." *EvQ* 65 (1993): 99-109.

_____. "Law in the New Testament: The Syrophoenician Woman and the Centurion of Capernaum." *NovT* 15 (1973): 161-86.

_____. "Legend and Event: The Gerasene Demoniac; An Inquest into History and Liturgical Projection." In *Studia biblica* 1978, part 2, *Papers on the Gospels*, edited by Elizabeth Anne Livingstone, 63-73. JSNTSup 2. Sheffield: JSOT Press, 1980.

Dibelius, Martin. *Die Geisterwelt im Glauben des Paulus*. Göttingen: Vandenhoeck & Ruprecht, 1909.

Dickie, Matthew. *Magic and Magicians in the Greco-Roman World*. New York: Routledge, 2001.

Dillon, Richard J. "'As One Having Authority' (Mark 1:22): The Controversial Distinction of Jesus' Teaching." *CBQ* 57 (1995): 92-113.

Dölger, Franz Joseph. *Der Exorzismus im altchristlichen Taufritual: Eine religionsgeschichtliche*

Studie. Studien zur Geschichte und Kultur des Altertums 3:1-2. Paderborn: Ferdinand Schöningh, 1909.

Dondelinger, Patrick. "The Practice of Exorcism in the Church." In *Illness and Healing*, edited by Louis-Marie Chauvet and Miklós Tomka, 58-67. London: SCM; Maryknoll, NY: Orbis Books, 1998.

Dormandy, Richard. "The Expulsion of Legion: A Political Reading of Mark 5:1-20." *ExpTim* 111 (1999-2000): 335-37.

Downing, F. Gerald. "Magic and Scepticism in and around the First Christian Century." In *Magic in the Biblical World: From the Rod of Aaron to the Ring of Solomon*, edited by Todd E. Klutz, 86-99. JSNTSup 245. London and New York: T&T Clark, 2003.

Draper, Jonathan A. "The Jesus Tradition in the Didache." In *The Miracles of Jesus*, edited by David Wenham and Craig Blomberg, 269-87. Gospel Perspectives 5. Sheffield: JSOT Press, 1985.

———. "Torah and Troublesome Apostles in the Didache Community." In *The Didache in Modern Research*, edited by Jonathan A. Draper, 340-63. AGJU 37. Leiden: Brill, 1996.

———. "Weber, Theissen, and 'Wandering Charismatics' in the Didache." *JECS* 6 (1998): 541-76.

Duling, Dennis C. "Solomon, Exorcism, and the Son of David." *HTR* 68 (1975): 235-52.

Dunn, James D. G., and Graham H. Twelftree. "Demon-Possession and Exorcism in the New Testament." *Chm* 94 (1980): 210-25.

Dupont-Sommer, André. "Exorcismes et guérisons dans les écrits de Qumran." In *Congress Volume: Oxford 1959*, edited by G. W. Anderson, 246-61. VTSup 7. Leiden: Brill, 1960.

Eck, Ernst van, and Andries G. van Aarde. "Sickness and Healing in Mark: A Social Scientific Interpretation." *Neot* 27 (1993): 27-54.

Edwards, Mark J. "Three Exorcisms and the New Testament World." *Eranos* 87 (1989): 117-26.

Emmrich, Martin. "The Lucan Account of the Beelzebul Controversy." *WTJ* 62 (2000): 267-79.

Eshel, Esther. "Genres of Magical Texts in the Dead Sea Scrolls." In Lange, 395-415.

Eve, Eric. *The Jewish Context of Jesus' Miracles*. JSNTSup 231. London and New York: Sheffield Academic, 2002.

Farmer, William R. *The Last Twelve Verses of Mark*. SNTSMS 25. Cambridge: Cambridge

University Press, 1974.

Fenton, John. "The Order of the Miracles Performed by Peter and Paul in Acts." *ExpTim* 77 (1966): 381–83.

Ferguson, Everett. *Demonology of the Early Christian World*. Symposium Series 12. New York: Edwin Mellen, 1984.

Fiederlein, Friedrich Martin. *Die Wunder Jesu und die Wundererzählungen der Urkirche*. Munich: Don Bosco, 1988.

Fischer, Robert H., ed. *Tribute to Arthur Vööbus: Studies in Early Christian Literature and Its Environment, Primarily in the Syrian East*. Chicago: Lutheran School of Theology at Chicago, 1977. With plates.

Forbes, Chris A. "Pauline Demonology and/or Cosmology? Principalities, Powers and the Elements of the World in their Hellenistic Context." *JSNT* 85 (2002): 51–73.

_____. "Paul's Principalities and Powers: Demythologizing Apocalyptic?" *JSNT* 82 (2001): 61–88.

Fox, Robin Lane. *Pagans and Christians*. New York: Knopf, 1987.

Frankfurter, David. "Narrating Power: The Theory and Practice of the Magical *Historiola* in Ritual Spells." In *Ancient Magic and Ritual Power*, edited by Marvin W. Meyer and Paul Mirecki, 457–76. RGRW 129. New York and Leiden: Brill, 1995.

Frend, W. H. C. "Christianity in the Second Century: Orthodoxy and Diversity." *JEH* 48 (1997): 302–13.

Fridrichsen, Anton. *The Problem of Miracle in Primitive Christianity*. Minneapolis: Augsburg, 1972.

Fuchs, Albert. *Die Entwicklung der Beelzebulkontroverse bei den Synoptikern*. SNTSU 5. Linz: Fuchs, 1980.

Gabriel, A. "The Gerasene Demoniac (Mk 5:1–20): A Socio-Political Reading." *BiBh* 22 (1996): 167–74.

Garland, David E. "'I Am the Lord Your Healer': Mark 1:21–2:12." *RevExp* 85 (1988): 327–43.

Garrett, Susan R. *The Demise of the Devil: Magic and the Demonic in Luke's Writings*. Philadelphia: Fortress, 1989.

_____. "Light on a Dark Subject and Vice Versa: Magic and Magicians in the New Testament." In *Religion, Science, and Magic: In Concert and in Conflict*, edited by Jacob Neusner, Ernest S. Frerichs, and Paul Virgil McCracken Flesher, 142–65. New York and Oxford: Oxford University Press, 1989.

Gathercole, Simon. "Jesus' Eschatological Vision of the Fall of Satan: Luke 10,18 Reconsidered." *ZNW* 94 (2003): 143-63.

Geller, M. J. "Jesus' Theurgic Powers: Parallels in the Talmud and Incantation Bowls." *JJS* 28 (1977): 141-55.

Gerhardsson, Birger. *The Mighty Acts of Jesus according to Matthew*. Lund: C. W. K. Gleerup, 1979.

Gero, Stephen. "Galen on the Christians: A Reappraisal of the Arabic Evidence." *OCP* 56 (1990): 371-411.

_____. "The So-called Ointment Prayer in the Coptic Version of the Didache: A Re-evaluation." *HTR* 70 (1977): 67-84.

Giesen, Heinz. "Dämonenaustreibungen—Erweis der Nahe der Herrschaft Gottes: Zu Mk 1,21-28." *Theologie der Gegenwart* 32 (1989): 24-37.

Glasswell, Mark E. "The Use of Miracle in the Markan Gospel." In *Miracles: Cambridge Studies in Their Philosophy and History*, edited by Charles F. D. Moule, 149-62. London: Mowbray, 1965.

Gokey, Francis X. *The Terminology for the Devil and Evil Spirits in the Apostolic Fathers*. Patristic Studies 93. Washington, DC: Catholic University of America Press, 1961.

Graf, Fritz. *Magic in the Ancient World*. Revealing Antiquity 10. Cambridge, MA: Harvard University Press, 1997.

_____. "Theories of Magic in Antiquity." In *Ancient Magic and Ritual Power*, edited by Marvin W. Meyer and Paul Mirecki, 93-104. RGRW 129. New York and Leiden: Brill, 1995.

Grant, Robert M. *Miracle and Natural Law in Graeco-Roman and Early Christian Thought*. Amsterdam: North-Holland, 1952.

_____. "Paul, Galen, and Origen," *JTS* 34 (1983): 533-36.

Grappe, Christian. "Jésus exorciste à la lumière des pratiques et des attentes de son temps." *RB* 110 (2003): 178-96.

Grayston, Kenneth. "Exorcism in the NT." *Epworth Review* 2 (1975): 90-94.

Green, William Scott. "Palestinian Holy Men: Charismatic Leadership and Rabbinic Tradition." *ANRW* II.19.2 (1979): 619-47.

Guijarro, Santiago Oporto. "La dimensión política de los exorcismos de Jesús: La controversia de Belcebú desde la perspective de las ciencias socials." *EstBíb* 58 (2000): 51-77.

_____. "The Politics of Exorcism." In *The Social Setting of Jesus and the Gospels*, edited by Wolfgang Stegemann, Bruce J. Malina, and Gerd Theissen, 159-74. Minneapolis:

Fortress, 2002.

_____. "The Politics of Exorcism: Jesus' Reaction to Negative Labels in the Beelzebul Controversy." *BTB* 29 (1999): 118-29.

Guillemette, Pierre. "La forme des récits d'exorcisme de Bultmann: Un dogme à reconsidérer." *ÉgT* 11 (1980): 177-93.

_____. "Mc 1, 24 est-il une formule de défense magique?" *ScEs* 30 (1978): 81-96.

Harnack, Adolf von. *The Expansion of Christianity in the First Three Centuries.* 2 vols. 1904-1905. Repr., New York: Arno, 1972.

Hayden, Daniel R. "Calling the Elders to Pray." *BSac* 138 (1981): 258-66.

Herrmann, Leon. "Les premiers exorcismes juifs et judéo-chrétiens." *Revue de l'Université de Bruxelles*, n.s., 7 (1954): 305-8.

Hiers, Richard H. "Satan, Demons, and the Kingdom of God." *SJT* 27 (1974): 35-47.

Hill, David. "False Prophets and Charismatics: Structure and Interpretation in Matthew 7,15-23." *Bib* 57 (1976): 327-48.

Hills, Julian V. "Luke 10.18—Who Saw Satan Fall?" *JSNT* 46 (1992): 25-40.

Hollenbach, Paul W. "Help for Interpreting Jesus' Exorcisms." SBLSP 32 (1993): 119-28.

_____. "Jesus, Demoniacs, and Public Authorities: A Socio-Historical Study." *JAAR* 49 (1981): 567-88.

Howard, J. Keir. *Disease and Healing in the New Testament: An Analysis and Interpretation.* Lanham, MD; New York; and Oxford, UK: University Press of America, 2001.

_____. "New Testament Exorcism and Its Significance Today." *ExpTim* 96 (1984-85): 105-9.

Hull, John M. *Hellenistic Magic and the Synoptic Tradition.* SBT 2.28. London: SCM, 1974.

Hüneburg, Martin. *Jesus als Wundertäter in der Logienquelle: Ein Beitrag zur Christologie von Q.* Arbeiten zur Bibel und ihrer Geschichte 4. Leipzig: Evangelische Verlagsanstalt, 2001.

_____. "Jesus als Wundertäter: Zu einem vernachlässigtem Aspekt des Jesusbildes von Q." In *The Sayings Source Q and the Historical Jesus*, edited by Andreas Lindemann, 635-48. BETL 158. Louvain: Leuven University Press / Peeters, 2001.

Iwe, John C. *Jesus in the Synagogue of Capernaum: The Pericope and Its Programmatic Character for the Gospel of Mark; An Exegetico-Theological Study of Mark 1:21-28.* Tesi Gregoriana, Serie Teologia 57. Rome: Editrice Pontificia Università Gregoriana, 1999.

Janowitz, Naomi. *Magic in the Roman World: Pagans, Jews, and Christians.* New York and London: Routledge, 2001.

Jefford, Clayton N. *The Sayings of Jesus in the Teaching of the Twelve Apostles.* VCSup 11. Leiden: Brill, 1989.

Jervell, Jacob. "The Signs of an Apostle: Paul's Miracles." In *The Unknown Paul*, 77–95. Minneapolis: Augsburg, 1984.

Johnson, George. "'Kingdom of God' Sayings in Paul's Letters." In *From Jesus to Paul: Studies in Honour of Francis Wright Beare*, edited by Peter Richardson and John C. Hurd, 143–56. Waterloo, ON: Wilfrid Laurier University Press, 1984.

Johnson, Sherman E. "Parallels between the Letters of Ignatius and the Johannine Epistles." In *Perspectives on Language and Text: Essays and Poems in Honor of Francis I. Andersen's Sixtieth Birthday*, July 28, 1985, edited by Edgar W. Conrad and Edward G. Newing, 327–38. Winona Lake, IN: Eisenbrauns, 1987.

Johnston, Wendell G. "Does James Give Believers a Pattern for Dealing with Sickness and Healing?" In *Integrity of Heart, Skillfulness of Hands: Biblical and Leadership Studies in Honor of Donald K. Campbell*, edited by Charles H. Dyer and Roy B. Zuck, 168–74. Grand Rapids: Baker, 1994.

Jonge, Marinus de. "Light on Paul from the *Testaments of the Twelve Patriarchs*." In *The Social World of the First Christians: Essays in Honor of Wayne A. Meeks*, edited by L. Michael White and O. Larry Yarborough, 100–115. Minneapolis: Fortress, 1995.

Kahl, Werner. *New Testament Miracle Stories in Their Religious-Historical Setting: A Religionsgeschichtliche Comparison from a Structural Perspective.* Göttingen: Vandenhoeck & Ruprecht, 1994.

Kampling, Rainer. "Jesus von Nazaret—Lehrer und Exorzist." *BZ* 30 (1986): 237–48.

Käsemann, Ernst. "Die Heilung der Besessenen." *Reformatio* 28 (1979): 7–18.

———. "Die Legitimität des Apostels: Eine Untersuchung zu II Korinther 10–13." *ZNW* 41 (1942): 33–71.

———. "Lukas 11, 14–28." In vol. 1 of *Exegetische Versuche und Besinnungen*, 242–48. Göttingen: Vandenhoeck & Ruprecht, 1960.

Kee, Howard C. "Magic and Messiah." In *Religion, Science, and Magic: In Concert and in Conflict*, edited by Jacob Neusner, Ernest S. Frerichs, and Paul Virgil McCracken Flesher, 121–41. New York and Oxford: Oxford University Press, 1989.

———. *Medicine, Miracle, and Magic in New Testament Times.* SNTSMS 55: Cambridge: Cambridge University Press, 1986.

———. "The Terminology of Mark's Exorcism Stories." *NTS* 14 (1967–68): 232–46.

Kelhoffer, James A. *Miracle and Mission: The Authentication of Missionaries and Their Message in the Longer Ending of Mark.* WUNT 2.112. Tübingen: Mohr Siebeck, 2000.

Kelly, Henry Ansgar. *The Devil at Baptism: Ritual, Theology, and Drama.* Ithaca, NY: Cornell University Press, 1985.

Kelsey, Morton T. *Healing and Christianity: In Ancient Thought and Modern Times.* New York and London: Harper & Row, 1973.

Kertelge, Karl. "Jesus, seine Wundertaten und der Satan." Conc 1 (1975): 168-73.

_____. *Die Wunder Jesu im Markusevangelium: Eine redaktionsgeschichtliche Untersuchung.* SANT 23. Munich: Kösel, 1970.

Kilgallen, John J. "The Return of the Unclean Spirit (Luke 11,24-26)." *Bib* 74 (1993): 45-59.

Kingsbury, Jack Dean. "Observations on the 'Miracle Chapters' of Matthew 8-9." *CBQ* 40 (1978): 559-73.

Kirchschläger, Walter. "Exorzismus in Qumran?" *Kairos* 18 (1976): 135-53.

_____. *Jesu exorzistisches Wirken aus der Sicht des Lukas: Ein Beitrag zur lukanischen Redaktion.* ÖBS 3. Klosterneuburg: Österreichisches KBW, 1981.

Klauck, Hans-Josef. *Magic and Paganism in Early Christianity: The World of the Acts of the Apostles.* Edinburgh: T&T Clark, 2000.

Kleist, J. A. "The Gadarene Demoniacs." *CBQ* 9 (1947): 101-5.

Klutz, Todd E. *The Exorcism Stories in Luke-Acts: A Sociostylistic Reading.* SNTSMS 129. Cambridge: Cambridge University Press, 2004.

_____. "The Grammar of Exorcism in the Ancient Mediterranean World: Some Cosmological, Semantic, and Pragmatic Reflections on How Exorcistic Prowess Contributed to the Worship of Jesus." In *Jewish Roots of Christological Monotheism: Papers from the St. Andrews Conference on the Historical Origins of the Worship of Jesus,* edited by Carey C. Newman, James R. Davila, and Gladys S. Lewis, 156-65. JSJSup 63. Leiden: Brill, 1999.

_____. "Reinterpreting 'Magic' in the World of Jewish and Christian Scripture: An Introduction." In *Magic in the Biblical World: From the Rod of Aaron to the Ring of Solomon,* edited by Todd E. Klutz, 1-9. JSNTSup 245. London and New York: T&T Clark, 2003.

Knoch, Otto. *Dem, der glaubt, ist alles möglich: Die Botschaft der Wundererzählungen der Evangelien.* Stuttgart: KBW, 1986.

Knöppler, Thomas. "Paulus als Verkünder fremder δαιμόνια: Religionsgeschichtlicher Hintergrund und theologische Aussage von Act 17,18." In Lange, 577-83.

Knox, Wilfred L. "Jewish Liturgical Exorcisms." *HTR* 31 (1938): 191-203.

_____. "ΠΕΡΙΚΑΘΑΙΡΩΝ (Didache iii 4)." *JTS* 40 (1939): 146-49.

Kollmann, Bernd. *Jesus und die Christen als Wundertäter: Studien zu Magie, Medizin und Schamanismus in Antike und Christentum*. FRLANT 170. Göttingen: Vandenhoeck & Ruprecht, 1996.

Kovacs, Judith L. "Now Shall the Ruler of This World Be Driven Out: Jesus' Death as Cosmic Battle in John 12:20-36." *JBL* 114 (1995): 227-47.

Kruse, Heinz. "Das Reich Satans." *Bib* 58 (1977): 29-61.

Labahn, Michael. "Jesu Exorzismen (Q 11, 19-20) und die Erkenntnis der ägyptischen Magier (Ex 8, 15)." In *The Sayings Source Q and the Historical Jesus*, edited by Andreas Lindemann, 617-33. BETL 158. Louvain: Leuven University Press / Peeters, 2001.

LaGrand, James. "The First of the Miracle Stories according to Mark (1:21-28)." *CurTM* 20 (1993): 479-84.

Lahurd, Carol Schersten. "Biblical Exorcism and Reader Response to Ritual in Narrative." In *The Daemonic Imagination: Biblical Text and Sacred Story*, edited by Robert Detweiler and William G. Doty, 53-63. SR 60. Atlanta: Scholars Press, 1990.

Lamarche, Paul. "Le possédé de Gérasa (Mt 8, 28-34; Mk 5, 1-20; Lc 8, 26-39)." *NRTh* 90 (1968): 581-97.

Lampe, Peter. "Die dämonologischen Implikation von 1 Korinther 8 und 10 vor dem Hintergrund paganer Zeugnisse." In Lange, 584-99.

_____. *From Paul to Valentinus: Christians at Rome in the First Two Centuries*. Minneapolis: Fortress, 2003.

_____. "Miracles and Early Christian Apologetic." In *Miracles: Cambridge Studies in Their Philosophy and History*, edited by Charles F. D. Moule, 205-18. London: Mowbray, 1965.

_____. "Miracles in the Acts of the Apostles." In *Miracles: Cambridge Studies in Their Philosophy and History*, edited by Charles F. D. Moule, 163-78. London: Mowbray, 1965.

Landmann, Salcia. "Exorzismen in der jüdischen Tradition." *ZRGG* 28 (1976): 357-66.

Lang, Friedrich Gustav. "Sola Gratia im Markusevangelium: Die Soteriologie des Markus nach 9,14-29 und 10,17-31." In *Rechtfertigung: Festschrift für Ernst Käsemann zum 70. Geburtstag*, edited by Johannes Friedrich, Wolfgang Pöhlmann, and Peter Stuhlmacher, 321-38. Tübingen: Mohr Siebeck; Göttingen: Vandenhoeck & Ruprecht, 1976.

Lange, Armin, Hermann Lichtenberger, and K. F. Diethard Römheld, eds. *Die Dämonen: Die Dämonologie der israelitisch-jüdischen und frühchristlichen Literatur im Kontext ihrer Umwelt / Demons = The Demonology of Israelite-Jewish and Early Christian Literature in the Context of Their Environment.* Tübingen: Mohr Siebeck, 2003.

Langton, Edward. *Essentials of Demonology: A Study of Jewish and Christian Doctrine, Its Origin and Development.* London: Epworth, 1949.

Lanpher, James E. "The Miraculous in Mark: Its Eschatological Background and Christological Function." PhD diss., University of Notre Dame, 1994.

Laus, Therry. "Paul and 'Magic.'" In *Magic in the Biblical World: From the Rod of Aaron to the Ring of Solomon*, edited by Todd E. Klutz, 140–56. JSNTSup 245. London and New York: T&T Clark, 2003.

Lee, Jung Young. "Interpreting the Powers in Pauline Thought." *NovT* 12 (1970): 54–69.

Légasse, Simon. "Les faux prophètes: Matthieu 7, 15–20." *ÉtudFranc* 18 (1968): 205–18.

Leeper, Elizabeth Ann. "Exorcism in Early Christianity." PhD diss., Duke University, 1991.

———. "From Alexandria to Rome: The Valentinian Connection to the Incorporation of Exorcism as a Prebaptismal Rite." *VC* 44 (1990): 6–24.

———. "The Role of Exorcism in Early Christianity." *StPatr* 26 (1993): 59–62.

Léon-Dufour, Xavier. "L'épisode de l'enfant épileptique." In *Études d'évangile*, 183–227. Paris: Seuil, 1965.

Leivestad, Ragnar. *Christ the Conqueror: Ideas of Conflict and Victory in the New Testament.* New York: Macmillan, 1954.

Limbeck, Meinrad. "Jesus und die Dämonen: Der exegetische Befund." *BK* 30 (1975): 7–11.

Lindars, Barnabas. "Rebuking the Spirit." *NTS* 38 (1992): 84–104.

Lips, Hermann von. "Anthropologie und Wunder im Johannesevangelium: Die Wunder Jesu im Johannesevangelium im Unterschied zu den synoptischen Evangelien auf dem Hintergrund johanneischen Menschenverständnisses." *EvT* 50 (1990): 296–311.

Loader, William R. G. "Son of David, Blindness, Possession, and Duality in Matthew." *CBQ* 44 (1982): 570–85.

Love, Stuart L. "Jesus, Healer of the Canaanite Woman's Daughter in Matthew's Gospel: A Social-Scientific Inquiry." *BTB* 32 (2002): 11–20.

Lührmann, Dieter. "Neutestamentliche Wundergeschichten und Antike Medizin." In *Religious Propaganda and Missionary Competition in the New Testament World: Essays Honoring Dieter Georgi*, edited by Lukas Bormann, 195–204. Leiden: Brill, 1994.

MacGregor, George H. C. "Principalities and Powers: The Cosmic Background of Paul's

Thought." *NTS* 1 (1954-1955): 17-28.

MacMullen, Ramsay. *Christianizing the Roman Empire (A.D. 100-400).* New Haven and London: Yale University Press, 1984.

_____. *Enemies of the Roman Order: Treason, Unrest, and Alienation in the Empire.* Cambridge, MA: Harvard University Press, 1966.

Mainville, Odette. "Jésus et l'Esprit dans l'oeuvre de Luc: Éclairage à partir d'Ac 2, 33." *ScEs* 42 (1990): 193-208.

Manson, William. "Principalities and Powers: The Spiritual Background of the Work of Jesus in the Synoptic Gospels." *BSNTS* 3 (1952): 7-17.

Manus, Chris U. "Healing and Exorcism: The Scriptural Viewpoint." In *Healing and Exorcism: The Nigerian Experience*, edited by Chris U. Manus, Luke N. Mbefo, and E. E. Uzukwu, 84-104. SISTSym 1. Enugu, Nigeria: Snapp, 1992.

Maquart, F. X. "Exorcism." In *Soundings in Satanism*, assembled by S. J. Sheed, 72-91. New York: Sheed & Ward; London: Mobrays, 1972.

Marcus, Joel. "The Beelzebul Controversy and the Eschatologies of Jesus." In *Authenticating the Activities of Jesus*, edited by Bruce D. Chilton and Craig A. Evans, 247-77. Leiden: Brill, 1999.

_____. "The Evil Inclination in the Epistle of James." *CBQ* 44 (1982): 606-21.

Marguerat, Daniel. "Magic and Miracle in the Acts of the Apostles." In *Magic in the Biblical World: From the Rod of Aaron to the Ring of Solomon*, edited by Todd E. Klutz, 100-24. JSNTSup 245. London and New York: T&T Clark, 2003.

Marlé, René. "Victoire du Christ sur les forces du mal." *Esprit et Vie* 104 (1994): 465-79.

Mastin, Brian Arthur. "Scaeva the Chief Priest." *JTS* 27 (1976): 405-12.

McCasland, S. Vernon. *By the Finger of God: Demon Possession and Exorcism in Early Christianity in the Light of Modern Views of Mental Illness.* New York: Macmillan, 1951.

_____. "The Demonic Confessions of Jesus." *JR* 24 (1944): 33-36.

_____. "Signs and Wonders." *JBL* 76 (1957): 149-52.

McCullar, Scott. "The Path of Membership in the Early Church." *Faith and Mission* 19 (2002): 19-25.

Mees, Michael. "Die Heilung des Kranken vom Bethesdateich aus Joh 5:1-18 in frühchristlicher Sicht." *NTS* 32 (1986): 596-608.

Metzger, Bruce M. "St. Paul and the Magicians." *PSB* 38 (1944): 27-30.

Meyer, Marvin W., and Richard Smith, eds. *Ancient Christian Magic: Coptic Texts of Ritual*

Power. Princeton, NJ: Princeton University Press, 1999.

Meyer, Paul D. "The Gentile Mission in Q." *JBL* 89 (1970): 405-17.

Milavec, Aaron. "Distinguishing True and False Prophets: The Protective Wisdom of the Didache." *JECS* 2 (1994): 117-36.

Milik, Józef Tadeusz. "'Prière de Nabonide' et autres écrits d'un cycle de David: Fragments araméens de Qumrân 4." *RB* 63 (1956): 407-15.

Mills, Mary E. *Human Agents of Cosmic Power in Hellenistic Judaism and the Synoptic Tradition*. JSNTSup 41. Sheffield: Sheffield Academic, 1990.

Mitchell, Nathan. "Baptism in the Didache." In *The Didache in Context: Essays on Its Text, History, and Transmission*, edited by Clayton N. Jefford, 226-55. NovTSup 77. Leiden and New York: Brill, 1995.

Morrison, Clinton D. *The Powers That Be: Earthly Rulers and Demonic Powers in Romans 13.1-7*. SBT 29. London: SCM, 1960.

Motyer, Stephen. *Your Father the Devil? A New Approach to John and "the Jews."* Carlisle, UK: Paternoster, 1997.

Moule, Charles F. D., ed. *Miracles: Cambridge Studies in Their Philosophy and History*. London: Mowbray, 1965.

Myers, Ched. *Binding the Strong Man: A Political Reading of Mark's Story of Jesus*. Maryknoll, NY: Orbis, 1994.

Nauman, St. Elmo, Jr., ed. *Exorcism through the Ages*. New York: Philosophical Library, 1974.

Neirynck, Frans. "The Miracle Stories in the Acts of the Apostles: An Introduction." In *Les Actes des Apôtres: Traditions, rédaction, théologie*, edited by Jacob Kremer, 169-213. Gembloux: Duculot, 1979.

Neusner, Jacob, Ernest S. Frerichs, and Paul Virgil McCracken Flesher, eds. *Religion, Science, and Magic: In Concert and in Conflict*. New York and Oxford: Oxford University Press, 1989.

Niederwimmer, Kurt. "An Examination of the Development of Itinerant Radicalism in the Environment and Tradition of the Didache." In *The Didache in Modern Research*, edited by Jonathan A. Draper, 321-39. AGJU 37. Leiden and New York: Brill, 1996.

Nielsen, Helge Kjaer. *Heilung und Verkündigung: Das Verständnis der Heilung und ihres Verhältnisses zur Verkündigung bei Jesus und in der ältesten Kirche*. Leiden: Brill, 1987.

Nock, Arthur D. "Greek Magical Papyri." *JEA* 15 (1929): 219-35.

———. "Paul and the Magus." In *The Beginnings of Christianity*, part 1, *The Acts of the Apostles*, edited by F. J. Foakes-Jackson and Kirsopp Lake, 5:164-88. 1933. Repr.,

Grand Rapids: Baker, 1979.

Obijole, Bayo. "St. Paul's Concept of Principalities and Powers." *BiBh* 15 (1989): 25-39.

Obijole, Olubayo O. "Principalities and Powers in St. Paul's Gospel of Reconciliation." *African Journal of Biblical Studies* 1 (1986): 113-25.

O'Brien, Peter T. "Principalities and Powers: Opponents of the Church." *Evangelical Review of Theology* 16 (1992): 353-84.

Oegema, Gerbern S. "Jesus' Casting Out of Demons in the Gospel of Mark against Its Greco-Roman Background." In Lange, 505-18.

Page, Sydney H. T. *Powers of Evil: A Biblical Study of Satan and Demons.* Grand Rapids: Baker; Leicester: Apollos, 1995.

Park, Eung Chun. *The Mission Discourse in Matthew's Interpretation.* WUNT 2.81. Tübingen: Mohr Siebeck, 1995.

Penney, Douglas L., and Michael O. Wise. "By the Power of Beelzebub: An Aramaic Incantation Formula from Qumran (4Q560)." *JBL* 113 (1994): 627-50.

Perkins, Larry. "'Greater than Solomon' (Matt 12:42)." *TJ* 19 (1998): 207-17.

Pesch, Rudolf. "'Eine neue Lehre aus Macht': Eine Studie zu Mk 1,21-28." In *Evangelienforschung: Ausgewählte Aufsätze deutscher Exegeten*, edited by Johannes Baptist Bauer, 241-76. Graz: Styria, 1968.

_____. "The Markan Version of the Healing of the Gerasene Demoniac." *Ecumenical Review* 23 (1971): 349-76.

_____. "Zur theologischen Bedeutung der 'Machttaten' Jesu: Reflexionen eines Exegeten." *TQ* 152 (1972): 203-13.

Piepkorn, Arthur C. "Baptism according to the Didache." In *The Didache in Modern Research*, edited by Jonathan A. Draper, 212-22. AGJU 37. Leiden and New York: Brill, 1996.

_____. "Charisma in the New Testament and the Apostolic Fathers." *CTM* 42 (1971): 369-89.

Pikaza Ibarrondo, Xabier. "Exorcismo, poder y Evangelio: Trasfondo histórico y eclesial de Mc 9,38-40." *EstBib* 57 (1999): 539-64.

Pilch, John J. *Healing in the New Testament: Insights from Medical and Mediterranean Anthropology.* Minneapolis: Fortress, 2000.

_____. "Sickness and Healing in Luke-Acts." In *The Social World of Luke-Acts: Models for Interpretation*, edited by Jerome H. Neyrey, 182-209. Peabody, MA: Hendrickson, 1991.

Pimentel, Peter. "The 'Unclean Spirits' of St Mark's Gospel." *ExpTim* 99 (1987-88): 173-75.

Piper, Ronald A. "Jesus and the Conflict of Powers in Q: Two Q Miracle Stories." In *The Sayings Source Q and the Historical Jesus*, edited by Andreas Lindemann, 317-49. BETL 158. Louvain: Leuven University Press / Peeters, 2001.

———. "Satan, Demons, and the Absence of Exorcisms in the Fourth Gospel." In *Christology, Controversy, and Community*, edited by David G. Horrell and Christopher M. Tuckett, 253-78. NovTSup 99. Leiden and Boston: Brill, 2000.

Plumer, Eric. "The Absence of Exorcisms in the Fourth Gospel." *Bib* 78 (1997): 350-68.

Praeder, Susan Marie. "Miracle Worker and Missionary: Paul in the Acts of the Apostles." SBLSP 22 (1983): 107-29.

Pulleyn, Simon. "The Power of Names in Classical Greek Religion." *CQ* 44 (1994): 17-25.

Remus, Harold. "Does Terminology Distinguish Early Christian from Pagan Miracles?" *JBL* 101 (1982): 531-51.

———. "Magic or Miracle? Some Second-Century Instances." *SecCent* 2 (1982): 127-56.

———. *Pagan-Christian Conflict over Miracle in the Second Century*. Cambridge, MA: Philadelphia Patristic Foundation, 1983.

Rese, Martin. "Jesus und die Dämonen im Matthäusevengelium." In Lange, 463-75.

Robbins, Vernon K. "Beelzebul Controversy in Mark and Luke: Rhetorical and Social Analysis." *Forum* 7 (1991): 261-77.

Robinson, James M. "The Mission and Beelzebul: Pap. Q 10:2-16; 11:14-23." SBLSP 24 (1985): 97-99.

Roosa, William V. "The Significance of Exorcism in the Gospel of Mark." PhD diss., University of Chicago, 1934.

Rordorf, Willy. "Baptism according to the Didache." In *The Didache in Modern Research*, edited by Jonathan A. Draper, 212-22. AGJU 37. Leiden and New York: Brill, 1996.

Rousseau, John J. "Jesus, an Exorcist of a Kind." SBLSP 32 (1993): 129-53.

Russell, E. A. "The Canaanite Woman and the Gospels (Mt 15:21-28; cf. Mk 7:24-30)." In *Studia biblica* 1978, part 2, *Papers on the Gospels*, edited by Elizabeth Anne Livingstone, 263-300. JSNTSup 2. Sheffield: JSOT Press, 1980.

Russell, Jeffrey Burton. *The Devil: Perceptions of Evil from Antiquity to Primitive Christianity*. Ithaca, NY: Cornell University Press, 1977.

Sanders, James A. "A Liturgy for Healing the Stricken." In *The Dead Sea Scrolls: Hebrew, Aramaic, and Greek Texts with the English Translations*, edited by James H. Charlesworth, vol. 4A, *Pseudepigraphic and Non-Masoretic Psalms and Prayers*, 155-57. PTSDSSP. Tübingen: Mohr Siebeck; Louisville: Westminster John Knox, 1997.

Schenk, Wolfgang. "Tradition und Redaktion in der Epileptiker-Perikope Mk 9 14-29." *ZNW* 63 (1972): 76-94.

Schenke, Ludger. *Die Wundererzählungen des Markusevangeliums.* Stuttgart: KBW, 1974.

Schille, Gottfried. *Die urchristliche Wundertradition: Ein Beitrag zur Frage nach dem irdischen Jesus.* Stuttgart: Calwer, 1967.

Schlier, Heinrich. *Principalities and Powers in the New Testament.* QD 3. Freiburg and New York: Herder; Edinburgh: Nelson, 1961.

Schlosser, J. "L'exorciste étranger (Mc 9.38-39)." *RevScRel* 56 (1982): 229-39.

Schmithals, Walter. "Der Markusschluss, die Verklärungsgeschichte und die Aussendung der Zwölf." *ZTK* 69 (1972): 379-411.

Segal, Alan F. "Hellenistic Magic: Some Questions of Definition." In *Studies in Gnosticism and Hellenistic Religions: Presented to Gilles Quispel on the Occasion of his 65th Birthday,* edited by R. van den Broek and M. J. Vermaseren, 349-75. Leiden: Brill, 1981.

Seitz, Oscar J. F. "Two Spirits in Man: An Essay in Biblical Exegesis." *NTS* 6 (1959-1960): 82-95.

Smith, Jonathan Z. "Towards Interpreting Demonic Powers." *ANRW* II.16.1 (1978): 425-39.

Smith, Morton. *Jesus the Magician.* San Francisco: Harper & Row, 1978.

Smith, Robert H. "Matthew's Message for Insiders: Charisma and Commandment in a First-Century Community." *Int* 46 (1992): 229-39.

Smith, Wesley D. "So-called Possession in Pre-Christian Greece." *TAPA* 96 (1965): 403-26.

Söding, Thomas. "'Wenn ich mit dem Finger Gottes die Dämonen austriebe…' (Lk 11,20): Die Exorzismen im Rahmen der Basileia-Verkinündigung Jesu," in Lange, 519-49.

Sommerville, John E. "The Gadarene Demoniac." *ExpTim* 25 (1914): 548-51.

Sorensen, Eric. *Possession and Exorcism in the New Testament and Early Christianity.* WUNT 2.157. Tübingen: Mohr Siebeck, 2002.

Stanton, Graham N. "Jesus of Nazareth: A False Prophet Who Deceived God's People?" In *Jesus of Nazareth: Lord and Christ; Essays on the Historical Jesus and New Testament Christology,* edited by Joel B. Green and Max Turner, 164-80. Grand Rapids: Eerdmans; Carlisle, UK: Paternoster, 1994.

Starobinski, Jean. "The Gerasene Demoniac: A Literary Analysis of Mark 5:1-20." In Roland Barthes et al., *Structural Analysis and Biblical Exegesis: Interpretational Essays,* translated by Alfred M. Johnson Jr., 57-84. Pittsburgh: Pickwick, 1974.

Sterling, Gregory E. "Jesus as Exorcist: An Analysis of Matthew 17:14-20; Mark 9:14-29; Luke 9:37-43a." *CBQ* 55 (1993): 467-93.

Stock, A. "Jesus and the Lady from Tyre: Encounter in the Border District." *Emmanuel* 93 (1987): 336-39, 358.

Strange, William A. "The Sons of Sceva and the Text of Acts 19:14." *JTS* 38 (1987): 97-106.

Stuhlmacher, Peter. "Matthew 28: 16-20 and the Course of Mission in the Apostolic and Postapostolic Age." In *The Mission of the Early Church to Jews and Gentiles*, edited by Jostein Ådna and Hans Kvalbein, 17-43. WUNT 1.127. Tübingen: Mohr Siebeck, 2000.

Tassin, Claude. "Jésus, exorciste et guérisseur." *Spiritus* [Paris] 120 (1990): 285-303.

Taylor, B. E. "Acts 19:14." *ExpTim* 57 (1946): 222.

Theissen, Gerd. *Miracle Stories of the Early Christian Tradition*. Edinburgh: T&T Clark, 1983.

Thevon, Jacques. "A Critical Overview of the Church's Ministry of Deliverance from Evil Spirits." *Pneuma* 18 (1996): 79-92.

Thomas, John Christopher. "The Devil, Disease and Deliverance: James 5.14-16." *JPT* 2 (1993): 25-50.

———. *The Devil, Disease and Deliverance: Origins of Illness in New Testament Thought*. JPTSup 13. Sheffield: Sheffield Academic, 1998.

Toorn, Karel van der. "The Theology of Demons in Mesopotamia and Israel: Popular Belief and Scholarly Speculation," in Lange, 61-83.

Trebilco, Paul R. "Paul and Silas—'Servants of the Most High God' (Acts 16.16-18)." *JSNT* 36 (1989): 51-73.

Trunk, Dieter. *Der messianische Heiler: Eine redaktions- und religionsgeschichtliche Studie zu den Exorzismen im Matthäusevangelium*. HBS 3. Freiburg: Herder, 1994.

Twelftree, Graham H. *Christ Triumphant: Exorcism Then and Now*. London: Hodder & Stoughton, 1985.

———. "ΕΙ ΔΕ...ΕΓΩ...ΕΚΒΑΛΛΩ ΤΑ ΔΑΙΜΟΝΙΑ..." In *The Miracles of Jesus*, edited by David Wenham and Craig Blomberg, 361-400. Gospel Perspectives 6. Sheffield: JSOT Press, 1986.

———. "Exorcism in the Fourth Gospel and the Synoptics." In *Jesus in Johannine Tradition*, edited by Robert T. Fortna and Tom Thatcher, 135-43. Louisville: Westminster John Knox, 2001.

———. *Jesus the Exorcist: A Contribution to the Study of the Historical Jesus*. WUNT 2.54. Tübingen: Mohr Siebeck, 1993.

———. "Jesus the Exorcist and Ancient Magic." In *A Kind of Magic: Understanding Magic in the New Testament and Its Religious Environment*, edited by Michael Labahn and Bert

Jan Lietaert Peerbolte, 57-86. European Studies on Christian Origins. LNTS 306. London and New York: T&T Clark, 2007.

_____. *Jesus the Miracle Worker: A Historical and Theological Study*. Downers Grove, IL: InverVarsity, 1999.

Valantasis, Richard. "Demons, Adversaries, Devils, Fishermen: The Asceticism of *Authoritative Teaching* (NHL, VI,3) in the Context of Roman Asceticism." *JR* 81 (2001): 549-65.

Vencovsky, Jan. "Der gadarenische Exorzismus: Mt 8, 28-34 und Parallelen." *CV* 14 (1971): 13-29.

Versnel, Hendrik S. "Some Reflections on the Relationship Magic—Religion." *Numen* 38 (1991): 177-97.

Verweyen, Hansjürgen. "Die historische Rückfrage nach den Wundern Jesu." *TTZ* 90 (1981): 41-58.

Vogler, Werner. "Dämonen und Exorzismen im Neuen Testament." *Theologische Versuche* 15 (Berlin: Evangelische Verlagsanstalt, 1985): 9-20.

Vögtle, Anton. "The Miracles of Jesus against Their Contemporary Background." In *Jesus in His Time*, edited by Hans Jürgen Schultz, 96-105. London: SPCK, 1971.

Wahlen, Clinton. *Jesus and the Impurity of Spirits in the Synoptic Gospels*. WUNT 2.185. Tübingen: Mohr Siebeck, 2004.

Wall, Robert W. "'The Finger of God': Deuteronomy 9.10 and Luke 11.20." *NTS* 33 (1987): 144-50.

Walzer, Richard. *Galen on Jews and Christians*. London: Oxford University Press, 1949.

Warrington, Keith. *Jesus the Healer: Paradigm or Unique Phenomenon?* Carlisle, UK, and Waynesboro, GA: Paternoster, 2000.

_____. "Some Observations on James 5:13-18." *EPTABul* 8 (1989): 160-77.

Weaver, Dorothy Jean. *Matthew's Missionary Discourse: A Literary Critical Analysis*. JSNTSup 38. Sheffield: JSOT Press, 1990.

Welbourn, F. B. "Exorcism." *Theology* 75 (1972): 593-96.

White, L. Michael. "Scaling the Strongman's 'Court' (Luke 11.21)." *Forum* 3 (1987): 3-28.

Whittaker, Molly. "'Signs and Wonders': The Pagan Background." *SE* 5 (TU 103; Berlin: Akadamie-Verlag, 1968): 155-58.

Wild, Robert A. "'Put on the Armor of God.'" *TBT* 36 (1998): 365-70.

Wiles, Maurice F. "Miracles in the Early Church." In *Miracles: Cambridge Studies in Their Philosophy and History*, edited by Charles F. D. Moule, 221-34. London: Mowbray, 1965.

Wilhelms, E. "Der fremde Exorzist: Eine Studie über Mark 9.38." *ST* 3 (1949): 162-71.

Wilkinson, John. "The Case of the Bent Woman in Luke 13:10-17." *EvQ* 49 (1977): 195-205.

_____. "The Case of the Epileptic Boy." *ExpTim* 79 (1967-68): 39-42.

_____. "Healing in the Epistle of James." *SJT* 24 (1971): 326-45.

Williams, Benjamin E. *Miracle Stories in the Biblical Book Acts of the Apostles.* Lewiston, NY: Mellen, 2001.

Willoughby, Harold R. "By the Finger of God: Demon Possession and Exorcism in Early Christianity in Light of Modern Views of Mental Illness." *CH* 20 (1951): 91-92.

Wink, Walter. "Jesus as Magician." *USQR* 30 (1974): 3-14.

_____. *Naming the Powers: The Language of Power in the New Testament.* Philadelphia: Fortress, 1984.

Woods, Edward J. *The "Finger of God" and Pneumatology in Luke-Acts.* JSNTSup 205. Sheffield: Sheffield Academic, 2001.

Woodward, Kenneth L. *The Book of Miracles: The Meaning of the Miracle Stories in Christianity, Judaism, Buddhism, Hinduism, Islam.* New York: Simon & Schuster, 2000.

Wróbel, Miroslaw Stanislaw. *Who Are the Father and His Children in JN 8:44 and Its Context?* CahRB 63. Paris: Gabalda, 2005.

Yamauchi, Edwin M. "Magic in the Biblical World." *TynBul* 34 (1983): 169-200.

_____. "Magic or Miracle? Disease, Demons and Exorcisms." In *The Miracles of Jesus*, edited by David Wenham and Craig Blomberg, 89-183. Gospel Perspectives 6. Sheffield: JSOT Press, 1986.

Yates, Roy. "Jesus and the Demonic in the Synoptic Gospels." *ITQ* 44 (1977): 39-57.

Young, Frances. "Paul and the Kingdom of God." In *The Kingdom of God and Human Society: Essays by Members of the Scripture, Theology and Society Group*, edited by Robin Barbour, 242-55. Edinburgh: T&T Clark, 1993.

Young, William. "Miracles in Church History." *Chm* 102 (1988): 102-21.

Zerwick, Maximilian. "In Beelzebul principe daemoniorum (Lc.11, 14-28)." *VD* 29 (1951): 44-48.

Ziesler, John A. "The Name of Jesus in the Acts of the Apostles." *JSNT* 4 (1979): 28-41.

고대 문헌 색인

초기 기독교와 축귀 사역

초기 기독교와 축귀 사역

순교자 유스티누스

Dialogus cum Tryphone

1-8 362
1.3 363
2-7 363
18.3 365
28.2 362
30 38, 366
30.2 364
30.3 367
41.3 363
49 38
55 38
73.6 368
76 38
76.6 366-368
82.3 365
85 38, 366
85.2 366
85.2-3 60
85.3 57-58, 69, 270-71, 390
120.6 363
121.3 367
131.2 365

First Apology

1 356, 363
1.1 364
1.45 356
1.46 356
5.3 365
10.6 365
12.5 365
14.1 366
18.4 365
23.3 370
26 363, 365

28.1 365
44.12 365
53 363
56 363
61 184
61.1 366
61.13 366
63.10 365
65.3 184

Second Apology

1.2 365
3 407
5.3 364
5.4 365
6 38, 365
6.5 366
6.6 366
7.2-3 365
8.2 365
8.4 367
10.5-8 365
12 363

루키아노스

Alexander(Pseudomantis)

25 414
38 414
48 415

De morte Peregrini

1 415, 418
11 417-418
11-13 416
12 418
13 418
19 102

플라비우스 필로스트라투스

Vita Apollonii

3.38 280
3.39 286
4.1 281
4.20 65, 67-68
8.7 200

렘노스의 필로스트라투스

Heroicus

1.3 216

플라톤

Apologia

22C 220
30A 229

Ion

534C 220

Menexenus

99C 220

Sophista

252C 220

Timaeus

40E 104

플라우투스

Casina

50 161

대플리니우스

Naturalis historia

5.16 161
17.18 216
28.69 216
33.26 160

소플리니우스

Epistulae

8.13 195
10.96.8 420

플로티노스

Enneades

2.9.14 36

플루타르코스

De defectu oraculorum

9.414e 220-21

Demetrius

1.4-6 195

Alexander

75.1 95

폴리비오스

Historiae

3.112.18 95
30.9.10 359

P.Lond.

121.396 67
121.967 67

P.Oslo

1.256-65 68

P.Oxy.

7.102433 359

P.Petr.

2.40(b)6 359

P.Stras.

73.18-19 252

초기 기독교와 축귀 사역

교회는 귀신의 세력을 어떻게 다루어야 하는가?

Copyright ⓒ 새물결플러스 2020

1쇄 발행 2020년 8월 28일

지은이	그레이엄 H. 트웰프트리
옮긴이	이용중
펴낸이	김요한
펴낸곳	새물결플러스

편 집	왕희광 정인철 노재현 한바울 정혜인
	이형일 나유영 노동래 최호연
디자인	윤민주 황진주 박인미 이지윤
마케팅	박성민 이원혁
총 무	김명화 이성순
영 상	최정호 조용석 곽상원
아카데미	차상희

홈페이지	www.holywaveplus.com
이메일	hwpbooks@hwpbooks.com
출판등록	2008년 8월 21일 제2008-24호
주 소	(우) 04118 서울시 마포구 마포대로19길 33
전 화	02) 2652-3161
팩 스	02) 2652-3191

ISBN 979-11-6129-170-3 93230

책값은 뒤표지에 있습니다.

이 도서의 국립중앙도서관 출판예정도서목록(CIP)은 서지정보유통지원시스템
홈페이지(seoji.nl.go.kr)와 국가자료공동목록시스템(nl.go.kr/kolisnet)에서
이용하실 수 있습니다. CIP2020034552